Schierensee um 1585

CARL-HEINRICH SEEBACH

SCHIERENSEE

Geschichte eines Gutes in Holstein

Mit einem Beitrag von

HENRIK LUNGAGNINI

1974

KARL WACHHOLTZ VERLAG

NEUMÜNSTER

ISBN 3 529 02632 8

Karl Wachholtz Verlag, Neumünster 1974

Satz und Buchdruck: Karl Wachholtz Verlag, Neumünster
Klischees: Albert Bauer KG, Hamburg
Einband: Ladstetter Verlagsbuchbinderei GmbH, Hamburg

Vorwort

Zunächst soll all denen Dank gesagt werden, die dem Verfasser dieses Buches behilflich gewesen sind:

Beim Besitzwechsel 1968 wurde eine Neuordnung des Archivs notwendig, da durch Verlagerungen die Übersicht völlig verlorengegangen war. Direktor Professor Dr. Kurt Hector, der Leiter des Landesarchivs in Schleswig-Holstein, stellte seinen Mitarbeiter Heinrich Freiherr v. Hoyningen gen. Huene zur Verfügung, der nach mühsamer Durcharbeitung aller Unterlagen ein neues Register aufstellte. Bei den Wiederherstellungsarbeiten im Herrenhaus wurde mehrmals auf dieses neu archivierte Material zurückgegriffen. Die aus der Erbauungszeit unter Casper v. Saldern aufbewahrten Rechnungen sind von kulturgeschichtlicher Bedeutung und somit wert, veröffentlicht zu werden. Weitere freundliche Helfer des Landesarchivs in Schleswig waren Dr. Wolfgang Prange, Willi Wolke und Johann Witt, der die sehr ausführliche Ahnenliste Caspar v. Salderns aufstellte.

Da der Bau des Herrenhauses nicht vom Architekten und seinem Auftraggeber zu trennen ist, ergab sich zwangsläufig, der Lebensgeschichte des Bauherrn nachzugehen. Bei diesen Nachforschungen halfen im In- und Ausland eine ganze Reihe von Persönlichkeiten. So gab z. B. Carl-Johan Graf Bernstorff-Gyldensteen die Erlaubnis zur Durcharbeitung der Familiengeschichte im Reichsarchiv Kopenhagen. Dort halfen Sigurd Rambusch und Georg Simon. Für die Sichtung des Archivs von Deutsch-Nienhof sowie die Aufnahme des Porträts von Christian Friedrich v. Heespen gab Hermann Töpfer die Genehmigung. Auf Schriftmaterial in Dänemark verwies weiter Frank Lynder.

Bei der Feststellung der Maler der Gemälde in Schierensee gaben in Dänemark Jørgen Paulsen, Torben Holck Colding, in Schweden Lars Sjöberg, in der UdSSR Frau Irina Kotelnikowa und in Schleswig Professor Dr. Ernst Schlee ihren Rat.

Direktor Dr. Klaus Friedland, der Leiter der Landesbibliothek Schleswig-Holstein, und Dr. Paul Raabe von der Herzog-August-Bibliothek in Wolfenbüttel gaben Hinweise für den Aufenthalt von Leibniz in Schierensee. Wertvolle weitere Auskünfte gaben Frau Eva Rudolf, Frau Dr. Irmgard Schleps und Frau Frieda Wetzenstein von der Landesbibliothek.

Die Übertragung der Leichenpredigt für Marquard v. Gude aus dem Lateinischen und die Zusammenstellung der zugehörigen Anmerkungen erfolgte freundlicherweise durch Professor Dr. Erich Burck. Bei der Bearbeitung des Textes gab Dr. Ernst Borgwadt wertvolle Hinweise. Die Übersetzungen aus dem Französischen und Russischen erfolgte nicht wörtlich, sondern sinngemäß.

Die Erlaubnis zur Aufnahme und Veröffentlichung der nicht auf Schierensee befindlichen Porträts gaben S. Kgl. Hoheit Anton Günther Herzog zu Oldenburg, Nikolas

Graf Bernstorff-Wotersen, Elsabe Gräfin v. Baudissin-Augustenhof geb. v. Buchwaldt und Felix v. Bethmann Hollweg-Altenhof. Ingeborg Agnes Gräfin Knuth geb. Rantzau zu Krengerup gestattete die Aufnahme der Stammtafel der Familie Rantzau durch Otto Vollert, der auch die Farbaufnahme der ältesten Darstellung Schierensees anfertigte. Die Arbeit des Verfassers wurde auch dadurch wesentlich erleichtert, daß Otto Vollert Schriftstücke, Landkarten und Zeichnungen aus dem Gutsarchiv Schierensee fotografierte, die als Unterlage zum Text benötigt wurden und zum Teil im Buch veröffentlicht sind. Die Farbaufnahmen der Porträts und des Gutes besorgte Jens Rheinländer. Johannes Uhlenhaut zeichnete die Signaturen der Fayencen.

Der Beitrag von Dr. Henrik Lungagnini über die Fayencen auf Schierensee gibt einen Einblick in die Sammlung des Eigentümers und weist damit auf die für Schleswig-Holstein bedeutsame Gattung keramischer Kunst einschließlich der nordischen Nachbarländer.

Ein besonderer Dank gilt dem jetzigen Eigentümer Schierensees, Axel Springer, der selber sehr viel Material zur Verfügung stellte.

Carl-Heinrich Seebach

Inhalt

Einführung

Befaßt man sich mit der Geschichte des Gutes Schierensee, so muß man das Leben der Menschen betrachten, die seit früher Zeit dort Besitzer waren und aus einem kleinen Meierhof ein weitbekanntes Gut geschaffen haben. Anfänglich sind es die Namen v. Ahlefeldt, Rantzau und v. Buchwaldt, die mit Beginn der Besiedlung des Landes unter Graf Adolf v. Schauenburg von hier aus, als einem Teil des Besitzes um den Westensee, Landesgeschichte machten. Nach ihnen kamen durch Einheirat die Herren v. Behr und v. Leuenburg aus Mecklenburg für kurze Zeit in den Besitz von Schierensee. 25 Jahre war dann der Sohn eines Herzoglich Gottorpischen Hof- und Bibliothekrats Eigentümer, namens v. Gude, zu dessen Zeit Leibniz kurz auf dem Gut weilte. Nachbesitzer waren dann die v. Sparwenfeldts aus Schweden, die als Landräte Dienst in Schleswig-Holstein taten. 1752 ging das Gut an einen Mann über, der über die Grenzen des Landes hinaus, in Rußland, Polen und Dänemark, als Politiker beliebt und gehaßt war. Caspar v. Saldern, aus einer alten Beamtenfamilie des Landes, griff vielfältig in die hohe Politik ein, war aber in gleichem Maß ein für seine Leute sorgender Gutsherr. Sein Leben als Politiker ist eingehend von Otto Brandt beschrieben worden. Es ist nicht Aufgabe dieses Buches zu wiederholen, sondern Caspar v. Saldern als den Menschen zu zeigen, der in erster Linie immer ein Bauherr seines Gutes und des Landes war. Eigenhändige Schreiben und Berichte von ihm und Zeitgenossen sollen dem Leser aufzeigen, mit welchen Aufgaben er befaßt war. Dabei soll auf das Wirken seiner Architekten, Künstler und Handwerker aufmerksam gemacht werden. Die künstlerischen Neigungen Salderns bezeugen auch die Namen der Maler seiner Gemäldesammlung.

Dem Höhepunkt der Gartengestaltung in Holstein im 18. Jahrhundert, der Einrichtung des Heeschenberges zu einem Lustgarten, ist ein eigener Abschnitt gewidmet.

Das Gut blieb bis 1968 im Besitz der Nachkommen Caspar v. Salderns. In diesem Jahr erwarb der aus Holstein gebürtige Verleger Axel Springer Schierensee. In einer durchgreifenden Wiederherstellung wurde ein der Überlieferung gerecht werdendes Baudenkmal erhalten und zudem ein durch die Zeit und die Umstellung der Landwirtschaft unrentables Gut wieder auf eine gesunde Basis gestellt.

Die Devise, die Caspar v. Saldern 1778 über dem Eingangsportal einmeißeln ließ und die für seine Zeit und für heute gültig sein soll, lautet:

NON MIHI SED POSTERIS

Landschaft und Besiedlung

Die Landschaft um Schierensee verdankt ihre jetzige Gestalt den Auswirkungen der ersten und zweiten Eiszeit. Die Hügellandschaft entstand durch die Ablagerung gewaltiger Moränen und deren Stauchungen durch die Eismassen. Nach dem Abschmelzen des Eises bildeten sich in den Tälern kleine Flußläufe. Die endgültige Formung geschah zum Ende der zweiten Eiszeit, als sich der Westensee und der Große und der Kleine Schierensee bildeten. Umfangreiche Wälder fassen jetzt mit zahlreichen Hügeln und Tälern die Seenkette ein. Der meist sandige Boden wird nur an wenigen Stellen von fruchtbarem Lehmboden unterbrochen.

Der Reiz der Gegend liegt heute in den abwechslungsreichen Landschaftsbildern mit ihren Wiesen, Buchenwäldern, gemischt mit Tannenforsten und den buchtenreichen Seen. Von besonderer Schönheit ist der waldumkränzte Kleine Schierensee. Durch die Bestrebungen des Landschaftsschutzes soll das Gebiet um den Westensee als Erholungsgebiet erhalten werden.

Die Besiedlung der Landschaft ist seit der Steinzeit über die Bronze- und Eisenzeit bis in das frühe Mittelalter hinein durch zahlreiche Funde von Gebrauchsgegenständen, besonders von Tongefäßscherben und von Grabbeigaben zu belegen. Immer wieder werden beim Pflügen und Anlegen von Dränagen Scherben gefunden.

Als sich zur Zeit der Völkerwanderung germanische Bevölkerungsteile nach dem Süden und nach England wandten, wurden große Gebiete im heutigen Schleswig-Holstein menschenarm und gaben zu Beginn des 7. Jahrhunderts Raum für Einwanderungen durch Slawen aus dem Osten. Karl der Große verbündete sich mit dem westslawischen Stamm der Obotriten, um durch sie Hilfe bei der Unterwerfung der nordalbingischen Sachsen zu erhalten. 798 gelang es den Obotriten in der Gegend von Bornhöved, die Sachsen zu schlagen. Wieweit und wie intensiv eine Besiedlung durch die Slawen in der Gegend um den Westensee stattfand, ist zur Zeit noch nicht bekannt. Es ist anzunehmen, daß damals sächsische Restbevölkerungsteile blieben und sich mit Slawen mischten. Die von Karl dem Großen erhoffte starke Abwehrkraft der Obotriten erwies sich aber den Dänen gegenüber als zu schwach. Sechs Jahre nach Abtretung der nordalbingischen Gaue an die Obotriten machte der Kaiser seine Verfügung rückgängig und verlegte die Grenze des Reiches bis an die Eider vor. Um 818 wird die Abgrenzung der Gebiete zwischen den Nordalbingiern und Obotriten vollzogen sein. Die Grenze, später unter Adam von Bremen im 11. Jahrhundert *Limes Saxoniae* genannt, zog sich von Kiel längs der Schwentine über Bad Segeberg bis an die Elbe bei Lauenburg. Trotz der Grenzziehung wurde das Land bis in das letzte Jahrzehnt des 11. Jahrhunderts von zahlreichen Einfällen der Dänen und Slawen in Unruhe versetzt. Die Gegend um Neumünster, der Falderagau, wurde um den Beginn des 12. Jahrhunderts Ausgangspunkt für die Sicherung des Holstengaues gegen den

Osten. Die Burg Wittorf wurde Sitz des Overboden, des höchsten Verwaltungsmannes. Die Leere des Landes und ihre Sicherung gegen den Osten zog eine neue Besiedlung nach sich. Deutsche Kolonisten aus dem Westen des Reiches nahmen Land. Die Übertragung Sachsens an Lothar v. Supplinburg 1106 brachte dem Land den Beginn einer ruhigeren Entwicklung. Als Lothar 1111 Adolf v. Schauenburg zum Grafen von Holstein und Stormarn ernannte, trat ein Mann die Herrschaft an, der umsichtig das Land durch die Wirren führte und dessen Nachfolger 350 Jahre herrschten. In dieser Zeit begann auch die Christianisierung des Landes durch Vicelin. Er gründete in Neumünster das erste Kloster, das 1290 nach Bordesholm verlegt wurde. Der geistlichen Inpektion des Klosters in Neumünster war das Kirchspiel Westensee unterstellt. Der Name Westensee wird erstmalig in einem Vertrag 1253 erwähnt; damit auch das Geschlecht der Herren von Westensee, die man zu den ins Land gerufenen Kolonisatoren zählen muß. Das Gebiet dieses Geschlechtes umfaßte die Dörfer Westensee, Bossee, Brux, Emkendorf, Pohlsee, Enkendorf, Wrohe, Eckhöft, Bünstorf und Groß-Schierensee. Der letzte des Geschlechtes war Hartwig, er wird 1366 erwähnt. Die unmittelbare Nachfolge scheint die Familie v. Ahlefeldt angetreten zu haben. Sie urkundeten früher mehrfach bei den Westenseern. Im frühen 14. Jahrhundert waren sie in der Umgebung von Rendsburg begütert. Urkundlich treten die Ahlefeldts zuerst am 5. Oktober 1418 im Kirchspiel Westensee als Zeugen auf. Gosche v. Ahlefeldt, einer der Unterzeichner, wird als zu Bossee ansässig genannt. Er war um 1400 geboren und starb 1475. Als Rat der Krone, als Führer der Ritterschaft und Darlehnsgeber für König Christian I. von Dänemark spielte er eine politische Rolle. Am 18. August 1469 verkaufte er von seinem Besitz an das Kapitel des Klosters Bordesholm die Dörfer und Güter *Blomendal, Schirenzee, Rummoer und Glashütte mit dem Ronekenvelde* im Kirchspiel Nortorf (ZSHG XIV 133 60 b). 1470 bestätigte König Christian I. den Verkauf:
alse Nameliken de güedere tom Blomendale wes syn darane was, den Schirenzee, anders ghenömet de rottenborch, dat velt to bünningstorpe myd deme dike, den Sprenck mit der Glazhütten, den Rumoer alle in dem Stichte van bremen belegen an dage Feliciani des Hilghen Martelers, na Christi bord 1470 (Westphalen II, 452).

König Johannes von Dänemark bestätigt den Verkauf:
Ock von godsik van Alevelde de dörper Rumoer, Sprenck, Blomendahl und groten Schirensee myt dem See, voes eer darynne is, im Karspel to Nortorpe 1502 (Westphalen II, 506).

Am Rand des Großen Schierensees auf der *Bekwisch* fand man 1838 Spuren einer Burganlage. Langes, starkes Pfahlwerk, das sich bogenförmig hinzog, und Ziegelsteine im Klosterformat sowie Dachziegel waren Anzeichen, daß man mit einer Anlage früher Zeit, vielleicht der Rottenburg, zu rechnen hat. Die Pfähle, aus Eichenholz und spitz zugearbeitet, werden auf die Zeit um 1300 datiert. Ein südöstlich des jetzigen Gutshauses von Schierensee in einer Wiese gelegener kreisrunder Hügel sollte nach dem Volksmund auch eine frühe Befestigung getragen haben. Eine 1971 durchgeführte Ausgrabung mit Studenten der Kieler Universität zeigte keine Spuren von ehemaligen festen Anlagen. Lediglich eine nicht zu datierende Feuerstelle in der Mitte des Hügels gab einen Hinweis auf eine zeitweilige Benutzung. Die in der Umgebung gefundenen Scherben waren spätmittelalterlich.

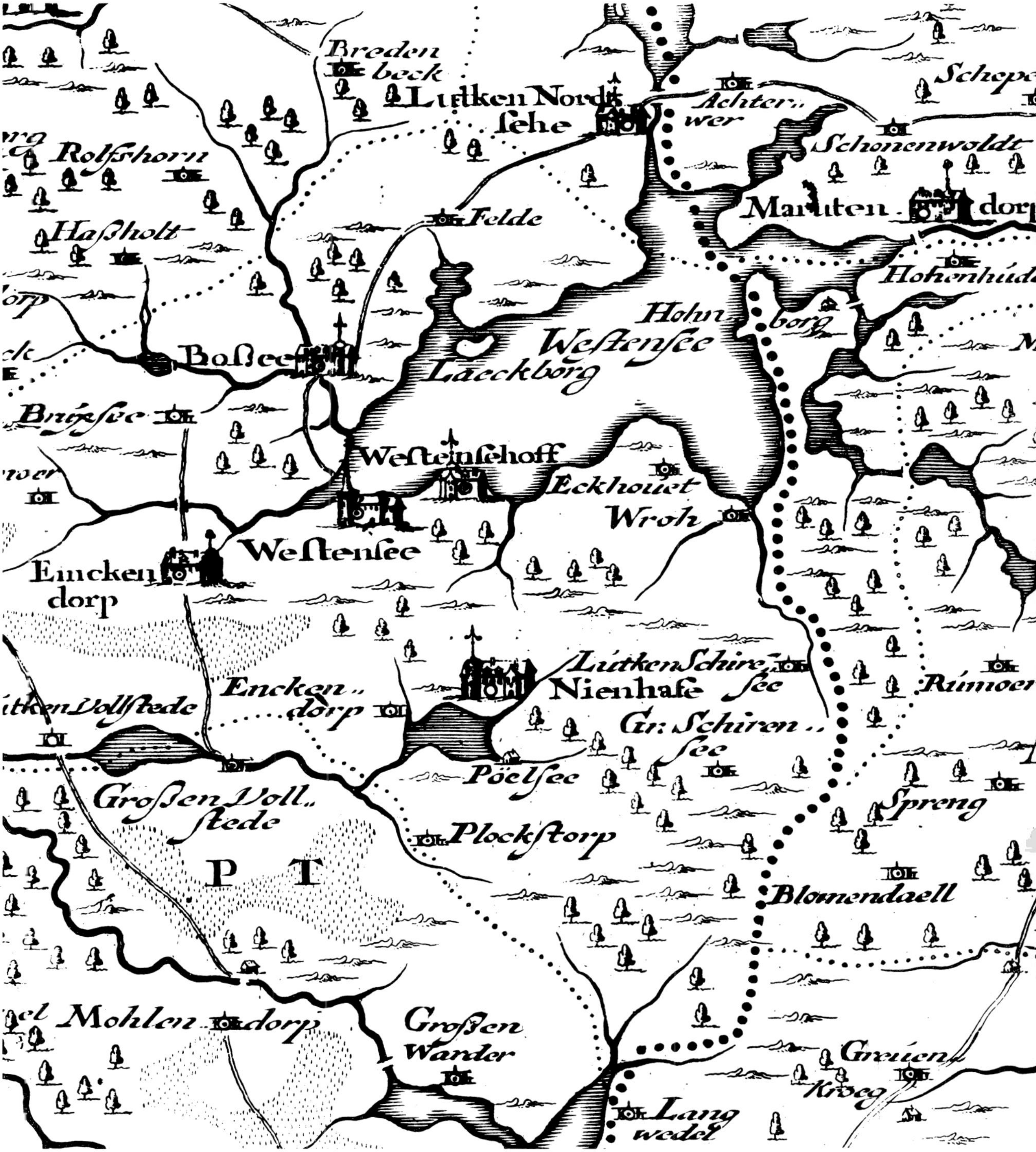

Ausschnitt aus der Karte von J. Meyer 1649

Die Besitzer von Schierensee bis 1751

Gosche v. Ahlefeldt besaß bei seinem Tod ein umfangreiches Land- und Seengebiet um den Westensee, aus dem er unter anderem das Dorf Schierensee mit der Rottenburg und den See verkauft hatte. Sein Erbe, der Sohn Marquard, geboren 1456, gefallen bei Hemmingstedt 1500, teilte das Land am Westensee mit seinem Bruder Henneke um 1475. Marquard behielt den südlichen Teil mit den späteren Gütern Deutsch-Nienhof mit Pohlsee und Schierensee mit Hohenhude.

1499 verkaufte er seinen Besitz an Hinrich Blome und Drude Blome geb. Rantzau für 17 000 Mark Lübsch. Hinrich Blome zu Seedorf, Amtmann zu Gottorf, geboren zwischen 1465 und 1470, erfreute sich nicht lange seines Besitzes, da auch er 1500 bei Hemmingstedt fiel. Seine Witwe Drude, die er 1495 geheiratet hatte, verheiratete sich in zweiter Ehe mit Tönnies Rantzau, Amtmann von Steinburg. Drude Rantzau starb 1540. Tönnies, geboren 1470 (?), starb 1533 und wurde in der Kirche zu Westensee beigesetzt. (Dort befindet sich sein Grabmal.) Nach dem Tod von Hinrich Blomes einzigem Erben und Sohn Detlev kaufte Tönnies Rantzau dessen Anteil an Deutsch-Nienhof. Erbe von Tönnies und Drude Rantzau war der Sohn Gosche oder auch Godzik Rantzau, geboren 1501, gestorben am 22. März 1564. Sein Grabmal befindet sich ebenfalls in Westensee. Er war seit 1528 mit Margarethe v. Buchwaldt verheiratet, die 1561 starb. Aus dieser Ehe stammten vier Kinder. Der älteste Sohn war Daniel, Feldobrister, geboren 1529, gestorben am 11. November 1569, beigesetzt in Westensee. Sein Grab ist mit einem aufwendigen Monument geschmückt. Verlobt war er mit Catharina v. Damme. Nach seinem Tod teilten seine beiden Brüder Tönnies, geboren 1533, gestorben 1594, und Peter, geboren 17. Januar 1535 in Hadersleben, gestorben am 27. September 1602 in Ahrensburg, den Besitz. Tönnies erhielt Deutsch-Nienhof, Peter Schierensee. Peter Rantzau war in erster Ehe mit der Verlobten seines verstorbenen Bruders Daniel, Catharina v. Damme, verheiratet (Catharina v. Damme geboren 20. August 1547, gestorben 20. Januar 1577). In zweiter Ehe war er mit Margarethe Rantzau verheiratet, die 1629 starb. Mit Peter Rantzau beginnt die eigentliche Geschichte des Gutes Schierensee. Er baute um 1580 auf Schierensee ein kleines Herrenhaus aus Fachwerk, dessen Abbildung auf der Rantzau-Tafel im Herrenhaus Krengerup auf der Insel Fünen in Dänemark zu sehen ist. Der zweigeschossige Bau mit Satteldach ist von einem Wassergraben umgeben. Die Tafel ist um 1585 gemalt. Auf dem Rantzauischen Stammbaum in der Ausgabe von Henninges Genealogiae von 1590 ist eine etwas abweichende Darstellung des Hauses, in Kupfer gestochen, gegeben. Eine Schwester der Brüder Rantzau, Dorothea, verheiratete Sehestedt, widmete 1570 der Pfarre Westensee 1000 M. L. zu 6 % (ZSHG XXVIII, S. 16). Sie wird als zu *Kleinen Schierensee* wohnhaft angegeben. Es ist so möglich, daß bereits 1570 ein Wohnhaus stand. Peter Rantzau selber wohnte am 26. Februar 1585 auf Schieren-

Claus v. Ahlefeldt 1614–1674. Gemälde auf Altenhof

laus von Ahlefeldt Zu
ng und Fresenhagen
Königl: Dänsch: Obrist
nant geboHr: 1611 Starb 1674

Frau Margaretha

see. Außer diesem Besitz gehörte ihm noch das Gut Mollendorf (erwähnt im Landregister von 1588) (ZSHG XXV, S. 228). Von ihm erbaut sind die großartigen Herrenhäuser Ahrensburg und in Dänemark Troyburg. In Kiel besaß er das Haus Dänische Straße 5. Von 1571 bis 1590 war er Amtmann in Flensburg. Das Haus in Schierensee wurde auf dem Restbesitz von Schierensee errichtet, der 1569 bei dem Verkauf des Dorfes und der Rottenburg bei der Familie v. Ahlefeldt verblieb. Peter Rantzau starb kinderlos. Wahrscheinlich hat er kurz vor seinem Tod den Besitz an Thomas Blome verkauft. Blome wurde 1574 geboren und starb 1606. Nächster Eigentümer war Heinrich v. Buchwaldt, geboren 1556, gestorben nach 1626, der mit der Tochter Hedwig von Tönnies Rantzau, also einer Nichte von Peter Rantzau, verheiratet war. Sie starb unter tragischen Umständen. 1631 brach sie sich auf der Reise von Kiel nach Schierensee den Hals, als der Wagen umstürzte.

Heinrich v. Buchwaldt erhielt am 13. April 1614 von seinem Landesherrn das Versprechen voller Befriedigung seiner Wünsche; wahrscheinlich ließ er sich alte Rantzauische Forderungen bestätigen. Trotzdem wurde ihm wegen Ungehorsams das Gut Schierensee genommen und seinem Sohn Jaspar übertragen. Jaspar wurde bereits 1614 in verschiedene Kommissionen als Verwalter des verwirkten väterlichen Gutes eingesetzt. Jaspar v. Buchwaldt wurde am 14. September 1589 geboren und starb am 10. April 1662 zu Neuhaus. Heinrich v. Buchwaldt war ein streitbarer Herr. 1622 ritt eines Tages Hans Blome mit dem Hamburger Patrizier Hinrich Willersen von Westensee nach Kiel. Unterwegs trafen sie Heinrich v. Buchwaldt, der seinem Schützen Claus Schnoor zu schießen befahl. Blome fiel tot vom Pferd. Willersen konnte fliehen. Schnoor wurde später hingerichtet. Heinrich v. Buchwaldt starb nach 1626. Mitbesitzer von Schierensee waren zeitweise die Brüder Detlev und Tönnies v. Buchwaldt. Erst 1630 kam der jüngste Sohn Heinrich v. Buchwaldts, Daniel, in den Alleinbesitz von Schierensee. Er war am 22. Juni 1599 geboren und starb am 16. September 1671; verheiratet war er seit 1621 mit Margarethe v. Ahlefeldt-Gelting, geboren am 26. Juli 1606 und gestorben am 17. Dezember 1654.

Daniel v. Buchwaldt war dänischer Kriegskommissar und mecklenburgischer Geheimrat. Da sein einziger Sohn Claus 1652 vor der Festung Angers in Frankreich fiel, erbte nach seinem Tod seine Tochter Anna Hedwig das Gut. Sie war am 24. Januar 1629 geboren und starb am 14. Dezember 1695. Am 1. März 1655 heiratete sie Claus v. Ahlefeldt auf Klein-Nordsee, der am 2. September 1614 in Gelting geboren wurde und 1674 starb. Er wurde in der Nikolaikirche in Kiel beigesetzt. Claus v. Ahlefeldt war in erster Ehe mit Elisabeth Sophie Güldenlöv, einer Tochter König Christians IV. und der Wibeke, verheiratet. Er hatte unter Wallenstein in den dreißiger Jahren und gegen die Schweden in den Jahren 1640 bis 1650 gekämpft. Zuletzt war er Feldmarschall. Ihm gehörte zwischen 1642 und 1668 in Kiel das Haus am Markt 7/8.

Unter Anna Hedwig wurde der Meierhof Annenhof begründet. Als Witwe verkaufte sie das Gut am 28. November 1682 (A. Sch. 2) für insgesamt 24 000 Reichsthaler in species an Hans v. Behr auf Hohenzieritz. Der Vertrag wurde im Januar 1683 von beiden Vertragspartnern und von Daniel Josias v. Ahlefeldt als Zeuge unterschrieben. Hans v. Behr heiratete am 8. Dezember 1682 Anna Hedwigs Tochter, Charlotte Ølegard Hedwig, geboren am 31. März 1667 und gestorben am 10. April 1734. v. Behr stammte aus der Linie Hugelsdorf der Familie v. Behr in Pommern und wurde

Margaretha Hedwig v. Ahlefeldt 1640–1703. Gemälde auf Altenhof

am 21. Dezember 1621 in Vietzkow geboren. Von seiner Mutter erbte er den Anteil am Gut Hohenzieritz. Hans v. Behr wurde bischöflich lübeckischer Kammerjunker und Hofmeister des Prinzen Hans Adolph. 1692 verkaufte v. Behr Annenhof an Johann Rudolf v. Ahlefeldt und an denselben 1694 Schierensee. Johann Rudolf v. Ahlefeldt wurde 1668 geboren, er starb am 27. April 1713. Bereits am 24. Juli 1696 (A. Sch. 3) verkaufte er Schierensee an seine Mutter Margarethe Hedwig v. Ahlefeldt geborene v. Ahlefeldt. Sie war am 2. April 1640 geboren und starb am 17. Juni 1703. In Octavis Trium Regum 1697 wurde der Kaufvertrag unterschrieben. Der Handelswert betrug 21 000 Reichsthaler in species. Margarethe Hedwig verkaufte sehr bald schon am 25. April 1699 das Gut Schierensee an ihren Schwiegersohn Christian v. Leuenburg zu Hemmelmark (A. Sch. 4). Er heiratete Margaretha Hedwig v. Ahlefeldt, geboren 1673, gestorben 1749. Der neue Kaufpreis betrug 24 000 Reichsthaler in species. Christian v. Leuenburg oder Löwenburg entstammte einer schwedischen Familie, die nach Mecklenburg eingewandert war. Dort gehörten ihm die Güter Gischau und Reinstorff. Er wurde 1665 geboren, war 1683 Sekondeleutnant im Regiment Prinz Christian, 1691 Kapitän. Als Oberstleutnant nahm er seinen Abschied. Auch Leuenburg behielt Schierensee nicht sehr lange. Am 21. Februar 1704 verkaufte er für 40 000 Reichsthaler in species Schierensee und Annenhof an Peter Marquard v. Gude (auch Gode geschrieben) (A. Sch. 5). Gude wurde am 13. Juli 1681 als Sohn eines Königlich Dänischen Land-Etats-Justiz-Regierungsrats, vorher Herzoglich Gottorfischer Hofrat und Bibliothekar (geboren am 1. Februar 1635, gestorben am 26. März 1689 in Glückstadt) geboren. Aus Gudes Leben sind zwei Vorkommnisse für Schierensee bemerkenswert. Am 18. März 1709 (A. Sch. 155) stiftete er ein Armenhaus in Hohenhude. Da ihm sein Vater in seiner Minderjährigkeit entrissen sei und das Wort Gottes ihn an Vaters Stelle behütete, so habe er ein Armenhaus mit Hospital begründet, dazu eine Schule, damit die Untertanen von Annenhof unterrichtet würden. Das Armenhaus sollte vier Frauen und vier Männer mit einem Wärter aufnehmen. Darüber sollte ein Lektor und Schulmeister gesetzt werden. Als Nebengebäude gehörten ein Back- und ein Brauhaus dazu und ein Garten. Zum Bau stiftete er 150 Reichsthaler Dän. Kronen. Auf Annenhof wurde zum Unterhalt ein Kapital von 4000 Reichsthaler festgelegt. Die Einnahmen und Ausgaben sollten jährlich 163 Reichsthaler und 16 Schillinge betragen.

Peter Marquard v. Gude hatte von seinem Vater eine bedeutende Bibliothek geerbt. Nach dem Wunsch des Vaters sollte er die Rechte studieren. Da er beim Tod des Vaters noch unmündig war, sollte die Bibliothek für ihn aufgehoben werden. Gude hatte aber dann als junger Mensch keine Neigung zum Studieren. Er zog das Landleben vor und kaufte mit 23 Jahren Schierensee. Nach Erlangung der Großjährigkeit war es sein Wunsch, die Bibliothek zu verkaufen. Zunächst wurden im August 1706 in Hamburg die gedruckten Bücher versteigert. Als für die Handschriften zu niedrige Preise geboten wurden, zog Gude sie von der Versteigerung zurück. Wie wertvoll die Bibliothek war, geht daraus hervor, daß König Christian V. von Dänemark 1696 ein Angebot von 6000 Thalern abgab und später, 1705, König Friedrich IV. 10 000 Thaler bot. Gude nahm nicht an, da sein Vater 24 000 Thaler aufgewandt hätte. Auf die hochgespannten Forderungen ging niemand ein, und Gude mußte sich mäßigen. Vom Herzog von Sachsen-Weimar forderte er 5000 Thaler und den Hofratstitel und von Kopenhagen 6000 Thaler und den Etatsratstitel. Beides zerschlug sich. Erst 1709 trat wieder ein

Unterschriften der Eigentümer unter den Kaufverträgen

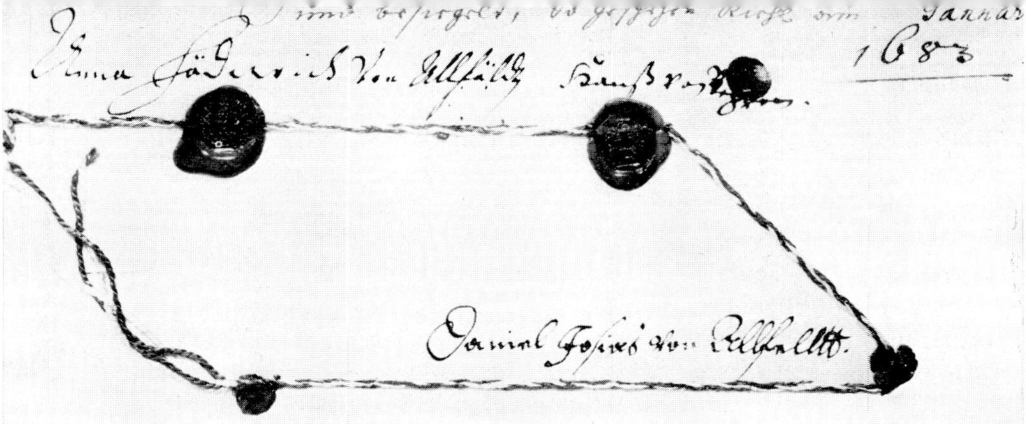
1683

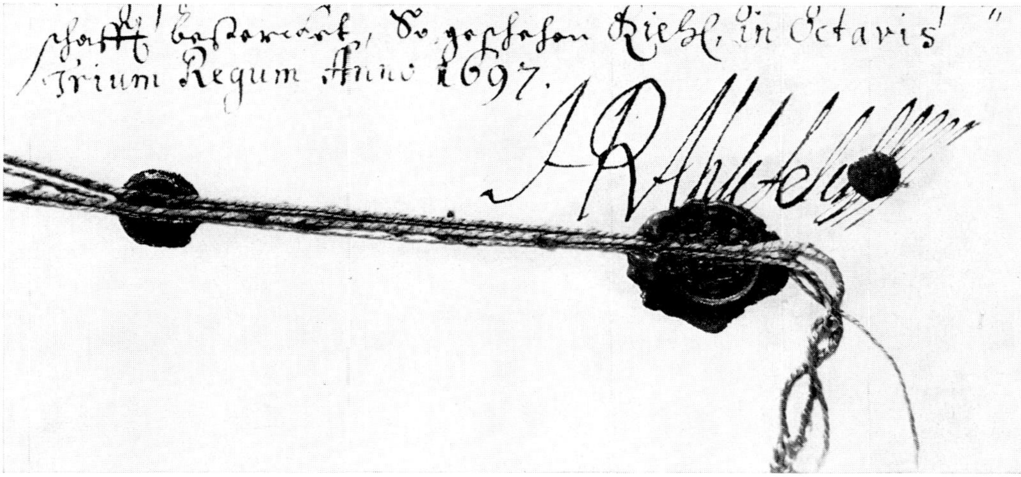
So geschehen Kiehl, in Octavis
Trium Regum Anno 1697.

Geschehen Kiehl den 25 april Anno Eintau-
send Sechshundert Neun und Neunzig

So geschehen Kiel d 21 Febr. 1704

ernster Bewerber auf. Der Kieler Professor Sebastian Kortholt nahm mit Gottfried Wilhelm Leibniz Verbindung auf. In verschiedenen Briefen äußerte Leibniz den Wunsch, daß die Handschriftensammlung in eine Bibliothek als geschlossene Sammlung käme. Die Verhandlungen zogen sich vom Sommer 1709 bis zum 2. Juni 1710 hin. Jetzt konnte Leibniz Kortholt berichten, daß sein Herzog den Ankauf für die Bibliothek von Wolfenbüttel betreibe. Am 11. Juli kam Leibniz nach Schierensee zur Besichtigung der Sammlung. Er reiste nach Kiel und Schloß Gottorf weiter. Am 18. Juli meldete Leibniz dem Herzog, daß der Vertrag perfekt sei und er die Sammlung am Ort (Schierensee) nach dem Inventar empfangen habe. In zwei großen Kästen wurden die Handschriften nach Hamburg gebracht. Von dort sollten sie auf dem Wasserweg zunächst nach Lüneburg und dann weiter nach Braunschweig gebracht werden. Aus dem Nachlaß des Vaters von Gude kaufte Leibniz noch dreizehn Porträts von Gelehrten und siebzehn römische Marmorinschriften an. Am 22. Juli betrug der Preis für den Ankauf 2490 Thaler. Die Gudeschen Handschriften bilden heute einen wichtigen Bestandteil der Bibliothek in Wolfenbüttel. Es ist zu bedauern, daß es 1709 nicht möglich war, diese Sammlung für das Land zu erhalten.

Peter Marquard v. Gude starb am 29. Januar 1729 und wurde in der Marienkirche in Rendsburg beigesetzt. Seine Trauer- und Gedächtnisrede (Anlage 1) hielt Prof. Sebastian Kortholt (Bibliotheca Danica, Bd. III, 1153, Kg. B. Kopenhagen). Seine Witwe Sophie Dorothea geborene Lorentzen starb wahrscheinlich Ende des Jahres 1735, da ihre Erben am 18. Januar 1736 das Gut verkauften (A. Sch. 6). Zu diesem Anlaß wurde eine genaue Beschreibung des Gutes, seiner Einkünfte und Verpflichtungen gedruckt. Der Titel lautet:

Anschlag über das in dem Hertzogthum Holstein belegene Adeliche Guht Schierensee nebst Annenhof

Neuer Besitzer von Schierensee und Annenhof wurde der Großfürstliche Landrat Jakob Hinrich Freiherr v. Sparwenfeldt. Er wurde am 4. November 1703 in Schweden als Sohn des Oberceremonienmeisters Johan Gabriel Baron v. Sparwenfeldt geboren. Er studierte in Uppsala 1715, ging dann nach Mecklenburg, wurde dort Landrat. Von hier kam er nach Holstein und wurde Großfürstlicher Landrat. Um den 10. Februar 1727 heiratete er in Hamburg Augusta Maria v. Grabau, die 1752 starb. In dem gemeinsamen Testament vom 22. Juli 1749 vermachten die Ehegatten Schierensee und Annenhof, da sie kinderlos waren, ihrem Neffen Johan Gabriel Freiherrn v. Sparwenfeldt. Letzterer, der Sohn des älteren Bruders Henrik Jakob, wurde am 7. Dezember 1726 geboren. Er war 1744 Hofjunker und trat 1763 in holsteinische Dienste. Hier wurde er Landrat. Am 12. Februar 1775 starb er in Kiel.

Als 1736 der Kaufvertrag zwischen den Gudeschen Erben und Jacob Hinrich v. Sparwenfeldt abgeschlossen wurde, setzte der Hochfürstlich Glücksburgische Hofrat Friedrich Rudolph Pauli in Kiel, wohnhaft in der Faulstraße, für den 8. Mai 1736 einen Termin in Schierensee zur ordentlichen Übernahme des Gutes an (A. Sch. 6).

Zwei Zeugen sollten angegeben werden, die die zum Gut gehörigen leibeigenen Untertanen in Pflicht und Eid nehmen sollten.

Anschlag über das in dem Hertzogthum Holstein belegene Adeliche Guht Schierensee nebst Annenhof.

Dieses Guth lieget im Hertzogthum Holstein, 2 kleine Meilen von Kiel, und 11 Meilen von Hamburg, 3 Meilen von Rendsburg, 3 Meilen von Neumünster, 6 Meilen von Itzehoe: Daß also die Producten von diesem Guthe ohne der Unterthanen Nachtheil sehr füglich können versahren werden.

Es hat gleich andern Adelichen Güthern alle Adeliche Freyheiten und Gerechtigkeiten, Jagden und iurisdiction. Auf dem Hofe Schierensee ist das Wohn-Hauß nebst denen übrigen Hoff-Gebäuden als die Meyerey, die Scheune, Küh-Hauß, Spiecker und Stall-Hauß, in sehr gutem Stande. Der am Wohn-Hause befindliche Lust- und Küchen-Garten ist von der Etendue, daß nicht allein die Haußhaltung daraus reichlich bestellet, sondern davon noch unterschiedliches verkaufft werden kann.

Die Gebäude auf Annenhoff bestehen aus einem Wohn-Hause, Scheune, Küh- und Pfort-Hauß, welche gleichfals in gutem baulichen Stande.

Bey diesem Guthe ist zwar nicht überflüßige Höltzung, dahingegen finden sich etliche Tausend Eichen und Büchen auf denen Feldern, wovon nach etlichen Jahren eine considerable Höltzung anwachsen wird, indessen hat es ein hinlängliches Torf-Mohr, woraus nicht allein die benöhtigte Feurung für die Höfe und Unterthanen überflüßig kan genommen werden, sondern es kan auch noch davon jährlich eine quantité nach Kiel verkauffet werden, ohne daß der posterité dadurch etwas abgehe.

Das gantze Guht ist mit denen Unterthanen zu Westensee eingepfarret, und hat daselbst in der Kirchen einen der besten Stände, sowohl für die Herrschafft, als domestiquen und Hausleute.

)(An

An Fischereyen hat es den grossen Schierensee größten theils, den kleinen Schierensee gantz, beyde sehr Fisch-reich; zwey Ahl-Wehren, und noch drey andre Teiche, als den Rieper- Bähren- und Staacken-Teich. Diese Seen und Teiche können entweder durch Vermiethung, oder durch des Eigenthümers eigenen Gebrauch mit weit grösserm Vortheil, als bishero geschehen, genutzet werden. Noch ist hiebey zu notiren, daß der Besitzer von Schierensee jährlich einen Zug mit der Eys-Waade in den Westensee hat, auch wenn die Rendsburger Prahm-Führer bey Hohenhude anlegen, für jede Ladung einen Reichsthaler Strand-Gebühr geniesset.

An REVENUEN

Sind bey dem Hofe Schierensee ein Jahr ins andre gerechnet:

16 Tonnen Aussaat an fetten Rocken, das 5te Korn frey, a Tonne 2 Rthl. thut	160 Rthl.
16 Tonnen magern Rocken, das 3te Korn frey, a Tonne 2 rthl.	96
16 Tonnen Buchweitzen, das 4te Korn frey a Tonne 4 Mk. - - -	85 - 16 ß
32 Tonnen Falch-Habern, das 4te Korn frey a Tonne 2 Marck - - - - -	96
32 Tonnen Hardlands Habern, das 3te Korn frey a Tonne 2 Mk. 4 ß - - - -	72

Noch ist verhanden ein Schlag von etliche 40 Tonnen Rocken-Saat, so continuirlich in der Weyde liegen bleiben, und Häschenberg genannt wird; Hieselbst findet sich eine Menge junge Eichen und Büchen, nebst einen Ueberfluß von Ellern-Gebüsche.

An Holländerey.

Finden sich gegenwärtig 60 Kühe, es können aber wegen der reichlichen Heu-Windung gar wohl 70 gehalten werden; Die Kuhe zu 6 Rthlr. gerechnet - - - -	360
Der Garten kan jährlich ausser der Haushaltung wenigstens angeschlagen werden zu - -	30
Zwey Heuer-Kahten nur gerechnet a 5 Rthlr. -	10
Summa	Rth. 909 16 ßl.

Bey

Bey dem Meyerhoff Annenhoff

Sind zehn Schläge, und hält jeder, eins ins andre gerechnet 40 Tonnen Saat, wovon jährlich 5 besäet werden, und ist alles gut Land, wird auch a l'ordinaire in folgender Ordnung besäet, als 40 Tonnen fetten Rocken, 40 Tonnen magern, 40 Tonnen Buchweitzen, 80 Tonnen Falch-Habern, 80 Tonnen Hardlands-Habern.

An Holländerey

Befinden sich 150 Kühe und 3 Bullen; von diesem Hoffe haben die Pensionairs vor diesem jährlich 1700 Rthl. Verpachtung gegeben, der jetzige aber gibt, weil das Korn anjetzo nicht viel gilt, 1500 Rthlr.

Häuer-Stellen.

Diese geben an Courant - - - -	Rthl. 189 - 29 ßl.
Und an Cronen mit Lage a 5 pro Cent laut Contract - - - - - - -	59 - 40
Asmus Träde gibt an Grund-Heuer jährlich	- 16
	Rthl. 249 - 37 ßl.

Summa der Revenüen.

Von dem Hoffe Schierensee - -	Rthlr. 909 - 16 ßl.
Von dem Meyerhof Annenhoff - - -	1500
Von Hauer-Stellen - - -	249 - 37
Die Fischerey rechnet man nur für - -	50
Summa	Rthl. 2709 - 5 ßl.

Von obigen Revenüen würde jährlich zu decourtiren seyn.

1. Die Herrschafftliche Contribution von 8 Pflügen	288 Rth.
2. Dienstlohn und Bau-Kosten - -	200
3. An der Kirche zu Westensee für die Freyheit eine Begräbnis-Capelle zu bauen, jährlich -	5
Summa	493 Rth.

)(2 Zu

Zu Bestreitung der Hoff-Dienste, sind in dem Guhte gehörigen Dorffe Hohenhude vier besetzte Husen, es können aber noch füglich zwey Husen, wegen verhandener Leute und Landes, angeleget werden, und dennoch alles oben angeführte in seinem esse bleiben; Von benannten Husen werden die gewöhnlichen Hand- und Spann-Dienste mit 3 Leute auf Annenhof verrichtet, so werden auch in der Erndte, nach dem Hofe Schierensee hundert Persohnen gegeben. Es verrichten auch die Hauers-Leute laut ihrer Contracten gewisse Hand-Dienste; Daß also kein Mangel an Hof-Diensten. Wegen des in diesem Dorff befindlichen Armhauses ist noch anzuzeigen, daß solches dem künfftigen Besitzer keinesweges zur Last kömmt, indem 4000 rthlr. Cronen von der Kauff-Summa in dem Guhte stehen bleiben, wovon nicht mehr als 4 pro C. nach der Fundation jährlich bezahlet werden, und er auch das beneficium geniesset, daß der Unterthanen Kinder von dem bey dem Armenhause bestellten Lectore frey informiret werden.

Der Notar Pauli kam morgens um 8 Uhr auf dem Gut an. Die vom Freiherrn benannten zwei Zeugen waren Christian Schleusing, gebürtig aus Wismar, und der Lektor und Schulmeister des Hohenhuder Armenhauses Jürgen Boldt. Um 10 Uhr fanden sich die leibeigenen Untertanen des Gutes und der dazugehörigen Dörfer Hohenhude und Rodenbeck ein, es waren die Hauswirte, Knechte und erwachsenen Jungen. Auf der Diele des Hauses wurde eine kleine Ansprache gehalten und mitgeteilt, daß nach dem Tod der Frau v. Gude die hinterlassenen Erben das adelige Gut an den gegenwärtigen Baron v. Sparwenfeldt als die künftige rechtmäßige Herrschaft verkauft hätten. Ehe der Treueid auf den neuen Herrn geleistet wurde, wurden sie von dem bisherigen entbunden. Darauf übergaben als Vertreter der Gudeschen Erben Chr. Philipp Holm und Samuel Gottfried Meyer ein Stück Erde und den zum Hof und Wohnhaus gehörigen Schlüssel als Symbol für alle Gerechtsamkeiten, allen Zubehör, alle Hoheiten und insbesondere alle Leibeignen dem neuen Herrn. Der Eid der Treue und Leibeigenschaft wurde, nach einer Verwarnung vor einem Meineid, dann nach der *in Fuchsii Tractatu de Solemnibus Appellationis, pag. 63*, enthaltenen Formel vorgelesen. Mit erhobenem Finger wurde der Eid geleistet. Nach diesem feierlichen Akt wurde am nächsten Tag, dem 9. Mai, weiterverhandelt. Der Baron v. Sparwenfeldt verpflichtete sich, den Erben Obligationen in Höhe von 30 000 Reichsthaler Courant und eine Originalverschreibung über 4000 Reichsthaler wegen des Armenhauses an Pastor Piper in Westensee zu übergeben.

In einer Specification wurden die Dinge festgestellt, die in Schierensee und Annenhof zu übergeben waren:

Auf dem Hof Schierensee:

1. Alle in dem Wohnhaus und der Meierei befindlichen Öfen.
2. Alle in dem Wohnhaus befindlichen Tapeten und Bezüge.
3. Die auf der Diele befindlichen zwei großen Schränke, nebst den sogenannten Fliegenschränken und die an der Tür stehenden Schlafbänke.
4. Zwei Mägdebetten, ein Knechtsbett und Verwalterbett.
5. Die in dem Brauhaus befindlichen Brauküfen.
6. Alle in der Meierei befindliche Gerätschaft.
7. Drei Bauwagen mit ihrem Zubehör (Ackerwagen).
8. Acht Baupferde mit ihrem Baugeschirr (Ackerpferde).
9. Drei Pflüge mit dazugehörigen Eggen.
10. Sechzig Holländer-Kühe und ein Bulle.
11. Das auf dem See befindliche Boot.

Der Pächter auf Annenhof lieferte 150 Kühe und drei Bullen. Die Untertanen setzten sich aus vier Hausbesitzern oder Hüfnern, sechs Käthnern und neunzehn Knechten zusammen.

Aus dem Vertrag ist zu ersehen, daß Annenhof am 21. September 1731 an Hinrich Brammer für 1500 Reichsthaler Courant verpachtet worden war. Zu Beginn des 18. Jahrhunderts war der Hof an Hans Schuldt verpachtet für ursprünglich jährlich 1700 Reichsthaler, später nur 1500.

Im Jahr 1747 schloß Jakob Hinrich v. Sparwenfeldt mit Maria Elisabeth Brammer, der Witwe des Hinrich Brammer, einen Pachtvertrag über den Hof Schierensee ab. Es ist anzunehmen, daß Jakob Hinrich v. Sparwenfeldt nach dem Tod von Brammer selbst nach Annenhof zog und deshalb Schierensee verpachtete. Maria Elisabeth Brammer übernahm den Hof mit dem adeligen Wohnhaus und Garten, allen übrigen Gebäuden und den beiden an der Wroher Scheide gelegenen Katen sowie alle Ländereien für zunächst zehn Jahre. Zum Hof gehörten acht Schläge, von denen vier zur Weide und vier zur Saat dienen sollten. Vierzig Stück gute Holländer-Kühe und zwei Rinder wurden übergeben. Die Pächterin durfte den Kirchenstuhl in Westensee benutzen. Die Pacht betrug jährlich 600 Reichsthaler. Wenn der Verpächter Lust hätte, sich auf dem Hof Schierensee aufzuhalten, dann könne er seine Pferde und Wagen unterstellen und sich auch in den ihm vorbehaltenen drei Zimmern an der rechten Seite des Eingangs einlogieren. Von den Wohngebäuden heißt es, daß sie in gut bewohnbarem Stand sind.

Caspar v. Saldern als Besitzer von Schierensee

Im Jahre 1751 entschloß sich das Ehepaar v. Sparwenfeldt zum Verkauf von Schierensee. Es trat mit dem Pastor Stinde in Westensee in Verbindung und verkaufte ihm am 11. November 1751 das Gut (A. Sch. 7). Stinde war jedoch nur Vermittler für den Etatsrat Caspar v. Saldern. Der endgültige Kaufvertrag wurde am 29. November 1751 in Neumünster unterschrieben. Die Unterzeichner waren: Jakob Hinrich v. Sparwenfeldt, Augusta Maria de Sparwenfen née Grabau und Caspar v. Saldern. Es wurde vereinbart, daß Saldern am Maitag 1752 als *wahrer* Eigentümer übernehmen solle. Es wurde ferner festgesetzt, daß, solange einer der Verkäufer am Leben bleibe, er die freie Jagd auf dem Annenhofer Feld und den Feldern der dorthin gehörigen Untertanen haben solle. Jedoch mußte der Verkäufer sich verpflichten, auf den Feldern, an den Knicks, Gräben und Zäunen keinen Schaden zu tun noch auf den Saatfeldern und Wiesen Annenhofs oder der Untertanen Verderb anzurichten. Er sollte auf *gute Weidmanns Manier* bedacht sein. Auf der anderen Seite verpflichtete sich Saldern, daß er aus der *Weichhöltzung* des Gutes Schierensee jährlich fünfzig bis sechzig Fuder Busch anweisen wolle. Bedingung war, daß dieser Busch durch die Annenhofer Untertanen nach Anweisung des Schierenseer Jägers oder Holzvogtes gehauen und weggefahren werde. Sollte die obengenannte Zahl an Fuder vom Landrat nicht benötigt werden, so solle er weniger verlangen und überhaupt darauf achten, daß bei solchem Buschhauen kein Schade und keine Unordnung entstehe.

Beide Verbindlichkeiten sollten bis zum Ableben des Landrats oder seiner Frau gelten. Sollte der Landrat Annenhof vorher verkaufen, dann wäre der Vertrag für diese Punkte hinfällig.

Alles ohne Argelist und Gefährde Bey Treu und gutem Glauben. Wie denn beiderseits Herren und Frau Contrahentes sich aller Ausflüchte und Behelfe, Sie mögen Nahmen haben, wie sie wollen hiedurch wohlwißentlich und wohlbedächtig verzeihen und vergeben.

So geschehen Neumunster d. 29 Novbr. 1751

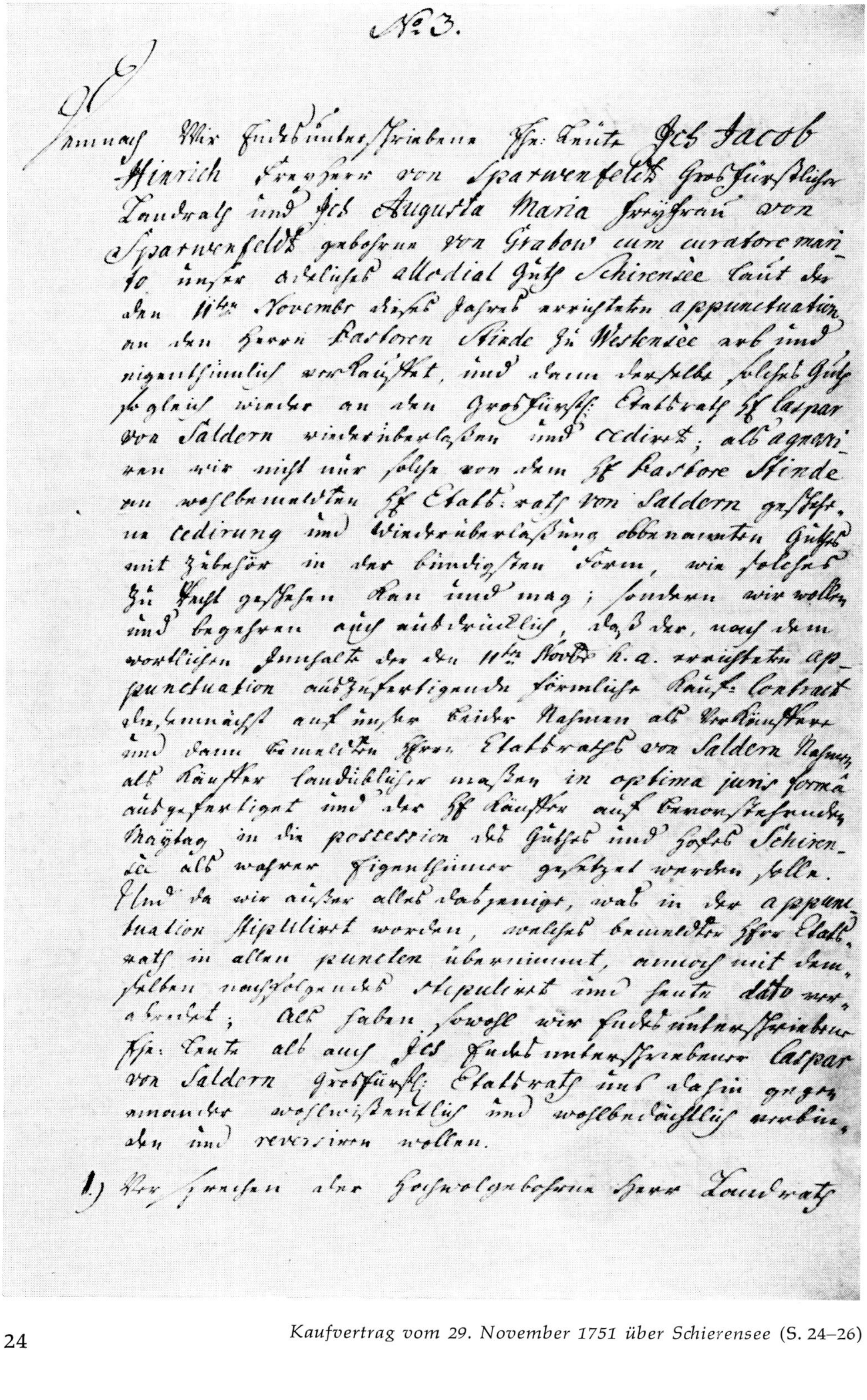
№ 3.

Demnach Wir Endesunterschriebene Ehe-Leute Ich Jacob Hinrich Freyherr von Spaarwenfeldt Großfürstlicher Landrath und Ich Augusta Maria Freyfrau von Spaarwenfeldt gebohrne von Grabow cum curatore marito unser adeliches allodial Guth Schierensee laut der den 11ten Novembr dieses Jahres errichteten appunctuation an den Herrn Pastoren Stinde zu Westensee erb und eigenthümlich verkaufet, und dann derselbe, solches Guth sogleich wieder an den Großfürstl. Etatsrath Hr. Caspar von Saldern wiederüberlaßen und cediret; als agnosciren wir nicht nur solche von dem Hr. Pastore Stinde an wohlbenandten Hr. Etats-rath von Saldern geschehene cedirung und Wiederüberlaßung obbenannten Guths mit Zubehör in der bündigsten Form, wie solches zu Recht geschehen kann und mag; sondern wir wollen und begehren auch ausdrücklich, daß der, nach dem wörtlichen Innhalte der den 11ten Novbr h. a. errichteten appunctuation auszufertigende förmliche Kauf-Contract, dereinst auf unser beider Nahmen als Verkäuffere und dann benandten Herrn Etatsraths von Saldern Nahmen als Käuffer landüblicher maßen in optima juris formâ ausgefertiget und der Hr. Käuffer auf bevorstehenden Maytag in die possession des Guthes und Hofes Schierensee als wahrer Eigenthümer gesetzet werden solle. Und da wir außer alles dasjenige, was in der appunctuation stipuliret worden, welches benandter Herr Etatsrath in allen puncten übernimmt, annoch mit demselben nachfolgendes stipuliret und heute dato verabredet; Als haben, sowohl wir Endesunterschriebene Ehe-Leute als auch Ich Endesunterschriebener Caspar von Saldern Großfürstl. Etatsrath uns dahin gegen einander wohlwißentlich und wohlbedächtlich verbinden und reversiren wollen.

1.) Verspricht der Hochwohlgebohrne Herr Landrath

Kaufvertrag vom 29. November 1751 über Schierensee (S. 24–26)

von Sparwenfeldt und der gleichfalls hochwohlgebohrnen Frau Land
räthin von Sparwenfeldt, an obbemeldten Herrn Etatsrath
von Saldern, so lange selbige beiderseits im Leben sich befinden
oder auch nur einer von ihnen im Leben sich befinden solte
die freye Jagd auf dem Annenhofer Hoffelde und deren
dahingehörigen Unterthanen Feldern alleinig zu überlassen
und ihm den Genuß solcher Jagd ungehindert zu ver-
statten: Jedoch mit der ausdrücklichen Bedingung, daß weder
dem Hoffelde an Knicken, Graben und Zäunen, einiger
Schade, es sey von ihm selbst oder von seinen Leuten zuge-
füget werde, noch daß auch sonsten der Saat oder den Wie-
sen auf des Annenhofs oder Unterthanen Feldern eini-
ger Verderb oder Schaden zuwachse, sondern er soll derselbe
auf gute Weidmannt Manier dahin bedacht seyn, auf alle
nur mögliche Weise bei Verlust dieser Jagdfreiheit allen
nur möglichen Schaden abzukehren. Dahingegen

2.) Verspricht der Herr Etatsrath von Saldern für diese Jagd-
Freiheit hinwiederum, dem Hochwohlgebohrnen Herrn Landrath
von Sparwenfeldt und der Hochwohlgebohrnen Frau Land
räthin von Sparwenfeldt, so lange selbige beiderseits im
Leben sich befinden oder wann auch einer von ihnen
alleine nur im Leben seyn solte, denenselben auf deren
jedesmaliges Verlangen fünfzig bis Sechzig Fuder Buch
aus der Weichhöltzung des Guthes Schirensee jährlich rei-
chen und anweisen zu lassen; jedoch mit dem aus-
drücklichen Beding, daß solches Buch durch die Annen-
höfer Unterthanen gehauen und angefahren werde,
auch daß solche Unterthanen nicht eigenmächtig sondern auf
jedesmahlige vorgängige Anweisung des Schirenseer
Jägers oder etwanigen Holtzvogts solchen Buchholtz
erst hauen und wegfahren sollen. Wie denn überdem
der Herr Landrath und die Frau Landräthin gütigst
versprochen, daß, wann sie die obbeschriebene Fuder
Anzahl von Buch etwa nicht nöthig gebrauchten,
auch in solchem Falle weniger zu verlangen und

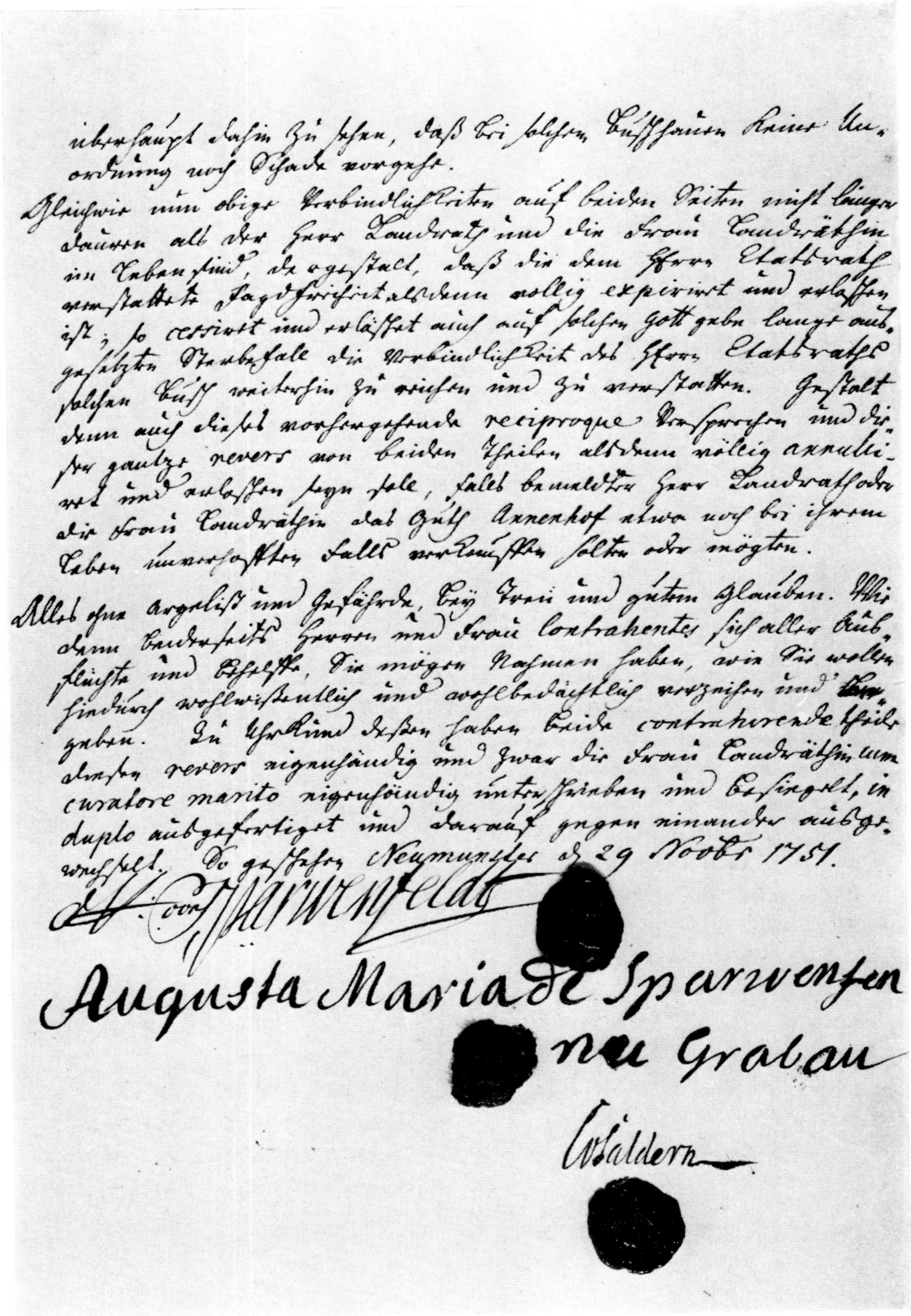

überhaupt dahin zu sehen, daß bei solchen Buschhauen keine Unordnung noch Schade vorgehe.

Gleichwie nun obige Verbindlichkeiten auf beiden Seiten nicht länger dauren als der Herr Landrath und die Frau Landräthin im Leben sind, dergestalt, daß die dem Herrn Etatsrath verstattete Jagdfreiheit alsdenn völlig expiriret und erlaßen ist, so cessiret und erlöschet auch auf solchen Gott gebe lange ausgesetzten Sterbefalle die Verbindlichkeit des Herrn Etatsraths solchen Busch weiterhin zu reichen und zu verstatten. Gestalt denn auch dieses vorhergehende reciproque Versprechen und dieser gantze revers von beiden Theilen alsdenn völlig annulliret und erloschen seyn sole, falls benandter Herr Landrath oder die Frau Landräthin das Guth Arnenhof etwa noch bei ihrem Leben unverhoffter Falls verkaufen solten oder mögten.

Alles ohne Argelist und Gefährde, bey Treu und guten Glauben. Wie denn beiderseits Herren und Frau contrahentes sich aller Ausflüchte und Behelfe, die mögen Nahmen haben, wie sie wollen, hiedurch wohlwißentlich und wohlbedächtlich verzeihen und begeben. Zu Urkund deßen haben beide contrahirende Theile diesen revers eigenhändig und zwar die Frau Landräthin cum curatore marito eigenhändig unterschrieben und besiegelt, in duplo ausgefertiget und darauf gegen einander ausgewechselt. So geschehen Neumünster d. 29 Novbr 1751.

C. von Sparwenfeldt

Augusta Maria de Sparwenfelt
née Grabau

Waldern

Faßt man aus den vorerwähnten Verträgen, Anschlägen und Gutsbeschreibungen zusammen, welche Gebäude genannt werden, so ergibt sich folgendes Bild:

Auf dem Hof Schierensee stand das adelige Wohnhaus, wahrscheinlich nicht mehr der Bau aus Fachwerk mit Wassergraben von 1580, sondern ein Neubau des 17. Jahrhunderts. Über der Haustür stand der Spruch: *sic fuit in fatis* – so lag es im Willen des Schicksals. Von seiner Aufteilung wird nur bekannt, daß sich rechts von der Diele drei Wohnzimmer befanden. Die Wände waren mit Tapeten bekleidet. Die Zimmer müssen klein gewesen sein. In einem Brief vom 26. August 1752, den Saldern an seinen Nachbarn Heespen schrieb, heißt es: ... *Ich erkenne mit gar ausnehmender Verbindlichkeit die besondere Gutheit, die Euer. Hochwohlgebohrn für mich hegen, da dieselben mir eine so ausführliche Nachricht wegen der Öfen itzo zu ertheilen, sich die Mühe genommen. Da ich aber gar keine größere Öfen als diejenigen, so Ew. Hochwohlgebohrn in dero Zimmern haben, gebrauchen kan, weilen meine Zimmer kaum so groß als wie die ihrigen sind; so habe mich entschloßen mit denen beiden Öfens so lange zu warten bis solche aus der fabrique zu erhalten sind, indem die beide Zimmer, wohin ich solche bestimme, annoch nicht eilen.* Das Deutsch-Nienhofer Haus hat einen Mittelbau mit zwei Flügeln zum Hof, ähnlich dem Neubau Salderns auf Schierensee, war aber kleiner.

Zu den Wirtschaftsgebäuden gehörten die Meierei, die Scheune, das Kuhhaus, der Speicher, das Stallhaus und ein Brauhaus.

Alle Gebäude waren 1736 und 1747 in gutem Stand.

Das Kuhhaus konnte mindestens sechzig Kühe und zwei Bullen aufnehmen. Acht Ackerpferde und drei Ackerwagen waren im Stallhaus unterzubringen. Die Zahl der Reitpferde ist für diese Zeit nicht bekannt.

Eine spätere Übersicht über die Gebäude auf dem Hof in Schierensee gibt die am 21. Januar 1761 vorgenommene Eintragung in die Listen der 1760 gegründeten allgemeinen Schleswig-Holsteinischen Brandgilde (A. Sch. 333):

1. das Wohnhaus	zu	2100	Reichsthaler
2. die Kornscheune		1000	Reichsthaler
3. das Kuhhaus		500	Reichsthaler
4. der Reitstall		600	Reichsthaler
5. die Meierei, worin der Baupferdestall untergebracht ist		800	Reichsthaler
	Summe	5000	Reichsthaler

Auf dem Hof von Annenhof standen das Wohnhaus, die Scheune, das Kuh- und das Pforthaus. Hier war Platz für 150 Kühe und drei Bullen.

Die Lage der Gebäude auf dem Schierenseer Hof ist für die Zeit um 1752 nicht genau anzugeben. In Deutsch-Nienhof befindet sich eine Karte mit den Ländereien dieses Gutes, gezeichnet 1758 durch P. Reyer (27. Juli).

Auf dieser Karte sind auch der Hof von Schierensee und andere zu Schierensee gehörige Gebäude, wie der Lustige Bruder, eingezeichnet. Das zweigeschossige Wohnhaus liegt an gleicher Stelle wie das heutige. Zwei Gebäude fassen den Hof ein, eins davon gewiß die Meierei. Daneben liegen nach Westen zwei größere und ein kleines Gebäude. Das Wohnhaus ist zweigeschossig wie das erste und hat gleichfalls drei Schornsteine.

Bevor der Hof im Mai übergeben wurde, starb die Landrätin v. Sparwenfeldt, und so unterzeichnete am 3. Mai 1752 nur der Freiherr v. Sparwenfeldt den Übergabevertrag. In diesem Vertrag wurde folgendes bestimmt: Der Großfürstliche Landrat Baron Jakob Hinrich v. Sparwenfeldt beurkundet für sich und seine Erben, daß er dem Großfürstlichen Etats-Rat Caspar v. Saldern, seinen Erben und Erbnehmern das in dem Herzogtum Holstein belegene Adelige Gut Schierensee mit Ausnahme des sonst dazu gehörigen Meierhofes Annenhof verkauft habe, dazu alle Schläge, Wiesen, Hölzungen, Weiden, mit Ausnahme der zum Meierhof gehörigen und an den Pensionär Brammer (A. Sch. 245) verpachteten. Zum Verkauf gehören der Schierenseer Kirchenstand und das dazugehörige Begräbnis in der Kirche zu Westensee. Der Käufer muß sich weiter verpflichten, jährlich 5 Reichsthaler und das private Opfer an die Kirche abzuliefern, dazu die Verpflichtung auf Annenhof und die bisher von hier getanen Dienstleistungen der Untertanen. Caspar v. Saldern übernimmt auch alle adeligen Hoheiten, Freiheiten, Jagd, Jurisdiction, Hohe und Niedere Gerichtsbarkeit an Hals und Hand. Der Käufer darf auf den zu Annenhof gehörigen Torfmooren den für Schierensee nötigen Torf graben lassen. Schierensee wird verkauft frei von allen Belastungen für die Summe von 6000 Reichsthaler Kronen und für eine jährliche Leibrente von 200 Reichsthaler Courant, die bis zum Tod des Verkäufers gezahlt werden soll. Der Verkäufer ist mit einer Anzahlung von 1000 Reichsthaler zufrieden. Er übernimmt auch ausdrücklich gegen eine jährliche Zahlung von 10 Reichsthaler alle Verpflichtungen gegenüber der Landesherrschaft und der Ritterschaft. Diese letztere Summe soll aber erst nach seinem Tod an den Erben gezahlt werden.

Im Anschluß an diesen von Sparwenfeldt vorgelegten Vertragsentwurf wurde über die Höhe der Kaufsumme weiterverhandelt. Endgültig einigte man sich auf 5000 Reichsthaler und eine jährliche Rente von 160 Reichsthaler.

Jakob Hinrich Freiherr v. Sparwenfeldt kam nicht lange in den Genuß der Leibrente, da er schon im Jahr 1753 starb. Damit war Saldern von weiteren Zahlungen entbunden.

Um eine größere Rentabilität in der Bewirtschaftung der Ländereien zu erreichen, kaufte Saldern 1771 von Johan Gabriel Baron v. Sparwenfeldt den Meierhof Annenhof hinzu (A. Sch. 10).

DER BEREICH DES GUTES

Welche Gebäude und Flächen Caspar v. Saldern übernahm, ist aus dem Kaufvertrag nicht zu ersehen. Man muß da auf ältere Verträge zurückgreifen.

In dem Anschlag, der zum Verkauf des Gutes 1736 aufgestellt wurde, sind auf dem Hof Schierensee folgende Gebäude angeführt (A. Sch. 200):

das Wohnhaus, die Meierei, die Scheune, das Kuhhaus, der Spiecker und das Stallhaus. Alle in sehr gutem Stand.

Am Wohnhaus befindet sich ein Lust- und Küchengarten, aus dem nicht allein die Haushaltung versorgt werden kann, sondern aus dem auch noch verschiedene Sachen verkauft werden können.

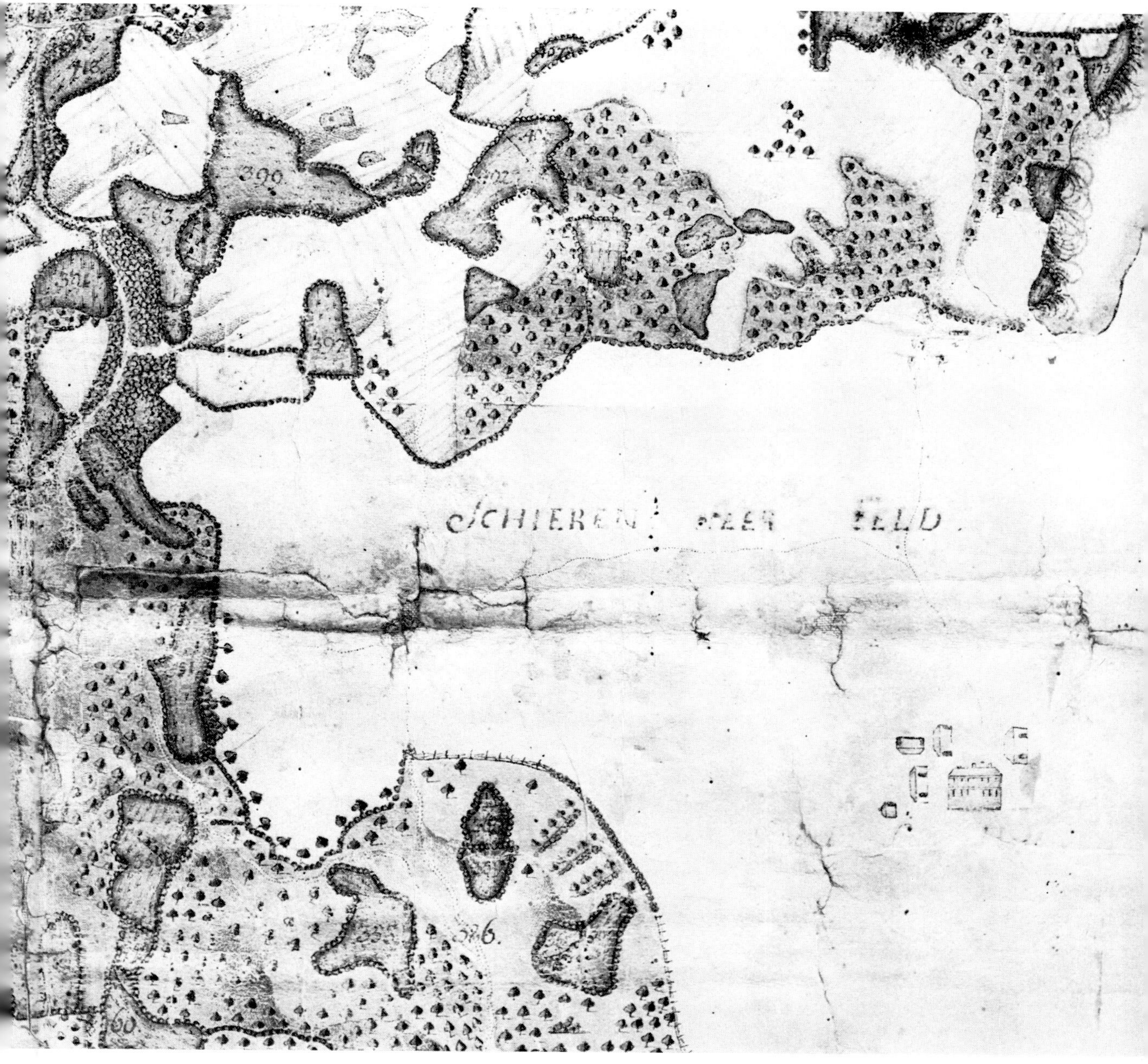

Ausschnitt aus einer Flurkarte des Gutes Deutsch-Nienhoff mit dem Hof Schierensee.
Gezeichnet von P. Reyer 1758

Die Gebäude auf Annenhof bestehen aus:

dem Wohnhaus, der Scheune, dem Kuh- und dem Pforthaus, auch in gutem baulichen Stand.

Auf dem Gutsgelände stehen etliche tausend Eichen und Buchen. Es ist genügend Torfmoor vorhanden, so daß sogar noch nach Kiel Torf verkauft werden kann.

In der Kirche in Westensee gehört einer der besten Stände, sowohl für die Herrschaft wie auch für die Bediensteten und die Hausleute, zum Gut.

Zum Eigentum gehören der größte Teil des Großen Schierensees, der Kleine Schierensee ganz, beide sehr fischreich; dazu noch drei Teiche, der Riepen-, Bähren- und Staakenteich.

Die jährlichen Einnahmen betragen aus Schierensee	909 Reichsthaler	16
aus der Verpachtung von Annenhof	1500 Reichsthaler	
von den Heuerstellen	249 Reichsthaler	37
aus der Fischerei	50 Reichsthaler	
	2709 Reichsthaler	5
Die jährlichen Ausgaben belaufen sich auf		
die Herrschaftliche Contribution für acht Pflüge	288 Reichsthaler	
Dienstlohn und Baukosten	200 Reichsthaler	
für die Freiheit, an der Kirche in Westensee eine Begräbniskapelle zu bauen, jährlich	5 Reichsthaler	
	493 Reichsthaler	

Zum Gut gehört das Dorf Hohenhude.

Aus einer undatierten (A. Sch. 200), vielleicht etwas älteren Gutsbeschreibung ist folgendes zu entnehmen: Die Gebäude des Haupthofes und des Meierhofes sind in *ganz unverfallenem Stande. . . . Die Regularitet des Hofes, angenehme Lage, der propre nutzbar eingerichtete Garten, das logable Wohnhaus gibt der Augenschein selbst, und die besondere Bequemlichkeit, das hiesiger Pächter sein gantzes Wesen, an Wohnung Scheun und Kuhaus abgesondert und vor sich allein führet.*

Auf der Karte von 1789 vom Gutsgelände Schierensee führt ein Feld unter der Nummer XVIII die Bezeichnung *Glaskoppel.* Der Name deutet auf eine Glashütte hin. Doch war zu Salderns Zeit hier keine Bebauung mehr. Eine im Jahre 1971 mit Studenten durchgeführte Begehung der Glaskoppel brachte zahlreiche Schlackenstücke vom Glasbrennen und Glasscherben schon wenige Zentimeter unter der Erdoberfläche zutage. Bei den Scherben handelt es sich zum Teil um Reste wertvoller, mit Glasschmelz verzierter Gläser. Gewisse Aufschlüsse über den Sachverhalt ergeben sich aus der Heranziehung von Urkunden:

Am 28. März 1644 (A. Sch. 1) verkaufte Herzog Friedrich an den Glasmeister Marx Kunkel, der im Amt Bordesholm eine Glashütte errichten wollte, ein an Daniel v. Buchwaldts Grenze gelegenes Waldstück. Dieses war zuvor besichtigt worden. Am 19. April 1642 (LAS A XX 1594) wurde die Konzession erteilt. Die Größe des Geländes betrug 200 Ruthen breit. Es durfte eine Glashütte und ein Wohnhaus errichtet werden. Zur Errichtung der Hütte und des Wohnhauses mußte das Amt Bordesholm fünftausend Mauersteine sowie Zimmerholz zur Verfügung stellen. Kunkel wurde verpflichtet, ab 1646 drei Jahre lang 1300 Reichsthaler zu zahlen und später jedes Jahr, wenn er arbeiten oder das Haus bewohnen würde, 20 Reichsthaler als Erbpacht. 1656 schrieb der Glasermeister, daß er sechs Jahre die Pacht gezahlt habe und danach ihm der Junker (Daniel v. Buchwaldt) aus seinem Gut auch einen Ort im Wald verhäuert habe. Hierfür mußte Kunkel jährlich 1000 M. Lübsch Pacht zahlen.

Der Nachfolger Kunkels war Gosche Raje. Er schrieb am 12. August 1661 an Herzog Christian Albrecht, daß er die Witwe des Kunkel geheiratet habe und auch die drei hinterlassenen Kinder zu sich genommen habe. Er bat, daß daher der Vertrag auf ihn überschrieben würde.

Raje blieb nicht lange im Besitz der Glashütte. Am 2. Januar 1668 teilte Herzog Christian Albrecht mit, daß Claus v. Ahlefeldt auf Klein-Nordsee – er war durch Einheirat auch Besitzer von Schierensee geworden – zu verstehen gegeben habe, daß sein Kammerdiener Hans Möller das bei Schierensee gelegene Haus, den Hof und die Ländereien des Gosche Raje, Glasmeisters zu Bossee, gekauft habe. Claus v. Ahlefeldt bat um eine Bestätigung des Kaufvertrages. Der endgültige Verkauf fand am 14. März 1669 für den Preis von 1850 Reichsthaler statt.

Robert Schmidt (Das Glas, 1922, Seite 308) vermutet, daß der bekannte Berliner Johann Kunkel der Sohn des herzoglichen Hüttenmeisters in Hütten bei Rendsburg war. Marx Kunkel, um 1658 gestorben, war der Pächter in Schierensee und vorher vermutlich in Hütten tätig.

DIE BAUTÄTIGKEIT CASPAR V. SALDERNS

Im folgenden wird ein Überblick über die Baumaßnahmen gegeben, die in den einzelnen Jahren seit Erwerb des Gutes durchgeführt wurden. Aus den im Archiv in Schierensee aufbewahrten Rechnungen lassen sich an Hand der Jahrgänge genaue Belege bringen, was in den einzelnen Jahren geschah und welche Architekten und Handwerker zur Verfügung standen. Erst die Summe der Einzelheiten bei einer Bautätigkeit, die sich weit über den eigentlichen Gutshof erstreckte, bis zum Neubau von zwei Dörfern und eines weiteren Hofes, macht faßbar, welche Impulse der Gutsherr zu geben vermochte.

Caspar v. Saldern hatte, als er Schierensee kaufte, schon Erfahrungen als Bauherr. 1744 ließ er durch den Baumeister Johann Christian Förster, der die Aufsicht über das herzogliche Bauwesen in Kiel hatte, für sich in Neumünster das Amtshaus bauen (hierüber ausführlicher siehe Seite 95).

Der erste Neubau unter Saldern war 1765 ein Kuhhaus. Es folgte dann die Errichtung eines Haushaltungsgebäudes im Jahre 1766, das am 20. Januar 1767 in die Liste der Brandgilde mit 2000 Reichsthaler eingetragen wurde. Hierzu berichteten die Taxatoren Maurermeister Petermann und Zimmermeister Dittmer, beide aus Kiel, daß im Sommer 1766 auf Schierensee das neuerbaute Meierei- und Haushaltungsgebäude von ihnen besichtigt sei.

Die nächsten Bauten erfolgten auf einem neu erworbenen Gelände. Auf einer Karte, die der Landmesser J. A. Thießen im Juni 1765 *von der Dorfschaft Schierensee im Amte Bordisholm* nach eignem Aufmaß zeichnete, ist das Gebiet des späteren

Ausschnitt aus einer Karte des Dorfes Schierensee im Amt Bordesholm, links der Heeschenberg. Gezeichnet von J. A. Thießen 1765

Heeschenberges zum Dorf gehörig eingetragen (LAS 402, A 3, 51 a). Saldern muß es 1766 oder 1767 erworben haben, da er 1767 das alte Lusthaus aus dem Garten beim Wohnhaus abbrechen und im Heeschenberg neu aufsetzen ließ (A. Sch. 364). Es war sicher ein Fachwerkbau, da die verrotteten *Laden* (Schwellhölzer) erneuert wurden. In diesem Jahr nahm Saldern Kontakt mit dem fürstbischöflichen Baumeister Georg Greggenhoffer in Eutin auf. Er ließ ihm für den 7. Dezember ein Pferd zur Reise nach Schierensee stellen (A. Sch. 364).

Das Jahr 1768 (A. Sch. 371), das den Besuch des Königs Christian VII. brachte, mußte zwangsläufig erhebliche Verbesserungen auf dem Hof mit sich bringen. Die Entwürfe wird Greggenhoffer geliefert haben. Als ausführender Maurermeister wurde David Georg Fehlandt aus Eutin tätig. Er baute im Garten ein neues Lusthaus, in dem er im August eine Gipsdecke fertigte. Das Haus war an der Rückfront mit Blei benagelt und hatte eine Freitreppe. Ein weiteres, wohl älteres Lusthaus stand ebenfalls in diesem Garten. Beide wurden durch den Malermeister Johan Mathias Bremer aus Kiel geweißt. Im Jahr vorher war Saldern in Eutin gewesen, um mit dem Bildhauer Johan Georg Moser zu verhandeln. Saldern ritt in Begleitung von zwei Reitknechten an den Hof des Fürstbischofs. Im Februar, April und Mai wurde an Moser Fuhrgeld gezahlt zur Überbringung von drei Statuen, zwei Vasen und zwei in Stein gehauenen Blumenkörben; letztere standen an der Gartentür. Die Statuen und Vasen fanden im Garten Aufstellung.

In diesem Jahr heißt es zum erstenmal: Am Wohnhaus wird im neuen Flügel die Verwalterstube geweißt. Auch wurde im Saal ein Klinkerfußboden verlegt. Am baufälligen alten Flügel des Wohnhauses mußte das Fundament in einer Länge von 90 Fuß und einer Höhe von 3 Fuß und 3 Zoll ausgewechselt werden. Als Unterbau dienten Feldsteine, auf denen dann mit Mauersteinen weitergemauert wurde (90 Fuß sind 25,74 Meter).

Wie es sich für einen Herrn von Stand gehörte und auch wegen seiner Zugehörigkeit zur Regierung zweckmäßig war, erwarb Caspar v. Saldern in Kiel ein Wohnhaus. Am 5. Juli 1768 (A. Sch. 473) kaufte er für 4200 Reichsthaler von dem Kammerherrn Henning v. Oertzen auf Schirnau das Haus Flämische Straße 21. Dieses Grundstück erwarb 1569 Heinrich v. Blome zur Errichtung eines Wohnhauses. Herzog Johann Adolf gab alle Rechte für ein *Freihaus.* Nach heute nicht mehr nachprüfbaren Angaben, da die Unterlagen im Krieg 1939–1945 verlorengingen, soll J. A. Richter um 1770 eine Bauaufnahme angefertigt haben.

Unter der Leitung von Georg Sonnin soll Richter das Haus umgebaut haben. Ein Bericht vom 12. Januar 1789 (A. Sch. 519), als das Haus verkauft werden sollte, spricht dagegen davon, daß das Haus 1768 *ganz von Brandmauern auf die dauerhafteste Weise zwei Etagen hoch erbaut, mit sehr guten Kellern, worin auch die Küche befindlich, versehen, so angenehm bewohnbar eingerichtet, und so geschmackvoll meubliert, daß kein dem gleiches in der Stadt gefunden wird* (Anlage 2). Über dem Hauseingang befand sich, in Sandstein gehauen, ein rundes, mit einem Lorbeerkranz verziertes Medaillon mit einem großen S. Die Haustür hatte ein reichgeschnitztes Oberlicht. Diese Tür, vernichtet durch den Krieg, wurde an Hand eines Fotos Vorbild für die neue Haustür im Herrenhaus Schierensee 1970. Aus einer Rechnung des Hofmalers Bremer ist 1783 (A. Sch. 385) zu ersehen, daß er die Front des Hauses, den Frontispiz und die beiden Erker mit gelber Farbe und Steincouleur gestrichen hatte, die Fenster waren weiß und das S wurde vergoldet. Der Bildhauer F. A. Rander mußte oben an dem Frontispiz vorher Bildhauerarbeiten ausführen.

Eine Bauaufnahme des Hauses wurde im Oktober 1868 (LAS 50 a u. 350) durch den Bauinspektor G. H. Krüger angefertigt. Damals war das Appellationsgericht dort untergebracht. Nur im Obergeschoß wurde, um einen größeren Saal zu schaffen, eine Zwischenwand entfernt. Es waren noch 1924 vier Zeichnungen erhalten, die Ansichten von Wänden in dem Schlafzimmer des Hausherrn, der Dame, des Speisezimmers und des Gesellschaftszimmers geben. Eine ausführliche Beschreibung der Räume gibt die Unterlage von 1789. Der Verkauf erfolgte 1792 an Cai Graf zu Rantzau, in Güldenstein. Seine Witwe verkaufte das Haus 1794 an Heinrich Graf v. Holstein auf Waterneverstorf.

Saldern hat mehrfach auch auf die Bautätigkeit in Holstein eingewirkt. Das Jahr 1768, in dem auf Schierensee unter der Leitung von Georg Greggenhoffer mit den ersten Bauten begonnen wurde, war auch für Bauten in und um Kiel von Bedeutung. Saldern hatte sich ganz erheblich für den Neubau einer Universität in Kiel eingesetzt. Der Architekt Georg Sonnin bekam den Auftrag zum Neubau in der Kattenstraße. Auf der Domäne Cronshagen erbaute im Auftrag Salderns in den Jahren 1768 (LAS 8[1], 577 u. 8[1], 1267) bis 1770 Greggenhoffer den südlichen Flügel des Amtshauses. Der ältere Bauteil wurde renoviert.

Kiel, Flämische Straße 21, Grundriß,

1 Speisezimmer
2 Schlafzimmer des Herrn
3 Schlafzimmer der Dame

1

2

1769 (A. Sch. 366 u. 371) wurden aus Eutin vom Bildhauer J. G. Moser vier weitere Vasen abgeholt. In den Monaten Mai bis Oktober wurde die Neugestaltung des Hofes durchgeführt. Zum erstenmal sah der Architekt in Holstein davon ab, in der Achse des Haupteinganges des Herrenhauses ein Torhaus mit Seiten- oder Flügelbauten zu errichten. Greggenhoffer entwarf, geschult an französischen Anlagen und gewiß beraten durch den weitgereisten Bauherrn, eine neue Konzeption. Mit einem Abstand von 19,50 Metern errichtete er zwei Pavillons in Backstein mit Ecklisenen und zweigeschossig. Maurermeister war Fehlandt. Als Material wurden Ziegelsteine aus Cronshagen, Dachpfannen aus Bossee, Holz aus Cronshagen sowie Segeberger und Gotländer Kalk benutzt. Der westliche Pavillon war als Pferdestall mit einer Krippenlänge von 9,70 Metern ausgestaltet, der östliche diente als Wagenhaus.

Im Garten wurden am Lusthaus in der Allee die Tür, drei Fenster und eine Vase durch Bremer grau gestrichen. Im darauffolgenden Jahr 1770 wurde im Garten ein hölzernes *Fortunespiel* grau gestrichen. Die endgültige Fertigstellung der beiden Pavillons erfolgte erst in diesem Jahr. Zwischen der Meierei, in deren Nordende die *Borgstube* (Gesindestube) untergebracht war, und dem neuen Pferdestall wurde eine Mauer errichtet. Sie war mit Natursteinen abgedeckt. Wie eng der Kontakt mit dem Baumeister in Eutin war, geht daraus hervor, daß der Tischlermeister Wolff Jönck einen Kasten mit Modellen nach Eutin schickte.

Aus dem Etat von 1770 (A. Sch. 368), aufgestellt vom Verwalter G. Godbersen, geht hervor, wieviel Geld für Bauarbeiten ausgegeben wurde.

Dienstlohn		442 Reichsthaler	10
für gekauftes Vieh		982 Reichsthaler	15
für gekauftes Korn		217 Reichsthaler	18
an Bau und Reparaturen		635 Reichsthaler	16
für den Garten und Heeschenberg		164 Reichsthaler	33
für Feldarbeit		88 Reichsthaler	34
unterschiedlicher Arbeitslohn		50 Reichsthaler	18
Fracht- und Fuhrlohn		189 Reichsthaler	29
Hof- und Feldwirtschaft		19 Reichsthaler	15
Haushaltung		425 Reichsthaler	31
diverse Ausgaben		427 Reichsthaler	42
	Summe	3643 Reichsthaler	24
Einnahmen		3719 Reichsthaler	4
Cassa Inhalt		75 Reichsthaler	28

1771 (A. Sch. 369 u. 371) schickte Greggenhoffer den Maurermeister Fehlandt von Eutin nach Schierensee, um zwischen den beiden Pavillons sechs Postamente (Pfeiler) zu errichten. Moser erhielt für die Lieferung der Gesimse und Vasen dazu 144 Reichsthaler. Außerdem lieferte er noch zwei große Vasen. Fehlandt mußte im Wohnhaus alle Räume weißen und den neuen Flügel ausbessern.

An Gehältern wurden in diesem Jahr gezahlt: an den Verwalter Godber Godbersen 100 Reichsthaler, an den Gartenknecht 16, an die Köchin 10 und an die Meierin 18 Reichsthaler.

1771 kaufte Saldern, wie erwähnt, den früher dem Gut Schierensee zugehörigen Meierhof Annenhof von dem Landrat Johan Gabriel v. Sparwenfeldt (A. Sch. 10). Hierüber berichtete Fr. A. Schnepel (Anlage 49): *Der Geheimrat v. Saldern kaufte es (Annenhof) daher . . . auf Leibrente, und der Baron zog nach Kiel. Kaum war aber dieser Kauf zu Stande gebracht und das Gut von dem Geheimen-Rath v. Saldern übernommen, so schlug der Blitzstrahl in die Scheune und ein zweiter Blitzstrahl führ in das Kuhhaus, und der ganze Annenhofer Hof brannte ab. Auf davon erhaltene Nachricht erging von St. Petersburg die Ordre nach Holstein dahin, daß der Hof nach einem zugleich mit übersandtem Risse und Plan sogleich neu wiederaufgebauet werden sollte. Dies geschah denn auch in aller Ordnung und mit allem Fleiß. Der Haupthof bekam ein herrschaftliches Wohnhaus mit zwei Nebenhäusern, ein Thorhaus, eine Scheune und ein Kuhhaus, und außerdem ein Hühnerhaus, auch ward ein großer Garten dicht am Wohnhause angelegt und eingerichtet. Weil der Grund des zur Anlegung des Haupthofes bestimmten Platzes moorigt war, so wurden unter dem ganzen Platze zur Ableitung des Wassers Kanäle gemacht . . .*

Von 1772 bis 1774 (A. Sch. 370–374) wurden keine Neubauten errichtet. Dafür ist aber aus den Rechnungen ersichtlich, daß sowohl am Wohnhaus wie an den beiden Gartenpavillons Arbeiten durchgeführt wurden. Der Schiffer Detleff Maaß holte aus Petersburg acht Kästen mit Kachelöfen und einen Kasten mit Modellen. Aus Rendsburg wurde ein eiserner Windofen geholt und aus Hamburg zwei Kästen mit Fayence. Aus Dresden wurde ein Porzellanservice für 50 Reichsthaler gekauft. Am Wohnhaus wurden oben und unten je dreizehn Fenster gestrichen. Auf der sehr schematischen Zeichnung von 1758 sind an der Rückfront oben und unten je sechs Fenster gezeichnet.

1772 erschien zum erstenmal der Name des Landbaumeisters Johan Adam Richter in den Rechnungen. Auf seine Anforderung wurde für den Garten eine lange Bank mit Rückenlehne geliefert.

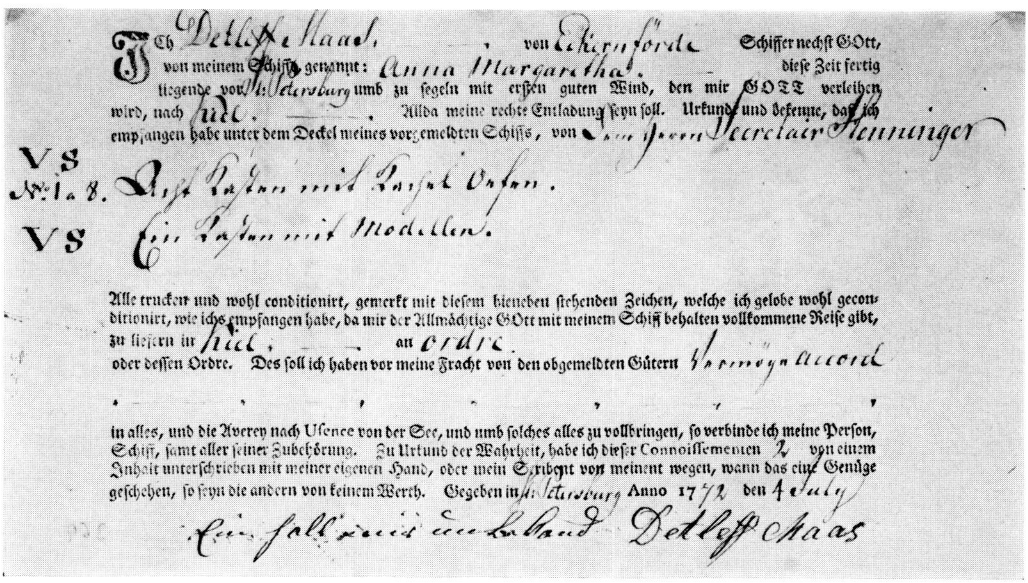
Ich Detleff Maas, von Eckernförde Schiffer nechst GOtt, von meinem Schiff genannt: Anna Margaretha. diese Zeit fertig liegende vor St. Petersburg umb zu segeln mit ersten guten Wind, den mir GOTT verleihen wird, nach Kiel. Allda meine rechte Entladung seyn soll. Urkunde und bekenne, daß ich empfangen habe unter dem Deckel meines vorgemeldten Schiffs, von Herrn Secretair Henninger

VS
No. 1 a 8.

VS Ein Kasten mit Modellen.

Alle trucken und wohl conditionirt, gemerkt mit diesem hieneben stehenden Zeichen, welche ich gelobe wohl geconditionirt, wie ichs empfangen habe, da mir der Allmächtige GOtt mit meinem Schiff behalten vollkommene Reise gibt, zu liefern in Kiel, an ordre, oder dessen Ordre. Des soll ich haben vor meine Fracht von den obgemeldten Gütern

in alles, und die Averey nach Usence von der See, und umb solches alles zu vollbringen, so verbinde ich meine Person, Schiff, samt aller seiner Zubehörung. Zu Urkund der Wahrheit, habe ich dieser Connoissementen 2 von einem Inhalt unterschrieben mit meiner eigenen Hand, oder mein Schreiber von meinent wegen, wann das eine Genüge geschehen, so seyn die andern von keinem Werth. Gegeben in St. Petersburg Anno 1772 den 4 July

Detleff Maas

Seefrachtbrief für Detleff Maaß

Im Auftrag eines Architekten Feltin erhielt am 2. Juni 1771 der Bildhauer Forsmann (A. Sch. 369) den Auftrag, ein Schild von Bildhauerarbeit 7 Hamburger Fuß hoch und 10 Fuß breit mit Anstreichen und Vergolden des Rahmens für 61 Rubel anzufertigen. Weder Architekt noch Bildhauer sind in Deutschland zu ermitteln, so daß man annehmen kann, wie auch aus der Bezahlung in Rubel ersichtlich ist, daß es sich um einen Auftrag in Petersburg handelt. Aus einer weiteren Rechnung geht hervor, daß im Garten eine Mauer mit steinernem Gesims stand, an der eine Scheibe zum Scheibenschießen befestigt war.

Bedenklich nach heutiger Erkenntnis ist es, wenn man liest, daß die sechs Vasen auf den Pfeilern mit heißem Öl getränkt und dann mit weißer Ölfarbe gestrichen wurden. Der zum Teil schlechte Erhaltungszustand 1968 erklärt sich daher, daß die Ölfarbe den Sandstein an der Oberfläche zerstörte.

Im Wohnhaus wurde 1773 im großen Saal die Tapete abgenommen und im Tafelzimmer die Wand mit einer *fein gedruckten ausländischen Tapete* bekleidet. Es ist das Jahr, in dem Saldern in Petersburg in Ungnade fällt und seine dortigen Dienste aufgibt. Im Januar erkennt man aus einer Rechnung, daß Saldern mit drei Reitknechten nach Petersburg reiste, wohl um eine endgültige Klarstellung über seine weitere Zukunft zu erhalten. Wenn in diesem Jahr im Wohnhaus noch ausländische kostbare Tapeten eingebaut wurden, kann man annehmen, daß es sich immer noch in einem guten baulichen Zustand befand.

Aus dem Hausgarten wurde das kleine Lusthaus zum Heeschenberg versetzt. Interessant ist der Anstrich von acht blinden Fenstern mit Ölfarbe auf den Mauern der beiden neuen Pavillons auf dem Hof.

1774 wurde im Garten das Fundament für ein Pfirsichgewächshaus gelegt (A. Sch. 373). Auf dem Hof wurde eine Kalkgrube angelegt, und zwar bei dem Schandpfahl, der zur Gerichtsbarkeit des Gutes gehörte. Mit Greggenhoffer wurde ein letzter Kontrakt abgeschlossen. Er war damals 55 Jahre und starb fünf Jahre später in Eutin.

Außer dem schon 1758 auf der Karte von Reyer eingezeichneten Gasthaus *Der Lustige Bruder* ließ Saldern hinter dem Heeschenberg ein weiteres bauen. Es war das Haus *Die Lustige Schwester,* das Greggenhoffer 1774 durch den Maurermeister Jörgen Nielsen für 1122 Reichsthaler nach einer vorgelegten Zeichnung errichten ließ (A. Sch. 263). Außer der Diele enthielt das Haus drei Stuben, drei Kammern und die Küche. Im Anbau waren der Pferde- und Kuhstall sowie die Mägdekammer und die Dreschdiele untergebracht.

Mit dem Jahr 1775, dem zweiten Jahr, in dem Saldern Pensionär ist, beginnt auf Schierensee eine neue Bauära. Der Landbaumeister Johan Adam Richter wurde vertraglich als Architekt verpflichtet. Er erhielt ein Gehalt von 100 Reichsthaler jährlich. Als örtlicher Bauaufseher wurde sein jüngerer Bruder Peter Richter, der auf Annenhof wohnte, für ein Gehalt von 80 Reichsthaler eingestellt. Von 1776 bis 1785 stand J. A. Richter (A. Sch. 379) ein Reitpferd (A. Sch. 375) für seine Reisen von Kiel nach Schierensee zur Verfügung.

Jetzt setzte eine erhebliche Bautätigkeit ein, zunächst an den Wirtschaftsgebäuden. Der alte Wagenschauer wurde abgebrochen und ein neuer Pferdestall durch den Zimmermeister Hans Tanck erbaut. Der Maurermeister Fehlandt baute ein neues Materialhaus und der Maurermeister Johan Casper Jakobsen aus Preetz eine neue

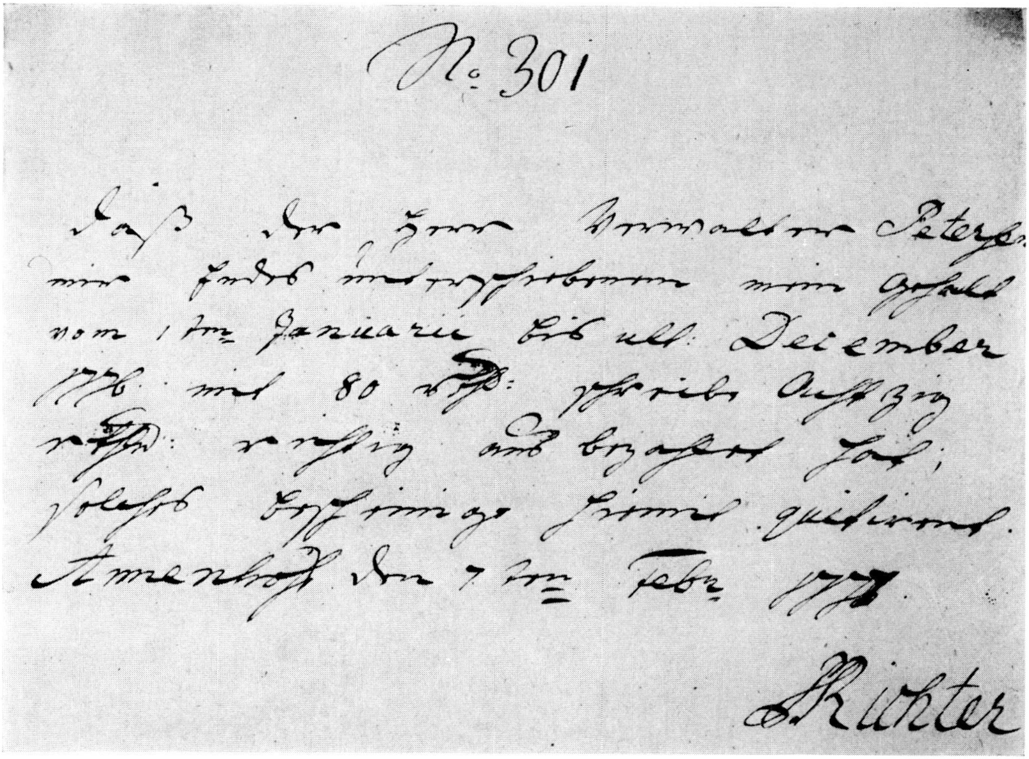

No 301

daß der Herr Verwalter Peters
mir für des unterschriebenen mein Gehalt
vom 1ten Januarii bis ult. December
1776 mit 80 Rthl: schreibe Achtzig
Rthl: richtig und bezahlet hat;
solches bescheinige hiemit quitirend.
[illegible] den 7ten Febr 1777

Richter

Gehaltsquittung Peter Richters

Kate und Scheune bei dem *Lustigen Bruder.* Tanck erhielt ferner den Auftrag zum Umbau der Meierei. Der Neubau des Pferdestalls erübrigte die Unterbringung von Pferden im Meiereigebäude. Daher wurden die Stände entfernt und dafür Schweinekoben eingebaut. Die Buttermühle wurde umgesetzt.

Die Ausgaben für Bauarbeiten beliefen sich von November 1774 bis November 1775 (A. Sch. 373) auf 1190 Reichsthaler 42, davon entfielen auf folgende Positionen

Maurerarbeiten	321,28	Reichsthaler
Zimmerarbeiten	290,22	Reichsthaler
Tischler	373,00	Reichsthaler
Schmied	126,08	Reichsthaler
Dachdecker	55,16	Reichsthaler
Diverse	24,16	Reichsthaler

Zum erstenmal taucht in diesem Jahr die Idee auf, ein neues Wohnhaus zu errichten. Die Gelder, die Saldern während seiner Tätigkeit in Rußland bezog, die Einnahmen aus den Vermittlungen bei den Abschlüssen der Staatsverträge zwischen Rußland und Dänemark sowie die von beiden Staaten gezahlten Pensionen müssen bei Saldern den Wunsch geweckt haben, jetzt ein der neuen Zeit und seinem Stand entsprechendes Herrenhaus zu besitzen. Richter, der schon 1768 in Kiel in der Flämischen Straße das

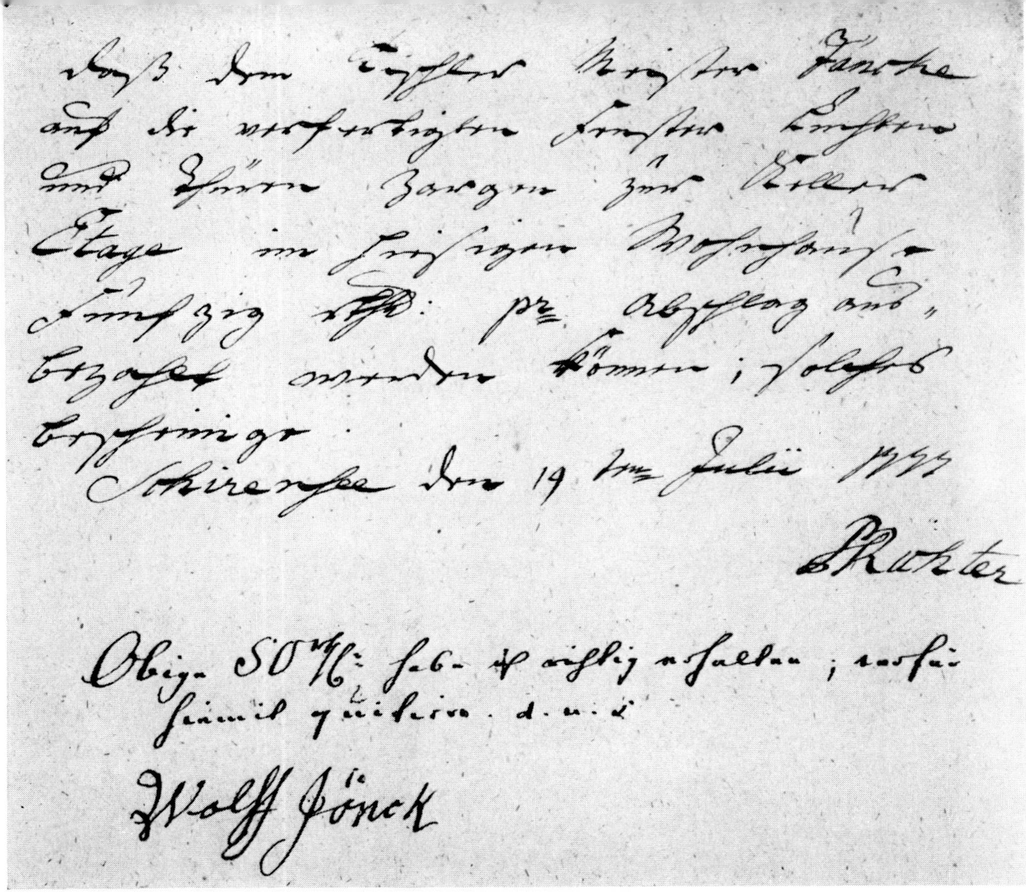
daß dem Tischler Meister Jancke
auf die verfertigten Fenster Rahmen
und Thüren Zargen zur Keller
Etage im hiesigen Wohnhause
fünfzig rth: pr Abschlag end-
bezahlt werden können; solches
bescheinige
Schirensee den 19ten Julii 1777

Richter

Obige 50 rth: habe ich richtig erhalten; worü-
ber hiemit quitiere d. u. s.

Wolff Jönck

1

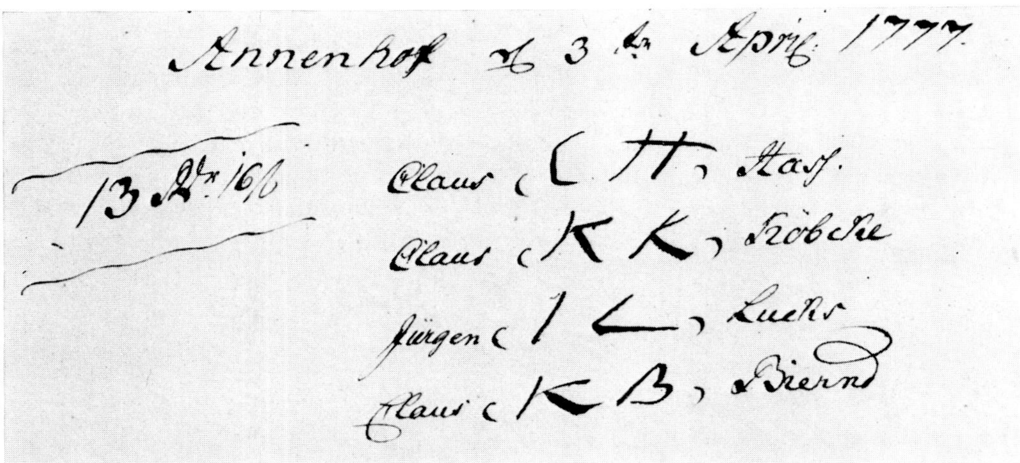
Annenhof d 3ten April 1777

13 Rth 16ß

Claus (CH) Haß
Claus (KK) Köbcke
Jürgen (JL) Lucks
Claus (KB) Biernd

2

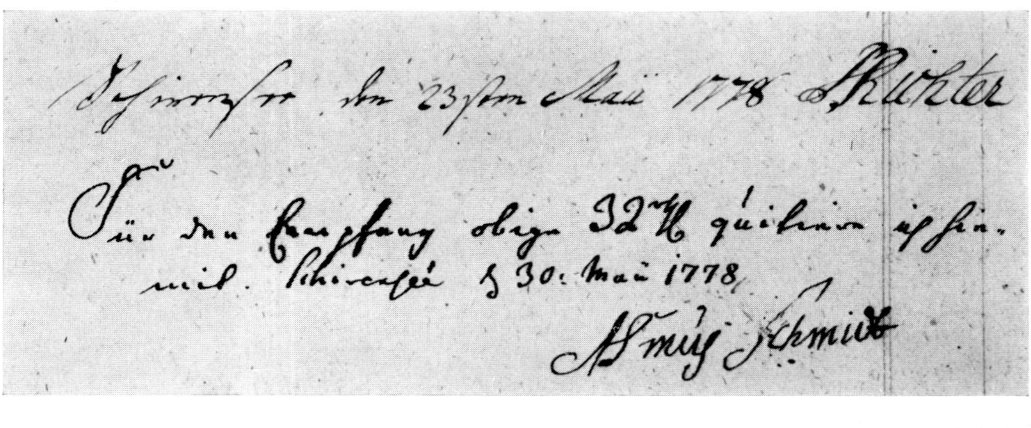
Schirensee den 23sten Maii 1778 Richter

Für den Empfang obiger 32 rth quitiere ich hie-
mit. Schirensee d 30. Maii 1778

Samuel Schmidt

3

Wohnhaus für Saldern völlig erneuert hatte, war damals 42 Jahre alt und gewiß voll neuer Ideen. Sein Bruder Peter war mit 25 Jahren seine beste Hilfe bei der Überwachung der Bauten.

Aus einem Beleg ist zu sehen, daß der Steinhauer Asmus Schmidt ab September 1775 Steine für das Fundament und die Treppe des neuen Wohnhauses aus Granit schlug (A. Sch. 376).

In den Heeschenbarg bi Schierensee hett in oln Tieden en Riesen wahnt, Hans Heesch hett he heeten. Sin Stohl weer en groten Steen, de is so grot weß, dar hett en Wagen mit veer Peer op ümwenn' kunnt. As dat Sloß Schierensee bu't ward'n schull, do hebbt se em klövt un de Steen to de Grundmurn von dat Sloß brukt, dat sünd nog weß.

1776 begann der Ankauf von Baumaterial. Aus Stettin brachte der junge Schiffsmann Christian für 887 Reichsthaler Material. Die Fracht hierfür betrug allein 366 Reichsthaler. Mit dem Schiff wurden aus Flensburg 17 000 weiße Mauersteine und aus Gotland Kalk nach Kiel gebracht. Auch aus der Ziegelei in Annenhof wurden Mauersteine geholt.

Im Mai wurden im alten Herrenhaus die Öfen abgebrochen und die Fenster ausgebaut. Das Zimmerwerk und die *Tafeln* (Fachwerkwände) wurden durch Tanck abgebrochen. Im August wurden der Boden für den Keller und die Fundamente ausgehoben sowie eine Kalkgrube angelegt.

Nebenher wurde für den Holzvogt ein neues Haus durch Neelsen gebaut. Von Juni bis September 1777 schalte Tanck die Kellergewölbe ein (A. Sch. 377). Vom Juli bis zum Oktober wurde die Graniteingangstreppe mit 24 Tritten und drei Podesten gesetzt. Auch die Gartentreppe mit 21 Stufen wurde fertiggestellt. Für die Schmiedearbeiten wurde Jochim Evers, für die Schlosserarbeiten Joh. Friedrich Nießen aus Bossee eingestellt.

Auch in diesem Jahr wurde im Außengelände gebaut. Beim *Lustigen Bruder* entstand ein Schmiedehaus und auf der Grubenkoppel ein Wohnhaus für vier Tagelöhner.

An Material wurden 261 t Beizkalk verbraucht und 1772 Ellen Eichenholz geschnitten, daneben auch Fichtenholz. Alle Rechnungen wurden durch P. Richter abgezeichnet, so eine von Tischler Jönck für die Türen und Fenster der Kelleretage. Ottendorfer Hüfner fuhren aus den Hüttener Bergen Eichenkantholz an. Da sie nicht schreiben konnten, unterzeichneten sie die Quittung nur mit den Anfangsbuchstaben.

Im Februar 1778 wurden die Hölzer für die Gesimse und Sparren zugeschnitten (A. Sch. 378). Der Bau ging zügig voran. Im Dezember war der Rohbau fertig. Es ist das Jahr, das im Portal in Sandstein gehauen zu lesen ist.

Als Dacheindeckung wurden nicht wie üblich Dachziegel benutzt, sondern, wie schon 1771 auf dem Heeschenberg bei dem großen Pavillon geschehen, eiserne Platten. Sie wurden mit dem Schiff aus Petersburg geholt. Die erste Kunde über diese im Land ungewohnte Eindeckung gab der Domherr Meyer in seinem Reisebericht, als er im Sommer 1815 durch Holstein fuhr (Darstellungen aus Nord-Deutschland von Dr. Meyer, Hamburg 1816, S. 267) (Anlage 28).

In diesem Jahr machte Richter den Vorschlag für den Neubau einer Kate (A. Sch. 314). Sie muß groß gewesen sein, da sie zehn Fenster und zwölf Türen hatte. Auch ein Torfstall wurde aufgeführt.

1 Rechnung des Tischlers Jönck
2 Namenszeichen nichtschriftkundiger Handwerker
3 Rechnung des Steinhauers Asmus Schmidt

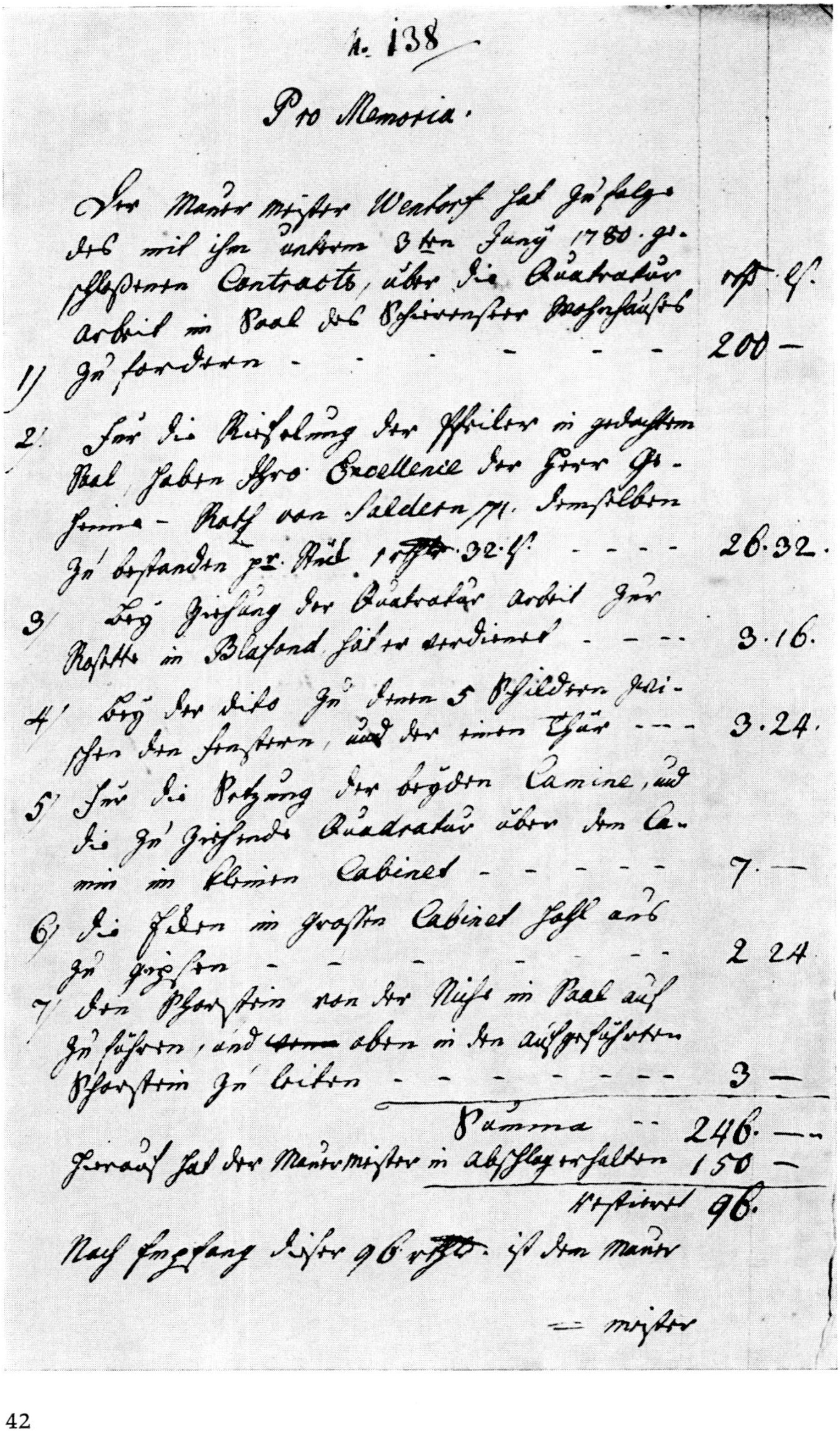

138

Pro Memoria.

Der Mauermeister Wentorf hat zufolge des mit ihm unterm 3ten Junij 1780 geschlossenen Contracts, über die Quadratur arbeit im Saal des Schirrenseer Wohnhauses | rthl. ß.
1/ zu fordern - - - - - - - 200 —

2/ Für die Ausholung der Pfeiler im gedachten Saal haben Ihro Excellence der Herr Geheime-Rath von Saldern ihm denselben zu bestanden pr. Stück 1 rthl. 32 ß - - - - 26.32.

3/ Bey Ziehung der Quadratur arbeit zur Rosette im Plafond hat er verdienet - - - 3.16.

4/ bey der dito zu denen 5 Schildern zwischen den Fenstern, und der einen Thür - - - 3.24.

5/ Für die Setzung der beyden Camine, und die zu ziehende Quadratur über den Camin im kleinen Cabinet - - - - - - 7.—

6/ Die Ecken im grossen Cabinet hohl aus zu ziehen - - - - - - - 2 24.

7/ Den Schornstein von der Nische im Saal auf zu führen, und ~~oben~~ oben in den aufgeführten Schornstein zu leiten - - - - - - - 3 —

Summa - - 246 —

Hierauf hat der Mauermeister in Abschlag erhalten 150 —

restiret 96.

Nach Empfang dieser 96 rthl. ist dem Mauer

— meister

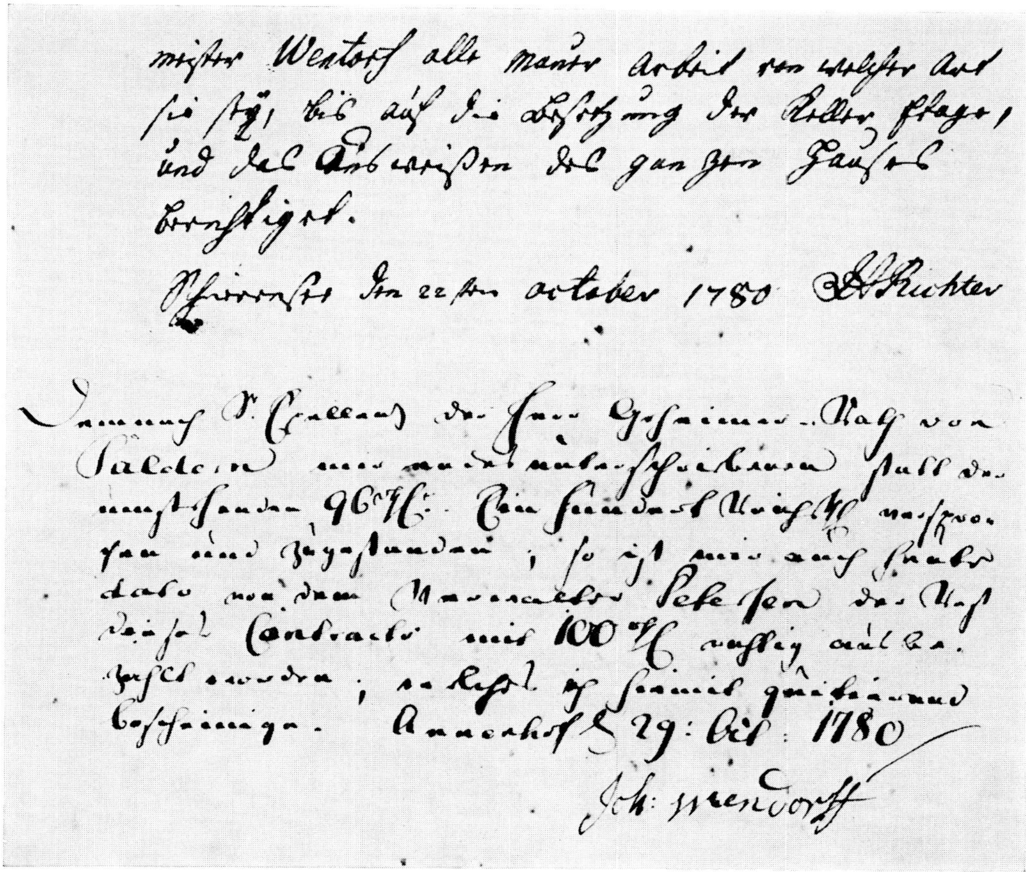

Baukontrakt zwischen Joh. Wendorff und Joh. A. Richter (S. 42/43)

1779 (A. Sch. 380) wurden im Herrenhaus mit Ausnahme des Saales die Decken verschalt und Pommersches Glas für die Fenster gekauft. Im August wurden auf Order von P. Richter aus Hamburg 23zöllige Fliesen aus Marmor für die Diele bezogen, und zwar 149 Stück schwarze und 81 Stück weiße. Sie wurden im Muster verlegt. Die Kosten betrugen 503 Reichsthaler (A. Sch. 381).

Da inzwischen P. Richter Eutinischer Hofbaumeister geworden war, wurde sein Gehalt in Schierensee auf 200 Reichsthaler jährlich erhöht. Im Haus wurden die Treppen unterschalt und die Lagerhölzer sowie die Unterschalung im großen Saal gelegt (A. Sch. 381). Am 3. Juni 1780 wurde zwischen Richter und dem Maurermeister Johan Wendorff ein Vertrag geschlossen, er betraf die Riefelung der Pfeiler im großen Saal, die Mitarbeit bei der Rosette an der Decke, die Fertigung der fünf Schilder zwischen den Fenstern und über der einen Tür. Der Vertrag bezog sich weiter auf die Setzung von zwei Kaminen im Saal und auf die Arbeit über dem Kamin im kleinen Kabinett. Im großen Kabinett mußten die Ecken hohl ausgegipst werden.

Im Oktober wurde mit Wendorff ein weiterer Vertrag (A. Sch. 331) über das Putzen und Gipsen der Wände abgeschlossen. Im April 1781 sollte er beginnen. Die von

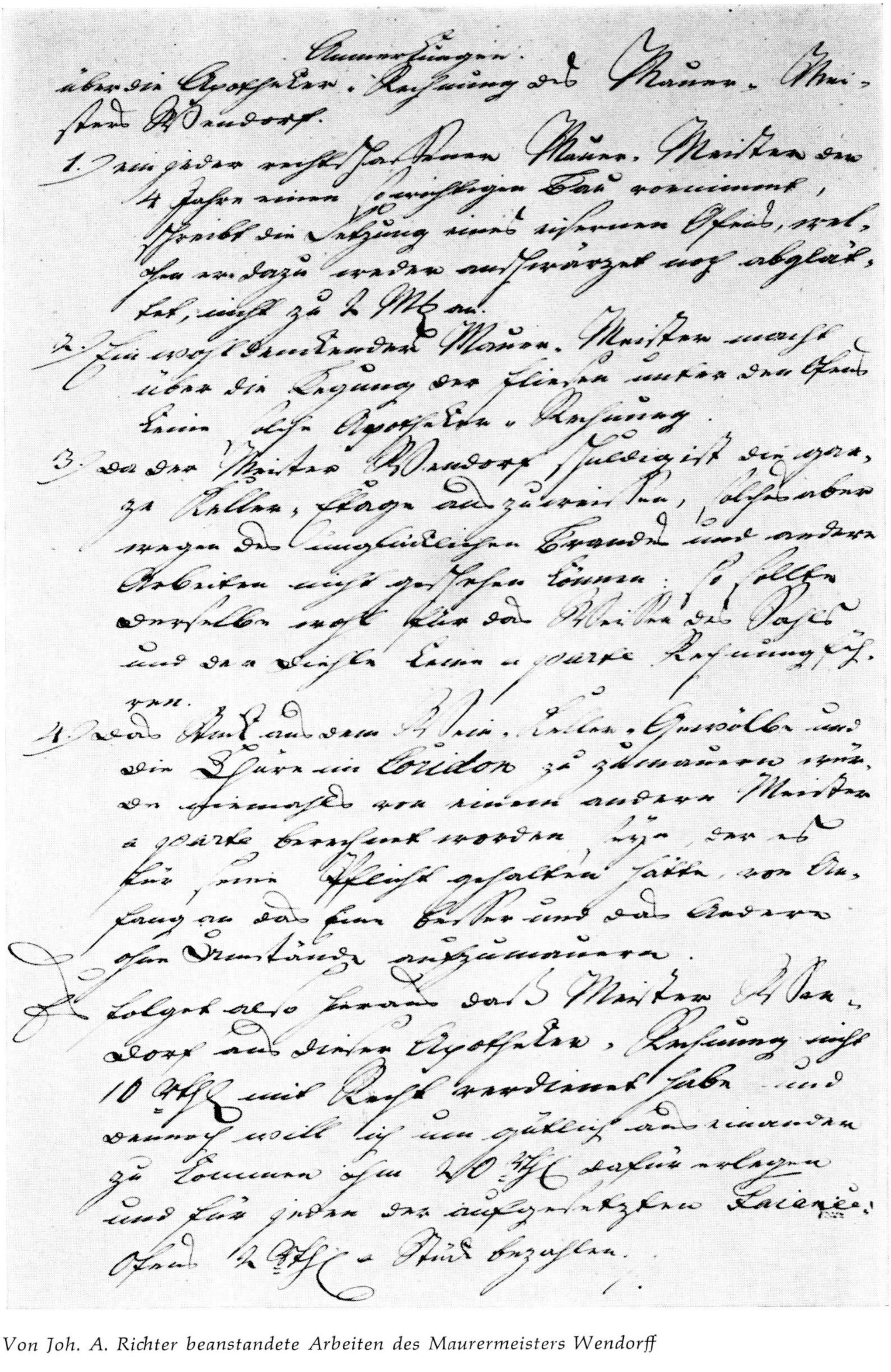
Bemerkungen über die Arbeiten-Rechnung des Maurer-Meisters Wendorff.

Von Joh. A. Richter beanstandete Arbeiten des Maurermeisters Wendorff

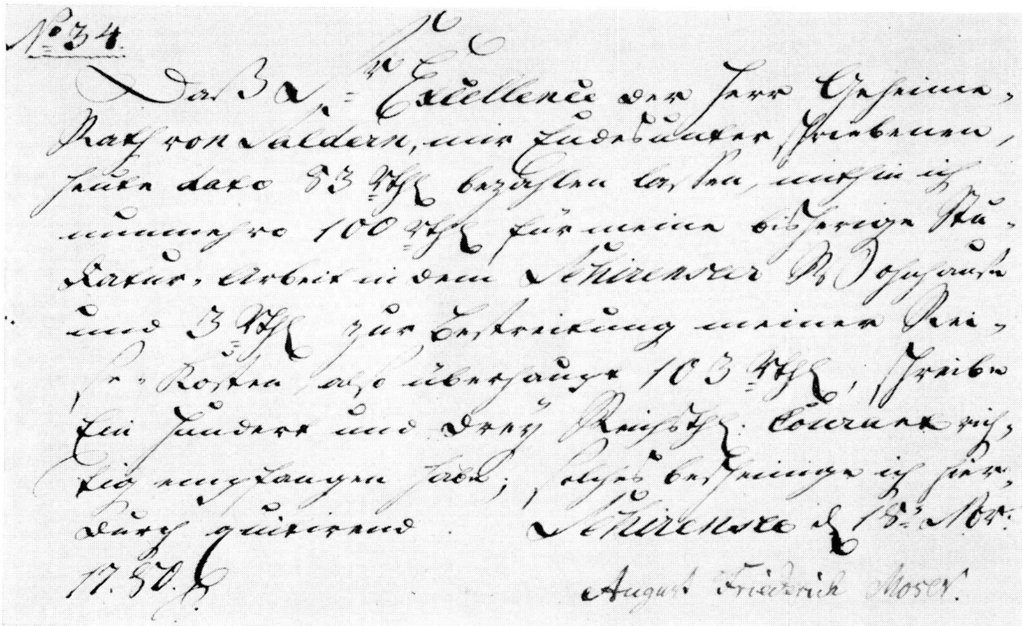

N:o 34.

1780.

August Friedrich Moser.

Quittung von A. Fr. Moser

Wendorff ausgeführten Arbeiten forderten zum Teil eine heftige Kritik Richters heraus. Er machte Anmerkungen über die *Apothekerrechnung* des Maurermeisters Wendorff. Die Tischlerarbeiten führte der Meister Wolff Jönck durch. Im November quittierte der Bildhauer August Friedrich Moser aus Eutin, ein Sohn des Johan Georg Moser, über 103 Reichsthaler für Stuckarbeiten im Wohngebäude.

Nebenher erfährt man durch einen Beleg, daß der Kieler Maler Bremer für die Anmalung einer zweisitzigen Kutsche 26 Reichsthaler quittiert hat. Er strich die Tafeln hellgrau mit Medaillons, die Leisten dunkelgrün. Der Kranz oben wurde mit echtem Gold vergoldet und das Gestell dreimal mit zinnoberroter Farbe gestrichen.

Auf dem Hof wurden acht Fach eiserne Stakete, angefertigt durch den Schmied Johan Clement Dahl aus der Brunswik bei Kiel, aufgestellt (A. Sch. 380). Chr. Schwartz legte auf dem Hof 28 Quadratruthen Steinpflaster (A. Sch. 381).

Im folgenden Jahr 1781 (A. Sch. 382) lieferte Dahl weitere Stakete für den Hof. Im Wohnhaus gingen die Ausbauarbeiten weiter. Der Bildhauer Johan Geertz aus Welt bei Tönning schnitzte sechzehn Kapitelle für den Saal und vergoldete sie, angebracht wurden sie durch Wendorff. Letzterer setzte in der Kelleretage zwei eiserne Öfen, legte in der Hauptetage Marmorfliesen unter die Öfen, setzte hier zwei eiserne und einen blau-weißen Fayenceofen. Bei zwei Kaminen setzte er eiserne Platten und Sandsteinumrahmungen. Im Obergeschoß legte er unter sieben Öfen blau-weiße Fliesen.

Der Bildhauer August Friedrich Moser empfing für eine Rechnung 110 Reichsthaler:

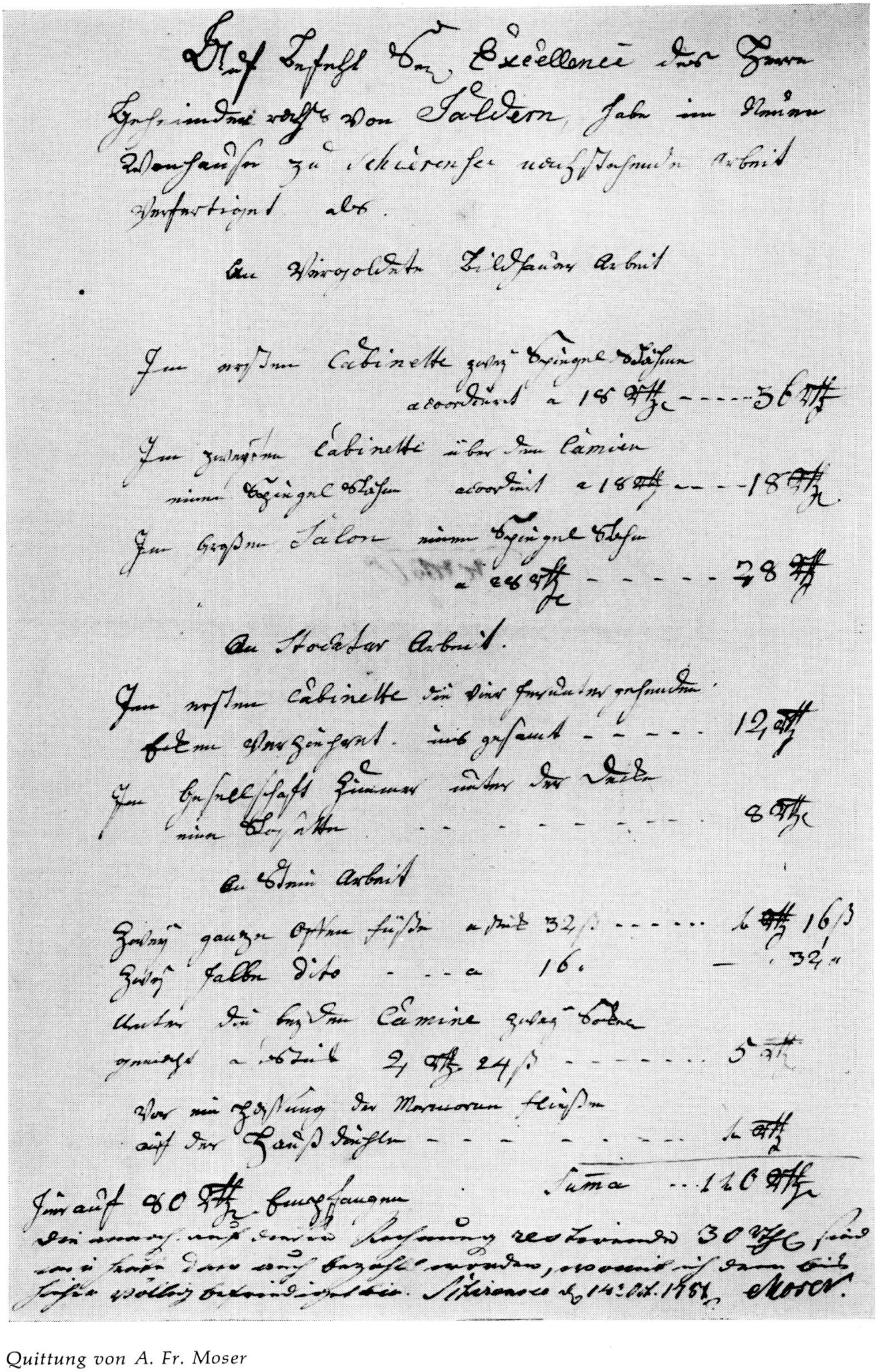
Auf Befehl Ihro Excellence des Herrn
Geheimderaths von Saldern, habe im Neuen
Wohnhause zu Schierensee nachstehende Arbeit
verfertiget als.

An Vergoldeter Bildhauer Arbeit

Im ersten Cabinette zwey Spiegel Rahmen
accordiret à 18 Rthlr ---- 36 Rthlr

Im zweyten Cabinette über dem Camien
einen Spiegel Rahm accordiret à 18 Rthlr ---- 18 Rthlr

Im Großen Salon einen Spiegel Rahm
à 28 Rthlr ---- 28 Rthlr

An Stockatur Arbeit.

Im ersten Cabinette die vier [illegible]
Felder [illegible] insgesamt ---- 12 Rthlr

Im Gesellschaft Zimmer unter der Decke
einen Schatten ---- 8 Rthlr

An Stein Arbeit

Zwey ganze [illegible] füße à Stück 32 ß ---- 1 Rthlr 16 ß
Zwey halbe dito ---- à 16. ---- 32 "
Unter die beyden Camine zwey Steine
gemacht à Stück 2 Rthlr 24 ß ---- 5 Rthlr
Vor ein Schleifung der Marmoren fliesen
auf der Hauß diehle ---- 1 Rthlr

Suma ... 110 Rthlr

Hierauf 80 Rthlr empfangen
die übrige auf diese Rechnung restirende 30 Rthlr sind
mir heute dato auch bezahlt worden, wovon ich dann hie[illegible]
[illegible] völlig befriedigt bin. Schierensee d. 14. Oct. 1781. Moser.

Quittung von A. Fr. Moser

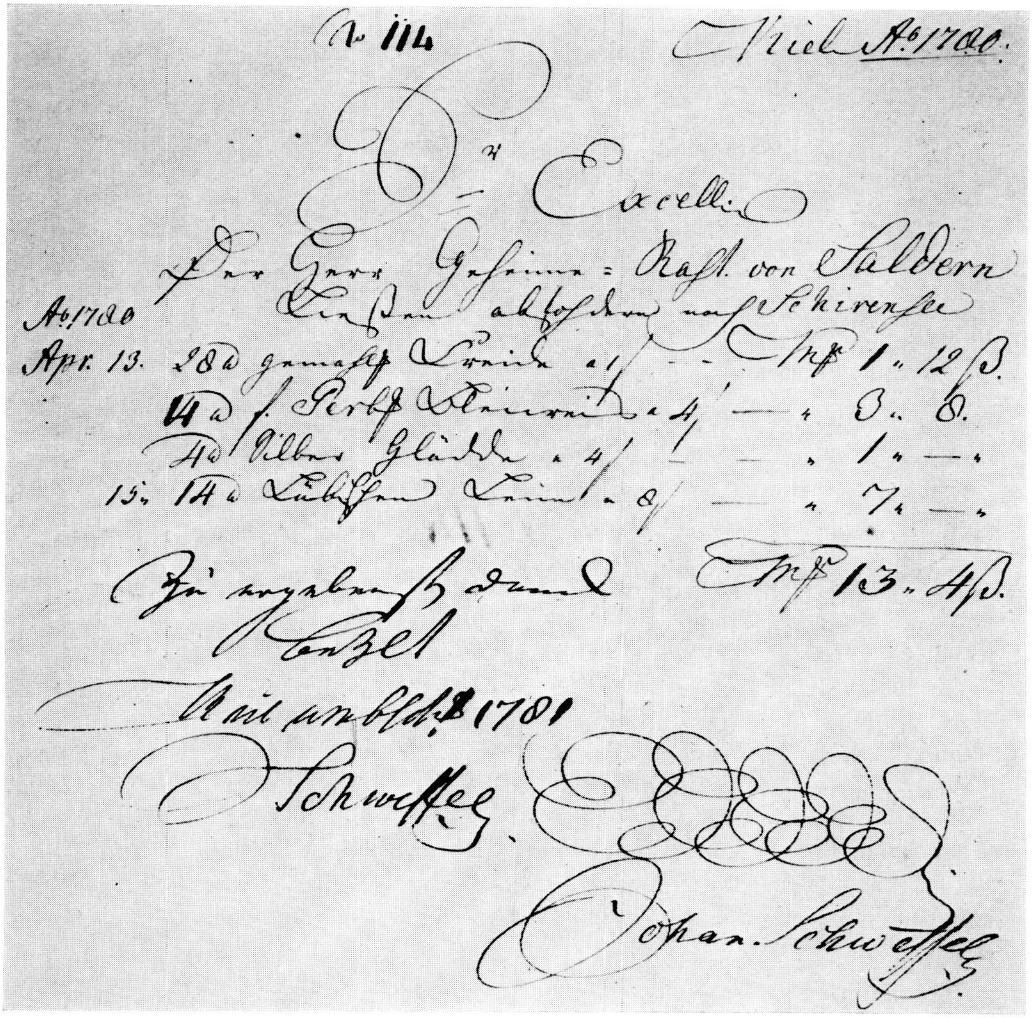

Quittung von Johan Schweffel

Aus Rendsburg wurden von Hans Schrum 160 Stück grüne und gelbe Fliesen das Stück für 15 Reichsthaler gekauft. Aus Kellinghusen bezog man tausend Stück Fliesen für 70 Reichsthaler. Lieferant war Carsten Behrens. Saldern beanstandete diese Fliesen, da sie unegale Höhen hatten. Die Malerarbeiten führte bis 1781 Samuel Benedikt Arnold durch, er erhielt 200 Reichsthaler. Für die Einrichtung kamen die ersten Möbel. Aus Rostock wurden 24 Stühle geliefert. Ein Zulieferer für die Handwerker war der Kieler Kaufmann Johan Schweffel.

Während im Wohnhaus die Arbeiten in vollem Gang waren, traf den Hof, wie seine Hausdame Frid. Amalie Schnepel berichtete (A. Sch. 333), *ein nicht kleines Unglück: denn, wie er eben das prächtige neue Wohnhaus zu Schierensee fertig hatte (ein Irrtum der Verfasserin) und am Pfingstfest zum Besuch eines Freundes verreist*

Johann Matthias Bremer (1729–1792)
um 1785

Miniatur von Friedrich Carl Gröger

war, kam ein Gärtner-Bursche, den er aus Gefälligkeit die Gartenkunst lehren ließ, auf den unglücklichen Einfall, nach einer auf dem mit Stroh gedeckten Kuhhause sitzenden Taube zu schießen, welches dann die Folge hatte, daß in einigen Stunden fast der ganze Schierenseer Hof abbrannte, und nur das neue Wohnhaus und der Reitstall blieben stehen; es mußten mithin die abgebrannten Gebäude wiederum neu aufgeführt werden, welches, wie jeder erfahrene Mann leicht denken kann, viel Geld kostete.

Zu obiger Beschreibung muß ergänzend gesagt werden, daß Scheune, Kuhstall und alte Meierei völlig vernichtet wurden, während die Pavillons und die neue Meierei oder auch Haushaltungsgebäude mit Sicherheit in den Außenmauern stehenblieben. Für J. A. Richter war jetzt die Gelegenheit gegeben, den Hof neu zu ordnen. Die unregelmäßige Lage der abgebrannten Gebäude wurde aufgegeben und zwei voneinander getrennte Höfe angelegt. Der alte Wirtschaftshof wurde Ehrenhof mit dem noch nicht fertig ausgebauten Wohnhaus in der Mittelachse und als Abschluß nach Osten die Meierei. Die Pavillons mit dem Gitter und den vasengeschmückten Pfeilern blieben erhalten und wurden in alter Form wiederhergestellt. Der Stallpavillon erhielt nach Westen einen Anbau zur Aufnahme weiterer Pferde (A. Sch. 314, 384). Der Wirtschaftshof wurde im rechten Winkel zu dem bisherigen Hof nach Westen zu angelegt und durch eine doppelte Reihe von Linden mit einem eisernen Zaun dazwischen vom Ehrenhof getrennt. Die Entwürfe für die Neubauten, wie auch für die Verlängerung des Pavillons, zeichnete J. A. Richter. Schon im Juli wurden die Fundamente für die neue Scheune an der Südseite und das Kuhhaus an der Nordseite gelegt. Ausführende Meister waren Wendorff und Tanck.

Im Herbst konnten bereits die Dächer gedeckt werden.

Die Arbeiten im Haus gingen trotz des Unglücks weiter. Aus einer Rechnung von J. M. Bremer (A. Sch. 382) über 141 Reichsthaler kann man feststellen, welche Räume von ihm ausgemalt wurden. Im Obergeschoß hat er in einem Zimmer die Wände viermal mit weißer Ölfarbe gestrichen und mit blauen Strichen auf *Spitzenart* bemalt. Auch *Kalkpaneelwerk* hat er bemalt. Die Türen wurden innen wie auch zwei Fenster viermal mit grauer Ölfarbe gestrichen. Das Paneelwerk erhielt Füllungen aufgemalt. In dem daneben befindlichen Schlafkabinett wurde in gleicher Art gestrichen. Ein Sandstein über einer Tür wurde dreimal mit *Steincouleur*-Ölfarbe gestrichen und die Schrift vergoldet. In einem Eckzimmer wurden die Wände mit *neapolisgelber* Ölfarbe gestrichen und die Borte darum gemalt. Das Paneel mit Füllungen wurde wie auch die Türen und Fenster perlgrau gestrichen. Im Vorzimmer wurden die Wände auf *Tapetenart* mit Ölfarbe und Tapetenrahmen gemalt. Ebenso wurde ein Eckzimmer zum Garten ausgestattet. In der unteren Etage wurde ein Zimmer (die Bibliothek) viermal mit Ölfarbe in *Cedernholzart gestrichen und wie mit Mosaik ausgelegt bemalt.* Auf gleiche Art wurden das Paneel, die Tür und inwendige Fensterläden von beiden Seiten und die Fensterlaibungen geschmückt.

Im Jahr 1782 (A. Sch. 384) wurden im Wohnhaus weitere Arbeiten durch die Maler und Bildhauer ausgeführt. A. Fr. Moser gestaltete das sogenannte *Tägliche Zimmer* oder den *Gelben Salon.* Hier schnitzte er über drei Türen die Vasen und verzierte eine Tür vor dem Schenkschrank. Auch der große Spiegel mit Tisch und Marmorplatte im *Grünen Salon* stammt aus seiner Hand. Geertz schnitzte fünf Rahmen für Supraporten und vergoldete sie, auch vergoldete er die Leisten im *Grünen Salon,* die die Seidentapeten einfassen. Er schnitzte eine Vase, die er vergoldete und vier Wandleuchter. In anderen Räumen arbeitete der Maler Arnold. Er überzog in einem Zimmer die Ölfarbe mit Lackfirnis. Drei Zimmerdecken und Nischen strich er mit Leimfarbe. Zum weiteren Ausbau wurden Öfen geliefert: von Nicolaus Thönning aus Rendsburg zehn eiserne Pyramidenöfen, von J. Sturm ebenfalls aus Rendsburg zwei Beilegeröfen und ein Windofen. Auch der Specksteinofen im weiß-grünen Eckzimmer wurde in diesem Jahr durch den Maurer Niebeling, aus Gersfeld gebürtig, aufgesetzt.

Thönning lieferte weiter zweihundert gelbe und grüne und neunzöllige Fliesen und dreihundert gelbe und grüne achtzöllige Fliesen. Von ihm kamen 75 blaue mit Landschaften bemalte Fliesen und 25 mit biblischen Szenen. Die Fliesen mit Landschaften kosten das Stück 15 und die mit biblischen *Historien* je 18 Pfennig.

Der Wirtschaftshof erhielt in diesem Jahr seinen Abschluß durch den Bau des Torhauses an der westlichen Seite und Verbindungsmauern zwischen dem Wohnhaus und der Scheune sowie zwischen allen Stallungen. Als kleinere Gebäude kamen hinzu ein Backhaus, ein Hühnerstall am nördlichen Ende des Torhauses, eine Buttermühle (A. Sch. 314) hinter der Meierei.

Auf der von J. H. A. Speck, Königlich bestalltem Landmesser, kopierten Karte, die ursprünglich von Thießen 1789 gezeichnet war, sind diese neuen Gebäude erstmalig eingetragen. Auf dieser Karte wird auch die Gartengestaltung erkennbar. Nach Süden wurde der Garten durch einen langen schmalen Wasserarm von den Weiden getrennt. Weiter südlich liegt der noch heute vorhandene kleine Teich. Westlich der großen Allee liegt der Wirtschaftsgarten mit dem Gärtnerhaus, das von dem Tischler Jönck

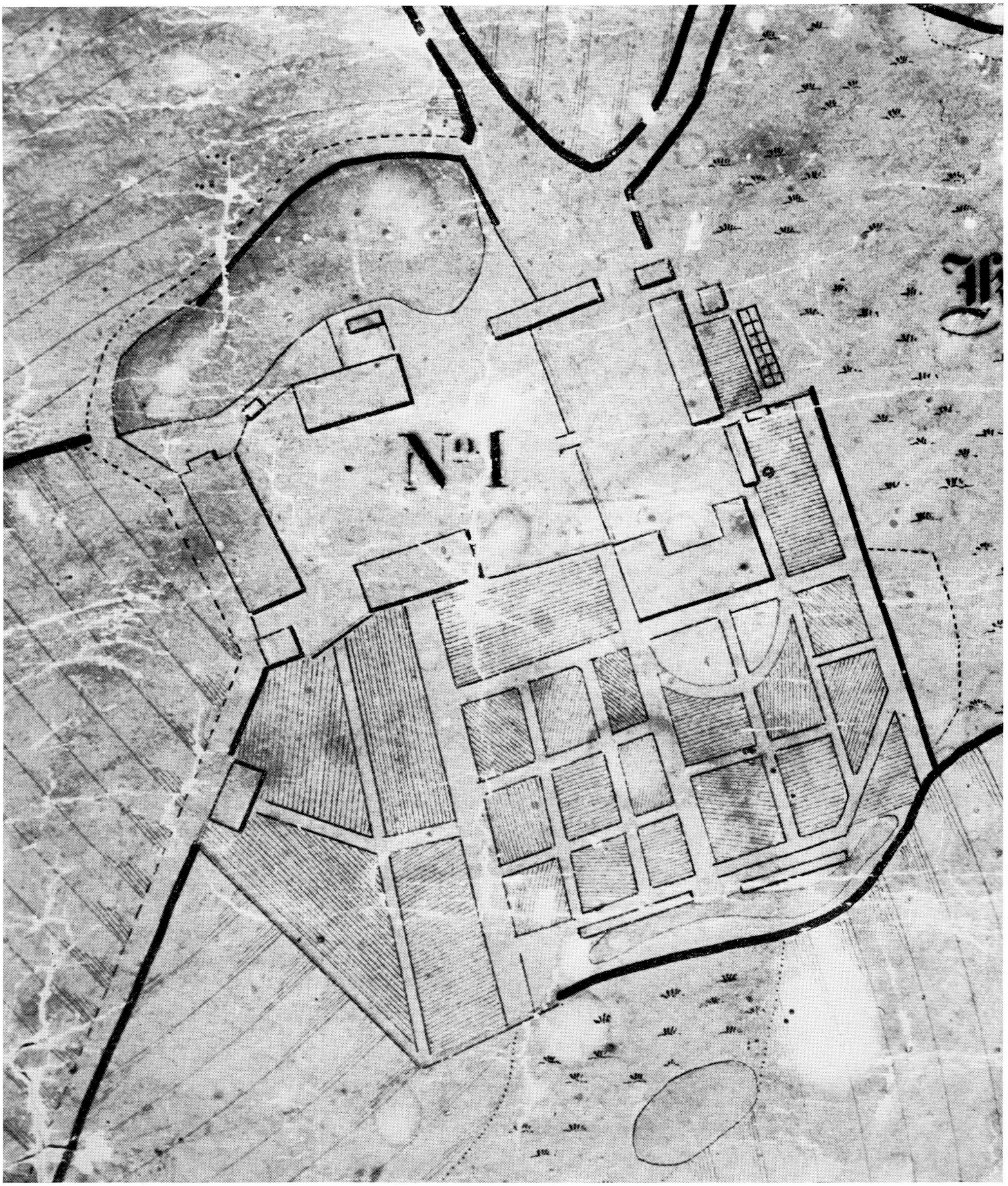

Der Gutshof. Kopie von J. H. A. Speck nach einer Karte von J. A. Thießen von 1789

A LA CHASSE ROYALE,

Rue Saint-Denis, près l'Apport-Paris.

GARDIEN & Compagnie tiennent Magasin de toutes sortes d'Etoffes de Soie, pour Dames & pour Hommes, & tout ce qui concerne les Deuils.

A PARIS. Du 29 avril 1782

livres | sols | den

Rechnung der Firma Gardien & Co. für nach Schierensee gelieferte Stoffe

bewohnt wurde. Auch die Karte von dem Landmesser Creutzfeld von 1810 (A. Sch. 335) zeigt das gleiche Bild.

Für das Wohnhaus wurden neben einer Tapete, die W. L. Tapet (A. Sch. 384) lieferte, nun weitere Möbel angeschafft. Lieferanten waren unter anderem Schramm und Kersten in Hamburg. Kostbare Stücke kamen aus Frankreich. Hier war es die Firma Gagnol (A. Sch. 502), Paris, Rue St.-Antoine, von der man bezog: ein Holzbett in polnischem Stil mit Baldachin, an dessen vier Ecken holzgeschnitzte Delphine sitzen; ein antikes Holzsofa mit kostbaren geschnitzten Ornamenten, weiß gestrichen; sechs Sessel und Dekorationsstoffe (Anlage 20). Zulieferer für die Stoffe war die Firma Gardien & Companie *A la chasse royal,* Rue Saint-Denis, près l'Apport - Paris. Im Archiv Schierensee befindet sich noch jetzt eine Rechnung von Gardien & Co. an die Firma Gagnol mit Stoffproben von blauem Damast.

Auch der Garten nahm langsam Gestalt an. Von der Firma Steltzner (A. Sch. 384) in Lübeck empfing man

200 doppelte blau-weiße und rote Hyazinthen
25 gelb-weiße Tros-Facetten
25 doppelte gelbe Jonquillen (kleine Narzissen)
4 allergrößte doppelte Jonquillen.

Im Jahr 1783 (A. Sch. 385) arbeitete letztmalig der Königliche Hofmaler J. M. Bremer, nun 64 Jahre alt, auf Schierensee sechs Wochen, ein Geselle siebzehn Tage und ein Bursche acht Tage. Zehn Buch echtes Gold verarbeiteten sie. An Bremers Stelle trat dann Christian Friedrich Joachim Binsau (A. Sch. 386) (auch Bünsow) aus Kiel, ursprünglich aus Heide. Er erhielt eine Abschlagzahlung von 30 Reichsthaler. Es ist anzunehmen, daß er die Wände im Vorraum zum Saal gestaltet hat. Sie zeigen große Ähnlichkeit mit einem von Binsau ausgemalten Raum im Herrenhaus Dobersdorf (LAS 126, 4, Nr. 308/9). Hier war er in den Jahren 1771 bis 1773 tätig und hat dort auch Supraporten mit Figuren gemalt, so daß man ihn auch für die Supraporten im genannten Vorraum und im weiß-grünen Kabinett mit den Allegorien des Ruhmes und der Musik annehmen kann. Im sogenannten Eichenkabinett wurden durch den Tischler Detlev Hintz vorbereitende Arbeiten erledigt. Erst 1784 wurde dieser Raum, nachdem Niebeling Löcher in die Wände zur Anbringung des Eichenpaneels geschlagen hatte, fertig. Als Maler arbeiteten nur noch Binsau und ein Geselle von ihm bis 1785 (A. Sch. 386, 389). Er erhielt für 1783 noch 195 Reichsthaler und 1785 noch 58 Reichsthaler.

Damit fanden die Arbeiten am neuen Herrenhaus, die 1776 begannen, nach neun Jahren ihren Abschluß. In der gleichen Zeit wurden die Wirtschaftsgebäude neu errichtet beziehungsweise wieder nach dem Brand instand gesetzt.

Vergleicht man den Etat von 1770 mit dem von 1783, so wird deutlich, wie auch nach dem 1771 erfolgten Zukauf von Annenhof die Bewirtschaftung intensiver wurde, wie aber auch die Ausgaben durch die Bauten stiegen.

	Einnahmen	Ausgaben
1770 (A. Sch. 368)	3 643 Reichsthaler 24	3 719 Reichsthaler 4
1783 (A. Sch. 385)	25 695 Reichsthaler	25 657 Reichsthaler

Nach der Fertigstellung der neuen Wirtschaftsgebäude nach dem großen Brand war es notwendig, für die Brandgilde eine neue Taxierung vorzunehmen. Hiermit wurden der Amtszimmermeister Hans Gabriel aus Flintbek und der Amtsmaurermeister Georg Niebeling aus Preetz beauftragt (A. Sch. 333). Am 6. August 1782 gaben sie eine genaue Beschreibung der Gebäude:

a *der Haushaltungsflügel in diesem Jahr repariert und verändert ist lang 128 Fuß, breit 31 Fuß und 12 Fuß hoch*
taxiert auf 2150 Reichsthaler

b *die an obigem Gebäude angefügte Buttermühle von Stenderwerk mit Brettern bekleidet und Strohdach ist 24 Fuß im Quadrat und 15 Fuß hoch*
taxiert auf 255 Reichsthaler

c *der Pavillon von Brandmauern mit roten Dachpfannen hat 2 Etagen, ist lang 37,5 Fuß, breit 24 Fuß und hoch 20 Fuß*
taxiert auf 940 Reichsthaler

d *der Reitstall von Brandmauern mit roten Ziegeln belegt ist lang 92 Fuß, breit 24 Fuß und hoch 20 Fuß*
taxiert auf 1975 Reichsthaler

e *das neue Kuhhaus von Brandmauern mit Reth gedeckt ist lang 122 Fuß und 40 Fuß breit und 12 Fuß hoch taxiert auf 2225 Reichsthaler*

f *die neue Kornscheune von Brandmauern mit Rethdach ist lang 122 Fuß, breit 45 Fuß und 12 Fuß hoch taxiert auf 2285 Reichsthaler.*

Am 18. Dezember 1782 wurde weiter taxiert, Gabriel und Niebeling begutachteten das neue Torhaus:

das Torhaus von Brandmauern mit Rethdach ist lang 143 Fuß, breit 45 Fuß und 14 Fuß hoch außer den am Norden Ende desselben angefügten Stall von Ständerwerk lang 41 Fuß, tief 16 Fuß mit einem Pultdach mit roten Ziegeln belegt ist taxiert zu 3920 Reichsthaler.

Am 23. Dezember 1782 wurde festgesetzt, daß das Wohnhaus *annoch vor der Hand* ausgesetzt wird (da es noch im Bau war). Die von den Schätzern vorgetragenen Summen wurden insgesamt um etwas auf 14 600 Reichsthaler reduziert. Die Eintragung erfolgte am 20. Januar 1783.

Nach der endgültigen Fertigstellung des Herrenhauses ließ Saldern nur noch kleinere Gebäude für seine Dienstleute bauen. Die letzten Baumaßnahmen in seinem Todesjahr 1786 waren der Neubau der Vogtwohnung in Hohenhude (A. Sch. 390) und die Anlage einer Aalwehr an der Eider (A. Sch. 390).

Bei seinem Tod war die finanzielle Lage auf Schierensee schwierig. Die vielen Bauten auf dem Hof und in den Dörfern hatten ungeheure Summen verschlungen, so daß sein Sohn und Nachfolger Carl Heinrich Graf v. Saldern-Günderoth in Schwierigkeiten kam. Noch auf Wunsch des Verstorbenen mußte in Hamburg ein großer Teil des Tafelsilbers versteigert werden, um die Angestellten auszahlen zu können. Die Versteigerung erbrachte 3949 Reichsthaler 46 (A. Sch. 390).

Zum Gutsgebiet gehörten die Dörfer Hohenhude und Rodenbeck. Hier wohnten die Hufner und Tagelöhner, die auf dem Gut Dienst leisten mußten. Für ihre ordentliche Unterbringung setzte sich Saldern in ganz besonderem Maße ein. Aus den Gutsabrechnungen ist ersichtlich, daß zwischen 1775 und 1780 erhebliche Baumaßnahmen durchgeführt wurden. Den besten Überblick gibt wieder der Bericht der Frid. Amalie Schnepel (Anlage 49): . . . *Außerdem ließ der Geheime-Rath v. Saldern die beiden zum Gute Annenhoff gehörenden Dörfer Hohenhude und Rodenbeck neu aufbauen. Jeder Hüfener erhielt ein großes Wohnhaus von Brandmauern nebst Scheune und Backhaus, und alle zur Einrichtung einer Haushaltung nöthigen Sachen. Er bauete ferner zu Hohenhude ein neues, sowol für den Lehrer, als für die Schulkinder sehr gut eingerichtetes Schulhaus.*

Dieses Schulhaus (A. Sch. 162, 311) steht noch heute, allerdings erweitert durch einen Anbau. Über der Eingangstür ist in Sandstein gehauen zu lesen:

Du solst lieben, Gott Deinen Herrn, von gantzem Hertzen und Deinen Naechsten als Dich selbst. Anno 1781.

Der Entwurf stammte von Peter Richter vom 24. Oktober 1780.

Weiter heißt es im Bericht:

Gleichfalls setzte er das Armenhaus daselbst in guten Stande, und verbesserte die Naturallieferungen, welche die Armen seitdem zur bestimmten Zeit bekommen; Er stellte eine Haushälterin darin an, ließ einen Brunnen bey dem Hause graben, . . . An dem Armenhaus, das 1764 (A. Sch. 159) auf Befehl des Großfürsten Paul Petrowitz durch den Baron v. Sparwenfeldt für 1700 Reichsthaler neu erbaut war, mußten viel Reparaturen durchgeführt werden, da es schnell verwohnt wurde. Da der Bauunterhalt zu niedrig angesetzt war, mußte Saldern 1779 (A. Sch. 161–163) Vorschläge machen, wie die Bausumme erhöht werden könnte. 1780 wohnten nur noch sechs Arme im Haus. Nach dem Tod des Armenwärters sollten der Lehrer und seine Frau das Amt übernehmen, sich um das Wohl der Armen zu kümmern.

. . . An dem, einen Theil des Dorfes Hohenhude begränzenden See, Westensee genannt, bauete er ein Fischerhaus mit einem Stalle, wobey er auch einen Garten anlegen ließ. Für den Fischer ward aus Hamburg ein Netz verschrieben, welches 100 Rthl kostete, und wurde sowol die von dem Fischer zu zahlende jährliche Häuer an Geld festgesetzt, als auch die von ihm jährlich für die Gutsherrschaft und deren Leute zu liefernden Fische in Hinsicht der Art und der Qualität derselben, eine Bestimmung erhielten. In jenem See werden Sandate, Hechte, Baarse, Aale, Karpfen und andere kleine Fische gefangen. In dem Dorfe Rodenbeck ließ der Geheime-Rath v. Saldern ein Müllerhaus und nahe dabey, eine Windmühle, welche auch Graupen-Gänge hat, zum Gebrauche der Guts-Eingesessenen erbauen. Gleichfalls ließ er vor dem Torhause (in Schierensee im Wirtschaftgarten) ein mit einem Garten versehenes Haus bauen, worinnen der Gärtner und ein Schullehrer wohnten, und welches mit aller Bequemlichkeit zur Aufbewahrung der Garten-Früchte versehen war . . . Es wurde ein großes zu zweyen Wohnungen eingerichtetes Jägerhaus im Heidberge gebaut, welches mit einem schönen Garten versehen, mit Linden-Bäumen umpflanzt, und überhaupt sehr nett eingerichtet ist. Der kleine die Heidberger Höltzung umschließende See hat schöne Fische, und es sind auch Forellen und Krebse darin gesetzt worden . . .

Über einzelne Bauten in Hohenhude lassen sich genauere Angaben machen. Der Zimmermeister Detlev Horn aus Flintbek erhielt am 3. Januar 1775 (A. Sch. 311) den Auftrag zum Bau einer Kate in Fachwerk. Sie sollte 51 Fuß lang und 36 Fuß breit sein. Sie enthielt eine Diele, zwei Stuben und Kammern mit vier Schlafstellen. Der größte Teil der Bauten wurde nach Entwürfen von Peter Richter, der damals Bauleiter bei den Arbeiten am neuen Herrenhaus in Schierensee war und in Annenhof wohnte, durchgeführt. Von ihm stammt die Zeichnung für ein Hufnerhaus, dessen Bau am 16. Oktober 1779 genehmigt wurde. Auch die neue Schmiede, die 1775 in Annenhof gebaut wurde, war ein Bau P. Richters. Sein Bau war auch das neue Schulhaus in Hohenhude. Das 1777 (A. Sch. 377) auf der Grubenkoppel gebaute vierfache Wohnhaus für Tagelöhner war ein Fachwerkbau, vielleicht ähnlich, wie eine Zeichnung im Archiv Schierensee ein derartiges Haus darstellt. 1782 (A. Sch. 384) wurde ebenfalls auf derselben Koppel ein Tagelöhnerhaus errichtet und 1785 (A. Sch. 390) eine Nachtwächterkate. Der letzte in Hohenhude unter Saldern errichtete Bau war das von Peter Richter entworfene Vogthaus (A. Sch. 390), das durch den Baumeister Tanck für 28 Reichsthaler gebaut wurde. Die landwirtschaftlichen Bauten der beiden Brüder

J. A. und P. Richter in der Umgebung von Schierensee, im Auftrag des Gutsherrn gebaut, sind insofern von besonderer Bedeutung, als sie die Vorläufer der später von J. A. Richter in den Dörfern Großenaspe, Brachenfeld und Bönebüttel im Amt Neumünster zwischen 1794 und 1803 errichteten Hufnerhäuser sind. Seit 1736, dem Jahr, in dem die allgemeine Brandverordnung auf den großfürstlichen Anteil des Landes Holstein ausgedehnt wurde, bemühte sich die Regierung, die Festehufner zu bewegen, statt Fachwerkbauten massive Häuser zu bauen. Das Holz mußte die Regierung stellen, es war bei den oft abbrennenden Holzbauten eine drückende Verpflichtung. Daher versuchte man durch den Bau von Ziegeleien, den Massivbau zu fördern. Es gab aber bei den Bauern große Schwierigkeiten, da sie die erhöhten Kosten fürchteten. Ein erster Versuch von Richter 1785, ein Hufnerhaus zu bauen, mißlang. Erst nachdem die Regierung erhebliche Zuschüsse zusicherte, konnten Neubauten errichtet werden. Die noch erhaltenen Zeichnungen im Landesarchiv in Schleswig (LAS 105, 822) sind den auf Schierensee befindlichen außerordentlich ähnlich. Es ist gewiß Salderns Verdienst, hier wegweisend mit seinem Architekten gehandelt zu haben (H. Lütjohann, Vom Lehmfachwerk zum Ziegelbau niedersächsischer Bauernhäuser in Mittelholstein. Nordelbingen Bd. 12, 1938, S. 376 ff.).

Im Archiv Schierensee befinden sich noch eine Reihe von Entwürfen für Katen, Scheunen und andere kleine landwirtschaftliche Bauten, bei denen die Entwerfer nicht festzustellen sind. Sie geben aber einen interessanten Einblick in die ländliche Bauweise der Zeit unter Saldern.

Abschließend zur Bautätigkeit unter Saldern soll die Grabkapelle in Bordesholm angeführt werden. Am 27. Mai 1702 (A. Sch. 189) kamen die in Westensee eingepfarrten Adligen überein, daß Christian v. Leuenburg auf Schierensee und Annenhof die kleine Kapelle in Westensee beim Ausgang zum Schierenseer Gestühl zu einem Begräbnis ausbauen durfte. Dafür mußte der Oberst 100 Reichsthaler an die Kirche Westensee zahlen, die auf dem Gut stehenbleiben sollten. Die Zinsen von 5 % waren jährlich auszuzahlen. 1753 nach dem Kauf von Schierensee durfte Saldern durch ein Fenster an der Nordseite eine Treppe zu seinem Stuhl bauen. Die Begräbnisstelle befand sich im Turm. 1758 erhielt Saldern das durch Gode gekaufte Begräbnis überwiesen. Damals wurden zugunsten des Begräbnisses die Gestühle von Bossee und Emkendorf abgebrochen. In der Folge hatte Saldern große Auseinandersetzungen mit seinen Nachbarn wegen des Begräbnisses, so daß er darauf verzichtete und sich am 18. Juli 1768 (A. Sch. 507) von der Kirchengemeinde in Bordesholm bestätigen ließ, daß er *das außen von der Kirche gegen Süden von demselben auf seine eigne Kosten auferbaute, und an die Treppe nach dem Kirchenboden stoßende Begräbnis für 100 Rthl.* gekauft habe. Dieses Begräbnis ist in den Rest des ehemaligen Kreuzganges des Klosters eingebaut worden. Es stößt mit seiner Ostseite an die sogenannte Russenkapelle an, in der Herzog Carl Friedrich von Holstein beigesetzt wurde. 1784 (A. Sch. 386) wurden grundlegende Erneuerungsarbeiten an der Kapelle, die als Begräbnis für die Saldernsche Familie bestimmt war, durch den Maurermeister Niebeling und den Zimmermeister Tanck durchgeführt. Aus dieser Zeit mag eine undatierte Zeichnung stammen, auf der vor allem Entwürfe für eine neue Eingangstür zu sehen sind. In der Gruft stehen ebenerdig vier steinerne Sarkophage, in denen beigesetzt sind: Caspar v. Saldern, seine schon 1742 verstorbene Gattin Katharina Lucia geborene

Thiede, seine Mutter Anna Maria v. Saldern geborene Kamphövener und seine Tochter Anna Maria, die 1773 in Hamburg starb. Auf der Zeichnung des Grundrisses ist links neben der Tür ein kleiner Sarg eingezeichnet. Es ist möglich, daß hier der erste am 24. Juni 1740 getaufte und am 7. August desselben Jahres beigesetzte Sohn Ludwig Friedrich seine letzte Ruhestätte fand, nachdem er zunächst in Hohenaspe beerdigt war. Salderns Frau Katharina Lucia war ja auch anfangs in Neumünster beigesetzt und später nach Bordesholm übergeführt worden. Auch der Sohn Carl Heinrich Graf v. Saldern-Günderoth wurde hier 1788 und seine Witwe 1793 beigesetzt. In den 1860er Jahren wurde der Eingang zugemauert. Nach einer Aufzeichnung im Archiv Schierensee trägt der Sarkophag Caspar v. Salderns folgende Inschrift:

Hier ruht der Hülle Staub, den Namen nennt die Welt,
Wenn dieses Denkmal auch dereinst in Trümmer fällt,
Er handelte stets groß und stark mit Heiterkeit,
Wohltun war seine Lust, rastlose Thätigkeit
Erwarb ihm Fürstengunst. Durch Ihn zu des Nordens Glück
Gab Rußland Cimbrien an Dänemark zurück.

DAS NEUE HERRENHAUS UND SEINE EINRICHTUNG

Im folgenden wird eine Beschreibung des Herrenhauses und seiner Einrichtung gegeben, die auch die besondere Situation des Hauses innerhalb der schleswig-holsteinischen Kunstgeschichte beleuchtet.

Was war in den letzten Jahren vor dem Baubeginn in Schierensee in Holstein neu entstanden? Der von Caspar v. Saldern 1768 für die ersten Bauten in Schierensee gewonnene eutinische Hofbaumeister Georg Greggenhoffer hatte von 1770 bis 1772 in Dobersdorf das Herrenhaus gebaut. Mit ihm tätig waren dort der Bildhauer Johan Georg Moser aus Eutin und der Maler Christian Fr. J. Binsau.

Auch für den befreundeten Nachbarn v. Salderns, Christian Fr. v. Heespen, auf Deutsch-Nienhof entstanden 1770 Pläne für den Umbau des Herrenhauses und ein Torhaus. v. Saldern kannte gewiß auch das Herrenhaus in Wandsbek (Hirschfeld S. 218), das 1768 von Carl Gottlob Horn umgebaut werden sollte, aber erst 1772 bis 1778 in vereinfachter Gestalt neue Fassaden erhielt. v. Saldern holte sich keinen der bekannten Baumeister, sondern beauftragte den in Gersfeld bei Fulda am 11. Mai 1733 geborenen Landbaumeister Johan Adam Richter. Schon 1768 hatte Richter (A. Sch. 519) für ihn das Stadthaus in Kiel, wahrscheinlich noch unter der Beratung des Hamburger Architekten Georg Sonnin, erneuert. Nach dem Brand des Meierhofes Annenhof wurden dort nach einem von St. Petersburg eingesandten Lageplan durch Richter 1772 die Scheune und 1774 das Wohnhaus und das Torhaus neu erbaut. Eine Zeichnung des Torhauses von Richter zeigt im Vergleich zu der 1770 entstandenen von Greggenhoffer für Deutsch-Nienhof, daß Richter sehr viel strengere Formen anwendet und sich bei ihm schon eine bestimmte architektonische Richtung bildet.

Im Auftrag der Zarin Catharina II. und unter starker Unterstützung von v. Saldern hatte Richter von 1771 bis 1772 in Großenaspe die Kirche gebaut. An ihrem Turmunterbau tritt zuerst eine Besonderheit auf, die bei anderen Architekten in Schleswig-Holstein nicht festgestellt werden kann. Die Abrundung der Ecken zwischen beiderseitigen Lisenen ist ein Motiv, das er auch bei dem Herrenhaus in Schierensee und seinen anderen Bauten, wie beim Schweffelhaus in Kiel 1775, bei der Kirche in Schönberg 1781, der Kirche in Kappeln 1789–1793 und seinem eigenen Wohnhaus in Kiel, der Seeburg, seinem letzten 1783 bis 1784 errichteten Profanbau wieder aufnimmt. Es ist schwer festzustellen, wie Richter auf diese Idee der abgerundeten Ecken zwischen zwei Lisenen kam, eine Eigentümlichkeit süddeutscher und österreichischer Baumeister des frühen 18. Jahrhunderts, wie J. M. Frantz in Schlesien, L. v. Hildebrandt und J. C. Schlaun in Münster. Die Bauten Schlauns zeigen am ehesten eine gewisse Verwandtschaft, so die Oranienburg in Nordkirchen von 1725, das Schloß Klein-Büllesheim, sein Gartenhaus in Münster von 1749 und zuletzt das Schloß in Münster von 1767–1773. In Dänemark sind hier nur zwei Bauten zu nennen von L. Thura in Sorø 1736 und in Hirschholm von 1733.

Da Richter, dessen Vater in Gersfeld Zimmermann war, schon mit zwanzig Jahren nach Hamburg kam, wo er als Zimmergeselle unter dem Baumeister Ernst Georg Sonnin gearbeitet hat und kaum vorher mit Bauten bedeutender Architekten in Berührung kam, ist anzunehmen, daß seine Ausbildung bei Sonnin vielleicht an Hand von Architekturbüchern erfolgte. Von einer barocken Grundhaltung kam Richter in seinen Bauten nie los, aber immer wieder werden, so besonders bei der Innenraumgestaltung in Schierensee, schon Züge bemerkbar, die den kommenden Klassizismus ahnen lassen.

Das Haus ist breitgelagert mit zwei vorgezogenen Flügeln. Noch ganz im abklingenden Rokoko erscheinen die Dachgauben und die geschwungene Freitreppe. Auf den beginnenden Klassizismus weisen die im Mitteltrakt zwischen zwei schlanken Lisenen eingefügten Umrahmungen des Portals und der Initiale hin. Gekrönt wird diese durch das von zwei Hunden gehaltene Emblem des dänischen Elefantenordens, der v. Saldern durch König Christian VII. verliehen war, eine Arbeit des Bildhauers August Friedrich Moser. Auch das von Joachim Evers geschmiedete Treppengeländer zeigt neue schlichte Formen.

Der in Backstein ausgeführte Bau steht auf einem hohen Kellersockel, der aus vier Granitlagen gebildet wird. Die Lisenen waren ursprünglich mit *Steincouleurfarbe* in Anlehnung an den Sandstein des Portals und die an der Hauptfront mit Sandstein eingefaßten Fenster gestrichen. Das Holzwerk wie die Haustür, die Fenster außen und die Gitter vor den Fenstern im Kellergeschoß waren grau gestrichen, gleichfalls auch die Dachgauben. Die Platten der Dachbedeckung, aus Rußland gelieferte Eisenplatten, waren braunrot mit Ölfarbe gestrichen. Die Rück- und Seitenfronten des Hauses zum Garten waren sehr schlicht, ohne Sandsteinumrahmung der Fenster und unter Verzicht auf jeden Schmuck, nur durch Lisenen gegliedert.

Eigenartig und mit keinem Herrenhaus in Schleswig-Holstein vergleichbar ist die Raumaufteilung. Über dem völlig ausgebauten gewölbten Untergeschoß liegt das hohe Erdgeschoß. Man betritt vom Hof aus die Diele, deren Fußboden mit schwarzen und weißen Marmorplatten belegt ist. Überraschend ist es, daß nicht, wie bisher üblich, ein oder zwei Treppenläufe von hier in das Obergeschoß führen. Nur eine Galerie gegenüber dem Portal unterteilt den Raum. Richter verzichtete auf repräsentative Treppen, da nur das Erdgeschoß dem Bauherrn für den Empfang von Gästen diente. Im Obergeschoß waren Schlaf- und Gästezimmer untergebracht. Dank den Inventaren, die bei der Vermietung des Hauses 1795 (A. Sch. 246) und 1800 (A. Sch. 247) aufgestellt wurden, kann man sich über die Nutzung und Einrichtung der Räume unterrichten.

2* Neben der Diele linker Hand liegt der *Kleine Speisesaal*. Nach der Entfernung verschiedener Tapeten wurde die erste Ausmalung sichtbar. Als Maler ist hier Binsau anzunehmen. Die zartgrünen Wände sind durch graue Pilaster und Feldereinrahmungen gegliedert. Die Pilaster krönen gemalte Kartuschen. Zarte Blumengehänge schmücken die Pilaster und Rahmen. Über den Türen sind zwei in Grisaille gemalte Supraporten mit spielenden kleinen Engeln zu sehen. In der Ecke zum Saal stand ein weißer Porzellanofen. Die Möblierung war dem Zweck entsprechend einfach. Zwei mit Wachstuch überzogene Schenktische standen an den Wänden. Gegenüber dem Ofen war ein Eckschrank mit Spiegeltür aufgestellt. Zwölf Stühle, mit Roßhaar bezogen, ein Speisetisch aus Fichtenholz und ein Ofenschirm aus Zedernholz mit buntbemaltem Papier vervollständigten die Ausstattung. Die Gardinen waren, farblich auf die Wände eingetönt, von grünem und weißem Baumwollzeug.

3 Man betritt nun den großen *Saal*, der in seiner festen Ausstattung unverändert überkommen ist. Entsprechend dem äußeren Mauerwerk sind im Innern die Ecken abgerundet. Von besonderer Beachtung ist es, daß Richter (Nordelbingen Bd. 40, S. 43–53) hier erstmalig die Deutsche Ordnung des Architekturtheoretikers Leonhard Christoph Sturm anwendet, die von Sturm selbst *Die Adeliche* genannt wurde. Der Saal ist ringsum durch diese Ordnung gegliedert. Über einem perlgrau gestrichenen Paneel stehen kannelierte Pilaster mit profilierten Basen. Die von dem Bildhauer Johan Geertz geschnitzten und vergoldeten Kapitelle zeigen einen fünfteiligen Akanthus. Der Architrav hat drei Stufungen. Der Fries ist zwischen den Verkröpfungen über den Kapitellen kanneliert. Die Felder zwischen den Pilastern sind durch zwei schmale, sich an die Pfeiler anlehnende Lisenen und einen Rundbogen mit Schlußstein gegliedert. Von den Schlußsteinen in den abgerundeten Ecken hängen in Stuck oben durch ein Band gefaßte Blumengehänge herunter. Das Stuckmedaillon über der Tür zur Schenke hat große Ähnlichkeit mit dem aus Sandstein über der Haustür des Kieler Stadthauses. In der einen Ecknische steht ein Fayenceofen mit einer Vase als Bekrönung. Der Unterbau ist aus Gußeisen und steht auf Keramikfüßen. Das Fayenceschmuckband über dem Unterbau hat die gleiche Gestalt wie die Seitenleisten eines Beisatztisches, und ganz ähnlich ist das Stuckband am Trompeterbalkon geformt. Die Ausführung der Wandgliederungen lag in der Hand des Maurermeisters Wendorff.

Der Fußboden ist aus breiten fichtenen Brettern gefügt. Gegenüber dem Ofen ist in der anderen Nische ein schwarzer Marmorkamin eingebaut, über dem ein Spiegel in vergoldetem Rahmen hängt. Auf dem Kamin steht eine Uhr aus Bronze mit herumlaufendem Zifferblatt, daneben zwei Vasen aus Bronze. Ein Kronleuchter mit acht Armen und sechs Wandarme mit je drei Armen sorgten für die Beleuchtung. Ein ovaler aus vier Teilen bestehender Tisch und achtzehn Mahagonistühle standen in der Mitte.

* Die Ziffern beziehen sich auf die Zeichnungen der Klappkarte 2 am Schluß des Buches.

An der Seite ein Mahagoniteetisch und vor der Tür zur Schenke ein großer Schirm von goldenem Leder. Ein großes Gemälde wird aufgeführt. Es wird das Bild der Zarin Catharina II. sein, das 1788 (A. Sch. 511) noch im *Tranquilitati* auf dem Heeschenberg hing.

Wir nehmen den Weg nun wieder zurück durch den kleinen Speisesaal zur *Vor-* 1
diele. Hier stand ein Billard aus Mahagoni mit zehn Kugeln und neun Billardstöcken. Zwei Spieltische, ebenfalls von Mahagoni, waren mit grünem Tuch überzogen. Dort standen sechs Lehnstühle aus braunem Holz und eine Standuhr in braun gemaltem und vergoldetem Gehäuse.

Von der Diele aus betritt man rechter Hand die *Gelbe Stube* oder *Tägliche Stube.* 4
Die 1970 von Übermalungen freigelegten, bis an die Decke reichenden hölzernen Paneele haben einen zart gelben Grundton. In den tiefer liegenden Feldern sind in Grau und Weiß Blumengehänge gemalt. In der Tür eines Eckschranks war ein Spiegel eingelassen. Den zugehörigen Rahmen und die mit Vasen und Gehängen geschmückten drei Supraporten schnitzte August Friedrich Moser. Ein Vergleich mit den von seinem Vater auf den Pfeilern stehenden Vasen zwischen den Pavillons, die 1771 gearbeitet waren, zeigt, daß eine völlig neue Kunstrichtung Einfluß genommen hatte. In der anderen Ecknische, die im oberen Teil mit Stuck aus Mosers Hand verziert ist, stand ein Porzellanofen, wahrscheinlich der gleiche, der heute dort auf einem neuen Unterbau steht, vor ihm ein mit grünem Taft bezogener Ofenschirm. Als Sitzgelegenheiten dienten ein Sofa mit drei Kissen und zwölf mit grünem Damast bezogene Lehnstühle. Ein großer viereckiger Teetisch aus Mahagoni, ein ovaler von Venusholz und ein runder Spieltisch aus Rosenholz waren im Zimmer aufgestellt, um mehreren Gruppen Platz zum Tee und Spiel zu bieten. Zwei Wandleuchter aus Bronze und ein Potpourri aus chinesischem Porzellan werden im Inventar erwähnt. Wie die Möbelbezüge, so waren auch die vier Gardinen von grünem Damast.

Von diesem Raum aus betritt man die *Grüne Damaststube* im rechten Flügel des 5
Hauses. Der Name erklärt sich aus der Wandbespannung von grünem Damast, der aus Frankreich geliefert war. Die vergoldeten Leisten waren von Geertz geschnitzt. Auch das Sofa mit drei Kissen und die zwölf Lehnstühle sowie drei Bänke waren mit grünem Damast bezogen. Aus dem gleichen Stoff waren die Gardinen vor den drei Fenstern. Zwischen zwei Fenstern ist ein großer, reich geschnitzter Wandspiegel mit Tisch und Marmorplatte aus der Hand Mosers eingebaut. Neben der Tür zum Täglichen Zimmer steht in einer stuckierten Nische ein vergoldeter Fayenceofen. Über den beiden Türen sind zwei Gemälde eingelassen, die noch aus dem Vorgängerbau stammen können. Es sind in holländischer Art gemalte Landschaften mit Schiffen in einem kleinen Hafen. Zur Einrichtung gehörten ein kleiner länglicher furnierter Tisch, eine kleine Konsole mit einem Rand aus Messing, zwei bronzene Wandleuchter, eine Uhr aus Bronze auf einem Fuß von Ebenholz. Der Bequemlichkeit diente eine Fußdecke aus grün-weißem Englischem Zeug. In der Mitte des Raumes hing ein Kronleuchter.

Der folgende Raum ist das *Grün-weiße Damastkabinett.* Die wie im Saal abgerun- 6
deten Ecken verzierte Moser mit Stuckgehängen. Der dort vorhandene *vergoldete Fettsteinofen* gehört zur Erstausstattung. Dieser Ofen ist reich mit Bronzearbeiten geschmückt. Der Name des Raumes rührt von den Bezügen des Sofas, der sechs Lehnstühle und den Gardinen aus grün-weißem Damast her. Eine Fensterbank hatte einen

grün-weißen Leinenbezug. Über den Türen werden die zwei wahrscheinlich von Binsau gemalten Türstücke in vergoldetem Rahmen erwähnt. An den Wänden standen zwei Konsoltische mit weißen Marmorplatten, vergoldeten Füßen und Spiegeln darüber. Außerdem war dort eine kleine Konsole, auch mit Marmorplatte und Messingrand, auf ihr stand vielleicht das Potpourri aus lila und weißem sächsischem Porzellan.

7 Der als letzter im Haus erst 1784 fertiggestellte Raum ist das *Boisirte Eichenkabinett.* Die Wände sind ringsum mit in Füllungen aufgeteiltem Eichenpaneel versehen. Über den beiden Türen waren in vergoldetem Rahmen Gemälde eingelassen. Zur Erwärmung dient ein Eckkamin mit Marmorfassung und darüber ein von Moser geschnitzter Spiegelrahmen in einer Stuckumrahmung. Die sechs Lehnstühle, eine Fensterbank und die Gardinen waren mit grünem Damast versehen. Zwei kleine weiße, vergoldete Tische mit Marmorplatten und ein Serviertisch aus Mahagoni waren neben den Stühlen fast zuviel in diesem kleinen Raum. Als Wandschmuck werden sechs kleine ovale *Iden Gemälde* und ein viereckiges Gemälde erwähnt.

Der nächste Raum mit einem Fenster zum ehemaligen Garten und zu den Wirt-
8 schaftsgebäuden ist das *Grün-weiß gewürfelte Taften-Schlafzimmer* des Hausherrn. Mit grün-weißem Damast bezogen waren sechs Lehnstühle, eine Fensterbank und die Wandbespannungen, zwischen vergoldeten Tapetenleisten, eingelassen in das in hellem Graugrün gestrichene Paneel. Auch die Gardinen waren aus dem gleichen Stoff. Zur Einrichtung dieses Vorraumes zum eigentlichen Schlafkabinett gehörten zwei Ecktische, einer aus Fichtenholz, einer mit einem Gipsblatt und einem Umhang aus Nessel, ein Beisatztisch aus Mahagoni, zwei Spiegel in weißen vergoldeten Rahmen und zwei Wandleuchter. Der Fußboden war mit einer Decke aus schwarz, rot und gelb gemustertem englischem Stoff bedeckt. Die Porträts des Außenministers Panin und des Gesandten Korff werden ausnahmsweise aufgeführt. In der *dabey befindlichen Nische* stand das Bett Caspar v. Salderns. Es war von weiß lackiertem Holz mit grün-weißen Umhängen aus Taft mit Fransen und Quasten. Der Himmel war durch einen weißen Busch gekrönt. Ein Nachtstuhl aus messingbeschlagenem Mahagoni und zwei kleine Ecktische standen dort. Vor dem Bett lag eine schwarze wollene Decke mit bunten Blumen. Die Wände sind auf glattem Feinputz mit einem weiß-grünen Karomuster, in der Art wie die Stoffbespannung des Vorraumes, bemalt.

9 In dem daran anstoßenden dunklen *Kabinett* stand das Bett für den Kammerdiener. Es war eine eiserne Bettstelle mit grünen Umhängen, ferner waren dort zwei Mahagonistühle mit Haarpolster und ein kleiner rot gestrichener Tisch.

Die bisher aufgeführten Räume werden von den zur Rückfront liegenden durch einen beiderseits von der Eingangsdiele abgehenden Flur getrennt. Die Zimmerflucht der Gartenfront wird an zwei Stellen durch Treppenhäuser unterbrochen, eine besondere Idee Richters, die an anderen Bauten vorher nicht festzustellen ist. Von seinem Schlafraum aus konnte v. Saldern über eine Tür am Ende des Flurs und eine Freitreppe den Garten erreichen. Gegenüber der Tür zum Schlafzimmervorraum liegt die zu der Bibliothek.

10 Nicht mit vermietet war offenbar die *Bibliothek.* Sie wird in keinem Inventar aufgeführt. Wegen der kostbaren Büchersammlung und des alten Gutsarchivs nahm man davon gewiß Abstand. Aus einer Rechnung des Hofmalers Bremer von 1782 ist die Farbgebung für die Wände und Türen zu erkennen. Das Zimmer wurde viermal in

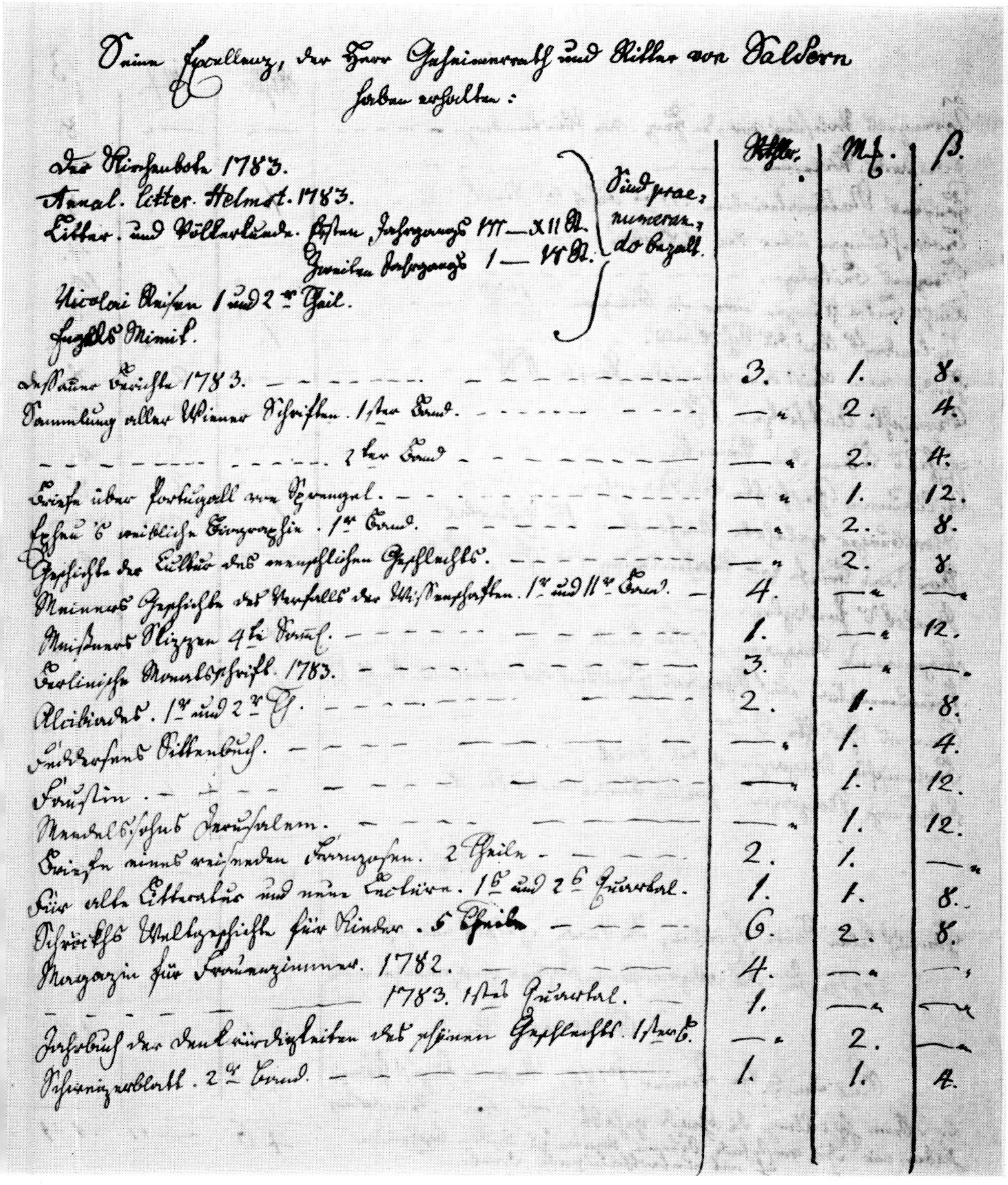

Seine Excellenz, der Herr Geheimerath und Ritter von Saldern
haben erhalten:

Der Kirchenbote 1783.
Annal. litter. Helmst. 1783.
Litter. und Völkerkunde. Ersten Jahrgangs III — XII St.
Zweiten Jahrgangs I — IV St.
Nicolai Reisen 1 und 2ter Theil
Engels Mimik.
} sind praenumerando bezahlt

	Rthlr.	Mk.	ß.
Dessauer Berichte 1783.	3.	1.	8.
Sammlung aller Wiener Schriften. 1ster Band.	—.	2.	4.
2ter Band	—.	2.	4.
Reise über Portugall von [illegible].	—.	1.	12.
[illegible] weibliche Geographie. 1r Band.	—.	2.	8.
Geschichte der Cultur des menschlichen Geschlechts.	—.	2.	8.
Meiners Geschichte des Verfalls der Wissenschaften. 1r und 11r Band.	4.	—.	—.
Meißners Skizzen 4te Samml.	1.	—.	12.
Berlinische Monatsschrift. 1783.	3.	—.	—.
Alcibiades. 1r und 2r Th.	2.	1.	8.
[illegible] Sittenbuch.	—.	1.	4.
Faustin.	—.	1.	12.
Mendelssohns Jerusalem.	—.	1.	12.
Briefe eines reisenden Franzosen. 2 Theile	2.	1.	—.
Für alte Litteratur und neue Lectüre. 1s und 2s Quartal.	1.	1.	8.
Schröckhs Weltgeschichte für Kinder. 5 Theile	6.	2.	8.
Magazin für Frauenzimmer. 1782.	4.	—.	—.
1783. 1stes Quartal.	1.	—.	—.
Jahrbuch der Denkwürdigkeiten des schönen Geschlechts. 1stes St.	—.	2.	—.
Schweizerblatt. 2r Band.	1.	1.	4.

Quittung des Buchhändlers Valentin Heinze (S. 61/62)

	Rthlr.	Mk	ß
Sprengels Vorlesung vor den Herz. von Würtemberg	— „	— „	8
Eberhards Vorlesung	1.	— „	8.
Heusens Naturmaterialien. 1stes bis 4tes Stück.	1.	— „	8.
Betrachtungen über den Ackerbau.	— „	— „	4.
Hinzens Beiträge.	— „	1.	14.
Reuchs Betrachtungen über die Religion. 1r Th.	— „	2.	8.
Sailendorfs Lied des Schicksals.	1.	— „	— „
Herder vom Geist der Ebräischen Poesie. II Th.	— „	2.	8.
Vermischte Aufsätze. 1 Th.	— „	2.	8.
Schmids Leben des Paule.	— „	2.	4.
Millmann Geschichte des Menschen.	— „	2.	8.
Nürnberger gelehrte Nachrichten 1s Quartal.	1.	— „	— „
Neusteins Briefe zur Vertheidigung der christl. Religion.	— „	2.	4.
Mielcks Predigten.	1.	— „	— „
Jungmanns Magazin. 7ter Band.	1.	— „	— „
Commentarien auf Schraders Handbuch der vaterländ. Rechte. I Th.	1.	— „	— „
Cramers Gedichte 3ter Theil.	1.	— „	— „
Berlinisches Magazin 4tes Stück.	— „	1.	8.
Adelungs Magazin. Zweiten Bandes erstes Stück.	— „	1.	4.
Summa.	51.	— „	14.
Hierauf haben Seine Excellenz die Gnade gehabt mir schon am 20sten Jul. das abgerechnete Geld auszahlen zu lassen	30.	— „	— „
Bleibt also Rest.	21.	— „	14.
Kiel den 3ten Januar 1784. Valentin August Heinze	25		
Daß Seine Excellenz die Gnade gehabt noch hier angesetztes haben, mir die vorstehende Summe bezahlen zu lassen, bescheinige ich mit unterthänigstem Danke.	46	— „	14

Cedernholzart gestrichen und *wie mit Mosaik* ausgelegt bemalt. Auch die Tür und die Fensterlaibungen und Läden wurden so behandelt.

Einen Einblick in die auf Schierensee gehaltenen periodischen Schriften und zur Vervollkommnung der Bibliothek angeschafften Bücher gibt eine Quittung von Valentin August Heinze in Kiel vom 3. Januar 1784 (A. Sch. 386).

Zu den drei im Mittelteil zwischen den Treppen liegenden Zimmern gehört nach Westen zu das *Grüne Schlafzimmer.* Die Wände waren mit bunten chinesischen Ta- 11
peten bekleidet, die von vergoldeten Leisten zwischen einem hellgraugrün gestrichenen Stuckpaneel eingefaßt waren. Über der Tür zum Nachbarzimmer war eine Supraporte eingelassen, auf der zwei kleine Engel in Grisaillemalerei einen Frauenkopf in einem Medaillon halten. Reste der chinesischen Tapete fanden sich in schmalen Streifen 1970 bei der Abnahme der jüngeren Tapeten unter den Leisten. Die zweischläfrige Französische Bettstelle war aus braunem Holz mit grünen Damastumhängen wie auch der Fensterbehang. Die sechs Lehnstühle hatten gleichfalls grüne Damastbezüge. In einer Ecke stand ein Mahagonieckschrank mit vier Schubläden und einem Aufsatz. In der anderen Ecke stand ein Tisch aus Fichtenholz. Zu dem Schlafraum gehörten ein Nachttisch, mit grünem Taft bezogen, und ein Nachtstuhl aus Mahagoni. Weiter waren dort ein schwarzer Tisch mit einer Gipsplatte, zwei Necessaires von Eiche mit Marmorplatten und ein Ofenschirm aus Zedernholz.

Die daran anstoßende schmale Stube war die *Kammerjungferstube oder auch Stube* 12
mit grauen Tapeten. Das Inventar erwähnt ein Sofa mit drei Kissen, sechs Lehnstühle, alle mit grünem Damast bezogen, einen Spiegel in braunem Rahmen, vier *ordinäre* Stühle, einen Ecktisch mit Gipsplatte und einen mit Wachstuch bezogenen Tisch. Die Gardine war aus grün-weißem Leinen.

Es folgte die *Dunkelgraue Stube oder auch Fremdenzimmer.* Hier standen zwei 13
einschläfrige hölzerne Bettstellen mit grünem Tafthimmel. Ein Sofa mit zwei Lehnstühlen, beide mit grünem Damast bezogen, sechs Mahagonistühle und zwei runde Teetische, einer rot, der andere blau angemalt, machten den Schlafraum wohnlich. Dazu gab es noch einen kleinen Eckschrank mit einem Spiegel in der Tür und zwei Beisatztische mit Gipsplatten. Die Fenstergardine war wieder von grünem Taft.

Neben der östlichen Treppe lag die *Treppenstube.* Sie war sparsam ausgestattet mit 14
einem Ecktisch und darüber befindlichem Spiegel in vergoldetem Rahmen, einem großen Eckschrank mit zwei Spiegeln, einem Teetisch mit einem Gipsblatt und sechs Stühlen mit Roßhaarpolstern. Vor dem Fenster hing eine einfache weiße Leinengardine.

Der Eckraum war die *Kammerjungferstube.* Dieses wird aber wie bei anderen 15
Zimmern eine spätere Nutzungsbezeichnung sein, die mit der Vermietung in Verbindung zu bringen ist. Auch hier wurde bei der Abnahme jüngerer Tapeten der Rest einer chinesischen Papiertapete gefunden, so daß man mit einer ursprünglich anderen Bestimmung rechnen muß.

Über der Tür zum Vorraum befand sich bis zum Umbau 1970 eine große Supraporte. In einer gemalten, scheinbar aus Stuck mit marmorierten Ecken gebildeten Nische steht auf einem niedrigen Postament eine Steinvase, die mit bunten Blumen gefüllt ist. Diese Supraporte und die aus dem *Grünen Schlafzimmer* sind bei der Erneuerung des Hauses 1971 in dem Vorraum des ehemaligen Schlafzimmers des Hausherrn über den Türen angebracht worden. Für die Kammerjungfer standen an Möbeln zur Verfügung eine Bettstelle mit grün-weißen leinenen Umhängen, ein grau angestrichener Tisch aus Fichtenholz, ein kleiner Tisch mit einer Fayenceplatte und fünf Stühle mit Roßhaarpolstern. Die Gardinen waren aus grün-weißem Leinen.

16 Der letzte Raum bei dem Durchgang durch das Hauptgeschoß ist die *Schenke* vor dem Saal. Für das Anrichten der Speisen, die aus der im Keller liegenden Küche nach oben gebracht werden mußten, dienten ein langer grau gestrichener Tisch aus Fichte, ein gleichfalls grau gestrichener Schrank und ein Tellerwärmer aus Mahagoni.

Das Obergeschoß hatte fast die gleiche Raumaufteilung wie das Erdgeschoß, mit Ausnahme des Saales, der durch zwei Geschosse geht.

17 Wir beginnen den Rundgang in dem Zimmer, das über der *Gelben Stube* liegt. Es ist im Inventar nicht erwähnt. In ihm trennt eine Wand eine mittlere Bettnische und zwei Seitenkabinette.

18 Durch einen dunklen *Vorraum*, der zum Flur ein Fenster hat und der nur eine
19 *Schubbettstelle* mit Bettzeug und einen Stuhl aufweist, kommt man in das *Billard-
zimmer*. Hierher gehörte das damals auf der Diele stehende Billard. Es war ein Raum, der in erster Linie der Spielfreude diente. Dort stand ein furnierter Tisch, dessen Platte auf der einen Seite mit Leder und auf der anderen mit grünem Stoff bezogen war. In ihm befand sich ein *Tocadille Spiel* mit sechzehn elfenbeinernen und sechzehn von schwarzem Ebenholz gefertigten Steinen und zwei dazugehörigen Löchern aus Horn. Es gab weiter zwei Spieltische, zwei Mahagonieckschränke, einen runden Mahagoniteetisch, einen Spiegel in vergoldetem Rahmen und sechs einfache Stühle. 22 Porträts, in Kupfer gestochen, hingen dort unter Glas in schwarzen Rahmen. Die Gardinen der drei Fenster waren schlicht weiß.

20 Der folgende Eckraum war das *große gelb gemalte Schlafzimmer*. Die Ausmalung war durch Bremer 1782 in *Neapolisgelber* Ölfarbe mit einer Borte geschehen. Neben einer Bettstelle mit blau-weißen Taftgardinen waren hier sechs Stühle aus Mahagoni, ein Spiegel in braunem Rahmen, ein furnierter Eckschrank mit einer Platte aus nordischem Marmor und ein halbrunder Ecktisch aus Fichtenholz. Die Gardinen waren aus grün-weißer Baumwolle.

Mit dem Blick zum Garten folgen dann zwei Räume an der Westseite, die auch
21 von Bremer farbig behandelt wurden. Er strich das *anschließende Zimmer* mit weißer
Ölfarbe, auf die er senkrechte blaue Striche und die weißen Zwischenräume wie mit
Spitzenart verziert malte. Hier wie in allen anderen Räumen waren die Holzteile zart-
grau eingetönt. Das Paneel war in grauen Tönen direkt auf die Wandfläche auf-
22 getragen. Das nächste, am Flur liegende Zimmer ist die *blaue Stube*, nach der dunkel-
blauen Bemalung der Wände genannt. Ein schmale graublaue Borte, durch einen
helleren Streifen von den Flächen getrennt, bildet den Abschluß ringsherum.

23 Das *Zimmer* auf der *anderen Flurseite* über der Bibliothek hatte ebenfalls auf weißem Grund blaue Streifen mit Verzierungen und braune Ranken dazwischen.

In dem Zimmer neben dem gelb gemalten Schlafzimmer stand eine Bettstelle mit rot-weißen Umhängen, ein halbrunder Ecktisch und ein Ofen, von dem als Aufsatz eine vergoldete Vase angeführt wird. Hier wie im nächsten Raum hingen vor den Fenstern weiße Leinengardinen.

Die *blaue Stube gegenüber der blauen* liegt an dem Flur. Auch dieses Zimmer war mit einem Bett mit grün gewürfelten Umhängen ein Fremdenzimmer. Die Einrichtung war sparsam. Erwähnenswert ist ein Tisch mit Fayenceplatte. 24

Von den Zimmern über den Räumen zwischen den Treppenhäusern werden noch zwei aufgeführt. Das *ausgeweißte Zimmer* hatte zwei Bettstellen mit grün gewürfelten 25 Leinenumhängen, vier Lehnstühle, anfänglich grün-weiß, dann rot-weiß mit Leinen bezogen, einen mit schwarzem und einen mit buntem Wachstuch bezogenen Tisch. Außer einem Spiegel in braunem Rahmen mit vergoldetem Zierat stand dort ein lackierter Schrank aus Eiche mit drei Riegen (Fächern) und einer Schublade. Die Gardine war von grün-weißem Leinen.

Das *Nebenzimmer* war ebenfalls nur ausgeweißt, hatte die gleichen Gardinen und 26 war wieder durch eine zweischläfrige Bettstelle mit gelb gestreiften Leinengardinen als Schlafzimmer gekennzeichnet. In diesem Zimmer hing der gleiche Spiegel wie im vorhergehenden. Zu einem grau angestrichenen viereckigen Tisch gehörten vier mit grün-weißem Stoff bezogene Polsterstühle. Zu den gelben und grünen Stoffarben kam noch ein rot-weiß bezogenes Taburett und ein roter runder Teetisch.

Die *Stube* über dem kleinen Speisesaal mit zwei Fenstern zum Hof war mit braun- 27 weißen Streifen ausgemalt. Das Bett hatte grüne Damastumhänge, wie auch die sechs Stühle mit grünen Polstern versehen waren. Ein Nachtstuhl, ein runder Teetisch aus Mahagoni und ein furniertes Schreibbüro mit Aufsatz werden aufgeführt.

Das *Vorzimmer* neben der östlichen Treppe war mit *bläulich papiernen Tapeten* 28 *ausgeschlagen*. Wie in allen Zimmern stand auch hier ein Bett mit bunten Behängen, die mit blauem Taft gefüttert waren. In dem nur kleinen Raum standen vier Stühle, ein viereckiger Tisch, ein Serviertisch und ein Nachtstuhl aus Mahagoni. Anfänglich war dort noch ein runder Spieltisch. Die Gardinen waren aus blau-weißem Taft genäht.

Das daran *anstoßende Zimmer* hatte ähnliche Tapeten. Zu der blauen Tapete paßten 29 der mit blauem Taft gefütterte bunte Bettumhang und die blaubunten Chintzgardinen. Zu den sechs Stühlen gehörten ein viereckiger, mit schwarzem Wachstuch überzogener Tisch, ein runder Mahagonitisch und ein Serviertisch.

Der folgende Raum war das *Kammerjungferzimmer* mit anfänglich weiß-gelben, 30 später grün-weißen Bettumhängen. An dem Fenster hingen grün-weiße Gardinen. Ein viereckiger Tisch mit Wachstuch, vier Stühle mit Haarpolstern und ein Spiegel in braunem Rahmen waren das Mobiliar.

In dem anschließenden *dunklen Raum* neben dem Altan des großen Saales stand 31 eine eiserne Bettstelle mit blauen Chintzumhängen, ein Kleiderschrank aus Eiche und ein Repositorium (Bücherregal).

Abschließend folgt ein Gang durch das Untergeschoß. Hier liegt die große *Küche*. 32 Sie ist eine zweischiffige Halle mit drei Jochen und Kreuzgewölben, die auf zwei Granitpfeilern ruhen. An der südlichen Schmalseite steht der vom Rauchfang überdachte Herd. In den Wandnischen sind gelbe und grüne Fliesen in geschachtetem Muster aus Kellinghusen angebracht. Ursprünglich befand sich hier noch bis um die Jahrhundertwende ein hölzerner Brunnen mit einem eisernen Schwengel, bekrönt durch eine hölzerne Empirevase.

33 Als weitere Räume werden hier erwähnt: eine *Speisekammer*, ein Speisezimmer,
34 35 zwei Schlafzimmer, eine Bedientenstube, eine *gelbe Eckstube*, eine *Konditoreiküche* mit daranliegender Stube.

Bei diesem Gang durch das Haus erhält man einen Eindruck von der Möblierung. Die Tische, Stühle und kleineren Möbel sind aus Mahagoni. Nur wenige werden als gestrichen und vergoldet bezeichnet. Die Schränke sind furniert oder aus Eichenholz. Ein Teil der Ausstattung wie die Spiegel und Konsoltische in den Räumen des Hauptgeschosses waren das Werk des Bildhauers Aug. Fr. Moser.

Neben dem Bett, das aus Paris bezogen wurde, stammen die anderen Möbel der Ersteinrichtung aus der weiteren Umgebung, wie Altona und Kopenhagen. Auch aus England kamen Möbel, in erster Linie die aus Mahagoni. Zu ihnen gehört ein großer Kupferstich mit dem Plan von London und Darstellungen von Gebäuden aus dem Jahr 1749, der jetzt im oberen Flur hängt.

Noch kaum erwähnt sind die zahlreichen Gemälde, vor allem Porträts, die noch aus der Zeit von Caspar v. Saldern stammen. Auf sie wird näher bei der Beschreibung der Neueinrichtung anläßlich der Renovierung des Hauses 1972 eingegangen.

NUTZUNG UND GESINDE

Bei der Größe des Hauses stellt sich die Frage, von wem es zu Salderns Zeit bewohnt wurde. Der Schlafraum des Hausherrn ist mit Sicherheit im Hauptgeschoß festgestellt. Mit ihm lebte in Schierensee seine Hausdame Friederike Amalie Schnepel, die Tante seiner Tochter Agathe v. Schnell. Es ist anzunehmen, daß sie das *Grüne Schlafzimmer* zum Garten bewohnte. Erst nach dem Tod Salderns heiratete sie am 9. April 1787 den Dr. med. Friedrich Ackermann, Etatsrat und Professor der Medizin in Kiel.

Das Personal in Haus und Hof setzte sich 1780 (A. Sch. 381) aus folgenden Personen zusammen:

Im Herrenhaus haben von den obenbenannten gewiß nur die Officianten und drei Laquaien gewohnt.

Zum Hof gehörten weiter die Meierin mit ihren Mägden und die für das Vieh Verantwortlichen. Sie wurden aus den Gutserträgen von dem Verwalter in Annenhof bezahlt. Für die Meierin wurde eine Verhaltensregel (A. Sch. 236) erlassen, die ihren Dienst und den der Mägde regelte (Anlage 3).

Weitere Angestellte auf dem Schierenseer Hof waren (A. Sch. 390) der Tischler Jönck, der Gärtner Scheel, ein Nachtwächter, ein Bauknecht, eine Köchin, ein Haus- und Waschmädchen, ein Schweinehirt, ein Junge. Nach dem Tod des Verwalters Peter Petersen am 25. August 1786 wurde J. F. Matzen Kornschreiber und Verwalter (A. Sch. 392), er wohnte nicht wie Petersen auf Annenhof, sondern in Schierensee. 1788 (A. Sch. 393) reichte der Maler Bremer eine Rechnung ein über verschiedene Arbeiten, die er noch im Auftrag C. H. v. Salderns ausgeführt hatte. Die Haustür und die Fenster wurden außen grau gestrichen, wie auch die Dachausbauten. Die eisernen Stangen vor den Kellerfenstern erhielten einen grauen Anstrich. Das eiserne Dach wurde mit braunroter Ölfarbe und die Pfeiler am Haus mit *Steincouleur* gestrichen.

Liste der Gehälter für die auf dem Hof Schierensee Angestellten

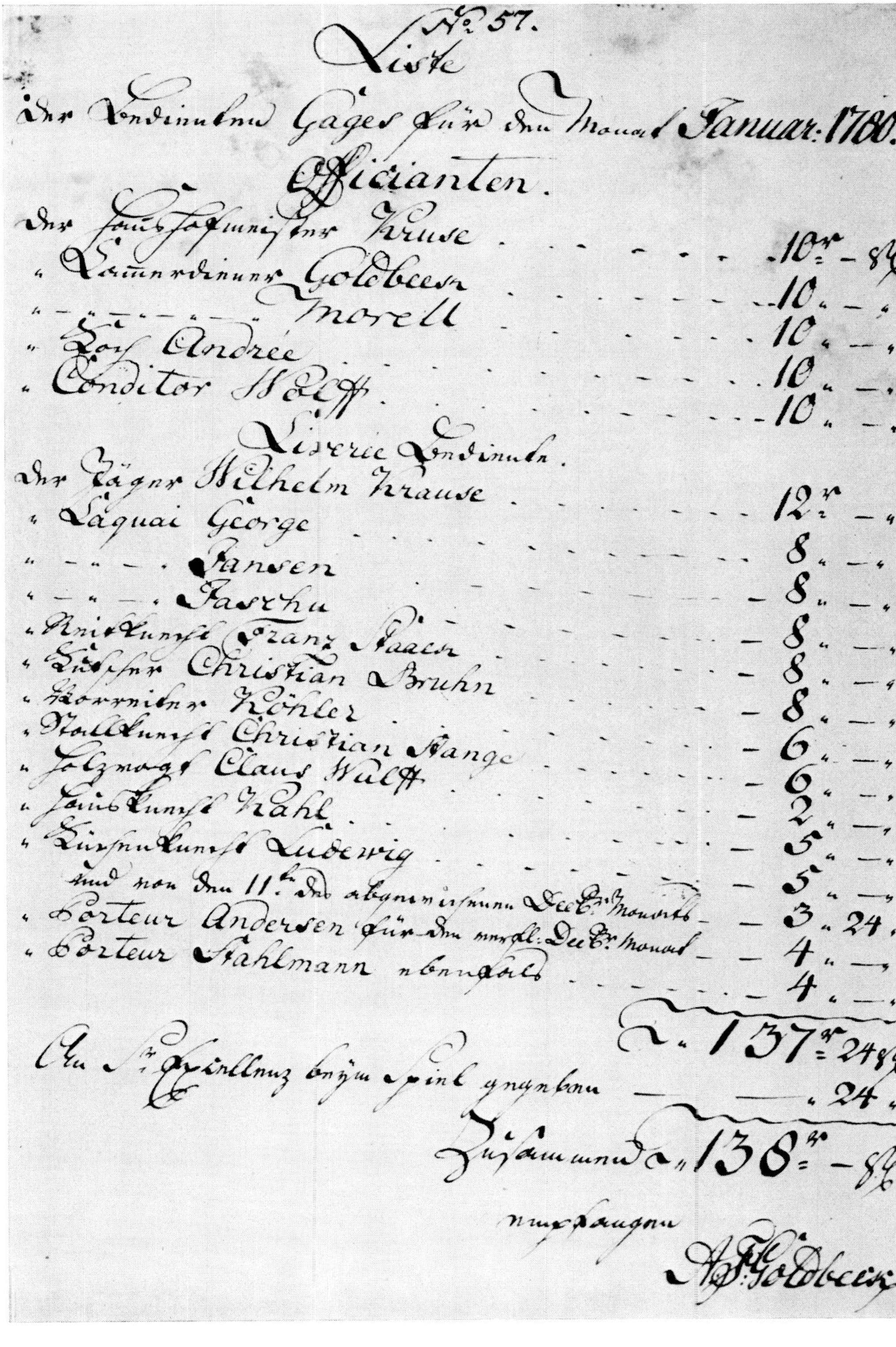

No. 57.

Liste

der Bedienten Gages für den Monat Januar 1780.

Officianten.

der Haushofmeister Kruse	10 r	– 8 ß
" Kammerdiener Goldbeck	10 "	– "
" – " – " Morell	10 "	– "
" Koch Andrée	10 "	– "
" Conditor Wolff	10 "	– "
	10 "	– "

Liverie Bedienten.

der Jäger Wilhelm Krause	12 r	– "
" Laquai George	8 "	– "
" – " – Jansen	8 "	– "
" – " – Jaschu	8 "	– "
" Reitknecht Franz Haack	8 "	– "
" Läufer Christian Bruhn	8 "	– "
" Vorreiter Köhler	8 "	– "
" Stallknecht Christian Lange	6 "	– "
" Holzvogt Claus Wulff	6 "	– "
" Hausknecht Kahl	2 "	– "
" Küchenknecht Ludewig	5 "	– "
und von den 11ten des abgewichenen Decbr. Monats	5 "	– "
" Porteur Andersen für den vergl. Decbr. Monat	3 "	24 "
" Porteur Stahlmann ebenfals	4 "	– "
	4 "	– "
Summa	137 r	24 ß
An Sr. Excellenz beym Spiel gegeben		24 "
Zusammen	138 r	– 8 ß

empfangen

A. F. Goldbeck

DER HEESCHENBERG

Um die Entstehungsgeschichte des Heeschenberges mit seiner Gartenanlage an Hand der Auszüge aus den Gutsrechnungen übersehen zu können, erscheint es notwendig, an den Beginn der Betrachtung den Bericht des Gartentheoretikers C.-C. L. Hirschfeld zu setzen, den er 1780 veröffentlichte.

Hierbei wird auf den Plan hingewiesen, der von P. Jebens 1970 gezeichnet wurde und in dem der Spaziergang Hirschfelds eingetragen ist.

Beschreibung des Heeschenberges

Ein Park in dem adelichen Gute Schirensee in Holstein, dem russisch-kaiserlichen wirklichen Geheimenrath und Staatsminister, vormaligen Ambassadeur und Principalcommissarius, Ritter vom Elephanten- und andern Orden, Herrn Caspar von Saldern zuständig.

Zwo Meilen von Kiel nach der westlichen Seite hin, erhebt sich in dem adelichen Gute Schirensee der ansehnliche Heeschenberg, dem die Natur eine reizende Lage mitten in einer fruchtbaren und bebaueten Landschaft, eine reiche Bekleidung mit Waldung, mannichfaltige Ungleichheiten und Abhänge zur Vervielfältigung der innern und äußern Prospecte gab.

Die Landschaft umher vereinigt alle Annehmlichkeiten der ländlichen Natur in bescheidener Einfalt. Keine prächtige, der Bewunderung oder des Erstaunens würdige Gegenstände, keine Gebürge, keine Felsen, keine von ihnen herabhangende Wälder, keine Aussichten auf die Unermeßlichkeit des Meers. Aber dagegen alles, was den Charakter der angenehmsten Landschaft bilden, was sanfte Ruhe und reine Naturfreuden einflößen kann. Überall umher beständige Abwechselung und Unterbrechung von Anhöhen und Vertiefungen, einzelnen Bäumen und Gruppen, Waldungen und Gebüschen, eingezäunten Wegen und Feldern, Wiesen, Viehtriften, reifenden Saaten, deren Glanz auf den Hügeln zwischen dunklern Einfassungen hervorspielt – alles in einer malerischen Lage und verschwenderischen Verschiedenheit der Verbindung. Mit einem noch höhern Reiz hat die Natur die südliche und westliche Gegend ausgezeichnet. Hier wird das Auge durch sanfte Erhebungen des Bodens, durch einige hinter einander aufsteigende Berge, auf deren Abhängen Viehweiden grünen und Kornfluren schimmern, und auf dem Hintergrunde dieser Anhöhen durch einen Kranz von schönen Wäldern ergötzt, die aus verschiedenen einzelnen Massen bestehen, aber dennoch in der Aussicht zusammenhängen, und einen herrlichen Umzug bilden. In dem ganzen Bezirk ist alles Ländlichkeit, Einsamkeit, Ruhe; alles sanft und milde, in stille Anmuth dahin gegossen, erquickt und erquickend für jedes empfindsame Herz, das sich diesen Scenen nähert. Ihren Eindruck verstärkt noch die Stille, die hier herrscht, die von nichts unterbrochen wird, als zuweilen von dem muthigen Gebrüll umhergrasender Heerden und von den Gesängen der Vögel, die in diesen waldigten Revieren frohlocken.

Ausschnitt aus einer Landkarte von Generalmajor v. Dilleben 1777/78

Hohen-Berg
Moor-Berg
Eyder
Die Eider
KLEIN SCHIREN SEE.
Hohenhude
Moor Caten
Annenhoff
Grosse Schirensee
Lustiger Bruder
Schirensee
Schule
Hof
Born Horst
Lustige Schwester
Boll-husen Teich
Ruten

Dieser Ort schien nach seinem Charakter und nach seinen Wirkungen vorzüglich von der Natur zum Ruheplatz eines Geistes bestimmt, der von den großen Geschäften der Welt zurückkehrt zu der Einsamkeit des geliebten Landes, der seinen Abend im eigenen ruhigen Schatten feyern will, unter dem Nachgenuß seiner öffentlichen Verdienste, und unter der stillen Wonne eines wohlthätigen Privatlebens. Wie verändert, und doch wie reizend und belebend! Kein Sturm der Höfe, kein Zwist der Könige mehr; die ganze Welt scheint von hier aus besänftigt und befriedigt. Alle Scenen umher winken Ihm Ruhe und sanfte Erquickung zu. Indem Er hier unter den Empfindungen, womit Ihn Natur und Zurückerinnerung lohnen, umherwandelt, so steigt der Mond hinter den Wäldern herauf, und bescheint die selige Scene mit stillem Beyfall; unterdessen noch die westliche Spitze der umliegenden Waldung sich erheitert gegen den Schimmer der Abendröthe malt, die am Horizont länger zu verweilen scheint.

Der Charakter der Ruhe und der ländlichen Erfrischung, den die Natur der Landschaft eingeprägt hat, ist auch durch alle Anlagen und Einrichtungen fortgesetzt, die Geschmack und Kunst hinzugefügt haben. Denn sich blos mit Bewohnung und Genuß zu begnügen, konnte nicht der thätige Geist des Besitzers; gewohnt zu schaffen, breitete er auch hier seine Wirksamkeit in mannichfaltigen Verschönerungen aus.

Auf der Höhe des waldigten Heeschenberges zeigt sich zuvörderst der große Pavillon (1*) [Tranquilitati], *ohne Pomp, aber in einem reinen und edlen Geschmack der Architektur, mit der Vorderseite gegen Abend gerichtet.*

* Die Ziffern beziehen sich auf die Zeichnung der Klappkarte 1 nach Seite 80.

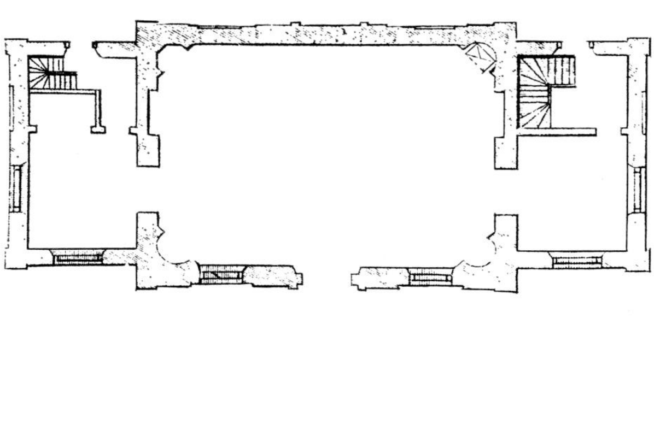

Tranquilitati

Eine goldene Inschrift über dem Eingange kündigt seine Bestimmung an: Tranquillitati! Unten beym Eintritt ein großer, hoher und schönverzierter Saal in der Mitte, auf beyden Seiten zwey Kabinette; im zweyten Stockwerk die Schlafzimmer. Dieses Gebäude dient blos zur Wohnung des Herrn; es ist zu diesem Gebrauch geräumig genug, da es in den Wintermonaten nicht bewohnt wird, indem die Lage und Einrichtung dieses Orts ihn blos zu einem Sommersitz machen. Das rothangestrichene Dach ist mit einem kleinen artigen Thurm geziert, und die äußern Wände sind mit einem bläulichen Anwurf versehen. Hinter dem Gebäude (2) liegt eine Reihe kleiner wohlausgezierter Gezelte zur Wohnung der Bedienten. Die Küche, die Beckerey, der Eiskeller und andere zur Haushaltung gehörige Gebäude verbergen sich zur Seite im Gebüsch (3); sie liegen so tief im Schatten, daß der nahe Umhergehende sie nicht bemerkt; keine Sonnenstralen dringen in diesen verschlossenen Platz, und kein Geräusch verräth die Beschäftigung.

Auf dem Vorplatz des Pavillon ist ein kleiner Lindengang (4) mit Sitzen angelegt. Er dient sowohl in kühlen Stunden zum Theetrinken, zum Spiel und zur Abendtafel, als auch zum Prospect, indem man zwischendurch aus dem Saale in gerader Linie eine angenehme Aussicht auf einen Strich von Wiesen und Feld, sodann auf die zu dem adelichen Gute gehörigen Hofgebäude in der Tiefe, hinter ihnen auf einen Berg, und endlich auf einen schönen Wald hat, der die Scene schließt. Die kurze Lindenallee hat in der Mitte einen breiten Gang, und auf den beyden Außenseiten zwey schmalere, die von einer Hecke von Hagebuchen zur Einfassung des Waldes begränzt werden. Diese Hecke hat nichts Gekünsteltes; sie ist frey gezogen, und die Waldbäume ragen unmittelbar über sie empor.

An dem Ende des Lindengangs sieht man vor sich eine in gerader Richtung mit neuen ansehnlichen Absätzen tief sich hinabsenkende Terrasse (5), auf beyden Seiten hinunter mit Hecken und Wald eingefaßt, und unten am Fuß ein kleines Wasser (6), worin sich die Häupter umhergepflanzter Bäume spiegeln. Die Terrasse, die nicht bestimmt ist, bestiegen zu werden, hat kein Treppenwerk. Über die Absätze hin laufen von beyden Seiten des Waldes Gänge, auf welchen man in verschiedenen Erhöhungen auch verschiedene Aussichten nach dem großen Pavillon oben hinauf, und nach der unten liegenden Landgegend hat. Die Absätze haben Ruhebänke zum Genuß dieser Aussichten, die sich bald erweitern, bald zusammenziehen; sie sind überdies mit Blumen, und hie und da mit einigen schönen Lorbeerbäumen in malerischen Stellungen verziert.

Zur Linken auf dem Platz vor dem Pavillon hat man unter schattigten Kastanienbäumen an einem niedrigen Gitterwerk, das den Rand dieser Anhöhe einfaßt, und mit wohlriechenden Blumen bepflanzt ist, einen herrlichen Sitz (7). Man sieht über einen großen dickbuschigten, auf den Seiten mit hohen Bäumen verschönerten Vorgrund, der sich an diesem mittägigen Abhange des Berges hinunterzieht, und eine schöne waldigte Scene bildet, in eine ansehnliche Vertiefung hinab, worin man einen Fischteich (8), ein angelegtes Wasser, erblickt. Seine Ufer sind ringsumher mit Rosengebüschen bekränzt; auf jener Seite ist noch eine junge Pflanzung von Kastanien (9), die in der Folge zur Verschönerung des Wassers beytragen wird. An dem diesseitigen Ufer glänzt ein Blumenbeet (10) mit lebhaften und abwechselnden Farben, die man, indem man unten wandelt, durch den Widerschein im Wasser ein neues Schauspiel bilden sieht. Man erblickt von oben herab am Teiche einen Sitz zum Vergnügen des Fischfangs (11), *verschiedene Bänke, und zur Rechten ein steinernes mit Stroh gedecktes Gebäude* [Bon-Bon] (12), *das sich in diesem Prospect gut auszeichnet. Über das Wasser hin sieht man noch in der Tiefe den größten Theil von einem Lustgebüsch* (13), *woraus hie und da hohe Bäume hervorsteigen, das mit schlängelnden Gängen durchschnitten ist, und mit einem kleinen Wasserfall* (14) *belebt wird. Hinter dieser Scene fängt die Landgegend an sich zu erheben. Zwischen den hohen Bäumen im Gebüsch hindurch sieht man eine Reihe von Hügeln und Bergen aufsteigen, worauf Viehweiden und Kornfelder durchschimmern. Weiter nach der Westseite hin schwellen die Berge höher empor; sie zeigen sich alle in ihrer nicht gar beträchtlichen Entfernung dem Auge deutlich; ihren Gipfel krönt von der ganzen Mittagsseite an bis über die Abendseite hinaus eine Reihe von Wäldern, in deren verschiedene Öffnungen sich hin und wieder Saatfelder mit hellern Farben hineinziehen, und das Gemälde mit einem höhern Contrast des Lichts und des Schattens beleben. In diesen Zwischenräumen wird das Auge zuweilen von einer zufälligen Erscheinung zur Verwunderung überrascht. Indem die Höhen der hintern Saatfelder über die sich diesseits herabziehende Waldung hervorragen: so scheint oft der Pflug in den Gipfeln der Bäume zu irren, oder der Mäher mit seiner Sense die Krone des Waldes zu bedrohen. – Die Wälder beschließen den Gesichtskreis, und verhüllen die Landschaft in ihre Einsamkeit.*

Geht man zur Linken des großen Pavillons seitwärts in die Vertiefung hinunter, so stößt man bald auf ein kleineres Gebäude mit einem rothen Dach (15) *und bläulichen Anwurf, das ein Wohnzimmer und Schlafkabinett enthält. Man sieht hier in einen Theil des buschigten Abhanges hin; doch ist die Aussicht gesperrt. Von dem Gebäude läuft ein Weg nach der Morgenseite des Berges ab, wo der Blick von umzäunten Wiesen zu einer Anhöhe sich erhebt, und auf einem Stück Waldung ruht; ein andrer Gang, gerade von dem Eingange weg, schlängelt sich zur Vertiefung hinunter. Ist man hinabgestiegen, so zeigt sich die Spitze des Pavillons auf der Höhe zwischen den Bäumen sehr malerisch. Eine zum Fischfang bequeme Brücke* (16), *die über einen Canal führt, aus welchem das Wasser zum Teiche sich sammelt, ist zugleich mit einem Sitze versehen; man überschaut hier in der Nähe das Wasser, die Blumen und ihren Widerschein, das mit Stroh gedeckte Haus* (12), *das mit der Inschrift: Bon-Bon bezeichnet ist, und ringsumher einen waldigten Umzug.*

Beym Herumirren in dem Lustgebüsche sieht man darin kleine Canäle, die dem Teich das Wasser zuführen, sich schlängeln, und hohe, glatte, schlanke Ellern in die Luft steigen, Das Gebüsch, das aus einem Gemisch von Ellern, Hagebuchen, Quitschern u. a. besteht, ist niedrig, dünne, luftig; es zieht sich mit seinen schlängelnden Pfaden eine ganze Strecke nach der Morgenseite am Fuß des Berges hin, und hat Bänke, die zum Ausruhen einladen. In diesen Gängen hat man fast immer den Thurm des großen Pavillon auf der Anhöhe im Gesicht.

Nach der westlichen Seite hin kommt man, bey dem Ausgang aus dem Gebüsch (17), *zu dem Gebäude Bon-Bon, und von da zu einer großen Grotte* (18). *Man läßt auf dem Wege zur Linken eine kleine Insel* (19) *liegen, die mit einer weißen Urne und mit Blumen geziert ist; das Wasser hat einen Abfall, und hilft weiter unten Wassergüsse bilden. Die Grotte ist ein starkes Werk von Steinen. Sie hat sowohl vorne, als auf beyden Seiten, große Öffnungen ohne Thüren. Sie ist geräumig, hoch, kühl, und in-*

wendig an den Wänden mit Steinchen natürlich ausgelegt. Sie ruhet im Schatten hoher Bäume. Gerade vor der mittlern Öffnung liegt ein Felsenwerk, worüber sich ein Wasserfall mit drey ziemlich großen Absätzen stürzt, in dessen Getöse sich das Rauschen überhängender, schwankender Bäume mischt.

Von dieser Grotte schlängelt sich ein sehr anmuthiger Weg den Berg hinauf; ein andrer führt unten an seinem Rande weg, bey einer Reihe von Wassergüssen, Brücken, einem Teiche und kleinen Rasenstücken. Auf diesem Wege hat man an der Abendseite allmählige Erhöhungen von Bergen, vorliegende und zurückweichende Wälder, den Hof mit seinen Gebäuden und dem neuen im reinen Architekturgeschmack erbaueten herrschaftlichen Wohnhause, und weiter nach Norden hin eine reich ausstaffirte Landschaft in einer freyen Aussicht.*

Auf den Gängen, die auf dem westlichen Abhange des Berges laufen, erblickt man jene Gegenstände wieder, aber in einem veränderten Prospect, indem sie sich mehr in die Tiefe zurückziehen, und nur hie und da gebrochen durch die Zwischenräume der Bäume schimmern. In dieser Aussicht wird das unten liegende Wasser wichtiger, weil es, ohne eine deutliche Bezeichnung seiner Umgränzung, zwischen den kleinen Öffnungen des Laubwerks größer scheint.

Auf einem dieser Wege, die sich nach der nordlichen Seite des Berges ziehen, kommt man bey einem Gebäude vorbey (20) [Solitude], *das der Einsamkeit gewidmet ist, wie nicht allein seine Inschrift, sondern auch seine Lage bezeugt. Es entfernt sich zur Linken etwas von dem Wege, und zieht sich in die Dämmerung umschattender Bäume hinein. Die Lage ist, wie sie seyn muß, verborgen, ruhig, umschattet; alle Aussicht umher ist gehemmt; doch hat das Gebäude, das aus einem Wohnzimmer mit einer Schlafstelle besteht, einen kleinen artigen Vorplatz.*

Verfolgt man den Weg weiter, so kommt man bald auf einen runden Platz (21), *an welchen ein anderes kleines aus Einem Zimmer bestehendes Gebäude stößt* (22) [Bellevue], *das wegen der ausgebreiteten und herrlichen Aussicht, womit das Auge hier gegen Norden überrascht wird, sich mit der Überschrift: Bellevue, unterscheidet. Man wird von diesem auf viele Meilen sich verbreitenden, reichen und überaus erfrischenden Prospect um so mehr ergötzt, da man eben aus einer verschlossenen Scene getreten ist. Unmittelbar vor sich hat man eine lange, auf beyden Seiten von Waldung eingefaßte, besteigbare Terrasse* (23), *mit vielen Absätzen und bequemen Stufen von Rasen, auf welchen man an den Fuß des Berges hinabgehen kann. Im Vordergrunde erscheinen Wiesen, Viehtriften, Felder und einige Häuser. Weiter hin wird das Auge durch einen schönen See erfrischt, mit dessen Klarheit ein dunkler zur Rechten angränzender Wald einen reizenden Contrast macht. Über ihn hinaus Kornfelder, Dörfer, Waldungen, bey hellem Wetter zwey adeliche Höfe, wovon Kleinnordsee auch ohne Fernglas sichtbar ist, und andre Abwechselungen und wunderbare Mischungen in einer bis in den blauen Dunst am Horizont hin sich verlierenden Landschaft. Diese Aussicht ist die weiteste, freyeste und heiterste, die man von dem Berge genießt, da sie auf den meisten übrigen Seiten von umliegenden Wäldern begränzt wird. Sie bringt eine liebliche Erfrischung in das Gemälde, ohne den Charakter des*

* *In andern Provinzen von Deutschland würde man es ein Schloß nennen. Man sehe den Aufriß am Ende dieser Beschreibung.*

Ganzen, Ruhe und ländliche Einsamkeit zu verändern, indem kein Getöse in der Nähe, keine starke Bewegung umher vorhanden ist, sondern vielmehr über diesen in die Ferne hin sich verbreitenden Scenen die Stille der friedeathmenden Natur schwebt.

Wendet man sich von dieser Aussicht rückwärts hin, so erblickt man über einen geraden und breiten Gang hinauf eine Seite des großen Pavillon (24). Doch wird man sich vorzüglich das Vergnügen machen, von der Terrasse weg nach dem nordlichen Abhange des Berges seinen Weg zu wählen. Hier tritt man gleich in ein sehr anmuthiges, einsames und schattenreiches Revier. In der Höhe und in der Tiefe der abhangenden Seite laufen verschiedene Gänge. Kühlung und liebliche Spiele des Lichts und des Schattens schweben hier zwischen den hohen Bäumen umher. Von oben fallen zerstreut die Blicke der Sonne durch; von der linken Seite her schimmert die Landgegend mit nahen Wiesen, wellenförmigen Erhebungen und Kornfeldern hie und da in gebrochenen Durchsichten. Ein steinernes Gebäude (25) bietet unten einen kühlen und einsamen Sitz zur Ruhe und Selbstbetrachtung an, wozu es allein bestimmt ist. Man sieht von diesem Sitze ganz nahe vor sich einen Theil einer großen Wiese und ein Stück von Wald, das Ende von dem Kranze, der sich von der Morgenseite an auf den mittägigen Anhöhen herum bis über die Abendgegend hinauszieht; noch zeigen sich zur Rechten eingezäunte Felder und einzelne Häuser; zur linken Hand aber verbirgt sich das neue herrschaftliche Wohnhaus.

Etwas weiter führt eine weiße Pforte (26) in eine neue Anlage von einem überaus angenehmen und sanften Charakter. Sie liegt an dem äußersten Rande des Berges, zieht sich von der Nordseite nach Morgen herum, und besteht aus einer buschigten Anhöhe und einer jungen Pflanzung, zwischen welchen beyden sich in einer fast ganz von der Natur gebildeten Vertiefung ein nicht sehr großes, aber reines Wasser herumschlängelt (27). Auf einem mit Hagebuchen, Nußbäumchen und Blumen bepflanzten Wege wandelt man an dem Fuß eines kleinen Hügels hin, der überall mit einem kurzen und dicken Gebüsch von mannichfaltigen Bäumchen und Sträuchen eingehüllt ist. Zwey schmale Pfade schlängeln sich in diese kleine zauberische Wildniß hinauf, irren umher, und laufen auf der andern Seite wieder hinab zu einem Theil des Wassers, an welchem sich ein freyer Weg herumwindet. Zwey anmuthige mit Blumen und Rasenstücken umkränzte Sitze unter Bäumen am Wasser locken hier nicht vergebens; man nimmt mit Vergnügen eine Ruhestelle ein, um eine so liebliche Scene länger zu genießen. Man geht über einen Damm (28), unter welchem das Wasser zur Wässerung auf die große Wiese geleitet wird, wovon man vorher aus dem steinernen Gebäude einen Theil sah, die sich aber hier in ihrem ganzen schönen Umriß auswickelt. Von dieser Stelle genießt man wieder eine reizende Aussicht nach dem neuen herrschaftlichen Wohnhause und den Gutsgebäuden, nach der Kette von Bergen, die sich aus verschiedenen Niedrigungen hinter einander erheben, nach den Wäldern auf den Höhen umher, nach ihren malerischen Zwischenräumen hin. Das Wohnhaus senkt sich mit den benachbarten Gebäuden in eine kleine Vertiefung zwischen den Bergen; hinter ihm erhebt sich ein Wald, der, wiewohl er entfernt ist, in dieser Richtung ganz nahe daran zu stoßen scheint; zur Rechten breitet sich die mehr flache Landgegend mit sanften Erhöhungen, Kornfluren, einzelnen Bäumen, Gebüsch und Einzäunungen aus. Über den Damm führt der Weg in die junge Pflanzung, die aus verschiedenen wilden Geschlechtern, Hagebuchen, Ipern, Quitschern, Tannen u. a. besteht, und mit der Zeit viel verspricht; sie geht an dem Rande des Wassers hinauf, wendet sich zur Rechten, und verbreitet sich zu mehr Gängen; ungefähr in der Mitte des Bezirks, den sie auf dieser Morgenseite einnimmt, erhebt sich ein runder mit Kastanienbäumen umkränzter Platz (29), *wovon man ringsumher eine freye angenehme Aussicht genießt, besonders nach der Gegend zurück, woher man kam. Zwey Dämme* (30 a + 30 b), *bey welchen kleine Wassergüsse rauschen, und der Freund des Fischfangs mit der Angelruthe die Spiele der sorglosen Forelle unterbricht, laufen über das Wasser, und verbinden die Pflanzung mit einem kleinen, zierlichen und anmuthigen Fruchtgarten* (31), *der hier den Fuß des Berges schmückt. Vor dem zweyten Damm liegt ein steinernes Gebäude* (32), *zu Sitzen bestimmt, die eine Aussicht auf einen Theil des Gartens und auf die sich erhebende Waldung des Berges geben. Man erblickt hier noch drey Gebäude, die Gärtnerwohnung* (33) *am Ende der Pflanzung, im Fruchtgarten ein anderes mit guten Zimmern versehenes Haus* (34), *und weiter hinauf, queer über eine mit Quitschern und Tannen besetzte Allee, das Wirtshaus* (35) [Lustige Schwester] *auf einem Hügel am Walde, das von dieser Lage und von der Nachbarschaft kleiner Viehweiden umher ein sehr anmuthiges ländliches Ansehen gewinnt.*

Man kann von dieser Seite verschiedene Wege und Terrassen wählen (36), *um in die Spaziergänge des östlichen Abhanges des Berges zu gelangen. Von zwo Terrassen, die mit steinernen Treppen* (37, 38) *zwischen der Waldung hinaufsteigen, führt eine gerade zu einem Pavillon hinauf* (40).

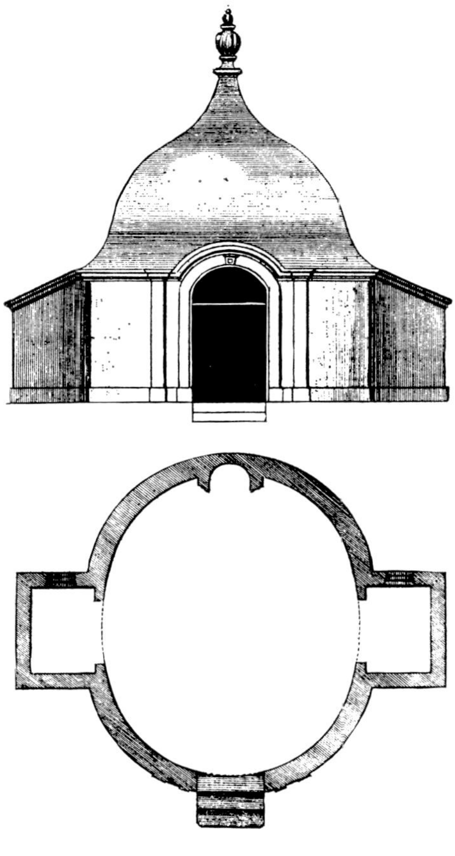

Der Runde Pavillon

Dieses Gebäude verdient den nächsten Platz nach dem großen Pavillon, wovon es auch weniger als die andern entfernt liegt. Es ist rund, hat ein graues Schieferdach von dieser Form, und an den äußern Wänden einen bläulichen Anwurf. In der Mitte ein runder, mit Geschmack verzierter Saal; auf jeder Seite ein Schlafkabinet. Der Saal hat keine Fenster in den Wänden; die Erleuchtung fällt von oben durch zwey Ochsenaugen im Dach und durch die Glasthüre. Die Aussicht von hier ist in einem sehr landmäßigen Stil. Man sieht kein Wasser, blos Felder, mit Gebüschen, einzelnen Bäumen, Zäunen und Wald unterbrochen, womit die Landschaft in die Ferne zu verwildern scheint, unterdessen daß in gerader Richtung ein weißer Dorfkirchthurm aus der waldigten Verdunkelung emporsteigt.

Kehrt man von diesem kleinen Pavillon zu dem großen zurück, so blickt man bald zur Linken über einen Weg (41), *auf welchem die Auffahrt geschieht, nach einer Senkung des Berges hinab, worauf sich die untere Gegend mit kleinen eingezäunten Stücken von Feld und Wiesen wieder zu einem Walde hebt, vor dessen Eingang eine Bauerhütte ruhet* (42).

Diese Vielheit, die Bequemlichkeit und die Abwechselung der Gänge, die auf allen Seiten in der Waldung des Berges herumlaufen, und nach und nach zu allen merkwürdigen Scenen führen, macht einen wichtigen Theil von den Annehmlichkeiten dieses Parks aus. Einige Wege sind so breit, daß sie befahren werden; andre Gänge laufen zuweilen in schmale Fußpfade über. Bey Auffahrten und Zugängen zum Hauptgebäude sind sie, wie sie seyn sollen, in gerader Linie; in andern Gegenden, wo das Umherirren ergötzt, oder der Gehende auf eine Überraschung geleitet werden soll, schlängeln sie sich in abwechselnden und ungekünstelten Wendungen. Die Gänge scheinen hier gleichsam in einer beständigen Bewegung zu seyn, so sehr auch Unbeweglichkeit ihr Eigenthum ist; bald steigen sie, bald senken sie sich wieder, nach den Abhängen und Ungleichheiten des Bodens, die so viel zur Veränderung der Scenen und der Prospecte beytragen. Hie und da sind sie mit Hecken eingefaßt, die ein natürliches Ansehen haben, da sie den Waldbäumen zu einer Art von Umkränzung dienen. Zuweilen laufen die Wege frey und offen; zuweilen im Schatten. Wo es die Beschaffenheit des Bodens erfodert, da wechseln sie mit bequemen Treppen von Steinen oder Rasen ab. An verschiedenen Stellen breiten sie sich zu runden Plätzen aus, die mit schönen Bäumen umkränzt und mit Bänken verziert sind.

Unter den schön gewachsenen Buchen des Waldes sind Eichen, Espen, Quitschern, Tannen und andre Geschlechter gemischt. Die lichten Stellen wechseln mit dunkeln ab, wo dickes Untergebüsch den vielen und mannichfaltigen Waldsängern, die sich hier zu wohnen freuen, eine ungestörte Freystätte anbietet. In einigen Gängen erheben sich die Bäume zu einer Höhe, die ein Gefühl von Würde und Erhabenheit einflößt, zumal wenn ihre Gipfel mit feyerlichem Geräusch an einander schlagen. Bald hängt eine tiefe Überschattung über den Weg; bald lacht die Freundlichkeit des Himmels zwischen den obern Spitzen herab; man schauet hinauf, und erheitert kehrt der Blick zurück. Bald verschließen sich die Aussichten von allen Seiten; bald eröffnen sie sich wieder, hier ganz, dort halb; bald brechen sie auf einmal unerwartet hervor in gerader Richtung mit lebhafter Überraschung; bald enthüllen sie sich in allmähligen Wendungen zur längern Unterhaltung.

Eine vorzügliche Verschönerung geben die angezeigten verschiedenen Gebäude, die in der Waldung hin und wieder zerstreut sind, und die man als eben so viele Tempel der Gastfreundschaft ansehen kann. Denn sie dienen nicht blos zur Bezeichnung der Prospecte, oder zur Belebung der Scenen; sie sind zugleich Wohnungen und Schlafcabinette für Fremde, die das Glück haben, von der Freygebigkeit des Besitzers bewirthet, und von seinem Geiste unterhalten zu werden. Alle diese kleinen Gebäude empfehlen sich durch die Schönheit ihrer Lage, durch die Bequemlichkeit ihrer Einrichtung, und durch den reinen prunklosen Geschmack ihrer Auszierung. Die Einrichtung solcher Lusthäuser zur Bewohnung ist hier eine ungemein anmuthige und vortheilhafte Erfindung. Sie giebt dem Gemälde eine neue Erfrischung durch die Vorstellung von Gastfreundschaft, von Freyheit und Ungezwungenheit. Auch wird dadurch der Charakter der Ruhe und ländlichen Einsamkeit, der durch das Ganze herrscht, glücklich beybehalten; denn er würde hier unstreitig durch die Gegenwart eines weitläuftigen Wohngebäudes zerstört, das mit dem Geräusch zusammengedrängter Gesellschaften, und mit dem Gewühl von Bedienten erfüllt wäre. Jetzt athmet hier alles Ruhe und Freyheit. Jeder Gast ist Herr seiner Zeit und seiner Bewegungen. Er beschwert nicht, und wird nicht beschwert. Er kann einsam seyn, oder sich durch Besuche erheitern. Er darf sich als den Eigenthümer seiner Wohnung ansehen, seine Thüre schließen und öffnen, wie es ihm gefällt. In einer Abtheilung ist Raum für einen Bedienten. Auf seinen frühen Spaziergängen begegnet er einem Bekannten oder einem Freund zu muntern Gesprächen; oder er verläßt mit der Morgenröthe sein Schlafkabinet, um länger einsam zu seyn, oder er schleicht in eine Gegend hin, wo er auf verschiedenen Wegen ausweichen kann. Zuweilen lockt ihn die schöne Lage einer andern Wohnung, die er auf seinem Wege antrifft, hinzuzutreten: er klopft an, und findet sie leer; der Bewohner belustigt sich schon lange auf entfernten Spaziergängen. Oft trifft er einen andern Bewohner an, als den er da vermuthete; er sieht sich getäuscht und wieder beruhigt. – Beschäftigungen, Zeitvertreibe, Gespräche, einsame Ergötzungen wechseln hier mit einander ab, bis ein Geläute zur bestimmten Stunde die zerstreuten Gäste aus ihren Einsiedeleyen oder von geselligen Spaziergängen in den großen Pavillon auf der Höhe zur Tafel wieder zusammenruft.

Dies sind, nach dem Lauf der Wege, die ich nahm, und nach meiner Empfindung, die Hauptscenen, welche die Schönheit des Heeschenbergs erheben. Andre werden bey einer andern Wahl ihrer Gänge vielleicht noch mehr Ergötzung antreffen. Man sieht hier Natur und Geschmack im Wetteifer, einen Sommersitz zu bilden, der, nach dem Geständniß der einheimischen und auswärtigen Kenner, zu den ersten Merkwürdigkeiten der Gartenkunst nicht blos in Holstein, sondern in Deutschland gehört. Aschberg ist fast alles der Natur schuldig; ungern sieht man den Ort von einer mit Bescheidenheit nachhelfenden Hand verlassen. Hier im Gegentheil ist nicht blos eine reizende Anlage der gefälligen Natur; hier ist auch Anordnung mit Geschmack, Unterhaltung mit Sorgfalt, und Fortwirkung mit Eifer. Noch ist das Werk nicht vollendet. Daß die Verschönerungslinie von der mit Quitschern und Tannen besetzten Allee zur Linken des Wirthshauses fortlaufen, und den dort gegen Morgen sich erhebenden mit Waldung bekleideten Berg umfassen wird, ist schon fürs erste eine Erweiterung, die einen der herrlichsten Lustplätze erwarten läßt. Der Wald ist mit den schönsten Bäumen geziert; er hat Gebüsch und mannichfaltige Ungleichheiten des Bodens; er ver-

stattet auf allen Seiten die anmuthigsten Aussichten; und was seine Lage vorzüglich verschönert, so breitet sich an seinem Fuß nach Morgen hin ein See aus. Man sieht hier das Licht des Tages aufsteigen, und die heitersten Morgenscenen in einer reich geschmückten Landschaft bilden; und wenn der Himmel den Besitzer länger seinem Jahrhunderte gönnt, so darf man hier und in den angränzenden Gegenden noch Anlagen hoffen, die den Reiz der Natur mit Harmonie erheben.

Der Sitz eines berühmten Mannes, von dessen Größe ich hier nichts sagen darf, weil einst die Geschichte davon reden wird, erweckt schon die Neubegierde eines Fremden. Allein man sieht hier mehr, als was man zu sehen gewohnt ist. Man sieht Erfindungen und Anlagen, alle aus dem Geist des Besitzers selbst entsprungen. Man sieht für Jedermann freyen Eintritt in die Spaziergänge, Aufnahme des Fremden, und Achtung des Verdienstes. Man kehrt zurück mit Erzählungen, die neue Lustreisen nach diesem Sitz beschleunigen.

Bey einer solchen Reise nimmt vielleicht einst ein Gartenfreund diese Beschreibung in die Hand. Er sieht, er liest, er vergleicht; er findet nichts, das von der Phantasie hinzugeschmeichelt wäre; er findet blos eine kleine Topographie; die kein anderes Verdienst haben kann, als Treue. Aber er wird dagegen Unvollständigkeit sehen und zugleich verzeihen, indem er bedenkt, daß die Natur größer und reicher ist, als die Sprache fassen kann; daß in einer Beschreibung nach der Natur, eben so wie im Landschaftgemälde, manches wegbleiben muß, wovon die Wirklichkeit, nicht aber die Nachschilderung gefällt; daß die feinern Beziehungen, Übergänge und Verbindungen der Natur, selbst unter dem Pinsel des kühnsten Landschaftmalers, kaum einer Darstellung fähig sind. Allein er wird nicht blos der Beschreibung verzeihen, sondern auch der Zeit, wenn sie verändert hat.

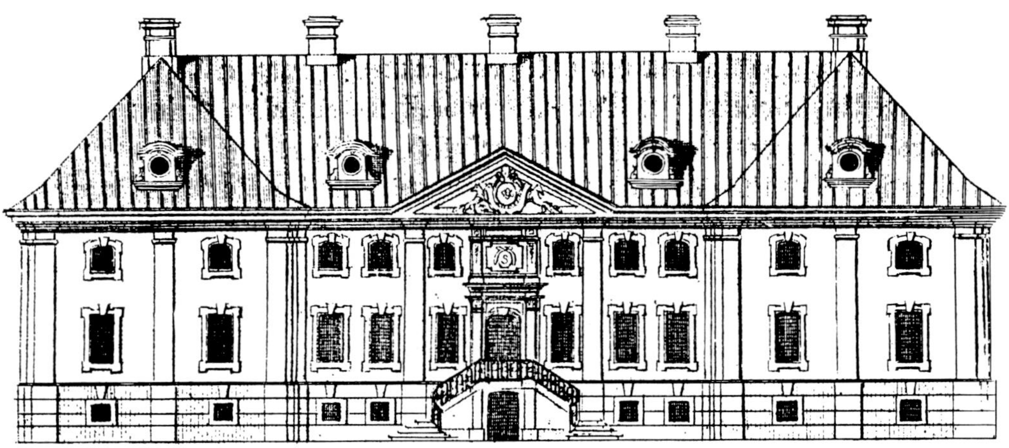

Das Herrenhaus Schierensee

Das Gebiet des Heeschenberges kann Caspar v. Saldern erst um 1766 erworben haben, da es auf der Landkarte von Thießen 1765 (LAS 402. A 3, 51a) zum Dorfgebiet Schierensee gehörte. Die zum Wohnhaus günstige Lage erweckte gewiß in Saldern den Wunsch, hier eine Gartenanlage zu schaffen. Der hinter dem Wohnhaus liegende Lustgarten und der von ihm durch eine alte Allee getrennte Wirtschaftsgarten entsprachen nicht mehr den Anforderungen eines weitgereisten Gutsherrn und Staatsmannes. Saldern holte sich für die Anlage und den Bau der Lusthäuser aus Eutin den fürstlichen Hofbaumeister Georg Greggenhoffer, der auf dem Hof ab 1768 die ersten Neubauten aufführte.

Zunächst wurde ein altes Lusthaus im Hausgarten abgebrochen und mit neuen Fundamenten und Schwellhölzern versehen, im Heeschenberg wieder aufgebaut (A. Sch. 304). Die Arbeiten im Gelände begannen erst im Herbst. Ab Oktober waren zwanzig Tagelöhner zur Rodung und Pflanzung neuer Bäume und Büsche tätig. Bis in den Dezember hinein erstreckten sich mit Hilfe von dann noch elf Tagelöhnern diese Arbeiten. Aus Bossee wurden Kastanien, Obstbäume und Ypern (Ulmen) gekauft, aus Hamburg Pfirsichbäume, junge Fruchtbäume und kleine Ulmen für Hecken. Der Kammerrat Hübner aus Kiel lieferte Pflaumenbäume und Rosenbüsche. Für Tagelohnarbeit wurden im ersten Jahr 116 Reichsthaler ausgegeben. Aus der Zusammensetzung der Bäume und Büsche ist schon zu ersehen, daß neben dem reinen Lustgarten noch ein Nutzgarten geplant wurde.

Zu dem umgesetzten Lusthaus kam ein Küchenbau. Auch mit der Anlage der Wasserspiele wurde sofort begonnen. Greggenhoffer zeichnete den Entwurf für einen Wasserfall, der aus einer Grotte herauskam und in einem achteckigen Bassin endete. In geringer Entfernung stand ein kleines Lusthaus, von dem aus der Wasserfall beobachtet werden konnte. Das große Lusthaus wurde sehr schnell aufgeführt, so daß schon 1768 (A. Sch. 365 u. 371) im Innern die Kammern geweißt und tapeziert werden konnten. Der ausführende Maurermeister war David Georg Fehlandt aus Eutin. Der Turm des Lusthauses wurde mit grauer Ölfarbe dreimal gestrichen. Das kleine Frontispiz mit den Zieraten war gleichfalls grau. Der aus Sandstein gehauene Stein über der Eingangstür wurde dreimal mit weißer Ölfarbe gestrichen, die Schrift: TRANQUILITATI vergoldet. – Dieser Stein ist 1970 im Untergeschoß des Herrenhauses in der Wand der Diele eingelassen worden. Vor ihm steht aus Sandstein ein Altar mit der Inschrift: ara tranquillitatis. – Fehlandt errichtete weiter in diesem Jahr ein kleines Haus und ein Gärtnerhaus. Zu dem gewölbten Lusthaus legte er die Fundamente.

Die Stuckarbeiten im Saal des großen Lusthauses führte der Stukkateur Johan Christoph Lindner aus Bordesholm aus. Er erhielt hierfür 38 Reichsthaler. Lindner ist vielleicht ein Verwandter des Johan Andreas Lindner (LAS 126, 4, Nr. 308/09) aus Kiel, der unter Greggenhoffer 1773 in Dobersdorf als Stukkateur arbeitete.

Die Malerarbeiten lagen wie bei dem Herrenhaus in der Hand von Johan Mathias Bremer aus Kiel. Aus seinen Rechnungen für jedes Jahr kann man sehr gut die Farbgebung der Räume und des Äußeren erkennen. Im großen Saal erhielt das Paneel einen grauen Anstrich, desgleichen die vier Doppeltüren und die Eckschränke. Auch die Fenster und Windbretter wurden grau. Als Neubau kam ein Schießhaus hinzu, das außen und innen ebenfalls grau gestrichen wurde. An der Vorderseite war eine Krone und Namenszug angebracht, die vergoldet wurden.

An Sträuchern und Bäumen wurden in diesem Jahr für den Hausgarten und für den Heeschenberg folgende Arten gekauft:
sechzehn niedrige und acht hohe Pfirsiche; sechzehn Stück Weinreben; zwei hochstämmige Kirschen, zwölf Johannisbeer- und zwölf Stachelbeersträucher.

Aus Krieseby wurden von Otte sechshundert Blumentöpfe gekauft.

1770 kam zu den Bauten eine gewölbte Nische im Abhang und die Fertigstellung des gewölbten Lusthauses hinzu. In letzterem wurde der Boden mit Fliesen belegt.

1771 (A. Sch. 369) wurde in erster Linie am großen Lusthaus gearbeitet. Obwohl schon 1768 im Innern gestrichen und tapeziert wurde, erhielt das Haus erst jetzt seine endgültige Dachbedeckung. Greggenhoffer besorgte für den Turm den Abschlußknopf und Flügel (wahrscheinlich eine Windrose). Der Klempnermeister Holtzmann aus Eutin deckte den Turm mit Blei ein. In diesem Jahr wurde eine für Schleswig-Holstein ungewöhnliche Baumaßnahme durchgeführt. Saldern ließ durch den Schiffer Detleff Maaß aus Eckernförde auf dem Schiff *Anna Margarethe* 1025 eiserne Dachplatten aus Petersburg holen. Mit ihnen deckte Holtzmann das Dach des großen Lusthauses ein.

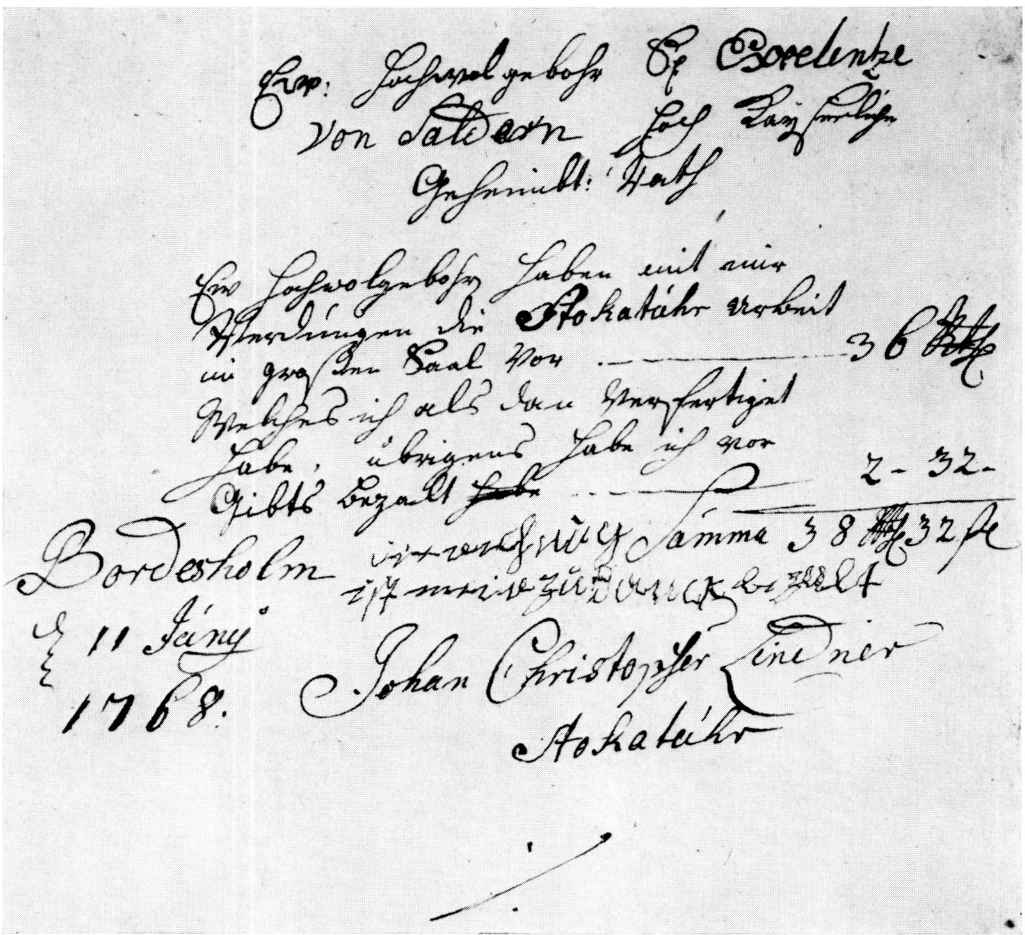
von Saldern

36

2 - 32

Summa 38 32

Bordesholm

11 Jan. 1768.

Johan Christopher Lindner

Stokatühr

Quittung des Stukkateurs Joh. Chr. Lindner

KLAPPKARTE 1

Der Heeschenberg 1783

Nach einer Kopie
mit Zahlen versehen und umgezeichnet
von Peter Jebens-Friccius

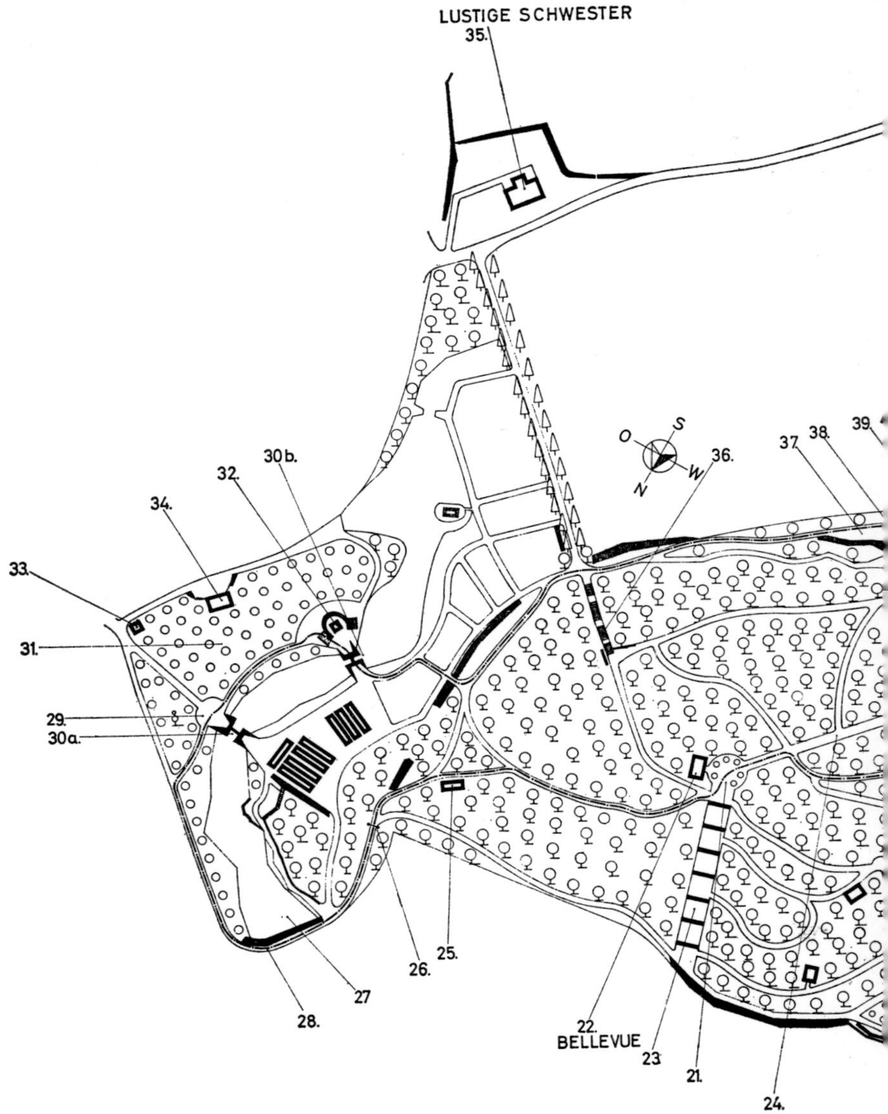
LUSTIGE SCHWESTER
35.
O
S
N
W
36.
37.
38.
39.
30b.
32.
34.
33.
31.
29.
30a.
25.
26.
27
28.
22.
BELLEVUE
23
21.
24.

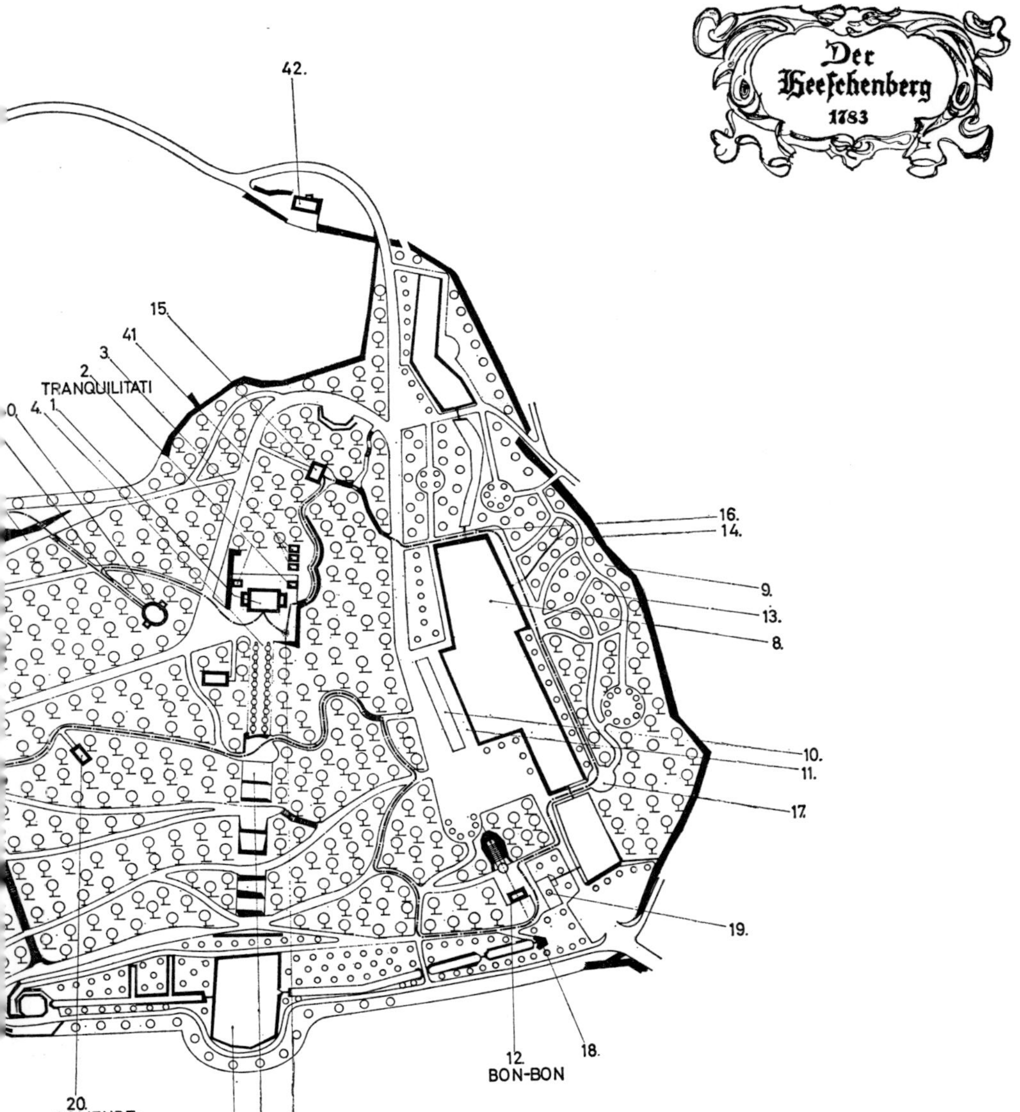
Der Heeschenberg 1783
42.
15.
41
3.
2.
TRANQUILITATI
0.
4.
1.
16.
14.
9.
13.
8.
10.
11.
17.
19.
12.
BON-BON
18.
20.
SOLITUDE
6.
5.
7.

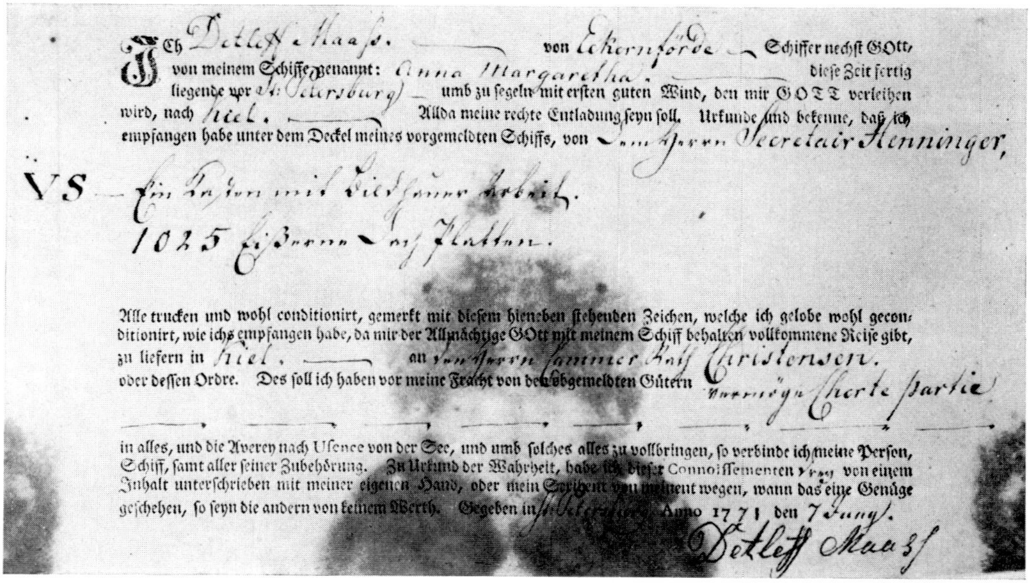

Ich Detleff Maass. von Eckernförde Schiffer nechst GOtt, von meinem Schiffe genannt: Anna Margaretha. diese Zeit fertig liegende vor St. Petersburg umb zu segeln mit ersten guten Wind, den mir GOTT verleihen wird, nach Kiel. Allda meine rechte Entladung seyn soll. Urkunde und bekenne, daß ich empfangen habe unter dem Deckel meines vorgemeldten Schiffs, von [illegible] Herrn Secretair Henninger,

VS Ein Laden mit Bildhauer Arbeit.
1025 Eisernen Dach Platten.

Alle trucken und wohl conditionirt, gemerkt mit diesem hieneben stehenden Zeichen, welche ich gelobe wohl geconditionirt, wie ichs empfangen habe, da mir der Allmächtige GOtt mit meinem Schiff behalten vollkommene Reise gibt, zu liefern in Kiel, an [illegible] Herrn Cammer Rath Christensen. oder dessen Ordre. Des soll ich haben vor meine Fracht von den obgemeldten Gütern [illegible] partie

in alles, und die Averey nach Usence von der See, und umb solches alles zu vollbringen, so verbinde ich meine Person, Schiff, samt aller seiner Zubehörung. Zu Urkund der Wahrheit, habe ich dieser Connoissementen [illegible] von einem Inhalt unterschrieben mit meiner eigenen Hand, oder mein Schreiber von meinetwegen, wann das eine Genüge geschehen, so seyn die andern von keinem Werth. Gegeben in St. Petersburg, Anno 1771 den 7 Juny.
Detleff Maass

Seefrachtbrief für Detleff Maaß

Bremer (A. Sch. 371) strich an den Gebäuden auf dem Heeschenberg alles Holzwerk an, die Türen, kurz vorher grau gestrichen, nun dreimal mit weißer Ölfarbe. Innen strich er mit Ölfarbe *wie Luft gemalt.* Die Bleieindeckungen auf den Kuppeln strich er dreimal mit echtem Schmalz blau an. Vasen, die Moser aus Eutin geliefert hatte und auf dem Dach standen, wurden weiß angestrichen. Moser lieferte außerdem noch acht Kapitelle für die Türen, vier Schlußsteine und eine Vase für eine Nische. Die kupfernen Knöpfe und Flügel auf dem Turm wurden echt vergoldet.

Aus einer Malerrechnung kann man feststellen, daß 1772 (A. Sch. 371) eine Statue des Globus auf einem Postament vorhanden war (Anlage 4). Im folgenden Jahr wurde weiter gebaut. 29 000 übriggebliebene Mauersteine wurden vom großen Lusthaus zum Bau am Ovalhaus transportiert. 30 t gotländischer und 8 t Segeberger Kalk wurden verarbeitet. Vom Hausgarten wurde ein weiteres Lusthaus zum Heeschenberg versetzt (A. Sch. 372). Zahlreiche Obstbäume wurden zur Pflanzung angeschafft. Lieferanten waren Hinrich & Böckmann in Hamburg.

Die Hauptarbeiten im Jahr 1774 (A. Sch. 373) erstreckten sich auf die Fertigstellung des Ovalhauses. Aus Bossee wurden 30 000 Mauersteine geholt. 109 t Segeberger Kalk benötigte der Maurermeister Jakobsen zum Bau. An einer Grotte arbeitete Fehlandt im Auftrag von Georg Greggenhoffer. Es wurden hierfür Feldsteine gespalten und aufgemauert. Das Dach wurde auch mit Eisenplatten abgedeckt. Im Innern erhielt die Grotte eine Gipsdecke, wie auch das Ovalhaus. Über den Kanal schlug der Zimmermeister Gabriel eine neue Brücke. Das Küchenhaus erhielt einen Anbau, der gewiß dadurch notwendig wurde, daß Caspar v. Saldern mit vielen Gästen im Sommer im Heeschenberg lebte. An der Kaskade wurde das Bassin vergrößert und der Boden mit Fliesen belegt. Für die Aufbewahrung von Eis wurde 1775 ein Eiskeller angelegt.

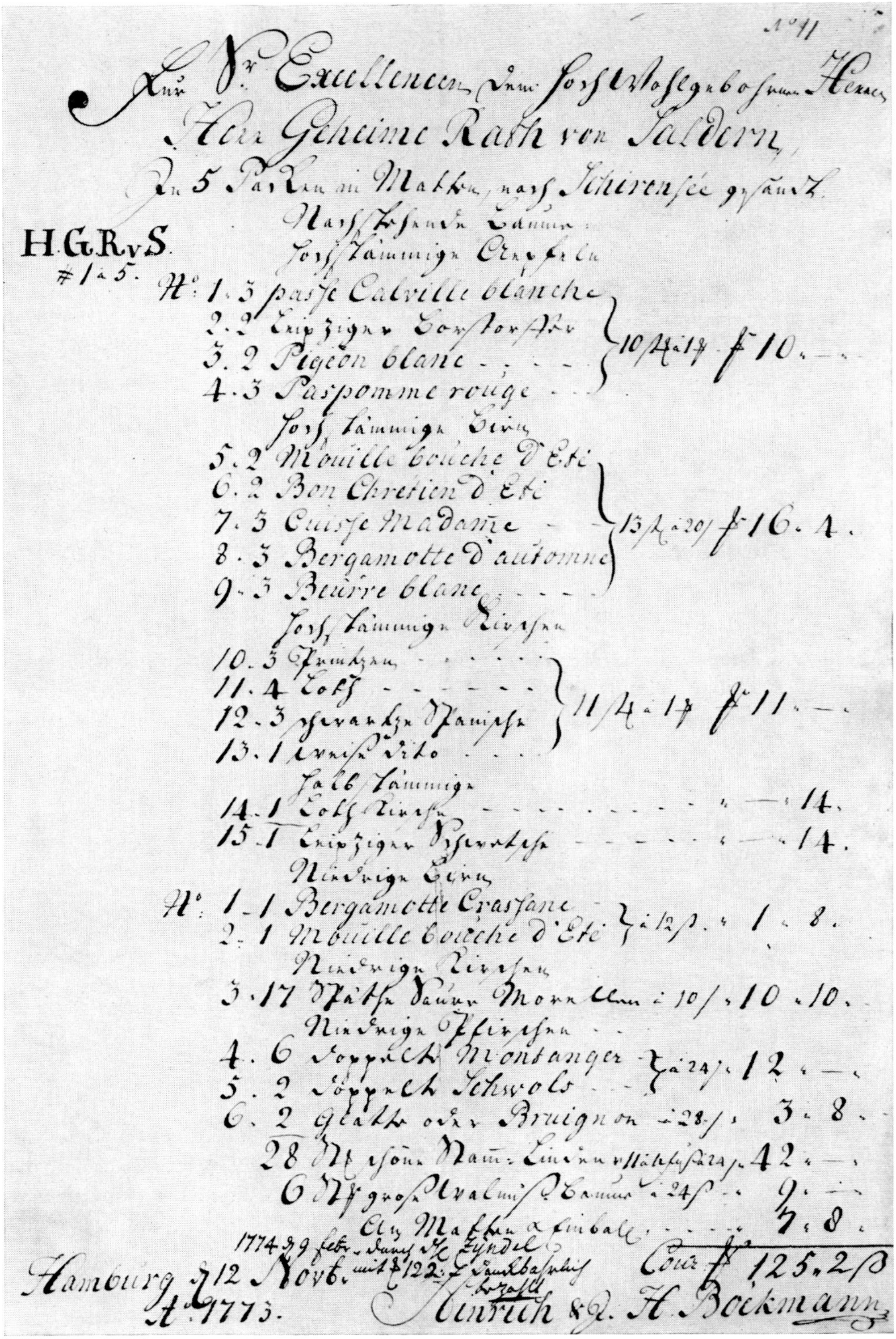

No 11

Ihro Excellence dem Hochwohlgebohrnen Herrn
Herr Geheime Rath von Saldern,

in 5 Packen in Matten, nach Schierensee gesandt.

Nachstehende Bäume:

Hochstämmige Aepfeln

H.G.R.v.S.
#1 à 5.

No. 1. 3 passé Calville blanche		
2. 2 Leipziger Borstorffer		
3. 2 Pigeon blanc	10 St. à 14 ß	ℳ 10. –
4. 3 Passpomme rouge		
Hochstämmige Birn		
5. 2 Mouille bouche d'Eté		
6. 2 Bon Chretien d'Eté		
7. 3 Cuisse Madame	13 St. à 20 ß	ℳ 16. 4.
8. 3 Bergamotte d'automne		
9. 3 Beurre blanc		
Hochstämmige Kirschen		
10. 3 [illegible]		
11. 4 Loth	11 St. à 14 ß	ℳ 11. –
12. 3 [illegible]		
13. 1 weiße dito		
Halbstämmige		
14. 1 Loth Kirschen		14.
15. 1 Leipziger [illegible]		14.
Niedrige Birn		
No. 1. 1 Bergamotte Crassane	à 12 ß	1. 8.
2. 1 Mouille bouche d'Eté		
Niedrige Kirschen		
3. 17 Stück dauer Morellen	à 10 ß	10. 10.
Niedrige Pfirschen		
4. 6 doppelte Montanger	à 24 ß	12. –
5. 2 doppelt Schwols		
6. 2 Glatte oder Brugnon	à 28 ß	3. 8.
28 Stück schöne [illegible]	à 24 ß	42. –
6 Stück große wälsche [illegible] Bäume	à 24 ß	9. –
Die Matten u. Einballage		7. 8.
	Cour.	ℳ 125. 2 ß

1774 29 febr. [illegible] ℳ 122. [illegible]

Hamburg d. 12 Novb.
Ao 1773.

Hinrich & H. Böckmann

Rechnung der Firma Hinrich & Böckmann vom 12. November 1773 über gelieferte Obstbäume

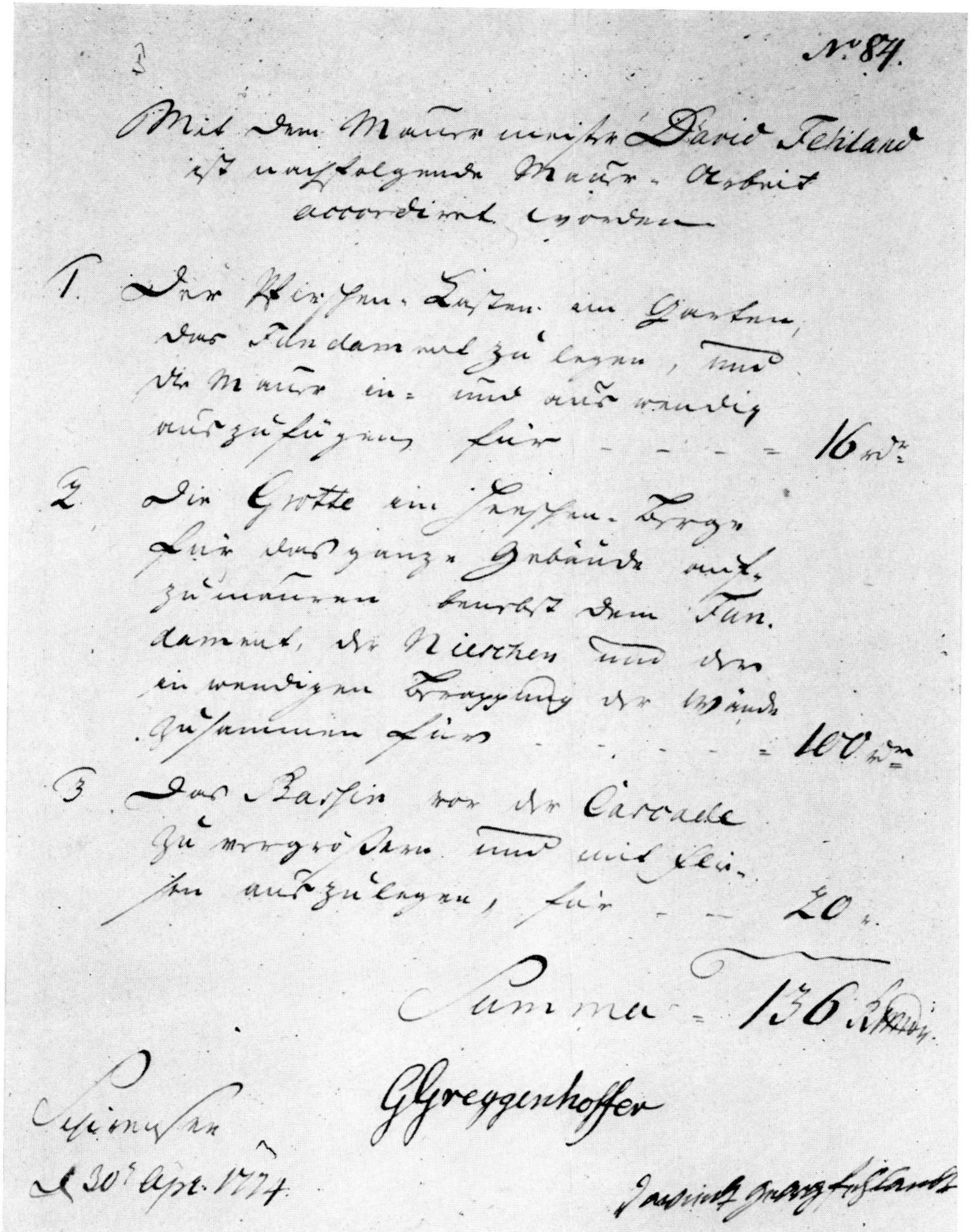
No. 84.

Mit dem Mauermeister David Fehland ist nachfolgende Mauer-Arbeit accordiret worden

1. Der Kirchen-Zapfen im Garten, das Fundament zu legen, und die Mauer ein- und auswendig auszufügen für - - - - 16 rt.

2. Die Grotte ein Sachsen-Berge für das ganze Gebäude auf zu mauern benebst dem Fundament, der Nischen und der inwendigen Bekleidung der Wände zusammen für - - - - 100 rt.

3. Das Bassin vor der Cascade zu vergrößern und mit Steinen auszulegen, für - - 20 r.

Summa 136 Rthlr.

G Greggenhoffer

Schirensee d 30t Apr. 1774

David Georg Fehlandt

Kontrakt vom 30. April 1774 zwischen G. Greggenhoffer und dem Maurermeister D. G. Fehlandt über zu leistende Arbeiten auf dem Heeschenberg

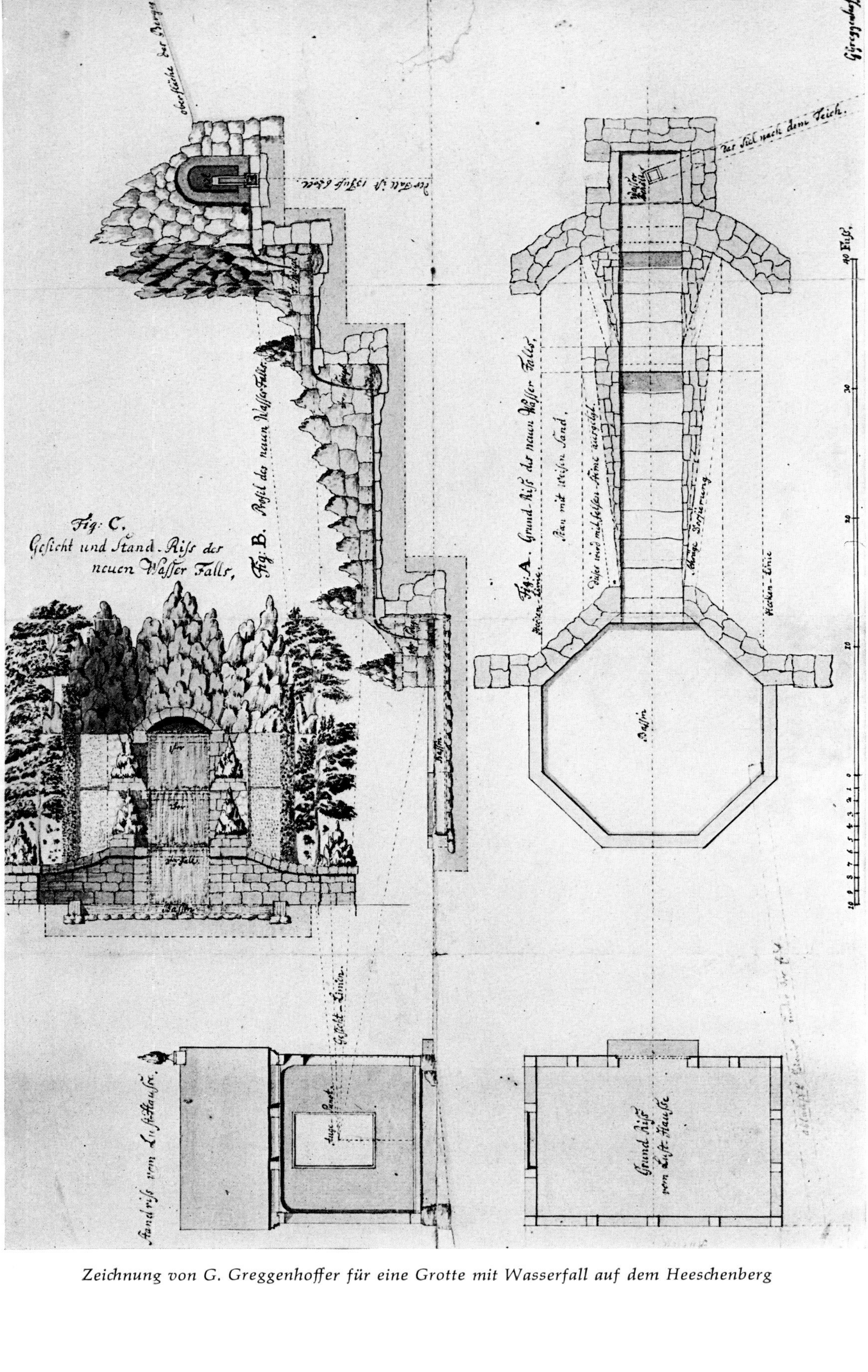

Zeichnung von G. Greggenhoffer für eine Grotte mit Wasserfall auf dem Heeschenberg

Zur Erweiterung der Anlage am Heeschenberg wurde im anschließenden südöstlichen Gelände ein neuer Garten planiert (A. Sch. 376).

Von erstaunlicher Farbgebung war die Ausmalung der verschiedenen Lusthäuser und Anlagen. Alle diese Arbeiten führte der Hofmaler Bremer durch. Im ovalen Lusthaus wurden die Wände mit weißer Ölfarbe gestrichen und mit Medaillons und *antiken Zieraten* versehen. Im neuen Lusthaus erhielten die Wände im Vorzimmer und Kabinett einen vierfachen Anstrich mit blauer Berliner Farbe und weißen Zieraten. Im Lusthaus *Aux invalides* wurden die Wände weiß mit grünen Zieraten.

In der Grotte marmorierte Bremer die Wände und die Nische und strich die Statue mit weißer und das Postament mit grauer Ölfarbe, der Sonnenzeiger wurde mit echtem Gold vergoldet.

Das Lusthaus auf der Brücke wurde außen und oben mit Steinfarbe und zusätzlich an der Vorder- und Hinterseite mit Zieraten geschmückt. Innen wurde grüne Ölfarbe verwandt, die Schrift am Eingang vergoldet.

Das Lusthaus an der Quelle wurde innen und außen grün. Auch zwei kleinere Lusthäuser, die auf hölzernen Zieraten vergoldete Buchstaben hatten, wurden mit Eisenplatten abgedeckt.

Im sogenannten Englischen Gang wurden die Seitenmauern, die Nischen enthielten, und auch die Decke grün gestrichen. Auf drei Wänden und unter der Decke waren vergoldete Inschriften.

Der ursprüngliche grau gestrichene kleine Turm auf dem großen Lusthaus wurde nun weiß gestrichen mit roten Zieraten.

Über dem blauen Lusthaus war ein Türschirm, der innen weiß und außen rot mit weißen Zieraten versehen war.

Als neuer Bau wurde 1776 ein Backhaus aufgeführt.

Aus den Malerrechnungen sind auch die zum Teil originellen Namen der Lusthäuser zu entnehmen. So wurde 1777 (A. Sch. 377) am *runden Lusthaus*, an der *Solitüde* und in *belle-vue* gearbeitet.

Zehn Jahre (A. Sch. 378) nach seiner Erbauung mußten am großen Lusthaus erhebliche Ausbesserungen durch den Maler vorgenommen werden. Das Kalkpaneel wurde mit weißer Ölfarbe gestrichen, außen erhielten die Giebel und die Pfeiler am Turm neue Anstriche, nachdem die Löcher mit Ölkitt verkittet waren. Das kleine Turmdach wurde dreimal mit feinem Schmalz und blauer Ölfarbe gestrichen. Neue Anstriche erhielten unter anderem die einen Globus tragende Figur und ihr Postament, die durch Witterungseinflüsse immer wieder mitgenommene Grotte und vor allem an der Quelle die Postamente der Vasen.

Als Schutz gegen Sonne oder Regen gab es auch Sonnenschirme auf dem Heeschenberg. Ein großer, innen und außen mit Leinwand bezogen, wurde außen grün mit einer roten Borte und innen weiß gestrichen. Ein anderer Schirm war einfach grün. Anstriche waren auch notwendig an einem mit einem Verdeck versehenen Kegelspiel und an einem Lusthaus aus Leinen und Holz gegenüber der *Lustigen Schwester*. Das Leinen war rot, das Holz grau gestrichen.

Das Staket und die Eingangspforte sowie die Bänke waren hellgrün. Zur besseren Bequemlichkeit wurden 1779 fünfzig steinerne Stufen angelegt, und für den Gärtner Henning Scheel wurde eine neue Kate gebaut.

Noch einmal wurde die ganze Anlage erweitert, indem eine neue Obstplantage angelegt wurde (A. Sch. 378).

Mit dem Jahr 1779 (A. Sch. 380–382) fanden die Bauarbeiten zunächst ein Ende. Jetzt wurden mit einem Aufgebot von vielen Arbeitskräften gärtnerische Maßnahmen durchgeführt. Besonderer Wert wurde auf die Anlage von Gewächshäusern für Wein gelegt. An jedem Ende der Häuser befand sich ein kleines Gemach. Noch in Salderns letztem Lebensjahr wurde ein neues Backhaus mit einem Keller gebaut. Auch an dem Lusthaus *Bon-Bon*, der Kaskade und der Küche wurde ausgebessert.

Mit Salderns Tod endete nicht die Benutzung des großen Lustgartens mit den Obstplantagen und Gewächshäusern. Selbst der sonst so sparsame Mann seiner Enkelin Christian Friedrich Baron v. Brockdorff bemühte sich um die Unterhaltung des Gartens. Er ließ 1791 (A. Sch. 396) für die Mistbeete, Gewächshäuser für Weintrauben und Pfirsiche neue Glasscheiben kommen. Im folgenden Jahr (A. Sch. 397) waren Tischler sechs Tage beschäftigt, papierne Fenster auszubessern. Das Jahr 1793 (A. Sch. 397) war besonders ertragreich, so daß nach Kiel viel Obst verkauft werden konnte. Große Lieferungen gingen an die Rätin Friederike Amalie Ackermann geborene Schnepel, die ehemalige Hausdame Caspar v. Salderns.

Aus der Hirschfeldschen Baumschule in Kiel wurden 1791 (A. Sch. 227) 46 Apfelbäume, 47 Birnbäume, 25 Kirschbäume, drei Aprikosen, vier Apfelquitten, fünf Birnquitten, vier weiße Maulbeerbäume und vier schwarze Walnußbäume gekauft. Der Preis betrug einschließlich von fünf Kastanien 48 Reichsthaler 14.

Nach einem Bericht des Verwalters Matzen (A. Sch. 231) wurden aus dem Keller unter dem Lusthaus achtzig Flaschen Wein gestohlen. Am 3. März 1793 richtete ein starker Sturm großen Schaden im Heeschenberg an. Unter anderem hatte der Wind den großen mit Papier eingedeckten Pfirsichkasten aus seiner Lage verschoben. Der Schirm vor dem blauen Lusthaus war völlig zerrissen, und das Leinen von dem kleinen Haus bei der Einfahrt zum Berge wurde gänzlich abgerissen.

Die Folge war, daß im nächsten Jahr erhebliche Reparaturen durchgeführt werden mußten. Im Bellevue wurde eine neue Bank aufgestellt. Vor dem Eingang wurde eine neue Staketpforte nötig. Im großen Lusthaus wurden die Türen und Fenster nachgesehen, zwei Fußböden abgehobelt und die Malerausbesserungsarbeit im Saal erledigt. Das Dach auf dem blauen Lusthaus über dem Weinkeller erhielt einen Anstrich.

1795 wurde das hölzerne Staket an der Eingangspforte durch eine Steinmauer ersetzt. 1796 (A. Sch. 402) mußten durch den Maler Joh. D. H. Müller und den Zimmermeister Tanck für 50 Reichsthaler Ausbesserungen am großen Lusthaus durchgeführt werden, da von März 1796 bis August 1797 hier ein Flüchtling der Französischen Revolution, Mademoiselle Lilaar, wohnte. 1799 (A. Sch. 405) und 1800 (A. Sch. 406) wurden wieder die Gewächshäuser für Pfirsiche und Wein ausgebessert. 1804 (A. Sch. 411) wurden für ein Theater auf dem Heeschenberg 10 Reichsthaler für Tischlerarbeiten des Tischlers Schultz ausgegeben.

Eine Übersicht der Einnahmen und Ausgaben (A. Sch. 227) vom Heeschenberg gibt ein derart schlechtes Bild, daß man um so mehr anerkennen muß, daß die Anlage noch jahrelang gepflegt wurde. 1801 betrugen die Einnahmen 113 Reichsthaler, die Ausgaben 76 Reichsthaler. Schon 1802 ändert es sich: 67 Reichsthaler Einnahmen und

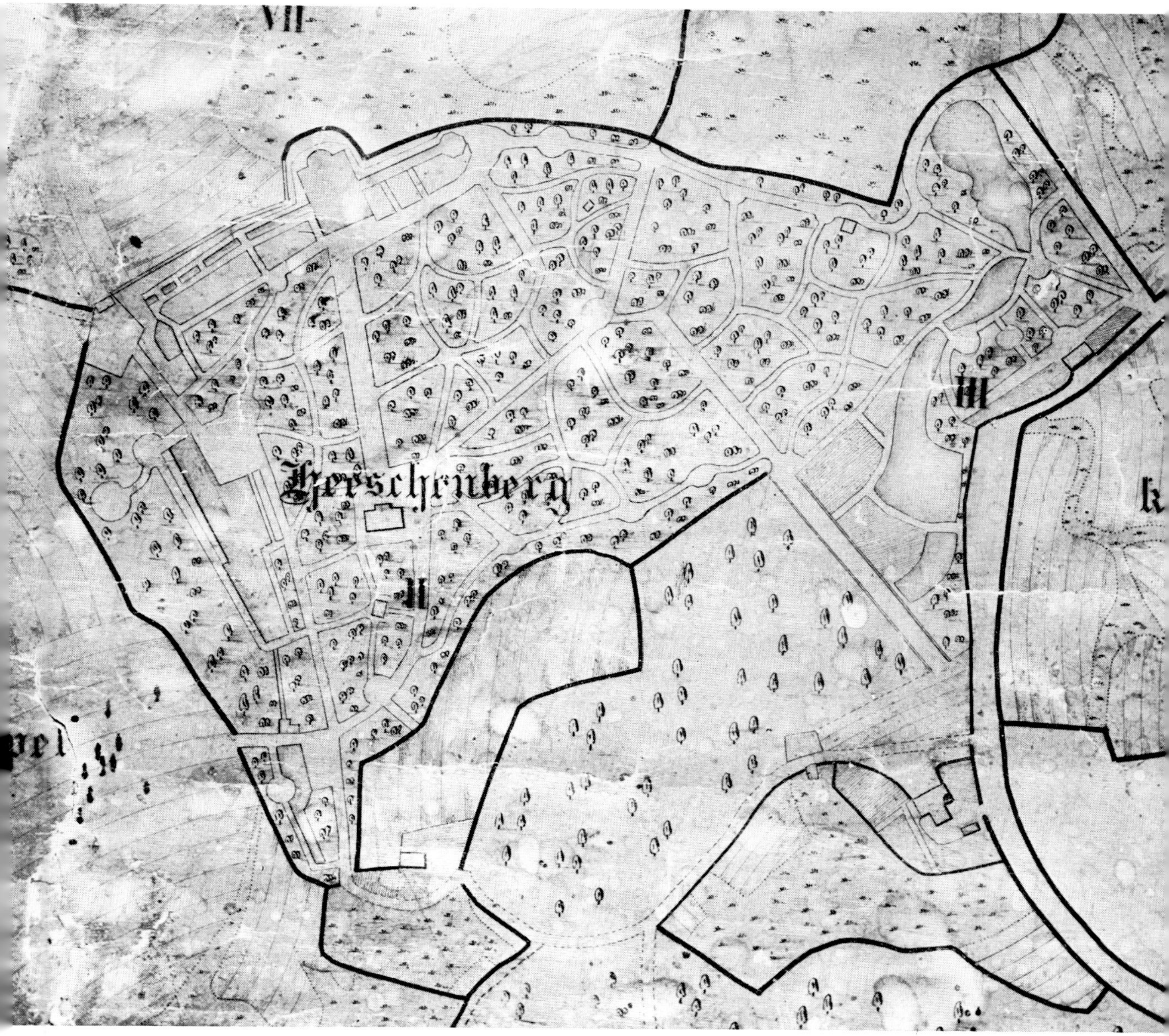

Der Heeschenberg, unten rechts „Die Lustige Schwester".
Ausschnitt aus einer Flurkarte, gezeichnet 1789 von J. A. Thießen, kopiert von J. H. A. Speck

93 Reichsthaler Ausgaben. Das schlechteste Geschäftsjahr war 1805. Da gab es 16 Reichsthaler Einnahmen und 100 Reichsthaler Ausgaben. 1807 war das Verhältnis etwas besser: 89 zu 104.

Aber nicht nur die Gewächshäuser wurden gepflegt, auch an den Lusthäusern wurden Reparaturen durchgeführt, so 1810 durch einen Tischler.

Am 12. Januar 1815 (A. Sch. 240) schloß die Baronin v. Brockdorff mit dem Gärtner Henning Scheel einen Vertrag, nach dem er, wegen der Einschränkung der herrschaftlichen Gelder, den ganzen Küchengarten auf dem Heeschenberg mit allen Obstbäumen ohne Abgabe übernahm. Er durfte alle Früchte auf eigene Rechnung verkaufen, erhielt dafür aber nicht mehr das bisherige jährliche Gehalt in Höhe von 100 Reichsthalern. Da er aber die Wein- und Pfirsichhäuser weiter in Ordnung halten sollte und die Früchte aus diesen an die Herrschaft abzuliefern hatte, er außerdem die Häuser und Cascaden sowie die Fischteiche und Wege in Ordnung halten mußte, durfte er seine beiden Kühe behalten und bekam das Futter zusätzlich. Außerdem erhielt er jährlich 2 t Roggen und Buchweizen. Hinzu kam noch ein Jahresgehalt von 12 Reichsthalern. Sollte er sterben, so verpflichtete sich die Baronin, für seine Frau Anna geborene Stange auf *schickliche Weise* zu sorgen.

Ebenso wie am Herrenhaus wurden auch die eisernen Pfannen auf dem Dach des großen Lusthauses schadhaft und mußten ersetzt werden. Der Zimmermeister Nielsen machte eine Zeichnung für einen neuen Dachstuhl mit abgewalmten Seiten. Die Arbeiten veranschlagte er mit Lieferung von 3800 Dachpfannen auf 60 Reichsthaler. Von 1835 (A. Sch. 326) bis zum Jahr 1839 zogen sich die Überlegungen hin. In diesem Jahr wurde der Dachstuhl erneuert. Ein kleines Ölbild des 19. Jahrhunderts zeigt das Lusthaus mit dem neuen Dach.

Über die Einrichtung der Lusthäuser im Jahr 1788 (A. Sch. 511) gibt ein Inventar, das anläßlich des Todes des Grafen v. Saldern-Günderoth am 11. Oktober 1788 aufgestellt wurde, eine gute Übersicht.

Inventar des Nachlaßes von Carl Hinrich Graf von Saldern-Günderoth 1788
auf dem Heeschenberg:

N. 1 im großen Pavillon

ein großes Portrait der Russischen Kaiserin in einem goldenen Rahmen
Ein großer Spiegel mit vergoldetem Rahmen über dem Kamin
Ein kristallener Kronleuchter mit 6 Armen
Ein Kanapee und 9 Lehnstühle von rotem Juchten
Zwei kleine Spiegel in braunem Rahmen
Dreißig Mahagonistühle verschiedener Gattung sämtlich mit schwarzen Überzügen von Pferdehaaren
Zwei andere Stühle mit ausgenähten Überzügen
Ein ordinärer Spieltisch von Eichenholz
Ein Mahagoniteetisch mit einem Rande, beschädigt
Vier Portraits ohne Rahmen

Das Lusthaus „Tranquilitati" im Heeschenberg, Mitte 19. Jahrhundert

In den Schränken im großen Saal befinden sich:
32 Weingläser von verschiedener Sorte
4 Pokale mit Deckeln
1 Bierglas mit Vergoldung
24 Karaffen von verschiedener Sorte
4 Sächsische Porcellan Kruken zum Dessert Aufsatz
3 ziemlich große Figuren von Biscuit
2 bunte Puppen
2 Potpourris
4 Vasen von Marmor, welche in die Grotte gehören
Eine ordinäre Leuchte
2 Hunde von Porzellan
2 weiß und blaue Gardinen von Zitz in dem Kaffeezimmer
6 grün und weiß gewürfelte Gardinen von Leinen in den drei übrigen Zimmern
2 dito Gardinen vor dem Alkoven

N. 2 *im blauen Lusthause*

3 blau und weiß gewürfelte seidene Gardinen zum Aufziehen
2 dito vor den Thürfenstern
4 Gardinen von rot und weiß Zitz in der Bedientenkammer

N. 3 *im Lusthause, Bon-Bon genannt*

1 eiserne Bettstelle mit alten grünen seidenen Umhängen
2 Fenstergardinen von altem grünem Taft
ein Kanapee nebst
4 Stühlen
3 ordinäre Tische
Eine zweischläfrige ordinäre Bettstelle mit blau und weißen Leinen Gardinen

N. 4 *im sogenannten Rondel*

Eine gläserne Hanglaterne
2 grün damastne Gardinen vor dem Alkoven
Der Alkoven ist ausgeschlagen mit grünem Taft
Zwei Fenster-Gardinen von rot und weißem Leinen in dem 2. Alkoven
2 Gardinen vor der Glastür von grünem Taft
In dem zu diesem Lusthaus gehörigen Bedientenzelt
2 rot und weiße Leinen Gardinen vor der Bettstelle
1 dito vor der Glastür
8 hölzerne Stühle

N. 5 in der Bellevue

1 Fenster-Gardine von blau und weiß gewürfeltem Taft
2 Gardinen von nemlichen Taft vor dem Alkoven
3 Überzüge zu drei Kissen und zwei Polstern von nemlichen Taft, wie auch Überzüge zu den Seitenstücken der Bettstelle von dito
Eine Spreitsdecke über dem Bett von blau und weiß gewürfeltem Taft

N. 6 in der Solitude

Eine zweischläfrige Bettstelle mit rot und weiß gestreiften Leinen Gardinen
2 Fenster Gardinen von blau und weiß gewürfeltem Taft

N. 7 in der Küche

Ein Gewürzschrank von Föhrenholz
Ein Fliegenschrank von dito
Ein Eichen Silberschrank

N. 8 in den Domestiquen Gemächern hinter dem großen Pavillon

Ein furnierter Schrank mit Aufsatz
Ein Föhren Schrank mit 2 Türen

N. 9 im Backhaus

Ein Föhren Schrank

Von welcher Bedeutung der Lustgarten auf dem Heeschenberg nicht allein für Holstein, sondern weit darüber hinaus war, darüber geben zeitgenössische Berichte Kunde. Sie geben einen lebendigen Eindruck vor allem aus dem Erleben heraus, nachdem im vorigen die Baumaßnahmen dargestellt wurden.

Als König Christian VII. 1768 Schierensee aufsuchte, war gerade der große Pavillon neben den vorher umgesetzten kleinen Lusthäusern zu benutzen. Die Arbeiten der Gesamtanlage waren noch in vollem Gang.

Der älteste Bericht eines Besuchers ist auf den 12. September 1776 datiert. In einem Brautbrief, den Lucie Auguste Friderica Jensen an ihren Verlobten, Joh. Ehrenfried Jakob Dahlmann, nach Wismar schrieb (ZSHG, Bd. XIV, 1884, S. 240), berichtete sie: *... Am vorigen Sonnabend wurden mein ältester Bruder und ich von dem Herrn und der Frau Etatsrätin Trendelnburg* [Prof. in Kiel von 1775–1803] *gebeten, mit ihnen nach Schierensee zu fahren. (Sie wissen ohne Zweifel, daß dieses Gut dem Herrn Geheimrat von Saldern gehört.) Sie können leicht denken, daß wir dieses nicht aus-*

schlugen. Wir haben uns über alle die schönen Gegenden recht vergnügt, die wir daselbst zu Gesicht bekamen. Ich wünschte, Sie wären mit da gewesen, so hätten wir miteinander die schöne Natur, und auch die Werke der Kunst, die daselbst angebracht sind, bewundern wollen. Es hat mir sehr gut gefallen . . .

1789 besuchte Pastor Domeyer aus Nortorf den Heeschenberg. Er schilderte so in den Schleswig-Holsteinischen Provinzial-Berichten 1789, Heft 2, Seite 169–170:

Opferaltäre waren vormals, und noch vor dem lezten Jahrzehend, vier innerhalb des Bezirkes dieses Kirchspiels; und namentlich: auf den Feldmarken von Blumenthal, Warder, Langwedel und Bargfeld.

Der erstgenante Opferaltar auf der Blumenthaler Feldmark war bei der vor uralten Zeiten so sehr berühmten Eiche, wovon Arnkiel in seiner Cimbrischen Heidenreligion im 1sten Theil, Kap. XXX. §.11. S. 238 sagt: „In dem Hollsteinischen Amte Borsholm [Bordesholm] *ist vor Alters auf der Scheide, zwischen Sprenge und Blumenthal ein überaus schöner und ansehnlicher Eichbaum gestanden, die Schwerkeiche genant, welche die Heiden sollen heilig und religiös gehalten und veneriret haben, wie Martin Coronæus in Beschreibung der Borsholmischen Antiquitæten erzehlet."*

Einige etliche neunzigjährige Greise, bei denen ich mich vor etwa zwanzig Jahren danach erkundigte, erzählten mir, wie sie von ihren Ältern und Grosältern gehört, daß nicht weit von Blumenthal eine vor Alters berühmte Eiche gestanden, und dabei ein Stein, der gewis funzig Schritte lang und dreissig Schritte breit gewesen, auf vielen andern Steinen geruhet hätte. Zwei von diesen alten Leuten wusten mir den Ort, wo dieser Eichbaum gestanden, und dieser Stein gelegen, nicht genau zu bestimmen; aber einer derselben meinte doch von seinem über hundertjährigen Vater gehört zu haben, daß dieser Stein derjenige sei, welcher damals nordwestlich Blumenthal lag, und noch im Jahr 1774 auf der Blumenthaler und Schierenseer Gränze sich befand, und um bemeldte Zeit von dem Herrn Geheimenrath von Saldern zu einer Treppe auf dem Häschenberge gebraucht wurde, indem derselbe die Reste des Steins zersprengen und nach dem Häschenberge bringen lies. Diesen Stein oder vielmehr nur das Überbleibsel davon, will ich, so wie ich ihn gesehen habe, beschreiben.

Schon viele grosse Bau- und Fundamentstükke waren, wie der Augenschein damals zeigte, mit Pulver davon abgesprengt. Dennoch aber ragte er in den Jahren 1760 bis etliche 70, zwanzig und mehrere Fus über der Erde hervor; sein Rükken war etliche dreissig bis vierzig Fus lang und etliche zwanzig Fus breit. Dieser Stein war also vermuthlich ein Opferaltar, welcher bei der von dem ehrwürdigen Arnkiel erwähnten heiligen Eiche errichtet war, wie die vorerwähnte Tradition mehr als wahrscheinlich und fast ganz glaublich macht.

Einen weiteren recht ausführlichen und begeisterten Bericht schrieb der norwegische Pastor M. Jakob Nicolai Wilse 1792 nach einem Besuch bei Caspar v. Saldern (Anlage 4).

Auf der nach Seite 80 befindlichen Karte ist von Peter Jebens auf Grund einer alten Karte, die nur noch in einer Kopie auf Schierensee vorhanden ist, und von Vermessungen im Gelände der Versuch gemacht worden, den Standort der einzelnen Gebäude festzulegen und den Weg nachzuwandern, den C. C. L. Hirschfeld nahm.

Der nächste Reisebericht stammt von A. G. Denken, veröffentlicht in *Reise von Bremen nach Holsten*, Bremen 1797, abgedruckt in Provinzial-Berichten 1797, 6. Heft, Seite 164–165.

Am 9ten Julii besuchten wir Schirensee, das prächtige Landgut des verstorbenen Herrn Geheimenraths von Saldern. Dieser feine Epikuräer sparte keine Kosten, sich hier ein Elysium zu schaffen. Wir wurden – durch einen Gemüsegarten, wo in den Treibhäusern die Trauben und Pfirsichen schon reiften, in einen andern Garten geführt, in dessen Mitte sich ein mit hohen Bäumen bepflanzter Berg erhob. Um seinen Fus schlängelten sich Gänge durch Gebüsche zu Einsiedeleien. Ein künstlicher Wasserfall stürzte aus einer Grotte, und sammelte sich in ein Bekken, aus welchen das Wasser durch verborgene Öfnungen in kleine Kanäle abgeleitet wurde. Wir erstiegen hierauf den Berg auf bequemen Wegen, die ihn umwinden, und fanden sieben niedliche Häuser im Gebüsche zerstreut, die Herr von Saldern seinen Freunden, die ihn besuchten, zu ihren Wohnungen anwies. Jede Familie lebte hier von den übrigen abgesondert, ohne allen Zwang, nach ihrer gewohnten Weise, und hatte, was sie bedurfte, ein artiges Wohnzimmer, eine Küche, eine herrschaftliche und eine Gesindekammer. Auf der Spize des Berges residirte der Herr des Gutes in einem schönen Gebäude. Am Sonntage ward hier in einem prächtigen Sale, den das Gemählde der russischen Kaiserin ziert, Gottesdienst gehalten, und in diesem Sale versamleten sich die in der Freundschaftskolonie zerstreuten Personen, wenn die Glokke geläutet wurde, zur gemeinschaftlichen Mittags- und Abendmahlzeit. Mehrere Hütten, worin die Gärtner, Köche und andere Bediente ihre Geschäfte verrichteten, umgeben das Haus, vor welchem man das ganze Gut übersieht. – Wir stiegen jezt auf Rasenstufen, die sonst mit Rosen bepflanzt waren, den Berg hinab, und besahen das in einiger Entfernung vom Garten befindliche Schlos, welches Herr von Saldern nach der Überschrift: Non sibi, sed posteris, bauen lies. Es herrscht viele Pracht darin. –*

In die Zeit der Nachkommen Salderns führt die Schilderung des Domherrn Dr. Meyer aus Hamburg, anläßlich einer Reise, die er im Sommer 1815 nach Holstein unternahm (Anlage 5). Gegen die an einigen Stellen harte Kritik wandte sich Friderike Amalie Schnepel in einem längeren Schreiben (Anlage 22).

Wie aus den Bau- und Unterhaltsrechnungen ersichtlich ist, wurde noch viel für die Erhaltung der Anlage um diese Zeit getan.

Es gibt zwei zeitgenössische Darstellungen des Heeschenberges. Der Generalmajor v. Dilleben, Verfasser einer Landkarte von 1777–1778, zeichnete auf dem Heeschenberg den großen Pavillon, verschiedene kleinere und das Gasthaus *Die Lustige Schwester* ein. Eine gute Übersicht gab der Landmesser Thießen 1789. Auch noch auf jüngeren Karten, wie der von Major v. Warendorff 1789, verbessert 1796, der von Gudme, gezeichnet 1822, revidiert von F. H. Geerz und gezeichnet 1840 von F. v. Hedemann, und noch später 1823 auf der Karte von Major A. H. v. Baggesen sind der Heeschenberg und *Tranquilitati* eingetragen. Der Park war immer noch bekannt und einer Eintragung auf einer Landkarte wert.

Aus den Haushaltsrechnungen von Schierensee ist zu ersehen, daß Saldern sich in seinen letzten Lebensjahren fast immer vom Juni bis August auf dem Heeschenberg

* *Hirschfelds Gartenkunst.*

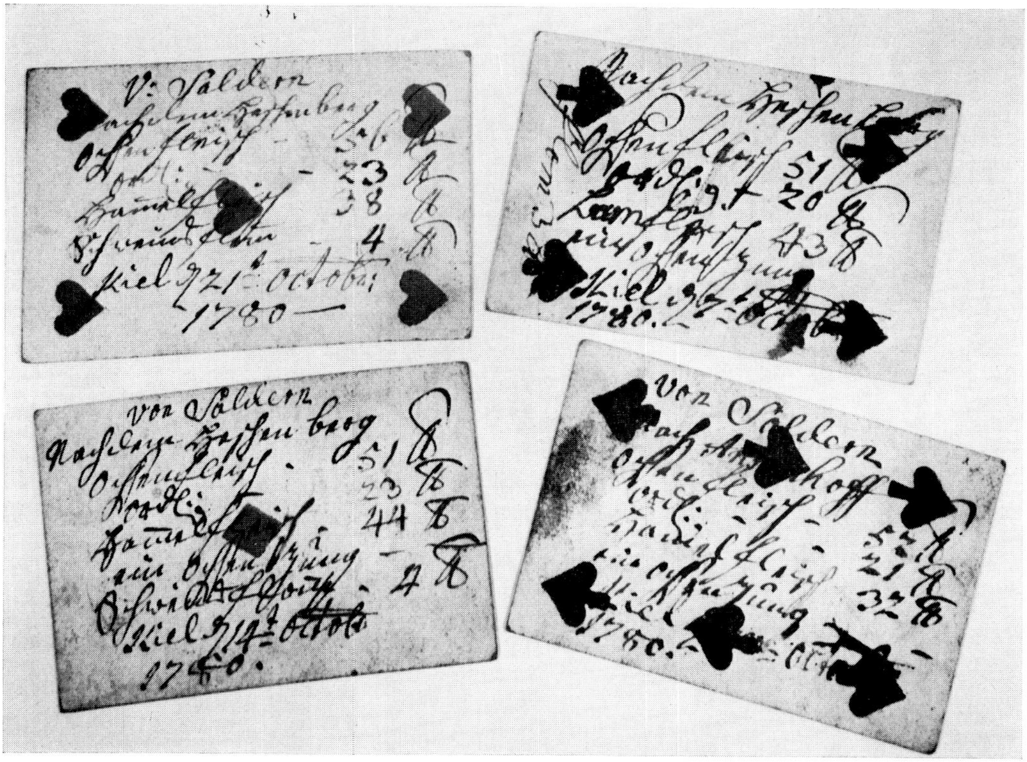

Spielkarten als Quittungen über nach Heeschenberg und Annenhof gelieferte Lebensmittel, Oktober 1780

aufhielt. Im November und Dezember wohnte er in seinem Stadthaus in Kiel, um dann im Frühjahr in das Schierenseer Wohnhaus überzusiedeln. Aus dem Jahr 1780 gibt es sehr eigenartige Rechnungsbelege. Auf Spielkarten wurde vermerkt, welche Lebensmittel zum Heeschenberg geliefert wurden.

Der Verfall des Lustgartens setzte nach dem Tod von Salderns Urenkelin Friderike Marie Sophie, verh. v. Mesmer-Saldern (gest. 1860), ein. Die Gebäude und Anlagen verfielen, so daß heute nur noch in Steinsetzungen und Wasserläufen die einstige Pracht zu ahnen ist. Zum Gedenken an ihren im zweiten Weltkrieg gefallenen Sohn setzte 1941 Frau v. Buchwaldt einen Gedenkstein.

Eine Wiederherstellung der Anlage würde in der heutigen Zeit wohl technisch möglich sein, aber kaum die Atmosphäre wiedergeben, die dort einmal die Besucher begeisterte.

Caspar v. Salderns Leben und Wirken

Im Archiv Schierensee liegt ein 1767 (A. Sch. 490) geschriebener Stammbaum *derer von Saldern.* Er ist gewiß unter Caspar v. Saldern angefertigt worden, um für ein zu erwartendes Adelsdiplom als Graf v. Saldern nachweisen zu können, daß seine Familie schon unter Herzog Adolf von Schleswig-Holstein-Gottorf nach Holstein einwanderte. In einer Liste aller Civilbeamten von 1763 heißt es über Saldern (LAS 8. 1. 173):

Geh. Reg. Conseil: der Geheime Rat von Saldern, Ritter. Dienstjahr seit 1735. Herkommen: Herzogtum Schleswig. Vorfahren: seit mehr als 200 Jahren (im Land)

Von wo die Familie kam, ist nicht festzustellen; auch ist keine Verwandtschaft zu der uradligen Familie v. Saldern aus den braunschweigischen Landen nachzuweisen. Die Siegel der Vorfahren des Geheimen Rates zeigen alle ein Agnus dei. Erst Caspar v. Saldern nahm als Wappenzeichen eine Rose, wie das Geschlecht in Braunschweig an (Anlage: Stammbaum).

NEUMÜNSTER

Friedrich v. Saldern oder auch häufig mit dem Familiennamen v. Sallern, geboren 1685, war der Vater. Anfänglich war er Amtsschreiber zu Apenrade, dann Amtsverwalter in Neumünster. Er war mit Anna Maria Kamphövener verheiratet. Ihr erster Sohn Caspar wurde am 11. Juli 1711 in Apenrade geboren. Die Taufe war am 28. Juli. Bereits 1722 starb Friedrich v. Saldern. Seine Witwe führte noch zwei Jahre seine Amtsgeschäfte und hatte Not, drei unmündige Söhne und drei Töchter zu erziehen. Über Salderns Jugend ist nichts bekannt. Mit 22 Jahren wurde er in Kiel bei der juristischen Fakultät am 16. Juni 1733 immatrikuliert. Seine Mutter zog nach dem Verkauf der Apenrader Besitzungen 1736 nach Ottenbüttel bei Itzehoe. Hier kaufte sie von Marquardt Behrens den Hof Ottenbüttel für 3500 Mark Courant (LAS Abt. 11, Nr. 1086, ZSHG, Bd. 31, 1901, S. 208–216). Dieser Hof lag im Dorf Ottenbüttel, Kreis Steinburg, war für ewige Zeiten frei von allen Contributionen sowie von Kirchensteuern und Priester- und Küstergebühren. Zum Hof gehörten ein Wohnhaus von zwei Etagen mit zwölf Zimmern. Der Saal und die tägliche Stube waren damals *mit altmodischen Tapeten behängt.* Frau v. Saldern ließ einen Pferde-, Kuh-, Torf- und Hühnerstall von acht Fach erbauen. Außerdem gehörte zum Hof ein Torhaus von zwölf Fach. Vor dem Wohnhaus befand sich ein *wohl aptirter Garten* von ansehnlicher Größe mit sehr guten Obst- und Taxusbäumen. Im Volksmund hieß das Anwesen der Freihof, Edelhof oder auch Kaiserhof.

Salderns Studium war 1735 beendet. Am 17. Dezember 1736 (A. Sch. 474) wurde er zum Kanzleiassessor bestellt. Am 21. Dezember erhielt er die Ernennung zum Amtsverwalter, Zoll- und Licenteinnehmer in Neumünster, in dem Ort, in dem schon wie sein Vater, vorher sein Großonkel Friedrich Lorenz v. Saldern Amtsverwalter gewesen war. Beiden hatte das Amt und der damalige Flecken nach schweren Tagen des wirtschaftlichen Niedergangs, verursacht durch Kriege und Okkupation, zum erheblichen Teil ihren Wiederaufstieg zu verdanken.

Am 18. Juli 1737 heiratete er in Rolfshagen Catharina Lucia Thiede. Sie war die Stieftochter des Oberkammerintendanten Christian Hinrich v. Peehle, Gutsbesitzer in Schulenburg und Rolfshagen. Ihre Mutter hatte den Günstling Herzog Carl Friedrichs nach dem Tod ihres ersten Mannes, des Landkommissars Henning Thiede, geheiratet. Saldern stieg schnell in der Amtshierarchie empor. Er wurde 1737 Kanzleirat, am 29. April 1739 Oberkonsistorialassessor, am 16. Mai 1741 Justizrat. In dieser Zeit hatte er mit dem Amtmann Gerhard Graf v. Dernath erhebliche Differenzen. Der Amtmann warf Saldern Unterschlagungen, Amtsübergriffe und ähnliche Delikte vor. Von all diesen Anklagen wurde Saldern am 7. September 1743 durch Beschluß des Geheimen Conseils freigesprochen. Ja, es wurde die beiderseitige Tätigkeit abgegrenzt, um weiteren Ärger zu vermeiden.

Einem entfernten Verwandten, dem Etatsrat Friedrich v. Saldern, gehörte in Neumünster ein Haus. Er wurde 1719 zum Amtsverwalter in Neumünster eingesetzt und 1720 zum Landrentmeister berufen. 1736 wurde er Etatsrat. Nach seinem Tod 1738 stellte sich heraus, daß er im Amt großen Schaden durch seine Amtsführung angerichtet hatte. Herzog Adolph Friedrich verfügte am 29. April 1741 (LAS 8, 613), daß dessen Haus an die Regierung fallen solle, da *bei dem übergroßen und ganz unredlichen Schaden, welcher der hohen Herrschaftl. Interesse durch die von dem Weiland . . . Landrentmeister so unrichtig geführte Rechnung zu gewachsen.*

Nach Abzug der Schulden verblieben der Familie nur 1343 Reichsthaler. Da für den Amtsverwalter Caspar v. Saldern in Neumünster keine passende Wohnung zu finden war, schrieb er am 16. September 1744 (LAS 8, 615) an die Kammer in Kiel. Das

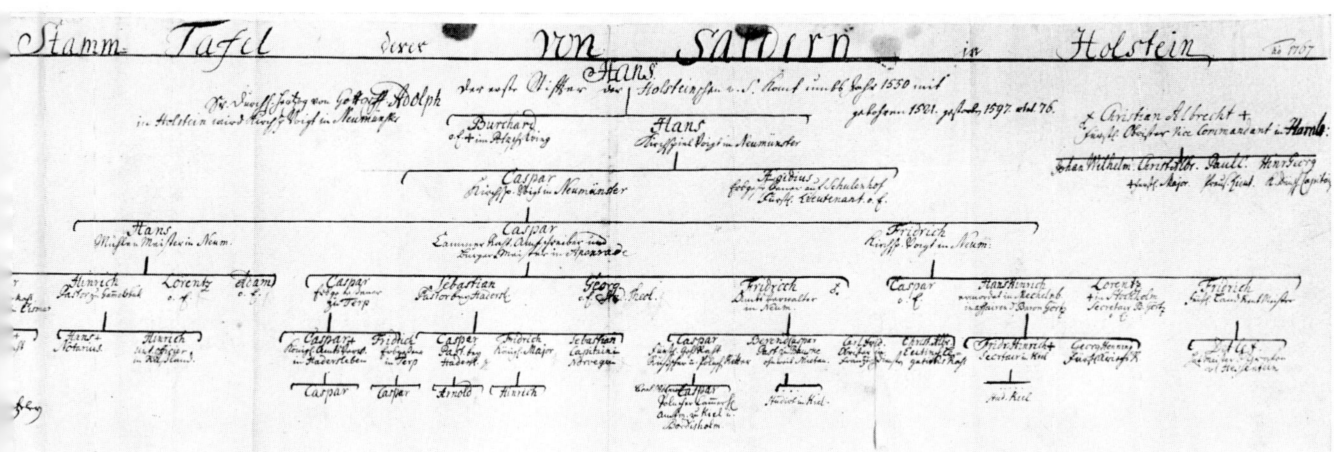

„Stamm-Tafel derer von Saldern", wahrscheinlich von C. v. Saldern 1767 geschrieben

Schreiben war wie üblich an den Durchlauchtigsten Cronprintz (Peter III.) über den Herzog Adolph Friedrich, Bischof von Lübeck und Administrator in Kiel, gerichtet (Anlage 6). Zunächst ruft er in Erinnerung, daß ihm versprochen sei, daß, falls das früher Sallernsche, jetzt herrschaftliche Haus verkauft würde, der Erlös zum Neubau eines Amtshauses benutzt werden sollte. Da es jetzt zum Verkauf ernstlich kommen soll, bittet er, daß die Gelder für den Bau *einer mittelmäßigen Wohnung mit Zubehör* freigestellt werden möchten. Sollte es nicht geschehen, so müßte er seine Haushaltung aufgeben, seine beiden unmündigen Kinder weggeben (seine Frau war bereits 1742 gestorben). Es bliebe ihm nur übrig, in eine Gastwirtschaft zu ziehen. Ein Haus zu mieten, wäre aus finanziellen Gründen nicht möglich, zumal er wegen des Ankaufs seines Amtes sein Geld ausgegeben hätte. Sollte das Geld aus dem Sallernschen Haus für einen Neubau bewilligt werden, so würde er trotz seiner Finanznot sich bereit erklären, 400 bis 500 Reichsthaler vorzustrecken, damit das Haus etwas besser und dauerhafter gebaut würde. Das Geld müsse ihm später sein Nachfolger zurückzahlen.

Das Conseil beauftragte am 25. November 1744 den Premier-Leutnant und Beauftragten für das Bauwesen im Herzogtum Johann Christian Förster, einen Riß für ein mittelmäßiges Wohnhaus vorzulegen.

Am 21. Januar 1745 legte Saldern den Entwurf vor, und am 3. März wurde der Bau genehmigt. Das von Saldern zur Verfügung gestellte Geld sollte gemäß seiner Forderung später sein Nachfolger an ihn auszahlen. Zur Absicherung, ob der Bau auch durchführbar und dem Preis entsprechend angemessen sei, wurde die Angelegenheit dem Oberlandbaudirektor Christian Lewon in Eutin vorgelegt. Er äußerte sich dahin, daß das Haus nicht unter dem Preis von 2300 Reichsthaler Courant nach der allergenausten Ausrechnung zu bauen sei. Hinzu kämen noch die Fuhrlöhne für den Transport des Fichtenholzes und der Feldsteine für das Fundament. Wie ein Vergleich zwischen der Zeichnung von Förster und dem ausgeführten Bau zeigt, wurde auf Wunsch von Saldern aufwendiger gebaut. Die Kosten wurden erneut auf 3100 Reichsthaler veranschlagt, wovon Saldern 500 Reichsthaler beisteuern sollte. Der notwendige Stall wurde allein mit 1000 Reichsthaler Kosten vorgesehen. Saldern verlangte bei Abschluß des Vertrages, daß beim Auszug es ihm oder seinen Erben überlassen bleiben solle, die Öfen, Tapeten, Möbel und Schränke mitzunehmen. Am 22. März 1745 erfolgte dann die endgültige Genehmigung, und der Bau wurde durch den Zimmermeister Johan Jürgen Bleck aus Eutin durchgeführt.

Am 2. Mai 1745 (A. Sch. 474) wurde Saldern zum Etatsrath ernannt. Hier sei ein kurzer Überblick über die politische Situation gegeben. 1739 starb Herzog Carl Friedrich von Holstein, und für den unmündigen Sohn Karl Peter Ulrich wurde Herzog Adolf Friedrich, Fürstbischof von Lübeck, eingesetzt, der später König von Schweden wurde und die Schwester Friedrichs II. von Preußen, Luise Ulrike, geheiratet hatte. 1742 wurde von den schwedischen Reichsständen nach dem Tod der kinderlosen Königin Ulrike Herzog Karl Peter Ulrich zum Thronfolger erwählt, der aber bald darauf die Ernennung zum russischen Thronfolger als Neffe der Kaiserin Elisabeth vorzog. Die Schweden wählten daraufhin Herzog Adolf Friedrich 1743 zum Thronfolger, der dann 1751 König wurde. Karl Peter Ulrich wurde russischer Großfürst und siebzehnjährig 1745 für mündig erklärt. Der Großfürst heiratete Sophie Auguste Friderike, Tochter des Fürsten Christian August von Anhalt-Zerbst, am 1. September

Caspar v. Saldern. Gemalt von Vigilius Eriksen

1745. Als Großfürstin nannte sie sich nach dem Übertritt zum griechisch-katholischen Glauben Katharina. In diesen Jahren war oberste Regierungsbehörde in Kiel das *Geheime Conseil.* Als Nachfolger Adolph Friedrichs wurde am 16. Dezember 1745 Herzog Friedrich August, ein jüngerer Bruder, zum Statthalter in Holstein ernannt. Kanzler war Ernst Joachim v. Westphalen, Etatsrat sein Bruder Chr. Heinrich und Geheimer Rat Magnus Friedrich v. Holmer. Durch Intrigen am russischen Hof, veranlaßt durch den Großkanzler Bestuchew, wurde Holmer 1744 wegen Verrats verhaftet. Erst 1750 wurde durch Peter eine Untersuchungskommission gegen Holmer eingesetzt. Mit der Leitung des Prozesses wurde der Obersachwalter Gottfried v. Ellendsheim beauftragt. In diesem Jahr wurde auch der Kanzler v. Westphalen, der ursprünglich für Holmers Haft mitverantwortlich war, selber verhaftet. Seine Feinde waren der holsteinische Minister in Petersburg Johann Freiherr v. Pechlin und v. Ellendsheim. Inzwischen verhandelte der Statthalter mit seinem Bruder, dem schwedischen König, wegen der Überlassung des Bistums Lübeck. Adolph Friedrich stellte zur Bedingung, daß v. Holmer ehrenvoll zu entlassen sei. Dies geschah am 2. Dezember 1752. Er wurde rehabilitiert und Präsident der Justizkanzlei. Der Etatsrat Westphalen wurde wegen seiner Verhandlungen mit dem russischen Gesandten in Kopenhagen, dem Kammerherrn Baron v. Korff, zu sieben Jahren Haft und Arbeit in Neumünster verurteilt. Am selben Tag wurde aber die Strafe erlassen. Der Kanzler Westphalen wurde fristlos entlassen. Mitglied des Conseils war seit 1749 Friedrich v. Buchwaldt, dessen Schwiegersohn 1751 Johann Hartwig Graf v. Bernstorff wurde. Buchwaldt fungierte nach der Absetzung Westphalens als Leiter des Conseils.

In dieser unruhigen Zeit hatte Saldern in Neumünster einen schweren Stand. Er erhielt wegen der zerrütteten Staatsfinanzen nicht einmal das ihm zustehende Gehalt. Auch die Intrigen des Landrats v. Dernath gingen weiter. Eine Untersuchungskommission erwies jedoch im Juni 1746 Salderns Unschuld, und auch die Beschwerden eines Teils von neumünsterschen Untertanen gegen Salderns Amtsführung wurden als unbegründet zurückgewiesen. Trotzdem gelang es v. Dernath durch gute Verbindungen in Petersburg, erneute Anklagen gegen Saldern beim Großfürsten vorzubringen. Nachteilig für Saldern war es, daß er zu dem Kanzler v. Westphalen, der ihn sehr gefördert hatte, in der Zeit, als schon Intrigen gegen diesen gespielt wurden, noch immer Anhänglichkeit bewies. Im Oktober 1748 wurde er seines Amtes entsetzt. Man warf ihm vor, er habe durch die Gründung einer freien Preisschützengilde *ein gantz freventliches Attentat* auf die Landesherrschaft begangen. Ein ausführliches Rechtfertigungsgesuch an den Großfürsten hatte keinen Erfolg. All seine Bemühungen, Ordnung in der Verwaltung des Amtes wie auch in der Forstverwaltung zu schaffen, bedeuteten nichts.

Zum erstenmal bekommen wir in diesen Jahren Kenntnis, daß Saldern mit seinem späteren Gutsnachbarn Christian Friedrich v. Heespen, Herrn auf Hemmelmarck und Deutsch-Nienhof, in Briefverkehr getreten ist. Heespen hatte sich für seinen Holländer verwandt, dem der Postmeister Hans Selck (Hans Selck gestorben 1749. Nordelbingen, Bd. 15, S. 273, 289) in Neumünster Geld schuldig war. Saldern schrieb am 20. April 1747 an Heespen, daß er dem Selck einen Termin zum Zahlen gesetzt habe. Er schrieb unter anderem: *Indessen bitte ich zu glauben, daß der hiesige Postmeister Hans Selcke . . . sich bequemen wird, wenigstens auf Abschlag etwas zu bezahlen. Er ist übrigens*

Christian Friedrich v. Heespen. Gemälde auf Deutsch-Nienhof ein armer Teüffel. Es darf indessen der Holländer sich weiter keine Unkosten machen. Ich habe das gestempelte Papier à 5 Rthl. zu dem ersten mandato vorgeschoßen und werde ein gleiches zum zweiten, wann es nöthig ist, thun, und allerendlich zum dritten zum executions-mandato. An Gebühren aber wird von dem actuario sowenig wie von mir etwas verlanget, folglich soll der Holländer brevi manu zu seinem Recht gelangen . . . Dürfte ich gehorsamst bitten, daß Ew. Hochwohlgebohrn einmahl gelegentlich Herrn von Gratschreiber wegen der chicanen, so mir der Segeberger Heegereiter macht, mir das Wort reden wollte; würden dieselben mich dadurch sehr obligieren . . . Trotz des gesetzten Termins zahlte der Postmeister nicht an den Holländer Hans Vetting, wie Heespen am 7. Januar 1748 schrieb. Er wollte aber selber alle vorgeschossenen Gelder auslegen. *Bey Gelegenheit des jetzigen Jahreswechsels apprecire Ew. Hochwohlgeb. aus aufrichtigstem Hertzen alles nur selbst zu erreichende und biß zur höchsten Stuffe Menschl. Alters zu genießende Guthe. Der ich übrigens mit . . . Hochachtung allerzeit beharre Ew. Hochwohlgeb. gehorsamster Diener H.*

Man erkennt, daß es sich nicht um die üblichen Floskeln im Briefverkehr handelt, sondern daß schon damals Heespens Wertschätzung für Saldern kenntlich wird.

Ein zweites Mal stoßen wir 1747 auf den Namen Selck. Saldern wurde in einen lang währenden Prozeß mit seinem ehemaligen Freund, dem Kauf- und Handelsmann (auch Butterhändler) Hinrich Selck in Neumünster, verwickelt. Saldern hatte für den in finanzielle Not geratenen Selck aus eigenen Mitteln Schulden bezahlt, aber bei der Bitte um Erstattung der Gelder dann schlechte Erfahrungen machen müssen. Das erste Urteil in einem folgenden Prozeß erfolgte erst am 26. Juli 1755.

Erheblich wurden Salderns Nerven in den Tagen seiner Amtsentsetzung auch dadurch belastet, daß er bei der Räumung des Amtshauses Schwierigkeiten mit der Behörde bekam.

Durch die Intrigen gegen ihn und die folgende Entlassung aus dem Dienst war seine Gesundheit so schlecht, daß er den Großfürst um einen Urlaub nach Pyrmont zur Wiederherstellung seiner Gesundheit bat. Er erhielt die Erlaubnis zu einer fünfwöchigen Brunnenreise. Saldern schreibt, daß er bei seinem Amtsantritt eine Zusicherung erhalten habe, daß er die 2000 Reichsthaler zurückerhalten solle, mit denen er sich eingekauft hatte. Er bittet, daß er bis zur Rückzahlung der Gelder im Amtshaus wohnen dürfe. Er würde dem Nachfolger, dem Obermundschenk v. Mardefeldt, gern so viele Zimmer im Haus einräumen, wie er zu seiner Bequemlichkeit brauche. Saldern hoffte, in sechs bis acht Wochen einen Bescheid zu erhalten.

Saldern fuhr nach Pyrmont und fand bei seiner Rückkehr in Neumünster am 16. September 1749 den Befehl vor, die Räumung des Amtshauses innerhalb von acht Tagen bei Vermeidung von einer Strafe von 100 Reichsthaler durchzuführen. Es wurde ihm aber zugesichert, daß er alles, was im Kontrakt vorgesehen war, zu seiner Befriedigung erhalten solle. Saldern schrieb: *Gnädigster Großfürst, Hertzog und Herr! mein und meiner Kinder wenige Armseligkeit und das geringe Vermögen, so ich auf der Welt habe, stehet in dem Hause, so mir gegenwärtig zu räumen anbefohlen worden, und ob mir gleich wegen der zu erwartenden Vergütung eine interimistische Versicherung durch vorhöchst angezogene Resolution ertheilet werden wollen; so ist doch solche dergestalt unzureichend, daß ich ohnmöglich anders als mit meinem äußersten Schaden solche zum Grunde legen, mich darauf fußen, und darnach zu Wercke gehen kann. Nach denen vor dem Bau gethanen Oblatis nun bin ich schuldig gewesen, ein Haus zu bauen,*

a) von einer Etage
b) von 66 Fuß breit und 44 Fuß tief
c) nur eine Scheune oder Stall von 60 Fuß lang
wie solches in mehreren aus denen in Camera deswegen befindlichen activ zu ersehen. Nun aber habe ich ein Haus gebauet   a) von zwey Etagen
b) von 70 Fuß breit und 50 Fuß tief
c) 2 Ställe oder Scheunen jede von 60 Fuß lang
d) noch Torff-Schäuer, Hühner- und Schweine Ställe
e) alle Zimmer gegypset, und das Haus in- und auswendig durchgehend mit Zierathen und nöthigen Decorationen versehen.
f) einen Garten mit Hecken und Bäumen angeleget und was sonsten noch dazu gehöret machen lassen.

Um zu seinem Geld zu kommen, schlug Saldern verschiedene Möglichkeiten vor:

1. gegen Wiedererstattung der dazu erhaltenen Gelder ihm das Haus als Eigentum zu lassen, *so ist wohl kein Zweiffel, daß die Räumung und der Transport meiner Meublen hin und her gantz unwiedersprechlich zu meinem größten Schaden und Nachteil gereichen würde*
2. könnte das Haus durch Unparteiische geschätzt werden; er dann das Geschätzte nach Abzug desjenigen erhalten, sobald er das Haus geräumt habe und die Öfen abgebrochen, die Boiserien und Paneele abgenommen. Es sei ja auch noch nicht entschieden, ob die Boiserien in zwei Zimmern und die Paneele wie Tapeten nicht womöglich übernommen würden.
3. falls er nur die ihm zustehenden 500 Reichsthaler erhalte, das Haus räumen müsse und ein Nachfolger einzöge, so könne er gewiß nicht mehr das ausbauen, was ihm gehöre.

Saldern bat, mit der Räumung so lange warten zu dürfen, bis ein endgültiger Beschluß vorläge, der in einigen Tagen erfolgen könnte. Sein Nachfolger, der Herr v. Mardefeldt, könne sein Logis bei ihm nehmen, auch alle übrige Bequemlichkeit bei ihm genießen.

Am 2. Dezember 1749 mußte Saldern das Amtshaus an Mardefeldt übergeben. Im Zuge der Übergabe verlangte er für das von ihm gebaute Botenhaus eine Entschädigung. Für das Haus, den Garten und die Zäune rechnete er 400 Reichsthaler und für den Bauplatz 162 Reichsthaler. Am 18. Februar 1751 mußte Saldern noch einmal Rechenschaft über die zum Hausbau verwandten Gelder ablegen. Aus dem Erlös des ehemaligen Sallernschen Hauses waren ihm 3600 Reichsthaler übergeben worden. Nach Abzug aller Unkosten, die er im einzelnen belegte, hatte Saldern noch eine Forderung von 163 Reichsthaler 32 Schilling. Was ihm sonst noch an Geldern zukam, die er in dem Hausbau investiert hatte, so kam er auf 1171 Reichsthaler.

Die unliebsame Auseinandersetzung mit dem Conseil schloß mit einem Vergleich. Saldern wurden am 18. Januar 1752 1000 Reichsthaler zugestanden.

Am 6. März 1752 wandte der Conferenzrat v. Heespen sich wegen der Sache des Postmeisters Hans Selck noch einmal an Saldern, da die Witwe des Holländers noch Geld bekommen müßte. Falls dieses nicht möglich wäre, bäte er um Überweisung eines

Schuldscheines. Heespen schrieb im selben Brief: *Ich habe sonsten bey der einmal genoßenen Ehre Ew. Hochwohlgeb. in dero neuerbautem Hause in Neumünster meine Aufwartung zu machen, in dem Zimmer unten Eingangs linker Hand einen weißen Ofen von Fayence wahrgenommen, welchen ungemein artig gefunden, darauf ich dieselben wohl ganz ergebenst ersuchen zu melden, aus welcher Fabrique solcher herrühret und wie hoch selbiger im Preiß läuft. Ich bin bekanntlich diesen Sommer auf Nienhoff im Bau begriffen.*

SCHIERENSEE

Mit dem Jahr 1751 begann eine Wende in dem Leben Caspar v. Salderns. Am 29. November (A. Sch. 7) schloß er mit Baron v. Sparwenfeldt und dessen Frau Augusta Maria geborene v. Grabau einen Kaufvertrag in Neumünster über das Gut Schierensee ab. Der Ankauf sprach sich schnell in der Nachbarschaft herum. Der Verwalter Mumme von Deutsch-Nienhof schrieb am 2. Dezember 1751 an seinen Herrn, den Conferenzrat v. Heespen, unter anderem: *Bey näherer Nachforschung des Zusammenhangs mit Schierensee äußert sich doch, daß meine erstere Muthmaßung gegründet, und der Herr Etats-Rath von Sallern Eigenthümer davon zu werden, intentioniert ist, hingegen der Hr. Pastor Stinde gegen mir in praesentz der Verwalter von Emckendorff und Bossee gethane declaration keinen Stich halten will, wie nemlich er vor seine particulier, Käuffer davon wäre, da doch solches nach seinem nunmehrigen Geständniß reellement der Herr Etats-Rath von Sallern als Käuffer ist, und soll die appunctuation in allen ihre völlige Richtigkeit haben, inzwischen eclatiert ein Gerücht, als ob die Baronessin den Verkauff mit nichtigen genehmigen will, wie die Sache dann ablauffen wird, muß die Zeit endlich lehren.*

Das Gerücht wurde sehr schnell widerlegt, denn am 3. Mai 1752 wurde der endgültige Vertrag von den Partnern unterschrieben. Der Kaufpreis war 5000 Reichsthaler und eine Leibrente über 160 Reichsthaler bis zum Tod des Barons v. Sparwenfeldt. Es ist erstaunlich, daß Saldern zum Umschlag 1753 in der Lage war, die Summe zu zahlen, da er bei seinem Abgang von Neumünster, seinen Briefen nach, in großer Finanznot war.

Aus den Jahren von 1752 bis 1761 liegt im Gutsarchiv Deutsch-Nienhof ein Briefwechsel zwischen Saldern und Heespen, aus dem man einen Einblick in die Tätigkeit des neuen Gutsherrn bekommt, der hier jetzt fern aller Politik, sich nur mit dem Aufbau und der Verwaltung seines Besitzes beschäftigte. Einblicke geben auch Briefe des Verwalters Herman Hinrich Mumme auf Deutsch-Nienhof.

Der erste Brief Salderns an Heespen ist auf den 2. Mai 1752, also noch vor den Abschluß des Kaufvertrages, datiert.

Hochwohlgebohrener Herr, Höchstgeneigter Herr Landrath.

Nichts kan gütiger und obligeanter seyn, als die Art, auf welche Ewr. Hochwohlgebohrn mir erlaubet, eine von meinen Stuten bey dero mir sosehr angerühmten Hengst zu bringen. Gewis ich erfahre durch eine so merckliche Probe die edelmüthige Gesinnungen, welche mein Hertz schon längst an dieselben verehret. Und wie sehr bin ich nicht erfreuet, an Ew. Hochwohlgebohr. nicht nur einen so geneigten und gütigen

Sophie Augusta Friederike, Prinzessin von Anhalt-Zerbst, später Catharina II. von Rußland

Nachbar sondern auch überdem einen edelmüthigen Freund zu finden. Mir fehlet nur zu meinen geringen und kleinen Umständen in der Welt der Wunsch und die Gelegenheit Ew. Hochwohlgebohr. von meiner wahren Dienstbegierde und von meiner Erkenntlichkeit zu überzeugen. . . Ich werde in Ew. Hochwohlgebohren Abwesenheit mir die Freiheit nehmen den Hof und die Gebäude, welche ich noch nicht kenne, sowohl als den Bescheler in Augenschein zu nehmen. Ich zweifle gar nicht, daß letzterer sehr gut seyn wird, wenigstens ist derselbe mir von Kennern angerühmet worden. Da ich morgen das Guth antrete und mir solches überliefert wird; so wünschte ich nichts mehr als so glücklich zu seyn, balde das Glück und das Vergnügen haben zu können, Ew. Hochwohlgebohr. von meiner Verehrung und Ergebenheit auf Neuhoff persöhnlich zu versichern. Ich werde sehnlichst nach einer solchen Nachricht aussehen, und sobald solche erhalte, nicht ermangeln, dieselben gehorsamst aufzuwarten. Ich eile recht aus diesem Orte, welcher mir mit Recht abscheulich und wie man zu reden pflegt, fatal ist. Aufs memorialia p. dimissione habe keine resolution erhalten. O mögte nur mein sehr kleines Feld mich für diese Räuber bedecken.

O nullo turbatâ metu pax hospita ruris!
Prope dies erit illa, volans qua liber ab urbe,
Carcere ut ex longo, puras sectabor agrorum
Delicias, et in obscuro, tranquillo, recessu,
Omnibus ignotus, nulli gravis, otia ducam;
Neque fruar, nec fata timens, suprema nec optans.

Ich bitte um Verzeihung, daß ich in dem Augenblick mich vergeßen. Das Hertz ist unsere Verratherin, und wenn es von einer Wahrheit so voll ist, so überschreitet es leichtlich die Schnur.

Mir ist nichts übrig als Ew. Hochwohlgebohr. zu versichern, daß ich bis an das Ende meiner Tage mit Wahrer Hochachtung und aller ersinnlicher Ergebenheit seyn werde

Ew. Hochwohlgebohr.
gantz gehorsamer
Diener
Kiel, d. 2. Mai 1752 *Caspar von Saldern*

Am 26. August 1752 bedankte sich Saldern bei Heespen für die Vermittlung, ihm Öfen zu besorgen. Er bat, ihm zwei kleine Öfen zu besorgen, wie sie in Deutsch-Nienhof in den kleinsten Zimmern standen. Zu einer rechten Abgrenzung seiner Ländereien war Saldern bemüht, die Grenzen, damals *Scheide* genannt, festzustellen und neu einzuzäunen beziehungsweise mit Gräben zu versehen. Bei dieser Gelegenheit gab es immer wieder trotz anderweitigem freundschaftlichem Verkehr Differenzen mit Heespen. Am 6. März 1753 berichtete Mumme an Heespen, der sich fast immer in Schleswig aufhielt, *Eben diesen Augenblick komme von der Wröhner-Schierenseer Scheide, woselbsten der Hr. Etats-Rath von Saldern den Anfang machen wollen, einen neuen Scheidegraben zu ziehen, da im dieses eine Neuerung, so so stracks nicht pashiren laßen kann, als bin zu dem Hr. Etats-Rath geritten, Ihm in aller Höflichkeit, hiemit ein zu halten, ersuchet, vorstellend, daß ich solches Ew. Hochwohlgeb. allererst benachrichtigen müßte, ich zweiffelte keines, Hochdieselben würden nicht abgeneigt sich bezeigen, um eine ordentliche regulaire Scheide zu befördern, unterdessen könnte ich vor mein Kopf solche einseitig nicht verfertigen lassen, als ließ er auch mit der Arbeit inne halten, und wird dieserhalben bey Ew. Hochwohlgeb. vermuthlich auch wohl schriftlich einkommen.*

Am selben Tag schon schrieb Saldern ausführlich über den Vorfall und seine Absichten an Heespen. Von der ganzen Grenze nach Wrohe bis zum Schierensee müßte Saldern drei Teile abgrenzen. Ein Teil fiele zu Lasten der in Wrohe Eingesessenen. Salderns Teil sind seit alten Zeiten zwei Teile mit einem Graben abgegrenzt und ein Teil mit einem jetzt total verfallenen Zaun. Solange der Graben neu ausgehoben wurde, hätte niemand etwas dagegen gehabt, als er aber den krummen Teil, so wie der Zaun ging, in Ordnung bringen wollte, sei seinen Leuten untersagt worden, weiterzuarbeiten. *Wenn nun Ew. Hochwohlgeb. dasjenige geringe gesehen, was ich zu machen gedenke, so bin ich gewiß, daß dieselben meine intention approbieren und falls dieses nicht ist, so verlange ich auch keinen Fuß breit weiter zu graben. Ich mache alles dieses mit großen und schweren Lasten. Und warum? Blos solchergestalt in Ruhe mit den Wroegern zu leben. Ich will in Zukunft evitiren, daß es nicht hinfort heiße, das Schierenseer Feld liege offen.* Saldern meinte, daß die Wroher sich hinter jemand gesteckt hätten, der verhindern würde, daß dann auch sie ihren Teil einfriedigen müßten. Er bat Heespen, die Sache persönlich in Augenschein zu nehmen, da er fertig werden wollte, um mit dem Säen anfangen zu können. Am 15. März antwortete Heespen aus Schleswig, daß er leider in den nächsten Wochen nicht kommen könne. *Es thut mir intzwischen der sich ereignende Vorfall in so ferne er die Durchführung Ew. Wolgebohrn dessein auf einige Wochen verzögert, nicht wenig leid und ich hätte gewünscht, daß ich hierum vorher und im mindesten wäre aversiert worden, da so dann meine Leute die hinlängsten zu Deroselben völligem Vergnügen geruhende Verhaltung Ordres hätten ertheilet werden sollen. Ew. Hochwohlgeb. mir in dero geschehenen Zuschrift einfache Absichten sind so haushälterisch billig und gerecht, daß ich eine mir höchst gegentheilige Gesinnen verrathen müßte, wann ich solche aufs mögliche zu befördern im mindesten verabsäumte.*

Heespen bat Saldern, die Grenze nach seinem Belieben zu gestalten, und forderte seinen Verwalter auf, die Wroher zu veranlassen, ihre Grenze nach Möglichkeit im nächsten Frühjahr ebenfalls in Ordnung zu bringen. Am 18. März berichtete Mumme seinem Herrn, daß Saldern mit dem Schreiben einverstanden wäre und die Grenze nun so gerade wie möglich ziehen lasse. Mumme beobachtete, was in Schierensee geschah, und so berichtete er, daß im September die Räte v. Holmer, v. Westphalen und v. Ellendsheim dort zu Besuch waren.

Vielfältig waren die Beziehungen zwischen den beiden Gütern. Am 2. November 1753 bat Saldern, ihm das Windspiel, das er im vergangenen Frühjahr dem Nienhofer Jäger geschenkt hatte, wieder gegen einen Tausch zu überlassen. Er hatte einen gleichen Hund von derselben Farbe erhalten. *Dieses Begehren gründet sich aber lediglich auf einen Tausch, insofern es garnicht gut zu Buche stehen würde, erstlich etwas zu schenken, und solches nachhero wieder zu fordern, dahero ich mich offeriere, einen Hund und eine Hündin, welche schon eingesetzt sind, jedoch von differenten Farben, Ew. Hochwohlgebohrn und dero Jäger dafür zu geben.* Saldern bat um die Zustimmung zum Tausch *indem ich soviel wohl gemerkt, daß die Jäger die beiden Hunde gern hätten, um solche an der klösterlichen und dänischen Grenze zu gebrauchen.*

Als im Februar 1754 an der Grenze zu Nienhof, und zwar diesmal an der Bollhusener Scheide, gearbeitet wurde, hatte Mumme wieder Sorge, daß Saldern zu genau auf der Grenze reguliere und von einem überhängenden Baum, der auf Nienhofer Feld stand, einen Zweig abhauen ließ. *Es ist alles überhaupt von keiner sonderbaren Wichtigkeit, inzwischen muß man doch den Hr. Etats-Rath wohl nicht zu dreiste werden lassen.*

Einmal setzte Saldern sich ein für den *Hr. Schnepel ein ehrlichen Mann ein Universitets camerad und ein guter freünd.* Dessen Mutter hätte in der nächsten Woche (Ende Dezember 1754) beim Obergericht einen Prozeß. Da es ihm und seiner Mutter an Gönnern in Schleswig fehle, die gegenwärtig mächtig und angesehen wären, bat er um die Protektion Heespens. *Er ist von seiten seines Herzens und seines Verstandes solcher gewiß nicht unwürdig ... Nur dieses füge ich hinzu, daß alle protection und Gewogenheit welche Ew. Hochwohlgeb. ihm erzeigen gewiß mit auf meine Schuld-Rechnung, womit ich deroselben ohnehin verpflichtet bin, setzen werde. Diese meine Erkentlichkeit wird gewiß mit mir allein erst aufhören, als der ich Lebenslang mit der vollkommensten Ergebenheit und Verehrung bin Ew. Hochwohlgeb. gantz gehorsamster Diener C. v. Saldern. Schierensee d. 18. Sept. 1754.*

Kurz darauf, am 22. September, gab Saldern seinem Nachbarn bekannt, wie eiserne Platten zu behandeln und verarbeiten seien. Die besten Platten sollten zu Schottrinnen (Dachrinnen zwischen zwei Dächern) benutzt werden, nachdem sie entrostet sind. Er habe auf Blumendorf, Johannesdorf, Rantzau und in Neumünster solche Platten zu Schottrinnen, aber auch zu Hangrinnen und für die Abdeckung der flachen Dächer auf den Frontispizen benutzt. Besondere Sorgfalt müsse auf die Präparation und Vernietung gelegt werden. Käme Rost irgendwo durch, dann wäre die Platte in zwei oder drei Jahren hinüber. Die Präparation geschehe so, daß man die Platte so lange über ein gelindes Feuer hält, bis, wenn etwas Nasses darauf käme, sie zische. Dann werde sie über dem Feuer mit Ochsenblut beschmiert, so lange, bis man sieht, daß die Platte einige Streifen des Blutes annehme. Dann müsse die Platte hingestellt werden zum Abziehen. Sie müsse auf beiden Seiten mit Blut bestrichen werden. Danach müsse die Platte über etwas stärkerem Feuer heiß gemacht und mit heißem Pech bestrichen werden. In das Pech hat Saldern auf Anraten eines Schieferdeckers etwas Harz getan. Die Bretter, auf die die Platten als Schottrinnen genagelt werden, müßten vorher geteert werden. Zum Anstrich der Platten nehme man zwei Teile gutes flüssiges Teer, ein Teil Pech und ein Teil Ochsenblut, welche Masse eine Zeit langsam kochen und ständig gerührt werden muß. Der Anstrich solle mehrfach aber dünn aufgetragen werden. Er müsse alle drei Jahre erneuert werden. Sollten Frontispize eingedeckt werden, so mache man am besten vorher in Papier Modelle für die Platten. Dann paßten sie gut, und es könne kein Schnee oder Staub eindringen. In Deutsch-Nienhof wurde damals umgebaut, und es ist möglich, daß man dort an eine Eindeckung des Daches oder eine Verwendung von eisernen Platten für Dachrinnen dachte. Saldern hat erst später (1771) auf dem Heeschenberg solche Platten zur Dacheindeckung benutzt. Sie kamen aus Schweden, aber auch aus Rußland, wie aus den Rechnungen ersichtlich ist.

Gast auf Schierensee war unter anderem in diesen Jahren Salderns Mutter. Als Hausdame lebte dort Catharina Margarethe Schnepel, geboren am 11. März 1729 in Jevenstedt. Aus dem Verhältnis Salderns zu Catharina Schnepel entsproß eine Tochter (Nordelbingen, Bd. 6, S. 473). Christina Agatha wurde am 11. Oktober 1757 (in Schierensee?) geboren. Bekannt wurde die Tochter unter dem Namen Agatha v. Schnell, den ihr Vater ihr gab.

Interessant ist ein Schreiben vom 7. Januar 1754 (A. Sch. 7), in dem Saldern den ihm von Baron v. Sparwenfeldt überlassenen Bauknecht Peter Rixen, des Hans Rixen Sohn aus Hohenhude, die völlige Freiheit, das heißt die Entlassung aus der Leibeigenschaft, gibt. *Als gelobe . . . ich hierdurch für mich und meine Erben, daß ich besagten Bau-Knecht Peter Rixen . . . seine bisherige Leibeigenschaft, womit derselbe ehedeßen dem wohlseel. Hr. Landrath von Sparwenfeldt und nachero mir selbst verpflichtet gewesen gäntzlich entfreye und losspreche, dergestalt, daß derselbe für sich und seine Erben nunmehro völlig als ein freyer Mensch, so wohl von mir als von männiglichen angesehen und betrachtet werden soll und möge.*

Im Dezember 1754 wollte Salderns Mutter die Hochzeit für ihr Kammermädchen anrichten. Da es an schießbarem Wild auf Schierensee fehlte, um einen Festbraten zu haben, wandte sich Saldern an seinen Nachbarn. *Da ich weiß, daß Ewr. Hochwohlgebohr. mit dem Cammerherrn von Grutschreiber in specieller Freundschaft stehen, so nehme mir die Erlaubnis mich zwar wegen einer großen Kleinigkeit, welche aber bei diesen Umständen wichtig wird, an Ewr. Hochwohlgebohr. zu adressieren. Es betrifft eine Hochzeit welche meine Mutter an ihr Cammermädgen ex longo promisso geben muß, und hiezu wolte selbige gerne für geld und gute Worte zwey Rehböcke haben. Ist diese Sache nicht wichtig genug? Ich schäme mich wahrhaftig, einen so warmen Freund und Gönner, wie Ewr. Hochwohlgeb. sind, mit dieser commission zu chargieren. Allein was soll ich anfangen. Ich weiß selbige nicht besser zu bekommen, da wie meine Mutter mir saget, man allemahl aus den Königl. Forsten für Geld, Wild oder Wild-Zettel bekommen kan.*

Saldern bat Heespen, bei dem Cammerherrn zu vermitteln. Da er nicht wisse, was ein Rehbock koste, möchte er dieses wissen, ignoriere es allerdings. *Dieses wäre einerley, weil meine Mutter ihr Hochzeitfest, so sie ausstatten muß, ohnedem unmöglich galant genug wäre.* Er fragt weiter nach der Höhe des Schießgeldes und wo man das Wild holen könne, am liebsten wäre es ihm aus Jevenstedt oder dem Aukrog vor Rendsburg. Am 30. soll das Fest gegeben werden. *Wenn Ewr. Hochwohlgeb. mich mit dieser commission nun nicht auslachen wollen; so nehme ich mir die Freiheit damit beschwerlich zu seyn. Ich erbiete mich zu allem, was in der Welt möglich ist wiederum zu Dero Befehl ausrichten zu können.*

Da Heespen nicht so schnell helfen konnte, wandte Saldern sich am 24. Dezember erneut an ihn. *Ich erhalte soeben in Gegenwart meiner Mutter, welche sich Ewr. Hochwohlgebohr. dehmüthig empfielet, Dero hochgeehrte Zuschrift. Es bedancket sich selbige unterthänig für die ungemeine Mühe, welche sich dieselben wegen der Procurirung des Wildes gegeben, und ich weiß wohl, daß mir die Röthe ins Angesicht steigt und noch zweymal wieder aufsteigen wird, wenn ich bedencke, daß ich einen so wahren und großen Freund mit dieser läppischen commission abermals beschweren muß, da ich mich nimmer entschließen kan noch werde nur eine Klaue von den paar Rehen*

welche bald im Bollenhuus bald im Heschenberg stehen, jemals schießen zu lassen. Ich muß also auf Antrieb meiner Mutter Ewr. Hochwohlgeb. abermals dieserwegen schreiben. Die gute Frau glaubet, daß die Welt untergehen wird, wann bei der anzustellenden Hochzeit kein Wildfleisch zu erblicken wäre. Sie hat sich entschloßen die Hochzeit bis nach Neujahr auszusetzen und ist zufrieden, wenn selbige nur gegen den 4. oder 5. Jan. entweder Ein Stück Adelwild oder zwey Rehböcke erhält, und ich habe mich als frommer und gehorsamer Sohn entschließen müßen, solche mit meinen Pferden und Wagen abholen zu laßen, wo es dem Herrn Cammerherrn von Grutschreiber ... nur immer gefällig und bequem seyn mag, wen auch dieses in Schleswic oder Fleckeby seyn solte. Denn ich habe bey meiner Mutter schon so die Schuld, als wenn ich meine Pferde dieserwegen nicht gerne traben laßen mag.

Aus einem Brief vom 13. März 1755 geht hervor, wie eng die Verhältnisse auf dem Wirtschaftshof in Schierensee waren. Saldern schrieb an Heespen ... *Sonsten nehme mir die Freiheit Ewr. Hochwohlgebohr. mit einer kleinen Bitte beschwerlich zu fallen. Ich habe in diesem Jahre wieder meine Einrichtung und Gewohnheit zwey trächtige Stuten, welche diese frühe und fast beide zugleich füllen werden. Ich habe aber auf meinem kleinen Gute nur zu einer Stute Raum, und bin nicht vermögend vor Maytag und so lange das sogenannte Jungvieh nicht im Felde kommen kan, einen Raum ausfindig zu machen. Daher meine Bitte darin bestehet, ob ich nicht eine Stute nach Polsee dürfte bringen laßen, da Ewr. Hochwohlgeb. daselbst die Vielheit des vortreflichen Raumes vor Füllen und Stuten haben. Es versteht sich natürlich von selbst, daß ich den Habern à Woche 1 Scheffel mit allem Dank bezahle, wie ich denn auch gern das ... Futter vergüte, wenn ich solches offerieren dürffte ... Wo diese meine Bitte von Ewr. Hochwohlgeb. nicht für allzu impertinent gehalten wird, so will ich dieserwegen dero gütige Verfügung an den Hr. Verwalter Mumm entgegen sehen, indem ich fast vermuthe daß die beiden Stuten um Ostern ausfüllen werden ...*

Im Jahr 1756 gab es wieder großen Streit unter den Verwaltern der Güter wegen angeblicher Grenzverletzungen beim Bäumeschlagen. Saldern schrieb deshalb am 2. November an Heespen unter anderem: *Ich weiß gewiß nicht was ich bey mir gedencken soll, wen ich Ewr. Hochwohlgeb. als einen justen und equitablen Man betrachte, und zugleich überlege, daß ich nun bereits in das 5te Jahr Ewr. Hochwohlgeb. gleichsam supplicando vielfältig gebeten, diese Sache zur Ordnung und zur Richtigkeit zu bringen. Fast die mehreste Zeit, wann Ewr. Hochwohlgeb. auf Nienhof in den vorigen Jahren Sich bisweilen eingefunden, habe ich auf das freundschaftlichste und ich glaube zugleich auf das demüthigste dieselben ersucht, die Begradung der Scheide wegen und was dem anhängig, Sich freundschaftlich mit mir zu vereinigen.* Saldern beschwerte sich, daß er, obwohl er dem Jäger Wendel vom Gut Nienhof gesagt hätte, daß unerlaubte Handlungen und Diebstähle vorgekommen seien, trotzdem nichts geschehen sei. *und hinfolglich bin ich soviel mehr darüber bestürzt, daß Ewr. Hochwohlgeb. mir Ihrem nächsten Nachbar, Ihrem aufrichtigsten Freund und Ihrem beständigsten Verehrer bey Dero zweymaligen Gegenwart auf Nienhof, in diesem Jahre, nicht solten Gerechtigkeit wiederfahren laßen, da es dadurch eben dem hartnäckigen Volk von Bauern vorkömt, als wenn sie auf dem Guthe Schierensee ungestraft alles thun könnten, was sie wollten.* In einem Schreiben vom 6. November beschwor Saldern seinen Nachbarn, nicht auf Leute zu hören, die, wie er glaube, ihre Freundschaft böswillig stören wollten. Lange habe er auf eine Besichtigung der Grenzen gewartet und beim Umschlag 1756 noch einmal um eine Besichtigung gebeten. *Was beweget mich so dringlich und emsig auf die Begrabung und Befriedigung meiner Koppeln und Wiesen zu dringen. Nichts wahrhafftig als die bittere Noth. Bedencken Sie wehrtgeschätzter Freund, wen die geringste Mast, besonders etwas eichen-Mast vorhanden ist, so ist meine beste Winter-Saat und alle meine Arbeit verlohren. Die todten Zäune wehren niemals den Schweinen und werden von beiden Höfen niemals so gemacht, daß sie den Schweinen wehren können . . . Mein Nachmatt geht verloren. Ich kan Tag und Nacht darauf hüten. Es wird mir so sauer genug, im Vor-Sommer darauf zu lauren und das Vormatt zu hüten.* Falls Heespen mit dem Vorschlag Salderns zur Grenzregulierung nicht einverstanden sein sollte, so würde er vorschlagen, daß ein Unparteiischer urteilen solle.

Nun bitte ich gehorsamst und innständigst, daß alles war Ewr. Hochwohlgeb. hierüber erwählen nicht verzögert werde. Dieselben kennen vielleicht meine Wirtschafft. Will ich nicht mein Geld wegwerfen, so muß ich dabey seyn 1. wenn gearbeitet wird 2. kann ich jezo meine Knechte und einige domestiquen bei dieser Jahreszeit mit zum Graben gebrauchen und 3. kan ich die Steine allmählig beifahren und bei gelindem Wetter die Pathen stechen. Kömmt das Frühjahr näher heran, so häuffet sich die Feldarbeit so sehr, daß ich, wenn der Frost aus der Erden ist, mit Pflügen und anderer Feldarbeit mit meinen wenigen Leuten genug zu thun habe. Und sollte garnicht gegraben werden sollen, so muß ich es nothwendig wißen, um mich auf eichene Pfähle und was zum tüchtigen Zaun gehöret zu richten.

Heespen konnte wegen Zeitmangels und seiner schwächlichen Gesundheit nicht selber zur Regulierung kommen und schlug daher vor, daß beide Teile nach ihrer Meinung die Scheide abstecken und im Zweifelsfall Schiedsmänner entscheiden sollten. Bereits am 1. Dezember war eine Begehung, und im Sommer 1757 war die ganze Grenze nach Wunsch eingezäunt.

In diesen Jahren hatte Saldern, wie bereits angedeutet, einen lang währenden Prozeß mit einem ehemaligen Freund, dem Kaufmann Hinrich Selck, zu führen (LAS Abt. III, Nr. 12). Selck war 1747 durch Einbußen im Kornhandel in Schulden in Höhe von 12 000 Reichsthaler bei der Firma Rüter & Sohn in Hamburg in Not geraten. Er konnte nicht zahlen. Da reiste Saldern nach Hamburg und erreichte, daß, wenn er 1000 Reichsthaler sofort zahlen würde, die Schuld auf 4000 Reichsthaler gesenkt würde. Die restlichen Gelder sollten pro Jahr mit 1000 Reichsthaler getilgt werden. Saldern zahlte für seinen Freund. Und als dieser bei der ersten Rate wieder zahlungsunfähig war, reiste Saldern noch einmal nach Hamburg und erreichte eine weitere Reduzierung der Schuld auf 1500 Reichsthaler. Auch dieses Geld legte Saldern wieder aus. Als er nun sein Geld zurückforderte, wurden ihm Schwierigkeiten gemacht und Unredlichkeit bei den Verhandlungen vorgeworfen. Es kam 1755 zu einem Gerichtsbeschluß, der für Saldern zunächst ungünstig ausfiel. Er hatte in Kiel zuviel Feinde.

Salderns Gesundheit war zu dieser Zeit angegriffen. Er schrieb am 14. April 1757 an seinen Nachbarn Heespen: *Inforderst danke ich gar verbindlichst für den gütigen und freundschaftl. Antheil, welchen dieselben mit meinem Gesundheits-Zustand zu nehmen beliebet. Dieser ist etwas besser. Allein da ein schleichendes Fieber an meinen*

Gliedern befürchte, so habe ich zu einem Artzt meine Zuflucht nehmen müßen. Indessen ist meine Gesundheit noch abwechselnd, ob ich gleich noch herumgehe.

Neben dem Prozeß mit Selck hatte er weiteren Ärger mit Gutsnachbarn wegen Kirchenangelegenheiten. Saldern war Patron in Westensee und hatte somit wie die Besitzer von Klein-Nordsee und Westensee Einfluß bei der Pfarrerwahl. Besonders zwischen den Frauen einiger Gutsbesitzer kam es zum Streit, welcher von ihren Kandidaten gewählt werden sollte (Anlage 7). Nachdem ein Nachbar die Witwe des Pastors schikanös behandelt hatte, beschloß Saldern, sich aus diesen Angelegenheiten herauszuhalten. Eine Folge war, daß er sich an Stelle des Begräbnisses in der Westenseer Gruft nach einem anderen umsah.

1758 hatte er das ehemalige Godesche Begräbnis übergeben bekommen und auch den Kirchenstuhl. Die Suche nach einer neuen würdigen Grabstätte zog sich bis 1768 hin. In diesem Jahr kaufte Saldern in Bordesholm an der Klosterkirche einen Platz, auf dem er eine Kapelle bauen ließ.

Mit vielen Sachen des alltäglichen Lebens befaßt sich der Briefwechsel mit dem Nachbarn. In Deutsch-Nienhof mußte Ersatz für die Haushälterin, die Jungfer Lorentzen, gefunden werden. Saldern machte am 2. Mai 1758 ein Angebot: *Diesemnächst bin ich ersuchet worden, bei dem etwaigen Abgang der Jungfer Lorentzen Ewr. Hochwohlgebor. eine gute und tüchtige Persohn in Vorschlag zu bringen. Der Herr Pensionair Muller zu Ehmkendorp hat mich deswegen ersuchet. Die Persohn ist die Jungfer Kuhnen seine Schwiegerin. Die Eigenschafften dieser Persohn sind mir bekannt, und ich habe selbige an meinen alten Freund, den H. v. Reitzenstein zu der Zeit recommendiert, welcher sehr wohl von ihrer conduite, von ihrer Hände Arbeit und von ihrer Haushaltung zufrieden gewesen. Die Liebe zum Vaterlande hat das gute Mädgen, wie ich heilig betheure, nur abgehalten ihre vorige Herrschaft nach Daenemark zu begleiten. Unter den sehr guten qualitaeten dieser Persohn kenne ich besonders ihre friedliche und stille Gesinnung, auch zugleich eine große Geschicklichkeit, Sechs sehr gute Schüßeln ohne die mindeste Beihülfe, nett und propre auf die Tafel zu serviren; wovon ich in Bramstedt verschiedentlich ein Augen-Zeuge gewesen. Allein höchstgeschätzter lieber Freund, einen Fehler hat diese Persohn, welchen ich nach meiner Aufrichtigkeit gleich entdecken muß . . . Sie ist heslich wie ihre Sünden. Sie hat nichts reizendes nichts angenehmes. Nichts als eine gute menschliche und gerade positur. Ich bin sicher, daß Ewr. Hochwohlgebor. über meinen Vortrag lachen werden, und dieses war auch meine Absicht. Genug daß ich aufrichtig bin und nichts verhehle.*

Wegen der Einzäunung der Gutsgrenze mußte Saldern sich wiederholt an Heespen wenden, da er auf seinem Gelände keine Eichenbäume hatte, aus denen er Pfähle schneiden lassen konnte. Er bedankte sich am 11. März 1760 und schrieb *Sollte ich in der künftigen Zeit einmahl wieder betteln müßen, so hoffe ich Ewr. Hochwohlgebor. werde meine Absicht rechtfertigen. Da mir sonsten dero Gewogenheit und Freundschafft wahrhaftig ein unverletzliches Heiligthum ist. Da ich nichts eifriger wünsche als jemals Gelegenheit zu haben, Ewr. Hochwohlgebor. einige Gegengefälligkeit erzeigen zu können, so ist mir in diesen Tagen vorgefallen, ob Ewr. Hochwohlgebor. darunter gedienet sey, wenn dieselben ein sehr gutes Antheil Ungarischen Wein zu einem modiquen Preyse erhalten können. Ich habe während meines Aufenthalts in*

Cassel aus dem Nachlaße der Gräfin Beerenhold daselbst Zwey Anthal Ungarischen Wein für 66 ducaten spec erstanden. Mit der nächsten Post erhalte ich die Nachricht, daß diese beide piécen in Hamburg glücklich angekommen sind, und ich laße solche in dieser Woche hieher transportirn . . . Diese Weine haben 4 Jahre in der bekannten Gräfin ihre Keller gelegen, und ich glaube sie sind gut.

ZEIT DES POLITISCHEN WIRKENS 1761–1773

Jetzt muß wieder ein kurzer Überblick über die politische Lage gegeben werden, um Salderns Handlungsweise 1761 und in den folgenden Jahren zu verstehen. Nachdem der Statthalter Friedrich August 1751 Fürstbischof von Lübeck geworden war, wurde er am 16. Januar 1751 vom Großfürsten entlassen. Die Geschäfte führte zunächst bis 1756 der Geheime Rat Friedrich v. Buchwaldt. Außer ihm waren im Conseil noch vier Räte in Kiel tätig. In Petersburg war nach wie vor Freiherr v. Pechlin Ratgeber des Großfürsten. Er bekam aber Konkurrenz in Gestalt des Kammerherrn Chr. August v. Brockdorff, der 1754 heimlich nach Petersburg gereist war. Dort gewann er bei Peter großen Einfluß und erreichte trotz des heftigen Widerstandes der Großfürstin Catharina, daß der Obersachwalter v. Ellendsheim verhaftet wurde. Im Verlauf des Prozesses wurde der entlassene Geheime Rat v. Westphalen, Salderns Gönner, wieder in seine früheren Ämter eingesetzt. Bis zu seinem Tod am 22. März 1759 war er die führende Persönlichkeit im Conseil. Nach ihm traten der Geheime Rat Detlev v. Brockdorff und Magnus Friedrich v. Holmer gemeinsam die Nachfolge an. In Rußland wurde nach dem Tod von Pechlin 1757 Georg Heinrich Baron v. Stambke Konferenzrat und mit der Direktion der Conseil-Geschäfte in Petersburg beauftragt. Stambke wurde sehr bald in Hofintrigen verwickelt und mußte 1758 nach Kiel zurück. In Petersburg war wieder Chr. August v. Brockdorff der führende Mann. Die Großfürstin verlor jetzt ihren Einfluß auf die holsteinischen Geschäfte.

Da es seit 1751 keinen Statthalter mehr gab, versuchte 1761 der jüngste Bruder des bisherigen Statthalters, Prinz Georg Ludwig, sich diesen Posten zu erwerben. Er war General im Heer Friedrichs des Großen gewesen und nach der Schlacht bei Torgau in Ungnade gefallen, da er mit seinen Reitern auf dem Schlachtfeld zu spät eingriff. Er erhielt seine Entlassung und hatte nun Zeit, sich in Holstein um den Posten zu bemühen. Behilflich sollten ihm der fürstbischöfliche Geheime Rat Henning Bendix v. Rumohr und Saldern sein.

Am 10. Februar 1761 teilte Saldern v. Heespen mit, daß er mit dem von Leipzig nach Kiel gekommenen Cabinets-Sekretär des Prinzen Georg Ludwig am 12. für mindestens vierzehn Tage nach Eutin wegen der *Eutinischen Familiensache* reisen wolle. Im selben Brief fragt er *Welche Gilde ist die ordentlichste, die vernünftigste und die proportionierlichste, entweder die alte Brand-Gilde oder die nunmehro errichtete Allgemeine Schleswig-Holsteinische Brand-Gilde?* Auf Salderns Veranlassung war in Konkurrenz zur adligen Hufen-Brandgilde die Allgemeine Schleswig-Holsteinische Brandgilde, auch Saldernsche Brandgilde genannt, 1760 gegründet worden. Die Gründung war 1747 durch Buchwaldt-Borstel angeregt worden, kam aber erst unter der

Rechtsbegründete allerunterthänigste

DEDUCTIO GRAVAMINUM

JUNCTO PETITO HUMILLIMO

abseiten

des Grosfürstlichen Etats-Raths

Herrn Caspar von Saldern,

auf Schirensee,

Klägern, Appellanten, Reproducenten auch reſp. Deducten und Deducenten, modo Supplicanten,

wider

den Neumünsterschen Eingesessenen

Hinrich Selck,

Beklagten, Appellaten, Producenten, auch reſp. Deducenten und Deducten, modo Supplicaten,

E. W. Prangen conc.

in puncto debiti ejusdemque juſtificationis principaliter, hinc juſtificandæ appellationis contra ſententiam des Neumünsterschen Ding-Gerichts vom 26 Julii 1755, emergenter probationis & deductionis atteſtatorum, nunc deducendorum gravaminum contra ſententiam auguſtiſſimæ Cancellariæ vom 2 Januarii a. c.

ANNO 1761.

Beschwerde C. v. Salderns gegen Hinrich Selck von 1761

Führung Salderns und dessen Freund, des Kanzleirats Otte aus Eckernförde, zur Ausführung. Anlaß war unter anderem, daß v. Heespen von der alten adligen Brandgilde nicht, wie erwartet, nach dem Brand eines Holländerhauses die entsprechende Entschädigung erhielt, sondern nur Schwierigkeiten hatte.

Im April fuhr Saldern nach Leipzig, um dort mit dem Prinzen über die Pläne zu sprechen. Saldern sollte als Sachwalter für Georg Ludwig nach Petersburg, um dort bei dessen Neffen, dem Großfürsten Peter, zu erreichen, daß der Statthalterposten in Holstein wieder besetzt wurde. Saldern selbst hatte ebenfalls einen dringenden Grund, nach Petersburg zu fahren. Er hatte noch einmal in der Sache Selck eine Eingabe an den Großfürsten gemacht, um von der gegen ihn gerichteten Beschuldigung frei zu kommen. Er schrieb eine langatmige *Deductio Gravaminum* (LAS III, 12). Weiter sollte er für Heespen tätig werden. Ein Onkel Heespens war in russischen Diensten gestorben, und Heespen als Erbe beanspruchte eine Pension, die ihm vorenthalten wurde.

Eine Reise an den großfürstlichen Hof war ohne Erlaubnis des Conseils verboten. Saldern hatte guten Grund, seine Fahrt nicht publik zu machen, und so mußte er unter großen Vorsichtsmaßnahmen alles vorbereiten. Sein vertrautester Helfer war Friedrich Wilhelm Otte, Besitzer des Gutes Bienebeck. Otte und seine Brüder hatten unter anderem die Fayencefabrik in Krieseby gegründet.

Vor Beginn der Petersburger Reise setzte mit Otte ein Schriftwechsel ein, in dem alle notwendigen Vorbereitungen abgesprochen wurden.

Am 8. Mai 1761 schrieb Saldern unter anderem *Ich habe diese Reyse nach Sachsen glücklich und gesund zurückgelegt. Nunmehro denke ich in dem größten Ernst an die andere tour welche etwas weiter aber vielleicht langsamer seyn könte, wann der große Gott dazu seinen Segen giebt und Wind und Wetter favorisiren. Fals Ewr. Wolgebo. zu Hause sind, so nehme ich mir die Erlaubnis den 2ten Feyertag in Ekernfoerde aufzuwarten und alles und jedes dahingehöriges mit deroselben abzureden. Gar sehr gerne wolte ich von Flensburg und nicht von Lubeck abgehen, je später je lieber, id est mit Ausgang dieses oder mit Anfang Junii Monaths. Von allen kl. Hülfsmitteln, es sey in der Oeconomie oder sonsten hoffe ich von Ewr. Wolgebohr. unterrichtet zu werden . . . Von meinem Reyse dessein weiß keine sterbliche Seele in diesem Lande etwas positives als wie Ewr. Wolgebohr . . .*

Die Reisevorbereitungen gingen mit Ottes Hilfe weiter. So heißt es in einem Brief vom 21. Mai *Eine Nachricht von Ew. Wolgebohr. und dero gesamten Hauses Gesundheit und Wohlergehen, Eine Nachricht wie es mit der Abfahrt des Hr. Caspar Friederichson* [der Name, unter dem Saldern reiste] *stehet und die Versicherung dero beständiger Freundschaft ist die Haupt-Absicht dieser meiner Zuschrifft. Die Neben-Absicht ist, daß Überbringer dieses mir einen Korb mit Seltzer Waßer von 50 Krucken und zugleich ein Zwölfften ordinairen 12 füßigen Bretter anhero bringen soll . . .*

Jetzt am 23. Mai ging auch ein Brief an den Gutsnachbarn v. Heespen ab, in dem Saldern seine Absicht, zu verreisen, mitteilte. *Die heutige Post determiniert meinen Entschluß nach St. Petersburg zu gehen. Die Bedingungen sind nicht völlig nach meinem Sinn. Allein es läßet sich nicht alles in der Welt mit dem Cirkel abmeßen. Mein Entschluß ist genommen. In Zeit von 14 Tagen längstens schwimme ich weg. Ew. Hochwohlgebohr. melde ich dieses in höchstem Vertrauen. Es ist, wie dieselben leicht urtheilen nothwendig, daß in diesem Lande niemand solches erfahre und außer Ewr. Hochwohlgebohr. soll es kein Mensch als der einzige Canzlei Rath Otte erfahren, welcher als ein höchstzuverläßiger Mann mich wegschaffen muß. Zwey Ursachen habe ich warum dieselben dieses sogleich melde. Die Erste ist, daß dieselben wahrscheinlich mich ihrer Angelegenheiten sprechen wollen, wie dieselben es von mir verlanget. Wollen dieselben mir zu meiner Nachricht etwas mitgeben, so bitte es bald zu thun und ja mir einen Tag zu bestimmen, wo wir uns sprechen können. Ich muß natürlicher Weyse noch nach Hamburg. Die Zweite ist, daß ich Ewr. Hochwohlgeb. bitten muß mir, gegen einen Wechsel a 4 p. cent = 200 rth schreibe zweyhundert Rtt zu leihen. Ich habe zwar etwas dazu im Vorrath stehen. Mir fehlet aber noch diese 200 rth, und niemandem kan und wil ich mich entdecken. Ich hoffe daß Ewr. Hochwohlgeb. mir solche nicht refusiren.*

Am 24. Mai ging ein Schreiben an Otte *In Gottes Nahmen soll und wird d. Hr. Casper Friderichson die von Ew. Wolgeb. vorgeschlagene bequeme See-Voiture über*

Wiborg nach St. Petersburg ergreiffen. Die dubia wegen seiner Sachen am Zoll welche er sonsten mit einem connoissement recta an einen Kaufmann in St. Petersburg hätte abgehen laßen wollen, werden sich wohl auf eine andere Art heben laßen. Enfin er wird diese Gelegenheit gewis ergreifen. Der Himmel wird seinen Seegen dazu geben. Vielleicht werden Ewr. Wolgebohr. den besten Rath ertheilen können, ob der emballente Coffre mit den besten Sachen, ohne daß er in Wiborg eröffnet wird, nicht mit nach St. Petersburg von dort zu Lande gehen könne. Denn es stehet zu befürchten, daß der Coffre mit den Kleidern darin, H. Friedrichson, als einen angeblichen Kaufmann verrathen mögte. Wenn dieses einziges dubium nur gehoben ist, so ist alles gehoben. Wie wäre es, wenn man den Coffre mit den Sachen von Lübeck ab je eher je lieber wegsendete und wie ohnehin geschehen sollen, nur das nothwendigste bei sich führte.

Zwei Tage später, am 26. Mai, schrieb Saldern an Otte: *Hertzlich gerne wolte ich, daß mein Coffre entweder zugleich oder noch vor mich in St. Petersburg einträfe. Das nothwendige und was mich nicht verrathen kan, behielte ich bei mir, damit ich in allerwege meinen angenommenen Kaufmann ein genüges thue. Ich stelle mir vor, daß ich wohl einige Tage auf Criseby, nicht incognito, doch ohne daß es bekannt wäre, wie ich mit dero fregatte verreysen wolle, mich aufhalten könne, auch hiervon mündlich.*

Auch Heespen erhielt am selben Tag einen Brief:

Ewr: Hochwolgebohr hochgeehrte Zuschrifft mit der beigefügten assignation an H. Stampeel habe ich richtig erhalten, und sage ich vorläufig den verbindlichsten Dank. Bei unserer Zusammenkunft werde ich meinen Wechsel so schuldig als willig einhändigen. Nach des H. Otte seiner Nachricht wird wohl mein Bleiben schwerlich länger seyn als bis d. 7 oder 8t. Junius.

Ich glaube, daß es am allerbesten ist und den wenigsten Verdacht würcket, wenn ich die Ehre habe Ewr: Hochwolgeb: auf Nienhoff gehorsamst aufzuwarten. Ein jeder Locus tertius würde in der Folge ein Nachdenken verursachen. Alles was E: Hochwolgeb: zu meiner instruction und etwanigen usage mir als ein Pro memoria mitgeben wollen, bitte ich auf Postpapier zu schreiben, damit ich solches ohne Weitläufftigkeit verwahren könne. Mein Schicksal kommt darauf an, ob ich und meine Persohn bei einem so difficilen Fürsten goutiret werden oder nicht. Vielleicht, wenn die negativa da ist, bin ich nicht unglücklich. Denn das wenigste wird doch seyn, daß ich mit einer kl. pension ad penates retournire. Werde ich aber goutiret und muß ich dort einige Jahre bleiben; so überlaße ich mich der göttlichen direction lediglich. Ach allerbester Freund, glauben Sie mir sicherlich, daß ich meinen bisherigen glücklichen Zustand in seinem vollen Wehrte erkenne und einsehe. Meine nunmehro hier ins zehnte Jahr zugebrachte Jahre, sind vielleicht die glücklichsten meines Lebens.

Felix ille, qui tacitos sinit ire dies et paupere cultu, exigit innocens tranquilla silentia vitae.

Ich opfre gewiß den Rest meines Lebens gewiß und wahrhafftig nicht einer eitelen Ehrbegierde, nicht einer Unersättlichkeit nicht einer Thorheit auf. Was ich thue geschiehet theils um wo möglich eine nicht untadelhaffte satisfaction eines erlittenen Unrechts, ohne Bitterkeit meines Hertzens, ohne Rache und Haß zu erhalten, andern Menschen zu nützen, und wo es Gott so beschloßen hat, die letzten Tage meines

Lebens, ohne eine allzugenaue oeconomie etwas gemächlicher zu beschließen. Deum testor, Ihn kan ich nicht täuschen. So dencke ich und werde ich beständig dencken.

Ich laße nunmehr die ewige und allweiße Vorsicht rathen. Was die über mich verhänget, soll mein Gesetz und meine Pflicht seyn. Eine wahre freude soll es mir seyn, Menschen zu dienen. Dieser Grundsatz soll mir beständig im Hertzen seyn, woferne ich von Gott dazu ausersehen bin. Doch von meinen weiteren Gesinnungen mündlich.

Ich arrangire in aller Stille hierselbst meine Sachen, um nach Pyrmont zu reysen. Mit Ende dieser Woche gehe ich nach Hamburg. Etwa 5 oder 6 Tage sind mir hinlänglich, um 2 gute Kleider dort machen zu lassen. Wenn Ewr. Hochwolgeb. den 5ten oder 6ten auf Nienhoff wären, so konten wir uns den 6 oder 7ten Jun. daselbst sehen und ich, würde mit ofnen Armen und gewis nicht ohne Rührung meines Hertzens mein Adieu sagen.

Auf diesen Brief erhielt Saldern von Heespen folgende Antwort: unter anderem *Ewr. Hochwohlgeb. schicke ich gehorsamst aus aufrichtigstem Herzen zu dem nun baldigst von deroselben anzutretenden Ehren-Posten. Gott laße deroselben darinnen dasjenige Glück, Vergnügen und Segen liegen, Gesundheit biß in die spätesten Zeiten so dergestalt erleben, als es solches von Grund meiner Seele wünsche, so wird Ihnen und dero Familie an der vollkommenheit alles Wohlergehen und Glückseligkeiten gewiß nichts ermangeln. Es geht mir wahrhaftig nahe Ewr. Hochwohlgeb. aus meiner Nienhoffer Nachbarschaft zu vermißen . . .*

Da Saldern noch verreisen wollte, fragte er bei Otte an, ob der Herr Frederichson noch vier oder fünf Tage fortfahren könne. Saldern fuhr nach Hamburg, um dort noch Finanzfragen zu regeln. Am 13. Juni kam er zurück und teilte Otte mit *so lange es ihm* [Friederichson] *immer möglich beibet er gerne bei mir, doch ist er auf jeden Winck bereit. Meine Tochter und die Madsll. Lehnmaches welche sich beide von ihrem fieber erholt, werden während der Zeit, daß ich in Pyrmont bin, sich das kostbahre Vergnügen ausbitten, dero Fr. Gemahl. und Ewr. Wolgeb. aufwarten zu dürffen. Nach den Kieler Nachrichten glaubt man, daß sehr wichtige dinge wegen das Fürstt. Holstein aufs tapis seyn, und wird Hr. v. Holmer nach St. Petersburg berichten werden, wo es nicht mit heutiger Post bereits erfolget ist . . . Zu meiner bekannten Selck Sache ist mir von St. Petersburg aus die in Kiel abgeschlagene Revision zu großer Verwunderung meiner Gegner zugestanden worden.*

Damit hatte Saldern nun endlich nach der Eingabe seiner *Deductio Gravaminum* im Prozeß Selck Erfolg und damit seine Rehabilitation.

Wie vorsichtig Saldern seine Reise weiter plante, geht aus einem Brief vom 15. Juni an Otte hervor. *Überbringer dieses ist der Jäger Wendel, deßen Sohn Christian Friedrich Wendel sehr gerne mit dem Schiffer Claasen sich bis Wiborg mitverdingen wolte. Haben Ewr. Wolgeb. die grace für den jungen Menschen und helffen ihm, daß er mitkomme. Vater und Sohn wißen aber nichts von mir, bis ich den Sohn aufs Schif sehen werde, alsdann mag er mich wohl kennen. Er wird mich nicht verrathen . . . Hr. Frederichson welcher sich gehorsamst empfiehlet wird am Mittwoch Mittag sich die Freiheit nehmen eine Suppe bei Ewr. Wolgeb. zu eßen, und alsdann nach befinden der Umstände gerade nach Criseby sich verfügen.*

Der Abschiedsbrief an Otte, in aller Eile sehr flüchtig geschrieben, lautet: *Allerbester und Verehrtester Freund,*

Johann Hartwig Graf v. Bernstorff. Gemälde auf Wotersen

Mit gerührtem Hertzen erkenne ich dero Gewogenheit, Freundschaft und Vorsicht für mich. Ich sage Euch deswegen tausend Danck. Läßt mir die Vorsicht glücklich wieder von meiner Wallfahrt retourniren, so werde ich solche Güte lebenslang erkennen. Mein Hertz soll alles ihnen à conto schreiben. Empfehlen Sie mich auch dero Fr. Gemahlin und dero würdigen älteren Hr. Bruder. Ich werde den Willen meines hiesigen Freundes in der Paß Ordonnance bis zum Bord des Schiffes blindlings folgen.

Vale, allerliebster Freund. Vale et iterum Vale.

Die erste Nachricht von der Ankunft in Rußland erhielt Otte. Der Brief ist am 19. Juli 1761 in Wiborg abgeschickt worden.

Wir sind endlich glücklich und gesund d. 11. Juli in der Nacht zu Trangsond und nachher selbigen Tages des Mittags um 3 Uhr hier angekommen. Der Hr. Claasen wird umständlich von unserer Reyse schreiben, wie ich glaube Unsere Reyse ist sehr lange und fatal gewesen. Hiervon bei mehrerer Muße aber einmahl mündlich. So viel kan ich nur sagen, Mit Hr. Claasen nie in meinem Leben mehr gefahren. Wohl aber 1000 Meilen, wenn es nöthig ist, mit dem Steuermann Clementz, der viel Geschicklichkeit, Muth und Verstand besitzet. Hier werde ich mich ein paar Tage ausruhen und dann sogleich nach Petersburg gehen. Die Weckerodts Familie erzeiget mir viel Höflichkeit. Der Joh. Weckroth ist todt und sein Sohn contenniert unter der Firma Joh. Weckroth & Söhne. Bis hierher heißet das Visitiren nichts, wenn man nur Verstand hat und den habe ich bisweilen. Ebenso mit den Päßen. Dero Fr. Gemahlin und dero Hr. Bruder cum uxore empfehle mich gehorsamst. Tausend Danck sey auch noch allen gesaget für alles Gute, für alle Liebe und Vorsorge. Der Herr im Himmel vergelte es ihnen, wenn meine treue Erkenntlichkeit es nicht erwirken kan. Ich bin auf ewig dero verpflichtester diener C. Fridrichsen.

Sehr bald konnte Saldern an seinen Freund Otte erfreuliche Dinge berichten. Er schrieb am 25. August aus Oranienbaum: . . . *Ich bin seit meiner letztern Zuschrift noch ungemein mehr von meinem hiesigen sejour zufrieden. Ich habe im Anfange dieser gekränkelt, iezo aber befinde ich mir gottlob recht wohl. Von S. K. H. meinem gnädigsten Herrn bin ich nicht nur sehr gnädig auf und angenommen worden, sondern ich habe auch die gnädigste Zusage, daß Sie mir alles ehedem erlittene Unrecht redressiren werden. Ich habe das Glück hierselbst auf dem Palais zu wohnen und ich genieße den Vorzug /: wo es anders immer ist :/ täglich und mehr als mir lieb bisweilen ist, um seine Persohn zu seyn . . . Dieses Land ist nicht für mich. Die hiesige Lebensart ist mir unmöglich auszuhalten. Die ewige Barmherzigkeit wird mir gnädig seyn und mich bald wieder zurückführen. Ich hoffe, darin zu reussirn, daß ich meinen Prinzen Georg Ludewig zum Statthalter in Kiel mache und daß ich mir eine kleine Pension auf meine Lebenszeit bewürcke. Konte ich die survivance auf ein Amt dabei eventualiter bekommen, so wäre ich ungemein damit zufrieden. Meine intention wäre, wenn ich in Zeit von 2 Monathen, a dato zu rechnen, hierin reussirte im Novbr. Monath zu Land heraußzugehen. Die Zeit wird es lehren. Ich schaffe es . . . Solte ich in den Geschäften des Prinzen völlig reussiren, so bedürffte ich wohl noch einen credit-Brief von Ewr. Wohlgeb. auf wenigstens 2000 Rth. Wie fangen wir dieses an. Wegen der Sicherheit sind Ewr. Wohlgeb. bekanntlich gedecket . . . Denn wenn es mit der Statthalterschaft durchgeht, so muß ich hier etwas zur Erkenntlichkeit opfern . . . Der All-*

Georg Ludwig, Prinz von Schleswig-Holstein-Gottorp.
Gemälde von Johann Heinrich Tischbein d. Ält. auf Schloß Eutin

mächtige gebe, daß wir uns gegen das neue Jahr mit Freuden wiedersehen mögen. Eine Nachschrift folgt:

Hr. v. Wolff ist hier angekommen. Gott weiß, was es hier im Holst. ministerio noch werden wird. Wahrscheinlich wird er mit Hr. v. Brockdorff arbeiten sollen. Wie dieses gehen wird, muß die Zeit lehren ...

Saldern bedankte sich am 5. November bei Otte für seine Bemühungen, ihm das Geld zu beschaffen. Er schreibt, daß er nun aber nur noch 200 Dukaten oder 500 Rubel benötige, da der Prinz ihm aus Königsberg 800 Dukaten geschickt hätte, die er für die Bestallung aufbrauchen dürfte. *Allem menschlichen Vermuten nach wird der Prinz Georg General-Gouverneur und Statthalter in Holstein. Der Großfürst hat ihn dazu bereits erkläret ... Ich an meinem Theile habe mehr als eine Ursache mit S. K. H. zufrieden zu seyn. Dem allen ungeachtet gefällt mir absolute nichts hierselbst ... Nur kan ich S. K. H. nicht dahin bringen, mir schlechthin nur auf meine Lebenszeit eine pension von 600 rth. angedeihn zu laßen. Sie wollen mich absolute in würcklichen Dienste haben. Hier zu bleiben habe ich fußfällig abgebeten. Wie es aber draußen werden wird, weiß ich noch nicht. Ich zweifle sehr, daß ich einer würcklichen Bedienung draußen entgehen werde.* Saldern glaubte, daß, wenn er nur eine Pension hätte, er dem Prinzen besser dienen könnte. Er stellte fest *hier geht alles vermaledeit langsam.*

Das Jahr 1761 brachte schwerwiegende politische Entwicklungen mit sich. Seit der Thronfolger Adolf Friedrich von Schweden 1750 auf seine schleswigschen Ansprüche verzichtet hatte und sich verpflichtete, den herzoglichen Anteil von Holstein, falls er ihn erben sollte, gegen die Grafschaften Oldenburg und Delmenhorst zu tauschen, versuchte Dänemark mit dem Großfürsten ein gleiches Abkommen zu treffen. Pechlin war beauftragt, in St. Petersburg die Verhandlungen mit dem dänischen Gesandten Graf Lynar zu führen.

Da die Kaiserin Elisabeth sich nicht genügend bei dem Großfürsten einsetzte, scheiterten die Verhandlungen schon 1751. Peter hatte schon damals die feste Absicht, mit Waffengewalt die Ansprüche des Gottorfer Hauses durchzusetzen. Das Interesse Peters an merkwürdigen soldatischen Spielereien war allgemein bekannt. Er bekam unter anderem von Friedrich dem Großen Figuren aus Meißner Porzellan geschenkt, die Soldaten darstellen und von denen sich jetzt etliche in Schierensee befinden.

Das Conseil in Kiel hatte auf den Großfürsten keinen Einfluß. Er hörte nur auf seine Räte in Petersburg.

Am 5. November 1761 schrieb Saldern an Otte unter anderem: *Sonsten wegen der dänischen Anforderung, worüber alles ombragiert war, haben Dani ihren hiesigen minister ein dementi gegeben, welcher dafür sitzen bleibt, als habe er die Sache unrecht interpretirt und Unrecht angebracht. Der ehrliche Haxthausen* [der neue dän. Gesandte] *ist aber unschuldig. Hingegen der boshafte Osten* [sein Vorgänger im Amt] *hat alles zusammen gelogen.* Graf Chr. Gregers v. Haxthausen mußte im Juli der russischen Regierung erklären, daß der dänische König im Hinblick auf die drohende Haltung des Großfürsten auf eine schnelle und befriedigende Antwort bestehe ... *An ein accomodement ist ohne Feuer und Schwerdt keine Hofnung. Es wäre denn, daß der Todt den Schiedsmann abgäbe, sonsten menschlicher Einsicht nach, nichts. Unser Holsteinisches Ministerium bestehet hieselbst aus dem Grf. v. Brockdorff und*

Hr. v. Wolff. Wenn Sie letzten genau kennten, so würden Sie wißen, daß er ein schwaches Werckzeug sey. Der erste thut noch immerhin alles, was er will und er besitzet das Ohr des Herrn. Theils aus Neigung, theils aus Gewohnheit und aus einem bereits erworbenen ascendent. Dazu hat er viele Freunde von hiesiger nation und hat sich einen mammon erworben, womit er sich immer noch mehr Freunde machen kan, Wir sind dem äußerlichen Ansehn nach gute Freunde. Ich weiß nicht, ob er mich fürchtet oder ob er mich mit Ehren los sein will... Er wünscht aber meinen Printzen auf den Blocksberg.

Da Saldern vermutete, daß er im Januar nicht in Kiel sein werde, bat er Otte, daß er Salderns Bruder, dem Kapitain Carl Friedrich, behilflich sei, beim Umschlag seine Geldgeschäfte zu regeln. *Ich weiß izo nichts mehr zu schreiben, denn ich darf ihnen mein Hertz über die hiesigen Umstände nicht ausschütten ... Schreiben Sie mir doch à tout hazard noch einmahl. Ich bin wahrscheinlich noch allezeit länger hier, als wie erwünscht.*

Viel Glück, Heil und Seegen wünschte Saldern seinem Freund Otte zum Jahreswechsel in seinem Brief vom 25. Dezember 1761. Er entschuldigt sich, daß der Wunsch zu spät käme: *Ich bin mehrere Wochen sehr krank gewesen und habe um einen Fistel am Ano zu vermeiden, mir der großen Operation unterwerffen müßen. Alles ist Gottlob glücklich vorbei und ich bin, dem Höchsten sey dafür ewig Danck gesaget, außer aller Gefahr.* Während seiner Krankheit lernte Saldern livländische Edelleute kennen, mit denen er über Kornlieferungen nach Holstein verhandelte. Er begutachtete den Roggen und die Gerste und fand sie in jeder Hinsicht qualitätsvoll. Er schlug Otte vor, wenn er Lust habe, für ihn eine Schiffsladung zu besorgen. *Wäre es nicht möglich für nicht allzuviel Geld ein Schif nach Reval zu bekommen, um 20 bis 25 Pferde nach Holstein zu transportirn. Ich versichere ihnen die Liefländ.-Oesels.- und Dagoes doppelt Klepper sind vortreffliche Pferde. Wenn der Transport des Schiffes zur Abholung nicht zu theuer käme, so resolvire ich solches zu kaufen. Ich habe 4 Stück hieselbst, welche mehr thun als 4 der besten Bau-Pferde in Holstein.* Er bat um Nachricht, ob Otte auf einen Handel der sehr billigen Pferde eingehen würde.

In einem Brief vom 28. November 1761 gab er nun auch seinem Nachbarn eine ausführliche Nachricht über seine Erlebnisse in Rußland (Anlage 8).

Über die nun entscheidenden Tage in Rußland gibt wieder ein Brief an Otte vom 7. Januar 1762 Auskunft.

Was wir ehegestern hieselbst für ein evenement erlebet, wird wohl nicht mehr unbekannt seyn. da bereits einige courire weggesandt worden. d. 25ten des Nachmittags um 3 Uhr starb hieselbst die große Frau Kayserin und Selbsthalterin aller Reußen, und an eben demselben tag bestieg mein allergnädigster Herr Peter der Dritte den Thron Peter des Großen. Gott gebe ihm seine Gnade, seine Weisheit und seinen Seegen. Dieses evenement, ich betheure es ihnen für Gott, ist so ruhig, so paisible und so friedfertig abgegangen, daß nichts darüber gesagt werden kan ... Dieser Zufall, den Gott gesandt hat, ist und wird ein glücklicher Umstand für den König von Preußen werden. Falls Df. nicht andere und NB die aller gelindesten Sayten aufziehet, so bedaure ich mein armes Vaterland. Ich denke hieran nicht ohne die innerste Rührung meines Hertzens. Betet, Freunde, betet, damit das Feuer sich im Norden nicht endige. Mein eintziges Vertrauen stehet mir allein auf die unermesliche Vorsicht. Diese

Urquelle der Barmherzigkeit vertrocknet nie . . . Sie liebster Freund kennen meine Gedenckungs-Art. Wer wünschte nicht ein Werckzeug des Friedens zu seyn. Mit Freuden wolte ich zu meinen Vätern auch iezo gleich abgehen, wenn ich mein armes Vaterland glücklich, ruhig und in Frieden verlaßen könte. Gott verzeihe es dem Hr. Ministerio, welcher diesen Sommer outriert und aigriert hat. Es ist hart mir meinen Rock zu nehmen, aber noch härter ist es, mir anmuthen zu seyn, die mir übergebliebene gute Weste gegen eine schlechtere zu vertauschen und dieses alles noch mit drohender Hand . . . Nunmehro wird der Pr. Georg wohl ordre bekommen her zu kommen. Ich vermuthe, daß ein courir morgen zu ihm nach Koenigsberg gehet. Dieses evenement wird mir länger hier halten, als wie ich geglaubt. Ich kan aber nichts bestimmen. Wer weiß, ob ich nicht gar verschickt werde. Zum Conferenzrath bin ich ernannt, ohne meinen Gehalt oder Bestimmung zu wissen. Br. [Brockdorff] *ist gar nicht mehr in credit noch in ansehen. Indeßen ist er noch bei den Deutschen Affairen. Allein die Gnade des Kaysers ist gewaltig gegen ihn gefallen.* Saldern versprach, sich für den Bruder Ottes einzusetzen, damit er eine Anstellung bei der Regierung bekäme. *Wieviel habe ich noch auf meinem Hertzen ihnen auszuschütten. Aber ich kan und darf nicht . . . Adieu liebster Freund . . . Wer einmahl 10 ganze Jahre die stille Landluft genießen und ihren wahren innern Wehrt erkannt, findet wahrhafftig alles in der großen Welt nicht wehrt, sein Hertz zu rühren. Gott ist mein Zeuge, den ich nicht täuschen kan, daß ich in dieser situation mich befinde. Leben Sie wohl und lieben mich immer als Ihren treuen Freund und Diener quem nosti ex manu.*

Die politische Situation wurde durch den unbedingten Willen Peters, mit Dänemark Krieg zu führen, immer spannender. Otte trat als Vermittler zu dem dänischen Außenminister Johann Hartwig Graf v. Bernstorff auf.

Der dänische Gesandte v. Haxthausen schrieb an Bernstorff, daß Saldern ihm gesagt hätte, er wäre weder durch Geld noch durch Orden zu bestechen, für den Vorteil Dänemarks etwas zu tun. Er handle nur aus Rücksicht auf sein Vaterland und sei der Überzeugung, daß eine friedliche Vereinbarung dem Krieg vorzuziehen sei. Sollte er allerdings aber durch sein Eintreten für den Frieden im Sinne Dänemarks ein Opfer seiner Handlungen werden, so erwarte er vom dänischen König eine Jahrespension von 1200 Reichsthaler, um in Holstein leben zu können. Salderns Plan war, durch Verzichtleistungen des Kaisers und des Königs zu erreichen, daß ein zusammenhängendes Holstein als Herzogtum unter Georg Ludwig entstehen sollte. Saldern hatte sich über Otte erbeten, daß sein Bruder Carl Friedrich nach Petersburg geschickt würde, um ihm zu helfen. Bernstorff hatte aber schwere Bedenken, daß ein dänischer Offizier dort Dienst tun könne. Es ging besonders darum, daß die Briefe von Otte uneröffnet zu Saldern kamen. Bernstorff schlug vor, jemand zu suchen, der redlich wäre und die Briefe nicht aufbrechen würde. Wegen einer Summe, die für die Verhandlungen nötig wäre, sollte Saldern selber eine Forderung an den König stellen, der in solchen Fällen nicht kleinlich wäre. Da Otte doch sehr drängte, daß der Bruder Saldern nach Petersburg fahren sollte, gab Bernstorff in einem Brief vom 9. Februar 1762 nach. *Disponiren Sie besagten Capitaine, die Reise anzutreten, und versprechen Sie Ihm im Nahmen des Königs, als wozu ich auf Befehl ihro Mayst. Ew. Wohlgeb. hiedurch authorisire, daß wenn sein Bruder einen glücklichen Vergleich bewürcket, Er Königlich belohnet. Er selbst der Capitaine aber, so wohl mit Königlicher Gratification, als*

Peter III., Zar von Rußland. Gemalt von Georg Ziesenis

Avancement begnadiget werden solle. Die Summe für den ersteren kan ich aus in meinem vorigen Schreiben angeführten Ursachen nicht zum voraus determiniren, Er kan solche aber nur fordern, da Er denn prompte Antwort haben soll. Eine Instruction dem Capitaine mitzugeben, würde zu gefährlich vor Ihn selbst seyn, also muß Sein gantzes Gewerbe nur darinnen bestehen, daß Er Seinem Bruder mündlich sage, was Ew. Wohlgeb. ihm schreiben würden, daß Er Ihn durch Vorstellung des Jammers, so Holstein durch den Krieg, er mag auch ausfallen wie er will, leyden würde, zu friedlichen und Patriotischen Neigungen bewege, und daß Er bald wiederkomme, um Uns von dem Ausschlag Seiner Commission dem dortigen Zustande und Absichten und den Gesinnungen Seines Bruders zuverläßige Nachricht zu geben. Wenn er dieses geschickt und redlich thut, so soll Er, wenn Er auch nichts ausrichtet, belohnet werden.

Der Briefwechsel Bernstorffs mit Otte erhellt viele nicht bekannte Ereignisse und Verhandlungen dieser bewegten Zeit. Am 15. Februar 1762 schrieb Bernstorff: *Da ich aus verschiedenen Nachrichten vernehme, daß der Geheime Rath von Rumohr nach Petersburg zu reisen im Begriff stehet und man mir versichert, daß Ew. Wohlgeb. mit demselben wohl bekannt sind, so treibet mich die Liebe zum Lande an, Sie zu ersuchen, mit diesem Ministre, von dessen Einsicht und Redlichkeit ich sehr gute Opinion habe, aufrichtig der gegenwärtigen Umbstände wegen zu unterreden.* In beschwörenden Worten legt Bernstorff die Situation dar und bittet um die Hilfe Ottes und Rumohrs (Anlage 9) (RAK).

Am 18. Februar schickte Bernstorff an Otte den Paß und die Briefe, die C. F. v. Saldern nach Petersburg bringen sollte. Er schrieb, daß der König nicht gewillt wäre, den Austausch von Land, sei es in Plön oder Eutin, zu gestatten. *Der König ist überzeugt, daß Er den ehemals Fürstlichen Antheil von Schleswig mit völligem Recht besitzet, und also wird Er solchen, wenn jemand darnach greiffet, in dem Nahmen und unter dem Beystand des Allmächtigen standhaft vertheydigen ... Der Ausschlag eines Krieges ist freylich in Gottes Hand, und es weiß niemand, wie, wenn einmahl der Degen gezogen ist, der Friede ausfallen wird; Einem guten König geziemet es aber, vor die Erhaltung seines Landes alles zu wagen, und anzuwenden, und vielleicht werden die Russen finden, daß auf einige Hundert Meilen von Seinen Gräntzen Krieg zu führen, eben so leicht nicht ist. Ew. Wohlgeb. nehmen Sich also wohl in Acht, von dergleichen Anschlägen nicht ein Wort fallen zu lassen, sondern sagen vielmehr aufrichtig, wenn Sie von oftgenannten beyden Herren, oder gar von den Russischen H. v. S. darum gefraget werden sollten, daß, so viel Sie wüßten, dergleichen Anträge von dem Könige, solange die Dänen einen Degen führen könnten, nicht gehört werden würden. Geld ist etwas anders, darüber kan man reden, aber Land und Leute werden so nicht aufgegeben. Überhaupt ist die Meinung nicht, die Negaciation weder durch Hr. v. R. noch durch Hr. v. S. führen zu laßen. Wir wünschen nur, daß beyde wie redliche Holsteiner gedencken, und wenn Sie befraget werden, oder Gelegenheit dazu haben, reden mögen. Dieses wird der König beyden, wie in meinem vorigen Schreiben gesaget worden, belohnen. Und so klug wird Hr. v. S. ja wohl seyn, zu glauben, daß Er bey dem Frieden auf diese Weise, mehr wie bey dem Krieg, wo für Ihn, es mag auch gehen wie es wolle, nichts zu gewinnen stehet, profitiren werde; Eine Betrachtung, welche bey Ihm, da mir Sein Gemüths-Character und bisherige Facta eben nicht gantz unbekannt sind, ja wohl von einiger Würckung seyn solte.*

Johann Albrecht Baron v. Korff. Gemalt von Gustav Lundberg

Bernstorff versicherte schon bald darauf, am 23. Februar, daß, wenn Saldern Erfolg bei einem glücklichen Vergleich haben würde, er an dem Tage der Ratification ein Präsent von 25 000 Reichsthaler haben solle oder, wenn es ihm lieber wäre, eine lebenslange Pension von 3000 Reichsthaler jährlich erhalten könne. Außerdem würde er sich dafür einsetzen, daß er den Orden vom Danebrog vom König verliehen erhielte. *Wir verlangen nichts, als daß er das Unglück seines Vaterlandes abwenden und die vom König allzeit so sehnlich gewünschte Freundschaft und gutes Vernehmen in dem nun so mächtigen Königl. und Kayserl. Hause Holstein wieder herstellen helfen wolle.*

Am 27. Februar bat Bernstorff Otte, dem Bruder Salderns zu sagen, daß er so lange in Petersburg bleiben solle, bis er gewiß weiß, daß im laufenden Jahr kein Angriff erfolge. Sein Hauptwerk solle sein, für den Frieden zu sorgen und sich nicht durch Nebensachen ablenken zu lassen. Von Caspar v. Saldern schreibt er *Hr. v. S. leistet nichts desto weniger gute Dienste genug, wen Er nur inzwischen allen schädlichen Ausbruch aufhält, zum Frieden rathet, Uns gute Anschläge zu Gewinnung der Gemüther giebt, und, wenn es zur rechten Handlung kommt, Uns durch Treue und patriotische Consilia beystehet.*

Bernstorff erhoffte sich von der Mission Rumohrs und dem Bruder Salderns sehr viel. Trotzdem war auch er im Zweifel, ob alles gutgehen würde. Er äußerte sich am 2. März zu Otte *Auf diese Weise aber, wie wir es jetzo machen, hoffe ich von Hr. v. S. guter Gesinnung vieles. Denn Er wird gewiß bey dem Krieg weder für sein Vaterland, noch für seine Freunde, noch vor Sich Selbst den Vortheil wie bey einem Frieden finden. Ich halte Ihn sonderlich bey denen Verbindungen, in welchen Er stehet, stärker wie die mehresten andere, mit welchen Er lebet, ob Er aber dennoch Kraft genug haben wird, um die durch lauter Schmeicheleyen immer mehr angeflammte Hitze seines Herrn, der Seine so viele Jahre her unterhaltene Rache nun leicht auszuführen hält, zu lindern und abzuhalten, solches wird die Zeit lehren* (A. Sch. 705).

Friedrich der Große erhoffte sich durch folgenden Brief einen Aufschub des Krieges:

Breslau, den 8. März 1762

Monsieur Mon Cousin. Die Mühen, die Sie sich für meine Interessen seit Ihrem Aufenthalt in Preußen und später in Petersburg gemacht haben, verlangen meine berechtigte Anerkennung. Gewiß können Sie nichts lobenswerteres tun, als bei der Versöhnung zweier Prinzen mitzuhelfen, die keinen Grund zum Streit untereinander haben und die eigentlich eher Freunde als Feinde sein sollten. Ich bin entzückt, daß Sie dem neuen Zar Bericht von den Gefühlen der hohen Wertschätzung, die ich für seine Person hege, erstattet haben. Ich bitte Sie, damit fortzufahren und überzeugt zu sein, daß ich Sie niemals Lügen strafen werde. Ich habe das Gleiche Monsieur de Saldern zu verstehen gegeben, als er nach Rußland abreiste. Ich höre, daß er seinen Auftrag treu erfüllt hat, und ich bitte Sie, ihm vielmals zu versichern, daß ich mit seinem tüchtigen Vorgehen einverstanden bin und bereit bin, mich ihm dankbar zu erweisen. Während des Lebens der verstorbenen Zarin war es unmöglich, in Petersburg durchzuschauen, Meine Feinde hatten mir alle Wege verschlossen, es gab dort nur die ehrbaren Holsteiner, durch die man etwas erreichen konnte, doch oft ohne Erfolg. Ich werde dem Zaren meinen Orden senden und hoffe, daß er ihn gern annehmen wird. In Ihrer Eigenschaft als Ritter dieses Ordens bitte ich Sie, ihn ihm in meinem Namen zu überreichen. Er muß gegenwärtig auf dem Weg sein, doch ich weiß nicht, ob dieser Brief rechtzeitig ankommt. Sie wissen, daß ich hier sehr eilig bin, was ich nach Rußland schreibe, ist gezwungen, Magdeburg zu passieren, um mit dem englischen Paß versehen zu werden, und dieser große Umweg läßt viel Zeit verlieren.

Der Zar hat mir so viele Beweise seiner Freundschaft gegeben, daß ich ihm meine Dankbarkeit niemals genügend versichern kann. Ich bin dafür so empfänglich, wie man nur sein kann, und ich wünsche nichts anderes, als es Ihm bei jeder Gelegenheit zu versichern. Die Österreicher sind schlechter Laune, sie glaubten Deutschland schon unterworfen und behandeln die Prinzen wie ihre Sklaven, aber Gott leitete unseren ehrwürdigen Zaren von Rußland, und wenn es ihm im Himmel gefällt, werden die ehrgeizigen Pläne meiner Feinde durcheinandergebracht. Ich kenne die Erklärung, die er in Schweden abgegeben hat, ein neuer Grund der Dankbarkeit, Gott segne ihn und schenke ihm all das Glück, das ihm alle anständigen Menschen, und ich vor allem, wünschen.

Adieu, mein lieber Prinz. Ich beglückwünsche Sie zu Ihrer Statthalterschaft. Man sagt hier, daß der Zar Sie zum Statthalter von Holstein ernannt hat. Übrigens rüsten die Dänen eine Flotte aus, auf wen haben sie es abgesehen? Ich glaube, sie haben den Teufel im Leib. Der Minister, den sie in Berlin haben, verbreitet dort alle schlechten Neuigkeiten, die er sich vorstellen kann. Ich persönlich würde ihnen sehr raten, sich ruhig zu verhalten und die Haudegen nicht zu solch ungelegener Zeit zur Geltung kommen zu lassen. Daun und Loudon sind noch in Wien. Der Feldzugsplan, den sie vorhaben, wird nicht so leicht zu ersinnen sein wie die früheren Feldzüge, weil sie nicht 3 gegen 1 sind. Sie kommen mir vor, als wenn sie nicht wissen, was sie tun sollen, ich überlasse sie ihrem Schicksal. Ich versichere Sie meiner Hochachtung und Dankbarkeit und bin,

Monsieur Mon Cousin
der sehr ergebene Cousin
Frederic

An den Prinz von Holstein-Gotdorp

C. F. v. Saldern teilte Bernstorff nach seiner Ankunft in Petersburg am 6. April mit, daß er gezwungen sei, aus den dänischen Diensten auszuscheiden und das Angebot des Kaisers *vor der Hand* anzunehmen. Er bat darum, daß Bernstorff sich verwende, daß er jederzeit wieder in den Dienst seines Königs treten dürfe. *Ew. Freiherrl. Excellence versichere bei allem, was mir heilig ist, daß ich so wohl als mein Bruder nichts unterlaßen werden, was aus menschenmögliche Weise erdacht werden kan, den großen Endzweck zu erreichen.*

Saldern konnte am 7. Mai einen beruhigenden Brief an Otte schicken. *Hier passiert nichts . . . So viel ist sicher und gewiß, daß die Dänen in diesem Jahr für uns in völliger Ruhe und Sicherheit seyn können.* Saldern versprach, eine Eilstafette zu schicken, sobald er etwas Beunruhigendes erfahren würde. Mit dem Premierminister von Europa stehe er in gutem Kontakt. *Mein armer Bruder gehet herum wie ein verirrtes Schaaf. Indessen ist er mir hier und da nöthig, oder vielmehr nützlich . . . so eben kommt ein Freund, welcher versichert, daß Wollf und ich ein jeder separatim morgen die ordre bekommen werden, ihr videtur über die dänischen Angelegenheiten schriftlich zu geben.*

Diese Wahrheit kan mir den Halß vieleicht brechen ... Iezo habe ich die Arbeit unter der Hand um den Hertzog Georg Ludewig zu der Würde eines Hertzogs von Curland zu verhelfen. Saldern teilte weiter mit, daß Brockdorff den Befehl erhalten habe, seine Geschäfte in die Hände einer Commission des Statthalters zu übergeben und sich um nichts weiter mehr zu kümmern. *Es ist also ein Menschen-Feind weniger hieselbst in activité ... Mit meiner Gesundheit ist es noch immer schlecht.*

Schon am 17. Mai mußte Saldern alle Hoffnungen auf einen friedlichen Ablauf enttäuschen. Otte erhielt folgende Nachricht: *Säumen Sie nicht Ihren Freunden die Nachricht zu geben, daß der Krieg unvermeidlich sey. Die Ordres werden morgen oder übermorgen abgehen, daß Romanzow vorrücken soll. Mir ist unmöglich, diese Nachricht, welche ich in der Nacht erhalte, durch einen sicheren Weg als durch den gegenwärtigen ihnen bekant zu machen. Solte eine Abänderung möglich seyn, so sollen Sie es erfahren. Ich zweifle daran ... Alle Bemühungen sind umsonst. Was ich indeßen wünsche ist nur dieses, daß Eure Freunde, so lange wie sie können, nie zuerst weichen. Ich werde durch die Hilfe des Engels vielleicht balde wieder schreiben. Euer hiesiger Freund* [Saldern selbst] *sein Hauß, seine Bediente und seine Tritte sind sehr genau beobachtet. Gott stehe euch alle bey. O welch ein betrübtes Schicksal. Lebet wohl und liebet mich.*

Die Lage wurde immer schwieriger, und Saldern schickte trotz Überwachung weiter an Otte Nachrichten, so am 29. Mai:

Schicken Sie diese Zeilen gleich an den gewißen Freund [gemeint ist Bernstorff]. *Es ist doch zuverläßig darauf zu verlaßen, daß der hiesige in Pommern Commandirende Graf Romanzow eine jüngere ordre vom gestrigen Tage erhalten, krafft welcher er weder Truppen vorwärts marchieren noch Magazine vorwärts anlegen soll. Falls weiter etwas vorfällt, soll es gemeldet werden. Dieses ist nun der 4te Brief, welchen ich in kurtzer Zeit respective durch courirs und estaffette ihnen zugesandt. Ich gedenke den 14ten Juni neuen Styls von hier nach Berlin abzugehen. Ein Courir komt in Kiel, welcher die ordre bringt, daß alle Truppen zu Waßer hirher gesandt werden sollen.*

Gleich am nächsten Tag heißt es weiter an Otte: *Melden Sie ihren Freund, daß ich seit 24 Stunden mehr Hofnung habe, wie ich jemals gehabt, daß wenigstens in hoc anno kein Krieg erfolgt. Der Premier. Ministre hat einen Brief anhero gesandt, welcher verdienet mit goldenen Buchstaben gezeichnet zu werden. Ich bin nicht phantastisch verliebt in ihn, wie Sie wißen; allein in diesem Falle erkenne ich seinen Wehrt. Er rät in hoc anno vom Kriege ab und wünscht eine negatiation. Wenn diese aber nicht fruchtet, so will er Krieg mit Nachdruck, mit superiorité und mit einer flotte, welche aufduken* [sich sehen lassen] *darf. Dieses letztere ist eine impossibile. Ich bitte um alles keinen pas zu thun, der neue aggression ankündige und mit Kraft voreilig genannt werden könne. Hier sol bis zur Stunde meiner Abreise nichts versäumt werden.*

Es war Saldern durch geschicktes Verhandeln gelungen, den Zaren zu einer Verhandlung zu überreden. Am 12. Juli sollte in Berlin ein Kongreß unter Leitung Friedrichs des Großen, des Premier Ministers von Europa, wie Saldern ihn vorher nannte, stattfinden. Friedrich II. hatte an Georg Ludwig in einem Brief geschrieben, der aber für Peter gedacht war, daß er von einem Krieg in diesem Jahr abrate. Friedrich glaubte, daß dadurch überhaupt ein Krieg zu vermeiden war, da auch der König von Polen ab-

Catharina II., Zarin von Rußland. Gemalt von Vigilius Eriksen

riet. Als russische Unterhändler wurden Saldern (Anlage 10, A. Sch. 704) und Korff eingesetzt.

Für Dänemark erhielten der Rat Karl Juel und der Vicekanzler Cai Rantzau Aufträge für Berlin. Der preußische Minister Finkenstein war als Vermittler vorgesehen. Durch ein unmäßiges Ultimatum, das Peter seinen Unterhändlern mitgab, und durch die Weigerung der Dänen, Land abzutreten, kam es trotz intensiver Bemühungen Salderns zu keiner Verständigung. Die Forderungen Peters wurden sogar durch Friedrich II. unterstützt. Saldern wandte sich in seiner Verzweiflung, den Frieden zu retten, an Finkenstein. Er legte ihm auch dar, daß er in Petersburg festgestellt hätte, daß eine Umwälzung während der Abwesenheit des Kaisers zu befürchten wäre. Als den größten Feind des Zaren bezeichnete er in aller Deutlichkeit dessen Gemahlin Catharina. Finkenstein erhielt trotzdem von seinem König Anweisung, im Sinne des Zaren zu verhandeln. Das preußische Heer, das in Pommern stand, erhielt sogar Befehl, sich mit der russischen Armee in Mecklenburg zu vereinigen. Die Neutralität Mecklenburgs war somit von russischer, preußischer, aber auch von dänischer Seite gebrochen. Durch neue Vorschläge und Verhandlungen hoffte Saldern einen Zeitgewinn zu erreichen. Aus Dänemark war im Auftrag Bernstorffs inzwischen Achatz Ferdinand v. d. Asseburg gekommen, um mit Finkenstein zu verhandeln. Er sollte erklären, daß der dänische König auf keinen Fall das Herzogtum Schleswig abtreten würde, aber zu Geldopfern bereit wäre. Finkenstein legte dar, er glaube nicht, daß der Zar auf Geld Wert lege als Ersatz für Schleswig. Es wurde immer wieder deutlich, daß der Zar unbedingt den Krieg wollte.

Ein Brief Salderns vom 21. Juli an Otte, der sofort an Bernstorff weitergeleitet wurde, gibt eine unerwartete Wende an, die der Berliner Konferenz einen Schlußpunkt setzte.

Es ist aller Vermuthung nach eine große und merckwürdige Veränderung, welche ich lange vorhergesehen und wovon ich dem Hr. Bruder mündlich gesagt, an den von mir ehemals bewohnten Orte vorgefallen. Sie wird auf den Thron sitzen und ihr wird die Armee gehuldigt haben. Die Sache ist respectu vielen Sachen et etiam danorum von großer Folge.

Vale et fave.

Zar Peter war am 10. Juli 1762 entthront und am 17. Juli ermordet worden. Catharina trat die Regierung als Zarin Catharina II. an. Die Zarin entließ alle holsteinischen Räte in Petersburg, schickte Georg Ludwig als Statthalter nach Eutin und behielt nur einen Sekretär Wiese, der dem russischen Außenminister für die holsteinischen Angelegenheiten unterstellt wurde. Saldern und Korff erhielten von der Zarin den Auftrag, den Kongreß in Berlin aufzuheben und dann von Berlin fortzufahren. Korff wurde wieder Gesandter am dänischen Hof.

Saldern reiste von Berlin nach Hannover und schrieb von dort am 1. August an Otte: *Ich gehe von hier nach Pyrmont um meine Gesundheit etwas zu pflegen und wenigstens das böse Geblüt zu erfrischen oder zu corrigiren. Jezo, liebster Freund, wäre der Fall vorhanden, ob ich auf eine kleine und mäßige pension jemals statt machen und Hofnung haben könne. Sie wißen am besten, was mein patriotisches Hertz gethan und ob ich solche verdienet habe. Ich erwarte von ihrer redlichkeit und von*

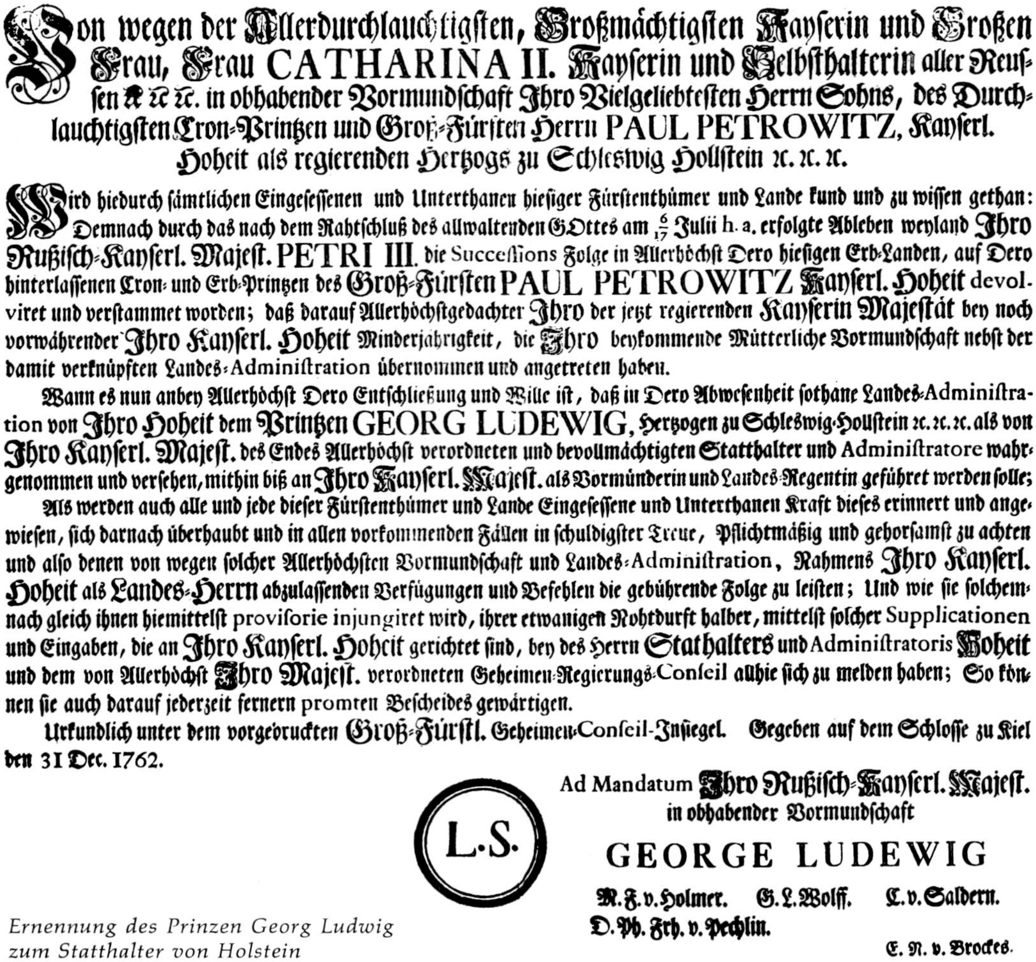

Von wegen der Allerdurchlauchtigsten, Großmächtigsten Kayserin und Großen Frau, Frau CATHARINA II. Kayserin und Selbsthalterin aller Reussen &c. &c. &c. in obhabender Vormundschaft Jhro Vielgeliebtesten Herrn Sohns, des Durchlauchtigsten Cron-Printzen und Groß-Fürsten Herrn PAUL PETROWITZ, Kayserl. Hoheit als regierenden Hertzogs zu Schleswig Hollstein &c. &c. &c.

Wird hiedurch sämtlichen Eingesessenen und Unterthanen hiesiger Fürstenthümer und Lande kund und zu wissen gethan: Demnach durch das nach dem Rahtschluß des allwaltenden GOttes am $\frac{6}{17}$ Julii h. a. erfolgte Ableben weyland Jhro Rußisch-Kayserl. Majest. PETRI III. die Successions Folge in Allerhöchst Dero hiesigen Erb-Landen, auf Dero hinterlassenen Cron- und Erb-Printzen des Groß-Fürsten PAUL PETROWITZ Kayserl. Hoheit devolviret und verstammet worden; daß darauf Allerhöchstgedachter Jhro der jetzt regierenden Kayserin Majestät bey noch vorwährender Jhro Kayserl. Hoheit Minderjahrigkeit, die Jhro beykommende Mütterliche Vormundschaft nebst der damit verknüpften Landes-Administration übernommen und angetreten haben.

Wann es nun anbey Allerhöchst Dero Entschließung und Wille ist, daß in Dero Abwesenheit sothane Landes-Administration von Jhro Hoheit dem Printzen GEORG LUDEWIG, Hertzogen zu Schleswig-Hollstein &c. &c. &c. als von Jhro Kayserl. Majest. des Endes Allerhöchst verordneten und bevollmächtigten Statthalter und Administratore wahrgenommen und versehen, mithin biß an Jhro Kayserl. Majest. als Vormünderin und Landes-Regentin geführet werden solle;

Als werden auch alle und jede dieser Fürstenthümer und Lande Eingesessene und Unterthanen Kraft dieses erinnert und angewiesen, sich darnach überhaubt und in allen vorkommenden Fällen in schuldigster Treue, Pflichtmäßig und gehorsamst zu achten und also denen von wegen solcher Allerhöchsten Vormundschaft und Landes-Administration, Nahmens Jhro Kayserl. Hoheit als Landes-Herrn abzulassenden Verfügungen und Befehlen die gebührende Folge zu leisten; Und wie sie solchemnach gleich ihnen hiemittelst provisorie injungiret wird, ihrer etwanigen Nohtdurft halber, mittelst solcher Supplicationen und Eingaben, die an Jhro Kayserl. Hoheit gerichtet sind, bey des Herrn Statthalters und Administratoris Hoheit und dem von Allerhöchst Jhro Majest. verordneten Geheimen-Regierungs-Conseil allhie sich zu melden haben; So können sie auch darauf jederzeit fernern promten Bescheides gewärtigen.

Urkundlich unter dem vorgedruckten Groß-Fürstl. Geheimen-Conseil-Jnsiegel. Gegeben auf dem Schlosse zu Kiel den 31 Dec. 1762.

L.S.

Ad Mandatum Jhro Rußisch-Kayserl. Majest.
in obhabender Vormundschaft
GEORGE LUDEWIG

M. F. v. Holmer. G. L. Wolff. C. v. Saldern.
D. Ph. Frh. v. Pechlin.
E. N. v. Brockes.

Ernennung des Prinzen Georg Ludwig zum Statthalter von Holstein

ihrer Liebe, mich hiervon bei unserer Zusammenkunft ohne die mindeste Zurückhaltung zu unterrichten. Mich erfreut und mich betrübet nichts, welche Antwort Sie mir auch geben.

Von Pyrmont reiste Saldern nach Hamburg, wo der Statthalter Georg Ludwig zunächst residierte. Hier erhielt er überraschend von der Zarin Catharina die Ernennung zum Wirklichen Geheimen-Rat und Mitglied des Geheimen Regierungs-Conseils in Kiel (A. Sch. 474). Man erhoffte von ihm, dem Ritter des St. Annenordens, daß er in den großfürstlichen Landen sein Augenmerk ständig auf das Interesse des fürstlichen Hauses richte. Ihm wurde ein jährliches Gehalt von 2000 Reichsthaler zugestanden. Das Dokument trägt die Unterschrift der Zarin und das große Siegel.

Sein Nachbar Heespen erfuhr, daß Saldern in Hamburg war. Er schrieb ihm in herzlichen Worten zur Rückkehr in die Heimat unter anderem: *Von grund der Seelen Willkommen Lieber Herr Nachbar endlich wieder in denen Holsteinischen Gegenden.*

Von Hamburg schrieb Saldern am 27. September 1762 an Otte, daß er von dort für zwei Tage kurz nach Schierensee gefahren wäre und auch nach Eckernförde hätte kommen wollen, um Ottes Gattin ein russisches Pelzwerk zu überbringen. Aus der Reise zu Otte wurde nichts, da der Statthalter ihn benötigte. *In St. Petersburg ist am 17. 8. wieder viele Unruhe gewesen. Jezo soll alles ruhig seyn und Sie soll den 7. 9. nach Moscow gegangen seyn ... Wie denckt man meinetwegen in Copp. Vieleicht bin ich da vergeßen. Wenn dieses auch ist, so bin ich ganz ruhig. Nur nicht werde ich ruhig seyn, woferne Sie meiner Freundschaft vergeßen ...*

Der Aufenthalt in Hamburg zog sich hin. Es ging darum, ob der dänische König eine Mitregentschaft in Holstein haben sollte. Saldern bewog den Statthalter, mit seinem Einzug in Kiel so lange zu warten, bis diese Frage geregelt sei. Die Zeit wurde zu wichtigen politischen Gesprächen genutzt, die durch Ottes Vermittlung in Schierensee zustande kamen. Daß auch in Rußland Veränderungen vor sich gingen, geht aus einer Bemerkung Salderns in einem Brief an Otte vom 29. Oktober hervor. *Ein Freund, der sonsten eben nicht mit mir zu spaßen gewohnt ist, bittet mir, daß ich ihm im Maertz-Monathe aus Stockholm schoenes Bier bestelle und auf dem ersten abgehenden Schiffe senden möge. Duc; quales, quanta? Ich verstehe hiervon nichts. Es gibt mir aber Anlaß zu denken ...*

Otte erhielt von Saldern dann auch die Nachricht mit der Ernennung zum wirklichen Geheimrat, wie er schreibt, wider alles Vermuten.

Im Dezember erfuhr Saldern, daß der dänische König aus Freundschaft zur Zarin von der Forderung der Mitregentschaft Abstand genommen hätte. Durch seine Ernennung zum Mitglied des Conseils war er unabhängig von dem Statthalter geworden, da das Conseil selbständig neben dem Prinzen Georg Ludwig nur der Kaiserin, als Vormünderin des Großfürsten Paul, verantwortlich war.

Saldern hatte nach seiner Abreise aus Rußland dort noch einflußreiche Freunde, so vor allem den Erzieher des Großfürsten, Graf Panin. Als sich bei den Untersuchungen nach dem Tod des Zaren Peter auch für die Zarin sehr deutlich herausstellte, daß Saldern sich gegen die kriegerischen Pläne des Zaren ohne Rücksicht auf die eigne Person eingesetzt hatte, sah sie ein, daß ihre beiderseitigen Pläne bezüglich der Lösung der Gottorfer Frage kaum differierten. Wie sehr Saldern durch die Wende in Rußland und damit in seinem Leben beeindruckt war, erkennt man aus folgenden Zeilen, die er am 23. November 1762 an Otte aus Hamburg richtete: *Ist es nicht eine mehr als göttliche Vorsicht und eine wunderbarliche Barmherzigkeit Gottes, mich erstlich von dem spectacle der revolution, welche ich so befürchtete, zu entfernen und nunmehro noch hintenach dasjenige an das Tageslicht zu bringen, was in der Absicht nicht verfertigt war. O du verborgener, unendlich großer Gott! Nie und in Ewigkeit kann ich dessen weise Wege mit mir genug preisen ...*

Anfang November 1762 kam Saldern nach Kiel und am 30. Dezember der Statthalter. Um den Kontakt zwischen St. Petersburg und Kiel möglichst eng zu gestalten, hatte die Kaiserin dem Conseil am 14. November mitgeteilt, daß dem wirklichen Geheimen Rat Panin das Departement der holsteinischen Geschäfte übertragen worden sei.

Von neuem wurde eine Reise Salderns nach Rußland geplant. In einem Brief an Otte vom 19. Juli 1763 macht er Andeutungen: *Ich werde unfehlbar längstens in*

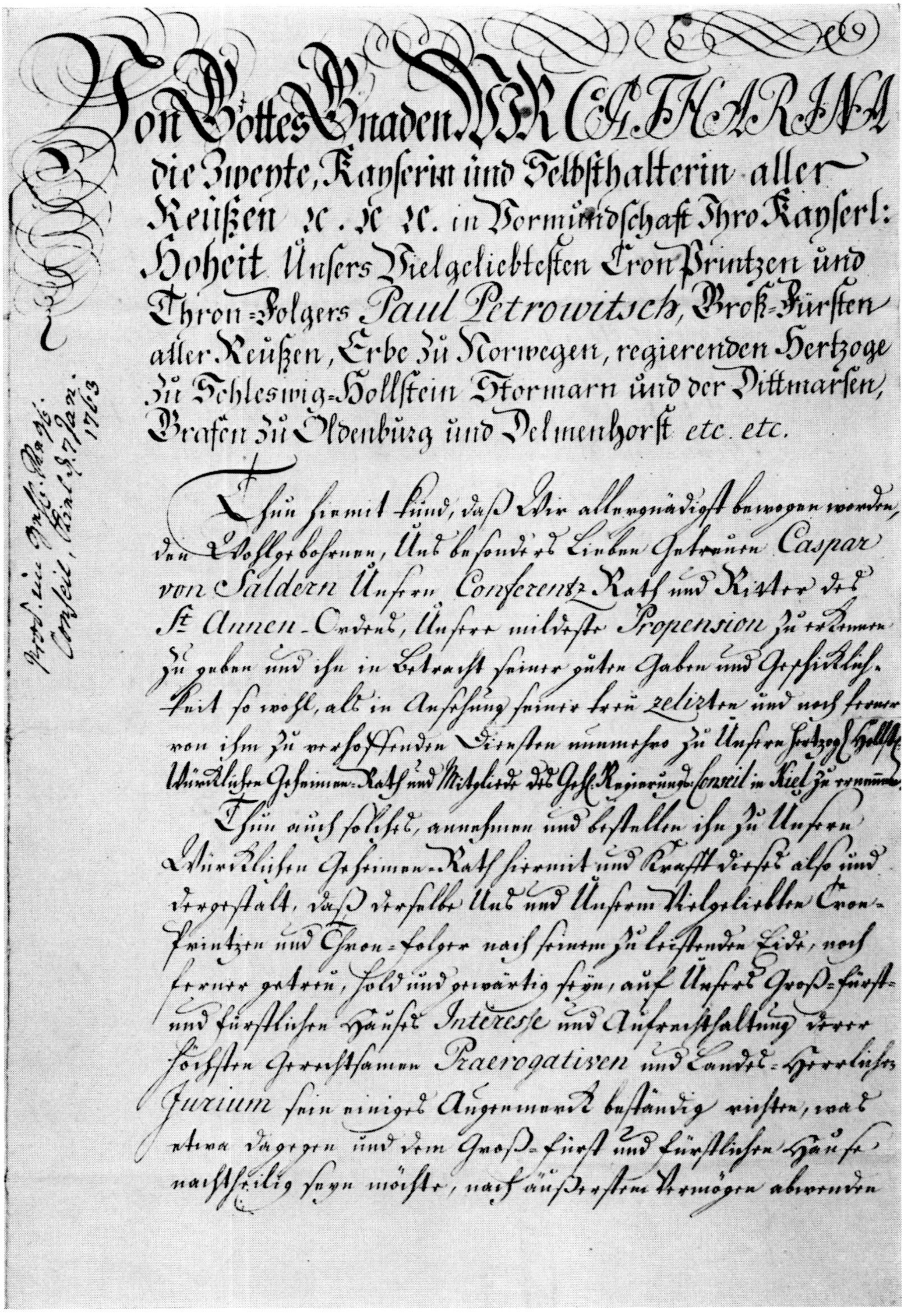
Von Gottes Gnaden WIR CATHARINA die Zweyte, Kayserin und Selbsthalterin aller Reußen etc. etc. etc. in Vormündschaft Ihro Kayserl: Hoheit Unsers Vielgeliebtesten Cron Printzen und Thron-Folgers Paul Petrowitsch, Groß-Fürsten aller Reußen, Erbe zu Norwegen, regierenden Hertzoge zu Schleswig-Hollstein Stormarn und der Dittmarsen, Grafen zu Oldenburg und Delmenhorst etc. etc.

prod. im Geh. Rath Conseil, Kiel d. 7. Jan. 1763

Thun hiemit kund, daß Wir allergnädigst bewogen worden, den Wohlgebohrnen, Uns besonders Lieben Getreuen Caspar von Saldern Unsern Conferentz Rath und Ritter des St. Annen-Ordens, Unsere mildeste Propension zu erkennen zu geben und ihn in Betracht seiner guten Gaben und Geschicklichkeit so wohl, als in Ansehung seiner treu zelirten und noch ferner von ihm zu erhoffenden Diensten nunmehro zu Unsern Hertzogl. Hollst. Würcklichen Geheimen-Rath und Mitglied des Geh. Regierungs Conseil in Kiel zu ernennen.

Thun auch solches, annehmen und bestellen ihn zu Unsern Würcklichen Geheimen-Rath hiemit und Krafft dieses also und dergestalt, daß derselbe Uns und Unserm Vielgeliebten Cron-Printzen und Thron-Folger nach seinem zu leistenden Eide, noch ferner getreu, hold und gewärtig seyn, auf Unsers Groß-fürst- und fürstlichen Hauses Interesse und Aufrechthaltung dero höchsten Gerechtsamen Praerogativen und Landes-Herrlichen Jurium sein einiges Augenmerck beständig richten, was etwa dagegen und dem Groß-fürst und fürstlichen Hause nachtheilig seyn möchte, nach äußersten Vermögen abwenden und verhüten helffen, auch solches ungescheuet ohne Ansehen der Persohn offenbahren, denen Sessionen und Deliberationen in Unserm Regierungs-Conseil fleissig beywohnen, dabey und in allen Gelegenheiten, da dessen unterthänigster Einrath nütz und erforderlich seyn kann, nach seinem besten Wissen ohne Eigennütz und privat Absichten sich betragen, die von Unsern Vorfahren an der Regierung Christmildester Gedächtniß, ergangene und bestätigte und von Uns ertheilte oder auch ferner zu ertheilende Reglemens, Verordnungen und Befehle zur Richtschnur nehmen, von demjenigen, was Er bey seiner bisherigen Bedienung von des Groß-Fürst und Fürstlichen Hauses Arcanis und Angelegenheiten bereits in Erfahrung gebracht hat, und noch fernerhin davon zu seiner Wißenschafft gelangen wird, niemanden, dem es nicht zu zu wißen gebühret, etwas entdecken, sondern bis in sein Sterb-Grube, wenn er auch dermahleins wieder aus Groß-Fürstlichen Diensten kommen möchte, bey sich erhalten, und in Summa bey allen Vorkommenheiten dergestallt sich verhalten soll, wie es einem ehrliebenden Geheimen-Rath und getreuen Diener nach seinem Eid und Pflichten zukomt, Wir Uns auch dessen zu ihm in mildesten Vertrauen wohl versehen mögen. Dahingegen und für solche seine zu leistende getreue Dienste soll Unser nunmehriger wircklicher Geheimer-Rath Caspar von Saldern an jährlichem Gehalt vom 1sten July dieses jetztlauffenden Jahres an gerechnet, Zwey Tausend Rthlr Courant, wie auch des Ranges, der Vorzüge und Immunitäten, welche Unsern andern wircklichen Geheimen-Räthen zustehen, nicht weniger aus der bey Unserm Regierungs-Conseil fallenden Sporteln nach Unserm Reglement

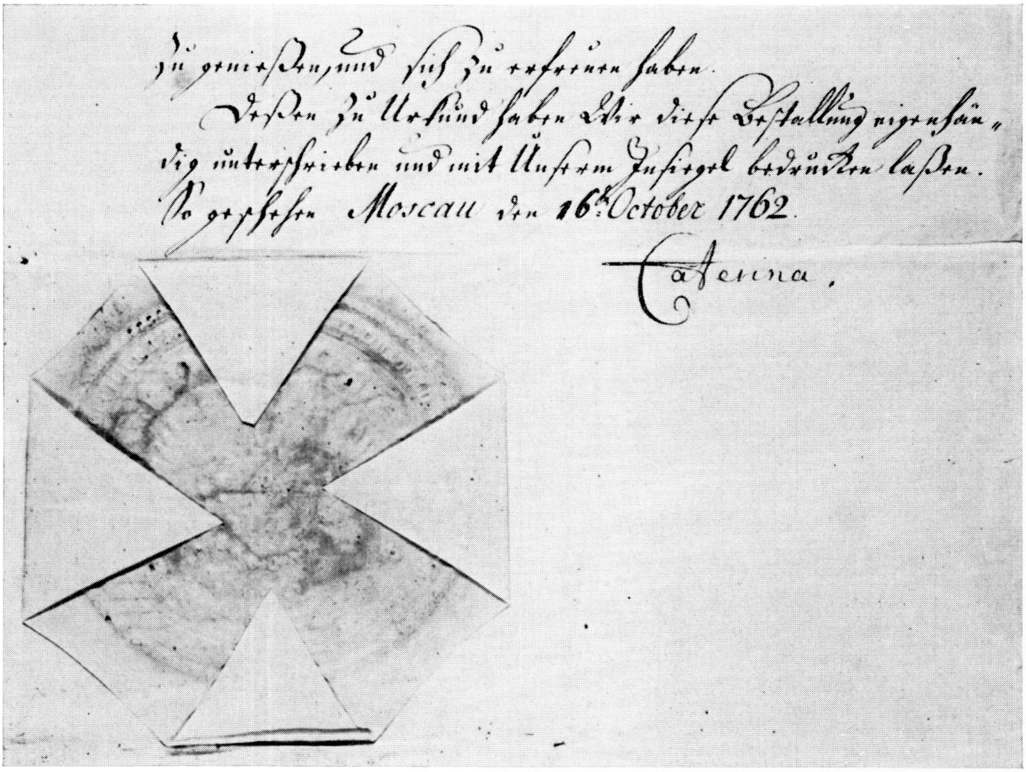
zu genießen, und sich zu erfreuen haben.
Dessen zu Urkund haben Wir diese Bestallung eigenhän-
dig unterschrieben und mit Unserm Insiegel bedrücken laßen.
So geschehen Moscau den 16t October 1762.

Ernennungsurkunde für C. v. Saldern zum Wirklichen Geheimen-Rat und Mitglied des Geheimen Regierungs-Conseils in Kiel durch die Zarin Catharina am 16. Oktober 1762 (S. 136–138)

5 a 6 Wochen reisen müßen. Ich habe darin consentieret. Es fehlet also nichts als die ordre. Ich will unverdroßen in mein Verhängnis gehen. Solte man einen solchen Mann nicht zu Hilfe kommen, Solte man ihm nicht mit 1000 Ducaten assistieren, um ihn in Stande zu setzen, sich durch Kleinigkeit Freunde zu machen? Bedarf eine solche Reise nicht Geld? . . . Allein anhalten oder betteln werde ich nie lernen . . . Ein Mann, der das Geld so redlich und so würdig employiert, wie ich es bis hierzu gethan, ist keiner equivoquen oder uneigennütziger Absicht unterworfen. Ich werde aber hiervon weiter nicht als gegen Sie Liebster Freund erwähnen. Meine ganze Reyse aber muß ein Geheimnis bleiben . . . Thamsens Schif ist heute weggegangen nach St. Petersburg, wo mit ich einige Sachen gesandt habe . . . Wenn ich es nöthig finde meine Wagens reparieren zu laßen, das ist eine Kutsche und mein Schlafwagen, darf ich die beide nach Eckernfoerde senden. Vielleicht laßet der theure Berliner Freund alles für mich nachsehen und besorgen, damit auch diese Beschaffung kein Aufsehen mache . . . Ich gedenke so Gott will und ich lebe, dieselben von hier aus zu Pferde zu besuchen, welches, wenn ich nur einige Tage Eselsarbeit hier gehabt, angehen soll.

Am 7. September 1763 starb der Statthalter Georg Ludwig. Kurz vor seinem Tod beauftragte er am 30. August 1763 (Anlage 11) C. v. Saldern, nach Petersburg zu reisen (LAS, A XXI, 1291). Damit war Saldern einen Widersacher los, mit dem er zunächst in Rußland gut zusammengearbeitet hatte, mit dem es aber in Holstein viel Streit gab. Der Statthalter wollte oft eigenmächtig ohne das Conseil arbeiten und Soldaten in dem kleinen Land in einem Maße einstellen, wie es finanziell überhaupt nicht möglich war.

Nachfolger wurde sein Bruder Friedrich August, Fürstbischof von Lübeck, der schon einmal bis 1751 das Amt innegehabt hatte.

Auf besonderen Wunsch und mit Genehmigung der Kaiserin reiste Saldern über Kopenhagen. Seine vorgeschriebene Reise sollte ihn auch über Stockholm führen, um hier Weisungen von dem russischen Gesandten Graf Ostermann entgegenzunehmen. Die Reisebeihilfe aus Dänemark, um die er in dem Brief an Otte gebeten hatte, wurde ausgezahlt. Zum erstenmal lernten sich nun auch Saldern und Hartwig v. Bernstorff persönlich kennen. Es kam zu einer vertrauensvollen Aussprache beider Staatsmänner. Bernstorff zeigte sich sehr erfreut und schrieb an Otte, daß er (Otte) durch die *Menagirung* Salderns dem König und Dänemark einen wichtigen Dienst geleistet habe, der nicht vergessen werden solle. Sollte Saldern einen Vertrag über den Austausch oder die Abtretung Holsteins mit Rußland zustande bringen, so wurde ihm von Bernstorff zugesichert, daß er eine jährliche Pension von 1200 Thalern und zusätzlich eine besondere Gratifikation von 50 000 Thalern erhalten solle. Außerdem wurde ihm noch Grundbesitz nach eigner Wahl und der Danebrogorden versprochen.

Am 2. Oktober 1763 reiste Saldern von Kopenhagen nach Stockholm. Hier wurde er durch ein persönliches Schreiben Friedrichs des Großen bei seiner Schwester, der Königin Luise Ulrike, eingeführt. Der König bezeichnete ihn als einen der ehrenwertesten Männer, die er kenne, und als eine Persönlichkeit, in deren Charakter sie unbedingt Vertrauen setzen könne. Saldern wurde in dem Lustschloß Drottningholm glänzend aufgenommen.

Im November 1763 war Saldern nun wieder in Rußland. Hier war inzwischen der Oberhofmeister des Großfürsten Paul, Graf Panin, zum Außenminister ernannt worden. Er war Mitwisser bei der Ermordung Peters gewesen und hatte die Hoffnung gehabt, Paul zum Zaren zu krönen. Allein Catharina machte diesen Plan zunichte. Panin, ein sehr phlegmatischer Mann, der Vergnügungen liebte und sehr eitel war, arrangierte sich bald mit der Kaiserin und wurde hoch belohnt. Seine Zeitgenossen betonen seine Unbestechlichkeit, eine Tatsache, die am russischen Hof nicht eben natürlich war. Panin war ein langsamer Arbeiter, aber guter Staatsmann. Er schloß sich stark an Saldern an, der ihm schon unter Peter sehr durch seine Offenheit imponiert hatte. Sehr geschickt nutzte Saldern die Eitelkeit Panins aus und fing ihn durch Gefälligkeiten.

Neben der politischen Tätigkeit beschäftigten Saldern noch viele persönliche Dinge, die ihn mit Holstein verbanden. Wieder aus einem Brief vom 20. März 1764 an Otte erfährt man, was ihn bewegt. *Ich danke gar sehr, daß Ew. Wohlgeb. sich von der Auster-Commission chargieren wollen. Ich weiß, daß dergleichen commissiones lästig und unangenehm sind, allein quid faciendum. Es ist nicht der erste saure Apfel, worein ich hier gebißen habe. Wollte Gott, daß keine saurere und bittere seyn mögten.*

Aus meinen successiven Briefen werden Ew. Wohlgeb. ersehen haben, daß ich fast dafür halte, daß alle Schiffe mit Austern, es mögen nun Zwei oder Drei seyn, nach Rewall gehen, Es ist sehr mißlich, daß das Eis aus der Newa für den 1. May neuen Stils weg ist, indem es immer von der Ladoga-See herunter treibt, Allein in Rewall ist es gegenwärtig schon offen, wie den die Witterung hier bereits seit 6 Wochen, ganz gelinde ist. Schonen Ew. Wohlgeb. nur nichts. Die Fracht soll hier in Reval bezahlet werden . . . Dort unten bezahlen Ew. Wohlgeb. die Austern und die Prämie nach Gutbefinden, ohne etwas zu schonen. Ich werde, sobald ich die Summe weiß, die Ordre stellen, daß das Geld denenselben von der Großfürstl. Rentecammer wiederum baar bezahlet werden soll. Wenn ich etwas in der Welt wünschen könnte, so wünschte ich, daß ich in der Osterwoche und zum Geburtstag der Maj. der Kaiserin Austern haben mögte. Ersteres ist wohl nicht möglich. Letzteres aber hoffe ich gewiß! Hiebei ergeht eine Einlage wieder an meine Zukünftige Frau, welche dieselben gütigst befördern werden. Ob es hier gleich gelinde Wetter ist, so sind die Stürme doch nicht ruhig! Das neueste von hier ist, daß man hier anfängt nach Art der Engelländer zu denken und Pasquille (Schmäh- und Spottschriften) zu machen, welche aber eben so, wie an anderen Orten ganz zierlich von dem Meister Pickel verbrandt werden.

Um den Inhalt dieses Briefes vollkommen zu verstehen, muß auf zwei Dinge eingegangen werden. Die Lieferung von Austern für den Hof in Petersburg wurde unter Großfürst Peter sehr betrieben. Auf sein Anraten wurde am 23. August 1747 der Vorschlag unterbreitet, eine Galiote oder Jacht zum Austerntransport in Kiel bauen zu lassen, da bei schlechter Wetterlage oft keine Schiffe zu mieten waren. Das Schiff wurde gebaut und für Transporte eingesetzt.

Salderns Hausdame in Schierensee war seit etwa 1752 Catharina Margarethe Schnepel. Sie hatte ihm 1757 eine Tochter Agatha geboren. Verschiedene Briefe an Otte enthielten in der Petersburger Zeit Beilagen an Catharina Schnepel, aus denen man entnehmen kann, daß Saldern damals die Absicht hatte, sie zu heiraten. Seine beiden Kinder aus der Ehe mit Catharina Lucia Thiede waren damals 24 und 25 Jahre alt.

Am 28. April 1764 ging wieder ein Brief an die Freundin ab, diesmal schreibt er von *seinem Mädchen*.

Salderns Sorgen um den Austerntransport gingen weiter. Am 28. Juli teilte er Otte mit: *Mit den Schiffern machen Sie, was Sie wollen. Alles was Sie ihnen draußen bezahlen, muß ich ans Bein binden. Zu keinem Contract muß aber jemals wieder den Schiffern ein freies Schiff versprochen werden, nemlich was die Hafen Unkosten u. dgl. anbelanget. Der Handwercks Neid ist ein Tolles Ding. Es gibt hier Menschen, welche die Kosten für viel zu hoch gehalten haben, und Kaufleute, welche die Austern viel wohlfeiler liefern wollen. So leicht vergißt man hier, wie an andern Orten, die eifrigsten Bemühungen. Sie können leicht denken, daß ich unendlich darüber hinaus bin, und, daß ich allen diesen Christen Kindern, aus dem Jüdischen Geschlecht gerne gönne es wohlfeiler zu machen. Das Marschallat und die Cammer sind die mehrste Zeit von gleichem Calibre . . . Ich werde nächstens wegen der Austern weiterschreiben. Ich glaube aber nicht, daß ich mehr als ein Schiff zu diesem Herbst herum ordreniren werde, und zwar für meinen Gnädigsten Fürsten und Herrn. Der Große Hof mag sehen, wo er Austern herbekommt, und mag seine Entreprise mit allen denjenigen*

machen, welche es wohlfeiler liefern wollen. Die Einlage bitte ich an den gewöhnlichen Ort [Schierensee] *zu senden. Von meiner Herauskunft kan ich noch nichts schreiben. Meine Haupt-Sachen sind hier noch etwas verworren. Indeßen, noch fehlet es mir nicht an Muth und an Standhaftigkeit. Das Unglück macht mir zwar bißweilen Schachmatt, aber schlägt mich nie gänzlich nieder.*

Aus zwei Briefen, vom 24. Oktober und vom 15. Dezember 1764, ist ersichtlich, daß Saldern seinen Sohn mit seinem Bruder als Begleiter nach Paris geschickt hatte. Anfänglich schrieb er: *Was mein Bruder verlanget, müßen Ew. Wohlgeb. ihn nur in Paris zahlen laßen. Ich muß glauben, daß er seiner andern Thorheiten ungeachtet, ein ehrlicher Mann ist, und daß er so, mit meinem Gelde zu Wercke gehen wird, wie er es in seinem Gewißen verantworten kan.* Im Dezember gab er an Otte Anweisung, die aus Paris vom Sohn und Bruder verlangten Gelder auszuzahlen.

Wundern Sie sich nicht darüber, daß ich viel Geld gebrauche.

St. Petersburg ist ein Geldfreßender Ort, und wie sehnlich wünsche ich nur, daß ich für Geld hier meine Freiheit und meine Erlösung kaufen könnte, ohne meine Pflichten, die Sie kennen, entsagen zu dürffen. Wie herzlich gerne wollte ich das Wohl der Menschen, die mit mir zu einer Zeit leben, und derer die nach uns kommen werden, dauerhaft und glücklich machen! Mein Blut, mein Leben, meine Freiheit opfere ich ihnen auf. Warum sollte ich denn auch nicht das wenige, was mir in der Welt übrig ist, zu diesem Endzweck hingeben? Ich weiß, ein Kaufmann denkt nicht so wie ich. Er rechnet nie ohne Wucher und Zinsen, er macht genaue Überschläge, und er lohnt mit wohlberechneten Schäzen. Ich aber muß, nach meiner patriotischen Pflicht, anders denken. Mein Leben, meine Jahre, meine Freiheit und mein Vermögen sehe ich als Güter an, welche mir nur darum gegeben sind, um die strengen Pflichten eines wahren Weltbürgers zu erfüllen. Eine unermüdete Sorgfalt und ein brennender Eifer, sind die Triebfedern meiner Handlungen, und die blaße Hofnung ist schon genug den Wucher abzugeben.

Von Otte bekam Saldern hin und wieder Ratschläge und auch Vorwürfe, so in bezug auf sein Verhältnis zu C. M. Schnepel. Eine Antwort in seinem Brief vom 15. Dezember 1764 bezieht sich auf eine derartige Angelegenheit.

Ich bin heute nicht en humeur Ew. Wohlgeb. auf die kleinen Satyren, welche ich in dero letztem Schreiben antreffe, ausführlich zu antworten. Ich weiß am besten, wo mir der Schuh drücket, und niemand fühlet die Last die ihn drücket beßer, als der, auf deßen Schultern der Mühlenstein ruhet. Leben Sie wohl, mein geliebter Spötter, ich werde schon einmahl, woferne ich nicht vorhero verfaule, an dieselben meine Rache ausüben. Und sollte die Verwesung mich daran verhindern, so werde ich Sie mit einem eisernen Stock dorten verjagen!

Die Geduld, die Saldern am russischen Hof zeigte, und seine Zusammenarbeit mit Panin brachten nun ihre Früchte. In einer Verordnung der Kaiserin (A. Sch. 670) an den Statthalter und an das Vormundschaftliche Geheime Regierungs-Conseil in Kiel

wegen

> *der zur Aufnahme der Holsteinischen Lande und Verbesserung der Landeseinkünfte ausfindig zu machenden diensamen Mittel und zu treffenden Anordnungen, welche hierinn Allergnädigst vorgeschrieben werden . . .*

wurden 1764 die Gehälter der Beamten festgelegt:

Geheimes Regierungsconseil		
wirkliche Mitglieder		Gehälter jährlich
die Geheimen Räte	v. Holmer	3000 Reichsthaler
	v. Wolff	2000 Reichsthaler
	v. Saldern	2000 Reichsthaler
	v. Pechlin	2000 Reichsthaler
Geheime Referendare		
Legationsrat	v. Holmer	600 Reichsthaler
	v. Preußer	500 Reichsthaler

Nb. heißt es: *Diese erhalten ihre Instruktion von dem Geheimen Rat von Saldern als welchem die specielle Aufsicht und Einrichtung dieserwegen allergnädigst übertragen wird.*

In einer Beilage Lit. F heißt es unter anderem:

Verzeichnis

Wie die im Cammer-Staat Caput VII zum jährlichen Abtrag der Landes Schulden ausgesetzte 25 000 Rthl. verwendet werden sollen

7. *Zur Bezahlung der Forderung unsers würklichen Geheimen Raths von Saldern wegen seiner seit 1748 bis 1761 rückständigen Gage auch wegen des erbauten Amtshauses und sonst erlittenen Schadens, wofür ihm oder seinen Erben ein für alles zwölftausend Reichsthaler bestanden werden bis zu deren völligen Berichtigung 2000 Rthl.*

In einer anderen Instruction für das Großfürstl. Schleswig Holsteinische General Land und Oeconomie Verbesserungs Directorium und der damit verknüpften Generalen Landes Visitations Commission, heißt es im

§ 4: *Der Geheime Rath von Saldern führet in diesem Directoire das beständige Präsidium, so lange er gegenwärtig ist, in seiner Abwesenheit aber führet solches der Conferenzrath von Ellendsheim, welcher jedoch mit ihm eine beständige Correspondenz unterhält und seine Meinung, in allen vorkommenden Fällen, einholet . . .*

Unterschrift: N. Panin

Salderns Reform der holsteinischen Verwaltung begann schon 1763 mit Vorarbeiten in Kiel. Hier hatte er die unzulänglichen Zustände auf allen Gebieten der Regierung kennengelernt. Wo er konnte, griff er hart ein, auch wenn er sich den Unwillen des Statthalters zuzog. Wenn es auch hin und wieder gelang, kleine Reformen durchzudrücken, so war doch an eine durchgreifende nicht zu denken.

Die in Kiel noch ausgearbeitete, aber erst vom 20. Dezember 1764 datierte Instruktion für das Conseil ging am 18. Januar 1765 in Kiel ein. Als Ergänzung für die Zusammensetzung des Conseils wurde jetzt dazu übergegangen, Geheime Referendare einzustellen. Saldern erhielt von der Kaiserin den Auftrag, für dieses Amt die Instruktionen auszuarbeiten. Er wollte durch eine besondere Ausbildung der Referendare erreichen, daß in Zukunft Fachleute im Conseil tätig wurden. Die ersten Referendare waren der Legationsrat Jacob Ludwig Friedrich v. Preußer und Friedrich Levin v. Holmer. Bis 1769 waren beide tätig und hielten durch ihre exakten Berichte vor allem auch den in Rußland weilenden Saldern auf dem laufenden. Zu Salderns Reformen gehörte unter anderem die Landvermessung. Auf sein Anraten befahl die Kaiserin 1764, daß sofort mit der Vermessung begonnen werden sollte. Unter Salderns spezieller Aufsicht stand der Oberinspektor Laß Christensen, der die Vermessung an den Kapitän Thießen und den Bauinspektor Greggenhoffer vergab.

In Petersburg war Saldern inzwischen in der Gunst der Kaiserin weiter gestiegen. Er war zum unentbehrlichen Ratgeber in allen holsteinischen Angelegenheiten geworden. Seine Bemühungen zielten vor allem darauf hin, sobald wie möglich einen *Provisorischen Vertrag* zur Beilegung des Gottorper Streites herbeizuführen. Saldern ging davon aus, daß der Großfürst nicht in seiner Eigenschaft als Herzog von Holstein Besitzungen in Deutschland haben dürfe. Der Großfürst sollte nach einem Tausch der Grafschaften Oldenburg und Delmenhorst diese an die Eutiner Linie des Hauses abgeben. Allmählich gewann Saldern die Kaiserin und auch Panin für diesen Plan. Bei den Vorverhandlungen zum Abschluß des Provisorischen Vertrages war für Saldern die Fürstin Katharina Daschkow eine bereitwillige Helferin. Jetzt stellte Saldern auch an den dänischen Staat erhebliche Geldforderungen, da er gewiß war, daß der Austauschvertrag zustande kam. In Kopenhagen war Hartwig v. Bernstorff der Berater des Königs und Förderer der Pläne Salderns. Er äußerte sich am 17. August 1765 zu Chr. Wilhelm Dreyer *Wenn unser Freund es erreicht, einen festen Wall für die Ruhe des Nordens durch Beseitigung all der Streitigkeiten aufzurichten, die bisher Zwietracht innerhalb des holsteinischen Hauses verursacht haben, so würden seine Verdienste ohne Gleichen sein.*

Saldern bat den dänischen Gesandten v. Osten, dafür Sorge zu tragen, daß er nach Abschluß des Vertrages eine gute Pension erhalte, die auch auf seine Kinder übergehen sollte, da er sich schon im vorgerückten Alter befinde und eine schwächliche Gesundheit habe.

Ehe Saldern nach Kopenhagen zum Abschluß des Vertrages fahren konnte, gab es in Polen Unruhen. Dort regierte Stanislaus Poniatowski als König, einst Liebhaber Catharinas. Die Kaiserin hoffte, Polen in einer Abhängigkeit von Rußland halten zu können. Aber durch Gleichstellungsfragen in Religionssachen gab es Zwist im Land, so daß russische Truppen in Polen einmarschierten und der russische Gesandte in Warschau Fürst Repnin der wahre Herrscher war. Diese Maßnahmen erfüllten Friedrich den Großen mit Sorge, die er der Kaiserin mitteilte. Nun wurde beschlossen, Saldern als Vermittler nach Berlin zu schicken. Zu dieser Zeit wurde Achatz v. d. Asseburg als Nachfolger v. Ostens Gesandter in Petersburg. Er, der sich später in seinen Erinnerungen sehr mißhellig über Saldern ausließ, war damals noch der Meinung, daß Saldern ein Mann reich an Ideen wäre, der sich durch nichts hindern ließ, sich vom gesteckten Ziel abbringen zu lassen. Er berichtete nach Kopenhagen, daß Saldern restlos für die dänischen Belange eintrete und er ein unbegrenztes Vertrauen zu ihm habe.

Die Reise nach Berlin begann am 11. März 1766. Begleiter Salderns war Fürst Kurakin. Die sehr umständliche Fahrt ging über Riga, Königsberg zunächst nach Warschau. Dort wurde er vom König herzlich empfangen, und es gelang ihm auch, auf die herrschende Partei in Polen Einfluß zu gewinnen. Die Kaiserin schickte ihm einen Brief nach Warschau, den er Friedrich dem Großen bei seiner Audienz übergeben sollte (Anlage 12) (A. Sch. 709/11).

Über Salderns Aufenthalt und seine zwei Begegnungen mit Friedrich dem Großen berichtete er ausführlich an Panin. Die Briefe sind auf den 9. und 19. Mai 1766 (Anlage 13 u. 14) datiert. Das Ziel der Besprechungen sollte sein, den König für ein politisches Gleichgewicht im Norden zu gewinnen. Man nahm zunächst große Rücksicht auf Salderns angegriffene Gesundheit. Bald verhandelte er dann mit dem Minister Graf Finkenstein, mit dem er schon früher Gespräche geführt hatte. Die Audienzen bei Friedrich dem Großen verliefen ergebnislos, soviel Mühe sich Saldern auch gab, den König für das nordische Bündnis zu gewinnen. Friedrich hielt nichts von den kleinen Staaten Skandinaviens, ihm genügte ein festes Bündnis mit Rußland. Saldern hatte zum erstenmal nicht erreicht, was er durchsetzen wollte; er traf einen Gegenspieler, der sich nicht beugte. Obwohl Friedrich an Panin schrieb, daß er annehme, das gewünschte Bündnis des Nordens schade nur Preußen, blieb man in Petersburg bei der eingeschlagenen Richtung, und Saldern war weiter der Mittler. Von Berlin reiste er nach Kopenhagen, allerdings auf Umwegen. Man erwartete ihn sehnsüchtig, um die Konferenz über den Provisorischen Austauschvertrag zu eröffnen.

Saldern war auf sein Gut nach Schierensee gefahren. Dort erhielt er die Nachricht, daß Korff, der mit ihm die Verhandlungen als russischer Unterhändler führen sollte, plötzlich gestorben sei. Erst als der neue Gesandte für Kopenhagen, der Generalmajor Michael Filosofow, ernannt war und dieser ihn in Schierensee besucht hatte, konnte man an die Verhandlungen denken.

Ein schwerer Verlust traf in dieser Zeit Saldern. Sein bester Freund Fr. Wilhelm Otte starb am 28. August 1766. Er war bis zum 6. Mai 1756 Bürgermeister von Eckernförde und dann als Kanzleirat für die dänische Regierung tätig gewesen.

Ein Ereignis schien den Ablauf der geplanten Verhandlungen zu erschweren. Der dänische König Friedrich V. war am 14. Januar 1766 gestorben. Die Regierung hatte er in weitem Maße Bernstorff überlassen. Sein Nachfolger wurde Christian VII. Seine schon zu Beginn des Regierungsantritts sich zeigende Unsicherheit und Abhängigkeit von Günstlingen brachte die Stellung Bernstorffs in Gefahr. Man versuchte, ihn, der mit Saldern verhandeln sollte, möglichst schnell abzusetzen. Verhindert wurde diese Aktion nur durch das Handeln von Otto Thott und Detlev Reventlow. Letzterer war, seit er 1764 das Gut Emkendorf gekauft hatte, Nachbar Salderns geworden. Der König beauftragte jetzt Bernstorff, Thott und Reventlow mit der Führung der Verhandlungen. Eine einflußreiche Gegenpartei stand unter der Führung von Friedrich Graf Danneskjold-Samsø, die unbedingt den Vertrag verhindern wollte, da sie nicht den Zusicherungen der Kaiserin traute. Man glaubte, daß, sobald der Großfürst Paul volljährig würde, er sich nicht an den Provisorischen Vertrag gebunden fühle. Der wartende und allmählich ungeduldig werdende Bernstorff schickte seinen Vertrauten, den Legationssekretär Schumacher, nach Schierensee, um Saldern zu bewegen, sobald wie möglich nach Kopenhagen zu kommen. Erst auf ausdrücklichen Befehl Panins fuhr Saldern dann nach Kopenhagen, wo er am 22. November 1766 eintraf.

In einer Audienz wurde Saldern durch König Christian VII. und Königin Caroline Mathilde empfangen. Der beiderseitige Eindruck war günstig. Saldern berichtete nach Rußland über seinen Eindruck, den er vom König hatte. Er erkannte, daß der

Friedrich II., König von Preußen. Gemalt von Christian Bernhard Rode

König sehr belesen für sein Alter wäre und auch viel Verstand zeige. Allerdings erkannte er auch die Oberflächlichkeit und die Schwäche, eine feste Regierung zu führen. An Panin schrieb Saldern: *Es ist schade, daß dieser Fürst eine so schlechte Erziehung bekommen hat. Es fehlt ihm nicht an Geist und Kenntnissen, aber seine große Lebhaftigkeit, die mit einem starken Grundzug von Leichtsinn verbunden ist, treibt ihn zu vielen Widersprüchen.*

Sehr bald gelang es Saldern, einen erheblichen Einfluß auf den König zu gewinnen. Noch vor den Verhandlungen hörte Christian VII. auf Salderns Ratschläge. Groß waren Salderns Unkosten bei der Reise nach Berlin und Kopenhagen geworden. Die Kaiserin hatte ihn nur sehr mäßig mit Geldmitteln ausgestattet, aber sehr viele Begleiter mitgegeben, für die er ebenfalls sorgen mußte. Daher wandte er sich über Schuhmacher an Bernstorff mit der Bitte, nun, da er Unterhändler geworden sei, ihm die früher zugesagten Gelder zu übermitteln. Die dänische Regierung bewilligte ihm 40 000 Reichsthaler, die bis zum 30. April 1767 auszuzahlen waren.

Am 30. Dezember 1766 begannen endlich die Verhandlungen. Richtschnur war für Saldern die ihm bereits im November 1765 erteilte Instruktion. Im Verlauf von sechzehn Konferenzen gelang es Saldern, seine Forderungen durchzusetzen. Die Ruhe des Nordens und das Wohl seiner Heimat zu erreichen, war seine Triebfeder, wobei Bernstorff ihn unterstützte. Am 22. April 1767 war es so weit, daß der Provisorische Vertrag (Anlage 15) unterschrieben wurde. Das Ergebnis war, daß Dänemark im ungestörten Besitz von Schleswig und dem Großfürstlichen Anteil von Holstein blieb, daß dagegen die Grafschaften Oldenburg und Delmenhorst an den Großfürsten abgetreten wurden. Ein endgültiger Vertrag konnte erst bei der Beendigung der Minderjährigkeit des Großfürsten Paul unterschrieben werden (A. Sch. 476).

Während der Verhandlungen waren gegen Bernstorff und Saldern heftige Intrigen geführt worden. Urheber waren Adrian Heinrich Freiherr v. Borcke, Carl Friedrich Graf v. Görtz und Rantzau-Ascheberg. Görtz wurde auf Betreiben Salderns als Gesandter nach Berlin versetzt und der preußische Gesandte Borcke auf Verlangen der Kaiserin nach Berlin zurückberufen.

Nach Abschluß des Vertrages ging Saldern für einige Monate nach Holstein.

In Spa machte er eine Brunnen- und Bäderkur zur Besserung seines labilen Gesundheitszustandes. Bald mußte er aber wieder nach Kopenhagen zurück. Seit Oktober 1767 war er dort wieder tätig. Seine Hauptaufgabe sah er darin, den ihm verhaßten Feldmarschall St. Germain, den Befehlshaber des dänischen Heeres, zu entfernen. Er warf ihm vor, das Heer in seiner Schlagkraft vernachlässigt zu haben; er wußte, daß St. Germain einer der erbittertsten Gegner Bernstorffs war. Saldern erreichte die Absetzung, legte aber gleichzeitig dem König ein *Pro Memoria* über den Zustand der Armee vor; er gab Richtlinien, wie die Armee wieder aufgebaut werden könne, um als Verbündeter Rußlands auch wirklich dastehen zu können. Er schlug die Einrichtung eines Invalidenkorps vor und stellte vor allem dem König dar, daß er sich persönlich um seine Armee kümmern müsse. Die Offiziere müßten wissen, daß der König selber alles Gute, das ihnen widerfahre, und alles Böse, das sie verdienen, veranlasse.

Der Einfluß der beiden in russischen Diensten stehenden Beauftragten Saldern und Filosofow war durch den mühsamen, gegen Intrigen erkämpften Abschluß des Vertrages noch gestiegen. Die Kaiserin erkannte in einem Schreiben die Leistungen der

Elisabeth Christine, Königin von Preußen. Gemalt von Antoine Pesne

dänischen Unterhändler an, so daß der König Bernstorff, Thott und Reventlow zu Lehnsgrafen ernannte. Dadurch, daß Saldern ungehinderten Zugang zum König hatte, konnte er ihn stark beeinflussen und seine der Zarin zugetane Politik durchsetzen. Als Zeichen persönlicher Dankbarkeit erhielt er vom König 1768 den höchsten Orden, den Elefantenorden, verliehen.

Sein Nachbar v. Heespen gratulierte ihm zu der Ordensverleihung, und Saldern bedankte sich in einem Schreiben vom 5. März 1768 bei Heespen.

Ewr. Excellence bin ich von ganzem Herzen für Dero gütigen und wohlgemeynten Glückwunsch zu der mir von Sr. Königl. Mayst. wiederfahrenen Gnade in Ertheilung des Elephanten-Ordens unendlich verbunden. Ich kenne und ich erkenne Dero geneigte Gesinnungen gegen mich und dieses alles hat für mich einen wahren Wehrt. Wie wenig meiner Seele alles dieses an und für sich selbst zur Beruhigung dienen mag, mögen Ewr. Excellence woferne dieselben sich selbst jemals die Mühe gegeben, mich zu erforschen, sich selber zu sagen die Guttheit haben. Ich habe schon längst alles in dieser Welt entsaget, und ich habe mich wißentlich und wohlbedächtlich zur Bevestigung der Ruhe im Norden gänzlich sacrificirt. Nichts hat für mich die allermindeste Reitzung weiter. Man nenne es in der Welt so groß und so herrlich, wie man will. Nur der alleinige Endzweck, den Ruhestand des gesammten Nordens zu bevestigen und, wo es möglich, dauerhaft zu machen, ganze Völker und einzelne Menschen glücklich zu sehen, jäget mich mit Hintansetzung aller weitern persöhnlichen Betrachtungen von einer Ecke der Europaeischen Welt bis zur andern und bis in meine Grufft. Dann allein wird zu seiner Zeit auf mich und meine Handlungen die allweiße Vorsicht das Recht aussprechen und vielleicht wird auch in dieser Welt einmahl die Nachwelt für mich gerechter und dankbarer seyn wie die gegenwärtige.

Saldern setzte seinen ganzen Einfluß darein, den König von seinem ausschweifenden Leben wieder zu einem seinen Verhältnissen entsprechenden Betragen, vor allem der Königin gegenüber, zurückzuführen. Dieses Ziel gelang ihm vorübergehend unter Ausschaltung vieler Hofbeamter und auch Hofdamen. Dann ging er daran, einen lang gehegten Wunsch Christians VII. in Erfüllung gehen zu lassen. Der König wollte eine Reise an europäische Höfe unternehmen. Die Kaiserin schickte ihm durch Panin den Rat, nur nach Rußland zu fahren, um dort die Freundschaft mit ihr zu bekräftigen. Der König war sehr einverstanden.

Saldern und Filosofow arbeiteten die Reiseroute aus. Mitarbeiter war Graf Holck. Saldern mußte wegen in Holstein zu erledigender Geschäfte vor der Abreise dorthin fahren. Von Schierensee aus schrieb er an Heespen nach Schleswig am 5. Mai 1768:

Ewr. Excellence sind mir durch dero geneigte Zuschrift vom 3t May zuvorgekommen. Ich stand im Begriff mit dem Hr. J. W. Ericius an dieselben zu schreiben, und mich zum Besuch gehorsamst zu melden.

Ich profitier an dero Güte und Zusage und bediene mich der Erlaubnis Ewr. Excellence hiedurch gehorsamst zu avertieren, daß ich hoffentlich d. 11t May bei deroselben zu Abend eintreffen werde, um mein Standquartier auf ein paar Wochen unter ihrem Dache einzunehmen.

Ich thue noch mehr, Wehrtester Freund, ich setze die freundschaftliche Bedingung hinzu, daß dieselben die Guttheit haben, mich als ihren vieljährigen Freund aufzunehmen, sich um mich nicht zu bekümmern, und mir bei meiner habitude zu laßen.

Alles was ich nöthig habe, will ich von der Güte meines Freundes meines gütigen Hauswirths fordern.

prosupperitis erbitte ich mir von Ewr. Excellence das mir bestimmte logis, in der Schlafkammer, aber nichts als eine einschläfrige ledige Bettstelle, weilen mein gewohnter Bettsack mit dem angewöhnten Bettzeug die Welt mit mir immer herdurchirret.

Von Domestiquen bringe ich in Ewr. Excellence Behausung nichts als meinen Cammerdiener und meinen Friseur. Die übrigen sollen sich dabei beym Wagenmeister logieren.

Meinen Cammerdiener werde ich bereits d. 11t May zu Mittag nach Schleswic eintreffen laßen, um die nöthige arrangements zu machen.

Ich freue mich auf den Augenblick, in welchem ich versichern und mündlich widerholen kan, daß ich mit wahrer Freundschaft und der vorzüglichsten Hochachtung beständig sey

Ewr. Excellence
Treuergebener Diener
C. v. Saldern

Schirensee d. 5t May 1768

P. S.

Es gehet mein maitre d'hotel morgen fruhe nach Schirensee. Wenn Ewr. Excellence etwas nach Nienhoff zu befehlen haben, so konte derselbe welches mitnehmen.

Ewr. Excellence muß ich bitten nach Nienhoff an dero dortige Haushaltung oder dero Verwalter den Befehl zu geben, daß mein Sohn, der capitain von Pahlen, der Leutn. Rauch und meine dort befindlichen Secretairs Broeckern und Huth insgesamt 5 Persohnen auf Nienhoff das Obdach finden können. Sie müßten schon am Dienstag aus dem Schirenseer Hause weg, damit das Haus rein gemacht werden kan.

Ferner muß ich bitten, daß 4 dero Baupferde mir dann und wann zu Hülfe kommen, so lange diese Unruhe währet. Wie ich denn auch um Obdach für meines Sohnes Reitpferd und Knechtspferd bitten muß, um zwischen Nienhoff und Schirensee zu reiten.

Kan dero Jäger zum künftigen Sonnabend mir ein paar junge Hasen liefern, würde es mir sehr angenehm seyn.

Saldern quartierte sich im Stadtpalais Heespens in Schleswig, in dem Heespenhof, ein. Von hier aus stand er mit Bernstorff in ständiger Korrespondenz, da befürchtet wurde, daß dem Minister und Saldern feindlich gesinnte Kräfte jetzt versuchen würden, Bernstorff zu stürzen. Daher riet letzterer Saldern, dem König nach Kolding entgegenzufahren, um alle Ränke zu unterbinden. Christian VII. war sehr erfreut, Saldern schon dort anzutreffen, und gab ihm am 10. Mai in Schloß Gottorf die Gelegenheit zu einer sehr langen Audienz.

Hier in Schleswig fiel eine für die Hansestadt Hamburg wichtige Entscheidung. Die dänischen Könige und die Herzöge vom Gottorper Haus sahen in Hamburg eine erbuntertänige Stadt, während die Hamburger selbst als reichsunmittelbar anerkannt sein wollten. Durch Bernstorff waren die Verhandlungen vorbereitet worden. Saldern fuhr zweimal nach Hamburg, im Juli 1767 und im April 1768, um dort notwendige Erkundigungen einzuziehen. Saldern als Beauftragter der Kaiserin hatte Auftrag, sich auch zugunsten des dänischen Königs einzusetzen. Im Hinblick auf den Provisorischen Austauschvertrag war ihm sehr daran gelegen, eine Bereinigung der Verhältnisse zu Hamburg herbeizuführen. Am 27. Mai 1768 kam der *Gottorper Vergleich* zustande. In ihm wurde festgelegt, daß Hamburg als freie Reichsstadt anerkannt wurde und verschiedene Besitzungen und Einnahmen der holsteinischen Herrscher innerhalb und außerhalb der Stadtmauern erhielt. Dagegen verzichtete Hamburg auf eine Million Reichsthaler, die der König als Schulden an die Stadt hätte zurückzahlen müssen.

Der König reiste in großer Begleitung. 55 Personen gehörten zu seinem Gefolge. Die bedeutendsten waren die Minister v. Bernstorff und v. Schimmelmann, dann Gustav Graf v. Holck und als Arzt für den König der junge Altonaer Stadtphysikus Johann Friedrich Struensee. Der Aufenthalt in Schleswig dauerte bis zum 28. Mai. Auf der Weiterfahrt wurde dann Kiel aufgesucht.

Bevor noch die Sonne am Sonnabend den 28. Mai (1768) aufgegangen war, begaben sich die Bürger der Stadt auf die Straßen um sie zu kehren sowie mit Blumen, Grün und Fahnen zu schmücken. [Es handelt sich um die Stadt Kiel]. *Ein Ulanen-Korps besetzte alle Straßenkreuzungen, um allen unbefugten Verkehr auf der Route des Königs aufzuhalten. Die Bürgerwehr trat „unters Gewehr" in ziemlicher Unordnung, wie es sich für Irreguläre gebührt . . .*

Gegen 11 Uhr „marschierte das ganze Korps mit fliegenden Fahnen und klingendem Spiel die Schuhmacherstraße entlang" bis zum Markt, wo Aufstellung genommen wurde. Eine Stunde später meldete der Generaladjutant die Ankunft Seiner Majestät, die in einem Achtspänner in die Stadt rollte. Eine Kavallerieabteilung wurde dem König entgegengeschickt [Christian VII.]. *Ihr folgte ihre Hoheit der Bischof von Lübeck und Geheimrat Caspar von Saldern, der vor dem Kopperpahler Krug auf dem Wege nach Eckernförde zwei Stunden wartete, bis des Königs Cortege ankam. Nach der Begrüßung seiner Majestät ließ der Bischof ein Phaeton heranfahren. Dies ist eins der beliebtesten Fahrzeuge der damaligen Zeit, ein offener 2-Personen-Paradewagen. Der König und Bischof nahmen darin Platz, die Kavallerie setzte sich an die Spitze, von Saldern folgte zu Pferde auf der Seite des Königs. In der Wagenreihe folgten dem König unter anderem Bernstorff und Schimmelmann, jeder in seiner Karosse. Am Markt setzte die Bürgergarde ein mit „Pauken, Geigen und Flöten", aber bei dem plötzlichen Lärm scheuten die Pferde vor des Königs Wagen und stiegen hoch, so daß dieser beinahe umkippte; der König war entsetzt und wollte raus, aber „der Bischof nahm ihn am Arm und setzte ihn wieder nieder, worauf die beruhigten Pferde den Allerhöchsten zum Schloß brachten", wo er die Treppe mit der Bischofs Gemahlin an der Hand heraufstieg. Nach der Vorstellung von Personen von Rang „eingeschlossen Etatsratsherren" ging man zur Tafel. Anschließend spazierte man im Schloßgarten, trank Kaffee und stieg wieder in die Wagen, um zum Saldernschen Gut Schierensee herauszufahren. Hier waren „alle Hecken und Bäume illuminiert . . . durch viele tausend Lampen". Der König beehrte von Saldern mit einem zweitägigen Besuch, bevor er die Reise über Bordesholm und Neumünster nach Traventhal fortsetzte. Bernstorff äußert, vielleicht ein bißchen erleichtert, aber auch ironisch, bei des Königs herzlichem Abschied von v. Saldern: „. . . übermorgen hat er ihn vergessen".* (Struensee 112–113.)

Christian VII., König von Dänemark. Gemalt von Angelica Kauffmann

Hier in Schierensee stand noch das alte Herrenhaus, aber auf dem Heeschenberg war seit der Erwerbung im Jahr 1766 der Beginn zu der großartigen Parkanlage geschehen. Aus dem Hausgarten dorthin versetzt stand ein Pavillon. Fr. A. Schnepel berichtet in ihren Erinnerungen über diesen Königsbesuch wie folgt: *Der König, welchem es zu Schierensee sehr gefiel, verweilte drey Tage daselbst. Des Mittags speisete Er in dem auf dem sogenannten Heeschenberge neu erbauten Pavillon, woselbst zur Abendzeit die Gehölz-Gänge illuminiert waren. Die zwischen dem Heeschenberge und dem Hofe liegende Koppel war nebst den Hofgebäuden ebenfalls herlich erleuchtet. So viele Menschen aber auch von allen Gegenden zu Schierensee zusammen strömten, um den König zu sehen, so herrschte dennoch überall die vollkommenste Ordnung und Ruhe unter ihnen.*

Bernstorff als Teilnehmer der Festlichkeiten schrieb unter anderem: *Große Tafel, schöne Illumination, aber nichts Affektiertes und nichts Überladenes. Liebenswürdigkeiten, Geschenke, Gnadenbeweise, nichts wird gespart . . .*

Saldern erhielt vom König einen kostbaren Ring geschenkt, der sich bis jetzt bei den Nachkommen vererbt hat.

Inzwischen war der Plan des Königs, nach Rußland zur Kaiserin zu reisen, aufgegeben. Die Reiseroute sollte über Traventhal, Frankfurt, Straßburg, Paris nach England in die Heimat der Königin gehen. Die ganze Reise dauerte vom 5. Mai 1768 bis zum 6. Januar 1769.

Fr. A. Schnepel berichtete über die folgende Zeit weiter: *In eben diesem Jahre erhob der König von Dänemarck den Geheimen-Rath von Saldern zur Belohnung / : wie es in dem sub Dato Schloß-Traventhal den 3ten Junii 1768 ausgefertigten Diplomate wörtlich heißet : / Seiner vorzüglichen Verdienste und des besonderen Fleißes, welchen Er in dem ihm anvertrauten Holsteinschen Vergleiche zum Vergnügen beider contrahirender Höfe bewiesen, nebst seinem Sohne, dem Kammerherrn und Amtmann zu Kiel und Bordesholm, in den Dänischen Lehn-Grafen-Stand, welches Titels Ersterer sich jedoch nie bedient hat; der Sohn aber nahm im Jahre 1773 bey der Übergabe des Großfürstlichen Antheils von Holstein an Dänemarck den Grafen-Titel an.*

Saldern begleitete den König bis Ahrensburg und nahm am 6. Juni dort Abschied von Christian VII.

Bis zu diesem Jahr war Catharina Margaretha Schnepel, die Mutter seiner Tochter Agatha, seine Hausdame gewesen. Schon während des Aufenthaltes in Petersburg muß es zu einer Entfremdung beider gekommen sein. C. M. Schnepel heiratete am 11. August 1768 in Westensee den Großfürstlichen Kanzleirat Ludwig Bernhard Klink. Er war acht Jahre jünger. Beide Ehegatten starben 1811 in Kiel. An die Stelle von C. M. Schnepel trat nun als Hausdame ihre wesentlich jüngere Schwester Friderike Amalie, der die interessanten Erinnerungen zu verdanken sind.

Die Zarin Catharina hatte während Salderns Abwesenheit in Kopenhagen und Holstein erkannt, daß sie ihn zur Durchsetzung ihrer Pläne im Verhältnis zu Polen, Preußen und Dänemark unbedingt benötigte. Salderns diplomatische Tätigkeit hatte, wie es bei der Erhebung zum Lehnsgrafen zum Ausdruck kam, allen Partnern gedient. Daher wurde er Ende des Jahres nach Petersburg zurückgerufen.

Fr. A. Schnepel beschreibt die Reise dorthin wie folgt:

Im Dezember Monathe 1768 reiste der Geheime-Rath v. Saldern abermals von Schierensee nach Petersburg, nachdem Er den bekannten Hamburger Vergleich mit dem Dänischen Hofe und dem Holstein-Gottorfschen Hause vorher zu Stande gebracht hatte. Die Reise ging in 2 Kutschen und auf drei Küchenwagen über Braunschweig, Berlin, Mietau und Riga gerade nach Petersburg. Seine Reise-Gesellschaft bestand aus dem Prinzen Kurakin, dem Baron von Pahlen und dem Herrn von Teplow nebst dem Fräulein Schnellen und der Demoiselle Schnepel so wie den Fremden – und eigenen Bedienten. Zu Petersburg kam der Geheime-Rath v. Saldern krank an. Er ward aber durch den berühmten Kaiserl. Leib-Medicus Etatsrath Kruse, den Sohn eines Schloßgärtners in Schleswig, und dessen Schwester an den Grafen Sievers in Petersburg verheiratet war, sehr bald wieder hergestellt.

Über Salderns Tätigkeit am Hof der Kaiserin sind wir ausgezeichnet durch die Aufzeichnungen seiner Hausdame unterrichtet:

Da im Jahre 1769 die Rußen gegen die Türcken Krieg führten, so kamen mehrere Dänische Offiziere zu Wasser in Petersburg an, um bey der Rußischen Armee als Volontaire gegen die Türcken zu dienen, namentlich der nachherige General v. Döring, wie Major Morgenstiern, Lepel, Pogrell und andere, imgleichen ein deutscher Commandeur v. Stein, welcher in den Laufgräben vor Paender blieb.

Während der Zeit der Geheime-Rath v. Saldern damals in Petersburg war, arbeitete die Kaiserin Catharina Tag und Nacht in Türkischen, Schwedischen, Preußischen, Französischen, Dänischen und Holsteinischen Angelegenheiten. Ihr Mitarbeiter in Rußischen Staats-Geschäften war der Geheimerath Teplow, in Dänischen der würdige Graf von Scheel und in Holsteinischen der Geheimerath v. Saldern. Wenn des Morgens noch alles in des letzteren Hause schlief, kam schon der Cabinets-Courier mit Schriften, welche die Kaiserin während der Nacht aufgesetzt hatte, damit sie von dem Geheimen-Rath v. Saldern nachgesehen würden, und dann mußte er die Aufsätze, wenn Er des Mittags zur Tafel des Großfürsten Paul nach Hofe fuhr, wieder mitbringen. Vor der Tafel gab der Geheime-Rath v. Saldern dem Großfürsten Anweisung und Unterricht in Staats-Geschäften und sonstigen nützlichen Landes-Angelegenheiten.

Das Jahr 1771 brachte für Saldern einen für ihn schwerwiegenden Auftrag seiner Kaiserin. Die beste Auskunft über diese Zeiten gibt wieder als Begleiterin Salderns seine Hausdame Schnepel:

1771 im Febr. Monath sandte die Kaiserinn den Geheimen Rath v. Saldern nach Pohlen als Ambashadeur, um die damaligen Irrungen zwischen Preußen, Rußland, Österreich und Pohlen gütlich beizulegen. Die Polacken waren aber so von anderen Mächten gestimmt und eingenommen, daß mit ihnen gar nichts anzufangen war. Die Russische Kanzeley in Warschau bestand bey seiner Ankunft aus dem Legationsrath v. Bulgakow, dem Legations-Sekretair v. Markoff und einigen Translateuren. Seine eigne Kanzeley war in Seinem Gesandschaftshotel, bey welcher Sein Privat-Sekretair Ihm die Holsteinischen, so wie Seine eignen Privat-Geschäfte mit besorgen half, war der Sekretair Plato. Der commandirende General der Russischen Truppen in Pohlen war der General Weymann (Iwan Iwanowitsch von Weymarn), welcher aber nachher von dem General Bibikow abgelöset ward. Diesen letzteren schickte die Kaiserin bald darauf mit einem Truppen-Corps ab, um die Unruhen, welche Pugatschew, der sich für den Prinzen Iwan (tatsächlich aber für Peter III.) *ausgab, im Innern des Russischen Reichs erregt hatte, zu dämpfen. Er erreichte aber so wenig seinen Zweck, daß er vielmehr vor Beendigung erwehnter Unruhen starb, wie Er solches bey seiner Abreise aus Warschau vorher gesagt hatte.*

Während Saldern in Warschau war, hatte sein Sohn Carl Heinrich geheiratet. Seine Gemahlin wurde Friederica Amalia v. d. Kettenburg, Tochter des Oberschenken und Amtmannes von Tremsbüttel Adam Victor v. d. Kettenburg. Friederica Amalia war am 14. März 1740 in Belitz in Mecklenburg getauft worden. Saldern schrieb am 7. August 1771 an seine Schwiegertochter:

Schon längstens wäre es meine Schuldigkeit gewesen, Deroselben meine hertzliche Gratulation zu Dero Ehe Verabredung mit meinem Sohne abzustatten. Sie urtheilen leicht, wie vielen Antheil ich an Ihrer beiderseitigem Glücke nehme, und ich darf dieserwegen Ihnen nicht mit vieler Weitläufigkeit sagen, was in meinem Hertzen vorgehet. Gott gebe, daß meine Wünsche und mein aufrichtiges Gebeth für Ihre beiderseitige Wohlfahrt erhöret werden möge. Alles was ich in der großen Entfernung mit Ihren Geschäften, mit Mühe und Sorge überhäuft, für dieselben thun kan, ist gewis weiter nichts, als wünschen und beten. Übrigens können Sie sich beiderseits versichert halten, daß Sie an mich einen treuen Vater und einen solchen Versorger haben werden, der alles, was in seinen Kräften ist, zu Ihrem Besten anwenden wird. Ich bilde mir ein, daß Sie beiderseits in solche Umstände gesetzet sind, daß Sie Ihr gutes Auskommen haben können, wenn Sie nur beiderseits auf Ordnung und gute Wirthschaft sehen wollen. Es ist ein Glück für Ihnen beiderseits, wenn Sie Sich befleißigen, nicht zu viel und nicht zu wenig zu thun. Anstand und Ordnung muß seyn, und dieses begreifet alles, was ich Ihnen sagen kan. Werden Sie mir Ihr Vertrauen in der Folge gönnen, so will ich Ihnen gerne mit meinem Rathe assistiren . . . Dhr. Cantzley-Asheshor Broecking, als einen vernünftigen Mann, welcher meinem Sohne, sehr nothwendig ist, empfehle ich Dero Freundschaft um desto mehr, da ich glaube, daß dieselben Sich in vielen Stücken Raths bey ihm erhohlen können.

Da ich vernommen, daß die Kutschpferde meines Sohnes alt und stumpf geworden seyn sollen, so habe ich mir vorgenommen, Ihnen liebwertheste Frau Tochter, ein Geschenk von einem Gespann Kutsch-Pferde zu machen, welches gegenwärtig von Hr. Stallmeister Stahl in Eutin zugefahren wird . . .

Ich glaube, daß Ihnen dieses Gespann Pferde angenehm seyn wird; allein da Ihre Depensé dadurch mercklich vermehret wird; so will ich, solange ich lebe, zur Beihülfe des Unterhalts dieses Gespannes jährl. 300 rthlr. auszahlen, damit mein Geschenk Ihnen nicht zur Last fallen möge . . .

Ich wiederhole übrigens meine herzliche Wünsche, welche ich tägl. zu Gott schicke, daß er Sie beiderseits mit seinem heiligen Geist regiere, daß Er Ihnen den Geist der Eintracht, der Zufriedenheit und der Vergnügsamkeit geben möge. Ich habe die Überzeugung, daß Sie beiderseits auf dieser Welt glücklich seyn können, wenn Sie nur selber wollen.

Mit aller möglichen Liebe, Freundschaft und Ergebenheit verharre ich beständig
Meiner hertzlich geliebten Frau Schwieger Tochter
Warschau den 7t August 1771 *treuergebenster Diener C. v. Saldern*

Der Auftrag der Kaiserin an Saldern war der, in Polen Ruhe zu schaffen. Alle Geldversprechungen und Beschwörungen Salderns an die Adresse des polnischen Königs Stanislaus Poniatowski, an die gegen Rußland agierenden *Konföderierten* und den Erzbischof von Gnesen als obersten Geistlichen hatten keinen Erfolg. Das Durcheinander im Lande wurde immer größer. Hierzu der Bericht von Schnepel:

Den 3ten Nov. 1771 Abends um 10 Uhr wurde Stanislaus, König von Pohlen, von den Konföderierten aus Warschau entführet. Nachdem der Rußische Ambashadeur v. Saldern Nachricht davon erhalten, schickte Er sogleich alle zur Ambassade gehörende Officiere ab, um von den in Warschau befindlichen Polnischen Magnaten. welche Haus-Truppen hielten, einen Eid zu nehmen, daß sie nicht allein für diese einstehen wollen, und die Truppen alle Gewehre niederlegen sollten, sondern sie auch selbst sich ruhig verhalten wollten. Mittlerweile flüchteten sich alle Großen und Hof-Cavaliere ins Rußische Gesandschafts-Hotel, woselbst sie im Vorzimmer ihre Säbeln ablegen mußten und ihnen Erfrischungen angeboten wurden. Indeßen hatte die Nachricht von der Entführung des Königs so starck auf den Ambashadeur gewürckt, daß er sich vor Aerger und Schrecken ins Bett legen mußte; Er verließ jedoch nach Verlauf einer Stunde das Bette wieder, um sich mit den in den Zimmern versammelten Herren zu unterhalten.

Auf abenteuerliche Weise konnte der König sich befreien und nach Warschau zurückkehren. Hierauf erhoben sich die polnischen Truppen gegen die Russen. Es kam zu einem für die russischen Soldaten unglücklichen Scharmützel.

Wie diese unglückliche affaire dem Ambashadeur v. Saldern gemeldet ward, ließ Er gleich den die Rußischen Truppen in Pohlen en Chef commandierenden General v. Weymann rufen, welcher frische Truppen zum Ersatze anrücken ließ. Durch einen überraschenden Überfall in der Nacht gelang es dem General Suworow, die Polen zu schlagen. Die Tätigkeit Salderns in Polen war zwar im Sinn der Kaiserin, machte ihn aber in Polen sehr unbeliebt. In die polnischen Wirren griff jetzt Friedrich II. ein. Ihm lag an einer Teilung Polens. Auf Wunsch der Kaiserin besetzte er Posen. Saldern bat den König um Unterstützung bei der Befriedung Polens, ja er bat sogar um Waffenhilfe, die ihm in Gestalt von Waffenlieferungen bewilligt wurde.

Da aber der erhoffte durchschlagende Erfolg für Saldern ausblieb und er sich auch krank fühlte, bat er Catharina um seine Abberufung. Dies kam den Wünschen der Kaiserin durchaus entgegen. Sie schrieb am 11. August 1772 (A. Sch. 720) über Panin nach Warschau: *Hochverehrter und uns Liebgetreuer! Eurem Gesuch um Abberufung vom Polnischen Hof aus Krankheitsgründen haben wir geruht stattzugeben und zu Eurem Nachfolger unseren Kammerherrn, Baron Stackelberg, als Bevollmächtigten Minister nominiert, der in diesen Tagen von hier abreisen wird.*

Daher übersenden wir Euch anbei unsere Abberufungsurkunde an Seine Majestät den König und die Republik Polen, die Ihr Seiner Majestät überreichen wollt. Zu diesem Zweck bittet Ihr den König um eine Sonderaudience, sobald Euer Nachfolger eingetroffen ist . . .

Wir versichern Euch unserer Kaiserlichen Gnade.

Das dem König zu übergebende Abberufungsschreiben enthält die Mitteilung, daß sie den außerordentlichen und bevollmächtigten Gesandten, Wirklichen Geheimen Rat und Kavalier Caspar v. Saldern auf seine Bitte abberufen habe. Bei der Abschiedsaudienz solle er aber dem König versichern, daß die alte Freundschaft beider Länder bestehen bleibe.

Während Saldern auf die Übergabe seiner Papiere an Stackelberg wartete, schrieb er am 27. August 1772 an die Schwiegertochter.

Die Deroselben von DHr. Cammerrath Christensen ausgezahlten fünfhundert Rthl. sind eigentlich meinem Versprechen gemäß zu Unterhaltung des Ihnen zugesandten Gespannes Pferde bestimmt. Ich halte es für meine Pflicht, dieselben zu assistieren so weit wie ich kan. Ich hoffe dahingegen, daß Sie Sich bemühen werden, Dero Haushaltung auf eine zwar anständige doch ihren Umständen nach haushälterische Art zu führen. Ich verspreche Dieselben alle Hülffe eines rechtschaffenen Vaters. Nur werden Dieselben alles nachdenken und wohl überlegen.

Zu Dero jetzigen Schwangerschafft gratuliere ich von Hertzen. Gott gebe Ihnen eine glückliche Entbindung. Es soll mir eine wahre Freude seyn, hievon dermaleins vergewißert zu werden. Haben Sie nur alle vernünftige Vorsorge für sich selbst.

Von meinem Sohne werden Sie erfahren, daß ich balde wieder nach St. Petersburg zurückgehe . . .

Nach einem Empfang bei dem König von Polen reiste Saldern im September über Preußen nach Petersburg zurück.

In Dänemark waren inzwischen in der Regierung heftige Fehden ausgefochten worden. Der Leibarzt Struensee war schnell zum Günstling des Königs geworden und wurde mit Hilfe der Königin Caroline Mathilde allmächtiger Minister. Über die Einstellung Salderns zu Struensee schreibt E. Holm in seinem Abschnitt: Caspar v. Saldern und die dänisch-norwegische Regierung (Historisk Tidsskrift, 4. R., Bd. III, S. 127):

Saldern hatte persönlich, wenn man sich auf seine eigenen Aussagen verlassen kann, keine Abneigung gegen Struensee. Er versicherte dem dänischen und norwegischen Gesandten in Warschau, er habe vor Struensee immer Achtung gehabt und ihm deutliche Beweise dafür gegeben durch das Vertrauen, das er ihm mehr als einmal in Kopenhagen erwiesen hätte, indem er zu seiner Zeit mit ihm über Geschäftsangelegenheiten geredet hätte, wo nichts anderes als seine persönliche Achtung vor ihm ihn dazu bringen könnte. Ja, Saldern erklärte sogar, daß er an seine Regierung (die russische) in einer sehr anerkennenden Weise sowohl über Struensees Genie, Kenntnisse und politische Pläne gesprochen hätte, aber, fügte Saldern hinzu, was ihn beängstigte, wäre Struensees Verbindung mit Rantzau-Ascheberg und Gehler und solang sie bestehe, könne man zur dänischen Regierung kein Vertrauen haben.

Dieses Gespräch schickte der Gesandte St. Saphorin am 28. Dezember 1771, nachdem Saldern es gelesen hatte, nach Kopenhagen.

Am 17. Januar 1772 gelang es den vereinten Kräften der dänischen Partei am Kopenhagener Hof mit Hilfe der Königin Juliane Marie, Struensee verhaften zu lassen. Ihm wurde der Prozeß wegen Hochverrats gemacht. Während er in Haft war, schrieb sein Bruder C. A. Struensee am 20. Januar 1772 an ihn:

Schimmelmann hat mir zwei Quittungen von Saldern eingereicht, die zu bezahlen sind [Hist. Tidskr., 4. R., Bd. II, S. 58]. *Schicke mir also darüber eine Ordre, daß ich diese Pension in Zukunft an Schimmelmann auszahlen soll.*

Der verhaftete Struensee gab Nachricht: *Ich glaube, es wird am besten seyn, daß dieses in Zukunft aus der Cabinettscassa bezahlet wird, denn in der Staatscassa müssen keine Geheimnisse sein. Ich will deswegen mit Schimmelmann sprechen.*

Noch im Jahr 1771 kaufte Saldern den Meierhof Annenhof vom Baron v. Sparwenfeldt zu seinem Besitz hinzu (Näheres hierüber im Abschnitt „Salderns Bautätigkeit").

In Petersburg konnte Saldern sich jetzt ganz der Vollendung seiner alten Aufgabe, dem Länderaustauschvertrag, widmen. Großfürst Paul wurde am 1. Oktober 1772 für volljährig erklärt. Aus diesem Anlaß schrieb er an den dänischen König am 17. Dezember 1772 (A. Sch. 721):

Sehr verehrter, lieber Onkel!

Nichts liegt mir mehr am Herzen, als Eurer Hoheit mitzuteilen, daß meine Mutter, die Kaiserin, nachdem die Vormundschaft, die sie bisher über mich hatte, zu Ende ist, mir nun die Verwaltung meiner Erbstaaten übertragen hat. Ich bin sicher, daß Eure Hoheit umso mehr an diesem Ereignis interessiert ist, als Ihr selbst während meiner Minderjährigkeit einen Teil der Verwaltung auf Euch genommen habt, die des Herzogtums Holstein.

Ich glaube, hoffen zu dürfen, daß Ihr, mein lieber Onkel, da ich so weit von meinen Ländern entfernt bin, sie auch weiterhin mit der gleichen Sorgfalt und Zuneigung betreuen werdet, wie Ihr es bisher tatet.

Deshalb wende ich mich an Eure Hoheit, um Euch zu bitten [fehlt Zeile] . . ., *wie Ihr es bisher getan habt.*

Ich bin mir stets des Opfers bewußt, das Ihr für mich bringt und werde keine Gelegenheit ungenutzt lassen, um Euch und Eurer ganzen Familie zu beweisen, wie eng ich mich durch unsere Blutbande mit Euch verbunden fühle.

Mit dem Zeichen meiner Hochachtung
und Freundschaft, bin ich, verehrter Onkel,
Eurer Hoheit,
sehr ergebener

Mit der Volljährigkeit mußte nun Catharina ihr Versprechen einlösen, aus dem provisorischen einen endgültigen Tauschvertrag mit Dänemark zu machen. Der Befürworter und Mitstreiter Salderns am dänischen Hof, J. H. v. Bernstorff, war ein Opfer der Intrigen am Königshof geworden. Im September 1770 wurde er entlassen. Neuer Außenminister wurde v. Osten, mit dem Saldern in Petersburg, solange v. Osten dänischer Gesandter war, erhebliche Differenzen hatte. Bernstorff starb am 18. Februar 1772 in Hamburg und erlebte so nicht mehr den so sehr herbeigesehnten Vertrag mit Rußland. Da man in Dänemark wußte, daß v. Osten dem Vertragsabschluß im Wege stand, wurde er am 13. März 1773 entlassen und nach einer kurzen Übergangszeit der Neffe von J. H. v. Bernstorff, Andreas Peter v. Bernstorff, zum Außenminister berufen.

In Petersburg hatte es inzwischen große Spannungen bei den Regierungsmitgliedern gegeben. In Catharinas Gunst war der Fürst Orlow gelangt, der in Feindschaft zu Panin stand. Saldern stand zwischen beiden, vermittelte, hoffte aber im Innern, daß er über Orlow zu noch größerer Macht emporsteigen könnte. Panin erkannte sehr wohl, daß Saldern gegen ihn intrigierte, brauchte ihn aber dennoch, um seine Politik weiter fortsetzen zu können.

Als Saldern merkte, daß Catharina mit dem Abschluß des Vertrages zögerte und er ihn schon in Gefahr sah, reichte er als Druckmittel sein Abschiedsgesuch ein. Die Kaiserin war überrascht und wollte nun Saldern nicht eher entlassen, ehe nicht der Vertrag abgeschlossen wäre. Saldern hatte sein Ziel erreicht, vor allem auch durch die Unterstützung seines ehemaligen Zöglings, des Großfürsten Paul. Wegen der wieder zutage tretenden Feindschaft mit Panin waren sowohl Saldern wie Panin bemüht, sich zu trennen. Trotzdem mußte aber erst der Vertrag unterschrieben werden. Über diese Spannungen schrieb v. d. Asseburg in seinen Erinnerungen eingehend. Man darf aber bei der Lektüre nicht außer acht lassen, daß diese Erinnerungen auch in einer Spannung gegen Saldern geschrieben sind. Daß Saldern wieder die treibende Kraft zum Abschluß war, erkannte man dankbar in Dänemark.

Am 1. Juni 1773 wurde im Schloß Zarskoje Selo der Vertrag im Namen des dänischen Königs durch den Gesandten Numsen und im Namen des Großfürsten durch Panin und Saldern unterschrieben.

Noch von Petersburg aus versuchte Saldern seine finanzielle Zukunft zu sichern. Er dachte hierbei auch an seine Familie. Vor allem mußte er für seinen Sohn sorgen, der ein schlechter Rechner war und nie auskam.

Bemerkenswert ist in diesem Zusammenhang ein Brief, den Saldern an seine Schwiegertochter richtete, der er mehr in Finanzfragen traute als dem eignen Sohn.

Er schrieb am 16. März 1773 unter anderem:

Es ist allerdings mit Leidwesen, daß ich Dero Zuschrift vom 4. März beantworte. Ich verhehle Ihnen gar nicht, daß ich bereits seit 4 bis 5 Jahren am Ende des Jahres mit Chagrin wahrnehme, daß mein Sohn mit dem, was ihm bestimmt ist, nicht auskommen kan. Ich habe geglaubet, daß es sich in dem abgewichenen Jahre unter Dero, als einer vernünftigen Frau Gemahlin Direction ändern würde. Allein ich habe mit Leidwesen gesehen und mit recht vieler Bekümmerung bemercket, daß man auf Bordesholm am Ende des abgewichenen Jahres nicht einmal gewußt, was man schuldig sey. Dies ist also der erste Grund meines Chagrins. Ich habe also dem Hr. Cantzley-Rath Boecking meine Meinung sagen müßen, weil ich glaube, liebste Frau Tochter, daß Sie vielleicht lieber Selber die gantze Haushaltung führen, und mit meinem Sohne, Ihrem Gemahl, da ihr beyde bey vernünftigen Jahren seyd, allendlich überdencken werden, auf was Art und Weise Sie itzo und in Zukunft ihre Haushaltung führen sollen, und zwar auf eine Art, daß sie jährlich ohne Schulden zu machen, auskommen.

Ich muß Ihnen vor Gottes Angesicht declariren, daß in meinem Hertzen nichts anders vorgehet, als daß ich hertzlich wünsche, daß Dieselben eine glückliche und vergnügte Ehe mit meinem Sohne führen mögen . . .

Es erhalten also Dieselben aus meinen jährlichen Revenuen 2100 rthlr. Gott ist mein Zeuge, daß ich den heutigen Tag nicht absehen kan, daß Sie und Ihr Hr. Gemahl zu Ihrem Theile mehr aus meiner Verlaßenheit erhalten können, als das, was ich Ihnen itzo jährlich würcklich gebe. Sie können ohne große Mühe nachdenken, daß ich noch eine Tochter habe, für deren anständigen Unterhalt ich itzo und auch in Zukunft gedenken muß. Wann mein Sohn oder Dieselben von mir glauben, daß ich Reich-

thümer oder Schätze besitze, so irren sich Dieselben wahr und wahrhaftig und ich halte es für meine Pflicht, Ihnen diesen Irrthum zu benehmen. Alles was ich in der Welt jetzo nur erübrigen kan, ist daß ich Schierensee und Annenhof in die situation setze; weil ich liebe, daß alles gebauet und im Stande gesetzet werde, damit mein Sohn dermaleinst von meiner Arbeit ohne großen jährlichen Aufwand aus den Revenuen der Güther Nutzen haben kan.

Wenn Sie liebste Tochter, alles überdenken, und mich in meinen Handlungen folgen; so können Sie sehr leicht einsehen, daß ich alle Hände voll habe, umb nur die Kosten des Baues zu bestreiten, und ich darf nichts weiter sagen. Alles was ich habe und was ich anwende, soll ich ledigl. mit saurer Mühe und vieler Arbeit hier verdienen . . .

Saldern wendet sich gegen die Haushaltung auf Bordesholm weiter und schreibt:

Nur nie kan und soll es mir gleichgültig werden, ob mein Sohn bey meinem Leben Schulden macht oder nicht. Als ein rechtschaffener Vater und als ein Mann, der sich keine Brille verkaufen läßt, will ich mein Leben dieses Unglück abwenden, gesetzt auch daß ich zu dem desparatesten Entschluß schreiten sollte, wozu ein aufgebrachter Vater berechtigt ist.

Sie sehen, liebste Frau Tochter, und Sie können tief in mein Hertz hineinsehen, daß es mir wehe thut, diesen Brief zu schreiben, der mir vielleicht Jahre meines Lebens kostet. Allein ich bin nun einmal in einer Gemüthsverfassung, welche mein gantzes Gefühl rege macht.

Saldern schlug vor, daß das Ehepaar vor jedem Umschlag schreiben solle, welche Hilfe sie brauchten.

Sie können Sich davon überzeugen, daß ich die Schüßeln vom Tische, den Rock vom Leibe, und die Uhr aus der Tasche versetzen und verkaufen werde, ehe und bevor Sie Mangel beleiden sollen, wenn es nöthig ist.

Sollten seine Ermahnungen keinen Erfolg haben, so deutet er an

Allein in so ferne eine unanständige und hündische Haushaltung auf Bordesholm geführet werden soll, so kündige ich Ihnen nur meine Verachtung darüber an, aber noch weit mehr die Verachtung Ihro Kaiserl. Hoheit, welche genau informirt sind, wie die Leute in Hollstein leben, und welche vielleicht nimmer mehr bewegen werden könte, meinem Sohn, Zulagen, Ordensbegnadigungen oder andere avantages angedeyen zu laßen.

Verzeihen Sie die Offenherzigkeit eines rechtschaffenen Mannes und eines für das Wohl seiner Kinder besorgten Vaters. Wüßten Sie, wie sauer es mir hier wird, in dem Gewühle der großen Welt mit Anständigkeit zu leben, die Beyhülfe welche meine Kinder nothwendig haben müßen, herbeizuschaffen, und dabey Häuser in der Stadt und auf dem Lande zu bauen, mit einem Worte, alle diese Kosten zu bestreiten, so würden Sie vielleicht selbst dafür erschrecken.

Doch es ist alles überflüßig, so lange ein Vorurtheil bey dem Pöbel in Hollstein statt findet. daß ich große Reichthümer besitze. Wenn Gott mich einmal von dieser Welt zu sich fordert, so werden meine Kinder für diesen Irrthum erschrecken, und der verblendete Pöbel wird sagen: ey! wer hätte das geglaubet.

Friedrich VI., König von Dänemark

In einem weiteren Brief aus Petersburg kündigte Saldern seiner Schwiegertochter am 22. Juni 1773 an:

Wenn es nach meinen Wünschen und nach meiner Einrichtung gehet, so werde ich diesen Herbst nach Hollstein kommen, und mich einige Monathe daselbst aufhalten. Wie lieb und angenehm wird es mir nicht seyn, Dieselben persönlich näher kennen zu lernen, und wie sehr wünsche ich nicht, eine ordentliche und wohl eingerichtete anständige Haushaltung auf Bordesholm vorzufinden. Ich begnüge mich mit diesen Wünschen, so lange, bis ich mich selbst davon überzeugen kann. Alles dieses gehöret auf meine alten Tage zu meiner Ruhe und zu meiner Zufriedenheit. Ich hoffe, daß meine Kinder sich nach mir richten, und nicht von mir verlangen werden, daß ich mich nach ihnen richten soll . . . Ich wünsche recht sehnlich, daß die kurtze Zeit, welche ich bey Ihnen im Lande seyn werde, mit agrement zugebracht werden möge.

Von vielen Seiten wurde Saldern selbstverständlich in diesen entscheidenden Tagen in Petersburg beobachtet. So heißt es in einem Bericht des kursächsischen Geschäftsträgers Woldemar Friedrich Graf v. Schmettow in Kopenhagen vom 2. Oktober 1773:

Er hat die Absicht, sich nach Ablauf des Vertrages ganz aus den Geschäften zurückzuziehen und seine Tage im Ruhestand zu beschließen. In diesem Sinne hat sich seine Favoritin, die Demoiselle Schnaebel, gegenüber einer Person meiner Bekanntschaft geäußert, der sie anvertraute, daß sie nicht glaube, das Herr von Saldern sich in Holstein niederlassen werde, wo er ganz und gar nicht gern gesehen ist, daß sie sich aber vorstellen könne, daß seine Absicht sei, sich in die Schweiz zurückzuziehen, wo er sich in Basel ein Haus hat kaufen lassen. Diese Frau ist in Holstein geboren, wo ihr Vater Kirchspielvogt in Jevenstedt in der Nähe von Rendsburg war. Sie war mit von Saldern in Rußland und Polen als Gouvernante seines unehelichen Kindes, der Demoiselle von Schnell, deren Mutter die Schwester der Schnæbel war. Sie muß sehr großen Einfluß auf den Minister gehabt haben, den sie geschickt zugunsten einer wohlwollenden Einstellung seinerseits gegenüber dem dänischen Hof einzusetzen wußte.

So war er einmal wegen der Entlassung des alten Grafen Bernstorff gegen den dänischen Hof derart aufgebracht, daß er im ersten Zorn den Austauschvertrag (? traité de change) gebrochen hätte, hätte ihn nicht das kühne Eingreifen dieser Frau daran gehindert. Sie hatte Herrn von Salderns Unruhe bemerkt, nachdem er eine Depesche abgeschickt hatte, die seine Lage mit einem Schlag verändert hätte. In der Annahme, ihm einen großen Dienst zu erweisen, gab sie ihm Bedenkzeit und erlaubte sich, die Depesche abzufangen und sie ihm erst zwei Stunden nach Abfahrt der Postkutsche wieder zurückzugeben, jedoch nicht ohne Pferd und Reiter bereitzuhalten, die die Postkutsche wieder eingeholt hätten, für den Fall, daß ihr Eifer nicht den Beifall gefunden hätte, der ihm gebührte (ZSHG, Bd. 39, S. 152 f.).

Die Krönung der politischen Tätigkeit Salderns vollzog sich nach der Unterzeichnung in Petersburg. Er stellte an die dänische Regierung die Forderung, daß er auf einem dänischen Kriegsschiff nach Kiel geholt würde. Diesem Verlangen kam man nach, und am 7. August 1773 fuhr er an Bord der Fregatte *Christiansø*, die von dem Kapitän Grodtschilling kommandiert wurde, von Kronstadt ab. Welch ein Unterschied dieser Abfahrt zu seiner heimlichen Fahrt als Kaufmann C. Frederichson 1761 nach Wiborg!

Peter Andreas Graf v. Bernstorff. Gemälde auf Wotersen

Die Überfahrt war überaus stürmisch, so daß Saldern sehr unter der Seekrankheit litt. Durch widrige Winde verursacht, mußte das Schiff in Dragør anlegen, unmittelbar in der Nähe von Kopenhagen. Hier hatte er mit P. A. v. Bernstorff eine lange Konferenz. Auch von dem König wurde er empfangen.

Die Weiterfahrt nach Kiel ging zu Lande über Flensburg, Eckernförde und Altenhof. Von Petersburg aus war alles vorbereitet worden, um irgendwelche Mißstimmung gegen Saldern bei den Mitgliedern der Kieler Regierung auszuschalten. Man ordnete an, daß man seinen Anordnungen die gleiche Folge leisten solle, als wenn der Landesherr selber sie gegeben hätte. Der Adel des Landes hegte Befürchtungen bei Abschluß des Vertrages für seine Stellung im Land. Ein großer Gegner war bis zuletzt Gustav III., König von Schweden.

Durch geschicktes Auftreten und ihm selbst widerstrebende Zurückhaltung gelang es Saldern, alle Zweifel zu beseitigen. Als Vertreter für Dänemark wurde der Kammerherr Detlev v. Reventlou bestimmt, der durch den Grafen Schimmelmann unterstützt werden sollte.

Ehe es zur Unterschrift kam, gab es noch einen großen Streit. Saldern verlangte, daß die durch Struensee abgeschaffte Ordnung der Deutschen Kanzlei in Kopenhagen in von ihm gewünschtem Sinn wiederhergestellt würde. Durch Struensee waren durch eine Umordnung und Veränderung der Zuständigkeiten bürgerliche, dänisch gesinnte Beamte in der Deutschen Kanzlei tätig. Dies war ein Ärgernis für die Holsteiner, und es war zu befürchten, daß nach dem Vertrag alle deutschen Rechte verlorengingen. Auf einer Konferenz am 27. September 1773 in Schierensee kam es zwischen Reventlou, Schimmelmann und Saldern zu heftigen Auseinandersetzungen. Saldern verlangte die Wiederherstellung der alten Kanzlei und die Wiedereinstellung eines unabhängigen Obersekretärs.

Er koppelte den Abschluß des Tauschvertrages mit der Bewilligung seiner Forderungen, da er erkannt hatte, daß andernfalls das deutsche Element im neuen Staat untergehen würde. In einem eindringlichen Schreiben wandte Saldern sich an den Erbprinzen Friedrich, der den erkrankten König vertrat. Fast wäre es zu einem Zusammenbruch aller Verhandlungen gekommen. Da gab der König unter dem Druck Bernstorffs nach und bestimmte, daß in Zukunft zwar nicht ein Obersekretär, sondern ein Erster Deputierter mit der Amtsbezeichnung Direktor über alle Deputierte gesetzt werden sollte. Vor allem war es entscheidend, daß in Zukunft der oberste Beamte der Deutschen Kanzlei immer ein schleswig-holsteinischer Adliger sein sollte.

Nachdem viele immer wieder neu eingebrachte Forderungen geregelt wurden, konnte endlich der Tag der Unterzeichnung festgelegt werden.

Am 16. November 1773 fand auf dem Kieler Schloß die feierliche Übertragung des Großfürstlichen Anteils von Holstein an den dänischen König statt. Symbolisch wurden ein Schlüssel, eine Grassode und ein grüner Zweig überreicht. Anschaulich liest man über den Vorgang in den Neuen Schleswig-Holstein-Lauenburgischen Provinzial-Berichten im Jahrgang 1834, wie die Veranstaltung vor sich ging:

Die Überlieferung des großfürstlichen Antheils von Holstein an den König von Dännemark gieng in einem Saale des Schlosses zu Kiel am 16ten November 1773 in Gegenwart der geladenen Prälaten und Ritterschaft und der geistlichen und weltlichen Beamten vor sich und Saldern hielt dabei eine Rede, die im feierlichen Menuettritt der damaligen Zeit einherschreitet. Er stellte darin die Gründe dar, welche die beiderseitigen hohen Vertragstifter geleitet, nemlich der Wunsch, die bisherigen traurigen und verderblichen Zwistigkeiten zu beseitigen und dadurch das Glück ihrer Unterthanen dauernd zu begründen. Nachdem er den Hauptinhalt des geschlossenen Tractats angeführt, daß nämlich dadurch ein Austausch des Großfürstlichen Holsteins gegen die Grafschaften Oldenburg und Delmenhorst verabredet worden, bemerkte er, daß der Gegenstand der heutigen Versammlung die wirkliche Übertragung des erstgedachten Landes sei; er ließ hierauf die von dem Großfürsten ausgestellte Cessionsacte verlesen und fuhr sodann folgendermaßen fort.

Solchemnach übertrage und tradire ich kraft der von Ihro Kaiserlichen Hoheit mir ertheilten höchsten Vollmacht durch gegenwärtige Zeichen: (es wurden hiebei die Schüssel mit einem grünen Rasen, einem Eichensprößling und den Schlüsseln überreicht und demnächst alle Inventaria des Schlosses und der Schloßkapelle) den bisherigen Großfürstlichen einseitigen und gemeinschaftlichen Antheil an dem Herzogthum Holstein und allen zu dem Holsteinischen gehörigen davon abhängigen oder dahin gerechneten Landen cum omnibus juribus et pertinentiis an den anwesenden, von Ihro Königlichen Majestät zu Dännemark, Norwegen zu dieser Handlung ernannten und bevollmächtigten Herrn principal Commissarium des Herrn Oberkammerherrn und Geheimenraths auch Grafen Detlev von Reventlov Excellenz und mittelst der Person des besagten Herrn principal Commissarii, an des Allergnädigsten Committentis Königlichen Majestät allerhöchst Selbst und setze daneben hiermit und Kraft dieses allerhöchst besagte Ihro Königliche Majestät in den wirklichen Besitz also und dergestalt, daß Allerhöchstdieselben mehrberegte Holsteinische Lande mit ihren Pertinentien und Gerechtsamen hinführo als Allerhöchstdero Eigenthum nutzen, genießen und gebrauchen möge. –

Hierauf erließ er alle Unterthanen ihrer Pflichten gegen ihre bisherige Landesherrschaft und gebot ihnen hinführo den König und seine männlichen Descendenten für ihre alleinige gnädigste Herrschaft zu erkennen und zu verehren und demselben die gewöhnliche Huldigung getreulichst und allerunterthänigst zu leisten.

(Hier wurde der Original-Geheißbrief verlesen.)

Er versicherte Prälaten und Ritterschaft, Städten und Ämtern, den künftigen Genuß ihrer Privilegien, Freiheiten und Gerechtsame und insbesondere dem Corpori academico, daß diese löbliche Stiftung nicht nur ihren bisherigen Flor behalten, sondern durch nähere, zur Hand zu nehmende Mittel noch blühender gemacht werden solle. (Es war nemlich in einem geheimen Artikel des provisorischen Tractats festgesetzt worden, daß ein jeder Einländer verpflichtet seyn solle, wenigstens zwei Jahre auf dieser Universität zu studieren, um zum Staatsdienst befähigt zu werden.) Zuletzt schloß er mit dem Wunsche und der Hoffnung, daß, nachdem die trennende Scheidewand zwischen Königlichen und Fürstlichen Unterthanen niedergerissen worden, sie nun Alle Kinder Eines Vaters seyn würden und erst von dem heutigen Tage an das Glück eines jeden Holsteiners für dauerhaft und beruhigend angesehen werden könne.

Namens seines Souverains nahm der Graf Reventlov diese Übertragung an, bestätigte das von Saldern Gesagte und versicherte den Anwesenden in den stärksten und bestimmtesten Ausdrücken, daß alle Gerechtsame, Freiheiten und Privilegien in Gemäßheit der abgeschlossenen Tractate ungekränkt bleiben sollten, worauf die ver-

sammelten Behörden durch einen Handschlag der neuen Landesherrschaft ihre Huldigung leisteten.

Zur Freude der Schleswig-Holsteiner wurde am gleichen Tag P. A. v. Bernstorff zum Direktor der Deutschen Kanzlei bestellt.

Zur weiteren Aufgabe Salderns gehörte es nun, auch in Oldenburg von Reventlou die Herrschaft über die Grafschaften Oldenburg und Delmenhorst zu übernehmen. Hierüber ist in den Provinzial-Berichten ebenfalls ein eingehender Bericht zu lesen:

Nach beendigter Überlieferung Holsteins begaben sich die Provinzial-Kommissarien nach Oldenburg, um in Ansehung der beiden Grafschaften das nehmliche Geschäft zu vollziehen. Dies geschah am 10ten December in dem dortigen Schlosse auf dieselbe Weise, wie jene geschehen war. Nachdem Reventlov in einem beredten Vortrage die landesväterlichen nur auf das wahre und dauernde Wohl ihrer Unterthanen gerichteten Beweggründe der hohen Kontrahenten dargestellt, ließ er die Cessionsacte durch den Secretair verlesen, übertrug dann durch die bei Holstein gebrauchten Symbole den Besitz an die neue Landesherrschaft, entband die Unterthanen ihrer Pflichten gegen ihren bisherigen Herrn und endigte mit den lebhaften Wünschen für den wachsenden Flor des Landes. Saldern antwortete in einer kurzen Rede, indem er das Übertragene Namens des Großfürsten annahm, er schloß jedoch mit der Bemerkung, daß die Versammlung die nähern Entschliessungen und huldvollen Gesinnungen ihres neuen Herrn in Erfahrung bringen sollten, zu welchem Zweck er sie einlud, am 14ten December wieder zu erscheinen.

Am 12ten December traf der Fürstbischof von Lübeck Friedrich August mit seinem Sohne Peter Friedrich Wilhelm, jüngst erwähltem Coadjutor, zu Oldenburg ein. Durch eine den 13ten Jul. 1773 von dem Großfürsten ausgestellte Cessionsacte hatte nemlich dieser, jenem als ersten Repräsentanten, der jüngeren Gottorpischen Linie, so wie seinen männlichen Descendenten die Grafschaften geschenkt und es war also das Hauptgeschäft in Ansehung des letzteren noch zu vollziehen. In der bei dieser Gelegenheit von Saldern gehaltenen Rede nimmt er auch einen viel höheren Schwung, als in seinen frühern und er scheint von seinem Gegenstande wirklich tief ergriffen gewesen zu seyn.

Heute, beginnt er, sei der glücklichste Tag seines Lebens, heute und in diesem Augenblicke vergesse er alle Sorge und Mühe, welche seit zwölf Jahren täglich ja stündlich seine Bahn ihm schwer gemacht und sein Gemüt oft zu Boden geschlagen habe. Er vergesse dies Alles mit Freuden, da Gott ihn den Tag habe erleben lassen, um diese lezte Handlung, diesen lezten Auftritt zu vollführen, welche das Heil und die Ruhe von Millionen begründen. Wenn es ihm vorbehalten war, das große Werk, an dessen Vollführung die größten Staatskünstler Europens gezweifelt, gegen welches die mächtigsten Feinde sich empört und das so oft zu scheitern gedrohet, die glückliche Vereinigung der Beherrscher Ruslands und Dännemarks zu Stande zu bringen, so sei es nicht zu verwundern, daß er bei diesem Gedanken von den lebhaftesten Gefühlen und von Dankbarkeit gegen die allenkende Vorsehung ergriffen sey. Krieg und Zwietracht seien verbannt, der Baum des Zankes ausgerottet und der Norden Europens könne, wenn er selbst wolle, einer dauerhaften, von keinen fremden und feindlichen Einflüssen gefährdeten Ruhe genießen.

Er tritt dann dem Gegenstand der heutigen Verhandlung näher, schildert die weisen und wohlthätigen Absichten der Kaiserin Catharina und ihres sie so gerne fördernden Sohnes, bemerkt, wie dieser, wohl wissend, daß ein Land, der Augen seines, so viele hundert Meilen entfernten, Fürsten beraubt, leicht unglücklich werde, sich entschlossen habe, dies Unheil von seinen neuen Unterthanen abzuwenden und daher ihnen einen eigenen Fürsten zu geben, der in ihrer Mitte wohnend, sie zu beglücken die Macht und die Gelegenheit habe.

Hierauf wendet er sich an den Fürstbischof, drückt seine Freude über den ihm ertheilten Auftrag, die Grafschaften in seine Hände zu überliefern, aus, zu welchem Geschäft er sich durch Verlesung der Vollmacht legitimirt, überreicht dem Fürsten die Cessions-Instrumente, legt dann dem, ihm gewordenen, Befehle gemäß, jenem die ihn gegen seine Unterthanen obliegenden Pflichten, insonderheit die ihnen zugesicherte unverlezliche Aufrechterhaltung ihrer Gerechtsame ans Herz, macht diese aufmerksam auf das ihnen beschiedene Glück, einen Herrn erhalten zu haben, der als Stellvertreter des Großfürsten in Holstein durch That und Gesinnung bereits seine Fähigkeit zu regieren, bewährt habe, und sendet den Wunsch und das Gebet zu dem Lenker der Schiksale empor, daß der neue Landesherr noch viele Jahre heilvoll für seine Unterthanen wirken und daß nach ihm sein würdiger Sohn in seine segensreichen Fußstapfen treten möge. Der Fürstbischof nahm mit wenigen Worten die Übertragung an, in einer ausführlicheren Rede schilderte aber der Geheimrath von Rumohr dessen Dankgefühle und landesväterliche Gesinnungen, worauf die Huldigung vermittelst Handschlags geschah.

Die Belohnung für Saldern blieb nicht aus. Bereits am 8. November 1773 (A. Sch. 476) hatte König Christian verfügt, daß Saldern außer der schon am 30. April 1767 bewilligten 6000 Reichsthaler nun noch jährlich 6000 Reichsthaler Pension erhalten solle.

Auch der Fürstbischof von Lübeck hatte sich bereits am 23. Juli 1768 verpflichtet, nach der Besitzergreifung von Oldenburg und Delmenhorst 50 000 Reichsthaler an Saldern oder seine Erben innerhalb von fünf Jahren auszuzahlen.

Nach der Abreise Salderns von Petersburg begannen dort wieder die Bemühungen, ihn aus der russischen Politik auszuschalten. Eine einwandfreie Darstellung der Vorgänge am Hof kann nicht gegeben werden, da fast nur von Gegnern Salderns Berichte vorliegen. In erster Linie wurde ihm vorgeworfen, daß er das Vertrauen des Großfürsten mißbraucht hätte. Wie schon erwähnt, hatte Saldern sich der Partei des Grafen Orlow angeschlossen und kam dadurch in Gegensatz zu Panin. Als Berater des Großfürsten hatte Saldern diesem zugeredet, von seiner Mutter, der Kaiserin, zu verlangen, daß er an der Regierung des Reiches teilhaben könne. Der Großfürst teilte diese Ideen Panin mit, der darüber entsetzt war. Die Folge war, daß Panin Saldern sein Vertrauen entzog. Im Verein mit Orlow versuchte nun Saldern, bei der Kaiserin noch mehr Einfluß zu gewinnen und nach Möglichkeit Panin auszuschalten. Wie verworren die Lage am Hof war, geht aus einem Brief hervor, den ein Herr v. Alopäus aus Hamburg an v. d. Asseburg am 18. Dezember 1773 schrieb. Er bezog sich hierbei vor allem auf Auskünfte einer Frau v. Bielcke, die wahrscheinlich eine Jugendfreundin der Kaiserin war und in Hamburg lebte.

Mme. de Bielcke hat weiter keinen Brief der Kaiserin. Ich kann Ihnen mein Herr indessen versichern, was ich in Verbindung mit der Lage Eures Freundes des Grafen Panin als rechte Ursache halte. Trotz aller äußeren Erscheinungen ist seine Lage immer noch sehr kritisch. Er wird nur durch den Großfürsten unterstützt, der ihm eine besondere Anhänglichkeit erweist. Die Kaiserin möchte ihn entfernt wissen und scheint sich zu befleißigen, ihren Plan mit guter Anmut durchzuführen. Mr. de Saldern, der, wie Sie wissen, nicht mehr sein Freund ist, unterstützt sie in diesen Gedanken. Man vermutet sogar, daß, um den Fürst zu entfernen, der Aufenthalt in Czarskojeselo gewählt wurde, wo er sich nicht befindet, wenn der Rat sich versammelt, sozusagen alle Montage.

Am 19. Februar 1774 konnte v. Alopäus, wieder durch Frau v. Bielcke unterrichtet, an v. d. Asseburg schreiben:

Mme. de Bielcke hat einen Brief der Kaiserin empfangen, der, wie sie mir versicherte, voll von Aufträgen für Mr. de Saldern gewesen sein muß.

Indessen gewann Panin wieder Einfluß bei der Kaiserin, so daß Alopäus aus Petersburg schreiben konnte:

Sie wissen bereits, mein Herr, daß die Nachricht, die ich Ihnen aus Hamburg sandte, sich bewahrheitet hat. Man legt hier Mr. de Saldern Aktionen zur Last, die die Ehre verletzen. Mr. le Comte Panin hat ihm seinerseits geraten, den Abschied zu nehmen und sich aus dem Dienst zurückzuziehen.

Saldern reichte daraufhin bei Panin seinen Abschied ein, erhielt ihn aber merkwürdigerweise nie. Es ist anzunehmen, daß die Kaiserin das Spiel durchschaute und ihren Vertrauten in den Gottorper Fragen nicht kränken wollte. So konnte Saldern sich mit Recht zeit seines Lebens als in russischen Diensten stehender Minister nennen.

Saldern kehrte nach Schierensee zurück, um sich hier seinen Alterssitz zu schaffen. Mit dem Jahr 1775 begann für ihn und Schierensee eine neue Zeit. Das, was er dort schuf, ist eingehend in der Baugeschichte des Gutes geschildert.

Kasper von Saldern hett dat Sloß Schierensee bu't. Vorher is he in Rußland weß, dar hett he awer utkniepen müß. He hett sik in en För Meß packen laten, un so is he öwer de Grenz kamen.

LETZTE LEBENSJAHRE IN SCHIERENSEE

Auf dem Gut lebten, als Saldern aus Rußland zurückkehrte, mit ihm seine Mutter, seine Hausdame Friederike Amalie Schnepel und seine Tochter Christina Agatha. In Schierensee sprach man 1773 davon, daß die Tochter den Oberstleutnant Johann Jakob v. Spaeth, den Sohn eines Weinhändlers aus Helsingör, heiraten sollte. Spaeth war aus großfürstlichem Dienst in dänische Dienste übergegangen. Aus dieser Heirat wurde nichts.

Nachdem Saldern eine Übersicht über seine Pensionen und anderen Einkommen hatte, gab er der Justizkanzlei in Kiel bekannt, daß alle Leute, die irgendwelche Forderungen an ihn hätten, diese anmelden sollten. Er wollte vermeiden, daß nach seinem Tod etwa an seine Nachkommen Forderungen gestellt würden, über die diese nicht

Bescheid wüßten und die vielleicht auch nicht gerechtfertigt seien. Diese Aufforderung erfolgte am 3. Februar 1774 und bald darauf, am 5. Mai 1774 (A. Sch. 480), setzte er sein Testament auf. Die wichtigste Entscheidung darin war die, daß er aus den Gütern Schierensee und Annenhof ein Fideikommiß bestellte. Die männlichen Erben sollten vor den weiblichen den Vorzug haben. Beide Güter sollten niemals geteilt, verkauft oder mit Hypotheken belastet werden.

Universalerbe sollte sein Sohn Carl Heinrich Graf v. Saldern-Günderoth werden. Falls er vor ihm sterben sollte, käme als Nachfolgerin dessen einzige Tochter Maria Sophie in Betracht. Alle Möbel sollten immer auf den Besitzer übergehen und nicht verkauft werden, gleichgültig in welchem der Häuser sie stehen würden. Unter den Begriff Möbel sollten folgende Gegenstände fallen: Tapeten, Fenstervorhänge, Spiegel, Canapees, Stühle, Tische, Bänke, Kronleuchter. Lustres, Gemälde, Schränke, Schlag-Uhren, Eisen-, Kupfer- und Zinngeräte, Bettstellen, alles Bettzeug, Leinenzeug. Bezüglich des Bettzeuges heißt es im Testament, *nichts weiter, als was zur anständigen Unterhaltung einer convenablen Wirthschaft auf dem Lande erforderlich ist.* Das zu errichtende Inventar soll nicht durch überflüssige Möbel belastet werden, sondern nur die unentbehrlichen enthalten.

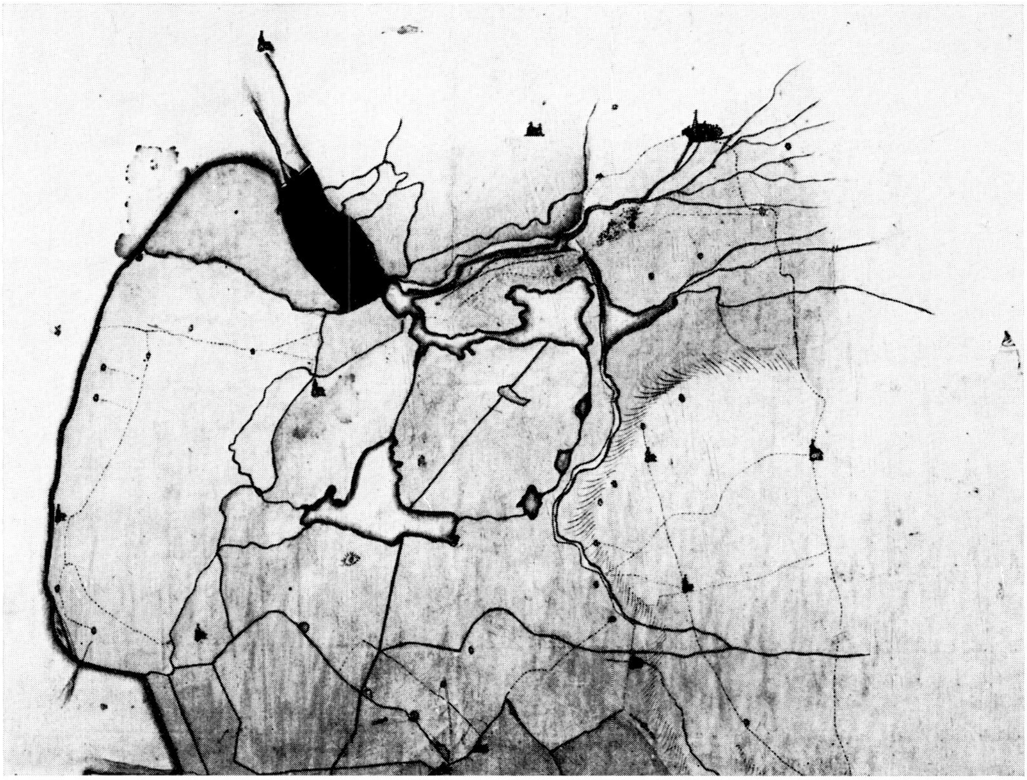

Der Rutebüller Koog um 1760 (schwarz hervorgehoben), oben rechts Tondern

Sollten die beiden Häuser in Kiel, Flämische Straße 31 und Fischerstraße 18, verkauft werden, so müßten die dort befindlichen Möbel nach Schierensee oder Annenhof gebracht werden.

Dem Erben blieb es freigestellt, die beiden Kieler Häuser und die 81 Demat Land im neuen Rutebüller Koog von den Saldernschen Marschländereien zu verkaufen. Alle Erlöse aus den Verkäufen und die nach Bezahlung aller Schulden nach seinem Tod übrigbleibenden Gelder sowie die auf dem Amtshaus Bordesholm stehenden 5000 Reichsthaler sollten den Witwen zur Verfügung gestellt werden.

Im 1715 eingedeichten Rutebüller Koog gehörten seit mindestens 1751 81 Demat und 16½ Ruthen Land der Familie v. Saldern. Im März 1751 kam es anläßlich der Wahl eines Kooginspektors zwischen den Hauptinteressenten zu Streitigkeiten. Saldern nahm persönlich an der Wahl teil, einmal als Besitzer der von seiner Mutter kurz vorher überlassenen Saldernschen Ländereien, zum andern als Vormund seines Sohnes, der etwa ein Jahr vorher von dem Kammerrat Hinrich v. Günderoth in Apenrade 116 Demat geerbt hatte. Die Günderoths waren seit mindestens 1739 im Besitz des Landes (A. Sch. 524). Die beiden Ländereien wurden immer verpachtet. So brachten sie im Jahr 1778 3943 Reichsthaler ein und im Jahr 1786 schon 5413 Reichsthaler. Durch Zukauf gehörten Carl-Hinrich Graf v. Saldern-Günderoth 1787 insgesamt 199 Demat Land. Noch 1811 gehörte der Saldernsche Anteil der Baronin v. Brockdorff. Hinrich v. Günderoth war mit Sophia v. Saldern, einer Schwester von Caspar v. Salderns Vater, verheiratet. Er war Hausvogt in Apenrade und Kammerrat. Er war der natürliche Sohn des Amtmanns Friedrich v. Günderoth in Apenrade. Als Erbe mußte Carl Hinrich Graf v. Saldern den Namen Günderoth dem eignen zufügen.

Im § 9 ordnete Saldern an: *Zu gleicher Zeit mache ich es meinem Fideicommiß-Erben zu ewigen Tagen zur Pflicht, weder das Guth Schirensee noch das Guth Annenhoff an einen Pächter zu verhäuern oder zu verpachten, damit so wenig die Ländereyen der Güther ausgesogen, noch die Untergehörigen des Guths belästiget werden mögen.*

Der Erbe wird verpflichtet, die Güter in jedem Monat einmal zu besichtigen und daß er von *der wahren Beschaffenheit der Untergehörigen des Guthes augenscheinlich und gründliche Kenntniß nehmen möge.*

Auf Annenhof sollen nie weniger als hundert Kühe und auf Schierensee nicht weniger als fünfzig Kühe gehalten werden.

100 Reichsthaler werden jährlich ausgesetzt als Stipendium für einen Studenten zur *Beförderung seiner academischen Studien.* Sollte sich ein Student namens Saldern melden und um das Stipendium bitten, dann soll er bevorzugt werden. Dann in der Folge zunächst die Söhne des Hauptpastors Langheim, des Justizraths Kochen, des Pastors Schmidt aus Cappeln und des Obrist-Leutnants v. Heinsohn, ehe das Stipendium an andere Bewerber vergeben werde.

Saldern behielt sich vor, später eventuell Änderungen oder Codizille zu veranlassen.

Nachdem Saldern seit seiner Heimkehr keine politische Tätigkeit mehr ausübte, widmete er sich ganz seinen Gütern. Wie in den Jahren, bevor er nach Rußland ging, galt ihm als seine besondere Sorge, sein Land in Ordnung zu bringen und gegen vermeintliche Angriffe der Nachbarn zu schützen. Die Bautätigkeit setzte 1774 ein und hörte zu Salderns Lebzeiten nicht auf, wie in den beiden Abschnitten über das Herrenhaus und die Bautätigkeit außerhalb des Hofes geschildert ist.

Am 18. Mai 1776 starb sein treuer Freund und Nachbar Christian Friedrich v. Heespen. Sein Universalerbe wurde sein Schwager Georg v. Hedemann. Das Gut Deutsch-Nienhof war mit einem Fideikommiß zugunsten des Sohnes des Universalerben, Christian Friedrich, belegt worden. Letzterer sollte den Namen v. Hedemann gen. v. Heespen führen. Im Gegensatz zu dem verstorbenen v. Heespen hielt sich Georg v. Hedemann viel auf seinem Gut auf. Er besuchte seinen Nachbarn auf dem Heeschenberg, half mit seinen Gutsleuten beim Richten des neuen Hauses in Schierensee und gab für die Anpflanzung der Wälder Fichtenpflanzen ab. Für die Wälder beider Güter wurde sogar ein gemeinsamer Holzvogt eingesetzt. Wie schon früher gab es dabei wegen Diebereien und Übergriffen der Untertanen verschiedentlich Streit.

Salderns Mutter, Anna Maria, die seit dem Verkauf ihrer Ländereien in Ottenbüttel 1755 bei dem Sohn lebte, starb am 8. Juni 1775 auf Schierensee und wurde in der Kapelle an der Bordesholmer Kirche beigesetzt.

Im Jahr 1778 heiratete Salderns Tochter Christina Agatha v. Schnell am 19. Juni den Justizrat und Obergerichtssekretär Moriz Christian Piper. Pipers Eltern waren der Etatsrat Anton Friedrich Piper, Besitzer der Güter Mirebüll bei Breklum und Hohenlieth bei Sehestedt, und Ida Birgitta geborene v. Foltelin. Piper war am 21. Dezember 1744 in Tondern geboren. Er wurde später Etatsrat und Oberlandwegeinspektor. 1809 erwarb er das Gut Dybvad bei Aarhus und starb am 12. März 1815 in Christiansfeld. Seine Frau starb am 23. September 1839 in Schleswig. Die Nachkommen aus dieser Ehe sind im Stammbaum Schnepel aufgeführt.

Zur Besserung seiner Gesundheit mußte Saldern auch in seinen späteren Lebensjahren zur Kur fahren. Er litt unter Gallenbeschwerden. Anläßlich einer Brunnenreise nach Karlsbad stiftete er 100 Speziesdukaten für die Grundsteinlegung des Brunnensalons. Da er mit zunehmendem Alter fühlte, daß es mit seinem Gesundheitszustand nicht besser wurde, machte er zu seinem Testament drei Zusätze – Codicille –.

Im ersten verfügte er am 20. Mai 1784 (A. Sch. 480), daß sein Testamentsvollstrecker ein *in diesen Fürstenthümern angeseßener Edelmann* sein solle. Ihn sollte der erste *gelehrte* Bürgermeister der Stadt Kiel oder der Stadtsyndikus unterstützen. Saldern wählte sich zum Executor den Graf Cay v. Reventlow aus dem Haus Altenhof. Weiter wählte er sich den Justizrat Piper und den Gerichtsadvokaten Balemann. Saldern verfügte , daß nach seinem Tod sein Sohn nichts ohne die Assistenz des Justizrats Piper vornehmen solle.

Im zweiten Codicill, ebenfalls vom 20. Mai, bedachte er seine Hausdame Friderica Amalia Schnepel. Sie darf nach seinem Tod nach ihrer Wahl in seinen Häusern in Kiel, auf Schierensee, Annenhof oder dem Heeschenberg, so lange sie lebt, dieselben Zimmer mit einem Kammermädchen und einem Bedienten bewohnen, die sie zu seinen Lebzeiten bewohnt habe. Alle drei sollten freies Essen und Trinken erhalten und mit allem zum Leben Nötigen mit Ausnahme der Kleidung unentgeltlich versorgt werden. Sollten aber sein Sohn, dessen Erben oder die Mademoiselle Schnepel aus irgendeinem Grund sich trennen wollen, so sollten ihr jährlich 200 Reichsthaler an Stelle der Wohnung und Beköstigung ausgezahlt werden.

Hierzu äußerte sich Saldern sehr nachdrücklich, da er ahnte, daß zwischen seinem Sohn und seiner Hausdame kein gutes Einvernehmen in Zukunft bestehen würde:

Ich wiederhole aber hiebei ausdrücklich, wasgestalt ich herzlich wünsche und recht innständig bitte, daß mein Sohn, so lange Er lebet, mit Dank und Liebe erkennen möge, wieviele Sorgfalt, Mühe und Unruhe oberwehnte Mademoiselle Schnepeln mit mir in vielen Jahren ausgestanden hat, und eben so herzlich wünsche ich und bitte die Mademoiselle Schnepeln, daß Sie, wenn es immer möglich ist, bei meinem Sohne bleibe, demselben mit Ihrem guten Rathe und mit der Kenntniß von allen meinen Sachen und von meiner oeconomischen Verfaßung ashistire, und es sich gefallen laße, den freien Unterhalt und die freie Wohnung für Sich und Ihre Domestiquen anzunehmen;...

Alles, was ich bei meinem Leben der Mademoiselle Friderica Amalia Schnepeln mit warmer Hand geschenket habe, oder noch schenken werde, soll auf Ihre bloße Anzeige und auf Ihr bloßes Wort, ohne alle Wiederrede derselben eigenthümlich verbleiben, wie ich derselben über verschiedene Sachen auch einen von mir unterschriebenen Aufsaz behändiget habe. Besonders aber soll die Mademoiselle Schnepeln alle Mobilien, Bettstellen, Betten und Bettzeug, Tische, Stühle, Spiegel oder wie sie Nahmen haben, besonders das ganz große und die kleinen Gemählde, welche auf Ihren Zimmern, die Sie in meinen Häusern bewohnet, befindlich sind, eigenthümlich zu Ihrer freien Disposition behalten, auch Ihrer Wahl lediglich überlaßen seyn, eine von meinen englischen zweisizigen Kutschen zu ihrem alleinigen Gebrauch zu erwählen und zu behalten.

Niemals soll meinem Sohne /: als von welchem ich ohnehin dieses nicht einmahl vermuthe :/ noch meinen andern Fideicommiß-Erben verstattet seyn, einige Rechenschaft, Red- oder Antwort von wohlermeldeten Mademoiselle Friderica Amalia Schnepeln über meinen gesammten Nachlaß, es sey an baarem Gelde oder Geldeswerth, an fahrender Haab oder Güther gerichtlich oder außergerichtlich zu verlangen oder zu praetendiren, wie denn auch von derselben ein Inventarium oder Specification meiner beweglichen Güther und Capitalien nicht abgefordert werden kann, soll oder mag.

Im § 5 vermachte Saldern seinem Neffen, dem Kapitän Friedrich v. Saldern, bis *daß er anständig placiret ist,* und ein Gehalt von wenigstens 300 Reichsthaler bezieht, eine Summe von jährlich 200 Reichsthaler.

Weiter soll sein Sohn seinem Vetter, dem Leutnant Caspar v. Saldern, jährlich 100 Reichsthaler auszahlen, bis derselbe weiter avancirt ist. Seine Cousine, das alte Fräulein v. Saldern, die bei der Familie Klink wohnte, soll weiter eine Pension von 100 Reichsthaler ausgezahlt bekommen.

Falls der Sohn die Hausangestellten entlassen würde, so sollten diese beim Abgang ein volles Jahresgehalt erhalten. Sollte sein Haushofmeister Morell entlassen werden, so solle er eine jährliche Pension von 50 Reichsthaler empfangen und, anstatt auf Salderns Garderobe einen Anspruch zu erheben, dafür 200 Reichsthaler ausgezahlt bekommen. In ähnlicher Art wurden alle Angestellten bedacht, sei es der Koch André Hackoff, den er aus Rußland mitgebracht hatte, oder sei es einer der Laquaien, der Kutscher oder der Jäger.

Saldern war besorgt, daß für eine gute christliche und bürgerliche Erziehung der Tochter seines Jägers Wilhelm Krause, Friderica Christina, die er zu sich genommen hatte, gesorgt würde. Bedacht wurden dann auch sein Voigt Jürgen Dose, der älteste unter seinen Bediensteten, und der alte Käthner und Radmacher Johann Fick.

Alle auf dem Guthe Schirensee verhäuerten Kathen, als nemlich: die beiden Krug-Stellen, die Schmiede-Kathe und Johann Hinrich Matzens seine Kathe sollen die gegenwärtigen Häuers-Leute alljährlich in Häuer behalten, so lange solche ihren jährlichen Canomen richtig bezahlen oder mit Arbeit abverdienen und sonsten sich ruhig und friedlich, wie bishero, betragen, auch soll denenselben keine größere Häuer, als wie solche bei meinem Leben entrichtet ist, zugemuthet werden.

In einem besonderen Paragraphen heißt es: *Unter den Verbindlichkeiten, welche mir in meinem Leben obgelegen haben, gehöret auch annoch die Fürsorge für Zwei Personen, als für den Schreiber auf Schierensee Johann Friderich Matzen und für Friderich Petersen, welcher sich bei dem Erbpächter Fleck zum Kupperpahl aufhält, und welche Verpflichtungen oder Fürsorge ich auch meinem Sohne hiedurch ohne alle weitere Belästigung dahin auflege*

a) daß deren von mir constituirter Vormund der Herr Justiz-Rath Christensen alljährlich im Umschlag von dem eigenthümlichen Capital dieser beiden jungen Leute aufrichtige Rechnung ablege, als welche mein Sohn in dem jedesmahligen Umschlage von erwehnten Herrn Justiz Rath Christensen erhält, und dafür quitiret und zwar nach Maasgebung, wie solches bis hiezu von mir geschehen ist, und die lezt abgelegte Rechnung, welche sich unter meinen Papieren befindet, ausweisen wird.

Das Kapital für die beiden jungen Leute sollte auf 2000 Reichsthaler anwachsen und dann unter beiden zu gleichen Teilen geteilt und ihnen zum Eigentum übergeben werden.

Der aus dem Dienst geschiedene Privatsekretär Plato sollte mit dem Sohn Salderns alle Papiere durchsehen und eventuell die vertilgen oder aus der Welt schaffen, die nach Meinung Platos nicht aufgehoben werden sollten.

Damit der Sohn alle Bedienten bar auszahlen könne und auch sonst keine Schulden vom Vater hinterbleiben sollten, erhielt er die ausdrückliche Genehmigung, das Tafelsilber zu verkaufen, und wenn die erlöste Summe nicht reichen sollte, dann auch noch das *übrige Silberzeug und auch Nipes* zu verkaufen.

Bei dem genauen Studium des Testaments und der Schriftstücke über vormundschaftliche Rechnungen für Johann Friedrich Matzen und Friedrich Petersen (A. Sch. 501 u. 389) sowie über die Versorgung der Friderica Christina Krause (A. Sch. 505), die mit Carl Gottlob Bellmann verheiratet war, fällt auf, daß die Versorgung dieser drei Menschen aus der Umgebung Salderns besonders großzügig geregelt war. Es wurde der Verdacht geäußert, daß es sich um Nachkommen Salderns handeln könne. Auch seine Bemühungen um die Erziehung des Knaben Hans Friedrich Ratje fallen auf. In den Rechnungsbelegen erscheinen verschiedentlich ganz persönliche Ausgaben für Kleidung, Unterbringung und Lehre. In einem Brief an seine Schwiegertochter bat Saldern sie, ihm behilflich zu sein, einen Versuch zu machen, ob Ratje zum Schneiderhandwerk ausgebildet werden könnte. Er bat auch, daß der Geistliche ihn nach vorhergegangener Präparation zum Abendmahl führen möge. Dieser Brief (Anlage 16) enthält als Einlage das einzige überkommene Schriftstück von Fr. A. Schnepel. Sie bat, daß die Gräfin v. Saldern-Günderoth sich um den jungen Menschen kümmern möge. Im übrigen hoffte sie, daß das Ehepaar v. Saldern-Günderoth bald nach Kiel zum

Besuch des Vaters käme, es würde ihr sehr angenehm sein. Zur gleichen Zeit wohnte Frau Piper geborene v. Schnell auf Annenhof, wie aus einem Nachsatz hervorgeht.

Noch einmal kurz vor seinem Tod beschäftigte sich Saldern mit seinem Testament. Am 15. Oktober 1786 (A. Sch. 480) gab er ein drittes Codicill als Zusatz, in dem er alle vorher getroffenen Maßnahmen bestätigte. Als Treuhänder wurden nun eingesetzt D. Balemann, J. Schweffel und A. Francke.

Besondere Sorge hatte Saldern um die Zukunft seines Sohnes, des Amtmannes in Bordesholm. Er wandte sich an den Minister Peter Andreas Graf v. Bernstorff, seinen früheren politischen Kontrahenten, aber auch Freund. Der überkommene Brief ist in einer Abschrift erhalten, im Gegensatz zu fast allen Schreiben Salderns, ist er statt in Deutsch französisch abgefaßt (A. Sch. 479).

Copie de la lettre de feu S. E. Mons. le Conseiller privé de Saldern à S. E. Mons. le Cte de Bernstorff.

Je commence à écrire une lettre à V. E., sans prévoir, si je la finirai. Étant sur la fin de mes derniers moments, il m'est impossible de mourir sans m'entretenir avec Elle, et sans Lui témoigner le plus vif et le plus vrai attachement.

V. E. est la seule personne en Dannemarc, qui par conviction a senti et reconnû ce que j'ai fait pour la gloire, pour le bien-être et pour le repos de Dannemarc.

Une postérité mieux instruite et peut-être plus reconnaissante bénira peut-être ma mémoire.

Je supplie V. E. à vouloir honorer ma mémoire, autant qu'il dépend d'Elle. Hélas! Si le Pce Royal, peut-être instruit de l'histoire de Sa patrie, y penserait.

Je Vous recommande, Monsieur, pour le dernier bienfait d'honorer mon pauvre unique fils de Vôtre protection. Au nom de Dieu, ne l'abandonnez pas. J'espère tout de Vos sentimens d'honneur et de réligion.

Je meurs avec le plus profond respect et avec l'attachement le plus fidèle

De V. E. p.

Übersetzung

Kopie des Briefes des seligen S. E. Monsr. Geheimer Rat v. Saldern an S. E. Monsr. Cte. v. Bernstorff.

Monsieur,
Ich beginne Eure E. diesen Brief zu schreiben, ohne zu wissen, ob ich ihn beenden werde. Ich bin am Ende meiner letzten Minuten, und es ist mir unmöglich zu sterben, ohne mich mit Ihr zu unterhalten, und ohne Ihm meine lebendigste und echteste Zuneigung zu bezeugen. Eure E. sind die einzige Person in Dännemarck, die mit Überzeugung gefühlt und anerkannt hat, was ich für den Ruhm, für das Wohlbefinden und für die Ruhe von Dännemarck getan habe.

Eine besser unterrichtete und vielleicht dankbarere Nachkommenschaft wird vielleicht mein Andenken segnen.

Ich flehe Eure E. an, das Gedächtnis an mich in Ehren zu halten, ebensosehr wie es von Ihr abhängt.

Ach! Wenn doch der Kronprinz, vielleicht mit der Geschichte seines Vaterlandes vertraut, daran denken möge.

Ich lege Ihnen ans Herz, Monsieur, als letzte Wohltat meinen armen einzigen Sohn mit Ihrer Gunst zu beehren. Im Namen Gottes, verlassen Sie ihn nicht. Ich erhoffe Ihr ganzes Ehrgefühl und Ihre Gläubigkeit.

Ich sterbe mit der tiefsten Hochachtung und der treuesten Verbundenheit zu Eurer E.

S.

Wegen der Zukunft um Schierensee machte sich Saldern noch auf seinem Krankenlager schwere Gedanken. Wie er in einem Schreiben *Ende October Monats* (A. Sch. 504) sich die finanzielle Zukunft überlegte, erkennt man aus folgendem:

Wenn mir Gott das Leben fristet mit Ende des 4ten Quartals dieses Jahres habe ich an Competenz-Gelder zu erheben 3300 Rthlr.

Die ganzen Einnahmen schätzte er auf 9000 Reichsthaler, die sich aus Einnahmen der Saldernschen und Günderothschen Marschländereien, aus einer Pension aus Eutin und verschiedenen Wechseln zusammensetzten. Seine Verpflichtungen für 1787 schätzte er auf 6201 Reichsthaler.

NB 1. Wenn ich das neue Jahr nicht erlebe, so erfolget auch nicht die auf der anderen Seite angesetzte Summe zur Einnahme.

NB 2. Ich rathe daher meinem Sohn und seinen beiden Assistenten bey Zeiten darauf Bedacht zu seyn, eine Anleihe von einigen Tausend Reichsthlr. zu machen, um in keine Verlegenheit zu kommen, welches dieselben wahrscheinlich sehr leicht auf die Hypothec des Hauses in Kiel kriegen.

NB 3. Endlich ist auch zu bemercken, daß mit dem neuen Jahr ein neuer Vorrath von Habern auf Schierensee und Annenhoff seyn müßte, worauf wahrlich auch zu dencken seyn wird.

Am 19. Oktober 1786 (A. Sch. 479) übergab Saldern seinem Sohn eine Vorschrift, *wie es mit meiner Beerdigung gehalten werden soll*

1. *Ich will, wenn ich todt bin, 2 Tage im Bette liegen bleiben, nachhero legt man mir ungewaschen ungerührt und ohne alles Geräusch im Sarge.*
2. *der Sarg soll von Jenicke gemacht und feüern Holtz schwarz gebeizt. Dieser Sarg mit meinem Leichnam soll in Bordesholm in die Steinerne Kumme gesencket werden.*
3. *Meinen Sohn, meine Schwiegertochter und ihre Tochter bitte ich um Gottes Willen keine tiefe Trauer anzulegen, sondern nur 4 Wochen gewöhnliche schwarze Kleidung zu tragen.*
4. *Mein Sarg mit meinem entseelten Cörper soll auf einem Kührwagen und von meinen vier Kutschpferden nach Bordesholm gefahren werden.*
5. *Mein Sohn kan mich vor Bordesholm empfangen und zur Ruhe Stätte bringen.*
6. *Alle meine Hüfener, Kaetener, Knechte sollen mich begleiten, und dafür mäßiges Bier und Brandtwein haben.*
7. *Ich wünsche, daß der Zug nach Bordesholm mit Tages Anbruch geschehe.*

Ich bitte um Gottes Willen, diesen meinen Willen zu erfüllen.

Schierensee d. 19ten October 1786 *C. v. Saldern*

Als Nachsatz fügte Saldern an der Seite hinzu

Ich will keine andere Kleidung im Sarg haben, als meinen besten braunen Atlas Schlafrock und eine weiße Mütze auf den Kopf.

Am Tag vor seinem Tod diktierte er an seinen Sohn und seine Schwiegertochter noch einen letzten Brief (A. Sch. 479):

Ich bin zu schwach selber zu schreiben, und doch muß ich Ihnen sagen, daß mein letzter ernstlicher Wille und Befehl ist, daß so bald ich meine Augen schließe, mein silbernes Tafel-Service in Hamburg entweder in der Bank oder bey meinem Particulier durch den Hr. Kammer-Rath Bielfeld niedergesetzet und darauf so viel baares Geld angeliehen werde, als Sie darauf erhalten können, damit gleich Geld vorhanden sey, um die abgehende Domestiken zu bezahlen.

Zweitens bitte ich meinen lieben Sohn und meine liebe Schwiegertochter, keine inventur meiner Papiere, als in Gegenwart des Hr. Justitz Raths Piper und des Hr. Hof und Landgerichts Advokaten Balemann vorzunehmen. Um Gottes Willen bitte ich Sie darum.

Es wird Ihnen niemals gereuen. Hiebey ein Brief, wie es mit meiner Beerdigung gehalten werden soll. Auch diese bitte ich genau zu erfüllen.

Hiemit empfehle ich Sie der Barmherzigkeit Gottes.

Schirensee

den 30sten Okt. 1786 *Caspar von Saldern*

Über seine letzten Stunden schrieb Fr. A. Schnepel:

Er hinterließ daher (nachdem im Testament alle Geldzuwendungen geregelt waren) auch kein Vermögen, alles aber in der besten Ordnung, so daß kein Stein mehr durfte geleget werden; indeßen hinterließ Er seinem Sohne auch keine drückende Schulden, da solche von dem Verkaufe des Hauses in Kiel und der Reit- und Kutschpferde nebst Geschirr sämmtlich bezahlet werden könten, so wie selbige denn auch mit dem daraus gelösten Gelde getilget sind. Sein Todt erfüllte seine ganze häusliche Umgebung mit tiefem Schmerz, brachte aber auch bey derselben den innigen Wunsch hervor, eben ein solches Lebens-Ende nehmen zu können. Mit der größten Ruhe und mit Bewußtsein seines nahen Todes sagte Er zu einem seiner ihm bedienenden Domesticken langet das Licht her. Nachdem dieses geschehen, sprach Er nun ist es genüge, denn nun hatte Er sich von der Brechung seiner Augen überzeuget.

Darauf rief Er: „gebet mir zu Trincken" und wie dieses geschehen und Er getruncken hatte, befahl Er zweyen beim Bette stehenden Bedienten „faßt mich unter die Arme und hebet mich in die Höhe". Eine halbe Stunde nachher sagte Er zu den Umstehenden „lebet wohl, ich sterbe", hierauf legte er den Kopf ins Kopfküßen zurück und entschlief.

Der entseelte Körper blieb 14 Tage in dem großen Saale des Schierenseer Wohnhauses liegen, ehe er nach seiner Ruhestäte hingefahren ward, und man bemerckte in der ganzen Zeit nicht die geringste Veränderung weder in den Gesichtszügen nochsonsten an dem Körper des verstorbenen.

Am 15ten Tage wurde der Sarg geschloßen, darauf die Leiche nach der Bordesholmer Kirche gebracht, und nachdem der Sarg in einer steinernen Kumme eingesenket war, daselbst in dem Saldernschen Begräbniße beygesetzt.

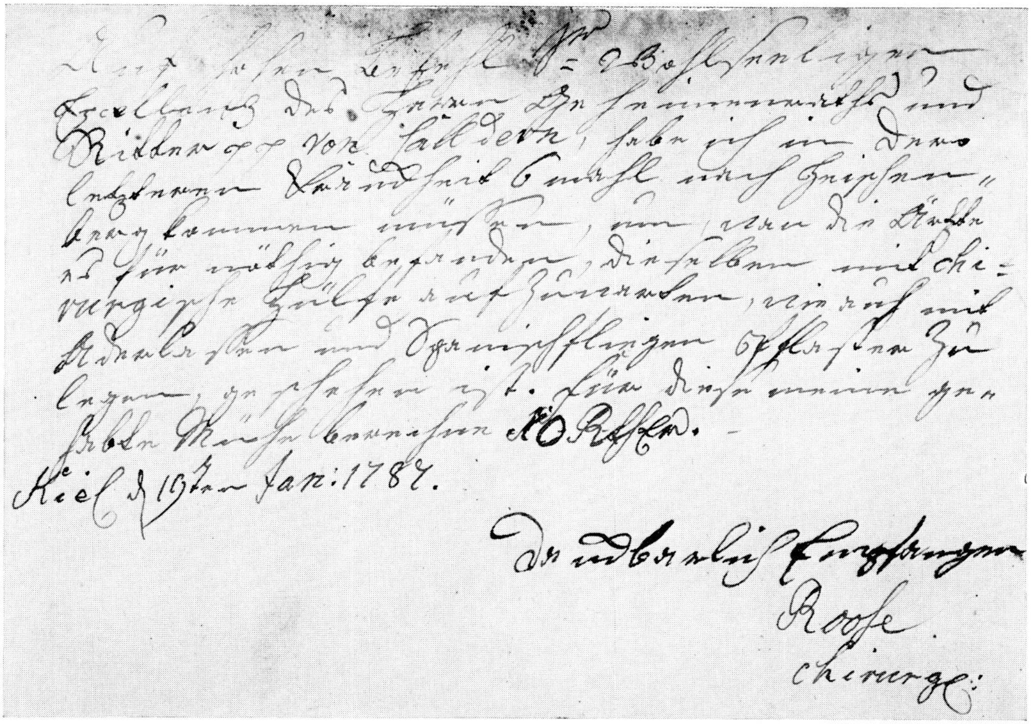
Kiel d 19ten Jan: 1787.

Roose
Chirurge:

Rechnung des Kieler Chirurgen Roose vom 19. Januar 1787
über chirurgische Hilfe vor dem Tod C. v. Salderns

Über die Todesursache ist nichts bekannt, aber anzunehmen, daß das alte Gallenleiden sich wieder zeigte und den Anlaß gab, verschiedene Ärzte zu berufen. Am 19. Januar 1787 (A. Sch. 392) quittierte der Chirurg Roose aus Kiel 10 Reichsthaler für seine letzten Bemühungen um Saldern.

Auf hohen Befehl Sr. Wohlseeligen Excellenz des Herren Geheimenraths und Ritter pp von Saldern, habe ich in Dero letzteren Krankheit 6 mahl nach Heischenberg kommen müßen, um, wan die Ärtzte es für nöthig befanden, dieselben mit chirurgische Hülfe aufzuwarten, wie auch mit Aderlaßen und Spanischfliegen Pflaster zu legen, geschehen ist.

Am 14. November 1786 wurde in Schierensee das Testament durch den Sohn, Justizrath Piper, den Mann von Agatha v. Schnell, und den Hofgerichtsadvokaten Balemann eröffnet.

Die im Stil der Zeit aufwendig gehaltene Grabinschrift in der Kapelle in Bordesholm trifft Salderns Wesen nicht so gut wie ein Spruch, der im Lande bekannt wurde:

Herr Caspar von Sallern
Kunn bullern und ballern
Und wär doch en goden Mann.

Schon zu Lebzeiten Salderns befaßten sich Zeitgenossen mit seinem Leben. In Deutsch-Nienhof befindet sich im Archiv in der Akte III/12 ein Auszug aus einer französisch geschriebenen Handschrift des Heiligenstedter Archivs. 20 Seiten Quart *Anecdotes remarcables sur la vie de Caspar v. Saldern* (geschrieben um 1770).

Bei einem aufmerksamen Studium dieser Schrift, deren Original verlorenging, stellt man fest, daß der Schreiber Saldern mit einem entfernten Vetter verwechselte und dann Geschichten erzählte, die nirgendwo anders aufgezeichnet sind. Der ganze Artikel ist eben nur eine Anekdote und nicht historische Wahrheit (Anlage 17).

Im Neuen Staatsbürgerlichen Magazin, herausgegeben von Dr. N. Falck, erschien 1834 im zweiten Band auf Seite 618 eine Stellungnahme zu einem Buch über Peter den Dritten.

Geraume Zeit nach Salderns Tod erschien eine Geschichte Peter des Dritten angeblich von Saldern, deutsch Petersburg 1800 und franz. Frankfurt am Main 1802. In der Literatur unserer Landesgeschichte würde allerdings die Schrift zu bemerken seyn. Sie soll eine Apologie des unglücklichen Fürsten seyn, dessen Leben darin beschrieben wird. Ob diese Schrift aber von demjenigen Verfasser wirklich herrühre, dem sie auf dem Titel beigelegt wird, ist eine andre Frage. Meusel bemerkt in seiner europäischen Staatengeschichte S. 589: es werde bezweifelt, ob von Saldern wirklich der Verfasser sey. Diese Zweifel sind unstreitig sehr gegründet. Der ganze Inhalt des Buchs muß es jedem unwahrscheinlich machen, daß es aus v. Salderns Feder komme.

Der Titel obengenannten Buches lautet:

Biographie Peters des Dritten, Kaisers aller Reussen; zur unpartheyischen Ansicht der Wirkung der damaligen Revolution, und zur Berichtigung der Beurttheilung des Charakters Catharinens II. von Herrn von Saldern, Russisch-Kaiserlichem Gesandten an verschiedenen Europäischen Höfen. Nach dem Französischen übersetzt. Petersburg, 1800.

Eingehend äußerte sich hierzu E. Holm (Anlage 18) in seinem Artikel: Caspar v. Saldern und die dänisch-norwegische Regierung, in Historisk Tidsskrift, 4. R., Bd. 3, Kjøbenhavn, 1872–1875.

Sehr kritisch äußerte sich der dänische Gesandte Achatz v. d. Asseburg über Saldern in seinen Denkwürdigkeiten, die 1842 aus dessen Nachlaß von K. A. Varnhagen von Ense in Berlin herausgegeben wurden.

Es ist verständlich, daß Salderns politische Tätigkeit von Dänemark aus gesehen anders beurteilt wurde als von Deutschland. Sein Einsatz für seine Heimat in Rußland, an einem Hof, an dem das Intrigenspiel größte Bedeutung hatte, und dann in Kopenhagen, wo eine deutsch und eine dänisch gesinnte Partei stets im Streit lagen, war gewiß nicht immer in seiner weisen Voraussicht verständlich. Wenn es Saldern mit Hilfe von Hartwig v. Bernstorff in jahrelanger Arbeit gelang, Holstein dem russischen Einfluß zu entziehen und es unter einem dänischen König als Herzog von Holstein doch bei dem Deutschen Reich zu belassen, so war dies der Beginn für die spätere völlige Selbständigkeit Schleswig-Holsteins. Desgleichen war die Begründung des Staates Oldenburg unter dem Eutiner Fürstbischof ein ebenso wichtiger Schritt zur Loslösung von russischen Interessen.

Eine erste kritische deutsche Stellungnahme gab in der Allgemeinen Deutschen Biographie im 30. Bd. 1890, auf den Seiten 213 bis 215, Handelmann. Das ausführlichste und heute noch grundlegende Werk über Saldern schrieb 1932 Otto Brandt: Caspar von Saldern und die nordeuropäische Politik im Zeitalter Katharinas II.

Hans Graf Schack. Gemalt von Abraham Wuchters

Nachkommen in Schierensee

Bald nach dem Tod Caspar v. Salderns heiratete am 9. April 1787 seine Hausdame Friderike Amalie Schnepel den Etatsrat, Königl. Archiater und Professor der Medizin und Physik an der Universität Kiel Dr. med. Johann Friedrich Ackermann. Der Ehegatte war am 3. Februar 1726 in Waldkirchen im Vogtland geboren. Er war bereits zweimal verwitwet und hatte erwachsene Kinder. Ackermann war in den Jahren 1768 bis 1798 fünfmal Prorektor und dadurch bekannt, daß er als erster auf die Bedeutung der Kuhpockenimpfung hingewiesen hatte. Er starb am 2. Juni 1804 in Kiel; seine Frau, die siebzehn Jahre jünger war, verschied am 19. April 1822 in Kiel. Neunzehn Jahre hatte sie den Haushalt Caspar v. Salderns geführt und wurde daher, wie aus dem Testament zu ersehen ist, reich bedacht. Sie muß auch im Dorf Schierensee und bei den Gutsleuten beliebt gewesen sein, da sie 41 Patenkinder hatte. Sie ist zusammen mit dem Geheimrat und dessen Tochter Agatha v. Schnell auf dem in Petersburg 1772 von Buchholtz gemalten großen Bild dargestellt. Dieses Bild sollte sie laut Testament erben. Da es wahrscheinlich zu groß war, blieb es auf Schierensee, wurde aber von der Enkelin Salderns, der Baronin v. Brockdorff, in zwei Teile zerschnitten, so daß Friderike Amalie Schnepel allein zu sehen war. Erst 1972 wurden die beiden Bildteile durch den Restaurator Botho Mannewitz wieder zusammengefügt, unter Beibehaltung des alten vergoldeten Rahmens.

Wie Saldern geahnt hatte, lebte sein Sohn nicht mehr lange. Fr. A. Schnepel gibt in ihren Erinnerungen hierüber Auskunft.

Daß indeßen der Graf nicht lange nach seinem Vater leben würde, hatte dieser vorher gesagt; wie Er denn auch schon den 10ten Oct. 1788 im 50sten Jahre seines Alters an einem Stich-Fluße (Lungenödem) *zu Schierensee seinen Geist aufgab.*

In einer Rechnung des Malers J. M. Bremer von 1788 (A. Sch. 393) erscheint ein Posten, aus dem hervorgeht, daß Bremer am Sarg des verstorbenen Grafen v. Saldern-Günderoth sechs Handgriffe versilbern mußte. Wie üblich wurde nach dem Tod des Besitzers ein Nachlaßinventar (A. Sch. 511) aufgestellt, aus dem teilweise die Einrichtung in Schierensee und im Kieler Stadthaus abzulesen ist.

Neuer Eigentümer war nun die Tochter Maria Sophia v. Saldern-Günderoth, für die ihre Mutter ab Neujahr 1789 als Vormund das Gut führte. Am 7. September 1789 wurde zwischen der Tochter und Christian Friedrich Baron v. Brockdorff ein Ehevertrag (A. Sch. 532) geschlossen. Die Hochzeit fand am 2. Oktober 1789 statt.

Hierzu schrieb F. A. Schnepel:

Bald nach seinem Tode wurde deßen einzige Tochter an den itzigen Kammerherrn Baron v. Brockdorff, aus dem Hause Klein Nordsee, verheirathet. Daß der Kammerherr schon als junger Mann, ein Herr von seltenen Kenntnißen war, beweiset schon der Umstand, daß er noch vor Beendigung seiner letzten, auf der Göttinger Univer-

Maria Sophia Charlotte Baronin v. Brockdorff, geb. Komtesse v. Saldern-Günderoth

sität abgelegten Studien, vom Könige zum Mitgliede der Glückstädtschen Regierung ernannt, so wie deßen Bruder bey dem Obergerichte in Schleswig angestellet ward. Nach seiner Zurückkunft von Göttingen trat der Kammerherr gleich als Rath in die Glückstädtsche Regierung ein, und wurde in der Folge zum Amtmann des Amtes Cismar ernannt, nachhero aber in gleicher Eigenschaft nach dem Amte Segeberg versetzt.

Da derselbe bereits zu Cismar vom Schlag gerühret war, so ward als Folge deßen, und wegen der vielen Dienstgeschäfte sein Körper endlich so schwach, daß Er sich dieser gänzlich zu entschlagen genöthiget war. Der Baron v. Brockdorff begab sich darauf nach seinem Landsitz Schierensee, welcher schon damals sehr deterioriret war, weil der Baron, welcher Sich seiner Dienstgeschäfte sehr eifrig angenommen hatte, seine Güter-Angelegenheiten ungekannten Verwaltern hatte überlaßen müßen. Ob nun gleich der Domherr Meyer zu Hamburg in seiner Reisebeschreibung durch Holstein (Anlage 5) *sich berechtiget geglaubt, den Verfall des Guts Schierensee sehr zu*

Christian Friedrich Baron v. Brockdorff

tadeln, und den Baron v. Brockdorff deshalb gar nicht gut behandelt hat, so beweiset doch der bekante Eifer, welchen derselbe bey Besorgung seiner Amtsgeschäfte gezeiget, den Satz hinlänglich, daß die Verschlechterung des Gutes und Hofes Schierensee nicht seinen Versäumnißen, sondern theils der verkehrten Verwaltung in Seiner Abwesenheit, theils Seiner Körperschwäche einzig und allein zuzuschreiben sey, indem er 16 Kummervolle Jahre zu Schierensee verlebt hat, und seine beiden Güter nicht Selbst unter Aufsicht nehmen können. Er hat indessen in den ersten Jahren durch Bäume-Anpflanzung sehr gewirckt, und die Guts-Untergehörigen menschenfreundlich behandelt, wenn aber Güter ohne gehörige Aufsicht sind, kann es nicht fehlen, daß sie verringert werden.

Wie es zu der Hochzeit von Christian Friedrich Baron v. Brockdorff mit der zehn Jahre jüngeren Maria Sophia Charlotte Komtesse v. Saldern-Günderoth kam, ist aus den Briefen und Berichten v. Brockdorffs zu ersehen. Am 5. August 1788 (A. Sch. 531) schrieb Brockdorff an die ehemalige Oberhofmeisterin der Königin Caroline Mathilde, die Gräfin Luise v. Plessen geborene v. Berckentin, nach Celle, daß er das Gut Marutendorf mit dem Meierhof Blockshagen verkauft hätte. Die Komtesse v. Saldern sei als Schulfräulein in Preetz eingeführt worden. Im selben Jahr hatte der Baron die Bestallung als Landrat als beständiges Mitglied des holsteinischen Landgerichts erhalten (A. Sch. 529). 1789 bewarb er sich bei der Gräfin v. Saldern-Günderoth um die Hand ihrer Tochter. Seine künftige Schwiegermutter bedankte sich für den Antrag, sagte ihre Unterstützung zu, wollte aber, daß ihre Tochter selbst entscheiden sollte. Am 20. Februar 1789 richtete er einen sehr aufschlußreichen Brief an seine Tante Gräfin v. Liliencron geborene v. Brockdorff auf Schwarzenbeck (Anlage 19). Die Komtesse nahm seinen Antrag an. Eine bedeutsame Vermittlerrolle bei der Eheschließung spielte Friderike Amalie Ackermann geborene Schnepel. Schon in ihrem Testament vom 29. März 1785 bat die Gräfin v. Saldern Fr. A. Schnepel, daß sie die Stelle der Mutter bei der Tochter bei der Erziehung einnehmen solle, weil sie bereits schon lange das Zutrauen erworben habe. Fr. A. Schnepel hatte bereits vorher mündlich zugesagt, alle diese Wünsche zu erfüllen (A. Sch. 532).

Noch einmal im April 1789 wandte v. Brockdorff sich vertrauensvoll an Luise v. Plessen (Anlage 20). In dem Ehekontrakt, der am 7. September 1789 unterschrieben wurde und bei dem folgende Personen Zeugen waren, Cay Friedrich Graf v. Reventlou, Justizrat M. Chr. Piper und der Hofgerichtsadvokat D. Balemann in Kiel, brachte die Braut folgendes Vermögen mit:

die Güter Schirensee und Annenhof mit Inventar, zwei Häuser in Kiel mit Möbeln, die im Rutebüller Koog belegenen 81 Demat und 17 Ruthen Marschländereien, die in dem über den vereinigten v. Saldernschen Nachlaß angeführten Kapitalien, als Aussteuer sämtliche in dem obigen Inventar verzeichneten Möbel unter der Bedingung, daß das Testament Caspar v. Salderns erfüllt und auch die Schulden übernommen würden.

Der Beitrag des Bräutigams war erheblich kleiner. Er brachte mit 1000 Reichsthaler als Morgengabe, 300 Reichsthaler jährliches Nadelgeld. Sollte er zuerst sterben, käme hinzu die Haubenbandsgerechtigkeit nach Maßgabe der Landgerichtsordnung, als Unterpfand wurde das auf Klein-Nordsee ruhende Kapital von 30 000 Reichsthaler eingesetzt.

Am 24. November 1789 schrieb Brockdorff an die Etatsrätin Ackermann (A. Sch. 531), daß seine Schwiegermutter das Gut nur bis Neujahr 1790 behalten wolle, um dann nach Kiel zu ziehen. Der Heeschenberg sollte zu Ostern verpachtet werden. Die Verpachtung Schierensees an den Vormund seiner Frau, den Oberlandwegeinspektor Piper, verheiratet mit Ch. A. v. Schnell, wurde abgelehnt und dafür Annenhof vorgeschlagen.

Seit der Hochzeit führte nun Brockdorff für seine Frau die Gutsgeschäfte. Er selbst war Besitzer von Klein-Nordsee gewesen, das er am 6. Januar 1789 an Cay Wilhelm v. Ahlefeldt verkaufte. Unter seiner Leitung wurde weiter durch die bewährten Handwerker auf Schierensee und im Kieler Stadthaus gebaut und repariert.

Ein im Jahre 1789 aufgestelltes Inventar über die Gerätschaften auf dem Hof Schierensee und über das Vieh (A. Sch. 209) zeigt, daß der Bestand nicht sehr groß war. Es gab neben dem üblichen Gerät drei Gespanne für Ackerwagen mit allem Zubehör für zwölf Pferde, einen Kührwagen für zwei Pferde.

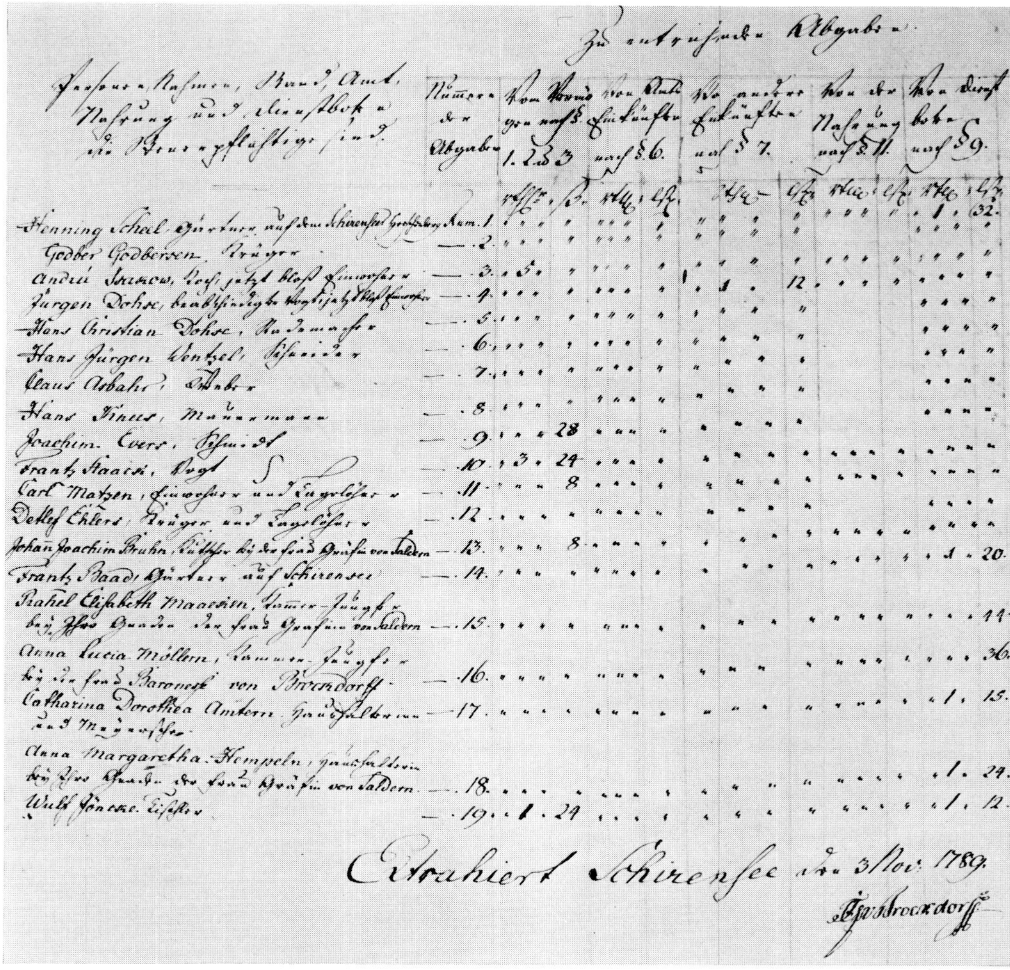

Derer Nahmen, Stand, Amt, Nahrung und Dienstboten die Steuerpflichtig sind	Nummer der Abgaben	Vom Vermögen nach §. 1. 2 und 3 Rthl.	ß	Von Stadt Einkünften nach §. 6 Rthl.	ß	Von andern Einkünften nach §. 7 Rthl.	ß	Von der Nahrung nach §. 11 Rthl.	ß	Von Dienstboten nach §. 9 Rthl.	ß
Henning Schael, Gärtner auf dem Schirenseer Hoffe	Num. 1									1	32
Godber Godbersen, Krüger	2										
Andreas Isaacs, Vogt, jetzt bloß Einwohner	3	5				1	12				
Jürgen Dohse, [illegible]	4										
Hans Christian Dohse, Radmacher	5										
Hans Jürgen Wentzel, Schneider	6										
Claus Arbahr, Weber	7										
Hans Finees, Mauermann	8										
Joachim Evers, Schmidt	9		28								
Frantz Staacks, Vogt	10	3	24								
Carl Matzen, Einwohner und Tagelöhner	11		8								
Detlef Ehlers, Krüger und Tagelöhner	12										
Johan Joachim Bruhn, Kutscher bey der Frau Gräfin von Saldern	13		8							1	20
Frantz Baadt, Gärtner auf Schirensee	14										
Rahel Elisabeth Maacksin, Kammer-Jungfer bey Ihro Gnaden der Frau Gräfin von Saldern	15										14
Anna Lucia Möllern, Kammer-Jungfer bey der Frau Baroneß von Brockdorff	16										36
Catharina Dorothea Amtern, Haushälterin und [illegible]	17									1	15
Anna Margaretha Hempeln, Haushälterin bey Ihro Gnaden der Frau Gräfin von Saldern	18									1	24
Wulf Jöncke, Tischler	19	1	24							1	12

Extrahiert Schirensee d. 3 Nov. 1789.
[illegible] Brockdorff

Liste vom 3. November 1789 der in Schierensee vorhandenen Steuerpflichtigen

In den Stallungen befanden sich 52 Kühe, ein Rind, neun Ackerpferde und vierundzwanzig Schweine.

Aus zwei Registern (A. Sch. 135) erhält man eine Übersicht über die Dienstboten, die 1789 steuerpflichtig waren, und über die Einwohner im Schierenseer Gutsgelände im Jahr 1800.

Auf dem Hof waren beschäftigt: der Vogt, drei Knechte, ein Kuhhirt, zwei Jungen, der Nachtwächter, der Gärtner, die Haushälterin und vier Mägde. Dort wohnte auch der vormalige Schulhalter.

An Häuerstellen gab es folgende:

1. den Hufschmidt, 2. den Gastwirt, 3. den Tagelöhner,
4. in der Vierwohnungskate wohnten die Vogtfrau, der Böttcher, die Witwe Krause und des Gärtners Frau,

5. in der Zweiwohnungskate wohnten ein Tagelöhner und die Frau des Nachtwächters,
6. am Harkenteich wohnte der Schuster.

Im Heeschenberg war die Wohnung des Gärtners Henning Bendix Scheel. An Häuerstellen gab es dort drei, hier lebten der Gastwirt der *Lustigen Schwester*, der Maurermeister Hans Christian Kneesch und der Tagelöhner Haß.

Wie schon aus den Rechnungen und Briefen zu Salderns Zeit hervorgeht, kann man auch für die Zeit unter Brockdorff einen Überblick über dessen Tätigkeit auf dem Gut gewinnen. Am 11. Mai 1790 (A. Sch. 531) hatte der Baron Blockshagen mit 397 ha und einem Wohnhaus von 1764 hinzugekauft.

Die Finanzlage Brockdorffs war ständig schwierig. Am 3. Mai 1791 schrieb er ein Urlaubsgesuch (A. Sch. 529) zwecks *Beförderung meiner Gutsgeschäfte* und *Vermeydung eines mir sonst in meiner Lage unausbleiblich bevorstehenden Ruins meines Privatvermögens.*

1791 wurden auf dem Hof eine neue große und eine kleine eiserne Pforte durch den Schmied Joachim Evers eingesetzt. Das Jahr 1793 brachte wieder Neubauten (A. Sch. 396). Am 14. Mai brannte die Schierenseer Schmiede ab (A. Sch. 231). Matzen schlug vor, den Neubau wegen der Feuersgefahr für das Wohnhaus des Schmiedes im Redder der Grubenkoppel zu errichten. In Steinfurth stand an der Eider eine alte Papiermühle, die zum Gut gehörte. Sie war baufällig geworden, und der Landbaumeister J. A. Richter machte auf Anforderung am 30. März 1793 (A. Sch. 318) einen Vorschlag für eine Erneuerung des Gebäudes und der Einrichtung. Er schlug vor allem vor, die sogenannten Deutschen Geschirre zur Papierherstellung auszubauen und dafür die etwas teureren Holländer anzuschaffen. Wenn auch der Ankauf zunächst teurer wäre, so käme es doch bei der Nutzung auf die Dauer wieder heraus. Richter schrieb, daß er mit dem *Mühlen Arzt* Hörroldt, der nach eigner Aussage auch ein Papiermüller wäre und kürzlich durch Kiel kam, eine eingehende Unterhaltung gehabt habe. Auch Hörroldt schlug vor, einen neuen Holländer einzubauen. Die Zimmerarbeiten sollte Hans Tanck ausführen. Der Bau wurde durchgeführt und im Mai ein neuer Papiermacher Geue angestellt. Für die Kornmühle in Steinfurth wurde aus Kiel ein neuer Mühlstein geholt. Tanck und der Maurer Kneesch reparierten dort. Gegen Ende des Jahres berichtete der Verwalter von Annenhof L. D. Wilms (A. Sch. 232) eingehend über durch ihn veranlaßte Maßnahmen in der Landwirtschaft und auf dem Bausektor. In Steinfurth wurde der Freyschüttendamm repariert, Holz für den Neubau einer Vierwohnungskate von dem Gut Deutsch-Nienhof gekauft, Reparaturen am Rothenbecker Schmiedehaus und dem Hohenhuder Armenhaus durchgeführt. Der Landmesser Kapitän Thießen führte Landvermessungen durch für die Einteilung der fünf Fischerkoppeln und den Platz für die neu zu bauende Vierwohnungskate. Weiter wurden die Russeer Seen vermessen und eine Karte vom ganzen Gut Schierensee am 6. Mai 1793 durch Johan Andreas Thießen abgeliefert. Er hatte hierzu 1789 die Vermessungen durchgeführt und 1790 ein Protokoll (A. Sch. 216) angefertigt. In ihm sind die Nummern der Karte und der Stücke aufgeführt:

I Das Herrenhaus mit Gebäuden und Vorplatz
  Der Bauhof und Wirtschaftsgebäude und Teich
  Der Garten mit Tischler- oder Gärtnerhaus und Teich

II Lustholz Heeschenberg
Das Gehöltz mit allen Teichen, Canälen und Gebäuden
III Der Frucht- und Treibgarten am Heeschenberg liegt am Lustwald Heeschenberg und der Weide Bollhusen, vor der Lustigen Schwester
IV Schlag Glaskoppel.

An Heuerstellen sind aufgeführt:
Harkenteichs Kate, Schmiedekate, Rademacher Kate, Lustiger Bruder, große und kleine Grubenbeck-Katen, Lustige Schwester, Heeschenbergkate, zweite H. Bergkate.

Trotz aller finanziellen Schwierigkeiten konnte Brockdorff doch am 5. November 1790 Blockshagen für 30 000 Reichsthaler ankaufen (A. Sch. 537). Zur Abrundung des Schierenseer Gebietes kaufte er im Januar 1806 das Gehege Bolhus, bestehend aus dem Vorder- und Hinterbolhus, dem Schierenseer Berg und der Bröllwiese, insgesamt etwa 140 To (rund 70 ha) vom Landkommissar Friedrich Wilhelm Otte, dem früher das Gut Toestorf gehörte und diese Grundstücke am 3. Februar 1804 zusammen mit dem Meierhof Pohlsee von Christian Friedrich v. Hedemann gen. v. Heespen gekauft hatte (A. Sch. 531).

Inzwischen hatte er gegen Erstattung einer geringen Abgabe 1803 in Blockshagen und 1805 in Annenhof die Leibeigenschaft aufgehoben.

In diesen Jahren wurden Aufforstungen durchgeführt und eine Baumschule in dem zu Schierensee gehörigen Gut Blockshagen angelegt.

In den Neuen Provinzial-Berichten 1811 veröffentlichte auf Seite 733 v. Brockdorff:

Schierensee, den 1sten Dec. 1811.

Als Besitzer von Schierensee habe ich es, des allgemein mangelnden Eichenholzes wegen, für Pflicht gehalten, vor vier Jahren 14 Tonnen Eicheln für die Nachwelt zu säen; und da diese sehr gut stehen, so habe ich in dem gegenwärtigen Eicheljahre, welches sehr schön ist, 18 Tonnen Eicheln dergestalt ausgesäet, daß diese Eichelsaat schon zur Zeit des Kieler Michaelismarkts bestellt war. Da 1800 Eicheln auf 1 Spint gehen, die Tonne also zu 28 000 Stück gerechnet werden kann, so habe ich in diesem Jahr zuverlässig fünf hundert tausend Eicheln für die Nachwelt ausgesät.

Ew. von Brockdorff

Der Verwalter Peters (A. Sch. 232) in Annenhof hatte wegen der Anpflanzungen mit Professor Niemann einen Briefwechsel. Niemann empfahl, die Weymuthskiefern mit den gemeinen Kiefern zu mischen. Aus Tabartz wurden Apfelkerne zur Aussaat bezogen. Die im Herbst ausgesäten wurden allerdings zum größten Teil wieder von den Feldmäusen aufgefressen. Auch Haselnüsse waren eine beliebte Speise der Mäuse. Besorgt wurden von der Firma Burgsdorff folgende Arten:

Weymuthskiefern, Nordische weiße Fichten, Lärchen, Edeltannen, Rottannen, gemeine Kiefern, Robinien oder Pseudoakazien, Nordische weiße Ulmen.

1795 wurde die geplante Vierwohnungskate gebaut, auch die Eisenplatten auf dem Dach des Herrenhauses mußten wieder gestrichen werden. Da diese überaltert waren, wollte man 1803 (A. Sch. 320) neue Platten auflegen. Es wurde bei einem Werk in Schweden angefragt. Die dort vorhandenen hatten aber nicht die entsprechende Größe. Die dort gangbare war 12 zu 21 Zoll. Hundert Stück sollten 23 Reichsthaler 5 kosten. Eine Neuanfertigung wäre zu teuer gekommen. Zunächst blieben also die alten Platten liegen und mußten öfter gestrichen werden.

Da der Baron v. Brockdorff wirklicher Rat in der holsteinischen Landesregierung und später als Amtmann ab 1796 in Cismar, ab 1798 in Segeberg und ab 1801 in Kiel, Bordesholm und Neumünster tätig war, wohnte die Familie kaum in Schierensee. So war die Möglichkeit gegeben, sich durch eine Verpachtung des Hauses eine zusätzliche Einnahme zu verschaffen (A. Sch. 6). Der erste Mieter war der polnische Graf Stanislaus Felix Potocki, geboren 1752, gestorben am 14. März 1805. Er besaß in Hamburg ein Palais und wollte, wie er es aus seiner Heimat gewohnt war, im Sommer auf einem Landsitz leben. Am 26. Februar 1795 (A. Sch. 246 u. 397) schrieb er dem Baron:

... Zunächst möchte ich Euch jedoch danken, Baron, für Euer Entgegenkommen, mich auf so angenehme Art und Weise zu logieren. Ich versichere Euch, daß neben meinen Bemühungen, Eure Freundschaft zu verdienen, die Unversehrtheit Eures Hauses, das Ihr die Güte habt, mir anzuvertrauen, meine größte Sorge sein wird. Ich hoffe, daß sich das Gut nach meiner Abreise im gleichen guten Zustand befinden wird wie vor meiner Ankunft ...

In einem Inventar wurden die Räume mit ihrer Möblierung aufgeführt. Man kann annehmen, daß die Räume nach dem Ableben Caspar v. Salderns kaum verändert wurden, da die Bewohner zumeist außerhalb lebten. Die Jahresmiete betrug damals 800 Reichsthaler. Der Gutsverwalter Matzen schrieb an seinen Herrn, daß der Graf auch deutsch spräche und er ihn gut verstehen könnte. Beauftragter des Grafen wäre Kapitän v. Metzel, der alle Rechnungen für Heu, Holz und Lebensmittel bezahle. Vierzehn Pferde des Grafen wären angekommen, alles Engländer mit abgehauenen Schwänzen. Es kämen aber immer noch Herrschaften und Leute an, die zu seiner Suite gehörten. Fast siebzig Personen hielten sich in Schierensee auf. Da für einen Herrn mit Frau eine heizbare Stube fehle, ließe daher der Herr Stallmeister anfragen, ob der Herr Baron nicht die Güte haben wolle, ihnen die Eckstube im Keller, dort wo das Porzellan stehe, zukommen zu lassen (A. Sch. 231).

Ein anderes Mal schrieb Matzen, daß noch weitere acht polnische Pferde gekommen wären. *Von all diesen Pferden wird es schönen Dünger geben, welcher den Grafen noch in Gedanken erhält, wenn er schon längstens weg ist.*

Am 5. Juni 1795 schrieb der Graf an den Baron, daß er das Schloß verlassen wolle, und bäte, ihm jemand zu benennen, der das Haus und das Mobiliar übernehmen könne. Der Baron antwortete am 12. Juni aus Glückstadt, daß das Haus an den Verwalter Matzen übergeben werden solle. Er bat, daß der Graf die Dienerschaft, soweit er sie nicht mitnehme, entlassen möge, nachdem nach seiner Abreise Ordnung geschaffen und für die nötige Sicherheit gesorgt sei. Mit dem Graf Potocki, der Königlich polnischer Generalleutnant, Woiwode und Kaiserlich russischer General en Chef war, lebte in Schierensee die Gräfin Witt. Sie war in einen unglücklichen Prozeß mit einem Herrn Bernsbrunn verwickelt, der angeblich die Gräfin belastende Schriftstücke besaß.

Baron v. Brockdorff verwandte sich für die Gräfin und erwirkte, daß die Schriftstücke herausgegeben werden mußten. Er schrieb unter anderem am 16. Juni 1795:

... Ich hoffe, daß wir bald ein glückliches Ende der Geschichte sehen und daß Ihr eines Tages anerkennen werdet, daß es um die Gerechtigkeit in diesem Land nicht so schlecht bestellt ist ...

Brockdorffs Gesundheit war in dieser Zeit schon schwer angegriffen. Anläßlich der Übernahme der Amtsgeschäfte in Segeberg bat er um Urlaub *zur Wiederherstellung meiner seit dem mich betroffenen sehr bekannten Zufall noch immer geschwächten Gesundheit* (LAS 66/4839).

Zur Besserung der Finanznot verkaufte Brockdorff 1796 in Glückstadt sein Haus für 7400 Mark lübsch.

Wie bereits im Kapitel über den Heeschenberg erwähnt, wohnte vom März 1796 bis August 1797 eine Mademoiselle van Lilaar (A. Sch. 397 u. 403) im großen Pavillon. An all diese Mieter wurden vom Gut Lebensmittel verkauft, so bezog unter anderem die Mademoiselle van Lilaar im März 1796 35 Pfund Butter und im Mai sogar 50 Pfund. Haushaltungsvorstand war in den Jahren 1794 bis 1798 die Frau des Kapitäns Seidenschnur (A. Sch. 398).

Eine weitere Pächterin war die Kammerherrin v. Ehrenstein, die vom Januar bis April 1798 Schierensee (A. Sch. 398) gemietet hatte.

Noch ein Gast wohnte – und zwar unter dem Namen einer Gräfin de Lille – vom Dezember 1800 bis Mai 1801 in Schierensee: die Königin Marie Luise Josephine, Gemahlin Ludwigs XVIII. von Frankreich. Letzterer, der anfangs den Titel Graf v. Provence führte, war 1791 aus Frankreich geflohen, nannte sich dann Graf von Lille. Er erklärte sich 1795 in Verona als Ludwig XVIII. zum König von Frankreich. 1796 reiste der König mit seiner Gattin über Deutschland nach Mitau. Sie war die Tochter des Königs Victor Amadeus III. von Sardinien, geboren am 2. September 1753, gestorben am 13. November 1810 in Deutschland, ohne je in Frankreich residiert zu haben. Von Mitau reiste die Königin 1800 nach Pyrmont. Am 20. November kam ihr Beauftragter Monsieur J. B. Cléry nach Hamburg, um am nächsten Tag nach Kiel weiterzufahren. Er sollte dort für die Königin ein Winterquartier suchen. Für den Fall, daß er nichts fand, sollte er in den kleineren Städten der Umgebung suchen. Cléry fand in Kiel nichts Passendes, kam aber nach Schierensee und übernahm dort am 13. Dezember 1800 von der Baronin v. Brockdorff das Wohnhaus mit Ausnahme einiger weniger Räume (A. Sch. 247). In einem Inventar, das für die Übergabe aufgestellt wurde, sind alle angemieteten Räume mit den Möbeln und Gardinen aufgeführt. Aus den Abrechnungen der Meierei (A. Sch. 406–408) geht hervor, daß an den Haushalt der Königin in jedem Monat Butter geliefert wurde. Königin Marie Luise zog dann nach Altona und wohnte bei dem Grafen de Milon in dem von ihm gemieteten Gasthof *Slavenhof*. Hier hielt sie täglich um 11 Uhr für eine Stunde Audienz für die in Hamburg und Umgebung wohnenden zahlreichen Emigranten. Von hier zog die Königin 1808 wieder nach Mitau zum König. Als er in diesem Jahr mit dem Schiff *La Fraja* ins Exil nach England segelte, blieb sie dort. 1810 starb sie im Waldeckschen.

Nach der Abreise der Königin aus Schierensee wurden die Räume und Möbel wieder an die Baronin v. Brockdorff übergeben. Aus einem Brief vom 14. September 1802 aus

Segeberg ist zu ersehen, daß einige wenige Möbel der Königin in Schierensee blieben und übernommen wurden.

In Schierensee hält sich die Überlieferung, daß die französische Königin eine besondere Rose, genannt *La reine*, gepflanzt hätte, die noch viele Jahre in Blüte stand. Auch soll im Back- und Bierkeller des Hauses eine katholische Kapelle eingerichtet worden sein.

Die kriegerischen Ereignisse in Schleswig-Holstein 1803 (A. Sch. 153) brachten für Schierensee und die Umgebung viel Einquartierung. Am 25. Juli trafen in Schierensee ein: Generalmajor v. Bardenfleth, Oberleutnant v. Lasson, Leutnant v. Onsberg, Regimentsquartiermeister Frieß und der Feldscher Henninges. Auf Annenhof nahmen Rittmeister v. Schack und Oberleutnant v. Mecklenburg vom Schleswigschen Reiterregiment Quartier. Alle blieben bis zum 8. September. Auf Annenhof waren im Juli noch zusätzlich 23 Mannschaften untergebracht.

Am 18. Juli 1808 (A. Sch. 153) schrieb der Divisionsquartiermeister v. Bardenfleth aus Emkendorf nach Schierensee, daß der Oberst Lambert vom 23. Regt. Chasseurs à Cheval Befehl erhalten habe, die 3. Kompagnie nach Schierensee zu verlegen, die 1. solle erst acht Tage später verlegt werden. Die Folge war, daß auf dem Gutshof zwei Offiziere mit Bedienten und im Dorf 24 bis 28 Mann Quartier nahmen.

Sehr viel weittragender waren die Ereignisse im Jahr 1813. Im Archiv Schierensee liegt ein Bericht (A. Sch. 244), der nach dem Abzug der Einquartierung aufgeschrieben wurde:

Unmittelbar nach der Schlacht bei Sehestedt (am 10. 12. 1813), kam der Graf von Wallmoden mit seinem ganzen Generalstab (einige dreißig Offiziere p. p.) und an 600 Mann Hannoveraner, Kosacken, Engländer p. p. Sämtliche Gebäude, Höfe und Gärten wimmelten von verschiedenen Menschen und Pferden, die alle von dem auf Schierensee vorhandenen Hornvieh, Korn und Heu so lange leben mußten, bis sie nach Süden marschierten. Auf den Höfen waren fast beständig drei bis vier Biwakfeuer. Darauf kamen auf Schierensee und Umgebung eine Abteilung Mecklenburger, die daselbst circa 8 Tage blieben . . . Außer einigen Dewastionen hat Schierensee sich von der freilich im höchsten Grade kränkenden Anwesenheit des Feindes nichts zu beklagen, da General und Stabsoffiziere streng auf Zucht und Ordnung hielten: welche freilich teils auch der Anwesenheit der geistreichen und liebenswürdigen damaligen Besitzerin, der Baronin Sophie von Brockdorff, geb. Gräfin von Saldern, die den Mut hatte mit dem unterzeichneten, während des ganzen unglücklichen Kriegsüberzuges auf Schierensee zu bleiben, zuzuschreiben ist. Von allen feindlichen Nationen, die während der Okkupation auf Schierensee hausten, führten die Russen sich am besten daselbst auf.

Die Ausgaben von seiten der Gutsherrschaft waren erheblich. Daher richtete Baron v. Brockdorff am 8. Januar 1815 an den König in Kopenhagen eine Eingabe (A. Sch. 544). Er schrieb unter anderem:

Es ist notorisch wie sehr vorerwähnte Güter (Schierensee, Annenhof, Blockshagen) bei der vorjährigen Invasion gelitten. Auf Schierensee befand sich während 11 Tage das Hauptquartier des Generals von Wallmoden. Zu dem Unterhalt der Suite von 5 bis 800 Mann ohne Offiziere wurde nicht nur die ganze vorjährige Ernte verfuttert, sondern auch fast das ganze Vieh geschlachtet. Nach seinem Abzug kamen die

Marie Luise Josephine Königin von Frankreich. Gemalt von Gautier d'Agoty

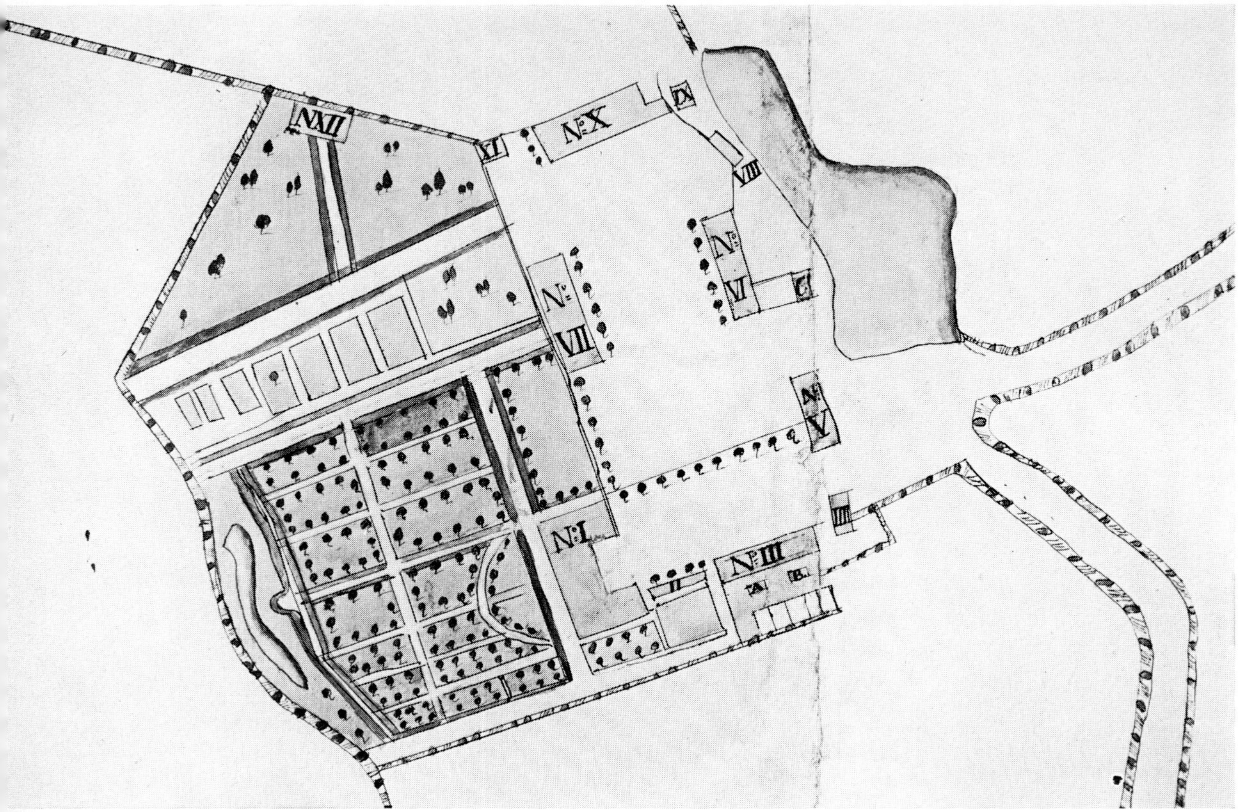

Der Gutshof Schierensee. Gezeichnet 1810 von Creutzfeld

Mecklenburgischen Truppen, die alles raubten und verdarben. Obgleich auf allen Gütern nichts mehr war, wurde von ihnen doch nachher soviel ausgeschrieben, als ob sie nicht gelitten, ja ich wurde durch excentiven Zwang genötigt zur rückständigen Contribution Anstalt zu machen. Nachher fanden die Lieferungen für das Belagerungs-Corps von Hamburg und endlich die Natural Einquartierung der Russen auf drei Monate statt . . . Weiter schrieb v. Brockdorff, daß der Schaden sich auf 14 854 Reichsthaler beliefe. Es sei dies mehr als die Einkünfte von zwei Jahren. Eine Geldbeschaffung sei nicht möglich, und er bäte um Erlassung der Steuern. Er schrieb: *daß man erst das Objekt wovon gesteuert werden solle wiederum in einen steuerbaren Zustand bringen müßte. Dieses ist um so schwerer, da bei dem Allerhöchst befohlenen Moratorio kein Kapitalist über sein Vermögen disponieren kann und daher Anleihen unmöglich sind. Ich kann es mit Bestimmtheit behaupten, daß wenige Güter in Holstein in dem Grade gelitten wie diese; auch werden wenige nach der Beschaffenheit des Bodens so hoch angesetzt als die meinigen.* Am selben Tag richtete v. Brockdorff an die Königliche Reichsbank in Kopenhagen ein Gesuch aus den oben angeführten Gründen um Erlassung der bisherigen Zinsen für die Reichsbankschuld auf die drei Güter.

Verzeichnis von den Gebäuden des Hofes Schierensee mit den dazugehörigen Wohnungen der Guts unter gehörigen.

No der Charte	Namen	Länge Fuß Zoll	Breite Fuß Zoll	Anmerkung	No der Charte	Namen	Länge Fuß Zoll	Breite Fuß Zoll	Anmerkung
I	Das Herschaftliche Wohnhaus:				XIII	Die Schmiede zu Lustigen Bruder	56. 6.	18. ..	[illegible] 300
II	Ställe				XIIII	Das Wohnhaus	56. 6.	32. ..	[illegible] 900
III	Die Meirey	1[illegible]	30. 6.	[illegible] 2.400	XV	Die Scheune	37. 6.	33. ..	[illegible] 400
IIII	Nebengebäude [illegible]	37. 6.	24. ..	[illegible] 1000	XVI	Das Wirtshaus [illegible]	54. ..	35. ..	[illegible] 1200
V	Der Reitstall.	91. 6.	24. ..	[illegible] 2.400	XVII	Insten Wohnung	40. ..	24. ..	[illegible] 250
VI	Das Kuhhaus	121. ..	40.	[illegible] 2.400	XIX				
VII	Die Scheune	121. ..	45. ..	[illegible] 5.000	XX	Backhaus			
VIII	Torfstall	50. ..	16. ..	[illegible] 400	XXI	Insten Wohnung in Grambeck.	50. ..	27. 6.	[illegible] 800
X	Das Thorhaus	142. 6.	45. 6.	[illegible] 3.200	XXII	Stall			
XI	Der Holz Stall.	45.	19. 6.	[illegible] 350	XXIII	Wohn: für Hofbedient	59. ..	30. ..	[illegible] 2.000
XII	Gartenhaus	59. 6.	32. ..	[illegible] 800	D	Stall			
A	Die Buttermühle	23. ..	23. 6.	[illegible] 500		Im Höfschenberg.			
B.	Der Schweinekoben	24. ..	14.	[illegible] 200	XXIIII	Gärtner Haus	42. ..	28	[illegible] 400
C.	Der Schweinestall	32. 6.	18. 6.	[illegible] 500	E	Stall. [illegible]	42. ..	10.	[illegible]
					XXV	Wirthshaus im Höfschenberg genannt Lustige Schwester.	55. ..	36.	[illegible] 1800
					XXVI	Inst: Wohnung	38. 6.	34. 6.	[illegible] 400
					XXVII	Die scheide Kathe oder die zwei Wohnung Kathe in Bollhuse	51. ..	36. ..	[illegible] 400
					XXVIII	Die Holzvogts Wohnung in Bollhuse.	54. 6.	34. ..	[illegible] 900

Erläuterung zu dem Lageplan von 1810

Die fast ständige Abwesenheit der Familie v. Brockdorff und die schwere Krankheit des Barons führten zu Unregelmäßigkeiten in der Buchführung in Schierensee. 1814 machte der Baron folgende Anmerkungen zu einer Abrechnung (A. Sch. 422): In dem Verkauf aus dem Garten und der Baumschule, in den täglichen Kornlieferungen für die Haushaltung, in den angegebenen Gartenlieferungen für Malz und den äußerst unregelmäßigen Haferlieferungen für die Baupferde liegt gar zu deutlich die Möglichkeit irgendeines erlittenen Betruges.

In den Quartalsrechnungen sind manche Nachlässigkeiten, ausgekratzte Zahlen, viele Flickereien, welches kein reines Zutrauen einflößt für den Rechnungsführer oder Ableger, dem es an Zeit nicht gefehlt hat. Es ist auch deutlich zu sehen, daß manches Stück in dem Rechnungspapier sehr alt ist. Zumal einige voll Flecken und Fliegendreck sind.

Zur Abrundung des Besitzes kaufte Brockdorff 1806 von seinem Nachbarn v. Hedemann, gen. v. Heespen, Land hinzu. Es waren der Bollhusen, Brennhörst und der Eschenbruch. Schon 1809 wurden die Gebiete wieder zurückgekauft.

1810 wurde der Königliche Premier-Leutnant und bestallte Landmesser Creutzfeld in Neustadt (A. Sch. 227) beauftragt, von den Gütern Schierensee, Annenhof und

Blockshagen eine Vermessung vorzunehmen. Er fertigte neben der Vermessung des Gehölzes Bollhusen folgende Karten an:

Die Karte vom Gut Schierensee, die vom Gut Annenhof, die von den Dörfern Hohenhude, Rothenbeck, Steinfuhrt und die vom Hof Blockshagen. Der Preis betrug 56 Reichsthaler 12.

Nach Kriegsende traten wieder die Sorgen der Bauunterhaltung an den Besitzer heran. Das Dach des Herrenhauses bereitete den größten Kummer. Die Eisenplatten waren schlecht und kosteten in der Unterhaltung durch die häufig notwendigen Anstriche viel Geld. Man kam daher zu dem Entschluß, sich mit einer Neueindeckung zu befassen. Der Maurermeister C. Sonnenkalb aus Kiel reichte am 22. August 1816 einen Kostenanschlag über die Deckung mit Pfannen ein (A. Sch. 320).

23 000 bunt glasierte Pfannen sollten je 1000 Stück 40 Reichsthaler 30 kosten. Ein Dachausbau mit Kupfer wurde auf 57 Reichsthaler veranschlagt. Nähme man rote Dachpfannen, dann kämen 1000 Stück auf 25 Reichsthaler 30. Der Unterschied von glasierten zu roten Pfannen betrug insgesamt 357 Reinchsthaler.

Das Geld reichte nicht.

Anfangs 1815 übernahm die Baronin v. Brockdorff wegen der Krankheit ihres Mannes die Geschäftsführung. Hierbei halfen ihr Rachel und ihr Schwager Cay Lorenz Graf v. Brockdorff. Im November erwog die Baronin sogar den Konkurs. Rachel riet aber wegen des Gesundheitszustandes des Barons ab. Eine Übersicht der Einnahmen und Ausgaben der Ehegatten ergab 1815, daß für beide zusammen zum Leben und sonstigen Unterhalt lediglich 2129 Reichsthaler übrigblieben. Sollte der Baron sterben, so würden für die Witwe nur 552 Reichsthaler im Jahr zur Verfügung stehen.

Mit allem Ernst schrieb der Bruder Cay Lorenz am 12. Juni 1816 an Christian Friedrich und beschwor ihn, mit Güte und Freundlichkeit die von ihm hervorgebrachten Schwierigkeiten zu überwinden (Anlage 21).

Von seinem schweren Leiden und den Sorgen um die Güter wurde Christian Friedrich Baron v. Brockdorff am 1. Januar 1818 erlöst. Seine älteste Tochter Friederike Marie Sophie, geboren am 9. Juli 1790 in Schierensee, heiratete am 4. März 1814 Jean Marie Aimé Mesmer, geboren am 15. Februar 1776 in Sedan. Mesmer wurde am 6. August 1811 (A. Sch. 567 u. 568) in Dänemark naturalisiert und erhielt, da er mit der Tochter v. Brockdorffs verlobt war, die Erlaubnis, seit dem 28. September 1811 den Namen v. Mesmer-Saldern zu führen.

Am 11. April 1833 starb die Baronin v. Brockdorff und wurde in Bordesholm beigesetzt. Damit ging das Gut an das Ehepaar v. Mesmer-Saldern über.

Über Bauarbeiten in den nun folgenden Jahren ist wenig zu berichten. Caspar v. Saldern hatte so solide gebaut, daß seine Nachkommen wenig Sorgen mit den Gebäuden hatten.

Erst 1835 wurde die Neudeckung des auf dem Hof ältesten Gebäudes, der Meierei, notwendig. Der Kostenanschlag über diese Arbeit lautete über 92 Reichsthaler 4, aufgestellt vom Maurermeister Ehbetts in Kiel (A. Sch. 227).

Nachdem bereits 1839 auf dem großen Pavillon im Heeschenberg die eisernen Dachplatten gegen Ziegel ausgewechselt waren, wurde endlich im Jahr 1843 das Dach des Herrenhauses umgedeckt (A. Sch. 327). Durch den Dachdecker Carl Schliemann erfolgte eine Eindeckung in englischem Schiefer. Hierzu gab Fr. Matzen in Kiel eine ausführliche Beschreibung. Von ihm kam auch ein Vorschlag zur Abhaltung von Feuchtigkeit in Wohnungen, er bot einen Schmelzmörtel an.

Die Eisenplatten wurden bei einer Auktion an den Meistbietenden verkauft.

J. M. A. v. Mesmer-Saldern starb am 16. August 1852 und Fr. Marie v. Mesmer-Saldern am 20. März 1860. Beide wurden in Westensee beigesetzt. Erbe (A. Sch. 580) war der Sohn Lorenz Christian Carl Aimé, geboren am 8. Dezember 1815 in Schierensee. Er war Königlich Dänischer Hofjägermeister und heiratete am 27. August 1847 in Plön Clara Augusta v. Warnstedt, geboren am 2. August 1829. Ihnen folgte nach dem Tod L. Chr. C. A. v. Mesmer-Saldern der Enkel Aimé Hermann Friedrich Caspar v. Mesmer-Saldern, der am 16. Juli 1882 geboren wurde und dessen Vater 1883, also noch vor dem Tod des Großvaters, starb. Am 12. November 1905 starb unverheiratet Caspar v. Mesmer-Saldern, und sein Onkel Joseph Conrad v. Mesmer-Saldern erbte die Güter. Dieser war Oberstleutnant im Kaiserlich Osmanischen Heer (A. Sch. 587 u. 590) gewesen und vererbte Schierensee und Annenhof an seine Nichte Elisabeth v. Mesmer-Saldern, geboren am 9. Februar 1881, die am 12. Mai 1909 den Oberstleutnant und Klosterpropst von Preetz Friedrich Eduard v. Buchwaldt heiratete. v. Buchwaldt war am 19. Februar 1871 in Pronstorf geboren, er starb am 4. April 1954. Aus der Ehe gingen zwei Söhne hervor. Hermann v. Buchwaldt, geboren am 11. Oktober 1910, und Otto, geboren am 5. April 1916. Beide Söhne fielen im zweiten Weltkrieg, Erbin wurde Elsabe v. Buchwaldt.

Die beiden Höfe Schierensee und Annenhof blieben bis 1918, bis zur Aufhebung des Fideikommiß, in der Hand Joseph v. Mesmer-Salderns. Im Jahr 1925 kam es zu einem Prozeß mit Wolf Graf v. Baudissin, der ein Testament vom Anfang des 19. Jahrhunderts angefochten hatte. Annenhof kam durch einen Vergleich an die Baudissins, konnte von diesen aber nicht gehalten werden und wurde aufgesiedelt. Ein Resthof blieb bestehen.

Mit der Teilung des Gutes war gegen den Willen Caspar v. Salderns verstoßen worden, ebenso auch dadurch, daß Schierensee verpachtet wurde.

Erster Pächter im 19. Jahrhundert war Bendixen, der das Gut bis 1828 gepachtet hatte. Weitere Pächter waren bis 1887 Hinrich Hammerich, bis 1914 Inspektor Bock, bis 1957 Emil Delfs und von 1960 bis 1970 Ernst Arp.

Die Größe des Gutes Schierensee beträgt insgesamt 538,2 ha, davon sind 292 ha Wald, 152,1 ha Wiesen und Weiden, 76,5 ha Wasserfläche (einschließlich Kleiner und Großer Schierensee) und 17,6 ha Hoffläche und Wege.

Eigentümerwechsel 1968 – Instandsetzung des Gutes

Die Abgabe Annenhofs vom Gesamtbesitz im Jahr 1927 hatte schwerwiegende wirtschaftliche Folgen für das Gut Schierensee. Hinzu kam, daß die Verpachtungen dem Verpächter nicht mehr die notwendigen Mittel übrigließen, um die zahlreichen Gebäude in einem baulich gesunden Stand zu erhalten. Alle Gebäude waren etwa zweihundert Jahre alt und somit teilweise im Material überaltert. Durch Umstellungen im landwirtschaftlichen Betrieb wurden verschiedene Gebäude nicht mehr voll genutzt, manche standen leer. Im Wohnhaus waren die großen, im Dach gezogenen Schornsteine wegen ihrer Brandgefahr eine stete Sorge der zuständigen Bauaufsicht.

Noch während der Bemühungen Elsabe v. Buchwaldts, das große Herrenhaus durch Einrichtung von Einzelwohnungen im Obergeschoß rentabler zu machen, fand sich ein Käufer für das ganze Anwesen, der in der Lage war, die notwendigen Baumaßnahmen durchzuführen und auch die Wirtschaft des Gutes auf eine neue hoffnungsvollere Basis zu stellen.

Am 1. Oktober 1968 wurde mit dem Verleger Axel Springer der Kaufvertrag abgeschlossen. Zuvor waren das Herrenhaus und die Nebengebäude mit Ausnahme der Scheune, deren Dachstuhl nach einem Brand 1912 erneuert war, unter Denkmalschutz gestellt worden. Auf Grund einer zugunsten des Landes Schleswig-Holstein eingetragenen Dienstbarkeit mußten bestimmte Möbel, Bilder, Kunstgegenstände sowie das Gutsarchiv und die Bibliothek als Sammlung im Haus bleiben und vom jeweiligen Käufer mitübernommen werden.

Diese Verpflichtungen machten zur Folge, daß mit Beginn der Übernahme des Besitzes und der Planung der Wiederherstellung vom neuen Eigentümer enger Kontakt mit dem Landesamt für Denkmalpflege, vertreten durch Kirchenoberbaurat a. D. C.-H. Seebach, aufgenommen wurde.

Von seiten des Eigentümers wurden die Arbeitsgemeinschaft Eduard Brinkama – Planungsbüro Jebens-Friccius aus Hamburg als Planer und Baudirektor i. R. Eberwein, Bad Segeberg, als Vermittler zum Kreisbauamt Rendsburg beauftragt (Anlage 24).

Die Arbeiten begannen am 1. Oktober 1968 und fanden am 1. April 1972 ihren Abschluß. Im folgenden wird an den einzelnen Objekten dargelegt, welche notwendigen technischen Baumaßnahmen durchgeführt werden mußten und welche Veränderungen notwendig waren, um die Gebäude einer zeitgemäßen Nutzung zuführen zu können.

Das Herrenhaus

Im Untergeschoß wurde aus drei Räumen der alten Konditorei durch Abfangungen mit Peiner-Trägern ein Raum geschaffen. In diesem Bereich wurden die Fundamente durch Betoninjektionen verstärkt. An der Ostseite wurde der Kücheneingang zu der ehemaligen großen Küche weiter nach Süden verlegt. An der Westseite wurde unter dem Podest des Gartenzuganges ein neuer Kellereingang geschaffen.

Im Erdgeschoß wurden auf der Südseite die zwischen den beiden Treppenhäusern liegenden drei Räume zu einem Gartensalon umgewandelt. Der hölzerne Balkon aus dem 19. Jahrhundert wurde abgerissen und eine Terrasse an das Haus angefügt, die mit einem mittleren und zwei seitlichen Treppenläufen in den Garten überleitet. Die Details für die Sandsteinbrüstung sind einer Zeichnung des Baumeisters G. Horn, der das Herrenhaus Emkendorf um 1791 bis 1796 umbaute, entnommen. Der Aufbau aus Cottaer Sandstein ruht wie der Sockel des Herrenhauses auf Granitsteinen. Die Südfront zwischen den beiden mittleren Lisenen wurde dem inneren Umbau entsprechend verändert. Statt bisher drei Fenstern wurden vier Fenstertüren eingebaut, und alle Fenster und Türen erhielten, wie es zur Zeit der Erbauung des Hauses an der Hoffront geschehen war, Umrahmungen aus Sandstein. Die Details des auf vier Säulen ruhenden Balkons wurden vom Mittelrisalit der Hoffront übernommen. Auch das schmiedeeiserne Balkongitter wurde nach dem Muster des Treppengeländers angefertigt. In der Nische neben dem ehemaligen Schlafkabinett Salderns und in dem Vorraum zur Schenke wurden Toilettenanlagen eingebaut.

Im Obergeschoß wurden über dem neu geschaffenen Gartensaal ebenfalls drei Zimmer zu einem Raum zusammengefaßt, von dem durch eine große Öffnung eine Sitznische mit einem Kamin abgetrennt wurde. Dieser Raum dient der Aufnahme der Fayencesammlung. Im braun-weißen Eckzimmer, im blau-weißen Zimmer und im Zimmer gegenüber dem östlichen Treppenhaus wurden Bäder eingebaut.

In der Erdgeschoßdiele mußten alle Balkenköpfe mit Stahlprofilen angelascht werden, da sie im Auflager verfault waren. Im Dachstuhl mußten drei Viertel der Hölzer erneuert werden. Der Rest wurde von Wurmbefall befreit und zum Schutz getränkt. Die Dachhaut wurde in englischem Schiefer völlig erneuert.

Da im Keller und in Teilen des Erdgeschosses die Wände Salpeter und Feuchtigkeit zeigten, mußten Teile derselben mit wasserdichtem Putz behandelt werden.

An den äußeren Wandflächen des Hauses wurden zahlreiche Ziegelsteine durch neue Handstrichsteine aus Skagen (Dänemark) ersetzt. Die gesamte Außenhaut erhielt eine Silikonschutzschicht. Die Lisenen und auch die Wände und Decken im Kellergeschoß wurden mit Keimschen Mineralfarben weiß gestrichen.

Das in Sandstein gefaßte Portal mit dem Initial *S* und dem Wappen im Mittelrisalit war durch Anstriche mit Öl- und Leimfarben stark beschädigt. Durch den Restaurator Jochen Seebach wurde es von allen Anstrichen gereinigt und mit Minerosan gefestigt. Die durch Zement ersetzten Basen und Anfänge der beiden seitlichen Halbpfeiler wurden durch den Bildhauer A. Ulbrich, Kiel, in Sandstein erneuert.

Einbauten im Herrenhaus

Im Erdgeschoß wurde im neuen Speisezimmer in das vorhandene Rahmenwerk eine englisch-chinesische Papiertapete eingelassen. Auf ihr sind zwischen Bäumen und Felsresten Vögel dargestellt. Das anschließende Porzellankabinett erhielt Wandschränke

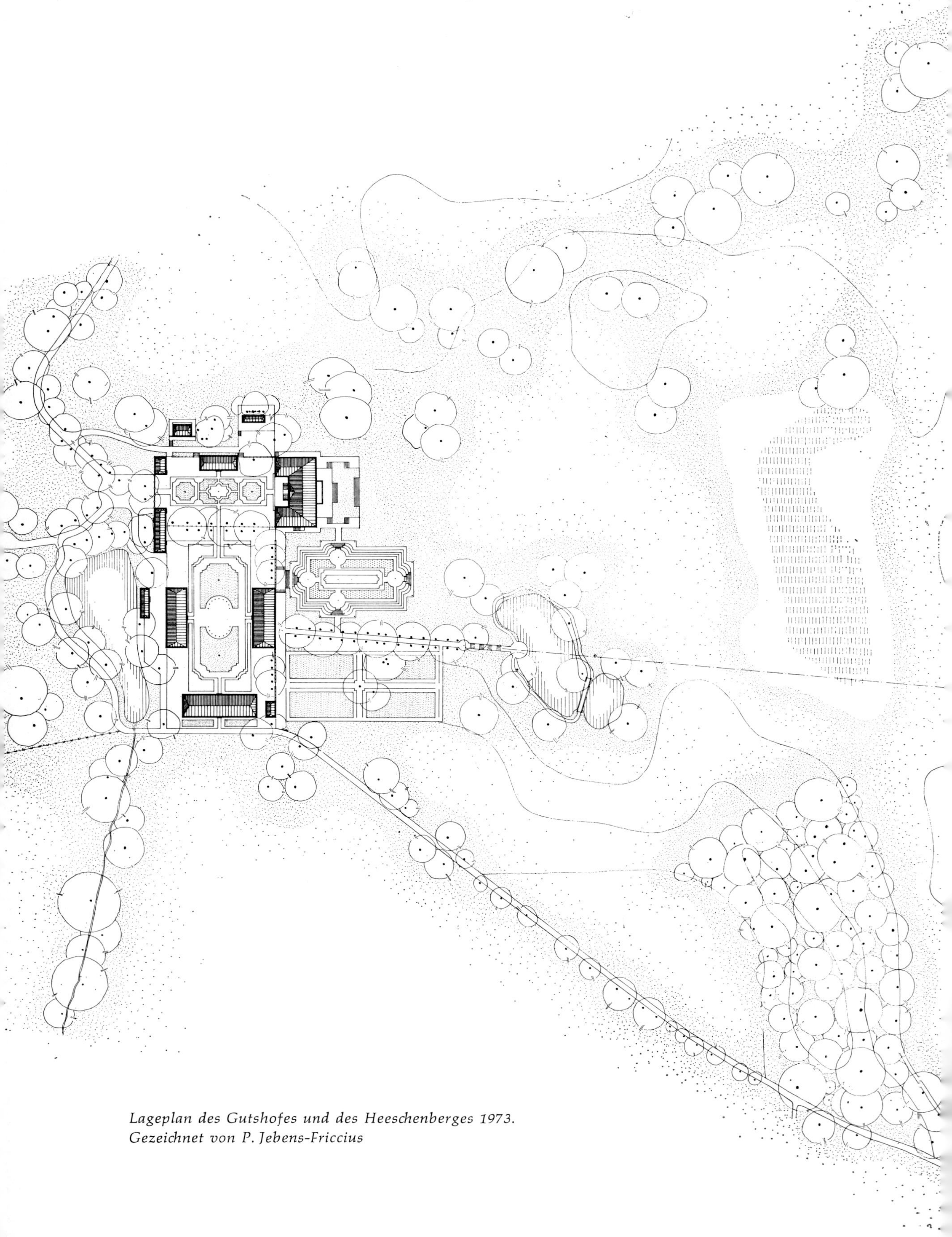

Lageplan des Gutshofes und des Heeschenberges 1973.
Gezeichnet von P. Jebens-Friccius

nach englischem Muster. Im Gartensalon wurden auf der aus altem Holz gefertigten Täfelung über den Türen und am Kamin vergoldete Schnitzereien aus Frankreich eingelassen.

Im Obergeschoß erhielten die drei Räume an der Südostecke, der Fayencesaal, das ehemalige Billardzimmer und das Alkovenzimmer Täfelungen aus altem Holz aus dem Berner Oberland. Alle Profile wurden nach in Schierensee vorhandenen Beispielen gearbeitet.

Das kleine Torhaus – früher kleiner Pavillon

Da das Fundament des Hauses, aus Feldsteinen aufgebaut, restlos verfallen war, mußte durch Unterlegung einer Fundamentplatte, die auf acht Betonpfählen ruht, das aufgehende auch aus dem Lot geratene Mauerwerk gesichert werden. Die Umfassungs- und Innenwände wurden in Bodenhöhe durchsägt und erhielten einen Einschub von Bleifolien. Auch an diesem Bau mußten zahlreiche Mauersteine der Außenhaut durch neue Handstrichsteine ersetzt werden. Ebenso wurde ein Schutzanstrich durch Silikon vorgenommen. Der Dachstuhl und die Dachhaut – schwarzglasierte Dachsteine aus Dänemark – wurden vollkommen erneuert. Das Erdgeschoß wird als Wagenremise genutzt, das Obergeschoß als Gästewohnung.

Das große Torhaus – früher großer Pavillon oder Pferdestall

Wie am kleinen Torhaus wurden hier die Mauern durchsägt und isoliert. Auch der Dachstuhl und die Dachhaut wurden erneuert. Im Erdgeschoß wurden wieder Pferdeboxen engebaut und der danebenliegende Raum als Gästezimmer mit einer Täfelung und einem Kamin aus Frankreich versehen. Im Obergeschoß wurden zwei Wohnungen eingerichtet, in der kleineren sind Nischen aus einem alten Dithmarscher Pesel miteingebaut. In den Räumen der größeren Wohnung wurden ebenfalls Täfelungen aus altem Holz mit Schierenseer Profilen und Teilen von drei Dithmarscher Peseln verwendet.

Das Inspektorhaus – früher Meierei

Der Baukörper wurde um elf Meter in Richtung zum kleinen Torhaus gekürzt. Es handelte sich bei diesem Bauteil um eine im frühen 19. Jahrhundert angefügte Verlängerung, die architektonisch in keinem Zusammenhang mit dem Erstbau stand. Die Fundamente der Ostseite des Hauses mußten durch zehn Stahlbetonpfeiler unterstützt werden, da sich der Bau nach Osten hin zu neigen begann. Die rundbogige Tür des Hauses wurde zur Hausmitte verlegt, so daß sie mit der Durchfahrt des großen Torhauses von Richter in der Mittelachse des Wirtschaftshofes liegt. Im Erdgeschoß befindet sich das Büro des technischen Gutsinspektors und eine Wohnung. Um im Dachgeschoß noch zwei kleine Wohnungen für Haushaltspersonal einzubauen, war es notwendig, die nachträglich eingefügten Schleppgauben durch acht Gauben, ähnlich denen des Herrenhauses, zu ersetzen.

Das Backhaus

Hier wurde der alte Backofen wieder neu aufgemauert; der frei liegende Teil erhielt ein Reetdach. Dem eigentlichen Backraum wurde ein Vorraum mit Nebenräumen zugefügt.

Das Trafo-Haus

An Stelle des alten Hühnerstalles wurde in gleicher Gestalt mit den alten Details ein Trafo-Haus gebaut.

Der Südstall – früher Scheune

Um die Geschlossenheit des Wirtschaftshofes nicht zu stören, wurde dieses nicht unter Denkmalschutz stehende Gebäude auf der Hofseite in seinen ursprünglichen Zustand versetzt. Bei der Bauuntersuchung stellte sich heraus, daß bei dem Brand 1912 das ganze Mauerwerk erhalten geblieben war. Die Dach- und Trägerkonstruktion des alten Baues wurde ausgebaut und durch eine Stahlbetonkonstruktion ersetzt. Somit beeinträchtigen bei einem späteren Ausbau keine Konstruktionsteile den großen Innenraum. Das aufgehende Mauerwerk wurde aufgesägt und isoliert und die Außenhaut wie bei den anderen Gebäuden behandelt.

Die Südfassade wurde verändert. Sie wurde in dreizehn Rundbogenfenster aufgegliedert, um den Innenraum später mit dem Garten in Verbindung bringen zu können. Im Reetdach wurden auf der Süd- und der Nordseite Gauben eingebaut.

Der Weststall – früher das große Torhaus von J. A. Richter

Hier wurden wie beim Südstall die Konstruktionsteile des Innern, die zum großen Teil verfault waren, durch Stahlbetonteile ersetzt. Die Süd-, die Ost- und die Nordseite blieben äußerlich unverändert. Lediglich an der Westseite wurden zwei Fenster zu Fenstertüren umgebaut, um als Eingänge für später geplante Wohnungen zu dienen.

Der Nordstall – früher Kuhhaus

Im Mauerwerk wurde nach eingehender Untersuchung der ursprüngliche Zustand von 1782 wiederhergestellt. Zugefügt wurden auch hier im Dach Gauben für dort eingebaute Wohnungen. Das Fundament an der Nordseite mußte auf die ganze Länge durch Stahlbeton um 1,50 m vertieft werden.

Das Fahrerhaus – früher Stallgebäude

Dieser ehemalige kleine Stall dient jetzt als Fahrerunterkunft. Um die notwendige Höhe im Innern zu gewinnen, mußte das Dach um 0,50 m gehoben werden.

An dem Weg zum *Lustigen Bruder* wurde ein Garagenbau für zwei Kraftwagen mit einer Werkstatt errichtet.

Der Lustige Bruder

Die ehemalige Gaststätte *Der Lustige Bruder* wurde in seiner äußeren Gestalt wiederhergestellt. Im Innern wurde unter weitgehender Rücksichtnahme auf den Altbau der Einbau von drei Wohnungen möglich; die zugehörigen beiden Ställe wurden mit geringen Veränderungen, so dem Einbau von Fenstern, wieder in alter Form aufgerichtet.

Außerhalb des Wirtschaftshofes wurden noch einige zum Gut gehörige Häuser instand gesetzt. So ist im Wald das alte Försterhaus wieder als Fachwerkbau unter Einbeziehung des später angebauten Stallteiles errichtet worden.

Am Scheideweg wurde ein altes Bauernhaus umgebaut, indem dort drei Wohnungen für Gutsangehörige eingerichtet wurden. Ein gleiches Haus wurde nach dem Vorbild des alten Baues daneben ebenfalls mit drei Wohnungen für Gutsangestellte neu gebaut.

Der Ehrenhof vor dem Herrenhaus, der früher in seiner ganzen Fläche mit einem Kopfsteinpflaster versehen, aber durch Sandstreuungen überhöht und nicht mehr als gepflastert erkennbar war, wurde mit rotem Meißner Granit nach einem Entwurf von Adelheid Gräfin Schönborn gepflastert. In der Mitte wurde eine Graniteinfassung für Blumen eingefügt, die von Rasenflächen umgeben ist.

Der gesamte Wirtschaftshof wurde ebenfalls mit rotem Meißner Granit gepflastert. Im Zentrum wurde eine Pferdetränke vertieft angelegt, die von Grünflächen eingefaßt ist.

Die Mauern, Zäune und Tore

Die mit Sandsteinvasen gekrönten gemauerten Pfeiler zwischen dem kleinen und großen Torhaus mußten, da sie baufällig waren, abgetragen werden und wurden unter Einbeziehung einer eisernen Verstärkungskonstruktion bei den beiden Mittelpfeilern wieder aufgebaut. Die Vasen wurden von der Ölfarbe gereinigt und mit Sandsteinverfestiger, Minerosan und Isi 100 durch A. Ulbrich und J. Seebach zur Steinsicherung getränkt. Die vier Eisengitter und das zweiflügelige Portal wurden, dem alten zwischen den beiden Höfen befindlichen Gitter angepaßt, neu angefertigt, da die 1968 vorhandenen aus alten Gasrohren gefertigt waren.

Das Trenngitter zwischen den beiden Höfen wurde ausgebaut, gesandstrahlt, verzinkt und gestrichen. Wieder benutzt wurden auch die Granitpfosten.

Die neuen Balkongeländer und die Gitter zwischen den Pfeilern am Eingang zum Hof wurden durch den Schmied A. Schmidt, Trappenkamp, angefertigt.

Die Trennmauer zwischen dem Wirtschaftshof und dem Garten wurde wegen Baufälligkeit abgetragen und nach Erneuerung der Fundamente in leicht veränderter Form wiederaufgemauert. Die Trennmauern beiderseits des Inspektorhauses mußten aus den gleichen Gründen wie vorher abgetragen und wieder aufgemauert werden. Die zwei Durchlässe erhielten neue schmiedeeiserne Türen.

Die Gartenanlage

1968 befand sich hinter dem Herrenhaus der Rest eines Gartens, der auf einem Plan von 1810 nur erahnt werden kann. Er war total abgängig. Von der ursprünglichen Saldernschen Anlage existierte nur noch die große Lindenallee, die von der Südseite der Scheune in südliche Richtung führte und vor einem Teich aufhörte. Zwischen die neu geschaffene Terrasse hinter dem Herrenhaus und diese Allee legte Gräfin Schönborn ein Rosarium in rechteckiger Form an. Von den vier Seiten führen Stufen zum tiefer liegenden Innern, in dem ein längliches Becken mit Springbrunnen eingetieft ist. Die alte Allee wurde bis zum neugefaßten Teich weitergeführt. An einer schmalen Stelle des Teiches wurde nach einer Zeichnung von Axel Bundsen von 1792 eine 15 Meter freispannende hölzerne Brücke, mit Details von Bundsen, über den Teich geschlagen. Zur Sicherung des von der eigenen Forstverwaltung gelieferten eichenen Holzwerks wurde eine Tragekonstruktion aus Peiner-Spezialträgern eingebaut. Der Zufluß des Teiches kommt aus einer natürlichen Quelle. Zur Randbefestigung wurden Findlinge verwendet. Vier Sandsteinvasen und eine Sonnenuhr fanden auf zum Teil durch den Bildhauer Ulbrich angefertigten neuen Postamenten wieder Aufstellung. Die eine Vase in Urnenform, die jetzt hinter dem Teich steht, war von C. v. Saldern zum Gedächtnis an seinen kleinen Hund, dessen Bild im Gartensaal über dem Kamin hängt, früher hinter dem Herrenhaus aufgestellt worden.

Auf der Westseite der Allee wurde an der alten Stelle der Wirtschaftsgarten angelegt.

Von einer Wiederherstellung des Heeschenbergparkes wurde abgesehen, da eine derartige verspielte Anlage der heutigen Zeit nicht mehr entspricht und die Pflege des sehr abseits liegenden Geländes außerordentlich erschwert sein würde. Die im Kellergeschoß des Herrenhauses eingemauerte Sandsteinsupraporte mit dem Wort *Tranquilitati* von dem Bildhauer Moser und der davorstehende Stein *ara tranquillitatis* bewahren neben den zeitgenössischen Berichten die Erinnerung an diese einst über das Land hinaus berühmte Anlage.

Nach der Darstellung der notwendigen Bauarbeiten und baulichen Veränderungen soll ein Gang durch einige der Räume des Hauses vor Augen führen, wie es möglich war, in der heutigen Zeit ein Herrenhaus als Wohnsitz einzurichten und nicht als Museum, obwohl fast nur Möbel und Einrichtungsgegenstände vom Ende des 18. Jahrhunderts zwangsläufig zur Verfügung standen.

Bei dem Verkauf des Hauses 1968 wurden auf Grund des Denkmalschutzgesetzes fast alle Möbel aus der Zeit Caspar v. Salderns mit übernommen. Hinzu kam die umfangreiche Sammlung von Möbeln, Kronen und Teppichen des neuen Eigentümers, die fast alle aus dem nordischen Raum stammen, dazu zahlreiche in allen Räumen aufgestellte Silbersachen und Porzellane.

Als Richtschnur für die sinnvolle Einrichtung der Räume des Hauptgeschosses wurden die Inventare genommen, die bei der Verpachtung des Hauses 1795 an den Graf Potocki und 1800 an die französische Königin aufgestellt wurden. Hierbei war zu berücksichtigen, daß in einigen Räumen für die Mieter Möbel umgestellt wurden und auch manche nicht erwähnt wurden, da der Baron v. Brockdorff sich einige vorbehalten hatte. Die Verteilung der Bilder war aus der Zeit Salderns nicht erkennbar und mußte daher sinnvoll neu vorgenommen werden, um bestimmte Personenkreise im Zusammenhang zu lassen.

Gang durch das Haus nach der Instandsetzung

1* Vom Ehrenhof kommend, betritt man die *Eingangshalle* mit ihrem alten Fußboden, der in schwarzen und weißen Marmorplatten verlegt ist. Bei den Gegenständen, die aus dem alten Bestand Caspar v. Salderns stammen, ist in Klammern ein (S) beigefügt. Über einem schweren Barocktisch mit einer Ölandplatte hängt eine Leuchte aus der Zeit um 1780 (S). Linker Hand steht ein Kopenhagener Schatullenschrank mit Spiegeln (um 1740), gegenüber hängt über einer schleswig-holsteinischen Nußbaumkommode um 1750 ein Porträt König Christians VII. von Angelika Kauffmann. Beiderseits der genannten Möbel hängen Altonaer Spiegel der Zeit um 1800. Gegenüber der Haustür steht eine Standuhr aus Potsdam. Zwei Fayencetische aus Schleswig und sechs nordische Stühle vervollkommnen die Einrichtung. Bemerkenswert sind über den beiden Türen zum Gartensaal Hirschköpfe mit Schweifwerkkartuschen (S). Sie tragen das Wappen der Familie v. Ahlefeldt und stammen aus der Zeit von 1620/30. Rudolf Zöllner, der in Nordelbingen, Bd. 41, einen Aufsatz über ältere Jagdtrophäen geschrieben hat, bringt diese beiden Kartuschen in Verbindung mit Arbeiten des Rendsburger Schnitzers Hans Peper. Über den Türen zum Flur und den beiden vorderen Räumen hängen ebenfalls Geweihe mit Kartuschen. Eine Kartusche mit Knorpelwerk schreibt Zöllner dem Schnitzer Klaus Heim für die Mitte des 17. Jahrhunderts zu, eine andere könnte nach Zöllner von Henning Claussen um 1645 gearbeitet sein.

2 Von der Halle aus betritt man linker Hand das *Saldernzimmer*, so genannt nach dem Porträt Caspar v. Salderns, das über einer schleswig-holsteinischen Kommode hängt.

Das Porträt ist von Vigilius Eriksen gemalt und datiert auf 176[?]. Die letzte Ziffer der Zahl ist unleserlich. Torben Holck Colding datiert das Bild nach den auf ihm erkennbaren Orden auf 1768. Vor der aus der Erbauungszeit freigelegten Wandmalerei steht ein Altonaer Schrank und ein dänisches Sofa um 1768. Auf einem Beisatztisch steht eine Kaminuhr von Niels Berg aus Stockholm (1760). Zur Beleuchtung dienen ein nordischer Kronleuchter um 1730 und zwei zweiarmige vergoldete hölzerne Wandleuchter. Erwähnenswert ist der eiserne Ofen von 1774 aus *Baerums iern Werk* (S). Auf dem Pyramidenstumpfaufsatz sehr schöne Reliefs: Gehänge aus Gartengerät, Waffen, Kanonenrohr. An den Schmalseiten antikische Kriegerköpfe in Medaillons. Öfen dieser Ausführung waren ein Geschenk des Königshauses an besondere Persönlichkeiten. An Porträts sind weiter zu erwähnen: Die Zarin Catharina II. als junges Mädchen (S); ein sehr ähnliches Bild, gemalt von Pietro Rotari um 1760, hing früher im Schloß zu Dessau; dann Bilder von Johann Hartwig Graf v. Bernstorff; von Christian August Fürst von Anhalt-Zerbst, Vater der Zarin Catharina, wahr-

* Die Ziffern beziehen sich auf die Zeichnungen der Klappkarte 3 am Schluß des Buches.

scheinlich eine zeitgenössische Kopie nach einem Porträt von Antoine Pesne; Zar Peter III.; Carl Friedrich Graf v. Görtz und seine Frau, eine geborene Knuth.

Der große Saal, jetzt *Catharinensaal* genannt, zeigt in seiner Wandarchitektur, 3
Öfen und teilweise Möbeln die führende Hand des Architekten Richter. Hier hat er mit den Bildhauern Geertz und Moser ohne, wie es sonst in Schleswig-Holstein üblich war, Italiener als Künstler zu Mitarbeitern zu holen, nur mit einheimischen Handwerkern Hervorragendes geleistet. Aus der ersten Einrichtungszeit stammen der Ofen und der Kamin mit dem darüber befindlichen Spiegel (S), zwei Konsoltische mit Marmorplatten und Wandspiegeln in den abgerundeten Saalecken (S), ein Konsoltisch mit Marmorplatte, der im Detail die Ornamente am Ofen und Balkon aufnimmt (S) und zu dem ein gleichartiger neu durch den Bildhauer P. Stordel angefertigt wurde. Ein Sofa und zwei Polsterbänke stammen ebenfalls aus Salderns Zeit. Die Uhr auf dem Kamin, bezeichnet: Causard d'ger du Roy Paris, stammt aus der Ersteinrichtung (S), dagegen nicht die von Julien Leroy aus Paris angefertigte. Die sechs dreiarmigen vergoldeten hölzernen Wandarme sind alt (S). Hinzugekommen sind aus der Sammlung des jetzigen Eigentümers der Kronleuchter des 18. Jahrhunderts, zwei dänische Barockkommoden und, in Anlehnung an das alte Inventar, ein großer Mahagoniausziehtisch und zwölf weiß-gold gefaßte Sessel.

Von besonderer Bedeutung für das Haus ist das große Bild der Zarin Catharina II. (S). Bei der Restaurierung stellte Botho Mannewitz interessante Tatsachen fest. Das Porträtmittelteil ist auf Ockergrund gemalt. An beiden Seiten und unten sind Reste eines anderen Bildes angesetzt worden. Weitere frühe Veränderungen, wahrscheinlich schon bei der Vergrößerung des Bildes, wurden festgestellt: Die Krone war größer gemalt, ebenfalls übermalt war der Reichsapfel, an der linken Schulter waren Korrekturen vorgenommen worden, die Schärpe des Ordens wurde verändert, das Andreaskreuz tiefer gesetzt. Es ist anzunehmen, daß das kleinere Originalbild von Vigilius Eriksen um 1764 gemalt wurde und daß Saldern das Bild als Geschenk der Zarin erhielt. Nach einer Mitteilung von Frau J. Kotelnikowa, der wissenschaftlichen Mitarbeiterin an der Eremitage in Leningrad, ist zu vermuten, daß der in Rußland am Hof der Zarin beschäftigte Maler H. Buchholtz, wie andere Porträts, so auch dies Bild vergrößerte. Der zugehörige Rahmen ist datiert mit: Gustavus Precht Kongl. May. Hof Conducteur & Sculptor, Inventor et Sculpsit, Stockholm . . . Das Datum ist unleserlich. Nach einer Mitteilung des Intendanten Lars Sjöberg vom Nationalmuseum Stockholm ist G. Precht am 3. August 1763 in Stockholm gestorben. Sjöberg schreibt: *Der Rahmen dieses Portraits dürfte also vor diesem Datum gemacht worden sein. Dagegen muß das Portrait nach dem Jahre 1762, wo die Kaiserin gekrönt wurde, gemalt sein. Es ist zwar möglich, daß man den Prechtschen Rahmen schon hatte, weil er stilistisch ca. 10 Jahre älter sein kann.* Es ist anzunehmen, daß Saldern einen älteren Rahmen, wahrscheinlich für ein Porträt der Zarin Elisabeth angefertigt, kaufte und durch Buchholtz das Bild passend arbeiten ließ. Wie schon erwähnt, hing es noch bei Salderns Tod im Pavillon Tranquilitati. An der Wand gegenüber der Musikempore hängt ein Bild des Zaren Peter III., gemalt von Georg Ziesenis.

Der Weg führt jetzt zurück durch das Saldernzimmer und die Halle in das *Tägliche* 4
Zimmer oder den *Gelben Salon*. Die Freilegung der übermalten Wände durch B. Mannewitz und Mitarbeiter der Firma Gillde brachte den zartgelben Grundton mit den

grauen und weißen Absetzungen, so daß sich der Name *Gelber Salon* wieder erklären läßt. Der früher auf einem Unterbau des 19. Jahrhunderts stehende Fayenceofen erhielt einen schlichten passenden Kachelunterbau. Die Herkunft des Ofens ist nicht eindeutig zu klären. Es ist nur bekannt, daß Saldern für sein Kieler Haus Öfen aus Meißen bezog und später Öfen aus Wandsbek. Die Supraporten, die Konsoltische mit den Spiegeln und der Eckschrank sind Arbeiten des jüngeren Moser und von Beginn an in die Architektur des Raumes eingefügt. In dem Eckschrank, der ursprünglich eine Tür mit einem Spiegel hatte, ist jetzt ein Teil der wertvollen Porzellansammlung Caspar v. Salderns aufgestellt, Porzellan aus Meißen und Fürstenberg. Zum alten Inventar gehören noch fünf Sessel und ein reichgeschnitzter grün-gold verzierter Spiegel, wahrscheinlich aus dem 2. Rokoko. Das Sofa und sechs Stühle sind dänische Arbeit um 1780. Die Schatulle mit Aufsatz aus Ulme, teilvergoldet, ist eine Arbeit von Lorenz Nielsen aus Apenrade um 1780.

Für die Beleuchtung dienen eine große Louis-Seize-Krone und vier Wandarme aus Bronze um 1780 (S).

Die Gemälde in diesem Raum stellen Familienangehörige Salderns und seiner Schwiegertochter dar. Das große dreifigurige Gemälde zeigt Caspar v. Saldern, seine Tochter Agatha v. Schnell und seine Hausdame Amalie Friderike Schnepel (S). Es ist 1772 von Heinrich Buchholtz in Petersburg gemalt. Das zeitweise in zwei Teile zerschnittene Bild wurde durch B. Mannewitz unter Verwendung des alten Rahmens wieder zusammengefügt. Bemerkenswert sind auf dem Bild neben den Personen der kleine Hund, ähnlich wie der im Gartensaal, und die silberne Reiseuhr Caspar v. Salderns, die an der Wand hängt und jetzt ebenfalls im Gartensaal aufbewahrt wird. Die beiden oberen Porträts an der Wand neben dem Schrank von L. Nielsen stellen dar: den Sohn Caspar v. Salderns, Karl Heinrich Graf v. Saldern-Günderoth, und seine Frau Friederike Amalia geborene v. d. Kettenburg. Beide Bilder sind Kopien von C. Fey, die Originale befinden sich auf Augustenhof bei Gettorf. Darunter hängen die Porträts von Hans Graf Schack und seiner Frau Anna geborene Blome. Beide Gemälde sind auf Kupfer gemalt, das des Grafen wird Abraham Wuchters zugeschrieben, das seiner Frau der Schule Wuchters.

Wie in fast allen Räumen, so stehen auch hier Fayencetische aus der Sammlung Springer, einer aus Eckernförde und zwei aus Schleswig um 1760. Die Rokokouhr stammt aus Stockholm, um 1760 gearbeitet.

5 Der folgende Raum ist der *Grüne Salon*, benannt nach der grünen Damastwandbespannung. Die Erneuerung der Bespannung, wie auch der Gardinen und Möbelbezüge erfolgte in Frankreich in derselben Fabrik wie zur Zeit der Erbauung des Hauses. In Schierensee und Lyon fanden sich noch archivalische Unterlagen über die erste Bestellung. Die Sockelbemalung erhielt ihren ursprünglichen Farbton. Die beiden Supraporten wurden von alten Firnissen und Retuschen freigelegt, die Rückseiten, da die bemalten Bretter verbogen waren, von 11 auf 5 mm abgehobelt und auf starkes Parkett aufgeleimt. Auf einer Supraporte ist das Wappen der Familie Rantzau zu erkennen. Aus der Zeit der Erstausstattung stammen der Konsoltisch mit Spiegel von Moser, ein Sofa und sechs Stühle (S). Aus der Sammlung Springer kamen hinzu der Spiegelschrank aus der Mitte des 18. Jahrhunderts aus Altona, eine Nußbaumkommode von Mathias Orthmann um 1750 und zwei vergoldete Konsoltische. Be-

merkenswert sind zwei Deckelvasen aus Meißner Porzellan (S), ein Fayencetisch und eine Uhr vom Ende des 18. Jahrhunderts auf einer Konsole.

Die Porträts stammen alle aus der Zeit Caspar v. Salderns und stellen Persönlichkeiten aus der russischen Geschichte seiner Zeit dar. Neben dem Fayenceofen (S) hängt ein Bild des russischen Außenministers Nikita Graf Panin. Über dem Sofa sind die Bilder des damaligen Großfürsten Peter und der Großfürstin Catharina angebracht. Weiter ist ein Bild des Großfürsten Paul, des Sohnes der vorgenannten, zu sehen. Der Maler dieses Bildes könnte J. v. Spaeht sein. Ein fast identisches signiertes Bild hängt im Herrenhaus Wulfshagen. Ein sehr qualitätvolles Porträt ist das des russischen Gesandten in Kopenhagen, Johann Albrecht Baron v. Korff. Es ist ein Pastell mit der Signatur des schwedischen Malers Gustav Lundberg. Nach Colding müßte es 1746–1748 gemalt sein, da damals v. Korff Gesandter in Stockholm war und Lundberg gerade aus Paris zurückgekehrt war. Ein kleineres ovales Porträt König Christians IV. kam zu der Sammlung der Bilder Salderns hinzu.

Das anschließende Eckzimmer heißt im alten Inventar das *grün und weiße Damast-* 6
Kabinet. Da von der Wandbespannung nichts mehr vorhanden war, wurde nach vielen Entwürfen die jetzige ausgewählt, auch hier wieder für die Gardinen, wie im Inventar angegeben. Von besonderer Schönheit und Seltenheit in Schleswig-Holstein ist der sogenannte Specksteinofen. Es ist ein Kalkstein mit Bronzearbeiten verziert. Als Krönung dient jetzt nach dem Verlust der ursprünglichen Vase eine Fayence aus der Kieler Werkstatt. Der Farbton der Wände wurde nach Befund erneuert und die Goldleisten von der Bronzierung freigelegt, teilweise erneuert. Die Supraporten wurden doubliert und von den starken Schmutz- und Firnisschichten befreit. Die zwei Porträts stellen dar den General E. v. d. Kettenburg und seine Frau Marie Elisabeth geborene v. Thomsdorff. Die Bilder sind um 1750 gemalt und nicht feststellbare Verwandte der Schwiegertochter Caspar v. Salderns (S). Die zwei Pendantbilder, Mädchen mit Blumen, sind von dem österreichischen Maler Johan Georg Platzer um 1740 gemalt (S). Die beiden Landschaftsbilder von Schloß Glücksburg und Schloß Gripsholm sind 1968 übernommen und in der ersten Hälfte des 19. Jahrhunderts gemalt worden. Das Mobiliar gehört zur Sammlung Springer. Hierzu gehören ein dänischer Louis-Seize-Schreibtisch, ein Sofa um 1750 und eine kleine nordische Kommode aus dem 18. Jahrhundert.

Im *Eichenkabinett* steht ein sehr ähnlicher Kamin wie im Catharinensaal mit einem 7
Spiegel und Stuckeinrahmung von Moser. Die zwölf Gouache Miniaturbilder (S) stellen schwedische Herrscher zwischen 1523 und 1751 dar. Die Rahmen Carls XI. und Carls XII. sind aus dem Rokoko, die anderen aus dem 2. Rokoko. Zwei kleine Eckschränke und ein Sofa (um 1740) gehören zur Ersteinrichtung (S), ebenso ein Mahagonischreibtisch. Von besonderer Schönheit ist die Krone aus Bergkristall.

Im jetzigen *Büro* wurde die grün-weiß karierte Seidenbespannung nach aufgefun- 8
denen Resten neu gewebt. Beide Supraporten, bei dem Erneuerungsbau hierher versetzt, mußten doubliert werden. Hier steht der Geheimschrank Caspar v. Salderns (S) aus dem zweiten Viertel des 18. Jahrhunderts. Auch die beiden Spiegeleckschränke, der eine aus Kiefer mit Mahagoni furniert, der andere aus Eiche, ebenfalls mit Mahagoni geschmückt, gehören zum alten Bestand (S).

9 Das dahinterliegende jetzige *Archiv* war Salderns Schlafzimmer. Die grün-weiß-kariert bemalten Wandflächen wurden von Übermalungen freigelegt und passen zu der Seidenbespannung des Vorzimmers.

10 Die *Bibliothek* wurde unter Benutzung der alten Regale, die aber jetzt fest eingebaut wurden, wieder an der alten Stelle eingerichtet, und zwar im Südwesteckzimmer. An verschiedenen Stellen konnte die Originalbemalung von J. M. Bremer wieder freigelegt werden, so daß es möglich war, den Raum wieder farblich so zu gestalten, wie er bei der Fertigstellung des Hauses im 18. Jahrhundert aussah. Auch die Türen sind nach Befund wieder bemalt worden. Der Lesestuhl und das Rollbüro gehören in die Zeit Salderns (S). Der Ofen wurde aus einem jetzt nicht mehr vorhandenen Raum (jetzt der Gartensaal) hierher versetzt. Die Bibliothek, die in ihren alten Beständen auf Saldern und wahrscheinlich noch auf die Vorbesitzer von Schierensee zurückgeht, wurde durch die Bibliothekarin Jutta Voss geordnet und kartiert.

11 Das Gegenzimmer an der Südostecke des Hauses ist jetzt das *Eßzimmer* mit der schon erwähnten gemalten Tapete. Besonders erwähnenswert sind zwei weiß-silber gestrichene Eckschränke aus Potsdam um 1750 und zwei Konsoltische mit Spiegeln (S). Hier stehen ferner ein Fayencetisch aus Rørstrand um 1760, ein runder Mahagonispeisetisch und weiße vergoldete Stühle. Die Lichtkrone ist russischer Herkunft aus der Zeit um 1770.

12 Das anschließende *Porzellankabinett* enthält neben einigen Stücken aus der alten Saldernschen Sammlung besonders schöne Exemplare aus den Manufakturen von Berlin, Meißen, Kopenhagen und St. Petersburg. Die blauen Monatsteller stammen aus Delft. Über ihnen sind zwei Fayenceköpfe in Form antiker Helden aus Braunschweig beachtenswert. Von besonderer Schönheit sind zwei kleine Porzellanbilder aus Meißen, die um 1738 von G. B. Häuer oder Chr. Fr. Höroldt mit Landschaften bemalt sind. Eine nordische Glassammlung und Silber aus Nordfriesland vervollständigen die kostbare Sammlung. Neben dem Fenster hängt ein Spiegel aus der Mitte des 18. Jahrhunderts (S).

13 Der aus drei Räumen geschaffene *Gartensaal* wurde durch die Aufstellung von Möbeln so gegliedert, daß er einmal mit dem Schreibtisch Caspar v. Salderns eine Arbeitsecke, zum andern mit historischen Möbelstücken und heutigen Sitzgelegenheiten einen Aufenthaltsraum für den Hausherrn und für Gäste bildet.

Aus dem Saldernschen Besitz befinden sich in diesem Saal außer dem Schreibtisch nur noch vier Bilder, die zu einer Schönheitsgalerie um 1780 gehören, über dem Kamin ein Bild eines Hundes, gemalt in Petersburg von Johan Friedrich (Iwan Fjodorowitsch) Gooth, einem damals in Petersburg bekannten Tiermaler, und ein kleines Ölbild, das den Pavillon Tranquilitati nach der Veränderung des Daches aus der ersten Hälfte des 19. Jahrhunderts darstellt.

In der Ofennische steht einer der wenigen noch in Privatbesitz befindlichen Öfen aus Stockelsdorf. An Einzelmöbeln sind besonders erwähnenswert: eine kleine Kommode von Mathias Orthmann, vier weitere dänische des 18. Jahrhunderts, eine Schatulle aus Nußbaum mit Aufsatz aus Schleswig-Holstein um 1750 mit einer Sammlung von friederizianischen Dosen, teilweise aus Email und Elfenbein, und ein dänischer Aufsatzschrank von 1760–1770. Letzterer hat einen besonders interessanten Inhalt.

Hier befinden sich 64 Soldaten aus Meißener Porzellan von Kändler. Sie waren ein Geschenk Friedrichs des Großen an den Großfürsten Peter, ein für den Empfänger beliebtes Spielzeug, der sich neben diesen Soldaten noch eine eigene schleswig-holsteinische kleine menschliche Truppe leistete. In die Zeit dieser Figuren gehört auch eine Uhr aus Meißen um 1750. Auf einem vergoldeten Bronzesockel sind zwei Kerzenarme, Blattzweige und bunte Porzellanblumen befestigt. Als Dekoration dienen weiter zwei ähnliche Soldaten aus Porzellan, wie die im Schrank. Aus der großen Zahl der kleineren Ausstattungsstücke sollen nur zwei erwähnt werden. Auf dem Schreibtisch steht ein Schreibzeug Friedrichs des Großen. Es ist eine Potsdamer Arbeit aus Edelhölzern mit Goldbronze, diese aus der Hand von Kambly. Das Tinten- und Sandgefäß sowie die Leuchterarme sind aus schlesischem Achat gearbeitet. Auf den Kommoden steht nordosteuropäisches Silber aus Königsberg, Danzig und Dänemark, speziell aus Kopenhagen.

Neben den bereits aufgeführten Bildern sind die aus der Sammlung Springer stammenden aufzuführen. Hinter dem Schreibtisch ein Bild Friedrichs des Großen von Ch. B. Rode, einem Schüler von A. Pesne. Von letzterem stammen das Porträt der Königin Elisabeth Christine von Preußen und das ganzfigurige Bild der Prinzessin Sophie von Preußen. Besonders interessant ist die Studie von V. Eriksen zu einem Gemälde der Zarin Catharina II. vor einem Spiegel. Die zu Salderns Zeit regierende dänische Königsfamilie ist auf drei Bildern vertreten, deren Hintergrund nicht gemalt, sondern mit einem Spiegel versehen ist. Dargestellt sind König Christian VII. und seine Gattin, Königin Caroline Mathilde, und der Nachfolger König Friedrich VI. Zur Ausstattung des Saales gehören ferner zwei Konsoltische mit Spiegeln aus dem 18. Jahrhundert, ein Spieltisch aus Mahagoni mit Intarsien (S). Ein besonderes Schmuckstück ist die französische Wanduhr von Chevalier au Thiulleries um 1760 und, nicht zu vergessen, die Reiseuhr Salderns von Daniel Schilke, H'loger du Roy a Varzovie.

Ein Teil der 1968 übernommenen Möbel, in erster Linie aus Mahogoni, ist in den Räumen des Obergeschosses aufgestellt. An älteren Bildern sind hier aufzuführen: ein Porträt der Tochter Caspar v. Salderns, Anna Maria, eine Kopie von C. Fey, ein Porträt einer Herzogin von Holstein, Äbtissin von Quedlinburg, ein Ölbild von B. Denner, das ein junges Fräulein v. Barnewik darstellt. In einem Raum steht ein Fayenceofen aus Jever, in weiteren kleinere zeitgenössische Fayence- und Kachelöfen.

Über die Fayencesammlung des Hausherrn berichtet ein besonderes Kapitel. Sie ist im *Obergeschoß* und im *Jagdsaal* untergebracht. Im letzteren, der ehemaligen Küche, stehen ein Eichenschrank für Teller aus der Mitte des 18. Jahrhunderts (S), ein eichenes Tellerbord des 19. Jahrhunderts (S) und ein besonders schön geschnitzter Rokokoschrank, datiert 1782. Die Standuhr von Johan Jakob Schröder aus Kiel gehört zur alten Ausstattung und ist im dritten Viertel des 18. Jahrhunderts angefertigt.

Nach der Darstellung der Wiederherstellung der Gebäude und ihrer Einrichtung ist es eine dankbare Pflicht, die Mitarbeiter zu nennen. Unter der Leitung von Dipl.-Ing. Peter Jebens-Friccius und Eduard Brinkama für die Gebäude und Adelheid Gräfin v. Schönborn geborene v. Buchwaldt für die Außenanlagen war eine große Schar Helfer tätig, deren Namen im Anhang aufgeführt sind.

Gutsanlage Schierensee von Süden gesehen, im Hintergrund der Westensee

Das Herrenhaus mit Ehrenhof und den Pavillons am Eingang

Der Ehrenhof mit dem Reitstall und kleinem Pavillon, zwischen ihnen die Pfeiler mit den Vasen von J. G. Moser

Der Eingang des Herrenhauses mit dem Wahlspruch „NON MIHI SED POSTERIS" und der Jahreszahl 1778

Die Gartenfront des Herrenhauses

Blick vom Herrenhaus zum Südstall mit einer Vase von J. G. Moser

Der Teich zwischen dem Herrenhaus und dem Heeschenberg

 Die Eingangshalle mit einem Kopenhagener Schatullenschrank und Altonaer Spiegeln

Blick vom Saldernzimmer in den Catharinensaal

 Der Catharinensaal mit den Bildern der Zarin Catharina II. und des Zaren Peter III.

Keramikofen im Catharinensaal

Der Gelbe Salon mit dem Gemälde von H. Buchholtz, auf dem Caspar v. Saldern, seine Tochter Agatha v. Schnell und Amalie Friderike Schnepel dargestellt sind

Blick vom Gelben Salon in den Grünen Salon mit einer Supraporte, einem Konsoltisch und Spiegel von August Friedrich Moser

228 *Eckschrank im Gelben Salon von A. F. Moser mit Porzellan aus dem Besitz C. v. Salderns*

Detail des Grünen Salons mit Konsoltisch und Spiegel von A. F. Moser und zwei Meißner Vasen

 Das grün-weiße Damastkabinett mit einem Schreibtisch aus Dänemark und einem Bild des Schlosses Glücksburg

Der Specksteinofen im grün-weißen Damastkabinett mit einer Fayencevase der Kieler Werkstatt

232 *Das Eichenkabinett mit einem Kamin und Spiegel von A. F. Moser. Beiderseits Miniaturen mit schwedischen Herrschern und als Beleuchtung eine Krone aus Bergkristall*

Die Bibliothek mit der Wandbemalung von Johann Mathias Bremer

Der Gartensaal. Seite mit dem Kamin

Der Gartensaal. Seite mit dem Schreibtisch Caspar v. Salderns

Der Ofen aus der Stockelsdorfer Werkstatt im Gartensaal

Der Lieblingshund C. v. Salderns, gemalt von Johan Friedrich Gooth, und Silber aus der Sammlung A. Springer

238 *Ein dänischer Aufsatzschrank im Gartensaal mit den Soldatenfiguren aus Meißner Porzellan*

Eine Schatulle mit Aufsatz aus Schleswig-Holstein und friderizianischen Dosen

240 *Konsoltisch mit Spiegel aus dem 18. Jahrhundert mit zwei Deckelvasen aus Kopenhagener Porzellan und den Porträts König Friedrichs VI.*

Kommode, darüber ein Bild der Schönheitsgalerie

Prinzessin Sophie von Preußen, gemalt von Antoine Pesne

Schreibzeug aus dem Besitz Friedrichs des Großen, gearbeitet von Johann Melchior Kambly

Das Porzellankabinett, rechts Monatsteller aus Delfter Porzellan, links Porzellan aus St. Petersburg und Meißen, darunter zwei Bilder, gemalt um 1738

Das Eßzimmer mit Konsoltisch und Spiegel aus Caspar v. Salderns Besitz und einer Krone russischer Herkunft

Fayencensaal

Ecknische im Fayencensaal

 Ehemalige Küche, jetzt Jagdsaal mit einer Sammlung von Fayencen aus Kellinghusen

Hirschkopf auf einer Schweifwerkkartusche mit dem Wappen der Familie v. Ahlefeldt

250 *Tisch mit Marmorplatte von A. F. Moser im Catharinensaal, auf der Tischplatte eine Uhr von Julien Leroy aus Paris*

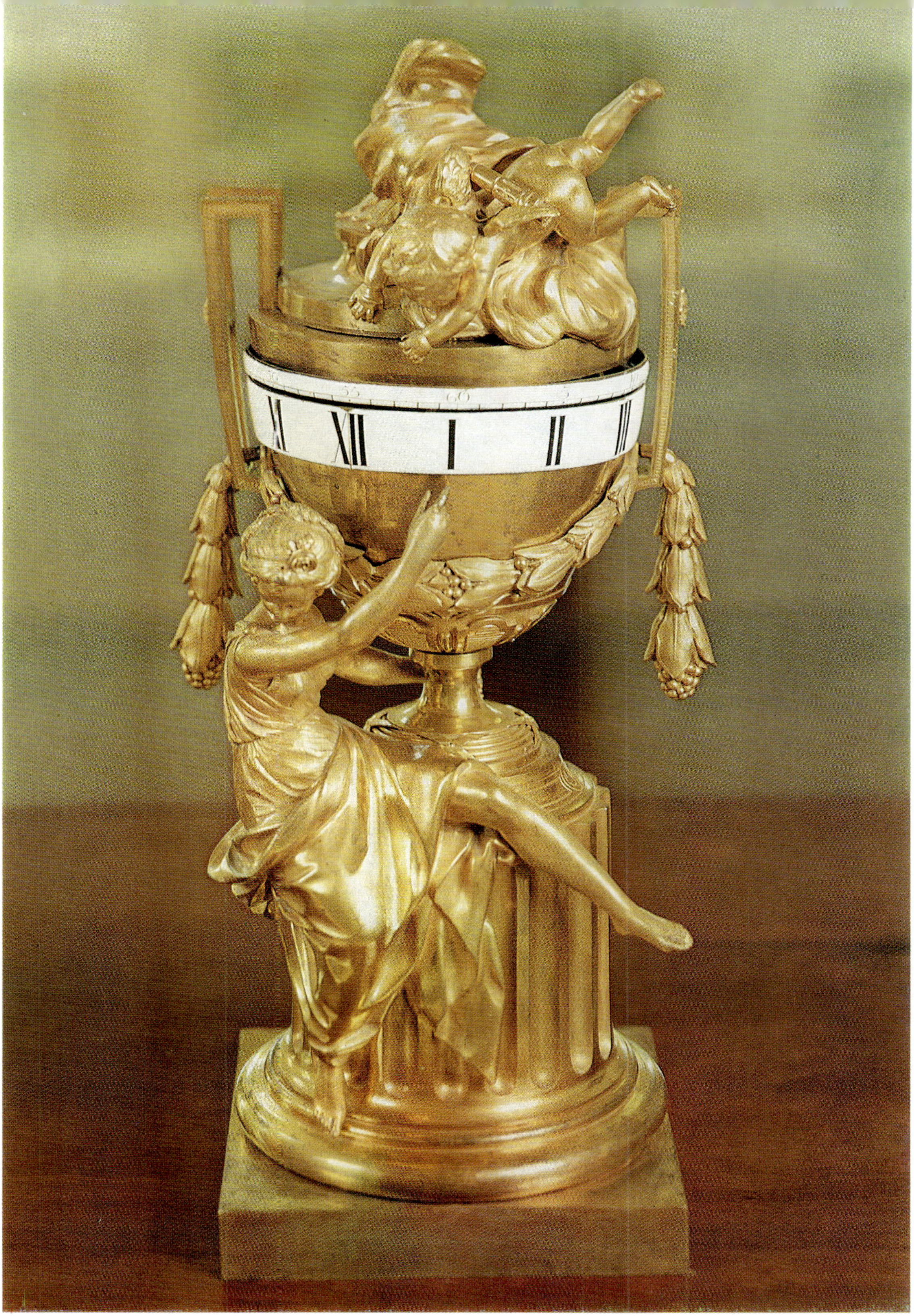

Uhr aus dem Besitz C. v. Salderns auf dem Kamin im Catharinensaal von Causard d'ger du Roy Paris

Supraporte im Grünen Salon

Supraporte im Grünen Salon

 Pendantbilder von Johan Georg Platzer um 1740 im grün-weißen Damastkabinet

 Beispiele dekorativer Wandmalerei im Obergeschoß von Johann Matthias Bremer

Die Fayencensammlung

HENRIK LUNGAGNINI

Die Erfahrung lehrt, daß, wer auf irgendeinem Gebiet zu sammeln beginnt, eine Wandlung in seiner Seele anheben spürt. Er wird ein freudiger Mensch, den eine tiefere Teilnahme erfüllt, und ein offeneres Verständnis für die Dinge dieser Welt bewegt seine Seele. Über sich selbst hinauswirkend hat sich der Sammler als Hüter nationaler Schätze, als unentbehrlichen Untergrund alles künstlerischen Schaffens und als ein Anregungszentrum bewiesen, das die Kraft des Künstlers, die sich in tausend Kultur- und Wirtschaftswerte umsetzt, auf das ganze Volk überleiten hilft. Alfred Lichtwark

Das Schicksal des Herrenhauses Schierensee, das uns einen wichtigen Abschnitt der Geschichte Schleswig-Holsteins ins Gedächtnis ruft, ist mit dem Gebauten und Gestalteten zugleich ein Denkmal der Lebenskultur jener Zeit. Für den Kunsthistoriker ist es eine verständliche Tatsache, daß ein Haus durch einen neuen Besitzer eine neue Prägung erhält. Wie wir die Zeit nicht festhalten können, so ist es auch unmöglich, einen historischen Zustand gänzlich unverändert zu bewahren. Selbst das Übertünchen einer unansehnlich gewordenen Wand, die Entfernung einer vergilbten Firnisschicht bedeuten die Beseitigung eines historischen Stadiums; doch wird niemand, wenn es mit Umsicht geschieht, die Notwendigkeit solcher Maßnahmen bestreiten, da sie gerade der Bewahrung dienen. Bei der Restaurierung und Wohnbarmachung des Herrenhauses galt der strenge Anspruch des Denkmalpflegers: Sicherung und Konservierung des Bestandes sowohl im Baulichen wie in der Innengestaltung.

Wenn im Falle Schierensee der jetzige Besitzer, selber aus einer alten schleswig-holsteinischen Familie stammend, ein ungewöhnliches, meist nur Professionellen eigenes historisches Interesse und Einfühlungsvermögen hat, so ist dies ein Glücksfall. Das neu Hinzugekommene – etwa die wundervollen schleswig-holsteinischen und dänischen Rokokomöbel, das Porzellan, Silber und die Bilder – ist stets auf die vorgefundene Situation bezogen oder knüpft an sie an. Selbst das Hauptgebiet der eigenen sammlerischen Tätigkeit – nordeuropäische Fayencen –, welches lange vor der Erwerbung dieses Hauses gepflegt worden ist und durch die Beteiligung an den Ausgrabungen des Altonaer Museums auf dem Grundstück der eigenen Vorfahren einen Auftrieb erhalten hat, steht im Einklang mit dem geschichtlichen Habitus Schierensees.

Die meisten Stücke der Fayencensammlung stammen aus dem einstigen Deutsch-Dänisch-Norwegischen Gesamtstaat, also aus jener Epoche und Region, in der Caspar v. Saldern seine verwegenen diplomatischen Glanzleistungen vollbrachte. Sicherlich befand sich auf Schierensee schon früher ein ansehnlicher Bestand von Fayencen, denn Caspar v. Salderns Freund, Friedrich Wilhelm Otte, dem er immer wieder von seiner diplomatischen Tätigkeit berichtet hat, war zusammen mit seinem Bruder der Besitzer einer Fayencefabrik auf Criseby bei Eckernförde. Leider ist davon so gut wie nichts erhalten geblieben, bis auf einige wenige, zum Teil unbedeutende Stücke. Die Sammlung Axel Springers, die im Hinblick auf Qualität und Quantität an die Bestände großer Kunstmuseen heranreicht, ist zugleich eine Studiensammlung für Art, Entwicklung und künstlerische Leistungsfähigkeit der nordeuropäischen Fayencemanufakturen. Die schönsten Stücke, die den bedeutendsten Teil umfassen, fanden einen adäquaten Rahmen in einem lichten, weiten Raum in der ersten Etage (S. 246), wo sie in Nischen, auf zeitgenössischen Möbeln und an den Wänden in ästhetisch ansprechender Weise angeordnet sind. Gleichzeitig war man bemüht, freilich ohne Zwang, die einzelnen Manufakturen oder Gleichartiges zusammenzuhalten. Jene Stücke, bei denen es die konservatorische Umsicht nicht verbietet, werden dem alten Gebrauchszweck entsprechend *funktionsgemäß* benutzt. Die Lavendelkrüge sind wieder gefüllt, die Blumentöpfe und Vasen mit Blumen geschmückt. Durch diese unmuseale, sinnentsprechende Verwendung im privathäuslichen Bereich als Gebrauchsgegenstand oder Zierstück, wofür sie ursprünglich geschaffen worden sind, entsteht eine unvergleichlich lebendige Wirkung. Eine größere Zahl Kellinghusener Schüsseln, Teller und Kummen ist auf den Bogenfeldern des Jagdsaales stilgerecht placiert (S. 248).

Die Vorstellung der Sammlung, die über 700 Stücke enthält, muß sich in diesem Rahmen auf eine mehr qualitativ als typologisch repräsentative Auswahl beschränken.

In der Sammlung sind die Gebiete Schleswig-Holstein, Dänemark, Schweden und Norwegen vertreten. Diese Länder waren im 18. Jahrhundert in politischer und wirtschaftlicher Hinsicht eng miteinander verbunden. Die in diesem Bereich hergestellten Fayencen haben untereinander in mancher Hinsicht verwandten Charakter, sie lassen sich in eine klar umrissene Stilgruppe einordnen, innerhalb derer jedoch die lokalen Eigenarten deutlich hervortreten.

Fayencen, mit feiner Zinnglasur versehene Irdenwaren, wurden erst im dritten Dezennium des 18. Jahrhunderts im Ostseegebiet hergestellt. Gründungen von Manufakturen waren ohne Zuziehung erfahrener auswärtiger Kräfte, Maler, Modelleure und Werkleiter nicht möglich, da eine bodenständige Tradition fehlte. Die beiden Möglichkeiten der künstlerisch-technischen Ausführung, Scharffeuerbemalung (Inglasurmalerei, hauptsächlich kobaltblau, mangan, seltener grün, gelb, rot, schwarz) und die eine differenziertere Farbskala bietende Muffelmalerei (Aufglasurmalerei, wobei der farbige Dekor der Stücke in dem bei diesem Verfahren notwendigen dritten Brand durch Tonkapseln, *Muffeln*, geschützt wird) fanden hier gleichmäßig Anwendung. Trotz der Übernahme fremden Formgutes entstand in der künstlerischen Gestaltung, die viele Komponenten umfaßt, wie Glasurtönung, Dekor, Farben und Formen und deren harmonisches Zusammenspiel, eine spezifisch nordische Art, die sowohl die Pracht des Barocks als auch die verfeinerte Grazie des Rokoko zu vereinen trachtete.

Zwischen den einzelnen Fabriken herrschte erbitterte Konkurrenz, und zwar nicht nur wegen der Absatzmärkte, sondern auch durch den Versuch, durch bessere Bezahlung die besten Maler und Modelleure einander abzuwerben. Wenn der Leiter einer Fabrik zu einer anderen überwechselte, nahm er meistens seine tüchtigsten Kräfte mit, die an ihrer neuen Arbeitsstätte die bewährten Modelle und Muster weiterhin anwandten.

Die älteste Fayencefabrik im nördlichen Europa wurde bereits 1722 in *Kopenhagen* in der Großen Königsstraße, *Store Kongensgade*, gegründet, und ihre Erzeugnisse durch ein für dreißig Jahre geltendes Privileg geschützt. Zur vollen Blüte kam sie erst, als 1727 Johann Ernst Pfau, der vorher bereits vergeblich versucht hatte, in Lübeck eine Fabrik zu gründen, die Leitung übernahm. Die hier bevorzugte Blaumalerei auf weißem Grund verdeutlicht Anregungen Delfter und Rouener Fayencen, wobei die süddeutschen Manufakturen eine Vermittlerrolle spielten.

Store Kongensgade ist nur mit einigen, aber wichtigen Modellen vertreten. Dazu gehören die Teetischplatte (S. 270) mit Landschaftsmalerei und der für Pfaus Zeit recht charakteristischen Blumen-, Muschel- und Akanthusblattornamentik als Bortendekor sowie das beliebte Modell des Bowlengefäßes in Form einer Bischofsmitra, das von Pfaus Sohn Heinrich bemalt worden ist (S. 271). In diesem Gefäß wurde das im 18. Jahrhundert beliebte Getränk aus Würzwein, der *Bischof*, serviert. Das Modell fand noch in Kiel, Rendsburg, Schleswig und Herrebøe schöpferische Nachahmung. Die wenigen, sich meist in musealem Besitz befindlichen Stücke tragen Wappen- und Figurenmalerei, häufig eine trinkende Gesellschaft am runden Tisch als Hauptmotiv, wobei aber in Kopenhagen der Randdekor, Rauten- und Punktmuster und Akanthusranken am Fuß, meist beibehalten wird.

Kai Uldall bringt diese Gefäße mit der zu Beginn des 18. Jahrhunderts gegründeten Papstgesellschaft in Verbindung. Es war ein lustiger Verein, dessen Mitglieder sich bei ihren abendlichen Zusammenkünften spaßhaft die Würden der kirchlichen Hierarchie gaben und bei reichlichem Genuß des gewürzten Weines die Zeit mit fröhlichem Geschwätz vertrieben, wobei man exkommunizierte, Bücher verwarf, Ablaß erteilte und ähnliche Kurzweil trieb.

Nach Pfau, 1749, wird die *Store-Kongensgade*-Fabrik von dem Brauer Christian Girløf geleitet. Dieser führte einen ostasiatischen Mustern ähnlichen Dekor ein, Abwandlungen von Päonien, Lotus und Bambus, die er mit kräftigen weißen Adern durchsetzte, wobei er aber von Meißner Anregungen ausging. Diese Periode, die ein tieferes Blau als zu Pfaus Zeit bevorzugte, ist mit einer Schüssel vertreten.

Eine andere bedeutende dänische Fayencefabrik wurde 1754 in *Kastrup* auf der Insel Amager von dem Hofbaumeister Jacob Fortling gegründet; sie stand unter dem Protektorat König Frederiks V. Neben den bekannten Figurengruppen nach Bernini und Giovanni da Bologna und den großen weißglasierten Büsten der dänischen Könige wurde hier auch Gebrauchsgeschirr hergestellt. Aus Konkurrenzgründen und um Kongensgade zu schützen, war dieser Fabrik die Blaumalerei verwehrt. Die meisten der hier geschaffenen Gefäße sind mit zartem Blumendekor in Straßburger Manier bemalt. Die erste Periode, die man bis Fortlings Tod 1761 rechnet, vertritt eine Bouquetiere mit der hier üblichen eigentümlichen flächenartig ausladenden Form, deren gelöchertes Oberteil ein gefälliges Arrangement der Blumen ermöglicht. Von den siebziger Jahren an wurde in Kastrup auch Steingut hergestellt, besonders nachdem die Fabrik von Jacob Caspar Leopold Mantzius übernommen worden war. Zwei Jardinieren stammen aus dieser Zeit.

Gemäß dem kunst- und kulturhistorischen Zusammenhang sind die schwedischen Manufakturen in der Sammlung reich vertreten. Eine Reihe prachtvoller Gefäße stammt aus den beiden Stockholmer Manufakturen Rörstrand und Marieberg. *Rör-*

strand, ein Gut in unmittelbarer Nähe Stockholms auf der Insel Kungsholmen, ist die ältere Gründung. Hier wurde dem als Aktiengesellschaft gegründeten Unternehmen bereits 1729 ein Privileg zur Herstellung von Fayencen erteilt. Leiter waren zunächst die Deutschen Johann Wolff, der seine Ausbildung in Nürnberg erhalten und die Fabrik Store Kongensgade in Kopenhagen geleitet hatte, Christoph Conrad Hunger, Andreas Niclas Ferdinand, Johann Georg Taglieb und erst 1741 ein Schwede, Andreas Fahlström. Behangmuster Rouener Art und Delfter Chinoiserien sind für diese frühe Periode kennzeichnend. Eine seltene, vorzüglich erhaltene, 1745 datierte Suppenterrine mit satter tiefblauer Malerei gibt eine Vorstellung von den Produkten jener Zeit, die den Erzeugnissen Kopenhagens während Pfaus Periode nahe kamen (S. 272). Sie trägt die Signatur von Joakim Silverskoug. In den fünfziger Jahren wurde in Rörstrand, wohl einige Jahre später als in England, eine neue Dekorationsart, die sogenannte *Bianco-sopra-bianco*-Technik, angewandt. Die Grundglasur ist hierbei nicht weiß, sondern ein helles Graublau, worauf die Ornamente, meist Rauten und Punktmuster in Weiß, gemalt werden. In der Sammlung ist diese Technik durch einige Anbietplatten, Terrinen und Teller vertreten. Sie zeigen typische Motive wie liegender Vogel, Nordstern und das Granatapfelmuster, welches am beliebtesten war und von dem berühmten Stecher Jan Erik Rehn entworfen worden ist.

Um 1753 erfolgte eine Reorganisation des Betriebes. Zwanzig Jahre lang lag von nun an die Leitung in den Händen von Elias Magnus Ingman, der später als Nordenstolpe in den Adelsstand erhoben wurde. Von den aufwendigen formschönen Spätbarockmodellen seiner Zeit soll hier nur eins herausgehoben werden: Ein Tafelaufsatz mit kräftigen S-förmigen Rocaillenfüßen und vollplastischen Figuren eines Tritonen und einer Nereide, welche eine kleine, muschelförmige Schale stützen. Dazu gehört eine flache, auf niedrigen Muschelfüßen stehende Platte mit einem Monogramm im Fond und stark gewelltem und gewulstetem Rand (S. 273). Der Rocaillendekor zeigt die für Rörstrand typischen zeichnerischen Formen, die bei einer Reihe von Gefäßen immer wieder angewandt wurden. Beide Stücke tragen die Signatur Carl Erik Löfströms und sind im Jahre 1762 entstanden. In der schwedischen Fachliteratur wird die Vermutung geäußert, daß das Modell des Tafelaufsatzes eine Arbeit des Goldschmiedes Christian Precht sei. Neben Rehn war er es, der auf Dekor und Formgestaltung der schwedischen Fayencen maßgebenden Einfluß nahm. Von seinem Bruder Gustav Precht stammt der prachtvolle Rahmen des großen Katharinenbildes auf Schierensee.

Die andere bedeutende schwedische Fabrik, *Marieberg*, arbeitete erst ab 1758. Initiator und Leiter war der deutsche Hofzahnarzt Friedrichs I., Johann Eberhard Ludwig Ehrenreich. Die Manufaktur stand von Anfang an unter dem starken Einfluß des französischen Rokoko (Straßburg und Marseille), doch auch Anregungen von Meißen, besonders in Hinsicht auf das plastische Beiwerk, sind recht deutlich erkennbar. Die hier gefertigten Fayencewaren sind von hoher handwerklicher und künstlerischer Meisterschaft. Die bekannten Marieberger Deckelvasen mit den sich um den Gefäßkörper schlingenden freiplastischen Rosenzweigen und dem Vogelknauf sind in der Sammlung mehrmals vertreten. Wie in fast allen Manufakturen, so wurde auch hier größte Sorgfalt auf die dekorative Gestaltung der Terrine verwendet, die, da sie den prachtvollsten Schmuck des gedeckten Tisches darstellte, zu den wichtigsten

Stücken zählte. Obwohl die praktische Benutzbarkeit hier ein großes Gefäß mit erheblichem Fassungsvermögen verlangt, gewinnt eine blau bemalte Terrine des Modelleurs Bomkertel aus dem Jahre 1765 (S. 274) durch die anmutige Gefäßform und durch die beschwingte Wellung der Ränder eine gewisse Leichtigkeit. Die plastischen Details am Gefäßkörper, dem Deckel und auf den Füßen sind trotz ihrer präzisen Schärfe von gefälligem Schwung. Die in Blautönen exakt gezeichneten Blüten und Streublumen sind locker verteilt. Die leuchtend weiße Glasur verleiht dem Gefäß festlichen Glanz. 1766 ging Ehrenreich nach Stralsund, und sein Nachfolger Pierre Berthevin, ein Franzose von Geburt, der vorher in der Porzellanfabrik Mennecy-Villeroy gearbeitet hatte, behielt den eingeschlagenen, stark französisch orientierten Stil bei. Ihre Glanzleistungen vollbrachte diese Fabrik während Ehrenreichs und Berthevins Zeit. In der Sammlung begegnen uns mehrere Terrinen und Blumenübertöpfe, die eine milchweiße Glasur und reiches plastisches Zierwerk, wie Fruchtknäufe und Rocaillengriffe und -füße, schmücken, prächtige Gefäße im graziös verfeinerten Geschmack des Rokoko, die sich durch das den Marieberger Fayencen eigene farbenfrohe Blumendekor in feiner Muffelmalerei auszeichnen.

Von 1769 bis 1788 stand Marieberg unter der Leitung des Schweden Henrik Sten. Unter ihm gewinnt das Umdruckverfahren mehr und mehr Anwendung. Dabei benutzte man mit Vorliebe Stiche nach Boucher. Eine Terrine und eine Anbietplatte in dieser Technik befinden sich in der Sammlung. Auch die strengen Formen des gustavianischen Klassizismus, Vasen in Urnenform mit vergoldeten Rändern, Medaillons und Girlanden, setzen sich während seiner Zeit immer mehr durch. Eine weißglasierte Vase mit marmoriertem Sockel trägt an beiden Seiten die Porträtmedaillons des schwedischen Königspaares Gustav III. und seiner Gemahlin Sophia Magdalena. Polychrome Bemalung wird bei diesen klassizistischen Vasen seltener angewandt (S. 275). Reizvoll ist bei dem abgebildeten Stück die unbekümmerte Verbindung kühler klassizistischer Formen mit naturhaften Motiven – die Belebung der weißen Glasurflächen durch Insekten.

Zu den besten Arbeiten zählen auch während Stens Periode die Stücke mit Muffelmalerei. Eine charakteristisch bizarre Form haben die sogenannten Terrassenvasen. Das prächtigste Stück dieser Art auf Schierensee trägt die Jahreszahl 1773. Die Vase in umgekehrter Birnenform, deren Leibung durch einen köstlichen Blumenstrauß Straßburger Art geschmückt wird, wächst aus einem stark geschwungenen Akanthusblatt empor (S. 276). Diese Terrassenvase ist in der Stenschen Periode entstanden, aber die Form wurde bereits von Berthevin eingeführt.

Einen besonderen Schwerpunkt der Sammlung bilden die Teetischplatten aus verschiedenen Manufakturen. Unter ihnen befindet sich eine aus den sechziger Jahren, die mit einer Hafenszene bemalt ist (S. 277). Sie ist nicht signiert; wir kennen aber ein ähnliches Stück, das die Signatur eines der besten Maler Mariebergs, Johann Otto Frantzen, trägt. In der nordeuropäischen Fayencekunst wurde zwar Hervorragendes bei der Erfindung von Gefäßformen, Blumen- und Figurenmalerei geleistet, eine wirklich qualitätsvolle Landschaftsmalerei ist dagegen selten. Die Teetischplatte in Schierensee schmückt eine der wenigen hervorragenden Landschaftsdarstellungen von Eigenwert, auf der die Landschaft nicht nur als Hintergrundstaffage für eine Figurenszene dient.

Mit Marieberg verknüpft ist das Schicksal der damals im schwedischen Herrschaftsbereich liegenden Manufaktur *Stralsund.* Etwa zehn Jahre nach ihrer Gründung im Jahre 1766 durch den Kammerrat Joachim Ulrich Giese wurde sie an Ehrenreich verpachtet, der über vierzig Meister aus Marieberg mitbrachte. Es liegt auf der Hand, daß sich in den hier gefertigten Fayencewaren, deren feiner Ton von Hiddensee herbeigeschafft wurde, ganz die Eigenart Mariebergs wiederfindet. Ein Vergleich der Produkte beider Fabriken in bezug auf Form und Bemalung verdeutlicht die enge Verwandtschaft. Selbst in der letzten Phase zwischen 1780 und 1790, als der Werkmeister Adam Philipp Carl den Betrieb übernommen hatte, löste man sich nicht aus dem Bann Mariebergs. Auch die klassizistischen Vasen mit kaltvergoldeten Girlanden und Blattkränzen in Schierensee zeigen technisch und stilistisch den übermächtigen Einfluß dieser Manufaktur, der hier anscheinend dem eigenen schöpferischen Willen einen Maßstab setzte.

Ebenso wie Stralsund stand noch eine andere, kleinere Manufaktur im Einflußbereich Mariebergs. Sie wurde in *Sölvesborg,* in der Nähe von Kristianstad, 1773 von dem Freiherrn Gabriel Sparre mit Hilfe des bedeutenden Marieberger Malers Peter Åkermark gegründet, aber schon ab 1776 von Friedrich v. Zeipel weitergeführt. Die Fabrik bestand zwar gut zwanzig Jahre, da aber nur wenige Fachkräfte beschäftigt waren, konnte nicht viel produziert werden. Der Einfluß Mariebergs bezieht sich hier mehr auf die Modellformen als auf den Dekor. Die meisten Stücke tragen monochrome, blaue oder manganfarbene Bemalung. Interessant ist, daß hier die charakteristische Form der Stockelsdorfer Vasen nachgeahmt wurde, was auf eine Verbindung auch zu dieser Manufaktur schließen läßt. Zwei kleine ovale Butterdosen in Schierensee mit Rustikawandungen und reizvollen Deckelfiguren, Schäfer und Schäferin, sind bezeichnende Zeugnisse des Rokoko, die ihre Vorbilder in der Porzellanplastik hatten.

Eine weitere, ebenfalls kleine, aber wegen der besonderen Prägung ihrer Erzeugnisse hochgeschätzte Manufaktur verdient genannt zu werden. Es ist *Herrebøe,* nahe bei Friedrichshald in Norwegen von dem Postmeister Peter Hofnagel gegründet. Bald danach, 1763, zog Hofnagel nach Kopenhagen und überließ den Betrieb einer Interessengemeinschaft, die sich aus wohlhabenden Christiansborger Bürgern zusammensetzte.

Die Erzeugnisse dieser Fabrik erreichen hinsichtlich der Glasur und des Scherbens zwar nicht die technische Perfektion der schwedischen Fayencen und können sich an Eleganz nicht mit jenen messen; doch der intime phantasievolle Charakter, eine eigenartige, typisch nordische Verarbeitung europäischer Rokokoformen und Chinoiserien sowie die vorzügliche Malerei sichern Herrebøes Fayencen eine Sonderstellung.

Allein mit den Schleswiger Fayencen ist eine gewisse Ähnlichkeit festzustellen; das mag daher rühren, daß um 1766 Johann Georg Kreibe, der zuvor in Schleswig tätig war, die technische Leitung übernahm. Unter den Künstlern ragen der Berliner Heinrich Christian Hosenfelder, Joseph und Gunder Large und Albert Lobech hervor. Die kleine Teedose mit gewellter und mit plastischen Blättern geschmückter Wandung, die in Herrebøe in mehreren Variationen hergestellt wurde, ist mit A L signiert und kann als ein Werk Albert Lobechs gelten. Ebenfalls ein beliebtes Modell ist das Milchkännchen (S. 278) mit gerilltem Gefäßkörper und Daumenrast in Form eines Drachenkopfes, welches mit der für Herrebøe so typischen Rocaillen- und Blütenmalerei geschmückt ist.

Am äußersten Rand des Gebietes der nordeuropäischen Fayencekunst, in *Reval*, fertigte am Ende des 18. Jahrhunderts eine kleine Manufaktur des aus Stralsund gebürtigen Apothekers Carl Christian Fick ansehnliche Fayencewaren. Hier hielt man auch noch in den achtziger und neunziger Jahren an den Rokokomustern fest. Reval wird in der Sammlung durch fünfzehn Teller und die Sauciere eines Services vertreten (S. 279). Die Teller tragen im Fond die von Meißen favorisierten Blumen, Tulpen, Rosen, Kornblumen, Vergißmeinnicht und Stiefmütterchen, auf der dreipassig gewellten Fahne Raupenmuster in frischen Grüntönen. Laut Familientradition wurden sogar zweimal Fayencen an Catharina II. geschickt; sie konnten aber wegen Transportschäden oder aus Konkurrenzgründen nicht überreicht werden.

In Norddeutschland erfolgte die Gründung von Fayencemanufakturen verhältnismäßig spät. In Frankfurt und Hanau wurden Fayencen schon vor 1700 hergestellt, in Schleswig-Holstein dagegen waren die Bedingungen hierzu erst nach Beendigung des Nordischen Krieges nach 1721 gegeben, als eine über fünfzig Jahre dauernde friedliche Epoche, die „Ruhe des Nordens", einsetzte. Das Aufblühen des Handels, der Schiffahrt und Industrie war die Vorbedingung, für die Entstehung breiterer Käuferschichten mit Geschmack und höherer Lebensführung, die auch gegenüber den einfachen Gegenständen des täglichen Lebens ästhetische Ansprüche stellten. Da Porzellan, seit Böttgers Wiederentdeckung (1710) auch in Europa hergestellt, für den Kleinadel und das gehobene Bürgertum noch unerschwinglich war, boten die dem Porzellan im Erscheinungsbild nahen Fayencewaren willkommenen Ersatz. Die künstlerischen und wirtschaftlichen Vorbedingungen waren hier die gleichen wie in den skandinavischen Ländern. Die Unternehmer waren außer in Kiel, wo eine kurze Zeit die großfürstliche Regierung der Besitzer war, Privatleute, die aus unterschiedlichen Berufen kamen. Die Regierung betrachtete die Gründung von Fayencemanufakturen gemäß dem Merkantilsystem mit Wohlwollen, doch die Unterstützung beschränkte sich nur auf die Erteilung von Privilegien, was eine Befreiung von Abgaben und Zöllen bedeutete.

Der Lebensweg des Gründers der ersten Manufaktur in Schleswig-Holstein, Johann Christoph Ludwig v. Lücke, gleicht dem eines Wanderkünstlers und ist in seiner Unstetigkeit typisch für einen Fayencier des 18. Jahrhunderts. Er war von Beruf Bildhauer und hatte kurze Zeit als Modellmeister in Meißen gearbeitet. Seine weiteren Stationen waren Wien, Bremen und Hamburg. Bevor er 1754/55 nach *Schleswig* kam und dort mit der Herstellung von Fayencen begann, hatte er bereits in Kopenhagen vergeblich versucht, eine Manufaktur zu gründen. Schon 1756 mußte er die Schleswiger Fabrik wegen seines *schlechten Betragens* verlassen. Nach ihm führten Johann Rambusch von 1758 bis 1773 und danach Friedrich Vollrath Rambusch bis 1800 die Fabrik weiter.

Die Sammlung enthält eine Reihe Gefäße mit der in Schleswig bevorzugten Scharffeuerbemalung in Mangan-Violett bis Braun, die oft noch mit einem zarten Seegrün gepaart ist. Blaumalerei wurde selten ausgeübt, weil diese Kopenhagens wegen nicht ausgeführt werden durfte. Das hier hergestellte anspruchsvolle Gebrauchsgeschirr hat häufig flach reliefierte Ränder, was auf einen Einfluß von Metallformen zurückgeführt werden kann. Neben den heute schon zur Rarität gewordenen Tellern, Schüsseln, Terrinen und Anbietplatten mit kräftigem plastischem Rocaillenmuster finden sich in der Sammlung auch manche bemerkenswerte Modelle von individueller

Prägung. Es sind Teetischplatten, zum Teil mit blauer figuraler Malerei, die oft biblische Szenen darstellt, und andere mit graziösem Rokoko- beziehungsweise Louis-XVI.-Dekor. Eine der Platten stammt vermutlich von Johann Leihamer, wie auch eine Potpourrivase mit abgesetzter balusterförmiger Leibung, kurzem kragenartigen Hals und kronenförmigem Deckel (S. 280). Sie diente als Behälter für getrocknete Blumen und Kräuter, deren wohlriechender Duft dem durchbrochenen Deckel entströmte. Wahrscheinlich ist sie ein Einzelstück, denn in Schleswig wurde im Gegensatz zu Kiel und Stockelsdorf für dieses Gefäß keine Standardform geschaffen. Schließlich sei noch ein nur hier heimisches Modell erwähnt, ein behäbiger Bowlenbehälter in Form eines Kriegsschiffes (S. 281). Die fein modellierten plastischen Details, die Galionsfigur am Vordersteven und die naturgetreue Nachbildung des Hecks, welches die Aufschrift *Schleswig* trägt, verraten die Hand eines außergewöhnlich guten Modelleurs. Nur vier Exemplare dieses aufwendigen Typs, alle in musealem Besitz, darunter einige mit Blaumalerei, sind außer diesem bekannt.

Bereits vier Jahre nach Gründung der Schleswiger Manufaktur, 1659, wurde von den Gebrüdern Johann Nicolaus und Friedrich Wilhelm Otte auf ihrem Gut *Criseby* eine Fayencefabrik errichtet, die bald darauf nach *Eckernförde* verlegt wurde. Gleichzeitig wurde die Leitung Johann Georg Bonifaz Buchwald übertragen. Er hatte bereits in Fulda, Höchst, Holitsch und in den drei schwedischen Fabriken Rörstrand, Marieberg und Stralsund reiche künstlerische Erfahrungen gesammelt. Seine Tätigkeit in Eckernförde als Direktor (1765–1767), später in Kiel (1768–1771) und zuletzt in Stockelsdorf (1772–1785) verhalf den schleswig-holsteinischen Manufakturen zur Blüte und zum Anschluß an die europäische Entwicklung. Mit unermüdlicher Tatkraft und mit Optimismus versuchte er immer wieder neu anzufangen; wenn die Fabriken dennoch wegen unüberwindlicher finanzieller Schwierigkeiten nacheinander ihre Tore schließen mußten, so lag dies gewiß nicht an ihm. Das billigere englische Steingut verdrängte unaufhaltsam die anspruchsvolleren, aber auch teureren Fayencewaren. Buchwalds wichtigste Stationen und sein künstlerisches Wirken lassen sich in der Sammlung fast lückenlos verfolgen. Die spielerischen Formen des Rokoko fanden im Norden durch seine Tätigkeit in der Fayencekunst Heimatrecht und Verbreitung. Zur Seite standen ihm tüchtige Maler und Modelleure, vor allem sein Schwiegersohn Abraham Leihamer und dessen Vater Johann Leihamer, die ihm später auch nach Kiel und Stockelsdorf folgten.

Eckernförde kommt in der Sammlung zur Geltung durch Zahl und Vielfalt der Modelle, wie Deckelvase, Anbietplatte, Jardiniere, Schüssel, Milchkännchen, Huiliere und Würzbiernapf. Manche unter ihnen tragen eine Etagensignatur, die in Schweden übliche, von schleswig-holsteinischen Manufakturen übernommene Art der Bezeichnung, zum Beispiel O/E/B/L, O = Otte, E = Eckernförde, B = Buchwald, L = Leihamer. Die Formgefäße, wie Terrinen und Vasen, sind häufig wie in Marieberg und Stralsund mit aufmodellierten plastischen Ranken verziert. Einige der Stücke haben jedoch dickflüssige Glasur und noch etwas unbeholfene plastische Dekorformen, andere wiederum, wie ein kleines Milchkännchen mit geriffeltem rocaillengeschmückten Gefäßkörper von Johann Leihamer und eine Schüssel von Abraham Leihamer, sind von äußerster Eleganz in der Modellform und fallen auf durch besondere Feinheit der Bemalung. Ein ebenfalls von Abraham Leihamer signierter Tafelaufsatz mit überreichem Pflanzen- und Muschelwerk ist ein bezeichnendes Beispiel überschäumender barocker Lebensfülle und Phantasie (S. 282).

Einen künstlerischen Höhepunkt erreichen die *Kieler Fayencen.* Dabei denkt man an die Erzeugnisse der vierten, von der großfürstlichen Regierung 1763 errichteten Fabrik. Ihre Leitung oblag Johann Samuel Friedrich Tännich, der vorher in Meißen, in der Hannongschen Fabrik in Straßburg und in Frankenthal gearbeitet hatte. Er war auch Gründer der Fabriken in Wittmund und Jever, wo er die Förderung des Fürsten Friedrich August von Anhalt-Zerbst, des Bruders Catharinas II., genoß.

Schon 1766 verkaufte die Regierung den Kieler Betrieb an eine Aktiengesellschaft, und Tännich wurde von Buchwald abgelöst, der die Fabrik bis zu ihrer Stillegung 1771 führte. Eine Potpourrivase in Schierensee kann als eigenhändige Arbeit Tännichs gelten (S. 283). Die Vorderseite schmückt eine Landschaftsdarstellung im Stil des Augsburger Stechers Johann Esias Nilson, dessen Ornamentstiche in den schleswig-holsteinischen Manufakturen und auch in Kiel häufig als Vorlagen für den malerischen Dekor verwendet wurden. Die die Szene umrahmenden Rocaillen sind kaltvergoldet, eine Technik, die Tännich sicherlich in Meißen erlernt hatte. Ein unsigniertes Gegenstück im Museum für Kunst und Gewerbe in Hamburg wurde von Konrad Hüseler als eine sichere Arbeit Tännichs auf Grund deutlicher Analogien zu signierten Vergleichsstücken erkannt. Die Rückseite der Vase ziert ein großer Blumenstrauß allerfeinster Arbeit. Den duftigen Blumen ist eine der Porzellanmalerei nahekommende zeichnerische Genauigkeit eigen, an der aber der lockere, lebendig-natürliche Schwung auffällt. Diese malerischen Qualitäten, die Abstimmung und der Wohlklang der Farben, markieren einen kaum überbietbaren Höhepunkt nordeuropäischer Fayencekunst.

Ebenfalls aus Tännichs Zeit stammt eine andere Potpourrivase (S. 284). Sie hat die typische prachtvolle Form der Kieler Vasen, mit kelchartigem Fuß, ausladendem, mit plastischem Astwerk geschmückten Gefäßkörper und gemuschelte Ränder. Für die zarte Figurenmalerei an der Bauchzone diente vermutlich ein Porträtstich des Fridericus Eugenius von Johann Esias Nilson als Vorlage, der allerdings sehr frei benutzt wurde.

Diese Vasenform ist eine eigene Schöpfung Kiels, die weder Vorbilder hatte noch nachgeahmt worden ist. Im übrigen zeigen aber manche Modelle oder plastischen Details und vor allem die Bemalung der Kieler Fayencen den deutlichen Einfluß Straßburgs. Diese Anknüpfung kam nicht von ungefähr. Um die Mitte des 18. Jahrhunderts erreichte die Straßburger Manufaktur ihre höchste Blüte und war wegen ihrer Produkte, ihres reichen Modellschatzes und nicht zuletzt wegen ihrer künstlerisch und technisch vollendeten Malerei auch außerhalb Frankreichs, besonders in Nordeuropa, bekannt und geschätzt. Stil und Qualität wurden für die nordeuropäischen Manufakturen, die eine anspruchsvolle Käuferschicht gewinnen wollten, zum Vorbild. Dieser Einfluß war, außer für Marieberg, für keine andere Manufaktur bestimmender als für Kiel. Tännich arbeitete nicht nur selber in Straßburg, sondern er brachte von dort auch andere Kräfte mit nach Kiel, so Peter Rühl, den Meister unserer Vase. Er und sein Bruder Johann Andreas Rühl gehörten zu den besten Blumen- und Figurenmalern der Kieler Manufaktur. Aus der Etagensignatur auf der Potpourrivase K/T/P (K = Kiel, T = Tännich, P = Peter Rühl) läßt sich nicht nur auf die Periode und den Künstler schließen, sondern auch ziemlich genau das Entstehungsjahr bestimmen. 1766 kam Rühl in Kiel an, 1768 schied Tännich aus der Manufaktur aus, und ab 1769 tragen die Kieler Fayencen die Signatur des neuen Direktors Buchwald. Als Entstehungszeit kommen also nur die Jahre 1766–1768 in Frage. Aus der Zeit Tännichs stammen noch einige Teller mit Blaumalerei, die die Signatur des in Kiel tätigen dänischen Blumenmalers Christoph Christophersen tragen.

Die voll ausgeschriebene Signatur auf der Schauseite einer Teetischplatte, die in Kiel unter dem Direktorat Buchwalds entstanden ist, kennzeichnet das Stück als individuelle künstlerische Schöpfung. Die Bezeichnung lautet: Kiel 1770. Buchwald. Dir. Leihamer fc. Die Platte ist mit zartblauem Rocaillenmuster umrandet und trägt in der Mitte eine Phantasielandschaft mit Kirche und antiker Ruine.

Bei dem häufigen Wechsel und dem Wandern der Maler und Modelleure ist es nicht verwunderlich, wenn viele Stücke der schleswig-holsteinischen Manufakturen untereinander Ähnlichkeiten in der Modellform und Bemalung aufweisen, die bei unsignierten Stücken in manchen Fällen eine genaue Bestimmung erschweren. Ein Beispiel dafür ist das bekannte Modell des Kieler Schreibzeugbehälters. Dieses elegante Gefäß mit nach vorn ausschwingender flacher Schale und leicht gewellten Muschelrändern wurde mit geringfügigen Variationen auch in Stockelsdorf nachgeformt. Das Weinrankenmuster dieses Stückes war in Stockelsdorf sehr beliebt und gilt als Charakteristikum dieser Manufaktur. Man würde ein in der Sammlung vorhandenes Exemplar ebenfalls Stockelsdorf zuschreiben, wenn sich nicht ein mit Kiel signiertes Gegenstück im Besitz des Museums für Kunst und Gewerbe in Hamburg befände, auf dem sowohl das gleiche Weinrankenmotiv als auch im übrigen Dekor eindeutige Analogien wiederzufinden wären.

Um 1771 führten finanzielle Schwierigkeiten zur Einstellung des Kieler Betriebes. Buchwald gelang es, den Etatsrat Georg Nicolaus Lübbers zu überreden, in *Stockelsdorf* eine neue Fabrik einzurichten, die zugleich seine letzte Wirkungsstätte werden sollte.

Die höchste Leistung vollbrachte Stockelsdorf mit seinen Fayenceöfen, die unbestritten zu den schönsten in Nordeuropa zählen. Einer davon ist heute in Schierensee zu sehen (S. 236). Er entstand in der Spätzeit der Fabrik und zeigt bereits Louis-XVI.-Ornamentik. Wir erkennen an ihm wieder das für Stockelsdorf eigentümliche plastische Blüten- und Blattwerk, das hier beliebte lichte Gelb und eine besondere Eigenart, die schwarzbraune Konturierung, die mit durchscheinendem Blau-Grün überschmolzen wird. Von diesem Ofentyp, so scheint es, ist dieses Exemplar als einziges erhalten geblieben. Ein Gegenstück dazu stand früher in dem im zweiten Weltkrieg zerstörten Schabbelhaus in Lübeck, wovon nur eine fotografische Aufnahme vom Ende des 19. Jahrhunderts existiert. Neben den Öfen war das wichtigste Stück in Stockelsdorf, ähnlich wie in Kiel, die Potpourrivase, die hier, gemäß der Stilentwicklung, eine in der plastischen Gestaltung mehr zurückhaltende und schlankere Form erhielt. Das um den Gefäßkörper sich windende, plastisch aufmodellierte Astwerk ist meist nur noch bei unbemalten Vasen zu finden. Die Sammlung enthält neben drei mit Muffelfarben bemalten Stücken auch ein solches Exemplar und eines mit Blaumalerei. Für die Figurenmalerei benutzte man ebenso wie in Kiel Stichvorlagen, vor allem von Johann Elias Nilson. Bei der abgebildeten Potpourrivase (S. 285) diente aber wohl ein holländischer Stich als Vorbild.

Noch ein anderes in der Sammlung vertretenes Modell verdient herausgehoben zu werden: ein Blumenübertopf mit fast quadratischer Standfläche und nach oben leicht ausladendem Gefäßkörper, dessen Seitenflächen mit Landschaftsmotiven und dessen obere Ränder mit Wulststengeln und Muschelformen geschmückt sind. Die Schönheit gerade eines solchen Gebrauchsgefäßes kommt erst dann zur vollen Wirkung, wenn es, seinem Zweck entsprechend, mit Blumen gefüllt ist. Der weiße, mild schimmernde Glanz der Glasur, die bunte Bemalung in Muffelfarben, zusammen mit den kräftigen Farben frischer Blumen, bringen unaufdringlich eine Augen und Gemüt erfreuende, heitere Anmut zur Geltung.

Aus der *Altonaer Manufaktur* des Jürgen Mewes, die mindestens seit 1756 Fayencewaren herstellte, befinden sich vier Stücke in der Sammlung, zwei Henkelkummen, ein Teller und eine Schüssel. Die letztere trägt auf der Schauseite die Signatur, eine schematische Zeichnung des Altonaer Stadttores (S. 286). Die Arbeiten dieser Fabrik sind kaum noch im Privatbesitz zu finden und gehören zu den großen Seltenheiten. Eine Identifizierung der Altonaer Fayencen wurde erst durch die Ausgrabungen des Altonaer Museums im Jahre 1962 auf dem ehemaligen Gelände der Fabrik, Catharinenstraße 126, heute Schleestraße, ermöglicht. Neben einer ansehnlichen Zahl von Gefäßen und Gefäßteilen konnte auch ein vollständiger Ofen mit reicher Rokokoornamentik geborgen werden. Durch diese Funde gewann man nicht nur über die Art, sondern auch über das Fabrikationsprogramm und die Fertigungstechnik eine authentische Vorstellung. In Altona wurde ausschließlich Scharffeuermalerei ausgeübt; außer dem sparsam verwendeten Gelb und Grün galt hier die Vorliebe einer blauen und manganfarbenen Bemalung. Die Erzeugnisse weisen in der Qualität erheblich voneinander abweichende Exemplare auf. Neben Stücken mit elegantem Rokokodekor findet man solche mit derber, flüchtiger Malweise. Gerhard Wietek wies nach, daß der Altonaer Manufaktur englische „Delft ware" und zum Teil holländische Fayencen als Vorbild dienten.

Aus altem Schierenseer Bestand stammen einige Stücke der *Rendsburger Manufaktur*, darunter unbemalte Steingutplatten mit gelblicher Glasur, ein großer ovaler Blumenkorb und eine 1769 signierte runde Anbietplatte (S. 287). In Rendsburg finden wir neben den Manganfarben häufig auch Blaumalerei vor. Bei der abgebildeten Platte ist das bläuliche Manganviolett nach Schleswiger Art mit gedämpftem Grün kombiniert. Das Hauptmotiv, eine größere Blumenkomposition, ist auf die Seite gerückt, umgeben von locker gestreuten Blüten und Insekten. Bereits 1765 wurde dem Apotheker Christian Friedrich Gottlob Clar und dem Kaufmann Jasper Lorentzen ein Privileg zur Herstellung von Fayencen erteilt. Man versuchte hier, der englischen Konkurrenz zu begegnen, indem man selbst Steingutware produzierte. 1788 übernahm der Justizrat und Zollverwalter Johann Hinrich Hallensen die Fabrik. Während seiner Zeit arbeitete der dänische, akademisch gebildete Bildhauer P. J. Ringkiøbing in Rendsburg. Ein auf Schierensee in mehreren Exemplaren vorhandener weißglasierter Tafelaufsatz mit felsenartigem Sockel und drei vollplastischen weiblichen Gestalten, die einen runden durchbrochenen Korb über sich halten, hängt sicherlich mit seiner Tätigkeit zusammen.

Einen Schwerpunkt der Sammlung bilden die *Kellinghusenfayencen*. Hier waren seit 1763 sechs Fabriken in Betrieb, die mit farbenfrohem Gebrauchsgeschirr auch die breiten Schichten der Landbevölkerung versorgten. Stil und Formentwicklung lassen sich in Schierensee überschauen: von der frühen monochromen Blau- und Manganmalerei bis hin zur beliebten bunten Farbigkeit, die noch bis über die Mitte des 19. Jahrhunderts hinaus beibehalten wurde. Die Ränder der Teller, Schüsseln und Kummen führen meistens den für Kellinghusen typischen intensiv gelben Streifen mit Blumenkranz und im Fond ein großes Blumenmotiv, meistens Kokardenblumen und Nelken. Die Farben sind Ockergelb, Manganviolett, Braun, Grün, Rot und Blau. Besonders reizvoll sind die sogenannten Brautteller vom Ende des 18. und Anfang des 19. Jahrhunderts (S. 288), die im Fond ein vom Blumenkranz umgebenes Monogramm tragen (J. für Jungfer). Diese frühen Stücke heben sich durch zeichnerische Sorgfalt gegenüber späteren hervor, wo kräftigere Blumen und volkstümliche Motive erscheinen und die Malweise mehr und mehr summarisch wirkt. Für alle diese Arbeiten ist eine frische, der Volkskunst nahestehende, unkonventionelle Farbgebung kennzeichnend. Zugleich wird bei den Kellinghusener Stücken mehr als anderswo eine auch durch den Stilwandel bedingte Gesetzmäßigkeit des malerischen Dekors sichtbar, das heißt, die Mitte wird betont, die Staffelung der Dekorzonen und die symmetrische Verteilung der Blumen und Blätter werden zur Regel.

Die Bestimmung der einzelnen Kellinghusener Manufakturen ist durch die Signatur oder durch den Vergleich mit signierten Arbeiten gerade bei einer Reihe früher Stücke möglich. Das gilt besonders für die hübschen, originellen Ziergegenstände, die hier geschaffen wurden und von denen einige mit dem örtlichen Brauchtum zusammenhängen. In der Sammlung sind fast alle bekannten und von Sammlern begehrten Modelle vertreten. Dazu gehören kleine fliegende Engel mit Füllhörnern oder Büchern, die vermutlich als Minnegaben dienten, weiterhin Zierpantoffeln, die man blumengeschmückt an die Wand hängte, Taschenuhrbehälter oder bemalte und reliefierte Wandplatten mit religiösen und profanen Darstellungen. Die meisten dieser Stücke sind in der ersten, von Carsten Behrens und Sebastian Heinrich Kirch 1763 gegründeten Fabrik entstanden, die später von Joachim Möller und dem in Kellinghusen tätigen praktischen Arzt Dr. Sebastian Grauer weitergeführt wurde, dessen Mutter, Sophia v. Saldern, eine Cousine Caspar v. Salderns war.

Aus der ersten Fabrik stammt auch eine kleine, vollsignierte ovale Butterdose auf flacher Standplatte mit geriffeltem Gefäßkörper, deren Ränder nach Kieler Art muschelartig gewellt und gestrichelt sind. Als Deckelknauf dient ein Vogel, dessen Nest in Spritztechnik ausgeführt ist, ein Verfahren, das nur in der Frühzeit bei Haaren und Bartpartien an Figurenplastiken angewandt worden ist. An einer Weinkanne in Form eines sitzenden Mannes wurde die gleiche, der naturalistischen Wirkung dienliche Technik benutzt. Von den in Kellinghusen so beliebten Wandplatten sei hier wegen der naiven, reizenden Darstellung eines Reiters der friderizianischen Zeit nur eine genannt.

Die Zuschreibung dieses Stückes war möglich auf Grund einer mit 1800 datierten Platte des Altonaer Museums, welche die Fabrik zur Zeit Dr. Grauers darstellt und den gleichen marmorierten Rahmen trägt. Die profilierte Rahmenleiste, die perspektivisch viel zu weit entfernte Hintergrundlandschaft und die unbeholfen gezeichneten Wolken, in die der Reiter mit seinem Degen hineinsticht, dienen der beabsichtigten bildhaften Wirkung. Solche volkstümlichen Darstellungen aus den Kellinghusener Fabriken entbehren zwar der realen Anschauung und kümmern sich kaum um die Gesetze der Linearperspektive, zeugen aber von einer liebenswürdigen Phantasie.

Sehr begehrt waren auch die Kellinghusener Schreibgeschirre, die verschiedene Ausformungen erhielten, meistens aber auf der oberen Deckplatte einen liegenden Hund tragen. Das abgebildete Stück (S. 289) ist von ungewöhnlicher Gestalt. Dem quaderförmigen, durchbrochenen Untersatz für das Tinten- und Streusandgefäß ist ein balustradenartiger Behälter vorgesetzt, der zur Aufnahme von Federmesser, Gänsekiel, Siegellack und Petschaft diente. An der Rückseite des Behälters erhebt sich ein spitz zulaufender Aufsatz mit elegant geschwungenem, profilierten Rand. In der Mitte befindet sich die runde Öffnung des Uhrbehälters und darunter das Monogramm des Dänenkönigs Christian VII.

Durch die bloße Beschreibung von Form und Ornament läßt sich die künstlerische Qualität nicht erfassen und schon gar nicht das, was man die Seele solch eines alten Gegenstandes nennt. Ihn zu schätzen als Ausdruck und Spender von Lebensfreude, als stillen Zeugen, der Generationen begleitet hat, setzt eine besondere, subtilen Reizen aufgeschlossene Sensibilität voraus. Die Fayencensammlung auf Schierensee ist, wie jede andere Privatsammlung von Rang, geeignet, eine Alternative zu öffentlichen Sammlungen zu bieten. Frei von bürokratischen Fesseln kann der Privatsammler eigenen Impulsen folgen. Seine Sammlung ist kein Archiv für historische Denkmäler, sie ist keine Dokumentensammlung einer Epoche oder Lebensform, sie ist allein auf das Kunstwerk, auf seine individuelle Gestalt und Bedingtheit bezogen.

Die Bilder, Möbel und Fayencen auf Schierensee sagen in ihrem natürlichen, historisch-authentischen Bezugsbereich zugleich unendlich mehr über die Lebenskultur des zu Ende gehenden 18. Jahrhunderts aus, als die in sterile Museumsglaskästen gesperrten *Exponate* und *Informationsträger*. Der private Kunstsammler hat von vornherein eine andere Position als das Museum. Bei ihm dominiert der unbefangene Kunstgenuß, die Kontemplation und Anregung. Es geht ihm nicht um den Besitz des Besitzens wegen, sondern – in der Zugehörigkeit zu dem eigenen Lebensbereich – um eine persönliche Bindung und um das durch Vertiefung und Erleben gewonnene Verständnis. Die organische Einheit der Gesamtatmosphäre, die zu neuem Leben erweckte Aura jener Epoche Caspar v. Salderns ist dem jetzigen Besitzer zu danken. Individuelle Kennerschaft und historische Verantwortung waren dafür die Voraussetzung. Wer das Wachsen und Werden der Sammlung erlebte, dem werden sich Gotthard Jedlickas Worte mit realen Vorstellungen verbinden:

Ein echter Sammler arbeitet an seiner Sammlung wie ein Künstler an seinem Werk. Die Bildung seiner Sammlung ist ein Weg vom Unbewußten zum Bewußten, vom dunklen Anfang zum klaren, leuchtenden Ziel. Die Erwerbung eines Kunstwerks zwingt ihn dazu, ein neues zu erwerben, das jenes ergänzt; er schafft dem Kunstwerk, wie einer Geliebten, eine Umgebung, in der es in seiner ganzen Schönheit zu leben und sich zu entfalten vermag. In jeder bedeutenden Sammlung wird jedes einzelne Werk durch alle andern bestätigt, bereichert, gehoben, in ständig sich erneuerndes Licht gesetzt.

Der private Sammler verwirklicht eine schöpferische Vision und ein einmaliges sammlerisches Schicksal. Darauf geht auch das unbeschreibliche geistige und künstlerische Profil zurück, das jede bedeutende Sammlung besitzt.

Teetisch mit Fayenceplatte, Kopenhagen
Periode Johann Ernst Pfau, 1727–1749
Platte 41,0 × 56,0 cm, Tischhöhe 74,5 cm

Bowlenbehälter in Form einer Bischofsmitra, Kopenhagen
Periode Johann Ernst Pfau, 1727–1749
Johann Heinrich Pfau
Höhe 32,0 cm, Breite 38,5 cm

Suppenterrine, Rörstrand
Periode Andreas Fahlström
Joakim Silverskoug, 1745
Höhe 25,5 cm, Breite 28,0 cm, Länge 42,0 cm

Anbietplatte
Periode Andreas Fahlström
unsigniert
Höhe 2,9 cm, Breite 30,2 cm, Länge 41,5 cm

Tafelaufsatz, Rörstrand
Periode Elias Magnus Ingman-Nordenstolpe
Carl Erik Löfström, 1762
Höhe 23,5 cm, Breite 19,0 cm, Länge 31,0 cm (unten)

Anbietplatte, Rörstrand
Periode Elias Magnus Ingman-Nordenstolpe
Carl Erik Löfström, 1762
Höhe 3,5 cm, Breite 31,0 cm, Länge 49,5 cm

Suppenterrine, Marieberg
Periode Johann Ludwig Eberhard Ehrenreich
Modelleur Bomkertel, 1765
Höhe 33,0 cm, Breite 26,0 cm, Länge 42,0 cm

Deckelvase, Marieberg
Periode Henrik Sten, 1773
Höhe 43,0 cm

Terrassenvase, Marieberg
Periode Henrik Sten, 1773
Höhe 38,5 cm, Breite 30,0 cm (unten)

Teetischplatte, Marieberg
Periode Pierre Berthevin, 1766–1769
vermutlich Johann Otto Frantzen
57,5 × 80,0 cm, unsigniert

Teedose, Herrebøe
Albert Lobech, um 1770
Höhe 13,0 cm, Breite 7,9 cm

Milchkännchen, Herrebøe
Georg Kreibe, um 1770
Höhe 17,0 cm, Breite 12,0 cm

Teller, Reval
Fabrik Carl Christian Fick, um 1780 – um 1792
Otto (weitere Angaben nicht bekannt)
Höhe 3,0 cm, Durchmesser 24,8 cm

Sauciere, Reval
Fabrik Carl Christian Fick, um 1780 – um 1792
vermutlich H. G. Pauel
Höhe 12,5 cm, Länge 25,0 cm

Potpourrivase, Schleswig
aus der von Johann Christoph Ludwig v. Lücke gegründeten Fabrik
vermutlich Johann Leihamer, 1758
Höhe 39,5 cm

Bowlenbehälter in Form eines Schiffsrumpfes, Schleswig
Periode Johann Rambusch, 1758–1773
Höhe 30,0 cm, Breite 22,0 cm, Länge 65,7 cm
unsigniert

Tafelaufsatz, Eckernförde
Fabrik der Gebrüder Johann Nicolaus Otte und Friedrich Wilhelm Otte
unter dem Direktorat Johann Georg Ludwig Bonifaz Buchwald
Abraham Leihamer, 1766
Höhe 38,0 cm

Potpourrivase, Kiel
aus der von Johann Samuel Friedrich Tännich gegründeten Fabrik
Johann Samuel Friedrich Tännich, 1763–1768
Höhe 30,0 cm
unsigniert

Potpourrivase, Kiel
aus der von Johann Samuel Friedrich Tännich gegründeten Fabrik
Ludwig Peter Rühl, 1766–1768
Höhe 35,0 cm

Potpourrivase, Stockelsdorf
Fabrik Georg Nicolaus Lübbers
unter dem Direktorat Johann Georg Ludwig Bonifaz Buchwald, 1772–1789
Höhe 42,0 cm

Schüssel, Altona
Manufaktur Jürgen Mewe, um 1770
Höhe 8,7 cm, Durchmesser 27,5 cm
signiert mit dem Stadtwappen von Altona

Anbietplatte, Rendsburg
Fabrik Christian Friedrich Gottlob Clar und Jasper Lorentzen, 1769
Höhe 3,7 cm, Durchmesser 38,5 cm

Teller, Kellinghusen
Fabrik Dr. Sebastian Grauer, 1797
Höhe 2,5 cm, Durchmesser 24,0 cm
unsigniert

Schreibzeugbehälter, Kellinghusen
letztes Viertel des 18. Jahrhunderts
Höhe 34,5 cm, Breite 25,5 cm, Tiefe 16,0 cm
unsigniert

S. 270

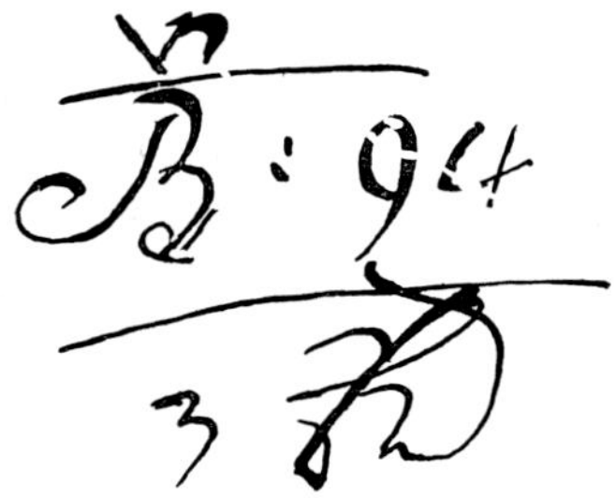

S. 271

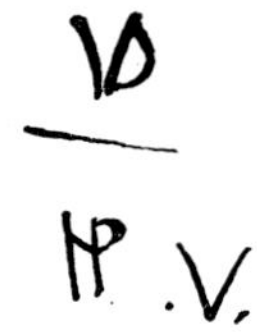

S. 272

S. 273

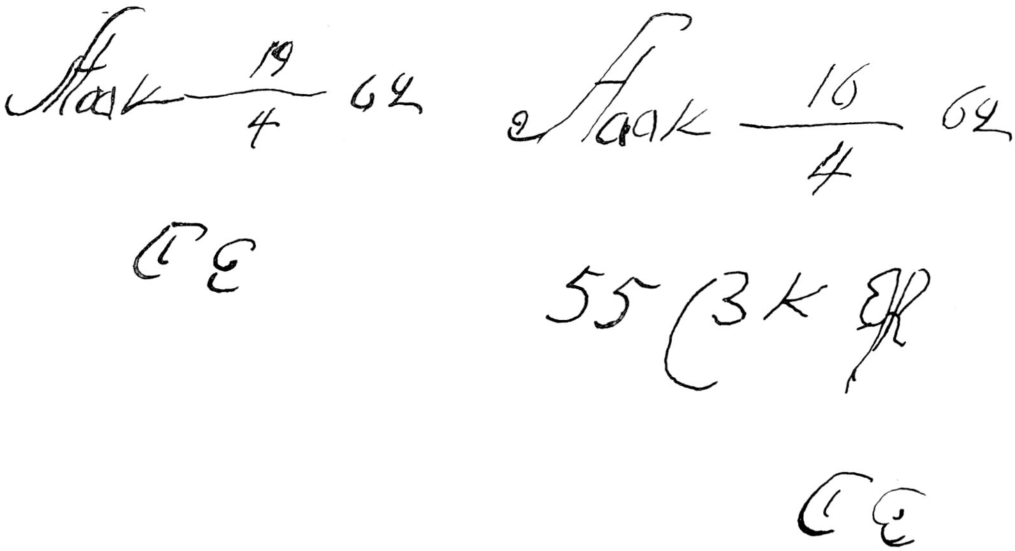

S. 274

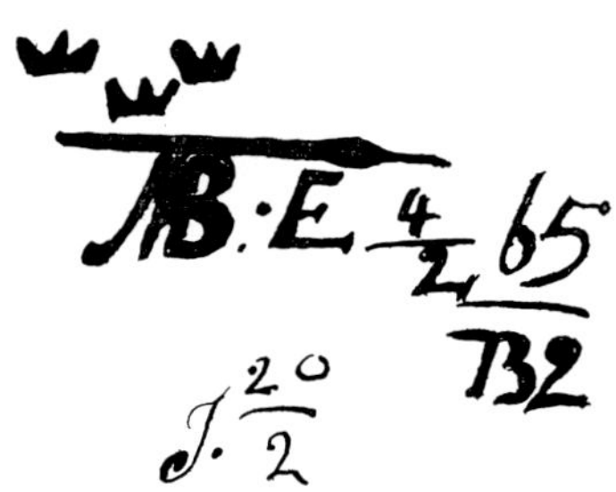

S. 275

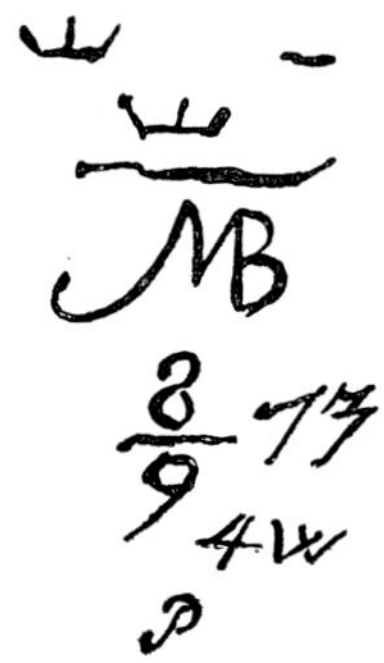

S. 276

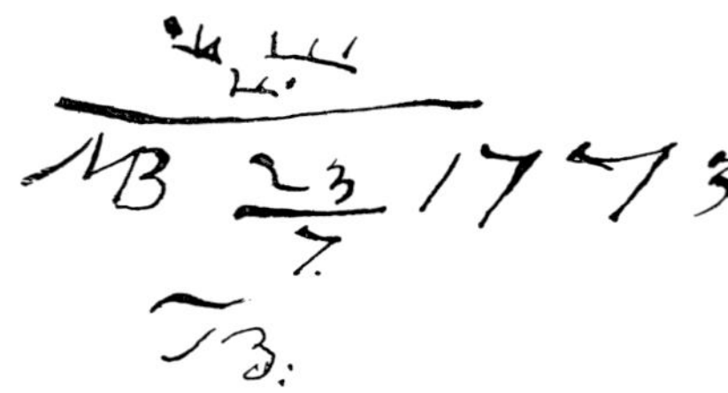

S. 278

S. 279

S. 280

S. 282

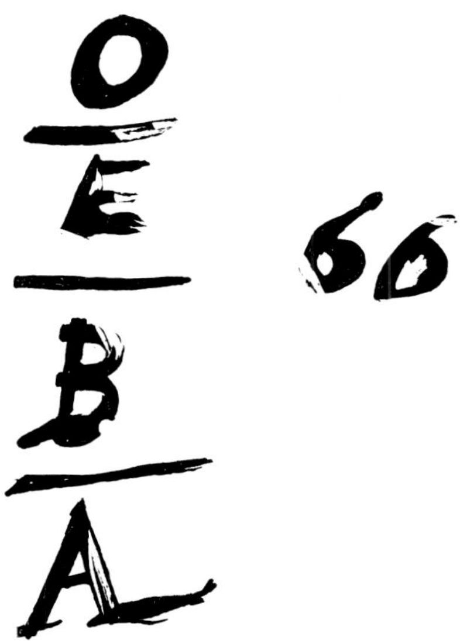

S. 284

S. 285

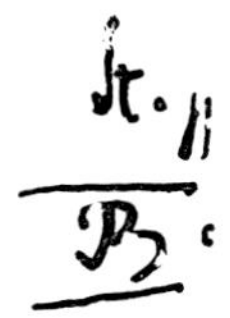

S. 286

S. 287

Betriebszeit der in der Sammlung vertretenen Fayencemanufakturen

Altona	1756–1804	Rendsburg	1765–1818
Criseby	1759–1765	Reval	1780–1792
Eckernförde	1759–1780	Rörstrand	1729–
Herrebøe	1759–1778	Schleswig	1755–1814
Kastrup	1754–1794	Sölvesborg	1773–1798
Kellinghusen	1763–1860	Stockelsdorf	1771–1786
Kiel	1758–1787	Store Kongensgade	1722–1772
Marieberg	1758–	Stralsund	1757–1790

Die Beschriftungen der Stücke enthalten folgende Angaben: Objekt, Manufaktur, Periode, Maler oder Modelleur, Entstehungszeit, Maße. Die Dauer der Periode wird nicht angegeben, wenn durch andere Daten (Jahreszahl, archivalisch nachweisbarer Aufenthalt eines Künstlers an einer Manufaktur) oder durch stilistische Merkmale die genauere Bestimmung der Entstehungszeit möglich war. Wenn nicht anders angegeben, sind die Stücke signiert, siehe Signaturtafel.

Anhang

ANLAGE 1

Monumentum
memoriae sempiternae
viri
illustris et generosissimi

PETRI MARQUARDI
DE GODEN,

dynastae quondam hereditarii Schirenseae
et Annenhoffi,
nati III. Id. Quinct. M DC LXXI.
et
rebus humanis erepti
IIII. Kal. Febr. M DCC XXIX.
quum
mausoleo patrio Rensburgensi
funus inferretur,
dicat dedicatque
doloris acerbitatem quodammodo levaturus
Sebastianus Kortholtus,
eloqu. et poetic. prof. ordin.

Funera Wolffrathi delamentabar adempti,
   Brockhusium mitem quem vocitabat herum;
qui mihi non tantum cognato sanguine vinctus,
   sed quoque praecipuo iunctus amore fuit,
qui decus illustri virtute premebat avitum
   et ducibus clarum praesulibusque genus;
quem proavos atavosque super reverentia caeli
   castaque relligio puraque sacra locant.

'a nece nil tutum est', dixi, 'Mors sceptra tenentes
   et rerum dominos pontificesque rapit.'
Anthonii testor Wolffrathi busta, Viennae
   has oculis tristes expositura notas:
„imperii fueram princeps et praesul et abbas;
   quis modo sim, quaeris? sum cinis, umbra, nihil."

dum loquor, attonitas lugubris vulnerat aures
   nuntius: hoc numquis tristior esse queat?
eloquar an sileam? – Godium quoque fata tulerunt,
   nomine non uno nomina cara mihi.

Eine Bekundung
immerwährenden Gedenkens
an den erlauchten und hochwohlgeborenen
Herrn

PETER MARQUARD
VON GODEN,

einstigen Erbfürsten auf Schierensee
und Annenhof,
geboren am 13. Juli 1681
und
dem Irdischen entrissen
am 29. Januar 1729,
als
in die Familiengruft zu Rendsburg
sein Sarg überführt wurde,
weiht und widmet,
um des Schmerzes Bitternis gewissermaßen zu lindern,
Sebastian Kortholt,
Ordentlicher Professor der Beredsamkeit und Dichtkunst

Noch beklagt' ich mit Tränen den Tod des entrissenen Wolffrath,
Den Brockhausen stets nannt' einen mildsinnigen Herrn.
Er war mir nicht allein durch Blutsverwandtschaft verbunden,
Sondern auch durch hervorragende Neigung vereint.
Er hat mit strahlender Leistung der Ahnen Glanz überboten
Und sein Geschlecht, das doch durch Bischöf' und Fürsten berühmt.
Ihn hebt über die Ahnen und Vorfahr'n Himmelsverehrung,
Frommer Glaube und sein lauteres Opfer empor.

‚Nichts ist vorm Tode gefeit', so sprach ich: ‚Träger der Szepter,
Herrscher der Welt und sogar Päpste entrafft ja der Tod.'
Ich ruf' Anton Wolffraths Ruhstätte zum Zeugnis: in Wien wird
Sie darbieten dem Blick diesen umdüsterten Spruch:
„Ich war Fürst eines Reichs und war ein Abt und ein Bischof.
Wer ich bin, fragst du? Ich bin Asche, ein Schatten, ein Nichts."

Während ich spreche, versehrt das erschütterte Ohr die betrübte
Kunde: und welche wohl kann düstrer als diese noch sein?
Sag' ich es oder verstumm' ich? – Auch Goden entführte das Schicksal –
Name, mir teuer und wert nicht nur in einem Betracht.

hei mihi! funeribus cumulantur funera, bustis
busta, et inexstinctus desinit esse rogus.
exarent nondum lacrimae, quis funebris urna
Wolffrathi et nostrae quis maduere genae;
extulit hunc nondum dilectum tristis alumnum
patria, nec funus desinit esse recens:
iamque iterum nova materies, nova caussa dolendi
vulnera rescindit vulnere cruda novo,
iamque iterum citharam crescenti aptare dolori
me iubet et querulis conscia fila sonis,
meque brevi longum testari carmine amorem
et luctum Pietas poscit et ipsa Fides.

Commemorande Godi fautores inter amicos
cognatisque meis annumerande Godi:
cur tibi non lucis diuturnior obtigit usus,
credibili citius cur tua vita fugit?
ultra communes vitam protendere metas
victurum decuit tempus in omne virum.

semper honoratum Musis et semper amatum
Marquardum fausto nomine reque refers;
qui Cimbris nomen terris memorabile, coetus
qui Clarii princeps, dum superabat, erat;
quo vix splendidius, quo vix illustrius umquam
aut maius nomen doctior orbis habet.
magna patris magni proles, huic passibus aequis
concessura nihil, si licuisset, eras.
praevius exemplo, quod voce potentius, ibat;
et monitis crevit prima iuventa patris.

hausisti tibi dilectas feliciter artes:
pars ea laudis erat non reticenda tuae.
et pravi iustos et honesti noscere fines
visa fuit iuveni gloria lausque viro;
nec te quid melius vitatu quidve petitu
nec quid nos deceat dedeceatve fugit,
nec quibus in primis firmentur regna columnis
nec quibus in primis stentve cadantve modis.
quis melius didicit te sacra profanaque iura,
quae cumulant curas nocte dieque tuas?
perdius et pernox labor usque revolvit et usque,
librorumque genus dextera quodque terit.

non cano scribendi dotes artesque loquendi:
invenias paucos hac tibi laude pares.
subscripsere sibi Godii quae nomina chartae,
ingenii sileo tot documenta tui.
quid manus ulla queat scripsisse politius umquam?
quid misisse mihi gratius ulla manus?
o quoties, tua quae signabat gemma tabellas,
pignora quot studii, nos habuisse iubes!
caussa videbatur numquam cessante favore
mittendis ceris quaelibet apta tibi.

ah! memini: vitae scribebat fine sub ipso
finitimi nimium conscia dextra rogi:
„illabefactus amor mea sit post fata superstes,
sit mea post tumulos firma tenaxque fides.

Weh mir! Bestattung häuft auf Bestattung sich, Gräber auf Gräber,
Und unauslöschlich ist nun länger der Holzstoß nicht mehr.
Noch sind nicht trocken die Tränen, von denen die Totenurne
Wolffraths war und auch unsere Wange benetzt;
Diesen geliebten Sproß hat sein trauerndes Heimatland nicht schon
Beigesetzt, und sein Tod steht vor den Augen noch frisch –:
Schon reißt ein neues Ereignis, ein neuer Grund der Betrübnis
Blutige Wunden mit neu klaffender Wunde uns auf;
Wieder schon heischt er, daß ich zum wachsenden Schmerze die Leier
Stimme und Saitenspiel, wissend um klagenden Laut;
Daß ich in kurzem Gesang langwährende Liebe bezeuge
Und die Trauer, verlangt Freundschaft und Treue nun selbst.

Goden, wert, daß deiner anhängliche Freunde gedenken,
Goden, wert, daß ich dich meinen Verwandten beizähl':
Warum ist dir nicht ein längrer Genuß des Lichtes beschieden?
Schneller als glaublich – warum flieht so dein Leben dahin?
Über gewöhnliche Marken doch sollte sein Leben ausdehnen
Dürfen der Mann, der da wird leben für jegliche Zeit.

Ihn, der immer geehrt von den Musen und immer geliebt war,
Marquardt, bringst du zurück, glücklich in Namen und Tat,
Der ein den Cimbernlanden denkwürdiger Name und Erster
War in Apollons Schar immer, solang' er gelebt:
Kaum einen glänzendern, kaum auch berühmteren Namen als seinen
Oder bedeutenderen kennt ja die geistige Welt.
Großen Vaters großer Nachfahr, ihm standest mit gleichen
Schritten in nichts du nach, hätt'st du's nur immer gedurft.
Er ging voran durch ein Beispiel, das mächtiger wirkte als Worte;
Und deine Jugend zuerst wuchs durch des Vaters Gebot.

Du erobertest dir das Wissen, das glücklich du liebtest –
Dieser Teil deines Lobs durfte verschwiegen nicht sein –:
Und des Verfehlten und Rechten gemessene Grenzen zu kennen,
Schien ja dem Jünglinge schon ruhmvoll und löblich dem Mann.
Nicht konnt' dir, was besser zu meiden oder zu wollen,
Noch, was uns ziem' oder was nicht uns gezieme, entgehn,
Noch, auf welchen Säulen zumeist die Reiche fest ruhen,
Noch, welchermaßen sie stehn oder auch stürzen zumeist.
Wer lernt' besser als du das geistlich- und weltliche Recht auch,
Das ja bei Tag und bei Nacht deine Bemühung erfüllt?
Tagsüber, nachtsüber, immer und immer regte dein Fleiß sich:
Bücher jeglicher Art nahmst du beständig zur Hand.

Nicht sing' ich Gaben geschriebnen und Künste gesprochenen Wortes.
Wenige findet man, dir gleichend in solcherlei Lob.
Was je Godens Name dem Blatt abschließend anfügte –
Deiner Begabung so viel Zeugnisse –, nenne ich nicht.
Was auch könnt' eine Hand je Gefeilteres abgefaßt haben,
Was eine Hand mir geschickt haben Willkomm'neres je?
O, die Schriften, die dein Ring siegelte – so viele Pfänder
Deines Eifers – wie oft läßt du sie uns zum Besitz!
Als Anknüpfung dafür – nie zögerte deine Geneigtheit –,
Briefe zu senden, erschien alles dir trefflich und recht.

Ach, ich gedenke – noch schrieb dicht vor dem Ende des Lebens
Deine Hand, die zu gut wußt' um den nahenden Tod:
„Unerschütterlich sei, meinen Tod überlebend, die Liebe,
Jenseits des Grabes noch sei fest meine Treue und stark.

funus amicitiae non rumpet vincla propinquum:
tu mihi post cineres corde receptus eris."

bis duo lustra tuis cumulant mea scrinia scriptis,
quae sunt luce frui digna cedroque lini.
omnia facundo sunt digna parente: nihilque
addere cura, nihil demere lima potest.

qua te laude feram? pennis quibus eveham ad astra
pluribus a cycnis nomina digna cani?
digne cani patria cithara pariterque Latina
et Batava et Tusca Borboniaque lyra,
digne cani totidem linguis, quot mente tenebas:
quae totidem linguis lingua diserta fuit?
Sequana tot resonent laudes Ligerisque Padusque,
Thybridis has variis cantet arundo modis;
hospitis et quondam dulcis praeconia olores,
quos aut Rhenus alit Danubiusve, canant.

quis solus dotes sese diffundat in omnes?
est nostris maius viribus illud onus.
te celebrent vates me cultius: inter amicos,
qui sine teste dolent funera, primus ero.
nec fletus oculis nec pallente ore querelas
nec curas animo posse fugare velim.

hei mihi! nunc Godii silet aeternumque silebit
penna diserta simul promptaque lingua simul.
hon horas fallit neque amici pectora mulcet
facundis tabulis alloquiisque piis;
nec potis est facies nobis pulcherrima fundi,
Schirensea, tui mille placere modis;
nec mihi nunc florent campi nec silva virescit,
nec species horti, quo capiamur, habet.

ecce iacet Godius, quo vix studiosior horti
cultor erat, vidui gloria prima soli,
marcescens et egens animae, plantisque caducis
et nimium similis floribus ipse suis.
quisquis es, aetatis noli confidere flori:
flos et homo parva stantque caduntque mora.
ut superant roseos mane ora vigentia flores,
vespere sic albis pallidiora feres.
murice quantumvis multoque superbiat ostro,
aureus et summo vertice stellet apex:
flos tamen emoriens flexa cervice recumbit,
planta neque aeterno flore beata viget.
sed veluti rursus florescet sidere verno,
mortua quae brumae tempore visa fuit:
sic paradisiaco Godius revirescit in horto,
perpetuum dempto ver ubi fine viret.

Nicht wird die nahe Bestattung die Bande der Freundschaft zerbrechen:
Bin ich auch Asche – du bleibst stets mir im Herzen bewahrt."

Zwanzig Jahre schon schwillt mein Schrank von deinen Schriftwerken –
Wert, zu genießen das Licht, zederngeölt auch zu sein.
Alle sind würdig des wortgewaltigen Schöpfers: und nichts mehr
Anfügen kann Sorgfalt, nichts mehr die Feile entziehn.

Wie dich preis' ich? Mit welchem Gefieder erheb' ich zu Sternen
Namen, die wert sind, von viel Schwänen besungen zu sein?
Würdig des Sanges von heimischer Leier, von röm'scher zugleich auch
Und in batavischem, in tusk'schem, borbornischem Ton, –
Würdig des Sanges in so viel Sprachen, wie du sie beherrschtest . .
Welche Zunge war in so vielen Zungen beredt?
Widerhalle die Seine, die Loire und der Po soviel Lobpreis,
Dies mag Tibers Schilf singen in wechselndem Laut;
Einst mögen ihres geliebten Gastfreundes Preisungen Schwäne
Singend künden, wie sie Rhein oder Donau ernährt.

Wer kann als einzelner sich in jeder Begabung verströmen?
Ist doch für unsere Kraft jene Belastung zu groß.
Dich mögen Dichter feiern, kunstreicher als ich: unter Freunden,
Die zeugenlos um ein Grab trauern, werd' erster ich sein.
Nicht bin ich, Tränen vom Aug' noch vom bleichenden Munde die Klagen
Noch aus dem Herzen den Gram scheuchen zu können, geneigt.

Weh über mich! Nun schweigt und wird schweigen ewiglich Godens
Wortkluge Feder zugleich, schmeidige Zunge zugleich.
Nicht mehr vertreibt er die Stunden noch sänftigt den Sinn eines Freundes
Er mit geistvoller Schrift noch mit empfundenem Trost.
Nicht mehr vermag uns noch das herrliche Bild deines Gutes
Schierensee zu erfreu'n in tausendfältiger Art.
Nicht blüht jetzt mir noch Feld und Au, nicht grünt mehr die Waldung
Noch auch des Gartens Bild bietet Verlockendes mehr.

Sieh: da liegt nun Goden – und war doch kaum eifriger sonst ein
Pfleger des Gartens –, ein Ruhm, höchster, verwaisten Gefilds,
Kraftlos und entseelt und schon hinfälligen Pflanzen
Allzu ähnlich und auch eigenen Blumen er selbst.
Wer du auch seist, vertraue du nicht der Blüte der Jugend:
Blüte und Mensch, sie stehn flüchtige Zeit und vergehn.
Siegt ein frisches Gesicht in der Früh' über rosige Blüten,
Trägst du am Abend eins, das bleicher als weiße noch ist.
Wie er auch prunke mit Purpur und satter Farbe der Muschel,
Goldhell oben am Rand sternig erglänze der Kelch:
Wird doch die Blüt' hinsterbend gebeugten Nackens sich legen
Und nicht in ewigem Blühn selig die Pflanze bestehn.
Nein: wie wiederum sie wird blühn unterm Frühlingsgestirne,
Die in des Winterfrosts Zeit schon erstorben erschien –
So ersteht auch Goden im paradiesischen Garten,
Wo ohn' Ende ein stets prangender Frühling ergrünt.

1 funus „Leichenbegängnis", hier etwa „Todesfall, Trauerfall" (vgl. V. 19. 73. 92) oder konkret „Sarg" (vgl. die Wendung in der Widmung: funus inferri): Wolffraths Leichnam war kürzlich eingesargt, aber noch nicht in der Familiengruft beigesetzt worden (vgl. V. 23–24); auch ist seine Grabschrift erst formuliert, noch nicht angebracht (vgl. V. 12 expositura). – Vgl. Ovid. metam. 11, 331 natam delamentatur ademptam.

4 Vgl. Cic. de offic. 1, (4) 12 praecipuum . . amorem.

7 Vgl. Cic. pro Cael. (14) 33 avum, proavum, atavum.

9 Verg. Aen. 1, 57 sceptra tenens.

10 Verg. Aen. 1, 282 rerum dominos (vgl. Horat. carm. 1, 1, 6 terrarum dominos).

15 Vgl. Ovid. metam. 2, 142 dum loquor.

15–16 Verg. Aen. 8, 582–583 gravior neu nuntius aures / vulneret.

17 Verg. Aen. 3, 39 eloquar an sileam? – Verg. ecl. 5, 34 postquam te fata tulerunt.

18 Vgl. Verg. Aen. 3, 18 meo nomen de nomine.

19 Lucret. 6, 1237 cumulabat funere funus (vgl. Liv. 26, 41, 8 ut aliud super aliud cumularetur . . . funus).

20 „Und der Scheiterhaufen hört auf, unausgelöscht (= unauslöschlich) zu sein": Nach dem Zusammenhang wäre die umgekehrte Aussage zu erwarten.

21 Vgl. Cic. part. orat. (17) 57 exarescit lacrima.

26 Verg. Aen. 12, 389–390 vulnus . . . / rescindant (vgl. Ovid. trist. 4, 4, 41–42); Ovid. trist. 3, 11, 19 qui vulnera cruda retractet (vgl. Ovid. ex Pont. 1, 3, 16 vulnera cruda).

27 Vgl. Horat. carm. 2, 12, 4 aptari citharae modis.

28 Vgl. Ovid. metam. 5, 339 querulas . . . chordas.

30 Vgl. Stat. Theb. 2, 462 haec pietas, haec magna fides; 5, 627 pietas haec magna fidesque.

34 Vgl. Ovid. trist. 1, 5, 49 credibili . . maiora; fast. 3, 618 credibili fortior.

35 Vgl. Verg. Aen. 10, 472 metas . . . aevi; 12, 576 mortis . . metae; Ovid. trist. 1, 9, 1 vitae . . tangere metam.

37 Vgl. Horat. carm. 1, 26, 1 Musis amicus (vgl. Verg. Aen. 8, 76 semper honore meo, semper celebrabere donis).

38 Marquardt: Verwandtschaftsverhältnis?

39 Cimbris . . terris: Schleswig-Holstein (und Jütland). – Verg. Aen. 2, 583 memorabile nomen.

40 Clarius: Beiname des Dichtergottes Apollo (nach seinem Tempel und Orakel im kleinasiatischen Klaros).

43 Verg. Aen. 2, 724 sequiturque patrem non passibus aequis.

44 Ovid. trist. 1, 7, 40 emendaturus, si licuisset, eram.

45 Vgl. Ovid. metam. 11, 65 praevius anteit.

46 Vgl. Verg. Aen. 9, 181 prima . . . iuventa. – Vgl. Ovid. metam. 2, 126 monitis parere parentis.

47 Vgl. Verg. Aen. 4, 359 vocemque his auribus hausi (Ovid. metam. 13, 787–788 auribus hausi / talia dicta); vgl. Tac. dial. 28, 6.

48 Vgl. Verg. Aen. 10, 737.

49 Vgl. Cic. Acad. 2, (36) 114 fines bonorum malorumque; de fin. 5, (7) 19 in finibus bonorum malorumque; orator (14) 45 recti pravique partibus

51 Vgl. Liv. praef. § 10.

52 Vgl. Cic. Tusc. 4, 55 oratorem . . irasci minime decet, simulare non dedecet (vgl. Cic. de offic. 1, (27) 94 et quod decet honestum est et quod honestum est decet).

54 Vgl. Horat. epist. 2, 1, 176 cadat an . . stet.

55 Vgl. Sallust. Cat. 11, 6 sacra profanaque (vgl. Cic. de harusp. resp. [5] 9).

57 Vgl. Gell. noct. Att. 2, 1, 2 perdius atque pernox; Apul. metam. 5, 6, 1 et perdia et pernox.

58 Vgl. Martial. 8, 3, 4 teritur noster ubique liber; Horat. epist. 2, 1, 92 quod legeret tereretque.

59 Vgl. Curt. 3, 16, 20 vel ingenii dotibus vel animi virtutibus (10, 18, 32 ingenii . . dotes); Cic. de orat. 1, (55) 234 verborum eam (artem) dote locupletasti).

61 Schwierige Konstruktion: Wörtlich vermutlich gemeint: Welche Papiere (Urkunden; Gedichte; Bücher) sich den Namen Godens unterschreiben ließen, diese verschweige ich als soviel Zeugen deines Geistes.

61 Vgl. Horat. sat. 1, 10, 92 i, puer, atque meo citus haec subscribe libello.

62 Vgl. Cic. de offic. 3, (1) 4 ingenii monumenta.

63 Vgl. Cic. orator (51) 172 politus scriptor.

65 Vgl. Ovid. amor. 2, 15, 15 signare tabellas; (Tibull.) 4, 7, 7 signatis . . . tabellis.
69 Vgl. Verg. ecl. 7, 69 haec memini; Aen. 8, 157 nam memini.
71 Vgl. Ovid. ex Pont. 4, 12, 29–30 concordia . . . inlabefacta; 4, 8, 9–10 vincula . . . . maneant inlabefacta. – Verg. Aen. 11, 160 mea fata, superstes (vgl. Verg. Aen. 4, 20).
72 Ovid. amor. 2, 6, 14 et stetit ad finem longa tenaxque fides.
73 Vgl. Prop. 1, 15, 16 sanguinis . . . vincula rupit amor (vgl. Verg. Aen. 5, 510 vincula . . rupit); Cic. Catil. 4, (4) 8 vincula ruperit.
74 Vgl. Prop. 3, 1, 36 illum post cineres; Ovid. metam. 8, 539 post einerem cineres. – Vgl. Ovid. metam. 9, 279 thalamoque animoque receperat (vgl. Enn. ann. fr. 48 V.[2] – apud Cic. de divin. 1, [20] 41 – corde cupitus).
76 Horat. epist. 2, 3, 332 (carmina) linenda cedro (vgl. Pers. 1, 42 cedro digna locutus). Zedernöl wurde zur Verhütung von Mottenfraß und Fäulnis auch bei Büchern verwendet: so behandelte Werke hielt man also für erhaltungswürdig – dichterisch gesprochen: für wert, unvergänglich zu sein.
78 Vgl. Horat. epist. 2, 3, 291 limae labor et mora (Ovid. trist. 1, 7, 30 defuit et scriptis . . lima).
79 pennis quibus . . . : doppelsinnig: „Schreibfeder" (vgl. V. 96) und „Schwungfeder", jene in der Hand des Dichters, diese in der Schwinge des Vogels, des Schwans, in dessen Gestalt der Dichter vergegenwärtigt werden kann (vgl. Horat. carm. 4, 2, 25): Schwäne waren wegen ihres Gesangs dem Apollo geweiht (V. 80; vgl. auch V. 87). – Vgl. Horat. carm. 2, 20, 1–2 ferar / penna . . per liquidum aethera (Sil. Ital. 8, 593–594 ad sidera cantu / evecta; Ammian. Marcell. 14, 11, 29 evehentes . . ad sidera); Horat. carm. 1, 1, 6 evehit ad deos; Verg. Aen. 6, 130 evexit ad aethera virtus (vgl. Ovid. metam. 2, 587–588 per auras / evehor).
82 batavisch: holländisch; tuskisch: italienisch (vgl. V. 85–86 Po und Tiber); borbonisch: französisch (vgl. V. 85 Seine und Loire).
89–90 Eine „Apologie" (recusatio): Der Dichter entschuldigt das Zurückbleiben seiner Leistung hinter den hohen Ansprüchen seines Gegenstandes mit seinen bescheidenen Kräften.
93 Vgl. Verg. Aen. 10, 822 ora . . . pallentia.
94 Vgl. Ovid. metam. 9, 502 nostro . . de corde fugabitur ardor.
95 Verg. Aen. 6, 617 sedet aeternumque sedebit.
96 Ovid. fast. 4, 310 promptaque lingua; vgl. Sallust. Iug. 44, 1 lingua . . . promptior, Cat. 10, 5 in lingua promptum.
97 Ovid. metam. 8, 651 fallunt sermonibus horas. – Verg. Aen. 1, 197 dictis maerentia pectora mulcet, 153 dictis animos et pectora mulcet.
98 Vgl. Horat. iamb. 13, 18 dulcibus alloquiis.
99 Vgl. Ovid. metam. 3, 414 faciemque loci; Verg. Aen. 5, 768 maris facies; al.
100 Vgl. Horat. carm. 3, 7, 12 temptat mille . . modis.
101 Vgl. Verg. georg. 2, 6 floret ager. – Vgl. Verg. georg. 1, 55 virescunt gramina; Lucret. 1, 252 ramique virescunt.
103 Vgl. Ovid. epist. Sapph. 75 ecce iacent.
104 Vgl. Colum. 2, 2, 25; 3, 11, 5 viduum solum (2, 14, 7 viduus . . ager).
107 Verg. ecl. 2, 17 o formose puer, nimium ne crede colori! Vgl. Ovid. metam. 10, 69 tuque o confisa figurae. – Vgl. Verg. Aen. 1, 387 quisquis es. – Vgl. Cic. topic. (7) 32 adulescentiam florem aetatis.
108 Vgl. V. 54 stentve cadantve.
109 Vgl. Claudian. carm. min. 29 (48 [Eidyllium 5]: Magnes), 29–30 roseis . . . / floribus.
110 Vgl. Ovid. metam. 4, 134–135 oraque buxo / pallidiora gerens; Verg. Aen. 3, 217–218 pallida semper / ora; 8, 197 ora . . . pallida (vgl. auch oben V. 93).
111 murex, die Purpurschnecke, ihr Saft als Purpurfarbe (Verg. Aen. 4, 262 Tyriaque ardebat murice, 9, 614 fulgenti murice, ecl. 4, 43–44 rubenti murice); ostrum, Meerschneckenblut (Verg. Aen. 12, 67 sanguineo . . . ostro, georg. 2, 506 Sarrano dormiat ostro, georg. 3, 17 Tyrio conspectus in ostro; Aen. 11, 772. 5. 133).
112 Vgl. Ovid. metam. 12, 433 a summo vertice.
113 Vgl. Verg. ecl. 7, 57 moriens . . . herba. – Verg. Aen. 9, 434 cervix conlapsa recumbit.
114 Vgl. Horat. carm. 2, 18, 14 satis beatus unicis Sabinis.
115 sidus „Stern", bildlich für „Jahreszeit" (vgl. Verg. Aen. 4, 309 hiberno . . sidere; georg. 1, 73 mutato sidere, vgl. georg. 1, 1).
116 Vgl. Liv. 21, 54, 7 brumae tempus, 43, 18, 1 sub tempus brumae.
118 Vgl. Ovid. epist. 1, 50 dempto fine, trist. 3, 11, 2 dempto fine.

ANLAGE 2

Bericht über das Kieler Haus anläßlich des geplanten Verkaufs, aufgestellt am 12. Januar 1789 durch Salderns Schwiegersohn, den Justizrat M. Ch. Piper.

Auszug:

Das von dem wohlseel. Herrn Geheimen Rath Caspar von Saldern in der Stadt Kiel erbaute Haus mit den Neben Gebäuden ist in der Flämischen Straße zwischen dem Hause des Hr. Postmeisters Thiesen und dem Herrn Landt belegen. Es gehöret unter die jurisdiction der hohen Landes-Regierung zu Glückstadt, und ist nur mit einer jährlichen Ausgabe von 25 Rthl. beleget.

Das dazu gehörige Nebenhaus hat einen eigenen Ausgang nach der Fischerstraße, ist der Stadt-Gerichtsbarkeit unterworfen, und stehet zu 18 Rthl jährlichen bestimten Ausgaben.

Das Haupt-Haus ist 1768 ganz von Brandmauer auf die dauerhafteste Weise zwei Etagen hoch erbauet, mit sehr guten Kellern, worin sich die Küche befindlich, versehen, so angenehm bewohnbar eingerichtet, und so geschmackvoll meubliert, daß kein dem gleiches in der Stadt gefunden wird. Auf allen Thüren und Fenstern im ganzen Hause sind Schlößer und Schieber von Meßing.

Das Nebengebäude gleichfalls in demselben Jahre erbauet, enthält eine Remise zu 5 bis 6 Kutschen, einen Stall zu 12 Pferden, ansehnlichen Boden Raum, dann Zimmer für Bediente und Kutscher.

In dem Keller des Hauses und auf dem Hofplatz befinden sich 2 Pumpen, welche reichhaltig gutes Waßer haben.

Die 19 Zimmer und Kabinette des Haupt-Hauses sind meubliert theils mit Stof-Damast, gemahlte Leinewand, und mit feinem Chinesischem Papier, teils sind solche vorzüglich gut boisiert und eines ist auf der Wand gemahlt. Der Speise-Saal ist in gelber Farbe, Stukatur mit Vergoldung und mit einer wohl in die Augen fallenden Schenke gezieret, dabeneben mit Schränken zur Aufbewarung des Tafel-Geschirrs versehen, und hat einen nahen Ausgang zur Küche. Es befinden sich in den Zimmern 13 sehr gute eiserne Oefen, wovon 11 mit eisernen und zwei mit Aufsätzen von sächsischen fayance, auch ist in einem Zimmer ein ganzer Ofen von sächsischem Porzellan, weiß mit Gold.

Im Haus befanden sich folgende Zimmer:
Das erste Vorzimmer ist mit grün und rot gedruckter Leinwand bezogen
Das zweite Vorzimmer ist mit feinem chinesischen Papier ausgeschlagen
Das große Gesellschaftszimmer ist mit rotem und weißem Stoff ausgeschlagen
Das Schreibkabinett ist mit Eichenholz boisiert und mit hellgelbem Firnis überstrichen
Das kleine Kabinett ist boisiert und mit braunem Firnis bestrichen
Das Schlafgemach ist mit grünem Damast bezogen, der durch vergoldete Leisten gefaßt ist
Eine kleine Nebenkammer
Eine kleine Vordiele zum Speisesaal
Der Speisesaal hatte Stuckatur in gelber Farbe mit Vergoldung
Ein Schenkraum
Eine Garderobe
Eine 1. hintere Stube
Eine 2. hintere Stube
Eine 3. hintere Stube
Eine 4. hintere Stube
Eine Stube vor der Garderobe
Eine Stube vor der Treppe, eine darauffolgende Stube
Ein Kabinett daneben

ANLAGE 3

Verhaltungsmaßregeln für die Meierin, gegeben von C. v. Saldern

I.

Die Meyersche sorgt vor alles was den Kühen angehet, vor Milch und Butter, Kälber zu mässten, und hiezu hat Sie drey Mädchens so oben an Ihre Zimmer schlafen, auch besorgt Sie dass Backen, weil selbiges in der Meyerey und von den Mädchens geschieht.

II.

Nach der Rägel geht Sie selbst mit und sieht, daß die Mädchens rein ausmilchen.

III.

Wann die Mädchens des Morgens mit den Bütten waschen, soweit fertig sind, bis auf die Meyerey rein zu-machen, so theilen Sie sich; Eine bleibt bey rein zu machen, die beiden andern gehen gleich hin in den Neben-Häusern und stellen, wie auch im Tischler-Hauße, die Betten aufzumachen, und die Kammern auszufegen, und wann Sie hernach mit allen fertig sind, so gehen Sie im Sommer zu Felde, und im Winter zu Spinnen.

IV.

Wann gewaschen werden soll, sorgt die Meyersche dafür, daß die Mädchens den Morgen nichts mehr als Ihre Zimmers rein machen, um zu rechter Zeit bey der Wäsche zu kommen.

V.

Die Butter so die Leute Täglich zu Butterbrodt bekommen, sticht Sie alle Abend nach der angewiesenen Grösse.

VI.

Da die Meyersche nicht mehr Käse als zur Haußhaltung zu machen hat, und sonst keine Beschäftigung, so spinnet Sie vor dem Herren, wann Sie Zeit übrig hat. Sonst sorgt Sie vor Ruhe und Ordnung zum Besten des Herrn wo es nur möglich ist.

ANLAGE 4

Reisebericht über Schierensee von M. J. N. Wilse

Reise-Beobachtungen in einigen der Nordischen Länder, in bezug auf die Kenntnis der Völker und Länder, zuerst deutsch herausgegeben im Vernouillischen Werk: Samlung kurzer Reisebeschreibungen, und nun übersetzt und umgearbeitet vom Verfasser selbst M. Jacob Nicolai Wilse, Prof. Theol. Extraord., Pastor zu Edsberg im Kreis Aggershuus, Mitglied der Kgl. Wissenschaftlichen Gesellschaften zu Göttingen und Trondhiem, korrespondierendes Mitglied der Churpfalz. meteorologischen zu Manheim und der patriotischen zu Christiania.
Kopenhagen. Im Verlag S. Poulsen 1792.

Schirnsee; der Bericht von diesem Ort verjagt die früheren tiefen Gedanken, da hier ein Paradies war, und ich da das gröszte Vergnügen seit langem genosz. Es ist ein Rittergut, eigentlich klein oder (auf Plattdeutsch) Lütken-Skirensee genannt, eine Viertelmeile südlich vom Westsee, der in die Eider und nunmehr durch den Flemhuder See in den neuen holsteinischen Kanal flieszt. Seine Exzellenz Herr Caspar von Saldern, Ritter des Elephanten, des weiszen Adlers und des St. Annae Ordens sowie russischer kaiserlicher Geheimrat, wohnte nun auf diesem seinem Gut, doch noch nicht auf seinem eigentlichen Rittergut Anenhof, das er später kaufte, und das in der nächsten Nähe steht, sondern auf dem kleinen Gut Klein-Schirnsee. Beide Güter machen 8 Pflüge aus. Ein Pflug-Land heiszt in Holstein, nach der verschiedenen Beschaffenheit der Gegend, ein Stück Land von 24 bis 36 Morgen; ein Morgen wird gerechnet als 120 Roden in der Länge und $3^3/_4$ Roden in der Breite, und 1 Rode holsteinisches oder pinnebergisches Masz ist 16 Fusz lang oder 8 Ellen, also ein Pflugland von mittelmäszigem Boden 504 000 Quadratellen, ein Morgen aber von 16 800 Quadratellen. Geheimrat von Saldern hatte kürzlich nach eigenen Plänen Schirnsee zu einem Lusthof eingerichtet. Der Ort war von der Natur ein bewaldeter Berg oder Hügel, teilweise von einer breiten Wiese umgeben, wo ein Bach seinen schiefen und krummen Lauf hatte. Der Wald war jetzt zu Wegen und anderen Öffnungen durchhaut, und die Seiten des Berges bildeten in langsam steigenden Terrassen die Alleen oder Wege; einige grade, andere krumm, führten von einem Lustpark zum andern, jeder von unterschiedlicher Einrichtung, die meistens aus Lauben verschiedener, aber leichter und luftiger Amphitheater, bestand.

An den Fronten waren entweder ihre Namen, z. B. la Bellevue, aux invalides u. a., oder einige kurze bemerkenswerte Inschriften zu sehen, alles in goldenen Buchstaben auf blauem Grund; eine war als Schlafkammer eingerichtet, auf beiden Seiten eines breiten Einganges ein Bett, eine andere ein Spielgemach, eine dritte den Genusz der Aussicht auf die weite schöne landschaftliche Gegend darbietend; die gröszte aber war auf dem Gipfel des parnassischen Berges angelegt und als ein Speisesaal eingerichtet, mit einigen Bequemlichkeits-Appartementen dabei. Hier hielt sich im Sommer der Geheimrat meistens auf, im Winter aber meistens in seinem schönen Hof in Kiel, der besonders mit schönen Tapeten prangt, die er aus Petersburg mitgebracht hatte. Die westliche Seite des Berges war in der Mitte zu vielen übereinander liegenden Terrassen ausgeschnitten, die mit Blumentöpfen geziert waren, also wie ein Blumentheater. Ganz oben sieht man eine auszerordentlich grosze Holzkugel, wie ein Globus geziert, auf einem Postament; wie sie hierhergekommen ist, werde ich in Hamburg berichten.

(Hamburgs) oberste Beamte haben mehr Ehre und Ansehen als Besitz und alle, die etwas gelernt haben, können in Hamburg schnell Anerkennung, Achtung und Verdienst finden. Aber auch unter dem gemeinen Volk triff man auf Stolz, vereint mit Edelmut. Als Exempel, mir wurde erzählt, dass Geheimrat Saldern einst auf seiner Durchreise einen Dreher sah mit einer mächtig grossen Holzkugel. Diese machte ihn so neugierig, dass er den Preis wissen wollte und sich selber danach erkundigte. Der Dreher wollte vom Preise nichts ablassen, daher verliess der Geheimrat ihn und die Kugel; aber auf der Rückreise durch Hamburg fragte er wiederum den Dreher nach der Kugel. Dieser antwortete: „Sie sind ja Geheimrat Saldern von Schirnsee, Kugel sei Ihnen verehrt; Sie können sie in Ihren Garten aufsetzen, und wenn Sie meinen Namen dazu setzen, wäre mir das sehr lieb."

Ich sah die betreffende Kugel in Schirnsee aufgestellt.

Der obenerwähnte, niedrig flieszende Bach war zu einem Kanal ausgeschnitten, auf einer Strecke schmal, auf der andern breiter, und der Lauf des Wassers war mit Dämmen zu Kaskaden gemacht, von denen die gröszte bei einer kleinen Insel, wie ein Fels gebildet, auf der eine massive, offene Grotte erbaut war; zierliche Brücken stehen, wo sie nötig sind. An einer Stelle, wo sich der Kanal dreht, nachdem er in einer anderen Richtung gelaufen ist, erweitert er sich zu einem Becken, von wo aus eine Reihe Fischparke, einer höher als der andere, die Seite hinaufgeht; zwei schmale Parterren winden sich an diesen entlang und davor sind Bänke. Hier setzt man sich um sich am Anblick dieser Wasserspiegel und der Fische zu erfrischen, die in diesen Parken spielen, von denen man die kühnsten angelt. Man hebt den Blick und sieht auf dem steilen und bewaldeten Berg die obenerwähnte Laube wie ein Tempel auf grösztem Parnasz paradieren. Übrigens waren hier allerlei nützliche Gartenanlagen; besonders vergesse ich die schönen Pfirsiche nicht, wie ein für dieses Paradies passendes Obst. Östlich von Schirnsee ist ein Gebäude für den Gutsverwalter, wo auch andere wirtschaftliche Einrichtungen sind. Hier stieg ich aus und liesz mich um ein Uhr von einem Beiläufer melden. In meinem langen Talar ging ich in einer langen Allee, bis ich die erwähnte Laube erreichte. Unten vor dieser stand der Geheimrat mit einigen Gästen aus Kiel. Mein lieber Hr. Pastor, sagte er, so sollen wir einander hier wieder sehen, nachdem wir in Kopenhagen wegen den jungen Russen mit ein ander bekannt geworden; wir haben beide unsere Arbeit mit Ihnen gehabt, sein Sie willkommen. Von den Herrn, welche Sie da sehn, ist der Herr der Graf von Reventlau, dieser der Herr Justizrath Gartner und der Geistliche ist der Herr Procanzler Cramer u. a.; ich unterhielte mich eben mit den Herrn wegen den Herrn Pastor, da wir Sie hinaufsteigen sahen; lasz uns nun zum Tische. Was ich antwortete und sagte, war freilich Deutsch, aber nach Vermögen, und darum habe ich dem Geheimrat versprochen, mich mehr auf den deutschen Akzent zu legen. Ich spürte auch, dasz ein Monat Übung in Deutschland viel mehr wert war als ein ganzes Jahr Grammatik-Studien. Man setzte sich zu Tisch. Eine grosze, runde silberne Menage deckte den Tisch bis auf 6 Zoll am Rand um dem Tafelgerät Platz zu geben. Die Gesellschaft war heiter, besonders war es der Herr Prokanzler. Was man mit mir besprach, betraf meistens den Unterschied der norwegischen und holsteinischen ländlichen Situationen; ein gewisser Herr liesz sich ein biszchen vexieren ohne darum eben, wie es heiszt, das Licht in der Gesellschaft zu halten. Wie angenehm ist es doch in einer Tischgesellschaft, wenn die schönen Gerichte Ambrosia und der Wein ein Nektar werden, und sich die Seele dabei zugleich froh und frei gegenseitig mitteilt; wo die Anständigkeit kein Zwang und die Diskussion keine Kritik ist, wo man sich nicht allein Komplimente zulächelt, wo man sich gegenseitig den Geist erweckt und die Gedanken folgert, wo jeder das Seine macht, um die Gesellschaft zu unterhalten und alles der Vernunft gefällt. Ich hätte beinahe an einem Hund Anstosz genommen, der auf dem Tisch von einem Glas zum andern herumlief; er war aber so klein und niedlich, dasz man ihm alles verzeihte. Nach der Mahlzeit befahl der Geheimrat, man sollte die erwähnten Kaskaden und Springbrunnen spielen lassen, wobei man, vom einen zum andern gehend Auge, Gehör und Gefühl zugleich erfrischte; denn es war sehr warm. Der Geheimrat wird über 60 Jahre alt gewesen sein, lief jedoch flink und gerade. Der natürliche Charakter dieses Mannes ist mir etwas cholerisch vorgekommen, aber dies Temperament war seiner Vernunft und Einsicht dermaszen unterworfen, so dasz er an sich einer der gröszten Politiker war. Seine treue Sprechweise war fast das Einzige, was mich bewog, in Kopenhagen in den mathematischen Wissenschaften zu unterrichten, zu einer Zeit, als ich mich am wenigsten damit beschäftigte und die gröszte Angst hatte, sie würden mich von meiner Hauptaufgabe abziehen.

Er erwies mir später eine seltene Redlichkeit. Ein groszer Mann versicherte mir, dasz er aus besonderer Gunst für mich alles tun würde, als er mich kennengelernt habe. Zur gleichen Zeit bat er aber den Geheimrat, mich fortzuschaffen als einen, der nicht autorisiert war, in der Mathematik zu dozieren, und zu dem er sozusagen kein Vertrauen habe. Der Geheimrat dankte und prüfte und dankte wieder, und ein halbes Jahr später sagte er zu mir: Sie waren in meiner Abwesenheit treu, ich war Ihnen in Ihrer Abwesenheit aber auch treu, Sie haben für mich gearbeitet, ich sollte für Sie auch arbeiten, suchen Sie etwas; hier erinnere ich mich der Worte Salomos: Ein Wort, geredet zu seiner Zeit, ist wie goldene Äpfel auf silbernen Schalen. Es kam mir auch vor, dasz, wenn der Geheimrat kein groszer Minister wäre, oder eher, wenn er weiter nichts wäre, wäre er zu einem Rektor junger Leute besonders veranlagt, und das muszte er in seinem Beruf einigermaszen sein, weil die grosze Kaiserin Catharina II wollte, dasz sich einige junge adelige russische Herren an den Gesandtschaften aufhielten, um alles zu lernen, was für sie als Edelleute und besonders als künftige Staatsmänner paszte, nach den Orten, wo sie sich aufhielten, so dasz die Gesandten die Aufsicht darüber hätten. Die zuweilen von dem Geheimrat gegen einen solchen Kavalier gezeigte russische Härte der Strafe glaube ich, mag dieser später für eine väterliche Disziplin erkannt haben. Um 5 Uhr verabschiedete ich mich vom Geheimrat, und er liesz mich dahin befördern, wo mich die Hamburger Post, oder eher, ich sie empfing.

ANLAGE 5

Bericht über Schierensee aus „Darstellungen aus Norddeutschland" von Dr. Meyer, Hamburg 1816, Seite 261–272

Einst berühmt wegen seiner romantischen und mit fürstlichem Aufwand geschaffnen Anlagen des *Heeschenberges*, die einer prächtigen Kolonieansiedelung ähnlich waren und von Hirschfeld in ihrer einfach hohen Schönheit beschrieben wurden[1] – ein Denkmal des mächtigen russischen Staatsministers *Kaspar von Saldern* –, bietet jenes Hauptstück des schönen Guts des Kammerherrn *von Brockdorf*, jetzt nur das traurige Bild der Hinfälligkeit aller menschlichen Dinge, und predigt die ernste Lehre: „ – – daß nichts bestehet,
und alles Irdische verhallt."

Aus den Stürmen des Lebens und ihren Gefahren, dem Wirrwarr der Politik und dem Schimmer der Höfe zurückgekehrt in die ländliche Einsamkeit, hatte *von Saldern* dort mehr als vielleicht irgend ein vielvermögender Mann des Staats, den Wechsel und die Vergänglichkeit alles Ruhms und Glanzes der Welt erfahren. Der Hader der Fürsten, und der Wahn, sich trotzend ihm entgegenstellen und sein Gewicht bei den Großen der Erde überwiegend machen zu können, hatten ihn von seiner Höhe gestürzt, und dieser einst berühmte und in den wichtigsten Staatsverhandlungen seiner Zeit glänzende Mann suchte in seinem *Schierensee* nun einen Sitz zur Ruhe seines Alters. Doch auch in diesen engbeschränkten Kreisen rastete sein unternehmender Schöpfergeist nicht. Da fiel sein Blick auf den im innern Bezirk des Guts sich stolz und groß erhebenden *Heerschenberg*. Er entwarf den Plan, auf dieser malerischen, von einem herrlichen Buchenhain bedeckten Höhe, der Freundschaft und Hospitalität eine Kolonie zu stiften, und führte den originellen Gedanken mit der damaligen Zeit angemeßnem Geschmack und großen Kosten aus. Auch in ihren Trümmern macht diese jetzt veraltete Anlage noch einen imponirenden Eindruck und dieser ergreift das Gemüth um desto mehr, da er mit dem Ernst jener Lehre, wie eine geheime Ahnung des dunklen Schicksals zusammen trifft, von der man sich bei dem Weilen auf dieser düstern Höhe kaum loszureißen vermag.

Sie streckt sich von Abend nach Morgen in länglichter sanftgekrümmter Form, an den beiden schmälern Enden auslaufend in ein freundliches Thal, das an der Westseite wieder zu andern Höhen aufsteigt. In dem den Sonnenstralen unzugänglichen Schatten der köstlichsten Heldenbuchen und andern stämmigen Bäumen, birgt sie die, hier mehr dort weniger verfallenen Reste von etwa neun Hauptgebäuden und eben so viel kleinern Häusern. Jene waren bestimmt, zur Wohnung der Gutsherrschaft und ihrer Gastfreunde, andre zu Schauspiel-, Tanz- und Koncertsälen; die kleinern zum ökonomischen Gebrauch, zu Wohnungen der Bedienten u. s. w. Offne Hallen, Rotunden, Ruhesitze, Lusthäuser als Standpunkte schöner Landschaftsansichten, sind, mit jenen Gebäuden abwechselnd, in der entferntern Gegend des Berges zerstreut. *Salderns* Wohngebäude spricht in der Überschrift: *Tranquillitati*[2], mit dem Karakter der ganzen Anlage, vielleicht mehr den Gewinn, den

[1] Theorie der Gartenkunst 2ter Bd.
[2] „Der Ruhe".

der berühmte Weltmann in diesen Schatten suchte, als den aus, den er dort wirklich fand. Dann öffnet sich vor einer heitern Aussicht gegen den Aufgang der Sonne, in Nichenform, eine tief beschattete halbrunde Kapelle, in welche *Saldern* am Frühmorgen zu beten ging. In der Mitte des Gewölbes steht mit goldnen Buchstaben eingegraben der goldne Spruch der Weisheit: Quiem si quictus[3]. An den Wänden der Kapelle deuten mehrere fromme deutsche und philosophisch lateinische Inschriften, auf Entfernung von der Welt, auf ernste Selbstbeschauung und stille Ergebung in den Willen des Allerhöchsten. – Von einem Lusthause, Bellevue überschrieben, ist eine runde Terrasse, mit dem Blick durch eine Waldöffnung auf ein weites reiches Thal. Der trauliche Platz ist mit acht kräftigen Linden umgeben, in deren Rinde eine weibliche zarte Hand der Freundschaft und des innigen Andenkens an den Freund und Stifter, ihm ein einfaches und rührendes Denkmal errichtet hat. Mit schön geformten römischen Buchstaben sind in der glatten Rinde dieser Linden, die auf alle acht Bäume in der Runde vertheilten Worte eingegraben: *„Dein Geist Kaspar von Saldern sei Zeuge unsers Genusses Deiner Schöpfung."* – Dann das Geburts- und das Sterbejahr: *11 Juli 1711 – 11 Oktober 1786.*

In den schönen Sommermonaten verließ *von Saldern* mit seiner Familie das prachtvolle Wohnhaus des Guts, bezog diese Berggebäude und ladete die ihn besuchenden Freunde zum Mitgenuß ihrer ländlichen Freuden ein.

Eine durch das sie einst verfolgende Verhängniß, und durch die jetzige Umwendung der Dinge merkwürdige hohe Person, die verstorbene Gemahlinn Ludwig 18, *Marie Luise,* Tochter des Königs Victor Amadeus von Sardinien, bezog auf ihrer Flucht aus Frankreich dieses Gut und den damals noch weniger verfallnen Lustort des Heeschenberges, und lebte hier einen Sommer, der Sitten und Sprache des Landes unkundig, mit ihrer höfischen Umgebung in unzugänglicher Zurückgezogenheit.

Wie sich in diesen wechselnden Anlagen überall der geniale Sinn des Stifters, und sein Gefühl für Hoheit und Größe, für liberale Gastfreiheit und für schöne Natur, klar ausspricht, so hat ihn in der Ausführung derselben, die Natur selbst mit freigebiger Hand unterstützt. Die malerische Form des fast isolirt dastehenden und von friedlich einsamen Thälern umfangnen Berges; sein dichter Wald, von prächtigen Buchen und Eichen, von fröhlichen Kastanien, Ulmen und Linden und von düstern Tannen; ein großer Halbzirkel bewaldeter Höhen; an dieser ein weites Gefilde mit Seen, Saatland und Wiesen an jener Seite. – Alles dieß und was sonst der Feder in den Naturschönheiten dieses Umkreises unerreichbar ist, bildet ein großes, das Gemüth ergreifendes Ganzes. Zugleich aber wirkt der Anblick dieser in Ruinen zusammenfallenden und bald ganz verschwindenden Anlagen, mit einem gewissen beängstigenden Gefühl zurück, das unwillkürlich den Beschauer aus diesen Wäldern hinaustreibt. Der Anblick versenkt das Gemüth in fast schmerzhafte Melancholie, wie – wenn die Analogie hier gelten darf – der Anblick hinsinkender Kraft und langsamen Absterbens eines schwer verwundeten Helden. – Der jetzige Besitzer von *Schierensee* giebt seine tiefe Ehrfurcht vor den Manen des Ahnherrn dadurch zu erkennen, daß er die großen Anlagen zusammenfallen läßt, ohne die Hand weder an ihre allerdings zu kostbare Unterhaltung, noch auch an Wegräumung mancher gänzlichen Trümmer zu legen, deren noch kräftiges Material vielleicht sonst zu benutzen wäre.

Das Volk dieser Gegend beschäftigt sich mit einer fabelnden Sage der Vorzeit, die dem riesenhaften Karakter des Heeschenberges entspricht und das Romantische des Ganzen vermehrt. Am tiefen Fuß des Berges liegt eine, im Vergleich der übrigen Gebäude, vorzüglich erhaltne kolossale Grotte. Sie widersteht noch, in ihrer urkräftigen Form und Bauart von Granitblöcken, den Zerstörungen der Zeit, und erhebt sich, wie Polyphems Höhle, groß, mächtig und stark, mit drei hochgewölbten Eingängen, vor einem steinernen Becken, das von drei Abstufungen herab sein in Kaskaden niederströmendes Wasser aus unerschöpflichen Bergquellen empfängt. Neben dieser Riesengrotte ist eine jetzt sumpfige Vertiefung, die einst mit einem ungeheuren Granitfelsen von schöner röthlich gefleckter Mischung ausgefüllt war. Er ragte zehn Fuß über der Erde hervor und vertiefte sich eben so viel darunter. Einem übermenschlichen Wesen, so erzählt die Sage der Vorzeit, soll dieser Riesenstein zum Sitz gedient haben. Man nennt den Giganten *Hans Heesch,* der dem Berg seine Waldbehausung, den Namen gab.

Der für das Große und Wunderbare so empfängliche *Saldern* ließ diesen Stein umgraben, ihn dann erst in vier gleiche Theile zersprengen, diese in gleich große Quadern zerhauen und benutzte sie zu der Grund- und Unterlage seines neuen prächtigen Herrenhauses in Schierensee. Diese mächtige Fußlage des Gebäudes erhebt sich ringsum bis zu zehn Fuß über der Erde und bildet dann in dem eben so tief gesenkten Grund, das ungeheure Kellergeschoß mit seinen hochgewölbten Kapellenähnlichen Gemächern. Der Pallast ruhet auf diesem Felsengrunde in gleicher Kraft, und trägt den Stempel unvergänglich scheinender Dauer, der sich in der Überschrift des Portals: „Non

[3] „Ruhe wird dem, der ruhig ist."

Mihi sed Posteris"[4], stolz ausspricht, und darüber den kolossalen Namenzug des Stifters mit seinem Familienwappen zeigt. Das Haus ist ohne Zuthat von Holz erbauet und, statt mit Dachziegeln, mit gegoßnen Eisenplatten gedeckt.

Noch lebt hier als letzter Überrest der Hofhaltung *von Salderns*, sein Gärtner in einer kleinen Einsiedlerhütte am Fuß des Heeschenbergs, von der ihm zur Hälfte zugetheilten Benutzung des Gemüse-, Frucht- und Blumengartens. Gern erzählt er von der Großmuth und Wohlthätigkeit seines im Grabe ruhenden Herrn, mit gutherziger Bemäntelung seines hochfahrenden Sinns und seiner leicht entzündlichen Heftigkeit. – Nicht aus den Erzählungen dieses alten treuen Dieners, sondern aus der Geschichte jener Zeiten und dem Bericht von Zeitgenossen *von Salderns*, sind die folgenden wenigen Züge, besonders seiner letzten einsamen Jahre entlehnt. Sie bestätigen das Seherwort: transit gloria Mundi![5]

Durch seltne Geistesgaben und Geisteskraft, vielumfassende Kenntnisse und kühnen Ehrgeiz, von einem wenig bedeutenden Amtsverwalter in schnell erstiegenen Stufen, bis zum Russisch-Kaiserlichen Ambassadeur und Principal-Kommissar, Ritter vieler Orden u. s. w. hinaufgestiegen, war *Kaspar von Saldern* Selbstschöpfer des Glücks, das mit schimmerndem Glanz ihn eine Weile umstralte, und Erwerber eines großen Vermögens. Als kaiserlicher Ambassadeur beim König von Polen nach dem siebenjährigen Kriege, widersetzte er sich *Friedrichs II* Planen auf Polen mit weniger Klugheit, als mit dem ihm eigenthümlichen gebieterischen Stolz und durchgreifender Eigenmacht, und zog sich dadurch des großen Monarchen Zorn und ein scharfes Urtheil zu. „Der Herr *von Saldern*", sagt Friedrich in seinen Memoiren[6], „welcher weder die rechte Art sich zu nehmen, noch Geschmeidigkeit des Geistes hatte, nahm den Ton eines römischen Diktators an, um den König von Polen zu nöthigen, den Beitritt Englands, Schwedens, Dännemarks und Sachsens zu dem Traktat von Petersburg zu bewilligen. Da aber dieser Plan Preußens Interesse entgegen war, konnte der König die Hand nicht dazu bieten, und" – wie es weiter unten heißt – „dieß bestimmte ihn vielmehr, des Hrn. v. S. Anträge abzulehnen. Dieser Minister fing Feuer: er hielt sich für den Prätor Popilius und nahm Sr. Majestät für den sirischen König Antiochus. Er wollte dem Souverain Gesetze vorschreiben. Der König hingegen, der sich durchaus für keinen Antiochus hielt, verabschiedete mit möglichst kaltem Blut den Minister, indem er ihm versicherte, immer werde er der Russen Freund, nie ihr Sklave sein. Hr. v. S., mißvergnügt, einen seinen Befehlen so unterwürfigen Fürsten gefunden zu haben, ging nun von Berlin nach Kopenhagen, wo er seine Herrschsucht und seine unbegränzten Anmaßungen ganz gemächlich entfaltete. Er unterwarf sich das Gemüth des Königs bis zu dem Grad, daß er die ihm mißfälligen Minister und Generale fortjagte und ihnen seine Kreaturen unterschob. Aufs ungewisse schloß er nunmehr den Tauschtraktat; wegen des Herzogthums Holstein Gottorp, das für die Grafschaften Oldenburg und Delmenhorst, welche die Fürsten von Holstein für das erhielten, was sie verloren, an Dännemark fiel." – – – *Saldern* ward zur Abschließung dieses wichtigen Traktats v. J. 1772 und zu dessen Vollziehung mit der hohen Würde eines Russisch-Kaiserlichen Prinzipal-Kommissars bekleidet, wodurch er denn die höchste, aber zugleich auch die schwindelnd gefährlichste Stufe seines Glücks, Ansehens und mächtigen Einflusses erstiegen hatte. Dännemark bezeigte sich dankbar gegen den Vielvermögenden; der russische Hof ließ es bei Zusagen großer Pensionen bewenden. Der *v. Saldern* bisher so günstige Horizont umwölkte sich plötzlich; sein Nimbus erbleichte; und das, was ihn so hoch erhoben hatte, ward die Ursache seines Sturzes. Die Huld Rußlands erkaltete; seine Neider und geheimen Feinde traten trotzig gegen ihn auf, und dieser kurz vorher noch so mächtige Mann zog sich, um Münichs Schicksal zu entgehen, schnell zurück und verschwand von der Bühne der großen Welt und des Hofes, – nach *Schierensee*, wo sein unternehmender, zu großen Dingen geschaffner, aufbauender Geist in den vorhin beschriebnen trefflichen Gutsanlagen wohl eine minder befriedigende Beschäftigung fand. Er nahm sich des Prinzen Heinrichs von Preußen Unternehmungen in Rheinsberg dabei zum Modell, wußte aber in der Ausführung selbst diese weit zu überfliegen. Von der philosophischen Ergebung in sein feindliches Schicksal zeugen mehrere der vorhin bemerkten Denkmale: doch konnte dem Selbstgefühl des Mannes, der einst in Gemüther beherrschender Kraft und seine Neider überstralendem Glanz einhertrat, die geschäfts- und einflußlose Muße unmöglich zusagen; wie denn auch sein hochfahrender Geist und heftiges Temperament nicht geschaffen schienen, um in dem einfachen, friedlichen, häuslichen Leben Glück und Zufriedenheit um sich her zu verbreiten. Und doch war er darauf beschränkt, da sich von dem gefallnen Günstling der Großen nach und nach auch jene Schmeichler und verstellten Freunde, die ihm Erhebung und Glück verdankten, zurückzogen. Einsam, wie geächtet, verlebte er in seinem selbstgewählten Exil noch einige Jahre und

[4] „Nicht mir, sondern der Nachwelt errichtet."

[5] „Es vergeht der Welt Glanz!"

[6] Oeuvres posthumes de Frederic II. T. 5. p. 23 sq.

starb dann, der Welt längst abgestorben, an einer der martervollsten, langsam verzehrenden Krankheiten. – Sic transit gloria mundi! Dieser eiserne Spruch des Minos drohet nicht minder *Salderns* einst so glänzender Schöpfung auf seinem Berge: auch sie wird bald von der Erde verschwunden sein. –

Unvergänglich aber und ewig schön bleibt, was hier die Natur gebildet, die herrliche Lage von *Schierensee* und der reizende Wechsel seiner Umgebungen. Jene, in dem sich im Schooß waldgekrönter Höhen sanft neigenden fruchtbaren Thal, wie in der Arena eines das Gut zu Zweidrittheilen umschließenden Amphitheaters, dessen mild aufsteigenden Stufen, wellenförmige Triften mit ihren Heerden, Saatfelder und bewaldete Gründe darbieten, spricht den ihr ganz eigenthümlichen Karakter der Ruhe, der Stille, der friedlichen Entzogenheit von dem Rausch der äußern Welt, des Schutzes gegen ihre Stürme, aus. Daneben die beiden kleinern Seespiegel des Guts, vom großen Westen-See durch eine schmale Erdenge getrennt, mit ihren waldigten Ein- und Ausbuchtungen. – Der innre Gehalt des dankbaren Bodens ersetzt die nicht bedeutende Flächenausdehnung der dem Gut angehörenden Ländereien, und die mit Sachkenntniß, Studium, Liebe und Eifer für den lohnenden Betrieb des Ackerbaues verbundne strenge Ordnung in der durch lange praktische Erfahrung unterstützte Führung dieses Geschäfts, durch meinen Freund, den Pächter *Friedrich Bendixen*, erhebt *Schirensee* zu einem Muster der Landwirthschaft in Holstein.

Einen angenehmen Kontrast mit der nördlichen Gegend des Guts bildet die südliche. Dort auf und um den Heeschenberg, herrscht eine gewisse dumpfe Düsterheit, finstrer Ernst und beengender Zwang – hier an und auf der luftigen Höhe der sogenannten *Hohenfahrenhorst* athmet alles Lust und Freiheit. Jenen melancholisch verschloßnen Wald und seine einstürzenden dunkeln Ruinen erheitert nur die starke Morgenbeleuchtung; diese lichten Höhen und weiten Umsichten bieten zu jeder Tageszeit einen fröhlichen, erheiternden, nie sättigenden Genuß; den schönsten aber in der Beleuchtung des Abends. Der Pfad zu der schönen Höhe leitet, bald über steigende, bald durch sich senkende Felder, hier an zwei hemisphärischen Buchenkuppeln neben einem klaren Weiher, dort an einer waldigten dunklen Bergschlucht von täuschender Tiefe hin, und bereitet vor zu dem herrlichen Schauspiel dort oben. Da beherrscht man fünf Seen: den Flemhuder, durch dessen Fluthen der Kanal die kleinen Kauffahrer-Flotten hinträgt; den Volkstädter mit seinen Hünengräbern, die fast zahllos sich an den Ufern erheben; die beiden kleinen Seen von Schierensee und den großen Westen-See: dann das größre Gemälde der Felder, Fluren und Wälder bis, durch eine Waldschlucht hinaus, nach Kiel; im Umkreis vier Meilen einer in üppiger Naturfülle wechselnden Landschaft, belebt durch Viehheerden, und die Bewohner dieser Höhen das Volk der Rebhühner, Hasen, Störche, – und, was dem Bilde erst das wahre geistige Leben giebt, durch die geschäftigen Schnitter, im Aufladen und Abführen des Heus und Sommergetraides begriffen. – Es verdient Erwähnung und beweiset den emsigen, bereitwilligen, fröhlichen Fleiß der hiesigen Güterbauern, daß sie im Stande sind, an einem Tage sieben und zwanzig bis dreißig Fuhren Heu zu laden und zur Pachterscheune einzufahren. Dieß, und so manches, was sonst auf den landwirthschaftlichen Betrieb von folgereichem Einfluß ist, vermag eine verständige Leitung, eine mit Sach- und Menschenkenntniß verbundne kluge und humane Behandlung, eine freundlich zutrauliche Begegnung und die besonnene Anreizung des Ehrgeizes der arbeitenden Klasse des Landmanns: Mittel, deren Eingang auch der roheste Naturmensch nicht widerstehen kann. –

ANLAGE 6

Brief C. v. Salderns vom 16. September 1744 an Großfürst Peter

Durchlauchtigster Cronprintz
Hochwürdigster Durchlauchtigster Bischof, Herzog Und Administrator
Allergnädigster Herr,

Ewr. Königl. Hoheit erlauben allergnädigst, daß ich mich in tiefster Devotion zu Dero geheiligten Füßen niederwerffe, um Allerhöchstdenenselben in gnädigste Anerinnerung zu bringen, wesmaßen bereits vor einigen Jahren sowohl von Ewr. Königl. Hoheit höchsteigener Persohn als auch von einigen Gliedern Dero höchsten Conseils und andern mir auf mein damahliges unterthänigstes mündliches Anhalten die huldreichste und gnädige Versicherung ertheilet worden, daß wann das bisherige so genannte Sallernsche iezo Herrschaftl. Hauß und deßen pertinention verkaufet werden sollte, alsdann der Kauf-Schilling solches Haußes und Ländereien pro parte zum Anbau eines anderweitigen Herrschaftl. Amtshauses zu Neumünster angewandt werden solle.

Nun stehet Allergnädigster Cronprintz und Herr dem äußerlichem Vernehmen nach die Sache mit dem alten Hauße und Ländereien in der Situation daß, selbiges mit dem fordersamten per publicam hortationem separatim verkaufet werden solle. Dahero dann zu Ewr. Königl. Hoheit erbarmender

Gnade meine unterthänigste Zuflucht nehme und mich vor Dero Füßen kniend niederwerffe. Höchstdieselben unterthänigst auflehend nunmehro in höchsten Gnaden zu geruhen, allermildest an mich zu gedencken, um bey dieser sich äusernden Gelegenheit, da solches ohne Abgang der lauffenden jährlichen revenuen geschehen kan, mir aus solchen Kaufgeldern nur eine mittelmäßige Wohnung mit Zubehör in Neumünster erbauen zu laßen, wodurch Ewr. Königl. Hoheit nicht nur mir Dero getreustem Knechte die allergrößte Gnade erzeigen, sondern auch dereinst meine Successores in officio bis auf die späteste Nachwelt zu der allergrößten Verehrung der glückseeligen administrations-Regierung von Ewr. Königl. Hoheit antreiben werden. Es dependiret ein gar mercklicher Periodus meines zeitlichen Wohl, so wie überhaupt von Ewr. Königl. Hoheit Gnade also auch besonders in diesem Fall, da bekanntlich keine mir nur einigermaßen convenable Wohnung für Geld zu Hauer in Neumünster zu finden ist. Die Unmöglichkeit auf der einen Seite kein Hauß zu Hauer zu kriegen und auf der anderen Seite die Beschaffenheit meines gar wenigen Vermögens, werden meine unterthänigste Bittschrift rechtfertigen. Da ich mich nicht schämen darf, Ewr. Königl. Hoheit zu bekennen, daß ich mit Ankauffung meines Dienstes und des damit verknüpften Vorschußes alles das meinige verwandt habe, so daß ohne mich in dem elendesten Zustand von Schulden zu setzen, kein Hauß, wie ich vor dem allwißenden Gott bezeüge, zu bauen vermögend bin. Ich würde mich dahero in der elendesten Situation sehen, wenn ich aus Mangels ein Hauß zu erhalten, zu dem einzigstem Mittel, das übrig wäre, schreiten müße, nehmlich, daß ich meine Haushaltung auffliegen laßen meine beide unerzogene Kinder von mir wegthun und mich in dem so genannten Ellermannischen Weinhauße einquartieren und beköstigen laßen müßte, da dieses das einzigste Hauß, worin ich noch vieleicht einige Zimmern erhalten könte, worauf ich aber in der Länge mich auch nicht sicher verlaßen kan, weilen der Mann seiner anderweitigen wirtschaftlichen Nahrung halber, mich nicht lange bey sich würde behalten können; maßen in Umschlags und Marckt Zeiten sein Hauß ohnehin für die frembden passagiers kaum zureichet; mithin auch dieses ultimum refugium von kurzer Dauer seyn würde. Indeßen würde diese situation auch wahrhafftig für mich kläglich und mitleidswürdig seyn, und wer da weiß, wie nahe es einem Menschen gehen müße seine von Gott ihm zugezählte Lebens-Jahre in einem Wirts-Hauße und zwar in Neumünster zuzubringen und zugleich eine Empfindung hat, von dem, was ein Vater leiden müße, der, die ihm von Gott gegebenen Kinder, deßen glückliche oder unglückliche Erziehung dermaleins Gott von seiner Hand fordert, von sich blos aus Mangel eines Haußes in ihrer zartesten Jugend entfernen soll, wird nach der allgemeinen Menschen-Liebe, wann er auch mein herbester Feind wäre, mich bedauren müßen. Wie vielmehr werden nicht Ewr. Königl. Hoheit und Dero Höchstes geheimes Conseil, welche allen Menschen so viele Proben von Dero höchsten Gnade geben, nach Beschaffenheit dieser Wahrhafften Umstände, da ich keine andere Bewegungs-Ursachen einmahl anzuführen mich erkühne nach Dero höchsten Gnade und Erbarmung bei Gelegenheit des Verkaufs des Sallernschen Haußes und Ländereien in Gnade an mich zu gedenken allermildest geruhen und mir das benöthigte Geld zu einer mittelmäßigen und zur bloßen Nothdurft zu erbauendem Hauße aus diesen Kaufgeldern gnädigst zufließen zu laßen. Zu welchem Ende Ewr. Königl. Hoheit unterthänigst anflehe, die gnädigste ordre dahin ergehen zu laßen, daß mir entweder eine solche convenable Wohnung erbauet oder solche mit Zubehör gegen abzulegende Rechnung oder pro certo & semel fixo quanto, wie solches alles am convenabelsten erachtet wird, gnädigst accordiret werde; besonders bitte ich tiefdemüthigst um eine fordersamste gnädigste resolution, damit ich nicht das künftige ganze Jahr und den künftigen Winter durch ein langsahmes Bauen aufgehalten werde. Sollte es auch zu mehrerer facilitirung meines unterthänigsten Gesuchs etwas beitragen können und Ewr. Königl. Hoheit es allergnädigst befehlen, so will ich mit tausend Freüden alles was ich thun kan, und in meinem Vermögen stehet, durch einen Vorschuß von vier bis fünfhundert rthl. cour. mit dazu employiren; nicht zweifelnd, es werden Ewr. Königl. Hoheit solche nur von meinem successore durch eine gnädigste Versicherung mir wieder erstatten laßen; welche ich zu dem Ende mir demüthigst erbiete, damit theils das Hauß desto beßer und auch dauerhafter erbauet, theils damit Ewr. Königl. Hoheit allergnädigst ermeßen, daß nichts als die große Noth mich zum supplicirenden Hauß-Bau antreibe.

Dis ist Allergnädigster Cronprintz und Herr mein demuthsvolles allerunterthänigstes Gesuch, welches Ewr. Königl. Hoheit zu Füßen zu legen, und demüthigst vorzustellen micht die vernünfftige Selbst-Erhaltung und die Vermeidung meines offenbahren Unglücks, woraus ich keinen Erretter anders als Ewr. Königl. Hoheit weiß, angetrieben hat. Die Gnade die Erbarmung und die Billigkeits-Liebe von Ewr. Königl. Hoheit laßen mich an keiner Erhörung zweifeln und in solcher Hofnung ersterbe ich mit der allertiefsten Ehrfurcht, Treüe und devotion bis an den letzten Augenblick meines Lebens

Ewr. Königl. Hoheit
allerunterthänigster treügehorsamster Diener
CvSaldern

Suppl.
Neumünster d. 16 Sept. 1744

ANLAGE 7

Auszug aus dem Brief C. v. Salderns vom 11. Juli 1757 an v. Heespen

... Mit der Priester-Wahl gehet es hier auch besonders zu. Vieleicht haben Ewr. Hochwohlgebohrn von den beiden Weibern respetive zu Kl. Nordsee und zu Westensee schon Briefe, welche dieselben sollicitiren. Der brave Capsius aus Femarn, welcher hieselbst mit großem applause geprediget, wird nicht zur praesentation kommen. Denn es ist genug ihm die exculsivam zu geben, daß er mit dem Pensionär Müller zu Ehmkendorp beschwiegert ist. Die Frau von Westensee hat einen hübschen, jungen Kerl, welcher einen guten Anstand hat, daher viel gutes verspricht und nerveux und gesund aussiehet, welchen sie haut à la mein durchtreiben will. Diesen jungen Kerl, einen Sohn des Past. Kramer zu Preetz will sie coute, qui coute zum Priester haben. Sie gedencket ihn nach ihrer Hand zu ziehen und den zweiten Stinde daraus zu machen. Die Frau von Kl. Nordsee hingegen will ihrer Kinder Hofmeister Sohn, gerne zum Prieseter haben! sie hat es so einzulencken gewußt, daß der Hr. Patronus ihn zur praesentation angenommen. Nun bemühen sich die beiden Weiber mit aller Macht gegen einander. Ich zweifle fast nicht, daß Ewr. Hochwohlgebohrn bereits von einer oder der andern deswegen gequälet worden sind. Ich zweifle aber auch nicht, daß Ewr. Hochwohlgebohrn darin zu vorsichtig dencken, als daß dieselben in die cabalen von einer dieser Frauen entriere. Mir deücht, daß auf diese Weyse wohl der dritte, welcher mir unbekannt ist, damit durchgehen müßte. Die Frau von Westensee solte wohl nicht der Gemeine das zweite Aergernis geben und der Stümper von Kl. Nordsee, welchen der Hr. v. Buchwald v. Borstel und der Hr. Des-Mercieres die exclusivam zu Flemhude malgrè tous les efforts et toute l' eloquence de Mad. d'Alfeld gegeben, solte wohl nicht unser und der Gemeine Seelsorger seyn. Da es ein Mensch von sehr schlechten Gaben und von ganz niederträchtiger Aufführung ist.

Ich weiß gewiß, faß Hr. v. Rumor zu Bossee und mein Nachbar der Hr. v. Sparwenfeldt zu Annhoff, welcher noch heute bei mir gewesen, mit Ewr. Hochwohlgebohrn cause commune machen werden. Kein schlechter als wie der Kl. Nordseer kan angestellet werden, das ist gewiß. Ob dieselben nun der Fr. v. Westensee den zweiten Galan geben wollen, welcher viele äußerliche Gaben haben soll, ist eine andere Sache. Ich hoffe immer, daß Ewr. Hochwohlgebohrn dieses nicht zugeben.

Sonsten werden Ewr. Hochwohlgeborhn vermuthlich bereits das lächerliche circulare des Hr. Patroni gelesen haben, um die Wahl bereits im August anzusetzen. Ich zweifle nicht einen Augenblick, daß Ewr. Hochwohlgebohrn diese Sache für lächerlich halten, um so mehr, da er nichr einmahl die praesentante genannt. Mir Deucht, daß es wieder alle Vernunft ist, so früh einen Prediger zu erwählen, da das Gnadenjahr erst im März zu Ende ist. Der Patronus ist ein böser Mensch und er hat Gift und Bosheit gegen die arme Pastorin und in deren Nahmen flehe ich dieselben an, hierauf nicht zu entrieren.

ANLAGE 8

Brief C. v. Salderns vom 28. November 1761 an v. Heespen

St. Petersburg 28. November/8. Dezember 1761

Ewr: Hochwolgebohr: werden wahrscheinlich sich allerhand besondere Gedancken von mir gemacht haben, daß ich seit meiner Abreyse garnicht an dieselben geschrieben habe. Sie urtheilen sehr leicht, daß ich hierselbst an einem so ungemein delicaten Orte lebe, wo man nur mit leeren Briefen im äußersten Grad behutsam sein muß, zugeschweigen, daß man nur sonsten von Sachen schreiben darf. Wie denn fast gar kein eintziger Brief an meine Tochter einmahl uneröfnet angekommen ist. Man muß freilich iezo ein sehr vieles den Kriegs-Unruhen zuschreiben und haben wir bereits hier solche Zeiten erlebet, daß uns 6 Posten aus Deutschland auf einmahl gefehlet. Jezo fehlen abermahls zwey Posten. Bey solchen Umständen habe ich lieber garnicht an Ewr. Hochwolgebohr. schreiben wollen. Ich habe mich begnüget, daß Sie meine redliche Gedenckungs-Art kennen, daß wir uns zu viel lieben, als an einige Wanckelmuth zu gedencken. Ich habe lieber nicht schreiben, als einen ganz unfruchtbahren leeren Brief fchreiben wollen. Da ich aber eine sichere Gelegenheit nach Stockholm habe, und von dannen keine Eröfnung unsrer Briefe wenigstens keine Kriegs-Unruhen befürchten darf, so versäume ich diesen glücklichen Umstand nicht, Ewr. Hochwolgebohr. von mir einige ihnen nicht unangenehme Nachrichten von hier zu geben.

Ich will von mir selbst anfangen. Ich traf medio Julii, nachdem ich eine sehr lange Seereyse aus Mangel des Windes überstanden, glücklich hier an. Ich kan ihnen nicht genung sagen, wie die allweise Vorsicht, mich eben zu einer solchen Zeit hieherführte, wie an denselben Tage die ersten Dänische proposit: durch den hiesigen minister übergeben worden waren. Kaum hatte ich mir bey meinem Herrn gemeldet, welcher auf seinem prächtigen Lust-Schloße Oranienbaum war, welches

7 deutsche Meilen von hier entfernt liegt, so ward ich mit einem Sechsspännigen Hofwagen durch einen Flügeladjudanten sofort hinausgehohlet, in dem dortigen palais einlogiret, und es war I. K. H. ungemein angenehm, daß ich zu einer solchen Zeit ankam und selbst andern, die mir eben in Holstein in der Ferne nicht günstig geweßen, schiene meine Ankunft zu einer solchen Zeit nicht unlieb zu seyn, und die bisherige Folge hat bewiesen, daß ich mich nicht ganz geirret habe, indem des H. v. Brockdorff Excell., welcher hierselbst noch primus in ordine ist, mir um so mehr sein Vertrauen in dieser épineusen Sache und sonsten gegönnet, je gerader und zugleich je behutsamer ich in meiner ganzen conduite zu Wercke gegangen bin und annoch zu Wercke gehe; wobei ich mir zu meinem großen Glücke die A c h t u n g und die Liebe meines Herrn ohne Niederträchtigkeit zu erwerben gewust habe. Mein principium respectu deßelben ist geweßen mir weder zu weit zu entfernen, noch mich zuzudrengen, und dieses unwandelbahre Betragen hat mich wahrhafftig mehr, wie es mir in der Folge zuträglich ist, bei ihm in credit gesetzet und bis den heutigen Tag erhalten. De proposit: danorum kan ich ihnen nichts ausführlich sagen. Sie waren outrirt, gewaltig und inadaequat. Man urtheilet hier, daß der vorige minister H. v. O. das ministerium in Coppenhagen hintergangen habe. Der brave Haxthausen hat ein dementir bekommen, und die excuse ist sehr schlecht, daß er die propositiones zu hefftig angebracht habe.

Der Rußische Hof und alle mit derselben alliirte Höfe, besonders Fr: hat dis Verfahren hochlich disapprobiret. Jezo liegt alles still und alles ist aigrirt. Ich habe nicht die permission erhalten können Haxt: zu besuchen. Wir sehen uns beim Canzler, bei Hofe (c'est à dire beim großen Hofe) und bei verschiedenen Gelegenheiten, ohne uns zu sprechen, und ohne weiter als complim: zu schneiden. Indeßen ist er ein artiger Mann und sie eine recht belebte Frau, welche sehr viele approbat: findet.

Ich habe für mich einen harten Stand überwunden, sowie der H. v. Wolff hier ankam, hatten I. K. H. das dessein hieselbst ein ministerium aus 3 Persohnen bei sich zu haben. Ich habe aber das außerordentliche Glück gehabt mich hievon loszumachen, welches ich alles ihnen einmahl mündlich erzehlen. Eine aufs tapis gebrachte und vieleicht nie zu existirende Verschickung hat mich hievon losgewickelt.

Indeßen hoffe ich, daß meine Reyse nicht ohne allen Nutzen seyn wird. Hoffentlich wird der Pr. Georg Statthalter in Holstein und dieses wird wenigstens den Geist der Partheiligkeit in Kiel ersticken, und ganz und gar werde ich nicht leer ausgehen. Wollte Gott, daß ich nur eine kl. pension ohne eine würckliche Bedienung erhalten könne. Es wird dieses schwer seyn, weil man mich noch für brauchbar hält, und wenn es denn nicht anders seyn kan, so muß ich vor der Hand eine würkl. Bedienung annehmen. Viel lieber und unendlich viel lieber draußen wie hier. So wie ich hier 4 Wochen gewesen war, so fehlte mir wenig oder nichts um desperat zu werden. Ich kan ihnen nicht genung sagen, welchen Eckel und Wiederwillen ich verspüret. Ich darf ihnen aber nichts sagen.

Was dero Rechts-Sache anbelanget, so habe ich solche bei Br: und Wolff angebracht. Ich kan nicht anders mit Wahrheit sagen, als daß Sie sehr geneigt sind, sich in eine Unterhandlung einzulaßen. Ersterer versichert mir, daß wenn er nur Licht sähe, nichts lieber wünschte. Allein weiter bin ich noch nicht. Ich habe den Cammersecret: Hane, einen sehr geschickten Mann die mir mitgegebene piécen leßen laßen, und ich werde, wann ich reyse, ihm solche laßen. Primus siehet und höret durch ihn und ich habe ihm alles nöthige beigebracht und eröfnet. Hieran werde ich treulich arbeiten.

Sonsten kan und darf ich ihnen nichts sagen neque personalia neque alia, quae ad statum interior: pertinent. Die Hereinkunfft von W. diminuiret fast nichts an der wesentlichen ascendance des andern. Der kl. Mann ist leer, schwach, kennet die Welt nicht, und ist ihm nimmermehr gefährlich. Die notitia librorum in genere et in specie quoad variantes editiones et lectiones macht keinen minister. Indeßen ist er secundus in ordine und stellet einen kl: ministerium vor. Wie weit der äußerliche und innerliche Staat und das Land selbst hiemit gedienet sey, laße ich ihrer Beurtheilung über. Sic fuit in fatis, stehet bekanntlich über meine Hausthüre in Schirensee.

Wie bald ich meine Rückreyse antreten werde, weiß ich selber nicht. Sie urtheilen leicht, daß ich es so bald, wie möglich wünsche; allein ich sehe noch kein Licht und schwerlich wird es diesen Winter geschehen. Denn falls es geschehen sollte müste es nothwendig mit Ende Febr. seyn. Doch wie nichts in der Welt und besonders in der hiesigen Welt gewis ist, so muß ich das beste hoffen.

Meine Gesundheit leidet hier sehr. Ich bin dieser Lebensart ganz ungewohnt. Ich habe auch schon 4 bis in 5te Woche die Cammer und das Bette hüten müßen, der kl. attaquen nicht zu rechnen. Folglich können Sie leicht denken, daß ich mich mehr als sehne, meine Rückreyse, Sie mag so penible seyn, wie Sie will anzutreten.

Ich will und muß meinen langen und weitläuftigen Brief schließen. Ich bitte sehr lieben Sie mich immerhin und gönnen mir Dero treue Freundschafft und Gewogenheit. Wie sehr verlanget mich ihr Nachbar wieder zu seyn. Ich kenne die Süßigkeit des Landlebens und der Ruhe. Sie aber nicht, bester Freund. Meine Erkenntnis der angenehmen Ruhe, welche ich in ihrer Nachbarschafft 10 Jahre genoßen, ist in mein Herz gegraben.

O Rus, quando ego te aspiciam? quandoque licebit
Nunc veterum libris, nunc somno, et inertibus horis
Ducere sollicitae jucunda oblivia vitae?

O kennten Sie diese Glückseeligkeit die eintzige Wonne und das beste Labsahl unserer alten Tage.

Die Vorsicht hat meine Glückseeligkeit auf einige Monathe gestöret. Ach mögte es nur nicht länger dauren?

Doch ich gerathe auf Abwege. Ich soll schließen und bin aufrichtig

Der treue Freund
quem ex manu satis nosti

ANLAGE 9

Brief des Grafen J. H. v. Bernstorff vom 15. Februar 1762 an Kanzleirat Otte in Eckernförde

Wohlgebohrener,
Hochgeehrter Herr Cantzley-Rath,

Da ich aus verschiedenen Nachrichten vernehme, daß der Herr Geheimbde Rath von Rumohr nach Petersburg zu reisen in Begriff stehet, und man mir versichert, daß Ew. Wohlgebh. mit Demselben wohl bekannt sind, so treibt mich die Liebe zum Lande an, Sie zu ersuchen, mit diesem Ministre, von deßen Einsicht und Redlichkeit ich sehr gute Opinion habe, aufrichtig der gegenwärtigen Umbstände wegen Sich zu unterreden.

Schon lange wißen wir die Gesinnungen und Absichten des jetzigen Kaysers von Rußland, und eben deswegen hat der König seit 12. Jahren nichts unterlaßen, um selbige zu ändern und zu mildern, und denen betrübten Strittigkeiten im Hause Holstein durch einen friedlichen Vergleich ein Ende zu machen. Allein Alles ist umsonst gewesen, freundschaftliche und gewiß sehr wichtige Erbiethungen hat man verworffen, und wenn des Königs Interesse ohne alle Gewalt und auf gesetzmäßige Weise befordert worden, So hat man solches als Feindseligkeiten angesehen, und als hätte der König nicht auch das Recht Seines Nutzens wahrzunehmen, getadelt und zu empfinden bezeuget. Nunmehro schickt sich alles zum Ausbruch an, und Wir haben die größte Ursache zu vermuthen, daß der Kayser aller übrigen Anschläge Seiner Vorfahren am Rußischen Reiche vergeßen, und nur Seinen Holsteinischen längst genommenen Vorsatz ausführen wolle.

Der König machet sich dazu gefaßet, und da Er bißhero alles gethan hat, und noch zu thun bereit ist, was um den Jammer, welcher ein Krieg dem Lande bringen würde, abzuwenden, nur mit einiger Billigkeit von Ihm verlanget werden mag, So wird Er, wo alles vergeblich ist, mit eben der Stand-Haftigkeit Sein Ihm angeerbtes Land vertheydigen, mit der Er bißhero deßen Frieden erhalten hat, und Ew. Wohlgebh. können gewiß seyn, daß in der Hoffnung zu dem Allmächtigen und deßen Beystand, Schleswig nicht ehe in Rußische Hände fallen und bleiben soll, als biß kein Blutstropfen mehr in den Adern der Unterthanen und der Diener des Königes seyn wird.

Der Allmächtige hat Uns bewahrt, keinen Krieg, der Gewinn- und Ehrsucht zum Zweck hätte zu führen, Nach einer schon mehr als 15 Jährigen Regierung und mitten in dem blutigsten Kriege aller Nachbahren, hat Dännemarcks Vortheil noch niemand einen Tropffen Blut, noch eine Thräne gekostet, mit der Erhaltung Schleswigs aber ist die Erhaltung der Dänischen Krone unzertrennlich verbunden, und ein jeder vernünftiger kan wünschen, daß ein Kayser von Rußland, der diese nicht eben große, aber wichtige Provintz besäße, nicht ein Nachbahr, sondern ein Herr von Dännemarck seyn würde.

An die Cession derselben ist also gar nicht zu gedenken, und Ew. Wohlgebh. werden sich leicht selbsten sagen können, daß obgleich der König alles in der Welt thun wird, um dieses Hertzogthumb und auch Holstein und deßen Einwohner, die ja wohl bißhero nichts wie Liebe von Ihm, und Ruhe und Freyheit unter Ihm genoßen haben, zu schonen, dennoch beydes in Blut und Feuer zergehen wird, ehe Rußland davon Meister werden kan.

Dieses können Ew. Wohlgebh. dem Herrn Geh. Rath von Rumohr vorstellen und ob ich mich gleich wohl bescheide, daß nach denen Verbindungen, in welchen Er getretten ist und noch stehet Er viele Dinge nicht so wie ich ansiehet, so ist und bleibt Er doch ein Holsteinischer Edelmann, der, wenn ich auch schon nicht der Pflichten mit welchen Er als ein solcher dem Könige auch verwandt ist, gedenken will, Sein Vatterland lieben muß, und nicht glauben kan, daß es ein Vortheil vor daßelbe seye, durch eine im Fall eines vor Dännemarck unglücklichen Krieges unvermeindliche Verheerung die Rußische Ober-Herrschafft zu erkauffen. Ihm, als einem klugen Mann, seye es überlassen zu beurtheilen, ob die Stände und Einwohner von Holstein Ursache haben, sich einen Herrn zu wünschen, der niemahlen zu Ihnen kommen kan, und der die Religion, Sitten und Freyheiten derselben nicht mehr kennet, sondern an eine strenge und Despotische, von der Teutschen Gedenckungs-Arth so sehr entfernte Gewalt und Regierung gewohnt ist, und deßen Nachfolger gar von Holstein nichts anderes, als etwa von Casan und Astracan wißen und gedencken wird. Er wolle überlegen, ob Holstein ein größeres zeitliches Unglück sich ausdencken könne, als das Theatrum eines steten innerlichen und also mit äußerster Bitterkeit geführten Krieges zu seyn, und Er wolle endlich bey sich selbsten beschließen, was ein redlicher Patriot bey diesen betrübten Umbständen zu thun habe, und ob es vor sich und seiner Posterität klüglich gehandelt seye, denen Rußischen Absichten, gegen den König, welcher doch, so lange Er Seine Krone träget, immer der nächste bey Holstein und der fähigste die Ihn lieben und Seine getreue Diener und deren Geschlechte nach der Arth und dem Wunsche des Landes zu belohnen, seyn und bleiben wird, anzuhangen.

Es würde überflüßig seyn, diesen Betrachtungen mehrere anzufügen; Ew. Wohlgebh. werden was noch nöthig ist, hinzusetzen. Meine Absicht ist nur, daß Sie dem Herrn Geh. Rath von Rumohr, den ich als einen edelgesinnten und vernünftigen Mann hoch schätze, die wahre Beschaffenheit der Dinge vorlegen und Ihn dadurch bewegen mögen, wenn Er nach Petersburg kommen und vielleicht um Rath gefraget werden wird, solche Rathschläge zu geben, welche mit dem Heil des Landes, der Erhaltung deßen Stände, ja mit dem wahren Interesse des Kaysers und des Holsteinischen Hauses selbst übereinstimmen können. Ich bin weit entfernt, von Ihm zu begehren, daß Er die mit solchen compatible Absichten Seines Herrn versäumen möge. Alle meine Wünsche gehen nur auf die Rettung des Landes und der Erhaltung des Friedens. Wenn nur dieser Zweck erreicht würde, so würde der König die von dem Herrn Geh. Rath von Rumohr dahin angewandte Mühe gegen Ihn selbst, oder Seine Söhne werckthätig zu erkennen geneigt seyn.

Ich bevollmächtige hiedurch Ew. Wohlgebh. Ihm solches auf eine geziemende Arth zu hinterbringen und zu versichern. Sie werden mir leicht zuglauben, daß ich, der mir zur Grund-Regul gesetzet habe, geschickte und brave Holsteinische Cavaliers, so viel in meinen Kräfften steht, mit in die Regierung Ihres Vatterlandes zu ziehen, schon ehe gewünschet, Ihn in Königl. Dienste zu bringen, und wenn ich wüste, daß Er solche wohl annehmen wolte, so würde ich darauf arbeiten, und Ihm einen honorablen und distinguirten Eintritt in dieselbe zu verschaffen bedacht seyn. Ew. Wohlgebh. können Ihn darüber, wenn Sie es thunlich finden, sondiren, und mir sodann von seiner Neigung nähere Nachricht geben.

Ich verbleibe stets sehr aufrichtig,

Ew. Wohlgebh. dienstwilliger diener
Bernstorf

Copenhagen, den 15. Febr. 1762

ANLAGE 10

Brief des Zaren Peter III. vom 7. Juni 1762 an C. v. Saldern

Empfangen St. Petersburg d. 7 Juni 1762

Von Gottes Gnaden Wir PETER der Dritte, Kayser und Selbsthalter
von allen Reußen etc: etc: etc:

Wohlgebohrener, Uns Lieber Getreuer!

Es ist bereits zur Genüge bekand, auf was für eine Art und Weise der Dänische Hof von so vieler Zeit her, das, Unsern Holsteinischen Hauße entrißene Hertzogthum Schleswig besitzet. Schon seit der Thron-Besteigung Ihro Kayserlichen Majestaet Unserer höchstgeliebtesten Frau Muhme Höchstseligen und Glorwürdigen Andenkens, sind verschiedene Negociations mit denen Dänischen Ministris zwar vorgenommen und alle Mühe angewandt worden, damit Wir in Unsern auf gedachtes Hertzogthum Schleswig habenden billigen Anforderungen und Gerechtsahmen, zufrieden gestellet werden mögten. Es sind aber sothane Negociations in Betracht der, vom Dänischen Hofe jederzeit bewiesenen Abgeneigtheit und Härte, fast gleich beym Anfange, zerrißen worden, so daß Wir bis auf diese Stunde, unbefriedigt geblieben. Wir haben dahero bey Unserer glücklichen Besteigung des Rußischen Kayserlichen Erb-Thrones Unserer Vorfahren, den Vorsatz gefasset, eigentlich zu erfahren, ob der Dänische Hof geneigt seyn, mit Uns in Einigkeit zu leben, und Unsere rechtmäßige Ansprüche zu befriedigen? Auf die, dieserhalb von Unserm in Copenhagen befindlichen Ministre, Unserm Würcklichen Geheimen Rath Freyherrn von Korff, dem Dänischen Ministerio zugestellte Note, in welcher auf Unsern ausdrücklichen Befehl um eine förmliche Erläuterung auf gedachte Anfragen, angehalten wird, hat der Dänische Hof eine so trockene Antwort ertheilet, daß Wir alle Ursache zu einem billigen Mißvergnügen haben, und nur mehr und mehr in der

Meinung bestätigt werden, daß der Dänische Hof einer völligen Abfindung mit uns, nur auszuweichen, und die Sachen immer mehr zu verwickeln und in die Länge zu ziehen suche. Zu eurer beßeren Belehrung haben Wir euch hiebey die Abschrifften so wohl von dem, dieserhalb an den Freyherrn von Korff ergangenen Rescripte und der von ihm, dem Dänischen Ministerio zugestellten Note, als auch von der ihm hierauf ertheilten Antwort, genaue Abschrifften hiebey mittheilen wollen. Jetztgedachte Antwort und die von der Zeit an, vermehrte Kriegs-Anstalten zu Waßer und zu Lande, können nicht allein Uns, sondern auch der gantzen Welt zum offenbahren Beweise dienen, daß der Dänische Hof gar nicht geneigt seye, sich mit Uns gütlich abzufinden, sondern nur durch Negociations, Zeit gewinnen zu können glaube, mitlerweile aber den Vortheil genieße, Uns Unsere Erb-Länder zu entziehen. Es würde Uns demnach keine andere Entschließung übrig bleiben, als uns die gegenwärtigen für uns sehr vorteilhafften und zur Recupirung unserer usurpirten Länder höchstbequemen Umstände, zu Nutzen zu machen. Wir haben aber gleichwohl vor allen Dingen, lieber das letzte versuchen und sehen wollen, ob man die äußersten Mittel nicht etwa noch vermeiden könnte, dahero Wir denn auf die Errichtung eines Congrehses in Berlin, unter der Mediation des Königes von Preußen Mayestaet eingestimmt haben. Von denen dieserhalb an Unsere Ministres nach Copenhagen und Stockholm ergangenen Rescriptis, und von dem Circulair Rescripte an Unsere übrige Ministres, desgleichen auch von denen dem Königlich Preußischen und Grosbrittannischen sich allhier aufhaltenden Ministres zugestellten Noten, werden auch zu eurer Nachricht, ebenfalls Abschrifften hiebey geleget. Aus selbigen werdet ihr unter andern ersehen, daß Wir euch und gedachten Unsern Würcklichen Geheimen Rath Freyherrn von Korff zu Ministres auf den in Berlin festgesetzten Congrehs verordnet haben, und gleichwie sothane Piecen euch schon von allem eine hinlängliche Kenntniß geben, und zu eurer Richtschnur bey der, euch gemeinschafftlich mit dem Freyherrn von Korff übertragenen Comission, dienen werden; So bleibt Uns nur noch übrig, das in Unserm Rescripte an den Freyherrn von Korff erwähnte Ultimatum Unserer Bedingungen hiebey zu legen, welchem Wir annoch ein Promemoria beyfügen, worinn die auf unverwerfliche Gerechtsame sich gründende Ansprüche des Hollstein Gottorpschen jüngern Haußes auf den Königlich Dänischen Hof, deren Befriedigung derselbe auf keinerley Art und Weise von sich ablehnen kan, erörtert werden: Es wird euch hiebey auch Unsere Vollmacht, zugestellet, welche ihr und der Freyherr von Korff, nach eurer Ankunfft in Berlin, denen, von dem Dänischen Hofe dahin zu sendenden Ministris vorzuzeigen, und Unsere Willens-Meinungen, die euch auch außer gegenwärtigem Rescripte zu Gnüge bekand sind mit äußerster Sorgfallt ins Werck zu richten habet: worinn Wir Uns auf eure bewährte Erfahrung und Eyffer im Dienst, vollkommen verlaßen. Zur Bestreitung eurer Reisekosten und zu eurem Aufenthalte in Berlin bestimen Wir euch Zehen Tausend Rubel, welche euch allhier vor eurer Abreise, ausgezahlet werden sollen: wie Euch denn auch zur Besorgung der Cantzeley-Geschäffte Unser Cammer-Secretaire Hane in der fonction eines Legations-Secretaire mitgegeben und ihm zur Reise und Aufenthalt in Berlin, Sechshundert Rubel ausgezahlet werden wird. Dem Freyherrn von Korff ist eine gleichmäßige Summe wie euch bestimmt worden. Wir verhoffen es werde diese Summe euch um so mehr zureichend seyn, je weniger ihr Ursache habet, große Unkosten zu machen, da auf dem Congrehs in Berlin nicht allein, gar kein Ceremoniel statt finden soll, sondern auch zur Fortsetzung der Negociation eine sehr kurze Zeit bestimmet ist. Wir verbleiben euch übrigens mit Kayserlichen Gnaden Wohlgewogen.

Gegeben St. Petersburg den 5ten Junii 1762.

Auf Ihro Kayserlichen Majesté Speciellen Befehl

ANLAGE 11

Brief des Statthalters George Ludewig vom 30. August 1763 an das Geheime Conseil

HochWohlgeborene
Hochzuehrende Herren Geheime Räthe wie auch ConferentzRäthe.

Aus dem anliegenden Kayserlichen Rescript werden Ewr. Excellences und Ewr. HochWohlgebh. zu ersehen belieben, wie daß der Allerhöchste Wille Sr. Kayserl. Mayjestät dahin gehe, daß der Herr Geheimde Rath v. Saldern sich unverzüglich nach St. Petersburg begeben solle. Ich habe sogleich gestern Abend bey Ankunft des Herren v. Saldern demselben das Original-Rescript behändiget und ohne allen Zeit Verlust von ihm verlanget, dieserwegen mir seine Erklährung schriftlich zu geben, welche ich auch, so wie ich dieselbe erhalten zu einer weiteren Conference Ewr. Excellences und Ewr. HochWohlgeb. zustelle und mir längstens mit nächster Post Dero Gutachten per unanimia oder per vota Specialia ausbitte, damit nichts an mir liege, den allerhöchsten Willen Sr. Kayserlichen Mayestät zu befördern.

Was meine Sentiments hierüber anbelanget, So gestehe ich gerne, daß ich den Geheimen Rath v. Saldern ungerne verliehre und daß derselbe bey seinen Umständen eine große Entschließung nimmt und mithin in allem Betracht unsere Achtung und alle Willfährigkeit verdienet. Die von ihm angeführte Umstände sind notorisch und finden bey mir keinen Zweifel. Ich würde dahero ohne Bedenken ihm die 6000 rthl zugestehen, da es ihm ohnehin Mühe genug kosten wird, seine Einrichtung zu beschaffen und seine Reise-Kosten mit vieler Oekonomie zu bestreiten. Da man aber etwas erledigen muß, man auch in St. Petersburg alles nach Banco Geld rechnet, so würde ich dahin sentieren, dass man ihm 5000 rthl Bco aus denen vorräthigen Cronshagener Geldern des allervordersamsten auszahlen liesse. Ich erwarte dahero hierüber Dero Sentiments und ersuche übrigens dem Verlangen des Geheimen-Raths v. Saldern zu Folge deßen Bestimmung äusserst zu Secretiren.

Der ich mit aller Consideration
verharre Ewr. Excellences und HochWohlgeb.
Gantz Ergebener Diener

George Ludewig

Hamburg 30. Augs. 1763

ANLAGE 12

Brief der Zarin Catharina an Friedrich den Großen vom 12. April 1766

Verehrter Bruder!

Meine Freude über die Freundschaftsbeweise Eurer Exzellenz sind genauso groß wie mein Wunsch nach einer idealen Gemeinschaft mit Eurer Exzellenz. Die Freundschaftsbezeugungen, die mir Euer Minister, Graf Solms, erst kürzlich überbracht hat, begrüße ich um so mehr, als sie ein besonderes Zeichen Eures Vertrauens sind. Eure Majestät bittet mich um die Vermittlung bei dem Streit zwischen Euch und der Republik Polen. Mit größter Freude werde ich in dieser Angelegenheit die Vermittlerrolle übernehmen, da sie meiner politischen Konzeption, eine gute Harmonie zwischen meinen Nachbarn zu halten und darüber zu wachen, daß nichts den Frieden der nördlichen Länder stört, entspricht.

In diesem Sinne habe ich Monseigneur Saldern nach Polen geschickt und an den König von Polen geschrieben.

Ich verschweige dem König nicht die Unannehmlichkeiten, die für die Republik eintreten, wenn innerhalb des Staates ein durch Vertrag festgelegter Punkt geändert wird, ohne daß vorher eine Absprache mit Eurer Majestät getroffen wurde.

Ich rate ihm, ab sofort den Zoll aufzuheben und die endgültige Abschaffung auf dem nächsten Reichstag beschließen zu lassen.

Da ich nicht daran zweifele, daß der König von Polen sich dem Rat, über dessen Vorteile für ihn und sein Land ich ihn nicht im unklaren lasse, nicht verschließen wird, hoffe ich, daß Eure Majestät mit dieser Regelung einverstanden sind und bereit sind, ihrerseits wieder die Dinge ins alte Lot zu bringen.

Ein in sich so unwichtiges Streitobjekt dürfte die Absicht Eurer Majestät, die hohe Meinung, die Europa von unseren engen Beziehungen haben muß, zu unterstützen, nicht ins Wanken bringen; der Frieden und die Sicherheit der Republik Polen ist davon untrennbar.

Ich bin sicher, mit Eurem Entgegenkommen rechnen zu können, wenn es sich um eine Sache handelt, die mir besonders am Herzen liegt.

Man muß seine Freunde mit ihren Fehlern akzeptieren, und die Konstitution Polens hat Fehler, die Nachsicht von seiten der Nachbarn verlangen. Ich habe den Wirklichen Geheimen Rat Saldern beauftragt, diesen Brief Eurer Majestät zu überbringen. Der Auftrag, den er im Sinne unserer gemeinsamen Interessen in Polen ausführt und von dem er Eurer Majestät Bericht erstatten wird, führt ihn als Sonderbeauftragten (Ministre de la tutelle) des Herzogtums Holstein an den Hof in Kopenhagen, nach Stockholm und natürlich nach Berlin. Ich habe ihn beauftragt, über Warschau zu reisen, um dort den König und die Republik entsprechend vorzubereiten und anschließend Eurer Majestät über die Reaktionen zu berichten.

Ich hoffe, daß Eure Majestät mit dem Ergebnis zufrieden sein werden und daß nichts der Wiederherstellung eines vollkommenen Einverständnisses zwischen Eurer Majestät und der Republik mehr im Wege stehen wird.

Der Wirkliche Geheime Rat, Monseigneur Saldern, der fast drei Jahre an meinem Hof war, hat mein volles Vertrauen. Er kennt meine Einstellung zu Euch und die Bedeutung, die ich unserer

Allianz beimesse sowie meinen Wunsch, mit all den mir verfügbaren Mitteln diese Allianz zu sichern und unsere Interessen untrennbar zu machen. Unter den einzelnen Möglichkeiten halte ich es für das wichtigste, den ganzen Norden in einem Bündnis, unabhängig von fremden Mächten, zu vereinen, wodurch die Integrität der preußischen Monarchie als wichtig und notwendig für diesen Teil Europas erscheinen würde.

Eure Majestät wissen, mit wieviel Hingabe ich an diesem Projekt arbeite. Polen, Dänemark und Schweden scheinen bereit zu sein, den Hof Sachsen sollte man nicht ausschließen, er fühlt sich zu sehr von den vielfältigen Interessen Österreichs eingeengt und wartet nur darauf, mit Sicherheit daraus entfliehen zu können.

Eure Majestät können ihm besser als jeder andere dabei behilflich sein, durch eine Verbesserung der nachbarlichen Beziehungen. Ich könnte keinen besseren Fürsprecher für meine Ideen wählen, als Monseigneur Saldern und niemand anderem besser meine neuerlichen Bezeugungen der Hochachtung für Euch, verehrter Bruder, Majestät, anvertrauen.

Die gute Schwester und getreue Freundin

Sankt Petersburg, 12. April 1766 — Signé Caterine

ANLAGE 13

Bericht Salderns vom 9. Mai 1766 über seine erste Audienz bei Friedrich dem Großen

Seine Exzellenz Graf Panin — Berlin, 9./20. Mai 1766

Monseigneur!

Ich hatte die Ehre, Eure Exzellenz in meinem letzten Brief vom 6./17. Mai davon zu unterrichten, daß Seine Majestät, der König von Preußen, mir die Audienz, um die ich ihn durch Monseigneur Graf Finckenstein gebeten hatte, am Montag, dem 8./19. gewähren wollte.

Das war also gestern. Nachdem ich mit dem Grafen in der Stadt diniert hatte, fuhren wir in seiner Karosse nach Charlottenburg, wo die Audienz stattfinden sollte. Wir erreichten Charlottenburg gegen 16.30 Uhr, und wir begaben uns aufs Schloß. Wir waren kaum einige Minuten in einer großen Galerie, als ein Kammerdiener des Königs erschien und dem Grafen einige Worte ins Ohr flüsterte. Der Graf gab mir Zeichen, ihm zu folgen. Wir durchquerten einige Zimmer und betraten das Kabinett des Königs, wo ich Seine Majestät – in der Mitte des Raumes stehend – vorfand. Nachdem ich ihm meine Reverenz erwiesen hatte (es war nicht genügend Platz, um mich noch ein zweites und drittes Mal tief zu verbeugen) – begann ich mit den folgenden Worten:

„Ihre Kaiserliche Majestät von Ganz Rußland hat mich beauftragt, Eure Majestät ihrer grenzenlosen Hochachtung und tiefen Freundschaft zu versichern und Euch über die Einstellung des polnischen Königs und der Republik in bezug auf Euch – wie ich es erlebt habe – Bericht zu erstatten. Ganz besonders aber über die echten Ansichten meiner erlauchten Landesherrin zu einigen Punkten, die von beiderseitigem Interesse sind. Der vorliegende Brief wird Eure Majestät davon überzeugen, und ich schätze mich glücklich, der Überbringer und Sprecher zu sein."

Der König antwortete mir sehr freundlich und sehr höflich mit etwa den folgenden Worten:

„Mein Herr, ich freue mich sehr über den erneuten Freundschaftsbeweis, den mir Ihre Kaiserliche Majestät durch Euch übermitteln läßt. Es liegt mir nichts mehr am Herzen, als diese Freundschaft zu pflegen. Seid dessen versichert. Laßt es uns bequem machen, um zu philosophieren und zu politisieren."

Nach diesen Worten, bei denen seine Augen äußerst milde blickten, begann er, in dem Boudoir auf und ab zu schreiten, obwohl er kaum einen Schritt machen konnte, ohne nicht gezwungen zu sein, sich umzudrehen. Ich blieb aus Respekt in der Mitte des Kabinetts, aber er befahl mir, neben ihm herzugehen. Und ich gehorchte. Dann machte er mir alle denkbaren Komplimente und meinte unter anderem, daß er mich seit langem als seinen Freund schätze und ihm meine Offenheit und Ehrlichkeit niemals entgangen seien. Ich nutzte die Gelegenheit, ihn meiner Ergebenheit zu versichern und bat ihn, mir zu erlauben, in der weiteren Unterhaltung in der gleichen Art reden zu dürfen, um die hohe Meinung, die er durch seine große Güte von mir hatte, nicht zu enttäuschen. Er gewährte mir milde lächelnd diese Bitte.

An diesem Punkt muß ich Eurer Exzellenz versichern, daß ich nicht ein einziges Wort meiner Unterredung mit dem König vergessen habe. Aber gleichzeitig muß ich Eurer Exzellenz sagen, daß ich unmöglich alles ohne Kode schreiben und das ganze Protokoll mit allen Einzelheiten mit der normalen Post schicken kann. Deshalb habe ich mir erlaubt, einen vertrauensvollen Kurier nach Danzig zu Monseigneur Rhebinder zu schicken und ihn gebeten, dafür zu sorgen, daß dieser Brief und der zweite, den ich Euch nach meiner zweiten Audienz bei dem König, die er mir versprochen hat, schreiben werde, sicher in Eure Hände kommen.

Mit der Frage „Wie habt Ihr die Einstellung Polens in bezug auf mich vorgefunden?" schnitt der König das Thema Polen an. Ich versicherte ihm, daß ich den König und das polnische Kabinett in einer überaus positiven Einstellung gefunden habe, den Wünschen Seiner Majestät entgegenzukommen, soweit es in ihren Kräften stehe. Als Beweis präsentierte ich ihm den Brief des Königs von Polen, den dieser mir mitgegeben hatte und von dem eine Kopie durch den Fürsten Repnin an Eure Exzellenz gegangen ist. Als überzeugenden Beweis der Echtheit ihrer Absichten, fuhr ich fort, ihn davon zu überzeugen, daß der neueingeführte allgemeine Zoll auf dem nächsten Reichstag abgeschafft werde und er ab sofort ohne Wirkung sei.

Der König lächelte und sagte: „Ihr hattet schnell Erfolg in dieser Sache in Polen. Was mich betrifft, so wäre es mir egal gewesen." Ich antwortete darauf nur, daß Polen meiner Meinung nach keinen größeren Beweis seiner Hochachtung vor dem Rat meiner Landesherrin und dem Wunsche Seiner Majestät hätte liefern können. Darauf sagte er lediglich: „Das kommt darauf an, wie man es auslegt, mein Herr." Er sprach ausführlich über den Respekt, den er gehabt habe, als er seinen Zoll in Marienwerder habe abschaffen lassen. Der König kam wieder auf das Thema Polen zurück, indem er sagte, daß man es unbedingt so belassen solle, wie es jetzt ist. Daß es niemals gut wäre, daran etwas zu ändern, und man an die Zukunft denken müsse, obwohl man absolut nichts von dem jetzigen König zu fürchten habe. Doch sollten alle Nachbarn sich darüber im klaren sein, daß jegliche Änderung an der Form der Republik in der Zukunft von Nachteil sein könnte.

Ich wollte gerade antworten, als der König fortfuhr: „Apropos, mein Herr, denkt man bei Euch immer noch daran, den Polen zu erlauben, ihr Liberum Veto abzuschaffen?" Ich muß Eurer Exzellenz gestehen, daß ich rot wurde und ihm sofort antwortete: *Sire, davon war nie die Rede.* „Was heißt das, nie davon die Rede?" fragte der König. Ich gewann meine Ruhe wieder und antwortete so phlegmatisch wie möglich: „Vorausgesetzt, daß Eure Majestät mich für einen ehrlichen Menschen hält, wie Ihr so freundlich wart, mir das Kompliment zu machen, möchte ich Euch versichern, daß weder die Zarin noch ihre Regierung je ernsthaft daran gedacht haben, den Polen die Abschaffung dieses Liberum Veto zu erlauben. Ich erinnere mich sehr gut an alles, was zu diesem Thema vorgefallen ist. Wenn das Kabinett der Zarin im Vertrauen über diesen Punkt und über das, was die Polen damals wollten mit dem Minister Eurer Majestät gesprochen hat, so geschah das in der festen Absicht, Eurer Majestät das größte Vertrauen entgegenzubringen und Euch absolut nichts von den Vorschlägen, die die Polen damals gemacht haben, zu verschweigen und nur, um die Ansichten über einen so interessanten Punkt Eurer Majestät zu erfahren. Es schien mir und es scheint mir noch heute, daß es das größte Zeichen gegenseitigen Vertrauens war, das mit Recht Eurer Majestät entgegengebracht wurde." Der König antwortete nur: *Wenn das so ist, dann ist das eine andere Sache.*

Für eine Weile sagte er nichts. Dann sprach er über die Fürsten Poniatowsky et Czartorinsky. Dann zog er einen Brief hervor und sagte: Ihr kennt jedoch, mein Herr, die Antwort Eures Hofes, die Graf Solms mir geschickt hat, betreffend meine Ideen über Europa." Ich antwortete nur: „Ja." Und der König begann, mir eine sehr lange politische Rede zu halten, die ich Eurer Exzellenz unmöglich wiederholen kann. Aber ich bin sicher, daß Euch dadurch nichts entgeht. Alle Ansichten des Königs liefen nur darauf hinaus, mich davon zu überzeugen, daß Rußland und Preußen kein anderes Bündnis brauchten als ihr eigenes. Und daß er keine andere Verbindung wünsche und wolle als die mit Rußland.

Ich erlaubte mir, ihn von Zeit zu Zeit zu unterbrechen. Aber es gab keine Möglichkeit, ihn dazu zu bringen, mir zuzuhören. Es blieb mir also nichts anderes übrig, als zu schweigen und vorzutäuschen, daß seine Rede und seine konstruierten Gründe mich beeindruckten. Das ist mir ziemlich gut gelungen, denn da ich geduldig zugehört hatte, gab er mir, nachdem ich die Tiefgründigkeit seiner Überlegungen gelobt hatte, die Erlaubnis, meine Zweifel zu äußern, die mich veranlaßten, zu glauben, daß das Bündnis zwischen Preußen und Rußland unbedingt den Beitritt anderer Mächte nötig mache, um die echte, absolut unabhängige Allianz der nördlichen Staaten (Système du Nord) zu schaffen. Und daß es der einzige Weg sei, sich vor fremden Auseinandersetzungen zu schützen und die anderen Mächte zu verpflichten, die natürlich eine Abneigung oder vielmehr Angst vor der phantastischen Verbindung zwischen Österreich und den Bourbonen haben.

Ich hatte kaum ausgesprochen, als der König mich unterbrach: „Ich sagte Euch bereits, mein Herr, wir fürchten diese Union, die Euch so phantastisch erscheint, nicht. Weil es Bettler sind, die kein Geld haben."

Ohne darauf zu antworten, fuhr ich fort: „Es liegt Ihrer Kaiserlichen Majestät sehr am Herzen, gemeinsam mit Eurer Majestät diese nördliche Allianz, der natürlich aktive und passive Mächte beitreten würden, zu gründen. Dieses Bündnis hat nur das eine Ziel: Den Frieden und die Erhaltung des Friedens für lange Jahre, das europäische Gleichgewicht sowie die Integrität der preußischen Monarchie so lange wie möglich so nützlich, notwendig und respektabel zu erhalten."

Der König war ein wenig beunruhigt, als er sagte: „Das alles ist schön und gut. Aber was wolltet Ihr mit aktiven und passiven Mächten sagen?" Ich zögerte keinen Augenblick, ihm zu sagen, daß es Seiner Majestät sicher nicht entgangen sei, daß man unter den nördlichen Ländern nicht nur Rußland, Preußen und Großbritannien als aktive Mächte bezeichnen könnte. „Ah! Monsieur", sagte er lächelnd, „ich bitte Sie, Großbritannien zum jetzigen Zeitpunkt als nichtexistent zu betrachten. Der König ist der schwächste Mensch der Welt, der seine Minister wie seine Hemden wechselt. Wie könnt Ihr auf die Regierung Großbritanniens bauen? Wisset Ihr nicht, daß es schon einen neuen Wechsel im Kabinett gibt und daß der Herzog von Graffton seines Postens enthoben ist? Vielleicht wird ihn sogar Graf Egmond, der größte Anhänger Österreichs, ersetzen. Ich bitte Euch, baut nicht auf England. Ich tue es nicht, und ich bin sicher, daß die Zarin es auch nicht tun wird, wenn sie erfährt, was sich da tut."

Ich tat so, als wisse ich von all dem nichts, obwohl Graf Finckenstein es mir am Vorabend im Vertrauen gesagt hatte. Ich fügte lediglich hinzu, daß, könnte man im Augenblick auch nicht mit England rechnen, die Zeit sicher kommen werde, in der die britische Regierung gefestigter sein werde.

Dann nahm ich das Thema wieder auf und gab zu verstehen, daß außer Dänemark und Schweden, wo die französische Übermacht bereits sehr ausgeprägt ist, man in Deutschland an die Fürsten von Hessen, Braunschweig und Sachsen denken müsse, die man als passive Mächte einstufen könnte.

Ich kann Euch nicht beschreiben, Monseigneur, wie plötzlich sich der Gesichtsausdruck des Königs änderte.

„Wie kann man nur mit Sachsen rechnen? Sachsen, das eng mit Österreich und den Bourbonen liiert ist! Sagt mir, gibt es bei Euch Abgesandte dieses Hofes, die Euch Illusionen vormachen, die nur Hirngespinste sind?"

Darauf achtend, daß ich nicht zu weit von meinem Ziel abkam, antwortete ich kühn, daß die Meinungen Ihrer Kaiserlichen Majestät, geleitet von Weisheit und Humanität, sich niemals durch illegitimen oder suspekten Einfluß änderten. Und daß sie glaube, sich ohne Einschränkung Seiner Majestät offenbaren zu können, besonders in einer Sache, bei der es sich nur um Meinungen handele, die mit der engen Allianz zwischen Rußland und Preußen übereinstimmten. Ein Bündnis, das den anderen Mächten gleichermaßen Vertrauen und Respekt einflößen sollte. Und daß die Zarin glaube, daß das sicherste und beste Mittel, um diese Allianz als ein Werk zu betrachten, in dem der Frieden und die Ruhe des Nordens verankert sind, in dem Fall gegeben sei, wenn die großen Kontrahenten Rücksicht nehmen gegenüber den schwächeren Mächten, um ihnen das Vertrauen zu geben, sich einer solchen Allianz des Friedens anzuschließen. Und daß meine Herrscherin annehme, daß Sachsen in der Zukunft sich von Österreich zu lösen versuchen werde, und das, sobald es mit Sicherheit möglich ist.

Der König hörte mir bis hierhin zu, die Augen zu Boden gerichtet. „Ja, Monsieur, einiges von Eurer Begründung ist in der Antwort des Grafen Solms enthalten. Aber Ihr spracht mir von Rücksichtnahme. Was geht Euch das an? Laßt mich mit den Sachsen machen, wenn es sich um meine Interessen handelt. Ich habe dem Grafen Solms geantwortet und ihm meine Ansichten darüber gesagt."

Ich machte eine tiefe Verbeugung vor Seiner Majestät und sagte zum Abschied: „Ich hoffe, daß Eure Majestät bald den Brief der Zarin lesen wird, und er wird angetan sein von dem großen Vertrauen und dem Ernst, in dem sie sich zu diesem Thema geäußert hat." Denn ich muß Eurer Exzellenz gestehen, daß der König in meiner Gegenwart weder den Brief der Zarin noch den des Königs von Polen gelesen hat.

So als erwache er aus einem tiefen Traum, sagte der König sehr charmant: „Ah, wenn das so ist, Monsieur, wollen wir für heute Schluß machen! Ich werde ihn lesen, und ich hoffe, daß Ihr mir das Vergnügen machen werdet, wiederzukommen. Es wird mir eine Freude sein, Euch so oft wie möglich zu sehen."

Ich antwortete, daß ich sein untertänigster Diener sei. Der König zog sich nach dieser gut anderthalbstündigen Unterredung zurück.

Der König ist heute in die Stadt gekommen. Es gab einen großen Empfang, bei dem der König für einen Augenblick erschienen ist. Er erwies mir die Ehre, ein-, zweimal das Wort an mich zu richten.

Voilà, das ist alles, was ich Eurer Exzellenz heute zu berichten habe. Ich werde es nicht versäumen, Euch sofort nach meiner zweiten Audienz (und wie es scheint letzten, da der König am 14./25. Mai abreist – nach Pommern, Magdeburg und Halberstadt) zu schreiben.

Ich fand, daß der König sich bester Gesundheit erfreute, besser als je zuvor, wie alle sagen.

Mit vorzüglicher Hochachtung

ANLAGE 14

Bericht Salderns vom 19. Mai 1766 über seine zweite Audienz bei Friedrich dem Großen

Seine Exzellenz Monseigneur Graf Panin — Berlin, 19./30. Mai 1766
Entwurf

Monseigneur!

Gemäß meinem letzten Brief vom 13./24. dieses Monats will ich es nicht versäumen, Eurer Exzellenz über meine letzte Unterredung, die ich die Ehre hatte, mit Seiner Majestät, dem König von Preußen, zu führen, Bericht zu erstatten.

Vergangenen Samstag, dem 13./24. d. M., um 15 Uhr wurde ich von dem Minister Seiner Majestät, Monseigneur Graf Finckenstein, auf Charlottenburg eingeführt. Er begleitete mich in denselben Raum wie bei meinem ersten Besuch und ließ mich mit Seiner Majestät allein. Genau wie bei meinem damaligen Besuch, was ich vergaß, Eurer Exzellenz in meinem ersten Brief mitzuteilen.

Monseigneur, ich muß Euch im voraus um Entschuldigung bitten, wenn Euch mein Bericht langweilt und er Euch endlos erscheint. Doch da meine Audienz wohl die längste war, die zwischen einem Souverain und einem ausländischen Minister stattfand, halte ich es für meine Pflicht, Euch wenigstens eine Zusammenfassung dieses dreistündigen Gesprächs zu geben.

Da der König die Angewohnheit hat, Dinge zu komplizieren, bin ich gezwungen, sehr detailliert zu berichten, was sich zwangsläufig auf die Länge des Berichts auswirken wird. Ich möchte Euch versichern, daß es mir auch dieses Mal nicht an Mut gefehlt hat.

Die Brillanz Seiner Königlichen Majestät und die militärische Erscheinung eines so großen Feldherrn haben mich nicht eingeschüchtert, wie Eure Exzellenz meinem Bericht entnehmen werden. Ich habe mit Entschlossenheit geantwortet und meine Vorschläge energisch vorgetragen, ohne jedoch je respektlos zu werden und zu vergessen, was ich der heiligen Person eines Königs schuldig bin.

Bei meiner ersten Audienz habe ich bemerkt, daß man vor dem König mit Kühnheit auftreten kann, unter der Bedingung, daß man bestimmt ist und gleichzeitig respektvoll. Ich glaube – wenn ich mich nicht sehr irre –, in der ersten Viertelstunde erkannt zu haben, daß der König entweder versucht, seine Gesprächspartner einzuschüchtern oder sie durch stichhaltige Argumente für sich zu gewinnen, damit sie ihre Meinung ändern. Vielleicht ist ihm diesmal weder das eine noch das andere gelungen.

Ich hatte ihm kaum meine Reverenz erwiesen, als Seine Majestät zu mir sagte: „Wenn Ihr die gleichen Interessen und soviel Zeit wie ich habt, dann wollen wir über die Staaten und Fürsten Europas reden, um zu sehen, ob wir der gleichen Meinung sind." Ich antwortete ihm natürlich, daß ich ihm selbstverständlich zur Verfügung stehe und daß ich mich glücklich schätze, an den großen Erkenntnissen Seiner Majestät teilhaben zu können.

Nach dieser kurzen Einleitung begann der König, mir die Lage Österreichs zu schildern, sprach über dessen Finanzmisere und rechnete mir detailliert seine Schulden vor, die sich laut Schätzung auf 230 Millionen belaufen sollen. Als Beweis nannte er eine Unzahl von kleinen Gründen und versicherte mir, daß sie der exakten Wahrheit entsprächen. Ich hörte ihm sehr aufmerksam zu. Als er zu Ende gesprochen hatte, sagte ich nur, daß ich zu diesen historischen Tatsachen nichts sagen könne, daß ich aber gehört habe, daß sich die österreichischen Truppen in sehr gutem Zustand befänden.

Der König fuhr fort: „Man übertreibt für die Öffentlichkeit. Die Generäle lassen zur Hälfte mit Geld, die andere Hälfte mit Schuldscheinen bezahlen. Ich persönlich fürchte nichts von seiten der Österreicher. Sie werden noch ihre alten Vorurteile mir gegenüber aufgeben. Der jetzige Kaiser gehört zu meinem Freundeskreis. Er ist mir dankbar, daß ich nicht in die Abtretung der Toscana zugunsten seines Bruders eingewilligt habe. Er ist ein guter Fürst; er ist friedliebend und verabscheut die Franzosen. Er würde sich niemals auf gefährliche und zweifelhafte Unternehmen einlassen. Glaubt mir."

Ich wagte zu antworten, daß ich davon überzeugt sei, daß seine Majestät sehr gut die persönliche Situation des Kaisers kenne, doch möge er mir meine Skepsis verzeihen, wenn ich bezweifelte, daß Österreich so leicht den Verlust Schlesiens vergessen könnte. Und ich bat ihn, mir zu verzeihen, wenn ich mich im Irrtum befände: Aber es sei mir unmöglich, meine Meinung darüber zu ändern, daß Seine Majestät selbst im Innern denke, daß die Österreicher früher oder später ihre Rechte wieder anmelden könnten. Der König antwortete ruhig: „Sie werden es sich zweimal überlegen, bevor sie es tun."

Ich antwortete sofort, ohne ihm Zeit zu lassen, mehr zu sagen, und zwar etwa folgendes: „Das ist wahr, Sire, die Österreicher werden es sich mehr als einmal überlegen, sich ein viertes Mal in Gefahr zu begeben. Aber es gibt Mittel, die sie verpflichten könnten, nie mehr daran zu denken."

„Und welche?" fragte der König. „Wenn Eure Majestät – bei Eurem Bündnis mit Rußland – mit der Zarin das ‚Système du Nord' (die Allianz der nördlichen Länder) zur Erhaltung des Friedens und zur Entspannung gründetet. Und wenn Eure Majestät versuchte, für dieses Ziel Partner zu gewinnen und dadurch Rußland und die anderen Anhänger verpflichten würde, über die Erhaltung der Integrität der preußischen Monarchie zu wachen."

Der König schritt einen Augenblick auf und ab: „Das ist mir zu kompliziert. Ich brauche nur – und das habe ich Euch schon gesagt – das Bündnis mit Rußland und keine anderen Verbündeten." Ich antwortete mit all meinem Respekt, daß ich das wisse, und ich mit ihm einer Meinung sei hinsichtlich der jetzigen Situation. Aber daß ich hoffe, daß Seine Majestät nach reifer Überlegung auch an die Zukunft denke, besonders da ja Rußland – trotz seiner Macht – immer versuchen werde, in Freundschaft Verbündete zu gewinnen, mangelndem Vertrauen vorzubeugen und die Fürsten auf seiner Seite zu haben, die versucht oder fast gezwungen wären, sich mit anderen Mächten zu alliieren, die wiederum nur darauf aus sind, Eifersucht gegen das Bündnis zwischen Rußland und Preußen zu verbreiten, um ihrerseits die Zahl ihrer Verbündeten zu erhöhen.

Der König hörte mir bis hierhin ruhig zu, doch da ich unglücklicherweise das Wort *Eifersucht* verwandt hatte, sagte er: „Ich bin absolut sicher, daß Eifersucht gegen uns besteht, aber was macht das schon? Ich habe Euch bereits gesagt, und ich wiederhole es hiermit, daß weder Österreich, noch Frankreich, noch Spanien uns im geringsten gefährlich werden können. Ihre Eifersucht wäre schlecht angebracht. Wer, glaubt Ihr, würde sich auf ihre Seite stellen und sich mit ihnen verbünden?" Ich antwortete sanft: „Die sehr durchschnittlichen Mächte vielleicht und alle Reichsfürsten."

Der König brach in Lachen aus. „Wenn sie kein Geld haben, werden sie keine Deutschen haben." Nach diesen Worten erging er sich in ausführlichen Betrachtungen über die Lage Spaniens und Frankreichs. Er tat es sehr weitschweifig, und ich bemerkte sehr wohl, daß er es in der Absicht tat, mich davon zu überzeugen, daß die Lage der verbündeten Mächte, das heißt Österreichs und der spanischen Bourbonen, so schwach sei und daher absolut nicht zu fürchten. Unter anderem zählte er mir bis ins Detail die Schulden Frankreichs auf und war der Meinung, daß dieses Land im Augenblick und wenigstens für die nächsten zehn Jahre außerstande sei, seine Finanzen wieder in Ordnung zu bringen.

Er betonte mehrfach, daß man nur Elend in diesem Land sähe. Was Spanien betrifft, so glaubte er, daß nachdem, was dem Marquis Squillace zugestoßen sei, der Marquis Primaldi nicht mehr an seinem Platz bleibe und daß er hoffe, daß Monseigneur Wall die Führung der Geschäfte übernehme. Ein solcher Wechsel würde ungünstige Auswirkungen für Frankreich haben. Für Rußland und für ihn sei es besser, an keine anderen Alliierten zu denken, sondern eng verbunden zu bleiben und auf den Rest zu *pfeifen*. Dieses Wort benutzte er während seiner langen Rede zweimal.

Nachdem ich sehr geduldig zugehört hatte und ruhig gewartet hatte, bis Seine Majestät von selbst aufhörte, zu reden, erwiderte ich ihm, daß ich von dem überzeugt sei, was Seine Majestät die Güte hatte, mir vorzutragen, daß ich jedoch gezwungen sei zu gestehen, daß all diese Überlegungen für den Augenblick gälten, jedoch niemals für die Zukunft. Und daß ungeachtet dessen, daß die augenblickliche Finanzlage das Resultat des letzten Krieges sei, ihnen dennoch Geldmittel blieben. Der König wollte mich gerade unterbrechen, als ich ihn sehr untertänigst bat, mir noch die Gnade zu erweisen, in kurzen Worten das Wesentlichste der Ideen der Zarin vortragen zu dürfen, ohne ein Wort auszulassen oder hinzuzufügen.

Er nickte mit dem Kopf und sagte: *Ja, ja. Sehr gerne.* Ich fuhr fort, doch ohne mich in die geringste Diskussion einzulassen und ohne vorauszusetzen, daß in den nächsten zehn Jahren ein neuer Krieg eintreten könnte. Ich glaubte mich verpflichtet, Seiner Majestät sehr ernsthaft zu versichern, daß Ihre Kaiserliche Majestät, meine erlauchte Herrscherin, nichts für wichtiger und notwendiger halte für die Entspannung Europas – jetzt und in der Zukunft – als den Norden in einem Bündnis zu vereinen, unabhängig von fremden Mächten, in einem Wort: die genannten Mächte ohne Rücksicht auf den Zustand ihrer Armeen oder Finanzen. Und daß die Zarin sehr daran interessiert sei, ganz Europa zu beweisen, daß die Wege des Entgegenkommens und der Bescheidenheit die geeignetsten Mittel sind, das Vertrauen der Fürsten zu gewinnen, die interessiert sein könnten, diesem Bündnis beizutreten. Und daß die unlösbaren Interessen Rußlands und Preußens darin eine noch engere Verbindung fänden. Und daß Rußland diesen Plan, der auf den festen Prinzipien beruhe, den Frieden zu erhalten, für das einzig sichere Mittel halte, die Integrität der Monarchien zu erhalten. Eine Integrität, auf der das Bündnis zweier Nationen ruhe.

Ich beendete meine ein bißchen einstudierte Rede mit den kühnen Worten: „Sire, einem so respektierten Fürsten wie Euch, so siegreich und vom Ruhme umgeben, sind die Wege zum guten Erfolg durch die Sanftheit meiner Herrscherin gebahnt und vorbereitet. Verzeiht, Sire, wenn ich mir erlaube zu sagen: Die Erfolge der Helden werden immer durch das Geschick, Menschen und Nationen zu gewinnen, erleichtert."

Der König antwortete sehr freundlich: „Ich wäre Ihrer Meinung, wenn eine dringende Notwendigkeit bestände, wie das bei einem Projekt sein sollte, bei dem so viele verschiedene Interessen auf einen Nenner zu bringen sind."

Danach schwieg er plötzlich. Ich wartete einen Augenblick in der Annahme, er fahre fort. Doch sobald ich merkte, daß er nichts mehr sagen würde, erwiderte ich, daß die Interessen der Fürsten sich leicht angleichen ließen, wenn es sich darum handele, Frieden und Entspannung zu erhalten, deren man sich zur Zeit noch erfreue. Doch ich glaubte, daß in einem Augenblick, wo eine dringende Notwendigkeit bestände, jede Verhandlung schwieriger werde. Der König antwortete sofort: „Das stimmt für alle diejenigen, die mich und Rußland als Verbündete nötig haben. Denn Ihr müßt zugeben, daß alle anderen uns brauchen."

Darüber hielt er mir einen sehr ausführlichen Vortrag und behauptete, daß die Engländer und die anderen Fürsten Deutschlands im Falle eines Auseinanderbruchs unbedingt Zuflucht zur russisch-preußischen Allianz bräuchten. Deshalb sehe er noch nicht den Grund, ein Projekt zu überstürzen, das ihm noch zu kompliziert erscheine. Er schloß mit den Worten: „Ich gebe zu, daß ich nicht gerne mit den Engländern zu tun habe. Sowohl wegen ihrer jetzigen schwachen Regierung als auch und vor allem, weil ich befürchte, daß sie bald in einen Krieg mit Frankreich und Spanien eintreten werden." Ich beeilte mich, ihm zu antworten, daß in Theorie und Praxis man einer Meinung sei über den Grundsatz, den günstigsten Augenblick für die wichtigsten Verhandlungen zu wählen. Und daß man niemals die günstige Stunde versäumen sollte und daß zweifellos der günstigste Augenblick der jetzige sei. Jetzt, wo sich ganz Europa im tiefsten Frieden befände. Und daß die gleichen Gründe, die Österreich und die Bourbonen veranlaßt hatten, sich enger zusammenzuschließen und quasi ein „Système du Sud" (ein Bündnis der südlichen Länder) zu bilden, die nördlichen ermahnen sollten, auf der Hut zu sein und sich rechtzeitig durch eine Allianz zu sichern. Und daß England, das davon überzeugt ist, daß Rußland und Preußen sich niemals mit Frankreich verbinden werden oder erlaubten, daß Frankreich die Herrschaft über England gewänne, immer Mittel fände, sich Alliierte zu schaffen. Und daß – trotz der Befürchtungen, die Seine Majestät geäußert hatte –, dieser Krieg nicht in den nächsten zehn Jahren zu befürchten sei.

„Ah!" sagte der König, „der Krieg wird eben nicht in Europa stattfinden." Ich antwortete: „Die Kriege Amerikas enden meist in Europa." Darauf der König: „Mein Herr, das stimmt nicht immer." Er schwieg, und ich wartete, bis er wieder zu sprechen begann. Das Schweigen dauerte keine Minute: „Aus dem Schreiben, das Graf Solms mir geschickt hat, entnehme ich" – und er nahm einen Brief aus seiner Tasche – „daß Ihr in Eurem Land glaubt, Frankreich und Österreich könnten übereingekommen sein, sich Bayern im Falle des Ablebens des Kurfürsten zu teilen. Ich sage Euch mit dem größten Ernst, daß ich davor keine Angst habe."

Ich antwortete ihm, daß ich mich freilich nicht in der Lage befände, ihm überzeugende Beweise für eine solche Abmachung zu liefern, daß jedoch aller Wahrscheinlichkeit nach Österreich niemals seine Staaten in Italien zugunsten des Erzherzogs Leopold geteilt hätte, wenn Frankreich ihm nicht andere Hoffnungen gemacht hätte; und wie die Geschichte aus der Zeit Karls II., des Königs von Spanien, und Kaisers Karl VI. beweist, liegt es nahe, anzunehmen, daß die Franzosen es für einen politischen Zug und für eine erlaubte Sache halten, die Staaten der Fürsten zu deren Lebzeiten zu teilen.

Der König versicherte mehrmals: „Das glaube ich nicht, das ist unmöglich", und fuhr fort: „Aber Ihr habt auch eine bessere Meinung über die Republik der Kaufleute als ich. Ich kenne sie zu gut. Ihr Handel ist ihr Gott und ihr Schicksal. Le Stadhoudre wird ihnen niemals die Kraft noch den Geist geben, die sie schon lange verloren haben – zuletzt in der Schlacht von Fontenoy."

Ich entgegnete nur, daß, was auch immer wahr sei, sie die Ausdehnung ihres Handels zur Vorsicht in politischen Dingen innerhalb Europas verpflichte. Und es sei nichtsdestoweniger unwiderlegbar, daß die Person eines Stadhoudre erheblich mehr Kraft einer Republik gebe und daß die Vergangenheit uns mehr als ein Beispiel im positiven Sinne wie im negativen geliefert habe. „Das stimmt", sagte der König, „warten wir jedoch die Auswirkungen ab." Ich erwiderte: „Vorausgesetzt, daß wir durch dieses Warten nicht die Gelegenheit verpassen." Darauf antwortete der König nichts.

Nachdem er den Brief zusammengefaltet hatte, den er aus seiner Tasche gezogen hatte, änderte er plötzlich das Thema: „Was die Dänen betrifft, so verstehe ich, daß Ihr mit ihnen machen könnt, was Ihr wollt und mit den Schweden ebenfalls. Aber dafür braucht Ihr Geld. Wenn Ihr die Engländer dazu veranlassen könntet, Ihnen etwas zu geben, könntet Ihr auch davon profitieren." Er fuhr fort, indem er mich fragte: „Ihr habt doch ein Bündnis mit den Dänen, also bewerkstelligt, daß die Engländer ihnen Subsidien geben, wie es die Franzosen getan haben. Dafür bedarf es jedoch der Arbeit eines Herkules." Nach diesen Worten beugte er seinen Kopf ein wenig zu mir und flüsterte leise ins Ohr – so als hätten wir Zeugen um uns: *„Die Engländer sind Schufte."*

Ich antwortete, ohne auf dieses Wort einzugehen, daß es sehr gut sein könne, daß der Mangel an Subsidien in Dänemark aufgehoben werden müse und daß es zu wünschen wäre, wenn England dazu bereit wäre. Aber um es dazu zu überreden, sei es absolut notwendig, ihm die Gründung eines soliden „Système du Nord" in Aussicht zu stellen, das für England von Interesse wäre. Ich sei überzeugt, daß an dem Tag, an dem die Engländer von der Solidität eines solchen Plans überzeugt seien, sie aktiver würden, als sie es jetzt sind.

Der König sagte auf deutsch: „Das sind Wunschträume. Ihr habt eine zu gute Meinung von ihnen. Ich kenne sie besser als Ihr. Schweden ist in der gleichen Lage wie Dänemark. Das Bündnis zwischen Schweden und England ist der überzeugendste Beweis dafür, daß die Engländer nichts tun wollen. Es stimmt, daß Rußland bisher viel getan hat, besonders um die Übermacht Frankreichs zu bannen. Rußland wird gezwungen sein, diesen Weg weiterzuverfolgen, wenn es Nutzen ziehen will aus dem, was es begonnen hat. Im Grunde genommen verdient Schweden es nicht, daß man es unter die Zahl der Mächte reiht. Schweden ist eine so wertlose Nation, daß die vernünftigen Leute unter ihnen von selbst darauf kommen.

Bei dieser Gelegenheit hielt der König einen langen Exkurs über die Rolle Schwedens im letzten Krieg, über die Korruption, die Herr geworden war über den Geist der ganzen Nation, und über die schlechte Haltung des Königs und der Königin. All das sagte er, ohne auf die Wahl der Worte Rücksicht zu nehmen.

Da ich den Ausführungen des Königs nicht viel entgegenzusetzen hatte und ich mich nicht darüber äußern wollte und konnte, was Rußland in der Zukunft für Schweden tun würde, antwortete ich lediglich, daß ich überzeugt sei, daß Rußland alles in der Welt tun werde, damit Frankreich nie mehr die Übermacht gewänne, die es einmal verloren hatte.

Der König antwortete schnell: „Die Franzosen haben dennoch die Übermacht unter den adligen Häusern, doch bei den anderen, das ist wahr, seid Ihr es." Ich antwortete, daß das sehr gut sein könne, da ich keine allzu klaren Vorstellungen zu diesem Punkt seit meiner Abreise aus Rußland hätte. Aber ich versicherte ihm, daß das nur eine vorübergehende Übermacht sei.

Der König ging nicht mehr auf das Thema ein und meinte: „Jetzt bleibt uns nur noch, über Polen zu reden. Sie kennen meine Meinung bereits zu diesem Thema. Ich passe mich vollends dem an, was die Zarin hinsichtlich Polens will. Ich sähe es gerne, wenn die Einkünfte des Königs erhöht würden, denn er muß ja schließlich leben. Aber ich bitte Euch inständig, keine Änderung an der Zusammensetzung der Regierung vorzunehmen. Das wäre schädlich." Ich beruhigte ihn zunächst wahrheitsgemäß, daß die Zarin niemals an eine Änderung der polnischen Regierung denke und daß sie mehr als jeder andere darüber wache, daß die Gesetze der Republik nicht verletzt werden. Ich bat Seine Majestät zu bedenken, daß es für Rußland absolut notwendig sei, in einem für sie so wichtigen Punkt zu kooperieren, daß Polen im Notfall den Platz einnehmen könnte, der dadurch entstand, daß die Interessen Rußlands und Österreichs wegen der engen Allianz mit Seiner Majestät so offensichtlich auseinandergingen. Der König fragte mich aufmerksam: „Aber wie wollt Ihr das machen?" Ich antwortete ihm, daß ich das *Wie* absolut nicht kenne und daß die Idee so natürlich sei, daß ich glaubte, daß Seine Majestät nicht im geringsten besorgt zu sein brauche. Und daß ich sicher sei, daß mein Hof seine Ideen seinem Minister mitteilen werden. Der König sagte: „Aber Ihr wißt doch in etwa, wie man bei Euch denkt." Ich protestierte, ich wisse es nicht genau, daß ich aber natürlich glaube, daß das sicherste Mittel sei, Dissidenten zu stellen und dem König einige Macht zu geben, entsprechend den Pacta Conventa, damit die wenigen Truppen, die Polen in der Lage war zu unterhalten, in einen angemessenen und disziplinierten Stand gesetzt würden, um im Notfall Nutzen aus ihnen zu ziehen.

Nachdem ich das gesagt hatte, schwieg ich, und der König entgegnete nur: „Beide Punkte sind sehr schwierig durchzuführen."

Ich nahm mir dann die Freiheit, dem König wie meinem eigenen Chef zu sagen, daß nach meinen Erfahrungen, die ich in Polen gewonnen hatte, es mir nicht schwierig erscheine und daß es noch eine Menge guter Dinge in Polen zu tun gebe. Er unterbrach mich: „Das weiß ich sehr gut, aber man muß sie in der Lethargie lassen." Ich antwortete zunächst: „Die Lethargie, Sire, ist gut und sogar notwendig in all den Punkten, wo der menschliche Geist voraussehen kann, daß sie den Nachbarn schaden könnten. Aber es gibt Fälle, in denen ein Staat absolut unnötig wird, wenn man ihm nicht Kraft gibt, um ein nützlicher Verbündeter zu werden. Rußland und Preußen sind in der Lage, Polen zu jeder Zeit auszulöschen, wenn sie je von einer solch prekären Macht Gebrauch machen wollten." Der König: „Ich muß gestehen, daß ich die Fälle, von denen Ihr sprecht, nicht kenne." Ich erklärte dem König, daß es sehr leicht sei, einige aufzuzählen, daß ich aber zum jetzigen Zeitpunkt nur einen Fall, den ich in Polen erlebt hatte, nennen wolle. Der König und alle Kanzler der Krone und Litauens waren bereit, zunächst den allgemeinen Zoll abzuschaffen. Doch welch falsche Kraftanwendung und Aktivität. Weder der König mit bestem Willen noch seine Minister mit den besten Absichten hätten mehr tun können, als zu versprechen, daß auf dem nächsten Reichstag der Zoll abgeschafft werde." Als ich merkte, daß der König mir aufmerksam zuhörte, erklärte ich ihm alles, so gut ich konnte, und ich faßte zusammen, daß ein Ständiger Rat zwischen den Reichstagen Polens für die zweijährige Zeitspanne der Inaktion für Polen als auch für seine Nachbarn nützlich wäre.

Der König entgegnete nur: „Das scheint mir vernünftig. Aber man muß es genau abwägen, bevor es erlaubt wird." Ich antwortete ihm: „Natürlich." Und ich wiederholte, daß das, was ich vorgetragen hatte, nur eine Idee von mir war, nach dem was ich in Polen gesehen hatte und nachdem ich auch mit Monseigneur Benoit darüber gesprochen hatte, der auch meiner Meinung war.

Der König sagte nichts mehr zu diesem Thema, und ich merkte an seinen Fragen, die er mir über meine Abreise und meinen Aufenthalt in Kopenhagen stellte, daß er mich verabschieden wollte. Da er mir nichts zum Thema Sachsen während der mehr als zwei Stunden dauernden Unterredung gesagt hatte, glaubte ich, es für meine Pflicht zu halten, ihn daran zu erinnern. Obwohl ich genau bemerkt hatte, daß er nicht darüber sprechen wollte.

Ich wagte es also, ihn darauf anzusprechen und bat ihn, mir ein Resultat zu nennen, damit ich meiner Herrscherin Bericht erstatten könne, und zwar über das, was die Zarin ihm nahegelegt hatte, um die Nachbarschaft mit Sachsen zu erleichtern. Der König sagte zunächst: „Es stimmt, ich habe es vergessen." Aber er schritt zweimal in dem Kabinett auf und ab, bevor er fortfuhr: „Die Sachsen sind böse. Sie wollen den ganzen Handel an sich reißen. Das kann ich nicht gleichgültig mit ansehen. Meine Untertanen leiden darunter. Meine Bevollmächtigten konferieren gerade. Man muß mich mit ihnen machen lassen, was für mein Land gut ist." Sobald der König schwieg, antwortete ich, daß die Zarin sich sehr freuen würde, wenn Seine Majestät bei seinen Diskussionen, deren Inhalt mir unbekannt sei, einiges Entgegenkommen zeigen würde, und auf dem Wege der Güte Sachsen dazu bringen würde, einzusehen, daß es das beste sei, sich ganz von Österreich zu trennen.

Der König erschien mir ein wenig irritiert, als er mir das Wort abschnitt: „Laßt mich machen. Ich werde noch heute abend antworten und Euch eine Antwort schicken."

Ich machte eine tiefe Verbeugung, und es war nicht mehr von Sachsen die Rede. Ich hatte sehr wohl bemerkt, daß dem König dieses Thema absolut nicht behagte.

Der König sprach nun nicht mehr von Politik. Er stellte mir Fragen über den Großfürsten, über seine Gesundheit, über seine Begabung und eine Menge solcher kleiner Fragen. Ich antwortete prompt auf alles, ohne ihm mehr zu sagen, als ich es für richtig hielt. Ich merkte, daß er guter Laune wurde und daß die Falten seines Gesichts milder wurden. Plötzlich fragte er mich, ob die Kaiserin tatsächlich so viel arbeite, wie man sage. „Man hat mir gesagt, daß sie mehr arbeitet als ich. Es stimmt", sagte er, „Sie hat weniger Ablenkungen als ich. Ich bin zu sehr mit dem Militär beschäftigt. Sie können sich nicht vorstellen, wie mich die kleinsten Bagatellen auf diesem Gebiet beschäftigen." Ich lächelte und antwortete: „Sire, die Gewohnheiten werden zu Leidenschaften. Die Zarin, Sire, zugegebenermaßen arbeitet viel und vielleicht zuviel für ihre Gesundheit." „Ah, Monsieur, der Ehrgeiz und der Ruhm sind die heimlichen Quellen, aus denen die Herrscher Kraft schöpfen." Ich sagte kein Wort zu dieser so delikaten Sache. Er beobachtete mich genau, und als er sah, daß ich nichts antwortete, begann er wieder: „Es gibt mehrere ... [Zeile fehlt]."

Während er das sagte, hatte er den Blick auf mich gerichtet, und ich wußte, er wollte meine Meinung wissen. Ich entschied mich also, sie ihm zu sagen.

„Sicher, Sire, sie sorgt für das Glück ihres Volkes und für das eines großen Teils der Menschheit. Sie hat einen umfassenden Überblick über die Vergangenheit, Gegenwart und Zukunft. Sie liebt die Menschen, ohne die Nachwelt zu vergessen." Der König: „Das ist viel. Das ist ihrer würdig."

Und sofort danach war unsere Unterredung beendet. Er machte mir Komplimente und entschuldigte sich, mich so lange aufgehalten zu haben. Nachdem er mich freundschaftlich umarmt hatte, zweimal nacheinander, zog er sich mit wenigstens drei Verbeugungen in sein Schlafgemach zurück.

Voilà, Monseigneur, die Quintessenz, die Zusammenfassung oder der Abriß, wie Ihr es zu nennen pflegt, dieser langen letzten Unterredung, die ich die Ehre hatte, mit Seiner Majestät, dem König von Preußen, zu führen. Ich brauche Euch nicht zu sagen, was ich von den Erklärungen im allgemeinen halte, besonders von dem, was ich im Detail geschildert habe.

Mein Bericht entspricht dem Gesagten, und es wird dem Scharfsinn Ihrer Majestät nicht entgehen, was der König tief in seinem Innern dachte. Ich habe Euch nichts vorenthalten, Monseigneur, außer den Schmeichelungen [Zeile fehlt] ..., damit ich meine Meinung änderte und die seinige annehmen würde.

Diesmal und ganz besonders heute reichen meine geistigen und körperlichen Kräfte nicht aus, das Porträt dieses Fürsten – so wie ich ihn ohne Vorurteile kannte – zu machen. Aber ich verspreche Euch, es, sobald ich mich ein bißchen ausgeruht habe, zu tun.

Es ist beschämend für die Menschheit – und ich sage dies mit Bedauern –, daß nur der ein guter Mensch ist, der niemanden zu täuschen braucht.

Ich bin mit Respekt, Verbundenheit und Freundschaft,

Anmerkung zu den Berichten C. v. Salderns über sein Treffen mit Friedrich dem Großen.

Die vorstehend abgedruckten Berichte Salderns sind unmittelbar nach den Zusammenkünften verfaßt worden und geben ein sehr deutliches Bild, in welcher Form die Audienzen stattfanden. Wenn Friedrich der Große erst spät in seiner Altersgeschichte sich über Saldern sehr ungünstig äußert, so muß man daran denken, daß derartige Bemerkungen geschrieben wurden, nachdem die Politik Preußens und Rußlands, vertreten durch Friedrich II. und Saldern, sich in einer sich oft verändernden Beziehung vollzog. Es gibt Briefe mit Empfehlungen an Staatsoberhäupter von dem König für Saldern, und es gibt bittere Bemerkungen beiderseits.

Da Friedrich der Große einen wachsenden Einfluß Salderns am russischen Hof nach dem Abschluß des Austauschvertrages 1773 fürchtete, bemühte er sich, mit Panin und Solms zu erreichen, daß Saldern politisch unmöglich gemacht wurde.

In seinen Erinnerungen schrieb Friedrich der Große (Die Werke Friedrichs des Großen, fünfter Band, Altersgeschichte, herausgegeben von G. B. Volz, deutsch von Fr. v. Oppeln-Bronikowski, Berlin 1913) (auf Seite 10 und 11):

Der Petersburger Hof war unzufrieden mit dem Verhalten des Königs von Polen und mehr noch mit dem der Czartoryski, seiner Oheime, die ihn regierten. Er schickte Saldern nach Warschau, um sie zu beobachten und ihnen geeignete Vorstellungen zu machen, damit sie sich etwas klüger und maßvoller betrügen.

Von Warschau kam dieser Diplomat mit weitgreifenden Plänen nach Berlin (Mai 1766). Sie stammten vom Grafen Panin, der zu allem neigte, was Aufsehen erregt und in die Augen sticht. Saldern, dem es an äußeren Formen und Geschmeidigkeit fehlte, schlug den Ton eines römischen Diktators an, um den König zu zwingen, in den Beitritt von England, Schweden, Dänemark und Sachsen zum Petersburger Bündnis zu willigen. Da dies Projekt den preußischen Interessen stracks zuwiderlief, so konnte der König nicht die Hand dazu bieten. Wie durfte man verlangen, daß er nach all den Treulosigkeiten, die er von England erfahren hatte, eine Verbindung mit dieser Macht einging? Auch der Beistand von Schweden, Dänemark und Sachsen war wertlos; denn man konnte sie nur durch Zahlung großer Subsidien zum Handeln bestimmen. Außerdem konnten sie im Bunde mit Rußland zu sehr den Einfluß teilen, den der König in jenem Lande für sich zu gewinnen hoffte. Es war also besser, sie beizeiten fernzuhalten, zumal man ohne Not keine Komplikationen schaffen soll.

Alle diese Gründe bewogen den König zur Ablehnung der Saldernschen Anträge. Der Gesandte war wütend, denn er hielt sich für den Prätor Popilius und den König für Antiochus von Syrien. Er wollte einem Souverän Gesetze vorschreiben; aber der König, der sich durchaus nicht für Antiochus hielt, verabschiedete den Minister sehr kühl, indem er ihm versicherte, er werde stets der Freund der Russen, nie aber ihr Sklave sein.

Saldern war erbost, einen Fürsten angetroffen zu haben, der sich seinen Befehlen so wenig fügte, und reiste von Berlin nach Kopenhagen, wo er nach Herzenslust seinem Despotismus und seiner grenzenlosen Anmaßung freien Lauf ließ. Er schüchterte den König von Dänemark derart ein, daß dieser die ihm mißfälligen Minister und Generale entließ und sie durch seine Kreaturen ersetzte. Darauf schloß er einen Eventualvertrag, durch den das Herzogtum Holstein an Dänemark überging. Als Entschädigung dafür erhielt das Haus Gottorp die Grafschaften Oldenburg und Delmenhorst.

ANLAGE 15

Erklärung des Königs Christian VII. vom 30. April 1767

So bald der Kayßerin aller Reußen Maytt. und Liebden den nunmehro verabredeten provisionel Tractat ratihabiret, soll, Krafft dieser meiner Königl. eigenhändig unterzeichneten Zusage und Versicherung, dem Russisch-Kayserlichen und Groß-Fürstlichen Geheimen Rathe und bevollmächtigten Ministre von Saldern zum Beweiße meiner gantz besonderen Gewogenheit und Danckbarkeit für

Sein kluges Betragen und Mir und dem Vaterlande geleistete rühmliche und ersprießliche Dienste nicht nur

1. Nach erfolgten Ratificationen sothanen Tractates und zwar von dem Tage an, da diese Ratificationen gegen einander ausgewechselt werden, jährlich eine Pension von Sechstausend Reichsthaler dänisch courrant auf deßen Lebenszeit zu geniessen haben und Ihm solche Monatlich mit fünfhundert Reichsthaler ohnfehlbar ausgezahlt werden, sondern es soll auch

2. Meinem Geheimen Rahte Baron v. Schimmelmann in Hamburg aufgegeben werden, den Wehrt von zwantzig bis dreyßigtausend Rubels in Hamburger Banco in bereitschaft zu halten, damit Er, der Geheime-Rath v. Saldern, während Seines Auffenthaltes in Rußland, nach Beschaffenheit der Umstände darüber disponieren könne, wie denn auch

3. demselben, oder deßen Erben, auf den Tag des würklichen Austausches des Groß-Fürstlichen Antheiles am Hertzogthum Holstein, die Summa von einhundert tausend Reichsthaler in dänisch courrant baar ausgezahlet immittelst aber solche auf des Baron v. Schimmelmann Comptoir in Hamburg in bereitschafft gehalten und dahin binnen drey Jahren, nämlich zu Ende des 1767. 1768. und 1769ten Jahres, Jährlich mit 33333 $^{1}/_{3}$ Rthr: D: cour: gezahlet, auch daselbst bis zur Auszahlung gelassen werden sollen.

Urkundlich meine eigenhändige Unterschrift.

Christiansburg den 30ten April, 1767

Christian

ANLAGE 16

Brief C. v. Salderns an seine Schwiegertochter Frederica Amalia v. Saldern-Günderoth mit einer Beilage seiner Hausdame Friderike Amalie Schnepel

Schierensee 21. Febr.

Gnädige Frau Schwiegertochter,
da dieselben so gütig seyn wollen, mir darin behuelflich zu seyn, daß Überbringer dieses Hans Fredrich Ratje auf Bordesholm einen Versuch machen könne, ob er zum Schneider-Handwerck geschult werden könne und zugleich ersuche dieselben mit dem Hr. P. Erhardi zu sprechen, daß derselbe ihn nach vorgangener Praeparation zum Heil. Abendmahl nehme.

Sowohl der Impfschein von diesem jungen Menschen, als auch der Schein, daß er von dem Pastor Langheim konfirmieret worden erfolget anbei, welche die gnädige Frau Tochter nachhero aufzubewahren möchte alle Guttheit haben.

Von seinen bei sich haben[den] Sachen hat der junge Mensch selbst ein Inventarium und ich lege der Ordnung halber noch eines selber an.

Erlauben Sie, daß ich noch ein Stück Papier anlege, welches ich ihrem Mann zu geben bitte.

Ich grüße ihre sämtlichen Hausgenossen vom lieben Mann und Minni vielmahl.

Heute gehe ich nach Kiel und ich wünschte, daß Sie bald nachkommen mögen.

Ich verharre allezeit Dero gehorsahmer Diener
C. v. Saldern

Da ich von Ihnen liebe Gräfin vernommen daß Sie keinen überflus an Betten haben, so sende zu gleich mit dem jungen auch sein Bett nur muss ich bietten daß die Bloeken vor die Lackens sorgt, weil es doch inhinsicht der Wäsche nur umständen setzen würde.

Darf ich bieten mich den Herrschaften sämbtlich zu empfelen und mir wird es sehr angenem sein Ihnen balde in Kiel zur geselschaft Ihres Herrn Vatters ankommen zu sehen, wo ich alsdann mündlich die Ehre haben werde meine Verehrung zu versehen und Ihro Gewogenheit empfehlen Ihre
Dem Schnepel

Die Frau Justiezrath Piepern so auf Annenhoff ist bittet ergebenst mit Wagen von Christoffer einen Betkorb aus.

ANLAGE 17

Auszug aus einer französisch geschriebenen Handschrift des Heiligenstedter Archivs. 20 Seiten Quart „Anecdotes remarcables sur la vie de Caspar v. Saldern", geschrieben um 1770

Salderns Vorfahren seit über 100 Jahren in Sekretärs, Advokaten pp Stellungen, also nichts zu tun mit der Hildesh. Familie. Sein Vater Amtsschreiber. Ein Journalier v. S. vor einigen Jahren in

Kiel gestorben. Sein Bruder Pfarrer in Livland, seine Schwestern in solchen Ständen verheiratet. Studierte in Jena. Verachtete, obwohl begabt, jede Arbeitsamkeit, hatte Verhältnis zu einer Baronin vor der Stadt. Oberhofmeister v. Holstein sandte ihn nach Rückkehr in die Heimat wieder nach Jena als Hofmeister seines Sohnes. Mit ihm zog er ins Haus der Baronin, verschwendete den Wechsel seines Zöglings; dieser stellte zu Hause die Sache gut dar, machte aber mit Saldern ab, daß die Börse fortan in seiner, Holsteins, Hand bliebe. Saldern, um dies zu beseitigen, schwärzt ihn beim Vater an; der Brief fällt aber vor Abgang dem jungen Holstein in die Hände, der seinem Vater alles berichtet. Macht sich beliebt bei Herrn v. Pehl (Barbier, dann Courier bei Madame Wulffen, Agentin Hannovers in Hamburg, laquais de pié beim Herzog von Holstein, Kammerdiener, Oberkämmerer, Oberjäger- und Oberhofmeister), heiratet dessen Stieftochter (Vater Tiede war einfacher Bürger in Neustadt), ward Amtsschreiber in Neumünster, beliebt beim Amtmann v. d. Nath. Auf Nachricht von Karl Friedrichs Tod eilt er nach Kiel, um dem Bischof als Regenten zu huldigen, obgleich der König von Schweden der nächste war. Aber mit diesem eilt der Obermarschall von Plessen von Blumendorf aus auch nach Kiel, nachdem sie in Rolfshagen die Cassette mit Karl Friedrichs Testament beschlagnahmt hatten. Eine Meile vor Kiel begegnen sie Saldern, zwingen ihn unter körperlichen Drohungen zurückzubleiben. Saldern stellt sich als verführt hin und verpflichtet sich, die neue Regierung, indem er seinen Stiefvater Pehl verrät, den der Regent gerne los sein will und von dessen Unterschleifen in der Forstverwaltung Saldern jetzt Nachricht gibt. Nun weiß er v. d. Nath zu stürzen und selber Etatsrat und Viceamtmann von Neumünster entgegen den Landesgesetzen und Gewohnheiten zu werden. Jetzt sucht er nach der ersten Frau Tod vornehm zu heiraten, schleicht sich in das Vertrauen des Reichshofrates v. Kurzrock ein, compromittiert dessen Schwester, die ihm sogar eine Forderung von 1000 rth. an Reventlau cediert und schenkt. Er schwört Kurtzrock, nichts mit seiner Schwester zu tun gehabt zu haben, als jener gewarnt wird, hält um sie an, bekommt einen Korb, droht mit Indiskretion (Briefen), wird durch Vermittlung des Geh. Leg. Rats v. Ellendsheim mit noch 2000 rth. abgekauft, während die Exbraut in einem Kloster Westfalens verschwindet (vorher hatte er ihr eine kathol. Kapelle im Amtshaus versprochen). Jetzt gab v. d. Nath gegen Saldern ein Verzeichnis seiner Erpressungen, Betrügereien und Fälschungen im Amt ein. Aus Petersburg, wo Plessen nichts mehr galt, kam vom majorennen Großfürsten Befehl, Ellendsheim und Gadendamm müßten Saldern öffentlich anklagen. Ihn rettete Folgendes. Die Töchter des enthaupteten Görtz verfolgten das Haus Holstein um 400 000 rth. Ellendsheim war ihr Advocat und eine von ihnen wollte den Reichskammergerichtsassessor v. Eiben heiraten. Herzog von Holstein verlor den Prozeß. Inzwischen war Ellendsheim Generalprocurator und Geh. Etatsrat in Kiel. Westphalen wollte an den Reichstag appellieren, aber Ellendsheim verhinderte es und bewog Hamburg, Teile der Ämter Trittau und Reinbeck für Summen zu kaufen, mit denen die Görtzens befriedigt werden sollten. Man einigte sich im Conseil, die Erben mit 300 000 rth. abzufinden. Westphalen und Ellendsheim verfeindeten sich tödlich, und Saldern versuchte, Westphalen zu stürzen, sah sich aber selber gewisser Dinge wegen abgesetzt und auf das bescheidene Einkommen als Justiziar bei Desmerciers und anderen großen Herren verkürzt. Er schlich sich nun in das Vertrauen und die Ehe des Kfms Selk in Neumünster ein, der meist in Kopenhagen lebte, ruinierte durch Aufwand dessen Geschäfte, ließ sich Blankovollmacht von ihm für einen Accord mit den Gläubigern ausstellen, schloß ihn, erzürnte sich mit Selk, benutzte eine Blanko-Unterschrift von ihm, einen Wechsel auf sich über 3000 rth. zu fälschen, trieb damit Selk zum Konkurs, sah sich aber als Fälscher entlarvt. Sonst unmöglich geworden, insinuirte er sich bei Herzog Georg Ludwig, der im Apanagenstreit mit dem Großfürsten lebte und Einfluß aufs Regiment zu erwerben suchte. Der Herzog reüssierte aber nicht beim Reichshofrat. Saldern hatte inzwischen gegen den Juden Elias Oppenheimer eine Wechselschuld von 200 Ducaten abgeschworen, dann aber fand der Wechsel sich nachträglich wieder auf! Nun ging's auf Ottes Schiff nach Petersburg; aber selbst im höchsten Glanz 1763 erreichte er keine günstige Revision seines Prozesses mit Selk. Wegen einer Bestechung von Otte-Kriseby mit 10 000 rth. während des Berliner Friedenskongresses wäre er in Ungnade gefallen, hätte die Revolution in Petersburg ihn nicht gerettet. Nach der Entthronung und vor dem Tode Peters III. schrieb er entrüstet nach Holstein über den Verrat der maudite Impératrice. Als Staatsminister in Kiel hochfahrend. Auf Schierensee, das er Sparvenfeld für wenig Geld abgezwungen hatte durch des Westenseer Pastors Vermittlung il se fit saviren Prince, entre le Premier en prévédant ses convives dans la Salle à manger et se mit en haut bout de sa propre Table, même quand il y avait de la première vollé. Seinen Sohn erklärte er für imbécile. Trotzdem 2 Ämter! Nachteiliges Geschäft für den Großfürsten, der Vertrag mit Hamburg 27. 5. 1768.

ANLAGE 18

Caspar v. Saldern und die dänisch-norwegische Regierung, von E. Holm, Auszug aus „Caspar v. Saldern und die dänisch-norwegische Regierung".

Keine angenehmen Erinnerungen sind mit dem Namen Caspar v. Salderns verknüpft. In der Geschichte Polens ist er als einer der brutalsten Gewaltsherren unter den unglücklichen Verhältnissen, die der ersten Teilung vorausgingen, gebrandmarkt. Uns Dänen ist er, teils aus der Schrift Reverdils über Struensee, teils aus anderen Aufzeichnungen aus jener Zeit als derjenige bekannt, der mehrere Jahre, „den Stock in der Hand" am dänischen Hof herrschte. Jeder weiß, daß sein Name mit dem letzten Abschnitt der Verhandlungen über den holsteinischen Tauschvertrag verknüpft ist; man erinnert sich nicht ohne ein gewisses Unbehagen dieser Verhandlungen, die freilich zum erwünschten Ergebnis führten, die aber wie bekannt einige Zeit ein besonders demütigendes Verhältnis Rußland gegenüber hervorriefen. Die historischen Untersuchungen müssen aber ihren Lauf haben, es sei, daß sie am Angenehmen oder Unangenehmen verweilen; ...

Saldern, der Polen eine Plage gewesen war, durch sein gebietendes Wesen und seine Launen die dänisch-norwegische Regierung irritierte, Panin und den Großfürsten Paul in Angst hielt, stand so am Ende als ein Betrüger entlarvt, wobei er seinem schlimmsten Feind einen kriechenden Brief schreiben mußte.

Er sollte aber nicht „wie ein Bettler" sterben: er konnte sich mit seinem gräflichen Titel, seinen hohen Orden, seinem vielen Geld und der großen jährlichen Pension, die er von der dänisch-norwegischen Regierung bekam, auf sein Gut Schierensee in Holstein zurückziehen. Er verschwindet jetzt aus der Geschichte. Auf Schierensee lebte er bis zu seinem Tode, meistens mit Arbeiten auf dem Gut und besonders großen Gartenanlagen beschäftigt. In der Nähe des ansehnlichen Hauptgebäudes, das er mit großer Pracht aufgeführt hatte, und das die Inschrift trug: „non sibi sed posteris" (sich selber nicht, sondern den Nachkommen), machte er einen Hügel namens Heeschenberg zum Mittelpunkt einer Parkanlage, die sowohl wegen ihrer Eigentümlichkeit als ihrer Schönheit nicht nur in Holstein, sondern in ganz Norddeutschland zu den bemerkenswertsten gerechnet wurde. Kleine Häuser, von denen jedes als Wohnung für einen oder zwei Gäste eingerichtet war, lagen im Park verstreut: ganz oben auf dem Hügel Heeschenberg hatte er für sich selbst eine Sommerwohnung eingerichtet, und hier wurde sonntags in einem prächtigen Saal, wo ein Porträt Catharina der Zweiten[1] hing, Gottesdienst gehalten.

[1] Während dies Porträt zu bezeugen scheint, daß Saldern den Wunsch gehabt hat, zu zeigen, in welchem engen Verhältnis er zu der Kaiserin gestanden habe, bekommt man durch eine historische Schrift, die seinen Namen trägt, den Eindruck, daß er sie feurig gehaßt habe, nämlich *Histoire de la vie de Pierre III par Mr. de Saldern.* Francf. a. M. 1802 (auch deutsch 1800). Diese Schrift ist nach seinem Tode von einem Anonymen herausgegeben, der im Vorwort (S. IV) berichtet, daß Saldern sie zu einer Geheimnachricht für den Großfürsten Paul habe ausarbeiten wollen, daß Catharina II aber, als sie dies erfuhr, „Saldern nach Petersburg zurückberufen habe; er, der wisse, welches Schicksal seiner wartete, habe darum vorgezogen, sich in Deutschland niederzulassen, wo seine Papiere später dem Herausgeber in die Hände gekommen seien. Wie diese Darstellung der Gründe Salderns, sich in Deutschland niederzulassen, so unwahr wie überhaupt möglich ist, ist es auch ein Unglück, daß es nur das Zeugnis eines anonymen Herausgebers gibt, daß diese Schrift, die die heftigste Philippica gegen Catharina II ist, tatsächlich von Saldern sein sollte. Mit einer näheren Untersuchung dieser Frage befaßte sich diese Abhandlung nicht; ich kann nur auf das Erstaunliche aufmerksam machen, daß Saldern, wenn er in der Tat der Verfasser ist, nicht nur Rantzau Ascheberg als einen der wichtigsten Teilnehmer der Verschwörung gegen Peter III hat nennen können, sondern auch Rantzau zu der Zeit als dänischen Botschafter in Petersburg, der nach förmlicher Dienstanweisung von dänischer Seite gehandelt habe, weil Dänemark den Fall des Kaisers wünschen solle, um den Verlust Schleswigs zu vermeiden (S. 65, 115 und 116). Erstens ist ein solcher Eifer von dänischer Seite schwer zu verstehen, da nach eigener Aussage des Verfassers (S. 54) Peter III friedliebend sei und (mirabile dictu) sehr ungern die Waffen ergreifen würde gegen den dänischen König, der der Chef seiner Familie sei; vielmehr weit lieber den Weg der friedlichen Verhandlungen wählen würde. Noch schwieriger ist es zu begreifen, wie Saldern Rantzau 1762 als dänischen Botschafter in Petersburg nennen könnte, wo er sich zu der Zeit eben selbst aufhielt; Rantzau war im Frühling 1762 da. Keiner wüßte besser als Saldern, daß damals Haxthausen als dänischer Gesandter und Rantzau ohne offiziellen dänischen Auftrag da waren; Rantzau hatte sogar Saldern gebeten, ihm einen Paß zu besorgen, als er zwei Monate vor der Revolution in Petersburg von Petersburg nach Danzig reiste (siehe *Danske Samlinger* IV, 296). Ist es möglich, daß Saldern dies alles hat vergessen können?

Wie aber die Parkanlage überall von dem Geschmack und der Prachtlust Salderns sprach, so erzählte sie auch dem Reisenden, wie er sie bestimmt habe, ihm nach seinem stürmischen Leben Ruhe zu geben. Über der Tür seiner Sommerwohnung oben auf Heeschenberg las man das Wort „Tranquillati" (der Ruhe geweiht); im Gewölbe einer kleinen Kapelle, die er hatte bauen lassen, stand: „Quiem si quietus" (Ruhe wenn du selbst ruhig bist), und an den Wänden dieser Kapelle waren deutsche und lateinische Inschriften über die Entsagung der Welt, ernstliche Selbstprüfung und stilles Ergeben in des Höchsten Willen.

Niemand weiß, ob Salderns unruhige, durch und durch weltliche Seele Ruhe fand. Ein alter Gärtner, der viele Jahre nach seinem Tode den Garten den Reisenden vorzeigte, die ihn sehen möchten, erzählte gern von der Großmut und der Freigebigkeit seines verstorbenen Herrn, während er sein jähzorniges und hitziges Wesen vertuschte. So gab es hier Einen, der in Liebe die Erinnerung an ihn erhielt. Saldern aber müßte in vollem Maße merken, wie wenig er vermocht hatte, die Leute an sich zu verbinden. Man zog sich allmählich von ihm zurück als einem Mann, der in Ungnade war und einen schlechten Ruf hatte, und seine letzten Jahre soll er sehr einsam verbracht haben, bis er am 31. Oktober 1786 an einer äußerst schmerzhaften Krankheit starb.

Seine Parkanlage ist schon lange verfallen, wahrscheinlich, weil die Instandhaltung seinen Erben zu kostspielig war. Schon 1816 stand, was Saldern gebaut hatte, als ein trauriges, verfallenes Denkmal da. Und während er sich gewiß nicht freuen würde, wenn er sähe, welchen wenig beneidenswerten Namen er trotz seiner Tüchtigkeit und seines Talents in den verschiedenen Ländern, mit denen er in Berührung kam, erhalten hat, so sind auch die Auswirkungen des Werkes, zu dessen Durchführung er mehr als sonst jemand beigetragen hatte, anders geworden. Die Gottorper Streitigkeiten hatten freilich ein Ende, aber ein Erbe der Politik des Fürsten, der sein bitterer Gegner gewesen war, zog zuletzt den Vorteil aus den Verträgen aus den Jahren 1767 und 1773 dadurch, daß er schließlich Schleswig und Holstein eroberte.

ANLAGE 19

Brief v. Brockdorffs vom 20. Februar 1789 an seine Tante Gräfin v. Liliencron geb. Gräfin v. Brockdorff auf Schwarzenbeck

Wenn das bloße Kieler Gerücht nun sagt, daß ich der C[omtesse] v. S[aldern] versprochen sey, so ist nur soviel daran war, daß ich die Zusicherung habe, daß mir auf den Fall der Ansprache vor allen der Vorzug angedeihen soll. Diesen Schritt zu thun habe ich nie billig Bedencken getragen, weil der nicht allein alle Überlegung erfordert, sondern auch Ihre gnädige und gütige Einwilligung erheischt. Nachdem ich wie ich hoffe mit Klugheit und Rechtschaffenheit bisher gehandelt und eine nicht wenig verworrene und misliche Masse zur Zufriedenheit sämtlicher Interessenten in Ordnung gebracht habe [gemeint ist der Verkauf von Marutendorff und Blockshagen und Klein Nordsee, v. B.], so macht mir dieses kühn genug noch einmal den Versuch zu wagen, mich auch auf eine ähnliche Weise belohnt zu sehen.

Durch die Erfahrung belehrt, daß weder Geburt, Rechtschaffenheit, Stand und Würde, noch das Officium, welches man bekleidet, einen allein in dieser Welt glücklich macht, sondern hauptsächlich das Geld es ist, worauf das Publicum sieht und lediglich seiner ganzen Achtung beschränckt, macht, daß ich dem Strohm nachwandeln muß und jede Gelegenheit, die mir ein unbeflecktes Gewissen erlaubt, ergreife, um diejenige Achtung zu verdienen die heutiges Tages unumgänglich erfordert wird. Wenn ich nun auch dadurch, daß ich kein Gut mehr besitze viel Ansehen in den Augen des Publicums verlohren habe, ich auch nicht reich genug bin, mich je wiederum possessioniert zu machen, und durch den Verkauf der Güter wirklich einen Einfluß, meinem Vaterlande nützlich zu seyn und mit der Zeit noch mehr zu werden wahrlich verlohren habe, so erregt alles dieses in mir den Wunsch nicht abgeneigt zu seyn die C. v. S. anzusprechen. Erwäge ich ferner, daß sie weder schön noch zu klug ist, und daß sie wenn gleich hinreichend bemittelt, dennoch nicht soviel Vermögen besitzt, um größere Prätensionen zu formiren, als die ordentlichen oeconomischen Umstände es verstatten, so glaube ich meine Hauptabsicht die lediglich auf Oeconomie gerichtet ist, völlig erreichen und dadurch glücklicher werden zu können. Zwar würde ich gerne eine noch längere Zeit zur Überlegung dieser Angelegenheit nehmen [durchgestrichen: „und Heyrathslust ist es wahrlich nicht"], ehe ich mich dahin äußere, daß ich diese Sache für mein Glück ansehe; inzwischen können die Langsamkeit des Verfahrens der Vormünder, und die mit vielen Kosten verbundene Anfragen bey der Regierung einen längeren Aufschub meiner Erklärung nicht wohl erlauben, zumahl man dadurch noch manche Summe die sonst theils ausgegeben werden müßte, theils dabey verlohren geht, ersparen könne. – Wahrlich nicht aus Heyrathslust sondern weil meine Einsicht es für ein Glück hält, bitte ich nun Ihre gnädige Einwilligung, die Ansprache thun zu dürfen, und Sie hiervon zu überzeugen würde ich sicherlich an die Heyrath nicht ehender dencken, als bis ich die verwickelten Umstände in der bestmöglichsten Ordnung gebracht haben werde. Sollten Sie Höchstzuverehrende inzwischen Bedencken tragen, mir Ihre gütige Einwilligung zu ertheilen, so können Sie versichert seyn, daß ich viel lieber das vermeyntliche Glück aufgeben werde, als die Ehrerbietung und Dankbarkeit zu verletzen, die ich Ihnen lebenslang schuldig seyn und jederzeit widmen werde, da ich bey dem größesten Glück, durch die Aufopferung Ihrer Gnade und Ihres gütigen Wohlwollens mich keines Seegens zu erfreuen haben würde und sicherlich der unglücklichste Mann seyn würde.

ANLAGE 20

Brief v. Brockdorffs vom April 1789 an seine Tante Gräfin v. Liliencron geb. Gräfin v. Brockdorff auf Schwarzenbek

Da man nun an Festtagen glücklicher ist, Gnadensbezeugungen zu erhalten, so verzeyhen Hochdieselben, daß mir dieses den erforderlichen Muth giebt, derenselben eine angelegentliche Bitte ehrerbietig vorzutragen, an deren Erfüllung mir alles gelegen ist. Nachdem ich das Verhältniß in welches die Comtesse v. S. sich befindet bey vernünftigen Augenblicken in Erwägung gezogen habe, so läugne ich nicht, daß ich in der überzeugenden Meynung stehe, daß ich durch deren Besitz vollkommen glücklich werden kann. Zwar treten manche bedenckliche Umstände hiebey ein, die doch in meinen Augen um deswillen verschwinden, da ich die Hauptsache, die meine zeitliche Wohlfarth betrift, nicht zu verfehlen hoffe. Nachdem ich Klein Nordsee mehr um das Wohl meiner sämtlichen Geschwister als um meines eigenen Vortheils willen veräußert habe, so halte ich es auch für Pflicht auf eine erlaubte Weise und ohne Nachtheil meiner Geschwister, angewandt zu seyn, das mir von meinen wohlseel. Eltern von jeher destinierte Glück zu erhalten. Das Bewußtseyn, daß mein wohlseel. Vater sowohl als hauptsächlich meine wohlseel. Mutter, welche letztere deshalb Marutendorff bloß conservierte, diesen Schritt gebilligt haben würde, giebt der Sache selbst in meinen Augen ein größeres Gewicht. Erwäge ich auch, daß ich durch den Verkauf von Kl. Nordsee alle Vortheile deren ich vorhin gewürdigt wurde, verliere, und solche, da ich nicht bemittelt genug bin, um mir jemals wiederum possessioniert zu machen, nur durch den Besitz der Comtesse v. S. wieder zu erhalten im Stande bin, so macht dieses mir meinen Plan gedoppelt angenehm. Doch würde ich dann nur erst vollkommen glücklich seyn können, wenn Hochdieselben diesen meinen Plan zu genehmigen geruhen wollten.

ANLAGE 21

Brief an Christian Friedrich von seinem Bruder Cai Lorenz vom 26. Januar 1816

Schierensee 1816 26/1

Ich kann unmöglich diesen Ort verlassen, ohne Dir mein Herz freymütig auszuschütten. Mein Gewissen erlaubt mir nicht, zu schweigen, und dadurch dasjenige zu genehmigen, was du gestern Abend äußertest, und wo Zeit und Umstände mir nicht gestatteten, etwas zu erwiedern. Von ganzer Seele bedaure ich Dich und Deine Lage. Aber manches hast du selbst größtentheils herbey geführt. Das Schelten und Toben war Dir stets eigen, selbst schon zu Klein Nordsee. Nicht blos die Zeitlänge, sondern besonders auch Deine vieljährige Kränklichkeit haben dies in solchem Grade überhand nehmen lassen, daß Du es selbst kaum bemerkst, und zum Gerede des Landes geworden. Ein solches Benehmen scheucht jeden zurück. Es ist selbst den nächsten Angehörigen nicht zu verargen, wenn sie solchen Ausbrüchen zu entgehen streben. Durch freundliches Benehmen würdest Du die Herzen Dir wieder ganz eigen machen. Dein Befinden ist nicht stets gleich. Deine Stimmung, ist es gleichfalls nicht. Diese ist von jenem abhängig. Die Furcht, Deiner Gesundheit zu schaden, ist die Ursache, warum nicht jede Sache Dir vorgetragen wird. Du kennst Dein Übel, und weißt, daß ein wiederhohlter Rückfall Dir tödlich werden könnte. Keiner kann und will sich den Vorwurf zuziehen, ihn wo nicht veranlaßt, doch früher herbeygeführt zu haben. Glaube mir, es sind keine unlautern oder herschsüchtigen Absichten zum Grunde. Deine gar zu große Güte und Nachsicht hat Deine Finanzen ruiniert. Durch außerordentliche Anstrengungen Deiner Frau, und durch ganz außerordentliche Aufopferung von ihrer Seite kommt das Arrangement zu Stande. Sie verdient gewis das größte Lob und den innigsten Dank. Im Innersten meines Herzens ward ich daher erschüttert, wie ich sehe, wie wenig Du es erkanntest. Die stete Unthätigkeit macht Dich argwönisch. Du misverstehst manches, und thust daher sowol Deiner Frau als Deinem Schwiegersohn unrecht. Mein Gewissen zwingt mich, Dir dies zu sagen, selbst auf Gefahr Dein Misfallen zu erregen, so schmerzlich mir dies auch seyn würde. Dringend bitte ich Dich einzig zu Deinem eigenen Besten: Versuche es durch Güte und Freundlichkeit. Ich bin so gewis vom besten Erfolg als von meiner Existenz.

C. L. Frhr. v. Br.

Auf der Rückseite von Christian Friedrich geschrieben: „Aufzubewahrender Brief".

In den Jahren 1761 und 1762 war in Kiel eine besondere Regierungsform und ein übeles Misverständnis unter den damaligen Mitgliedern des Geheimen-Regierungs-Conseil und den sämtlichen Kiel'schen Einwohnern. Kein gesitteter Privatmann durfte in seinem Hause, oder an seinem Tische mit seinen Gästen, ein Wort sprechen, das die Bedienten nicht gleich aussagen mußten, und worüber der Wirth den andern Tag befragt, oder wohl gar in Arrest gezogen wurde, je nachdem die Bedienten zu Gunsten oder zum Nachtheil ihrer Herren die Aussage gethan hatten. Dies war der Grund von der Entschliessung des damaligen Etatsraths von Saldern nach Rußland zu gehen. Er war selbst vorher von seinem Amte in Neumünster abgesetzt, und ging nach seinem auf Leibrenten gekauften Gute Schierensee um daselbst den Lauf der Dinge abzuwarten, indem schon vom Conseil in Kiel arretiret worden: Der Geheimerath von Holmer und der Baron von Pechlin, ferner Ellendsheim, Gadendam und andere, deren Nahmen mir entfallen sind. Blos des Sonntags durften sie mit Begleitung von Wache im Schloßgarten spatzieren gehen. Gadendam war in engerer Verwahrung, kein Arzt durfte bey ihm zustoßenden Unpäßlichkeiten zu ihm kommen, keine Speise ihm gebracht werden, als nur beides in Begleitung einer Wache, und sprechen durfte er über nichts als über seine Krankheit. Zu seiner Bewegung ließ Gadendam zwei Böden in seiner Stube machen, damit er von dem einen auf den anderen Springen könnte.

Die Frau von Ellendsheim und deren Tochter durften sich nur in zwey Zimmern ihres Hauses, und zwar unter Aufsicht eines Bedienten, aufhalten, und dieser mußte sie mit der Nachricht, daß sie bald nach dem Zuchthaus gebracht werden solten, unterhalten. Zur scheinbaren Bestätigung dieser Nachricht fuhr des Abends eine Kutsche vor der Hausthüre, und hielt eine Stunde daselbst, damit sie sich darüber ängstigten, daß sie bald nach dem Zuchthause abgeholet werden würden, welches beide kranck und Bettlägerig machte.

Dem Etatsrath und ehemaligen Amtsverwalter v. Saldern wurde nun auch der Prozeß gemacht um ihn ebenfalls in Arrest zu bringen. Dieser hielt bey seinem Gartenhause zu Schierensee stets 2 gesattelte Pferde für sich und seinen Jäger in Bereitschaft, um sogleich die Flucht zu nehmen, wann er etwa arretirt werden sollte. Unterdessen sammelte er wegen der Eingangs gedachten Gefangenen alle Gründe und Ursachen ihrer Arretierung, sowie von seiner eigenen Absetzung, gab darauf einem Freunde seine Papiere und sein Gut Schierensee in Verwahrung und Aufsicht und ging 1762 als Kaufmann von Eckernförde zu Wasser nach Riga, woselbst er einige Monathe blieb, bis er sich erst den Weg gebahnet, um mit Sicherheit nach Petersburg reisen zu können. Bey seiner Ankunft daselbst suchte er als Kaufmann Gelegenheit, bey dem Kayser Peter den 3ten Audienz zu erhalten. Dies gelang ihm balde. Er zeigte schriftlich und mündlich den Zustand von Kiel sowie sein eigenes Verhältniß. Die Sache wurde in Petersburg bey der dortigen Holsteinschen Kanzley, welche aus dem Kanzeleyrath v. Broock und dem Hofrath v. Henninger nebst einigen Translateuren bestand, untersucht, und die Männer, welche in Kiel gefangen saßen, kamen frey und wurden in ihren Bedienungen wieder eingesetzt; der Fiskal Wegener, als Haupt-Anstifter von allen diesen Verwirrungen ward auf einige Monathe nach dem Zuchthause in Neumünster geschickt, und der sich zu erkennen gegebne Etatsrath v. Saldern wurde vom Kayser Peter dem 3ten zum Conferenz-Rath ernannt. Im Jahre 1762 schickte der Kayser ihn nach Berlin um dem Congreße, auf welchem die Irrungen zwischen Rußland und Dännemarck ausgeglichen werden sollten, beizuwohnen. Nach dem gleich darauf erfolgten Sturze des Kaysers Peter, im Juni vorgedachten Jahres, ging der Conferenz Rath v. Saldern nach Holstein zurück, woselbst Er von der Kaiserin Catharina der Zweyten, in Vormundschaft Ihres Sohnes des Großfürsten Paul, als Mitglied des Geheimen Regierungs-Conseil zu Kiel, unter der Statthalterschaft des Herzogs Georg Ludwig, angestellet ward. In der Folge begab der nunmehrige Geheimerath v. Saldern sich über Schweden wiederum nach Petersburg und dann über Berlin nach Kopenhagen, um mit Dännemarck den bekannten, provisorischen Tracktat zu unterhandeln, welcher den 11/22 Aprill 1767 abgeschlossen ward, und den 16ten Nov. 1773. zur Ausführung kam. In seinem Gefolge befanden sich der Prinz Kurakin, ein Herr v. Teplow, der nachmalige Geheime-Rath v. Prangen aus Kiel, der nachmalige General v. Düring, ferner der Kammerrath Schütt und Secretär Klinck und als Kourier der Baron v. Pahlen.

Bey der Ankunft des Geheimen-Raths v. Saldern von Berlin in Kiel, im Jahre 1762; vollzog Er alle Pläne und Einrichtungen, welche mit Genehmigung der Kaiserin gemacht waren, als: die Verbesserung der Universität zu Kiel und des Schlosses daselbst, die verbesserte Einrichtung der Universitäts-Bibliothek, die Verbesserung des Gehalts der Professoren und was sonst zu verbessern nöthig war; zum Beyspiel das Observatorium; welche Verbesserungen, da wo sie nöthig waren sich auch auf die Stadt Kiel erstreckten.

Er trug der Kayserin Catharina zuerst die Aufhebung der Leibeigenschaft auf den im damals Großfürstl. Antheil von Holstein belegenen Domanial-Gütern vor, und machte den Anfang mit dem Domanial-Gute Cronshagen, woselbst alle Leibeigene zu freyen Hufenern, Käthenern und Insten erkläret wurden. Zu diesem Geschäfte gebrauchte er den damaligen Pächter Schütt und den Ober-Inspector Christensen. Er ließ alle andere Dorf-Ländereyen im Amte Bordesholm durch Landmesser auftheilen, und einem jeden Dorfseingesessenen seinen Landantheil einfriedigen und mit lebendigen Zäunen besetzen. Der Etatsrath Gertner wurde zum Oberwege-Inspector bestellet, um alle Wege im Großfürstl. Antheile Holsteins in Stand zu setzen; er richtete das Amtshaus zu Bordesholm, welches ehedessen ein Mönchskloster gewesen war, anders und besser ein; Er erbauete ebenfalls das Amtshaus zu Neumünster, sowie die Großenasper Kirche, zu deren Bau die Kaiserin eine gewisse Summe Geldes aus der Großfürstlichen Landeskasse hergab. – Auch der Landescommissär Schnepel zu Bocksee trug zu dem Bau der Kirche mit einer Summe Geldes bey, wofür er, gegen Erlegung einer bestimmten jährlichen Geld-Abgabe, wegen seines Gehöfts Befreiung von aller weiteren Landvermessung und erhöheten Steuer erhielt.

Er ließ durch den Professor Hirschfeldt eine Baumschule zu Düsternbrock bey Kiel anlegen, woraus vorzüglich Landleute für einen billigen Preis junge Bäume zu ihren Gärten und Ländereyen bekommen können. Er errichtete auf seine Vorstellung und mit Genehmigung der Kaiserin Catharina die Kiel'sche Wittwen- und Waisen-Kasse, welche wohlthätige Anstalt auch noch izt existiret, und beredete seinen Freund, den Geheimen-Rath Muhlius, seinen schönen Damper-Hof zur Erziehung armer Kinder zu vermachen, welches wohlthätige Institut auch noch gegenwärtig bestehet. Im Jahre 1768, im May Monath, ging der Geheime-Rath v. Saldern nach Kopenhagen, woselbst der König von Dännemark ihm den Elephanten-Orden ertheilet hatte, (dann) nach seinem Gute Schierensee, allwo gedachter König, welcher eine Reise ins Ausland machen wollte mit seinem Reise-Gefolge, bestehend aus den Grafen Bernstorff, Schimmelmann, Holck und mehreren Herren auch bald nachher eintraf. Der König, welchem es zu Schierensee sehr gefiehl, verweilte drey Tage daselbst. Des Mittags speisete Er in dem auf dem sogenannten Heeschenberge neu erbaueten Pavillon, woselbst zur Abendzeit die Gehölz-Gänge schön illuminiret waren. Die zwischen dem Heeschenberge und dem Hofe liegende Koppel war nebst den Hofgebäuden ebenfalls herrlich erleuchtet. So viele Menschen aber auch von allen Gegenden zu Schierensee zusammen strömeten um den König zu sehen, so herrschte dennoch überall die vollkommenste Ordnung und Ruhe unter ihnen. In eben diesem Jahre erhob der König von Dännemarck den Geheimen-Rath von Saldern „zur Belohnung" (wie es in dem sub Dato, Schloß Traventhal den 3. Juni 1768 ausgefertigten Diplomate wörtlich heißet): Seiner vorzüglichen Verdienste und des besondern Fleißes, welchen Er in dem ihm anvertraueten Holsteinschen Vergleiche zum Vergnügen beyder contrahirender Höfe bewiesen, nebst seinem Sohne, dem Kammerherrn und Amtmanne zu Kiel und Bordesholm in den dänischen Lehn-Grafen-Stand, welches Titels Ersterer sich jedoch nie bedinet hat; der Sohn aber nahm im Jahre 1773 bey der Übergabe des Großfürstlichen Antheils von Holstein an Dännemarck den Grafen-Titel an.

Im December Monathe 1768 reisete der Geheime-Rath v. Saldern abermals von Schierensee nach Petersburg, nachdem Er den bekannten Hamburger Vergleich mit dem Dänischen Hofe und dem Holstein-Gottorfischen Hause vorher zu Stande gebracht hatte. Die Reise ging in 2 Kutschen und auf 3 Kührwagen über Braunschweig, Berlin, Mietau und Riga grade nach Petersburg. Seine Reise-Gesellschaft bestand: aus dem Prinzen Kurakin, dem Baron von Pahlen und dem Herrn von Teplow, nebst dem Fräulein Schnellen und der Demoiselle Schnepel, sowie den Fremden und eigenen Bedienten. Zu Petersburg kam der Geheime-Rath v. Saldern kranck an; Er ward aber durch den berühmten Kaiserl. Leib-Medicus, Etatsrath Kruse, den Sohn eines Schloßgärtners in Schleswig, dessen Schwester an den Grafen Sievers in Petersburg verheiratet war, sehr bald wieder hergestellet. Letzterer besaß ein großes Gut, mit vielen Bauern auf dem Wege von Petersburg nach Cathrinenhof.

Da im Jahre 1769 die Russen gegen die Türcken Krieg führten, so kamen mehrere Dänische Officire zu Wasser in Petersburg an, um bey der Russischen Armee als Volontäre gegen die Türcken zu dienen, namentlich dem nachherigen General v. Düring, wie Major Morgenstiern, Lepel, Pogrell und andere, imgleichen ein Deutscher Kommandeur v. Stein, welcher in den Laufgräben vor Bender blieb.

Während der Zeit der Geheime-Rath v. Saldern damals in Petersburg war, arbeitete die Kaiserin Catharina Tag und Nacht in Türkischen, Schwedischen, Preussischen, Französischen, Dänischen und Holsteinischen Angelegenheiten. Ihr Mitarbeiter in Russischen Staats-Geschäften war der Geheimerath Teplow, in Dänischen der würdige Graf von Scheel, und in Holsteinischen der Geheimerath v. Saldern. Wenn des Morgens noch alles in des letzteren Hause schlief, kam schon der Kabinets-Courier mit Schriften, welche die Kaiserin während der Nacht aufgesetzt hatte, damit sie von dem Geheimen Rath v. Saldern nachgesehen würden, und dann mußte er die Aufsätze, wenn Er des Mittags zur Tafel des Großfürsten Paul nach Hofe fuhr, wieder mitbringen. Vor der Tafel gab der Geheime-Rath v. Saldern dem Großfürsten Anweisung und Unterricht in Staats-Geschäften und sonstigen nützlichen Landes-Angelegenheiten.

1771, im Febr. Monath, sandte die Kaiserin den Geheimen-Rath v. Saldern nach Pohlen als Amassadeur, um die damaligen Irrungen zwischen Preußen, Rußland, Österreich und Pohlen gütlich beizulegen. Die Polacken waren aber so von anderen Mächten gestimmt und eingenommen, daß mit ihnen gar nichts anzufangen war. Die Russische Kanzeley in Warschau bestand bey seiner Ankunft aus dem Legationsrath v. Bulgakow, dem Legations-Sekretair v. Markoff und einigen Translateuren. Seine eigene Kanzeley war in Seinem Gesandtschafts-Hotel, bey welcher Sein Privat-Sekretair Ihm die Holsteinschen, so wie Seine eigenen Privat-Geschäfte mit besorgen half, [es] war der Sekretair Plato. Der commandirende General der Russischen Truppen in Pohlen war der General Weymann, welcher aber nachher von dem General Bibikow abgelöset ward. Diesen letztern schickte die Kaiserin bald darauf mit einem Truppen-Corps ab, um die Unruhen, welche Pugatschew, der sich für den Prinzen Iwan ausgab, im Innern des Russischen Reichs erregt hatte, zu dämpfen. Er erreichte aber so wenig seinen Zweck, daß er vielmehr vor Beendigung erwehnter Unruhen starb, wie Er solches bey seiner Abreise aus Warschau vorher gesagt hatte.

Den 3. Nov. 1771, Abends um 10 Uhr wurde Stanislaus, König von Pohlen, von den Konföderirten aus Warschau entführet. Nachdem der Russische Ambassadeur v. Saldern Nachricht davon erhalten, schickte er sogleich alle zur Ambassade gehörenden Officiere ab, um von den in Warschau befindlichen Polnischen Magnaten, welche Haus-Truppen hielten, einen Eid zu nehmen, daß sie nicht allein für diese einstehen wollten und die Truppen alle Gewehre niederlegen sollten, sondern sie auch selbst sich ruhig verhalten wollten. – Mittlerweise flüchteten sich alle Großen und Hof-Cavaliere ins Russische Gesandtschafts-Hotel, woselbst sie im Vorzimmer ihre Säbeln ablegen mußten und ihnen Erfrischungen angeboten wurden. Indessen hatte die Nachricht von der Entführung des Königs so stark auf den Ambassadeur gewürckt, daß er sich vor Ärger und Schrecken ins Bett legen mußte; Er verließ jedoch nach Verlauf einer Stunde das Bett wieder, um sich mit den in den Zimmern versammelten Herren zu unterhalten. Wie endlich der König durch die um Warschau herum gestandnen Russischen Piquets seine Räuber, bis auf Einen, losgeworden war, und diesen zu bereden suchte, ihn wiederum in Freyheit zu setzen, entschuldigte er sich damit, daß er in der Kirche einen Eid geleistet hätte, den König lebendig oder todt in einem ihm vorgeschriebenen Ort abzuliefern.

Hierauf versetzet der König, daß er ihm ja zuerst den Eid der Treue geschworen und frägt ihn zugleich: ob ein Priester den Eid, welchen er Ihm als seinem Könige geschworen hätte, aufheben könne, oder ob er seines ersten Eides entlassen wäre? Der Räuber antwortet hierauf mit Nein, und frägt zugleich den König: ob Er ihn, wenn er Ihn, den König, nach der in der Nähe liegenden Mühle brächte, auch schützen könne und würde? Allerdings kann und werde ich dies thun, erwiederte der König, Du solst so lange bey mir im Schlosse bleiben, bis ich Dich versorget habe. Hierdurch gerührt versetzet der Führer: Du scheinest Gott zu fürchten und ein guter König zu sein, worauf beide nach der Mühle gehen, worinnen zwey alte Leute nebst einem Jungen wohnten. Diese bat der König um ein Stück Bettzeug und um Wasser, um die Wunden, welche seine Räuber Ihm gleich Anfangs beigebracht hatten, damit auszuwaschen und solche zu verbinden, welches der Führer alles besorget, den Jungen aber schickt der König mit einem schriftlichen Befehl nach Warschau Truppen zu Seiner Abholung nach der Mühle zu senden. Nachdem dies geschehen, leget der König sich auf ein für Ihn zubereitetes Bett. Sein Führer aber stellet sich mit entblößtem Säbel zu dessen Kopf-Seite zur Bewachung des Königs. Es war gewis viel, daß der König mit einem solchen Vertrauen auf die Vorsehung eine halbe Stunde schlief, ohne zu fürchten, daß Sein Führer andern Sinnes werden, den Säbel gegen Ihn kehren und Ihm denselben in die Brust stoßen könte.

Nach Ankunft der Truppen und deren Anführer nahm der König Seinen Führer und Retter mit nach Warschau, woselbst er so lange im Schlosse wohnte, bis der König ihn gut versorget hatte. Kaum war der König gegen Morgen wiederum im Schlosse zu Warschau angelanget, so eilten Herren und Damen dahin, um Ihm ihre Theilnahme an seiner Rettung zu bezeugen. Übrigens blieb während der Abwesenheit des Königs in den Straßen alles ruhig, und es wurden überall keine Excessen begangen.

Nach dieser Katastrophe faßte der polnische Groß-Feldherr Graf Oginski den Entschluß, die Russen mit gewafneter Hand aus Pohlen zu vertreiben und rüstete sich dazu aufs beste. Um diesen Plan zu vereiteln wurden unter andern der Oberst v. Düring mit Cavallerie, der Oberst Drewitz und v. Pahlen aber mit Infanterie gegen den Grafen Oginski beordert, welche dessen Angrif immer erwarteten. Da dieser nicht erfolgte, greift ein anderer Russischer Oberst allein ohne Cavallerie gedachten Grafen in der Nacht an, wird aber über den Haufen geworfen, und zwar dergestalt, daß Alle auf dem Platze blieben. Blos aus Misgunst, weil er älterer Oberst wie Düring war, opferte er in jener Nacht viele braven Russen. Wie diese unglückliche affaire dem Ambassadeur v. Saldern gemeldet ward, ließ Er gleich den, die Russischen Truppen in Pohlen en Chef commandirenden General v. Weymann ruffen, welcher frische Truppen zum Ersatze anrücken ließ, und die Obersten

Drewitz und Pahlen mit der Infanterie, den Oberst Düring aber mit der Cavallerie den Angrif auf den Grafen Oginski zu machen beorderte; Des Nachts vor dem beschlossenen Angriffe macht aber der Russische General Suwarow, welcher von der Stellung und der Sorglosigkeit des Grafen Oginski Nachrichten erhalten, einen forcirten Marsch mit seinem unterhabenden Truppen-Corps und schlägt den Grafen dergestalt, daß er sich nur eben selbst retten kann, Alles blieb auf dem Platze liegen und sogar die Geld-Chatoulle des Grafen Oginski, welche von seinem Priester in einer Asch-Tonne versteckt war, ward den Russen verrathen. Der General Suwarow marschirte hierauf, da dieser kleine Krieg ein Ende hatte, mit seinen Truppen nach dem ihm angewiesenen Posten. Die Obersten Düring und Pahlen aber gingen wiederum zur Ambassade nach Warschau zurück.

Ehe der Geheimerath v. Saldern mit Ausgang des Jahres 1772 von Warschau nach Petersburg, wohin der Fürst Gagarin, H. v. Bibikow und von Marcoff schon im voraus abgegangen waren, zurück reisete, erhielt Er zufällig den Plan von der Abtretung des Königsreichs Norwegen und anderen, in der Folge Stattgehabten Länder-Vertheilungen und Austauschungen. Die diesen Plan enthaltenden Originalien fertigte der Ambassadeur sogleich durch einen Courier an die Kaiserin nach Petersburg ab, welcher aber ohne Depeschen daselbst anlangte, und aussagte, daß er bey Riga mit seinem Pferde ins Wasser gestürzt sey, und bey dieser Gelegenheit dieselben im Wasser verlohren hette, auch ein Zeugniß, daß eine Schildwache sein Pferd aus dem Wasser gezogen, vorzeigte; mithin blieb die Sache in der Finsterniß begraben, bis 1813 wo die Schweden sich als Feinde in Kiel befanden.

Bey dieser Gelegenheit kann ich nicht umhin eines Vorfalles zu erwehnen, der sich vor mehreren Jahren hier in Kiel ereignete. Eines Tages Vormittags komt ein Fremder – v. Asseburg sich nennender Herr in Begleitung zweier Jünglinge zu dem bey der Kiel'schen Universtät als Professor der Medicin und Phisic gestandenen Etatsrath Ackermann ins Haus, und bittet ihn, gedachte junge Leute den Zutritt in sein Collegium zu gestatten, sich selbst aber die Erlaubniß aus, des Nachmittags bey ihm den Thee zu nehmen; Beydes ward ihm bewilliget, und er kam nachher jeden Nachmittag um 4 Uhr zum Thee. Eben wie er eines Tages auch bey dem Etatsrath war, wurden die Zeitungen gebracht. Nach dem die Etatsräthin diese flüchtig durchgelesen, sagte sie zu ihrem Manne: freue Dich, es wird bald Friede. Bald Friede? fragte der Herr v. Asseburg. Ja, antwortete die Etatsräthin, [wo], das weiß ich nicht. Nun stand H. v. Asseburg vom Stuhle auf, und entgegnete nach dem Markt-Platz hinzeigend: hier. – So, das wäre viel, antwortete die Etatsräthin. Ja, sagte der H. v. Asseburg, Norwegen wird an Schweden abgetreten, und Lauenburg mit Holstein vereiniget werden. – Woher haben Sie, Herr v. Asseburg, diese Nachricht? frägt ihn darauf die Etatsräthin, ich glaubte, die diesen Plan enthaltenden Papiere lägen bey Riga im Wasser. Herr v. Asseburg erschrack, und fing darauf an, von den Großen in Kopenhagen zu sprechen, und auch des damaligen Kiel'schen Ober-Präsidenten v. Schack Lebensgeschichte zu erzählen, wie er denn überhaupt ein gewandter Mann war, der von vielen Dingen Kenntnis hatte, und das Copenhagener Cabinet in allen seinen Verhältnissen sehr genau kante, womit er die Etatsräthin schon mehrere Tage unterhalten hatte. – Endlich stand er auf, empfahl sich dem Etatsrath und der Etatsräthin und entfernte sich. In den auf diese Unterredung folgenden 4 Tagen kam aber der H. v. Asseburg überall nicht wieder zu dem Etatsrath Ackermann. Die Etatsräthin frägt daher ihren Mann, ob er den Herrn v. Asseburg nicht gesehen habe? Nein, antwortete er, wer weiß wo dieser ist, Du erschrakst ihn gar zu sehr mit den ins Wasser gefallenen Papieren. Die Etatsräthin bat darauf ihren Mann, die beiden Studenten, welche der H. v. Asseburg zu ihm ins Collegium gebracht, über sein Ausbleiben zu befragen. Ich will sie zu Dir schicken, versetzte er. Sie kamen auch nach geendigtem Collegio zu der Etatsräthin, welche sie nach der Ursache des wegbleibens des H. v. Asseburg frug. Sie baten izt um Entschuldigung, daß sie es nicht gesaget hätten, daß H. v. Asseburg einen Courier mit der Nachricht bekommen, ein Gut in Pohlen erhalten zu haben, wohin er eilig habe abreisen müssen. Zwey Tage nachher, wie der Etatsrath in das Collegiums-Zimmer tritt, findet er das Honorarium, für das obengedachten beiden jungen Leuten gelesene Collegium, auf den von ihnen besetzt gewesenen Plätzen liegen; sie waren im Stillen abgereiset, und es ist nachher nichts weiter von ihnen zu hören noch zu sehen gewesen.

Zu der Zeit wie die Schweden in Kiel waren, ging ein dem H. v. Asseburg ähnlicher Mann vor dem am Markte belegenen Hause des Etatsraths auf und nieder; er schien es aber nicht wieder zu kennen.

Nachdem der Geheime-Rath von Saldern, weil die Pohlnischen Angelegenheiten eine andere Wendung genommen hatten, und überdem die majorennité des Großfürsten Paul heran nahete, den gesuchten Rappel von Seinem Gesandtschafts-Posten in Pohlen erhalten, und Er solchen seinem Nachfolger, dem Baron v. Stackelberg, übergeben hatte, ging Er, wie schon vorher erwehnet worden, im Jahre 1772, und zwar im Sept. Monathe, vom Könige von Pohlen und den Magnaten sehr freundschaftlich behandelt und ungerne entlassen, durch Preußen, woselbst auf des Königs Befehl die Wege mit vieler Vorsorge gebessert waren und überall auf den Stationen Vorspann-Pferde in Bereitschaft standen, wiederum nach Petersburg zurück.

Hier nahm Er nun die Holsteinischen Geschäfte wiederum vor, welche damals seine ganze Aufmercksamkeit erforderten, und hauptsächlich den im Jahre 1773 zwischen der Crone Dännemarck und dem Großfürsten Paul abgeschlossenen definitiven Tractat, betreffend den in eben gedachtem Jahre Statt gehabten Austausch des Großfürstlichen Antheils von Holstein gegen die beiden Grafschaften Oldenburg und Delmenhorst, zum Gegenstande hatten. Bald darauf erhielt der Geheime-Rath v. Saldern Briefe von seinen Freunden in Holstein, worinnen Ihm das damals dem Baron von Sparwenfeldt, zuständige Gut Annenhof zum Kauf auf Leibrenten, angeboten wurde. Diesen Baron hatte der Schlag gerühret, er hatte überdem keine Verwandten, und konnte ohne Verkauf seines Guts nicht leben. Der Geheimerath von Saldern kaufte es daher, vorerwehntermaßen auf Leibrenten, und der Baron zog nach Kiel. Kaum war aber dieser Kauf zu Stande gebracht und das Gut von dem Geheimen Rath v. Saldern übernommen, so schlug der Blitzstrahl in die Scheune und ein zweiter Blitzstrahl fuhr in das Kuhhaus, und der ganze Annenhofer Hof brannte ab. Auf davon erhaltene Nachricht erging von Petersburg aus die Ordre nach Holstein dahin, daß der Hof nach einem zugleich mit übersandten Risse und Plan sogleich neu wieder aufgebauet werden sollte. Dies geschah denn auch in aller Ordnung und mit allem Fleiß. Der Haupthof bekam ein herrschaftliches Wohnhaus mit zwey Nebenhäusern, ein Thorhaus, eine Scheune und ein Kuhhaus, und außerdem ein Hünerhaus, auch ward ein großer Garten dicht am Wohnhause angelegt und eingerichtet. Weil der Grund des zur Anlegung des Haupthofes bestimten Platzes moorigt war, so wurden unter dem ganzen Platze zur Ableitung des Wassers Canäle gemacht. Der Geheime-Rath von Saldern ließ ferner Holz Säen, und Bäume Pflanzen und die Ländereyen einfriedigen, ein großes Torfmoor mit einem Graben umgeben, und die ausgeworfene Erde, welche zu einem Walle diente, mit lebendigen Hecken bepflanzen. Die Moorkuhlen mußten im Herbste mit der herausgeworfenen Moor-Erde immer wieder ausgefüllet und dann mit Sand befahren werden, welcher mit allem Abfall aus der Scheune besäet ward. Bey diesen Operationen kam ihm der unvergleichliche Verwalter Petersen zu Hülfe, welcher alle Wünsche seines Herrn mit Treue und Sorgfalt realisirte und überhaupt die Haushaltung zu Annenhoff meisterhaft führte. – So viel man sich erinnert, ward jede Kuh jährlich auf 14 Rthlr. berechnet. Außerdem ließ der Geheime-Rath v. Saldern die beiden zum Gute Annenhoff gehörenden Dörfer Hohenhude und Rodenbeck neu aufbauen. Jeder Hufener erhielt ein großes Wohnhaus von Brandmauern nebst Scheune und Backhaus, und alle zur Einrichtung einer Haushaltung nöthige Sachen. Er bauete ferner zu Hohenhude ein neues, sowohl für den Lehrer als für die Schulkinder sehr gut eingerichtetes Schulhaus. Gleichfalls setzte Er das Armenhaus daselbst in guten Stande, und verbesserte die Natural Lieferungen, welche die Armen seitdem zur bestimmten Zeit bekommen; Er stellte eine Haushälterin darin an, ließ einen Brunnen bey dem Hause graben, an gewissen Tagen in der Woche werden von dem Leiter des Armenhauses Betstunden darin gehalten. An dem, einen Theil des Dorfes Hohenhude begränzenden See, Westensee genannt, bauete Er ein Fischerhaus mit einem Stalle, wobey Er auch einen Garten anlegen ließ. Für den Fischer ward aus Hamburg ein Netz verschrieben, welches 100 Rthlr. kostete, und wurde sowohl die von dem Fischer zu zahlende jährliche Häuer an Geld festgesetzt, als auch die von ihm jährlich für die Gutsherrschaft und deren Leute zu liefernden Fische in Hinsicht der Art und der Quantität derselben, eine Bestimmung erhielten. In jenem See werden Sandate, Hechte, Baarse, Aale, Karpfen und andere kleine Fische gefangen. – In dem Dorfe Rodenbeck ließ der Geheimerath v. Saldern ein Müller-Haus, und nahe dabey, eine Windmühle, welche auch Graupen-Gänge hat, zum Gebrauche der Guts-Eingesessenen erbauen. Gleichfalls ließ Er vor dem Thorhause ein, mit einem Garten versehenes, Haus bauen, worinnen der Gärtner und ein Schullehrer wohnten und welches mit allen Bequemlichkeiten zur Aufbewahrung der Garten-Früchte versehen war. – Die Guts-Ländereyen setzte Er in den besten Stand, und da die Untergehörigen rohe und äußerst unsitliche Menschen wahren, so wurden die Knaben und Mädgchen nach dem Hof genommen, allwo letztere im Spinnen, Nähen, Stricken und Färben so lange Unterricht erhielten, bis sie confirmiret wurden. Dann wurden sie gekleidet, und musten nun bey den Bauern oder in der Meyerey dienen. Die Knaben wurden zum Gebrauch im Reitstalle, bey den Baupferden und im Garten erzogen, und wenn sie confirmiret waren, wurden sie ebenfalls gekleidet und mußten entweder auf den Höfen Schierensee oder Annenhoff, oder bey den Bauern dienen. Im Herbste erhielten jeder Hufener eine Kuh zum Schlachten, die Käthner eine halbe und die Insten eine Viertel Kuh, wie auch Salz und Grütze zum Gebrauche in ihren Haushaltungen. Alle ungeh- und unfahrbare Wege wurden aufgefüllet, und, wo es nöthig war, gepflastert. Der zum Gute Annenhoff gehörende Heidberg ward eingeheget, das davon genommene Land wieder dabey gelegt und mit Tannen besäet und bepflanzt. Es wurde ein großes, zu zweyen Wohnungen eingerichtetes Jägerhaus im Heidberge gebauet, welches mit einem schönen Garten versehen, mit Linden-Bäumen umpflanzt, und überhaupt sehr nett eingerichtet ist. Der kleine, die Heidberger Hölzung umschließende See, hat schöne Fische, und es sind auch Forellen und Krebse darin gesetzt worden.

Zu Schierensee war schon früher der Heeschenberg vorgenommen. Das Holz wurde durchgehauen, nach einem Risse eingetheilt, und der Berg mit 7 Wohn-Gebäuden, einer Küche, einer Conditorey und einem Eiskeller versehen. Auf dem obern Theile des Berges ward zur Bildung der Gänge und Alleen das Holz durchgeschnitten und bepflanzt, welches ein Unbekannter, wie der Herr Doctor Meyer zu Hamburg, nicht recht findet; Er hat aber den kleinen Raum des Berges nicht betrachtet, und deswegen mußten alle Gänge bepflanzet werden, damit man die innere Aussicht dekete. Unten um diesen Berg herum waren lauter Canäle und Fisch-Behältnisse gemacht, um im Herbste mehrere Sorten Fische darin aufzubewahren, indem das beständige Laufen des Wassers es vor dem Zufrieren schützet. Dieser verschiedene Wasserlauf vereinigt sich zuletzt in einem Baßin hinter einer Cascade, vor welcher ein schönes, an dreyen Seiten offenes Gebäude, mit einem marmornen Tische versehen, lieget. Einige Jahre vor Seinem Tode traf den Geheimenrath v. Saldern ein nicht kleines Unglück: denn, wie er eben das prächtige neue Wohnhaus zu Schierensee fertig hatte und im Pfingst-Feste zum Besuche eines Freundes verreiset war, kam ein Gärtner-Bursche, den er aus Gefälligkeit die Gartenkunst lehren ließ, auf den unglücklichen Einfall, nach einer, auf dem mit Stroh gedeckten Kuhhause sitzenden Taube zu schießen, welches denn die Folge hatte, daß in einigen Stunden fast der ganze Schierenseer Hof abbrannte, und nur das neue Wohnhaus und der Reitstall blieben stehen; es musten mithin die abgebrannten Gebäude wiederum neu aufgeführet werden, welches, wie jeder erfahrne Mann leicht denken kann, viel Geld kostete.

Im Jahre 1786 den 31sten Oct., starb endlich der Geheime-Rath v. Saldern, im 72sten Jahre seines Alters zu Schierensee, nachdem Er vorher Alles vermittelst eines Testaments, worinnen Er unter andern Seine beide Schuldenfreye Güter, Schierensee und Annenhoff mit einem Fideicommiß belegt, auch zum Besten Seiner Familie für, aus derselben Studirende ein Stipendium vonn 100 Rthlrn. errichtet, und zwey Executores Seines letzten willens, nemlich den einen aus dem Kieler Magistrat, den andern aber aus der Zahl seiner Verwandten oder der Freunde Seiner Familie ernannt, in Ordnung gebracht hatte. Sein Lebenswandel war groß und sein Geist sehr thätig zu der Menschen wohl, hohen und niedern Standes. Seine Wohlthaten wohin unter andern auch dies gehöret, daß Er einige unbemittelte Jünglinge, namentlich, einen gewissen H. v. Levetzow, den izt verstorbenen Pastor Klinck und den itzigen Justizrath Kamphövener auf seine Kosten Studiren ließ, spendete Er bis an's Ende seines Lebens. Er hinterließ daher auch kein Vermögen, Alles aber in der besten Ordnung, so daß kein Stein mehr durfte gelegt werden; indessen hinterließ Er seinem Sohne auch keine drückende Schulden, da solche von dem Verkaufe des Hauses in Kiel und der Reit- und Kutschpferde nebst Geschirr sämmtlich bezahlet werden konten, so wie selbige denn auch mit dem daraus gelöseten Gelde getilget sind. – Sein Todt erfüllte seine ganze häusliche Umgebung mit tiefem Schmerz, brachte aber auch bey derselben den innigen Wunsch hervor, eben ein solches Lebens-Ende nehmen zu können. Mit der grösten Ruhe und mit Bewustsein seines nahen Todes sagte Er zu einem seiner ihn bedienenden Domesticken: „langet das Licht her." Nachdem dieses geschehen, sprach Er „nun ist es genug", denn nun hatte Er sich von der Brechung seiner Augen überzeuget.

Darauf rief Er „gebet mir zu Trincken" und wie dies geschehen und Er getruncken hatte, befahl Er zweyen beim Bette stehenden Bedienten: „faßt mich unter die Arme und hebet mich in die Höhe." Eine halbe Stunde nachher sagte Er zu den Umstehenden „lebet wohl, ich sterbe". Hierauf legte er den Kopf in's Kopfküssen zurück und entschlief. Der entseelte Körper blieb 14 Tage in dem großen Saale des Schierenseer Wohnhauses liegen, ehe er nach seiner Ruhestäte hingefahren ward, und man bemerkte in der ganzen Zeit nicht die geringste Veränderung weder in den Gesichts-Zügen, noch sonsten an dem Körper des verstorbenen. Am 15ten Tage wurde der Sarg geschlossen, darauf die Leiche nach der Bordesholmer Kirche gebracht, und nachdem der Sarg in eine steinerne Kumme eingesenket war, daselbst in dem Saldern'schen Begräbniße bey gesetzt.

Der Amtmann Graf von Saldern, welcher mit einem Fräulein von der Kettenburg vermählet war, mit der Er eine Tochter gezeuget, setzte sich nach dem Tode seines Vaters in den Besitz der ihm von demselben Schuldenfrey hinterlassenen Fideicommiß-Güter mit allem dazu gehörenden und vorhandenen Beschlage an Kühen und Pferden. Das herrschaftliche Wohnhaus zu Annenhoff so wohl als die Nebengebäude, waren mit dem nothwendigen Bett- und Leinen-Zeuge, auch Küchengeräthe aller Art versehen, so wie auch daselbst alles Feld- und Garten-Geräth vorhanden war. Ebenso befanden sich zu Schierensee im Wohnhause, und in den Nebengebäuden, imgleichen auf dem Heeschenberge, in den Zimmern das benöthigte Herren- und Domesticken Bettzeug, Theezeug, Theekesseln, Leuchter und alle sonstige nur erdenckliche Bedürfnisse, und in der Küche überflüssiges Kupfer- Zinn- Messing- und Eisen-Geräth, das auf Reisen gebrauchte Silber- Zinn- und

Kupferzeug nebst Porzellän ungerechnet. Überdem ließ der Graf v. Saldern fast sein ganzes wirthschaftliches Geräth an Silber- und Kupferzeug, Leinenzeug, Betten und Möbeln, imgleichen seine Kutsche mit 6 Pferden von Bordesholm nach Schierensee bringen, so daß dadurch ein Überfluß an allen zu einer ziemlich großen Haushaltung gehörenden Dingen entstand. Daß indessen der Graf nicht lange nach seinem Vater leben würde, hatte dieser vorhergesagt; wie Er denn auch schon den 10ten Oct. 1788 im 50sten Jahr seines Alters an einem Stich-Fluße zu Schierensee seinen Geist aufgab.

Bald nach seinem Tode wurde dessen einzige Tochter an den itzigen Kammerherrn Baron v. Brockdorff, aus dem Hause Klein-Nordsee, verheirathet. Daß der Kammerherr schon als junger Mann, ein Herr von seltenen Kenntnissen war, beweiset schon der Umstand, daß er noch vor Beendigung seiner letzten, auf der Göttinger Universität obgelegenen Studien, vom Könige zum Mitgliede der Glückstädt'schen Regierung ernannt, sowie dessen Bruder bey dem Obergerichte in Schleswig angestellet ward. Nach seiner Zurückkunft von Göttingen trat der Kammerherr gleich als Rath in die Glückstädt'sche Regierung ein, und wurde in der Folge zum Amtmann des Amts Cismar ernannt, nachhero aber in gleicher Eigenschaft nach dem Amte Segeberg versetzt.

Da derselbe bereits zu Cismar vom Schlage gerühret war, so ward als Folge dessen und wegen der vielen Dienstgeschäfte sein Körper endlich so schwach, daß Er sich dieser gänzlich zu entschlagen genöthiget war. Der Baron v. Brockdorff begab sich darauf nach seinem Landsitz Schierensee, welcher schon damals sehr deterioriret war, weil der Baron, welcher Sich seiner Dienstgeschäfte sehr eifrig angenommen hatte, seine Güter-Angelegenheiten ungekannten Verwaltern hatte überlassen müßen. Ob nun gleich der Dohmherr Dr: Meyer zu Hamburg in seiner Reisebeschreibung durch Holstein sich berechtiget geglaubt, den Vorfall [so!] des Guts Schierensee sehr zu tadeln, und den Baron v. Brockdorff deshalb gar nicht gut behandelt hat, so beweiset doch der bekante Eifer, welchen derselbe bey Besorgung seiner Amtsgeschäfte gezeiget, den Satz hinlänglich, daß die Verschlechterung des Gutes und Hofes Schierensee nicht seinen Versäumnissen, sondern theils der verkehrten Verwaltung in Seiner Abwesenheit, theils seiner Körperschwäche einzig und allein zuzuschreiben sey, indem Er 16 Kummervolle Jahre zu Schierensee verlebt hat, und seine beiden Güter nicht Selbst unter Aufsicht nehmen können. Er hat indessen in den erstern Jahren durch Bäume-Anpflanzung sehr gewirkt, und die Guts-Untergehörigen menschenfreundlich behandelt; wenn aber Güter ohne gehörige Aufsicht sind, kann es nicht fehlen, daß sie verringert werden.

Endlich hat der Domherr Meyer auch noch das Portal des Schierenseer Wohnhauses und die daran angebrachte Inschrift: [„Non mihi sed posteris"] zu groß gefunden. Diese letztere beweiset übrigens, daß der Geheimerath von Saldern gedachtes Wohnhaus nicht für Sich, sondern für Seine Nachkommen gebauet; wie Er denn auch nur wenige Jahre darin verlebet hat.

ANLAGE 23

Bericht über C. v. Saldern 1838 von Justizrat G. P. Schmidt, genannt v. Lübeck. Dieser Bericht wird trotz verschiedener Fehler bezüglich einiger Personen und Tatsachen wiedergegeben, da er der erste umfassende Bericht über C. v. Saldern nach seinem Tod ist.

Die Nachrichten von den Lebensumständen dieses Mannes, welcher für die Geschichte unseres Landes nicht ohne Bedeutsamkeit gewesen ist, haben mannigfaltige Lücken, welche wir hier nicht auszufüllen vermögen. Wir liefern hier, was uns an Bruchstücken zu sammlen möglich gewesen ist. Der Stammbaum des zahlreichen von Saldernschen Geschlechts, das im vorigen Jahrhunderte in den Herzogthümern Schleswig und Holstein geblüht hat, liegt vollständig vor uns, und es fällt mit Recht auf, wie ein Stamm mit so vielen Ästen und Zweigen in einem Zeitraume von hundert Jahren so sehr hat abblühen und absterben können, wie hier der Fall ist.

Das Geschlecht von Saldern oder von Sallern stammt aus dem vormaligen Bisthume Hildesheim. Es war in den bekannten dortigen Bischofsstreit verwickelt. Bischof Johann der 4te gerieth 1519 mit Heinrich dem Jüngeren von Braunschweig in eine Stiftsfehde, die für den Bischof so unglücklich ablief, daß er in die Acht erklärt ward, und am Ende nur die Domprobstei und drei Ämter behielt. Ein Theil der Familie von Saldern wanderte bei dieser Gelegenheit aus und fand in der Folge sowol im Brandenburgischen, als im Gottorfischen eine neue Heimath. In Brandenburg kommen noch im vorigen Jahrhunderte einige berühmte Namen vor. Otto Ludolf v. Saldern war zu Anfang des 18ten Jahrhunderts preussischer Oberstlieutenant. Sein Sohn Friedrich Christoph v. Saldern, geboren in der Priegnitz 1719 war preussischer General-Lieutenant, und zeichnete sich im siebenjährigen Kriege rühmlich aus. Er starb zu Magdeburg 1785. Wilhelm von Saldern, geboren 1702 fiel im siebenjährigen Kriege als General-Major den 26. Juli 1758. Ihm ward ein Ehrendenkmal gesetzt, und sein Leben ist beschrieben von Friedrich Pauli in dem Leben großer Helden.

Nach Schleswig und Holstein kam zuerst unter Herzog Adolf von Gottorf Hans von Saldern als Ahnherr des hiesigen Geschlechts. Er ward Kirchspielvogt in Neumünster, welches damals noch mit dem gottorfischen Amte Bordesholm vereint war; und starb daselbst 1597. Sein Sohn, gleichfalls Hans v. Saldern, folgte ihm im Amte, und verheirathete sich mit Mariane Buxtehude, Tochter des Bürgermeisters zu Oldesloe, Johann Buxtehude. Er hinterließ nur einen einzigen Sohn, Namens Casper v. Saldern. Auch dieser ward, was Vater und Großvater gewesen waren, Kirchspielvogt zu Neumünster. Er verheirathete sich mit einer Keßler aus Heidelberg, und hinterließ drei Söhne, Hans, Caspar und Friedrich Lorenz. Von diesen dreien Söhnen stammen die zahlreichen Geschlechtslinien des 18ten Jahrhunderts. Der älteste, Hans, ward Mühlenmeister in Neumünster, und starb 1729. Der jüngste, Friedrich Lorenz, ward Kirchspielvogt in Neumünster und starb 1712. Der mittlere Sohn, Caspar v. Saldern, der Großvater unsers Geheimeraths, ward Kammerrath, Amtsverwalter und Bürgermeister zu Apenrade, und starb den 9. Juni 1722. Derselbe hinterließ vier Söhne und eine Tochter, nemlich: Hans auf Torp, Sebastian, Pastor zu Starup, Friedrich, Amtsverwalter, Christian Albrecht, Vicecommandant in Hamburg, und Sophie, verheirathet mit dem Kammerrath Heinrich v. Günderoth. Wir haben es hier nur mit dem dritten Sohne, Friedrich v. Saldern, Vater des Geheimeraths zu thun. Dieser war schon zu Lebzeiten seines Vaters Amtsverwalter zu Apenrade, und demselben entweder adjungirt oder substituirt worden. Stadt und Amt Apenrade gehörten zu dem gottorfischen Antheile der Herzogthümer, und die Verhältnisse waren sehr verworren daselbst, nachdem der Herzog Friedrich der 4te im Jahre 1702 in der Schlacht bei Clissow gefallen, und das Land unter Administration gekommen war. Damals war Amtmann über Apenrade Friedrich von Günderoth, ein alter, wohlthätiger Mann, der viele milde Stiftungen hinterlassen hat, und dessen Name in späteren Zeiten an die von Saldernsche Familie gekommen ist. Nach dem Absterben desselben bemächtigte sich der gottorfische Minister, Freiherr v. Görz dieses Amtes, und überließ dasselbe an den nachmaligen Oberjägermeister Claus von Ahlefeld auf Geltingen für 10 000 Thaler. Die Plusmacherei der Oberbeamten war in diesen Zeiten einer halben Anarchie an der Tagesordnung. Die Unterbeamten folgten dem Beispiele mehr oder weniger. Unterbeamte im Amte Apenrade waren damals der Amtsverwalter Friedrich v. Saldern, der Hausvogt Heinrich v. Günderoth, Sohn des Amtmanns, und der Beamte Kamphövener, alle drei untereinander verschwägert. Von Saldern hatte nemlich eine Tochter des gedachten Kamphöveners geheirathet, und seine Schwester Sophie v. Saldern den Kammerrath und Hausvogt v. Günderoth. Sie hatten zusammen Fürstliche Domainen gepachtet. So ging es bis zum Jahre 1713. In diesem Jahre zog die dänische Regierung die gottorfischen Lande ein, und ernannte den Freiherrn v. Königstein, Wedderkops Schwager, zum Amtmann über Apenrade. Auch neue Unterbeamte wurden daselbst angestellt. Der bisherige Amtsverwalter Friedrich v. Saldern, dem 1710 unser Geheimerath Caspar geboren worden war, ging mit dem Amtsarchive nach Hamburg, wo der Administrator der von den Dänen occupirten gottorfischen Lande residirte. Hier in Hamburg fand sich bald ein zahlreiches Beamtenpersonale aus den besetzten Landen ein. Allein es fehlte an Mitteln, sie zu unterhalten. Der unmündige Herzog von Gottorf, Carl Friedrich, hielt sich in Schweden bei seinem Oheim, Carl dem 12ten auf. Der Freiherr v. Görz und der Graf Dernath hatten sich die Gunst dieses Monarchen zu erwerben gewußt, und spielten für den Augenblick eine bedeutende Rolle in Schweden. Ein Theil der übrigen gottorfischen Staatsdiener, welche aus ihren Stellen vertrieben, in Hamburg nichts anzufangen wußten, ging auf gutes Glück nach Schweden, und hofften durch Görzens und Dernaths Einfluß dort gleichfalls eine Rolle zu spielen. Unter ihnen auch der Amtsverwalter Friedrich v. Saldern. Nachdem aber Carl der 12te 1718 gefallen, und der Freiherr v. Görz enthauptet worden war, mußten die übrigen dortigen gottorfischen Beamte froh seyn, daß man sie der über sie verhängten Haft entließ, und ihnen Reisepässe gab. So kam Friedrich v. Saldern mit getäuschten Erwartungen zurück. Glücklicherweise ward der junge Herzog Carl Friedrich 1720 in seine holsteinischen Besitzungen restituirt, und derselbe machte Kiel zum Sitze der neuen Landesregierung. Friedrich v. Saldern, der den Titel eines Amtsverwalters bis dahin geführt hatte, ward unter demselben Titel jetzt Beamter in Neumünster, wo seine Vorfahren Kirchspielvögte gewesen waren. Hier starb er gegen das Jahr 1738. Seine Wittwe, die Kamphövener, überlebte ihn lange, und ist erst, 85 Jahre alt, 1775 bei ihrem Sohne auf Schierensee gestorben.

Die Kinder dieser Ehe waren: 1) Caspar, unser Geheimerath, geboren zu Apenrade 1710. 2) Bernhard Caspar, gestorben in Liefland. 3) Friedrich, jung verstorben. 4) Carl Friedrich, dänischer General-Major, ohne Nachkommen gestorben zu Schleswig 1770. 5) Christian Albrecht, geboren 1721, Conferenzrath, gestorben zu Altona ohne Nachkommen 1806. 6) Hedewig Eleonora, verheirathet mit ihrem Vetter, dem Justizrath und Kanzleisecretair in Kiel, Detlev v. Saldern.

Die Ereignisse, welche unser Geheimerath Caspar v. Saldern, als ältester Sohn, in der Kindheit erlebte, konnten nicht geeignet seyn, ihm freundschaftliche Gesinnungen gegen Dänemark einzuflößen. Er war drei Jahre alt, als er aus seiner Vaterstadt Apenrade flüchten mußte, und war

11 Jahre alt, als sein Vater zuerst wieder eine feste Bestimmung in Neumünster fand. Schon früh mag ihm wohl schon der Gedanke gekommen seyn, wie den langen unglückseligen Fehden zwischen dem dänischen und gottorfischen Hause ein Ende gemacht werden könne. Als er zu Kiel die Rechte studirte, war die dortige Juristen-Facultät in der höchsten Verwirrung. Es darf daher nicht befremden, daß er, schon 24 Jahre alt, noch nach Göttingen ging, wo die neu errichtete Universität 1734 eröfnet ward. Hier lehrte der berühmte Publicist Johann Jacob Schmauß, dessen Celebrität eine Menge Studirender dahin zog. Allein je größer dessen Ansehn unter den Studenten war, einen desto verderblicheren Einfluß äußerten die freien Grundsätze und die grenzenlose Libertinage dieses Mannes auf selbige. Als unser v. Saldern von der Universität zurückkam, waren die bisherigen Machthaber in der Verwaltung des kleinen Landes auf die Seite geschaft worden. Der Geheimerath v. Westphalen hatte das unbedingte Zutrauen des Herzogs Carl Friedrich gewonnen, und entschiedenen Einfluß auf die Angelegenheit erlangt. Die Gunst dieses allvermögenden Mannes war zu unsers v. Saldern ferneren Beförderung unerläßlich. Er suchte und fand sie; und hatte in der Folge Gelegenheit, sich nicht nur gegen denselben dankbar zu beweisen, sondern auch die damals noch unausführbare Idee desselben wegen Austausch der holsteinischen Länder gegen die Grafschaften Oldenburg und Delmenhorst unter günstigeren Umständen verwirklichen zu helfen.

Er ward bald der Nachfolger seines Vaters als Amtsverwalter zu Neumünster. Allein für seinen weitstrebenden Geist war diese Laufbahn zu enge. Bereits im Jahre 1739 verheirathete er sich. Den Familien-Namen seiner Gattin haben wir nirgends angeführt gefunden. Sie hieß Anna Maria, ist den 17. März 1774 zu Neumünster gestorben, und den 2. April 1774 in das v. Saldernsche Erbbegräbniß zu Bordesholm beigesetzt worden*.

In demselben Jahre 1739 starb der Herzog Carl Friedrich und der Vaterbrudersohn, der Bischof Adolf Friedrich ward Administrator des Landes. Der unmündige Prinz Carl Peter Ulrich ging 1742 nach Petersburg, und ward Großfürst des russischen Reichs; der Administrator aber 1743 Thronfolger in Schweden. Ein Geheimes Regierungs-Conseil verwaltete nun das Land. Die dreißigjährige Geschichte dieses Conseils ist eine wahre Intriguen-Geschichte. Der Geheimerath v. Westphalen war bis 1750 die Seele desselben, allein ihm gegenüber hatte sich eine Opposition gebildet, an deren Spitze v. Holmer stand. Während dieser Veränderungen war unser Caspar v. Saldern Amtsverwalter in Neumünster geblieben, hatte es indessen 1744 schon bis zum Justitzrath gebracht. Amtmann über die Ämter Kiel und Bordesholm, wozu auch Neumünster gehörte, war der Graf Dernath, Sohn des ehemaligen Geheimeraths und Generals Gerhard Dernath, und Schwiegesohn des verabschiedeten Premier-Ministers, Grafen Bassewitz. Ein Mann von geringen Talenten, der nicht mehr von seinem Schwiegervater gehoben, bald allen Credit in Kiel verloren hatte. Die Einrichtung, daß in Neumünster, wo sonst nur Kirchspielvögte gewesen waren, jetzt ein Amtsverwalter mit größeren Rechten fungirte, war ihm unbequem; und dieser Amtsverwalter, unser Caspar v. Saldern, war ein kluger und gewandter Geschäftsmann, der mit seinem Oberbeamten leichtes Spiel hatte. Dazu kam, daß die herrschende Parthei im Geheimen-Conseil ihm gewogen war. Es gab bald allerlei Zänkereien. Endlich verklagte der Amtmann seinen Amtsverwalter zu Anfang des Jahres 1744 förmlich bei dem Geheimen-Conseil. Allein durch ein Rescript desselben, datirt vom 7. März 1744 ward v. Saldern völlig frei gesprochen und für genugsam gerechtfertigt erklärt. Merkwürdig, daß dieses Rescript von den beiden Antagonisten v. Westphalen und v. Holmer unterschrieben war. Der Graf Dernath war damit nicht befriedigt, bis derselbe im December 1744 die Insinuation erhielt, daß dem Justizrath v. Saldern bis auf weiter die Geschäfte als Amtmann und Amtsverwalter über das Neumünstersche vereint übertragen, und demselben der Gerichts-Actuar Jahn zur Seite gegeben worden. Von Saldern war also jetzt ganz unabhängig von dem Grafen Dernath, und gewissermaßen selbst Amtmann in seinem Distrikte. Dernath hatte in der Folge sogar den Verdruß, daß die großfürstliche Rentekammer in Kiel mehrmals Inquisition gegen ihn verfügte, und ihm allerlei Ungerechtigkeiten beschuldigte, worüber er sich 1762 bitter beklagte, und um Untersuchung bat.

In diesen Verhältnissen lebte unser v. Saldern bis zu Ende des Jahres 1750, wo plötzlich und unerwartet die große Catastrophe über den Geheimrath v. Westphalen ausbrach, und seine eigne Existenz gefährdete. Diese Catastrophe, das Werk einer heimlich gesponnenen Intrigue, der der Geheimerath v. Westphalen und besonders der Bruder desselben, der Etatsrath, unvorsichtigerweise eine Handhabe dargeboten hatten, bedeckt immer noch ein halbdurchsichtiger Schleier. Indessen liegt der Hauptfaden des künstlichen Gespinnstes am Tage. Die langen und leidenschaftlichen Fehden zwischen den Häusern Dänemark und Gottorf hatten in neuerer Zeit für Dänemark eine beunruhigende Wendung genommen, seitdem zwei Sprößlinge des gottorfischen Hauses, der Großfürst Peter, und der Bischof Adolf Friedrich, im Begriffe waren, den russischen und den schwedischen Thron zu besteigen. Von dem Augenblicke an dachte man in Copenhagen ernstlich daran, die

* Nach einer nicht gehörig verbürgten Nachricht war sie eine geborne Beenfeld.

Quelle des alten Haders für immer zu verstopfen, und mit den beiden Reichen, Rußland und Schweden in freundschaftliche Verhältnisse zu treten, das sicherste und zweckmäßigste Mittel dazu schien ein Austausch der großfürstlichen Besitzungen in Holstein gegen die dänischen Grafschaften Oldenburg und Delmenhorst zu seyn. Für einen solchen Austausch mußte aber nicht allein die ältere gottorfische Linie in Rußland, sondern auch die jüngere in Schweden gewonnen werden. Seitdem der Graf Hartwig Bernstorf einen bedeutenden Einfluß auf die dänischen Staatsangelegenheiten erlangt hatte, war dies immer seine Lieblings-Idee gewesen, und sie blieb es bis an seinen Tod. Alle übrigen diplomatischen Rücksichten wurden dieser untergeordnet. Vielleicht mehr, als billig, denn er gerieth dadurch, daß er sich diesen seinen Lieblings-Wunsch merken ließ, oft in eine lästige Abhängigkeit von Rußland. Die jüngere gottorfische Linie in Schweden schien für sich einer solchen Idee nicht sehr abgeneigt zu seyn. Es betraf die Sache sie nicht unmittelbar, da die holsteinischen Lande, so wie auch die Ansprüche auf den vormaligen gottorfischen Antheil von Schleswig ihr erst nach Absterben der älteren Linie in Rußland anheim fallen konnten. Auch mochte man vielleicht hoffen, daß, wenn der Austausch mit der älteren Linie, welche aus dem einzigen Großfürsten Peter bestand, zu Stande kommen sollte, derselbe alsdann die ferngelegene Provinz in Deutschland einem Prinzen der jüngeren Linie überlassen würde; was auch in der Folge wirklich geschehen ist. Waren noch einige Bedenklichkeiten in Stockholm vorhanden, so wußte der Graf Panin sie zu beseitigen. Dieser große Staatsmann, Nikita Iwanowitsch Graf von Panin, Sohn eines General-Lieutenants unter Peter dem Großen, war geboren zu Petersburg 1718. In den Jahren 1747 bis 1749 war er russischer Gesandte in Kopenhagen, und lebte mit dem Grafen Bernstorf auf einem freundschaftlichen Fuße. Die Idee wegen Austausch der großfürstlichen Länder in Holstein, gefiel ihm, und er interessirte sich lebhaft für selbige. Im Jahre 1749 ging er als russischer Gesandte nach Stockholm, und versäumte nicht, den dortigen Hof für diese Idee zu gewinnen. Allein alles mußte geheim und vorsichtig getrieben werden, denn man kannte den unvertilgbaren Haß des Großfürsten Peter gegen Dänemark und seine Vorliebe für das Land seiner Ahnherren. Alle Versuche einer Ausgleichung scheiterten an diesem unbiegsamen Charakter. Der Graf von Panin ging in der Folge von Stockholm nach Petersburg zurück. Er ward bald Gouverneur oder Oberhofmeister des 1754 geborenen Großfürsten Paul, und war der entschiedenste Anhänger Catharinens, 1762 das Hauptwerkzeug der Entthronung Peter des Dritten, und seitdem erster Minister in Rußland.

Während Panins Aufenthalt in Stockholm 1750 war es, daß in Kiel der Sturm über den Geheimrath v. Westphalen losbrach. Er und sein Bruder, der Etatsrath Christian Heinrich Westphalen, welcher gleichfalls in Kiel in großfürstlichen Diensten lebte, wurden unerwartet den 12 Decbr. 1750 verhaftet und ihre Papiere in Beschlag genommen. Von der Untersuchung ist nichts auf uns gekommen. Nur so viel ist bekannt geworden, daß der Etatsrath mit dem gottorfischen Prinzen Friedrich August, dem jüngeren Bruder des schwedischen Thronfolgers in einen geheimen Briefwechsel stand, der die oben erwähnten Angelegenheiten betraf, und von dem Großfürsten in Petersburg für verbrecherisch gehalten wurde, wobei zu bemerken ist, daß als das Ende des regierenden Königs von Schweden Friedrichs des Ersten, welches den 5. April 1751 erfolgte, herannahte, der Thronfolger und bisheriger Bischof von Lübeck, Adolf Friedrich, das Bisthum an seinen vorgedachten jüngeren Bruder Friedrich August den 29. Octbr. 1750 abtrat. Das der Geheimerath v. Westphalen in das Schicksal seines Bruders des Etatsraths verwickelt ward, scheint mehr das Werk einer persönlichen Opposition, als in einer, vielleicht anfangs geargwohnten directen Theilnahme desselben an den für sträflich gehaltnen Unterhandlungen begründet gewesen zu seyn. Er selbst hielt den Geheimerath v. Pechlin in Petersburg für seinen gefährlichsten Widersacher. Dieser Geheimerath v. Pechlin hatte früher als Etatsrath mit ihm unter Herzog Carl Friedrich gedient, war bei seinem raschen Emporsteigen zurückgedrängt als Gesandter nach Stockholm gegangen, wo er in einem anderen Sinne wirkte, als jetzt der russische Gesandte v. Panin, und war seitdem als Geheimerath und Hofcanzler um die Person des Großfürsten in Petersburg. Er stand an der Spitze der holsteinischen Landesregierung und demzufolge über dem Geheimen-Conseil in Kiel. Dem Großfürsten persönlich ergeben theilte er die Ansichten desselben in Betref der gottorfischen Lande in Schleswig und Holstein. In Kiel erfreute sich der Geheime-Legationsrath und Ritter Magnus Friedrich v. Holmer seines besonderen Zutrauens.

Nachdem die Untersuchung in der Sache der beiden Westphalen zwei Jahre gedauert hatte, kam endlich die Entscheidung, datirt Petersburg den 2. Decbr. 1752. Dem Etatsrath Westphalen wird ausser unerweislichen Denunciationen gegen v. Holmer vorzüglich zum Verbrechen angerechnet, daß er in Staatssachen Irrungen und in der Groß- und Hochfürstlichen Familie Misverständnisse gemacht. Er ward des Landes verwiesen, ging nach Schleswig, und starb gleich darauf. Dem Geheimerath Ernst Joachim v. Westphalen wird vorzüglich zur Last gelegt, daß er seinem Bruder die zum geheimen Regierungs-Conseil gehörigen Schriften und Correspondenzen zum Behuf der Denunciationen mitgetheilt habe. Er ward ohne Abschied seiner Charge verlustig erklärt, und in eine

Strafe von 4000 Rthlr. verurtheilt, aber in der Folge 1756 wieder in seine Würden und Ämter restituirt, und starb den 21. März 1759. Das Straferkenntniß findet sich in extenso abgedruckt in den Schlesw.-Holst. Provinzialberichten 1818 S. 136–140.

Wir haben diese Catastrophe des Geheimeraths v. Westphalen hier ausführlicher berühren müssen, weil sie den Wendepunkt in der Lebensgeschichte des Geheimeraths v. Saldern machte. Ob dieser sich in den in Beschlag genommenen Papieren compromittirt, oder sich bloß nach dem Falle seines Gönners den Angriffen seiner Feinde bloßgestellt sah, oder ob er glaubte, durch eine persönliche Denunciation in Petersburg sich und seinen Freunden dienen zu können, müssen wir dahingestellt seyn lassen. Genug, er faßte den kühnen Entschluß, persönlich vor dem Großfürsten zu erscheinen, und denselben über die Lage der Dinge in Kiel aufzuklären. An sein Amt gebunden konnte er freilich die Reise nicht ohne Erlaubniß seiner Vorgesetzten unternehmen. Allein es läßt sich leicht erachten, daß unter den obwaltenden Umständen an eine solche Genehmigung nicht zu denken war. Man behauptet sogar, daß er den Händen der Commissarien, die ihn inhaftieren sollten, nur durch eilige Flucht aus der Hinterthüre seines Hauses habe entgehen können. Wir haben nirgends eine Nachricht darüber gefunden, ob dies im Jahre 1751 oder 1752 geschah. Er kam glücklich in Petersburg an, und wußte sich eine Audienz bei dem Großfürsten zu verschaffen. Der gegen ihn unterdessen in Kiel eingeleitete Proceß wurde bald sistirt. Es ist allgemein bekannt, daß er während diesem seinen ersten Aufenthalte in Petersburg den Grund zu seinem nachmaligen Glücke gelegt hat. Da er ein Fremdling daselbst war, und zu Hause nicht einmal einen ausgezeichneten Posten bekleidet hatte, so müssen persönliche Eigenschaften und eine glückliche Auffassung und Benutzung der dortigen Verhältnisse ihm besonders förderlich gewesen seyn. Es sind vielfache Sagen darüber verbreitet worden, allein es fehlt an zuverlässigen Nachrichten. So viel ist gewiß, daß er, sobald er die wahre Lage des Großfürsten, dem man die holsteinischen Angelegenheiten als Spielwerk überlassen hatte, erkannte, sich zu dessen Gemahlin Catharine, dem Grafen Panin und den eigentlichen Machthabern hielt, und sich deren Gunst zu gewinnen wußte. Konnte er auch für den Augenblick für den Geheimerath v. Westphalen und für die holsteinischen Verhältnisse überhaupt nicht unmittelbar viel wirken, so konnte er durch die herrschende Parthei doch seine persönlichen Vortheile wahrnehmen, und das andere einer nicht fernen Zukunft überlassen. Wir bemerken nur noch beiläufig, daß dies der Zeitpunkt war, wo der polnische Graf Poniatowsky in der Gunst Catharinens am höchsten stand, und daß v. Saldern auch das Wohlwollen dieses Günstlings erwarb, dem er zehn Jahre später als russischer Ambassadeur auf dem Reichstage zu Warschau die Königskrone verschaffen sollte. Dänischer Gesandte war damals in Petersburg der Graf Adolf Siegfried von der Osten, der dem Austauschungs-Projekte eben so wol wie Bernstorf gewogen war. Auch mit ihm trat v. Saldern in Verbindung; wiewol, so lange der Großfürst lebte, an der Ausführung des Austauschungs-Projectes nicht zu denken war.

Von Saldern kam als großfürstlicher Etatsrath nach Holstein zurück. Wir finden nicht, daß er sein voriges Amt als Amtsverwalter wieder angetreten; aber auch nicht, daß er sogleich im geheimen Regierungs-Conseil, oder in der Justizcanzlei oder in der Rentekammer eine Anstellung hatte. Die Geschichte der großfürstlichen Landesverwaltung ist noch immer so unvollständig, daß selbst das Verwaltungs-Personale, selbst in den höchsten Landesbehörden nicht hinlänglich bekannt ist. Ein großfürstlicher Staatscalender ist unseres Wissens nie erschienen. Es scheint, daß v. Saldern um diese Zeit das Gut Schierensee von einem gewissen Gude gekauft, und daselbst gewohnt habe. Wenigstens finden wir seine eigenhändige Unterschrift in einem gerichtlichen Protocolle, datirt Schierensee den 22. Febr. 1756 als Etatsrath und Besitzer. Ferner, als derselbe den 19. Januar 1760 zu Kiel eine Brandgilde für adelige Güter stiftete, welche von ihm den Namen der v. Saldernschen Brandgilde behalten hat, so ward er in der gedruckten Stiftungs-Urkunde schlechtweg der Etatsrath Caspar v. Saldern auf Schierensee genannt, ohne Hinzufügung irgend einer Würde oder eines Amtes.

Den 5. Jan. 1762 starb die Kaiserin Elisabeth, und der Großfürst bestieg den russischen Thron unter dem Namen Peter des Dritten. In diesem Jahre finden wir unsern Caspar v. Saldern schon als Conferenzrath. Der erste Gedanke des neuen Kaisers war Krieg gegen Dännemark und Wiedereroberung der vorm. Gottorpischen Lande in Schleswig. Als zu dem Ende Juli 1762 eine russische Armee unter Romanzow ins Mecklenburgische eingerückt war, ward vor der eigentlichen Kriegserklärung noch ein Congreß in Berlin angesetzt, um wo möglich unter preußischer Vermittlung die Sache beizulegen. Der Congreß ward zu Berlin im Hause des preußischen Cabinetsministers, Grafen v. Finkenstein, den 12ten Juli 1762 eröffnet. Von russischer Seite waren gegenwärtig der russische Gesandte in Kopenhagen Joh. Albrecht v. Korf, und der großfürstliche Conferenzrath Caspar v. Saldern, als ministres plenipotentiaires; von dänischer Seite der Kammerherr Achatz Ferdinand von Asseburg und Johann Heinrich v. Ahlefeldt. Die Geschäfte des Congresses hatten aber kaum ihren Anfang genommen, als die Nachricht einlief von der am 9ten Juli erfolgten Entthronung Peters des Dritten. Derselbe starb gleich darauf den 17ten Juli. Der Congreß löste sich auf. Catharina die Zweite war nun Kaiserin aller Reussen, allein die holsteinischen Lande fielen ihrem achtjährigen Sohne, dem Großfürsten Paul anheim, und der Herzog Georg Ludwig überkam die vormundschaftliche Verwaltung. Herzog Georg Ludwig, jüngster Sohn des ehemaligen Bischofs und Administrators der gottorfischen Lande, Christian August, war der Bruder des Königs von Schweden, Adolf Friedrich, und des jetzigen Bischofs von Lübeck, Friedrich August; und scheint nicht, wie dieser sein Bruder, dem Austauschungs-Projecte geneigt gewesen zu seyn. Er hatte sich im siebenjährigen Kriege in preußischen Diensten ausgezeichnet. Sobald Peter der Dritte den russischen Thron bestiegen hatte, ließ er ihn nach Petersburg kommen, und ernannte ihn zum Generalissimus der Garde zu Pferde mit einem jährlichen Gehalte von 48 000 Rubel, so wie zum General-Gouverneur der holsteinischen Länder mit einem Gehalte von 12 000 Rubel. Allein diese Verhältnisse dauerten nur ein paar Monate. Bei der Entthronung des Kaisers am 9ten July 1762, wo er zum heftigsten Widerstande entschlossen war, ward er verhaftet, aber gleich wieder freigegeben. Er ward nun, wie gesagt, vormundschaftlicher Administrator der holsteinischen Länder für den jungen Großfürsten Paul. Allein auch diese Administration nahm bald ein Ende, indem der Herzog Georg Ludwig bereits den 7ten Septbr. des folgenden Jahres 1763 mit Tode abging.

Das Geheime Regierungs-Conseil zu Kiel bestand unterdessen aus folgender Zusammensetzung von allerlei Farbe. 1) Großfürstlicher Geheimerath Magnus Friedrich v. Holmer, eben derselbe, welcher vor 12 Jahren den Streit mit Westphalen gehabt hatte, Sohn des Kammerraths Georg Holmer, welcher schon unter Herzog Carl Friedrich gedient hatte. 2) Großfürstl. Geheimerath Georg Christian v. Wolf, wenn wir nicht irren, ein Sohn des vormaligen Commandanten in Tönningen, ein wissenschaftlich gebildeter Mann, der eine ausgezeichnete Büchersammlung besaß. 3) Caspar von Saldern, welcher schnell kaiserl. russischer Geheimerath geworden war. 4) Großfürstl. Geheimerath Otto Philip v. Pechlin, Sohn des oben erwähnten und jetzt eben verstorbenen Geheimenraths in Petersburg. 5) Großfürstl. geheime Legationsrath von Brockes, Obersecretair. Dieser ist erst kürzlich in einem hohen Alter gestorben, als Längstlebender von allen großfürstl. Staatsdienern. Als mit dem Ableben des Herzogs Georg Ludwig im Septbr. 1763 die vormundschaftliche Administration aufhörte, ward in Petersburg ein vormundschaftliches Regierungs-Departement errichtet, welches bis zur Mündigkeit des Großfürsten Paul, und dem alsdann erfolgten Länder-Umtausche in Function blieb. An der Spitze desselben stand der Geheimerath, Senator und Oberhofmeister Graf von Panin. Secretaire waren E. W. von Prangen und Friedrich Levin v. Holmer, Sohn von Magnus Friedrich. Die Kaiserin selbst hatte die höchste Entscheidung. Unter diesen Umständen war v. Saldern die Seele der Landesverwaltung zu Kiel; allein seine Wirksamkeit ward bald durch eine kurze, fremdartige Episode unterbrochen.

Die Kaiserin Catharina hatte die Idee gefaßt, ihren Günstling, den Grafen Poniatowski auf den polnischen Thron zu setzen, dessen Vertrauen unser v. Saldern bei seinem Aufenthalte in Petersburg zu gewinnen gewußt hatte. Polen war ein Wahlreich, und der Thron durch das Absterben des Churfürsten von Sachsen, Friedrich August des Zweiten, am 5ten Octbr. 1763 erledigt worden. Der polnische Reichstag, der einen neuen König wählen sollte, war wie immer in höchster Verwirrung und Uneinigkeit, und war leicht durch Gold und durch eine imponirende Waffenmacht von Seiten Rußlands zu leiten. Übrigens hielt die Kaiserin Catharina für gerathen, ihren Gesandten bei diesem Wahlcongresse nicht aus eingebornen Russen zu nehmen, sondern sie ernannte dazu unsern Geheimerath von Saldern, dessen Anhänglichkeit und Gewandheit sie längst erprobt hatte. Dieser gieng also zum zweitenmale nach Petersburg, seine Instructionen zu holen, und von da als russischer Ambassadeur nach Warschau. Die Geschichte dieses polnischen Reichstages gehört weiter nicht hierher. Stanislaus Poniatowsky ward wirklich am 7ten Septbr. 1764 zum König von Polen gewählt, und v. Saldern vom neuen Könige, der den Namen Stanislaus annahm, mit Ehre und Reichthum reichlich bedacht. Er ward Ritter des weissen polnischen Adlerordens, und als Stanislaus den 8ten Mai 1765 den St. Stanislai-Orden stiftete, erhielt er denselben gleichfalls.

Kaum war er von dieser Sendung nach Petersburg zurückgekommen, so wurden die Unterhandlungen wegen Austausch der holsteinischen Länder ernsthaft vorgenommen, und die Leitung dieses Geschäfts ward ihm übertragen. Freilich konnte an die Ausführung selbst nicht eher gedacht werden, bis der Großfürst Paul volljährig geworden war. Allein es waren bis dahin noch so viele Verhältnisse zu ordnen, daß jetzt schon ungesäumt Hand ans Werk gelegt werden mußte. Von Saldern ging zu dem Ende in der Eigenschaft eines Ministers des vormundschaftlichen Regierungsconseils nach Kopenhagen, und zwar in Begleitung seines jüngsten Bruders Christian Albrecht, der daselbst in der Eigenschaft eines geheimen Legationsraths und Ministers des Großfürsten Paul auftrat. Der eigentliche russische Minister daselbst war der Generalmajor Filosofow, der übrigens in dieser Sache, die nicht Rußland, sondern den Großfürsten Paul betraf, keinen unmittelbaren Einfluß hatte. Da der Geheimerath v. Saldern als Minister des Regierungs-Conseils in Kiel handelte, so konnte er nicht füglich zugleich Mitglied desselben bleiben. Seine Stelle ward besetzt durch Gottfried Heinrich v. Elendsheim. Dieser Mann, geboren 1706, war der Sohn des Directors Elend am Gymnasium zu Hannover. Er hatte einen Baron Schack auf Reisen begleitet und ward 1738, als v. Westphalen Curator der Universität Kiel war, daselbst als Professor angestellt. Er ließ sich 1743 adeln und schrieb sich seitdem v. Elendsheim; 1746 ward er Procurator des Obergerichts, und 1748 großfürstl. geheimer Legationsrath; 1750 gehörte er zu den Widersachern Westphalens; 1756 im Umschlage ward er, so wie der Fiscal, Hofrath und Professor Joh. Wilh. Gadendam verhaftet. Beiden ward der Proceß gemacht, weil sie mehr auf ihr eignes Interesse, als auf das Interesse des Großfürsten gesehen hatten. Den 24sten Juli 1756 wurden beide zur Gefängnißstrafe verurtheilt. Nachdem von Elendsheim sieben Jahre in Haft gewesen war, ward er 1763 entlassen und sein Schicksal nahm eine unerwartete Wendung. Die Kaiserin Catharina machte ihn 1764 zum Conferenzrath und Ritter des St. Annenordens; 1766 ward er Landrath und Mitglied des geheimen Regierungs-Conseils; 1769 Geheimerath und Amtmann zu Cronshagen. Er starb vor dem Umtausche den 17ten März 1771. Von Saldern war, wenigstens in letzter Zeit sein Gönner und Beförderer. Man sieht, welches Dunkel noch über der Intriguen-Geschichte dieses Zeitraums liegt.

Wiewohl der Geheimerath von Saldern nicht mehr im Regierungs-Conseil saß, so ward sein Einfluß auf die holsteinische Landesverwaltung doch auf andere Weise gesichert. Das vormundschaftliche Regierungs-Departement in Petersburg hatte nämlich 1746 eine Generalland- und Oeconomie-Verbesserungs-Commission in Kiel angeordnet. Diese Commission ward nun durch eine Verordnung vom 10ten März 1766 in ein beständiges General-Directorium verwandelt, und gänzlich unabhängig von der Rentekammer gemacht. Dies neue Collegium, welches nicht unter dem Regierungs-Conseil stand, hatte unmittelbar nach Petersburg zu berichten. Der Geheimerath von Saldern sollte das beständige Präsidium führen, so lange er gegenwärtig sei. In seiner Abwesenheit sollte der Conferenzrath v. Elendsheim seine Stelle vertreten, jedoch jedesmal an ihn berichten. Zu Mitgliedern des General-Directoriums wurden ernannt der geheime Legationsrath v. Brockes, bisher Obersecretair im Regierungs-Conseil. Man soll ihm diesen Posten genommen haben, weil er dem Saldernschen Plan wegen Umtausch der großfürstl. Länder abgeneigt war. Ferner sollte jährlich abwechselnd ein Referendarius Mitglied des Collegiums sein. Zu Beisitzern in demselben wurden ernannt der Kammerassessor Müller und der Oberinspector Laß Christensen; Secretair ward Jacob Bernh. Paustian. Dieser hatte sich früher für die Sache Westphalens verwandt, und war heimlich nach Petersburg geschickt worden. In der Folge ward er Justizrath und Amtsverwalter in Trittau. Wenn ein Mitglied des Collegiums abgehen sollte, so habe dasselbe sich selbst zu ergänzen, und die geschehene neue Wahl nur dem Grafen v. Panin anzuzeigen. Nur die Wahl des Präsidenten selbst behielt man sich in Petersburg vor.

Die Unterhandlungen in Kopenhagen giengen nun raschen Schrittes vorwärts. Schon den 22sten April 1767 kam der provisorische Tractat zu Stande, ratificirt von der Kaiserin den 10ten October, und von dem Könige den 30sten November. Der Graf Bernstorf trieb das Werk aus allen Kräften. Allein bald kam eine gefährliche Stöhrung dazwischen. König Friedrich der Fünfte war den 14ten Januar 1766 gestorben, und sein Nachfolger Christian der Siebente hatte sich den 8ten Novbr. 1766 mit der englischen Prinzessin Caroline Mathilde vermählt. Bald bildete sich in Kopenhagen der bis jetzt herrschenden russischen Parthei gegenüber eine englische Parthei, von der jungen raschen Königin unterstützt. Es gab heftige Reibungen zwischen den beiden Partheien und oft unangenehme Scenen. Der russische Minister Filosofow und v. Saldern, sich auf ihre Unentbehrlichkeit und auf Bernstorfs Nachgiebigkeit verlassend, nahmen einen hohen, imponierenden Ton an. Von Saldern gerirte sich als höchste Instanz in dieser Angelegenheit. Selbst in dem eben gedachten provisorischen Tractate, eigentlich einem Familienbündnisse zwischen Dännemark und Rußland, welchem provisorische Stipulationen wegen des dereinstigen Ländertausches, wenn der Großfürst volljährig sein würde, beigefügt waren, unterschrieb sich v. Saldern vor dem russischen Minister. Der Tractat war nemlich russischer Seits unterschrieben: Geheimerath v. Saldern und Generalmajor v. Filosofow, und dänischer Seits, Graf Joh. Hartwig Ernst v. Bernstorf, Geheimerath v. Thott, Oberkammerherr Graf Detlev Reventlau. Um die Stellung zu bezeichnen, welche v. Saldern annahm, möge hier eine wiederholt gedruckte Anekdote genügen. Die Königin hatte dem Könige durch ihre Oberhofmeisterin, Frau v. Pleß, welche viel bei demselben galt, den Rath geben lassen, sich von der allzugroßen Unterwürfigkeit gegen Rußland loßzumachen. Der König hatte dies unvorsichtigerweise gegen v. Saldern merken lassen, und dieser verlangte und erhielt die Satisfaction, daß die Frau v. Pleß vom Hofe entfernt wurde. Um den König dem Einflusse der Königin zu entziehen, kam von Saldern auf die Idee, demselben eine Reise ins Ausland anzurathen, ohne damals zu ahnen, welche verdrießliche Folgen diese Reise für ihn selbst haben würde. Vor der Abreise des Königs erhielt er am 15ten Febr. 1768 den Elephanten-Orden, und seine einzige Tochter, Fräulein Anna Maria v. Saldern, ward mit dem Orden union parfaite geschmückt.

Unterdessen wurden die Vorarbeiten zu dem Ländertausche fortgesetzt. Unter andern sollten auch die Verhältnisse des dänischen und gottorfischen Hauses zu der Stadt Hamburg regulirt werden. Es kam zu dem Ende ein Congreß auf dem Schlosse Gottorf zusammen. Dieser bestand dänischer Seits aus dem Schatzmeister v. Schimmelmann, großfürstlicher Seits aus dem Geheimerath v. Saldern und hamburgischer Seits aus den Herren Schubeck, Wagener, Burmeister und Kiker. Der Vergleich ward unterzeichnet den 27sten Mai 1768.

Zu gleicher Zeit sollte der 4te Artikel des mehrgedachten provisorischen Tractats regulirt werden. Dieser Artikel bestimmte, daß von den bisherigen großfürstl. Besitzungen in Holstein zuvörderst zu Gunsten der jüngeren gottorfischen Linie ein Fideicommis abgelegt werden sollte. Die Errichtung dieses sogenannten jüngeren Fideicommisses ward von dem geheimen Regierungs-Conseil in Kiel unterm 1sten Septbr. 1769 publicirt. Die Publications-Acte ist unterzeichnet: Großfürstl. geheimes Regierungsconseil auf dem Schlosse zu Kiel den 1sten Septbr. 1769. M. F. v. Holmer. G. C. Wolf. O. Ph. Freiherr v. Pechlin. G. H. v. Elendsheim, und unter der Linie E. W. v. Prangen. Zu dem neuen Fideicommisse sollten gehören: Koselau, Lübbersdorf, Kuhhof, Sebent, Cremsdorf, Bullbrügge und Sieverhagen, und zwar ohne alle Landescontribution, Abgaben und Beschwerden bis zu ewigen Tagen. Dies Fideicommis ward nachher in dem 9ten Artikel des Definitiv-Tractats von 1773 bestätigt.

Von dänischer Seite war unterm 11ten Januar 1768 ein Proclam erlassen worden an die Creditoren des Schleswig-Holsteinischen gottorfischen Hauses, sich mit ihren Forderungen bis zu dem Jahre 1720 inclusive zur Justificirvng und Liquidirung vor einer gemeinschaftlich anzusetzenden Commission bei dem Justizrath, Obergerichtsrath Moritz Christian Ericius in Schleswig zu melden.

So weit waren die Vorarbeiten fortgerückt, als der König von seiner Reise zurückkam. Er brachte den Doctor Struensee, der ihn als Reisearzt begleitet hatte, mit. Wie dieser Mann zuerst die Gunst des Königs, sodann das Zutrauen der Königin und endlich eine kurze Allgewalt in Dännemark zu erlangen wußte, ist zu bekannt, um hier wiederholt zu werden. Die russische Parthei hatte bald allen Einfluß verloren; dem hohen Tone derselben ward jetzt getrotzt, auf die Drohung, die Unterhandlungen wegen Holstein abzubrechen, ward nicht geachtet. Der Graf Bernstorf ward sogar aus dem Staatsrathe entlassen und gieng nach Hamburg. In dieser schwierigen Lage verlor der russische Minister Filosofow den Verstand. Er legte 1770 seinen Posten nieder und reisete gemüthskrank ins Bad. Von Saldern gieng nach Holstein zurück und erwartete auf seinem Schierensee den Ausgang des Dramas. Die Angelegenheit wegen Holstein ruhte und Rußland ward in Kopenhagen durch keinen Minister repräsentirt. Russischer chargé d'affaires daselbst war v. Mestmacher. Nur allein der jüngste Bruder unsers Geheimeraths, der großfürstl. geheime Legationsrath Christian Albrecht v. Saldern blieb zurück und wird in dem Staatskalender als Schlesw.-Holst. Minister bezeichnet.

In diesen Tagen der Muse beschäftigte der Geheimerath v. Saldern sich mit Privat-Angelegenheiten. Er kaufte im Mai 1771 von dem großfürstl. Landrath, Freiherrn v. Sparwenfeld das adelige Gut Annenhof und vereinigte es mit Schierensee. Auch die Verheirathung seines Sohnes beschäftigte ihn damals.

Nachdem im Januar 1772 die Struenseeische Catastrophe eingetreten war, kam mit Rußland alles wieder schnell ins alte Gleis, und die Unterhandlungen wegen des Ländertausches wurden beschleunigt. Freilich war der Graf Bernstorf am 18ten Febr. 1772 in Hamburg gestorben. Allein dafür trat der russisch gesinnte Graf van der Osten, dessen oben erwähnt worden ist, ins Ministerium der auswärtigen Angelegenheiten in Kopenhagen, und ward 1773 durch den Grafen Andreas Petrus v. Bernstorf, den Neffen, ersetzt, so daß die wirkliche Erledigung dieser lange verhandelten Angelegenheit doch unter einem Bernstorf geschah. Nachdem alles vorbereitet und der Großfürst Paul volljährig geworden war, reisete der Geheimerath von Saldern nach Petersburg, um den Definitiv-Tractat abzuschliessen. Von dänischer Seite ward dazu bevollmächtigt der Geheimerath und Director des Oeresunder Zolles, damals noch Oberstlieutenant und Capitain in der Leibgarde, Christian Friedrich v. Mumsen. Der Definitiv-Tractat ward unterzeichnet zu Zarsko-Selo den 21sten Mai 1773, russischer Seits von dem Grafen v. Panin, großfürstl. Seits von dem Geheimerath v. Saldern und dänischer Seits von C. F. Mumsen. Die Überlieferung des großfürstl. Antheils an Holstein unter Anerkennung des Fideicommisses für die jüngere gottorfische Linie, so wie unter Entsagung der Ansprüche auf den vormaligen gottorfischen Antheil an Schleswig ward auf den 16ten Novbr. 1773, und die Überlieferung der Grafschaften Oldenburg und Delmenhorst an den Großfürsten auf den 10ten Decbr. 1773 festgesetzt. Principal-Commissarius für beide Überlieferungs-Acte war von großfürstl. Seite der Geheimerath v. Saldern, und von dänischer Seite der Oberkammerherr Graf Detlev Reventlau. Demzufolge geschah die erste Überlieferung den 16ten Novbr. auf dem Kieler Schlosse, und die andere zu Oldenburg den 10ten December. Da aber zufolge Abtretungs-Acte, datirt Peterhof den 12ten Juli 1773 der Großfürst Paul die ihm von Dännemark abgetretenen Grafschaften wiederum an den Bischof Friedrich August von Lübeck überlassen hatte, so vollführte der Geheimerath v. Saldern auch diesen Überlieferungs-Act am 14ten Decbr. 1773 zu Oldenburg.

Hiemit schließt sich seine politische Laufbahn, und er zog sich nun, 63 Jahre alt und reichlich dotirt aus dem öffentlichen Leben zurück. Gleich darauf unterm 3ten Febr. 1774, brachte er bei der damals noch existirenden Justizcanzlei in Kiel, bestehend aus J. O. Niemann und J. L. F. Preusser, ein Proclam an seine etwanigen Creditoren aus, wie er in Rücksicht auf die wichtigen Geldumsätze, die ihm Stand und Geschäfte, sonderlich in den letzten Jahren, unvermeidlich gemacht, und da vielleicht ein und der andere nach seinem dereinstigen Ableben durch ungegründete Ansprüche an seine Verlassenschaft wegen Mangels dienlicher Kenntnisse und Nachrichten auf eine ungerechte Weise etwas zu erlangen Gelegenheit suchen möchte, für nöthig finde, um solches zu verhüten, und zugleich seine Erben nach seinem Tode gegen unbefugte Anforderungen sicher zu stellen, alle und jede, welche an ihn oder seine Güter Ansprüche zu machen vermeinen, sich zu melden u. s. w. Sechs Wochen darauf starb seine Gemahlin in Neumünster. Wenige Wochen nach dem Tode derselben, nemlich unterm 5ten Mai 1774 errichtete er seinen letzten Willen, welcher den 24sten Mai 1784 zu Kiel gerichtlich vollzogen ward. Er belegte in diesem Testamente seine beiden Güter Schierensee und Annenhof mit einer fideicommissarischen Eigenschaft. Diese beiden adligen Güter sollen ein ewiges fideicommissum familiae cum jure primogeniturae seyn. Die männlichen Erben sollen den Vorzug haben vor den weiblichen. Die beiden Güter sollen niemals getheilt, veräußert noch verhypothecirt werden. Der Wittwe des ersten fideicommissarischen Besitzers, nemlich seines Sohnes, des königl. dän. Geheimeraths, Kammerherrn und Amtmanns Carl Heinrich, Grafen v. Saldern-Günderoth, Ritter, wird ein Witthum versichert. Für junge Studirende werden jährlich 100 Thaler bestimmt, so wie einige Legate aus den Fideicommis-Revenüen.

Er führte von nun an ein genußreiches und geselliges Privatleben, bald in seinem Hause zu Kiel in der Flämischenstraße, bald auf seinem Gute Schirensee. Auf die Verschönerung dieses Gutes verwandte er bedeutende Summen und die Anlagen, die er daselbst machen lies, waren so gelungen, daß Reisende von ferne und nahe, welche in die Gegend kamen, sie selten unbesucht ließen. Eine Beschreibung dieser schönen Gartenanlagen findet sich in Hirschfeld's Theorie der Gartenkunst Bd. 3, S. 137: ferner in den Darstellungen Norddeutschlands, von dem Domherrn v. Mayer in Hamburg, in der zweiten Abtheilung. Hamburg, 1816. In dem 2ten Hefte der Schleswig-Holst. Provinz. Berichte von 1797 findet sich folgende Anführung. In dem Gebüsche eines Berges, von welchem ein künstlicher Wasserfall fiel, waren sieben niedliche Häuser für besuchende Fremde. Auf der Spitze des Berges, wo von Saldern selbst wohnte, versammelte sich die Freundschafts-Colonie auf Geläute der Glocke zum gemeinsamen Mittags- und Abendmale. Am Sonntage ward hier in einem prachtvollen Saale, den das Gemälde der Kaiserin Catharina schmückte, Gottesdienst gehalten. Die Inschrift des Hauptgebäudes war: Non sibi, sed posteris.

Der Geheimerath v. Saldern starb den 31sten Octbr. 1786, alt 76 Jahre, und ist beigesetzt worden in dem von ihm gestifteten v. Saldernschen Erbbegräbnisse in der Kirche zu Bordesholm. Sein voller Titel war: Caspar v. Saldern, wirklicher kaiserlich russischer Geheimerath, Erbherr auf Schierensee, Ritter des weissen polnischen Adler-Ordens, Ritter des polnischen St. Stanislai-Ordens: Ritter des holst. St. Annen-Ordens, und seit 1768 Ritter des dän. Elephanten-Ordens. Graf ist er für seine Person nie gewesen, was hie und da behauptet wird. Aus der Ehe mit seiner Gemahlin hatte er einen Sohn und eine Tochter; die Tochter Anna Maria, welche 1768 den Orden union parfaite erhielt, und noch den 9ten Novbr. 1772 als Taufzeugin bei ihrer Brudertochter vorkommt, muß nicht lange darauf unverehligt gestorben seyn, weil sie im Staatskalender nicht weiter genannt wird. In dem Familien-Begräbnisse zu Bordesholm ruht sie übrigens nicht und muß in der Fremde gestorben seyn. Der Sohn, Carl Heinrich, ist geboren 1740, ward in der Folge Graf und nahm den Namen an, Graf Carl Heinrich v. Saldern-Günderoth. Von der Familie v. Günderoth in Apenrade ist schon oben die Rede gewesen. Er ist auch in die Schleswig-Holst. Ritterschaft recipirt worden, und wiewohl er nicht die Talente seines Vaters geerbt hatte, so blieb er doch an Ehren und Würden nicht hinter ihm zurück. Der Vater hatte vor und bei dem Länderumtausche sowohl für sich persönlich, als auch für seine ganze Familie große Vortheile und Begünstigungen auszubedingen gewußt. Sein Sohn ward Amtmann über die Ämter Kiel, Cronshagen und Bordesholm, Geheimerath und Kammerherr. Er war auch, wie sein Vater, Ritter des polnischen weissen Adler-Ordens, des St. Stanislai-Ordens und des Holst. St. Annen-Ordens. Er überlebte seinen Vater nur zwei Jahre und starb 48 Jahre alt, den 10ten Octbr. 1788, ohne Hinterlassung einer männlichen Nachkommenschaft. Verheirathet war er mit Friderica Amalia v. Kettenburg, welche ein Jahr älter war, wie er und den 6ten April 1793 in ihrem 54sten Lebensjahre verstarb. Sie war die Tochter des Generallieutenants, Kammerherrn, St. Annen-Ritters und Amtmanns zu Tremsbüttel A. v. Kettenburg. Aus der Ehe war nur eine einzige Tochter, nemlich die Gräfin Maria Sophia Charlotte v. Saldern-Günderoth, geb. zu Bordesholm den 5ten Novbr. 1772, Klosterfräulein zu Preetz. Sie war nach ihres Vaters Tode, in Folge der fideicommissarischen Verfügung des Großvaters, Erbin von Schierensee und Annenhof. Sie verheirathete sich 1791 mit dem Kammerherrn und Landrath Christian Friedrich v. Brockdorf, Sohn des Amtmanns zu Rendsburg, Hans Schack v. Brockdorf; ward Wittwe den 1sten Januar 1818 und starb den 11ten April 1833. Aus dieser Ehe sind zwei Töchter am Leben. Die älteste Friederica Maria Sophia ist mit einem französischen Officier v. Mesmer, der den Namen von Mesmer-Saldern angenommen hat, verheirathet. Die jüngste Tochter, Ernestine Charlotte Elisabeth v. Brockdorf ist Conventualin des Klosters Preetz.

Von den oben bereits angeführten Geschwistern unsers Geheimeraths Caspar von Saldern bemerken wir hier besonders noch dessen jüngsten Bruder Christian Albrecht v. Saldern, welcher in der Austauschungs-Angelegenheit eine untergeordnete Rolle gespielt hat. Derselbe war geb. den 15ten Decbr. 1721. Er war zuerst großfürstl. Legationsrath in Regensburg, dann Gesandter in Eutin, dann als großfürstl. geheimer Legationsrath Schleswig-Holst. Minister in Kopenhagen. Den 16ten Novbr. 1773, am Tage der Überlieferung des großfürstl. Holsteins ward er Ritter vom Dannebrog. Er ward nun in den Ruhestand versetzt, und zwar von russischer Seite mit dem Titel eines großfürstl. Conferenzraths und von dänischer Seite mit einer sehr großen Pension. Den 11ten August 1788 verheirathete er sich in Altona mit der Wittwe des daselbst verstorbenen Conferenzraths Anton Fabricius, Anna Margaretha Ployart, Schwester des Amtmanns zu Flensburg. Sie war damals schon 60 Jahre alt und er 67 Jahre. Er starb den 21sten März 1806, und die hinterlassene Wittwe $87^{1}/_{2}$ Jahr alt, den 17ten April 1815.

Von dem in Liefland verstorbenen Bruder Bernhard Caspar ward ein Sohn, Paul Caspar v. Saldern, Landrath und polnischer Kammerherr, erster Director in dem General-Directorium in Kiel, so wie erster Vorsteher der Witwen- und Waisen-Casse daselbst. In der Frage privatisirte er in Kiel.

Die Schwester des Geheimeraths, Hedewig Eleonora, verheirathet mit ihres Großvaters Bruderenkel, dem Justizrath Detlev v. Saldern in Kiel, lebte als Wittwe bei ihrem Bruder auf Schierensee und starb 1785. Sie hinterließ einen Sohn und eine Tochter. Die Tochter verheirathete sich mit dem Fechtmeister in Kiel, dem Rittmeister Nicol. Andreas Nissen. Der Sohn, Hinrich Detlev v. Saldern, anfangs Justizrath und bei dem Regierungs-Conseil angestellt, ward bei dem Umtausche 1773 mit dem Titel eines großfürstl. Etatsraths und mit einer ansehnlichen dänischen Pension entlassen. Nachdem er eine Zeitlang in Kiel privatisirt hatte, gieng er nach Glückstadt, wo er einen unangenehmen Injurienproceß hatte. Endlich gieng er nach Plön, verheirathete sich im hohen Alter mit einer Enkelin seiner verstorbenen Schwester und starb kinderlos, der letzte dieses Geschlechts, vor etwa 10 oder 12 Jahren.

So wie die v. Saldernsche Familie, so wurden auch die übrigen bisher großfürstl. Staatsdiener und Beamte, deren Stellen eingiengen, entweder mit einer reichlichen Pension entlassen, oder anderweitig vorteilhaft versetzt. Das geheime Regierungs-Conseil zu Kiel hörte mit dem 16ten Novbr. 1773 von selbst auf. Hier hatte der Tod aber in letzter Zeit sehr aufgeräumt. Der Geheimerath Otto Philip v. Pechlin war bereits 1771 gestorben. In demselben Jahre starb auch der Geheimerath Gottfried Heinrich v. Elendsheim. Der Geheimerath Magnus Friedrich v. Holmer starb, nachdem er Reichsgraf geworden war, 1773. Sein Sohn, Friedrich Levin v. Holmer trat in Herzogl. Oldenburgische Dienste, und starb 1806 als Oldenburg. Minister und Geheimerath. Endlich der Geheimerath Georg Christian von Wolf ward vom Könige zu Dänemark mit der Domprobstei in Hamburg bekleidet und starb zu Kiel 1784. Die Justizcanzlei (so wie auch das Oberconsistorium) ward durch eine königl. Verordnung vom 17ten Aug. 1774 aufgehoben und die Geschäftsführung mit dem 1sten Oct. an die Regierungscanzlei zu Glückstadt überwiesen. Der Conferenzrath Johann Otto Niemann, bisher erstes Mitglied dieses Collegiums ward Amtmann zu Rendsburg. Das zweite Mitglied, der Kammerherr und Landrath Jac. Ludw. Friedr. v. Preusser ward Regierungsrath in Glückstadt. Den 3ten Septbr. 1778 ward auch die Rentekammer in Kiel aufgehoben und mit der Rentekammer in Kopenhagen vereinigt. Die beiden Mitglieder desselben, der Etatsrath Christian v. Sixtel und der Canzleirath Detlev Gerhard Kannengiesser wurden gleichfalls reichlich abgefunden.

Der Geheimerath von Saldern hatte für das Schicksal aller großfürstl. Staatsbeamten in den Unterhandlungen wegen der Länderabtretung gesorgt, und wenn man ihm auf der einen Seite den Vorwurf macht, daß er für sich und die Seinen dabei übermäßig bedacht gewesen sei, so wird auf der andern Seite dagegen damals wohl nicht leicht ein Unterbeamter haben aufstehen und über Vernachlässigung seines Interesses klagen können. Dännemarks Staatskasse hat es gefühlt; aber dem Verlangen, diese Quelle des Unfriedens für immer zu verstopfen, und mit Rußland in freundschaftliche Verhältnisse zu treten, schien kein Opfer zu groß. Nach geschehener Beendigung dieser Angelegenheit ward sogar in allen Kirchen des Landes ein allgemeines Dankfest angeordnet.

Möchten die hier mitgetheilten Bruchstücke Veranlassung zu Berichtigungen und Ergänzungen geben.

Altona im Septbr. 1837 — Justizrath G. P. Schmidt, genannt von Lübeck

ANLAGE 24

Wiederaufbau des Gutes Schierensee

Planung: Eduard Brinkama und K. Peter Jebens-Friccius
Behördliche Verhandlungen: Peter O. Eberwein
Statik: Dietrich Töpper
Sanitär-Ingenieur: Joachim Jess
Vermessungen: Lutz Baginski
Gartenarchitektur: Adelheid Gräfin Schönborn und Klaus Hildebrandt

Bauausführungen: H. Retzmann, Generalbau-Nord
An der Wiederherstellung der Gebäude in ihrer historischen Gestalt und der Inneneinrichtung waren neben zahlreichen Firmen, die für technische Einrichtungen tätig waren, besonders beschäftigt:
Natursteinarbeiten: H. Dankert & Co.
Kunstschmiedearbeiten: Alfred Schmidt und Kurt W. Thode
Malerarbeiten: Hans Sellmer und Heinrich Gillde
Tischlerarbeiten Heinrich Meyerfeldt
Stuckarbeiten: Werner Bock; Robert Motzek
Wand- und Bildrestaurierungen: Carl Fey und Botho Mannewitz
Steinrestaurierungen: Jochen Seebach und Albert Ulbrich
Restaurierung der Kronen: Sigrid Linde
Restaurierung von Lederarbeiten: Helga Finke
Faßmalerei: Peter Stordel
Kaminbau: Emilio Beyer
Inneneinrichtung: Vereinigte Werkstätten, Leiter Reinhard Zickmann, Mitarbeiter: Christine Gräfin Maltzan und Holger Weber
Aus der Zahl der Poliere, die für die harmonische Zusammenarbeit besonders verantwortlich waren, sollen genannt werden: Ernst Strotthoff, Gerhard Stalbohm, Werner Biemann und Dieter Nickel
Leiter der örtlichen Zusammenarbeit: Joachim Schröder

ANLAGE 25

Eigentümer von Schierensee bis zum Verkauf an Caspar von Saldern

Gosche (Godsik) v. Ahlefeldt, geboren 1400?, gestorben 1475.
Er verkaufte am 18. August 1469 an das Kloster in Bordesholm Teile des Geländes um Schierensee, sein Sohn

Marquard v. Ahlefeldt, geboren 1456, gestorben 1500 bei Hemmingstedt,
teilte das Land am Westensee um 1475 mit seinem Bruder Henneke. Marquard behielt den südlichen Teil mit den späteren Gütern Deutsch-Nienhof (mit Pohlsee) und Schierensee (mit Hohenhude). Er verkaufte 1499 an Hinrich Blome und Drude Blome geb. Rantzau für 17 000 M-Lüb.

Hinrich Blome zu Seedorf, Amtmann zu Gottorf, geboren um 1465–1470, gefallen 1500 bei Hemmingstedt.
Seine Witwe Drude, die er 1495 geheiratet hatte, verheiratete sich in zweiter Ehe um 1501 mit Tönnies Rantzau, Amtmann zu Steinburg.

Tönnies Rantzau, geboren 1470, gestorben 1553, beigesetzt in der Kirche in Westensee.
Nach dem Tod des Erben und einzigen Sohnes Detlev von Hinrich Blome kaufte Tönnies Rantzau dessen Anteil an Deutsch-Nienhof hinzu. Drude Rantzau starb 1540. Der Sohn von Tönnies Rantzau und Drude Rantzau ist

Gosche (Godsik) Rantzau, geboren 1501, gestorben am 22. März 1564, sein Grab ist in der Kirche zu Westensee.
Er heiratete 1528 Margarethe v. Buchwaldt, die 1561 starb. Der älteste Sohn aus dieser Ehe ist

Daniel Rantzau, Feldobrister, geboren 1529, gestorben am 11. November 1569, beigesetzt in der Kirche zu Westensee.
Er war verlobt mit Catharina von Damme. Seine Brüder Tönnies und Peter teilten 1569 den väterlichen Besitz.

Tönnies Rantzau erhielt Deutsch-Nienhof, geboren 1533, gestorben 1594.
Er war mit Heilwig v. Sehestedt verheiratet.
Peter Rantzau erhielt Schierensee, geboren am 17. Januar 1535 in Hadersleben, gestorben am 27. September 1602 in Ahrensburg.
Er war in erster Ehe mit Catharina von Damme verheiratet, geboren am 20. August 1547, gestorben am 20. Januar 1577. In zweiter Ehe war er mit Margarethe Rantzau, die 1629 starb, verheiratet.
Peter Rantzau besaß in der Nähe von Schierensee das Gut Mollendorf (siehe Rantzau-Stammtafel und Landregister von 1588).
Eine Schwester der drei Brüder Rantzau, Dorothee, verheiratete v. Sehestedt, stiftete der Pfarre zu Westensee Geld und wird als wohnhaft in Schierensee um 1570 angegeben.
Peter Rantzau baute um 1580 auf Schierensee den Fachwerkbau. Er hielt sich am 26. Februar 1585 (Z. XXVIII 20) in Schierensee auf. Er baute weiterhin 1580 Troyburg, Ahrensburg und in Kiel das Haus Dänische Straße 5.

Thomas Blome, erwarb Schierensee 1602, geboren 1574, gestorben 1606.

Neuer Eigentümer wurde 1606 Heinrich v. Buchwaldt zu Sierhagen und Osterade, geboren 1556, gestorben 1626 [?].
Er heiratete 1601 Hedwig Rantzau, die Tochter von Tönnies Rantzau.
Hedwig Rantzau, geboren [?], gestorben 1631 bei einem Unfall auf dem Weg von Kiel nach Schierensee.
Auf Grund von Ungehorsam wurde Heinrich von Buchwaldt das Gut Schierensee abgenommen und seinem ältesten Sohn Caspar um 1614 übertragen.

Casper v. Buchwaldt, geboren am 14. September 1589, gestorben am 10. April zu Neuhaus.
Mitbesitzer von Schierensee waren zeitweise die Brüder Detlev und Tönnies v. Buchwaldt.

Ab 1630 war Eigentümer des Gutes der jünste Bruder Daniel v. Buchwaldt, geboren am 22. Juni 1599, gestorben am 16. September 1671.
Er heiratete 1621 Margarethe v. Ahlefeldt-Gelting, geboren am 26. Juli 1606, gestorben am 17. Dezember 1654.

Nach dem Tod des Vaters erbte die Tochter das Gut. Anna Hedwig v. Buchwaldt, geboren am 24. Januar 1629, gestorben am 14. Dezember 1695.
Sie heiratete am 1. März 1655 Claus v. Ahlefeldt auf Klein-Nordsee, Feldmarschall, der am 2. September 1614 in Gelting geboren wurde und 1674 starb. Er wurde in der Nikolaikirche zu Kiel beigesetzt.

Anna Hedwig v. Ahlefeldt verkaufte als Witwe Schierensee am 28. November 1682 an ihren Schwiegersohn Hans v. Behr auf Hohenzieritz, geboren am 21. Dezember 1621, gestorben im März 1696, für 24 000 Rthl. in species.
Er heiratete 1682 Charlotte Olegard Hedwig v. Ahlefeldt, geboren am 31. März 1667, gestorben am 10. April 1734.

Hans v. Behr verkaufte 1692 Annenhof und 1694 Schierensee an Johann Rudolf v. Ahlefeldt, geboren 1668, gestorben am 27. April 1713.

Letzterer verkaufte am 24. Juli 1696 Schierensee an seine Mutter Margarethe Hedwig v. Ahlefeldt geb. v. Ahlefeldt, geboren am 2. April 1640, gestorben am 17. Juni 1703, für 21 000 Rthl.
Margarethe Hedwig v. Ahlefeldt verkaufte am 25. April 1699 das Gut an ihren Schwiegersohn Christian v. Leuenburg zu Hemmelmark, geboren 1665, gestorben 1722, für 20 000 Rthl. in species. Er war verheiratet mit Margaretha Hedwig v. Ahlefeldt, geboren 1673, gestorben 1749.

Christian v. Leuenburg verkaufte Schierensee und Annenhof am 21. Februar 1704 für 40 000 Rthl. in species an Peter Marquard von Gode, geboren am 13. Juli 1681, gestorben am 29. Januar 1729.

Am 18. Januar verkauften die Erben der kurz zuvor verstorbenen Witwe von Peter Marquard v. Gode, Sophie Dorothee, geb. Lorentzen, die Güter für 34 000 Rthl. grob Holst. Courant an Jaques Hinrich Baron v. Sparwenfeldt, Großfürstlicher Landrat, geboren am 4. November 1703, gestorben 1753.

Am 3. Mai 1752 verkauften Jaques Hinrich Baron v. Sparwenfeldt und seine Frau Augusta Maria geb. v. Grabow Schierensee an Caspar v. Saldern für 5 000 Rthl. dän. Kronen und für eine jährliche Leibrente von 160 Rthl. Courant an dies vitae des Landrates.

AHNENLISTE VON CASPAR V. SALDERN

Zusammengestellt von Johann Witt, Schleswig

1. Caspar von Saldern
getauft Apenrade 28. Juli 1711
gestorben Schierensee 31. Oktober 1786
verheiratet in Rolfshagen, Ksp. Bargteheide, am 18. Juli 1737 mit Catharine Lucia Thiede, Tochter des Henning Gottfried Thiede und der Catharina Magdalena Jürgensen, getauft Neustadt 20. Februar 1720, begraben Neumünster 4. Mai 1742

I. Ahnengeneration

2. Friedrich von Sallern
Amtschreiber in Apenrade und später Amtsverwalter in Neumünster
getauft Apenrade 16. November 1685
gestorben Neumünster 21. August 1722
verheiratet Apenrade 7. Oktober 1710 mit
3. Anna Maria Kamphövener
geboren Apenrade 14. Januar 1691
gestorben Schierensee 8. Juni 1775, begraben am 11. Juni 1775 in Bordesholm

II. Ahnengeneration

4. Caspar von Sallern
Amtschreiber und Bürgermeister in Apenrade
geboren Neumünster 20. Mai 1641
gestorben Apenrade 9. Juni 1722
(I. Ehe 1667 mit Catharina Margaretha Stahl, gestorben 1676)
verheiratet in II. Ehe Apenrade 29. Juni 1680 mit
5. Hedwig Eleonore Jürgensen
geboren Tondern?
gestorben Juli 1712, begraben Apenrade 28. Juli 1712
6. Bernhard (Berend) Caspar Kamphövener
Hardesvogt der Riesharde, Herr auf Höckeberg
geboren etwa 1650 in Fahrenstedt(hof)
gestorben Apenrade 25. September 1714
verheiratet Apenrade 25. Oktober 1678 mit
7. Anna Catharina Callesen
getauft Apenrade 8. Februar 1663
gestorben das. 24. März 1696

III. Ahnengeneration

8. Caspar von Sallern
Kirchspielvogt und Zollverwalter in Neumünster seit 1640
geboren um 1615, gestorben 1667
verheiratet mit
9. Benedicta Giseler (Kesler)
geboren Neumünster (? 1630), gestorben 1695
10. Jürgen Jürgensen
Amtschreiber in Tondern
geboren Gottorf/Schleswig November 1614
gestorben Tondern 15. Juni 1671, begraben 22. Juni
verheiratet Schleswig (Rathaus) 10. Februar 1642 mit
11. Sophie Goldtbach aus Kiel
gestorben nach dem 29. Januar 1695
12. Bendix (Benedict) Kamphövener
Herr auf Fahrenstedt und Böklund, Vizehardesvogt der Struxdorfharde
geboren Süderhastedt vor 1618
gestorben Fahrenstedt vor 1671
verheiratet vor 1637 mit
13. Anna Münden
geboren Schleswig um 1614
gestorben Fahrenstedt nach 1641
(I. Ehe mit Erich Clementsen, Hardesvogt der Struxdorfharde)
14. Friedrich Callesen
Hardesvogt der Riesharde
geboren Apenrade 24. Juli 1636, 1671 tot
verheiratet Apenrade 23. April 1657 mit
15. Marina Andersen
geboren Apenrade 24. Juli 1636
gestorben das. 22. März 1685

IV. Ahnengeneration

16. Hans von Sallern
1610 Zöllner und Kirchspielvogt in Neumünster
gestorben 1627
(II. Ehe mit Anna Dybbern, geboren 13. März 1594, gestorben 26. Mai 1692, die in II. Ehe 1631 Hinrich Ordt, Hufner in Bramstedt, heiratete)
verheiratet in I. Ehe mit
17. Marina Buxtehude
aus Oldesloe
18. N. Giseler/Kesler
20. Laß Jürgensen
herzogl. Silberdiener auf Schloß Gottorf/Schleswig (bis 2. Juli 1625)
gestorben 1625
verheiratet mit
21. Wolberich Petersen
(II. Ehe am 29. August 1630 mit dem Silberdiener Clement Hinrichsen)
22. Lorenz Goldtbach
Chirurg in Kiel
geboren in Jauer in Schlesien
gestorben vor 1632
verheiratet mit

23. Sophia Blankenbiehl
gestorben zwischen 1646 und 1659

24. Habacuc Kamphövener
Pastor in Süderhastedt/Dithmarschen, aus Herford
gestorben Süderhastedt 26. Dezember 1618
verheiratet mit

25. Elisabeth ...
gestorben vor 1640

26. Berend Münden der Jüngere
1604 bis 1625 Erster Bürgermeister in Schleswig
geboren 1568, gestorben 27. Juni 1625
(I. Ehe vor 1594 mit Dorothea Andersen, Tochter des Bürgermeisters in Tondern Carsten Andersen und der Elsabe ...;
II. Ehe 1607/08 mit Margarete Gutzloff, Tochter des Landkanzlers Jonathan Gutzloff und der Ursula ...)
verheiratet in III. Ehe am 10. Juli 1608 (Tag des Ehevertrags) mit

27. Anna Esich
geboren Hamburg 28. Juni 1581
begraben Schleswig-Dom 25. Juni 1654
(verlobt 1599 mit Gerd von Mehrfeld, Bürgermeister in Flensburg; verheiratet in II. Ehe mit Johann Schnell, Hof- und Landgerichtsadvokat)

28. Hans Callesen
Hausvogt in Apenrade
geboren 1596, gestorben Apenrade 31. August 1663
(in anderer Ehe verheiratet mit Anna, Lucas Preuß Tochter und Th. Arnds in Tondern Witwe)
verheiratet mit

29. Anna Catharina Geisler
geboren 1598, gestorben Apenrade 24. Dezember 1659

30. Peter Andersen
verheiratet mit

31. Catharina Carstensdatter

V. Ahnengeneration

32. Hans von Sallern
1571 Zöllner und Vogt in Neumünster
geboren 1521, gestorben 1597
verheiratet mit

33. Antje ...

34. Johann Buxtehude
1565–1590 Bürgermeister in Oldesloe

36. Claus Gieseler
Kirchgeschworener in Neumünster

42. Claus Petersen
Bürger und Kaufmann in Schleswig
verheiratet mit

43. Catharina ...

46. Anton Blankenbiehl
1565 bis 1609 Organist an der Nikolaikirche in Kiel
gestorben zwischen dem 29. Dezember 1607 und April 1608

52. Berend Münden der Ältere
zweiter Bürgermeister in Schleswig
geb. etwa 1519 in Medebach/Westfalen
gestorben Schleswig 23. Januar 1586
verheiratet mit

53. Gesche Hartien
geboren etwa 1524
gestorben Schleswig 15. Oktober 1590
(Epitaph des Ehepaares Münden befindet sich im Schleswiger Dom)

54. Eberhard Esich
Oberalter und Ratsverwandter in Hamburg, Amtmann in Bergedorf
geboren 1546
begraben am 27. August 1616 in der Catharinenkirche in Hamburg
verheiratet mit

55. Anna Elmenhorst
gestorben 1615

56. Marx Callesen
Stiftsvogt in Füsing
verheiratet mit

57. Susanne Kosen

VI. Ahnengeneration

104. Johann Münden
Kauf- und Handelsmann in Medebach/Westfalen
verheiratet mit

105. Margaretha ...

106. Nicolaus Hartien
Ratsverwandter in Buxtehude
verheiratet mit

107. Margaretha von Schiren

108. Johann Esich
1558 bis 1562 Bürgermeister in Bremen, verließ 1562 Bremen wegen der calvinistischen Unruhen und ließ sich in Braunschweig nieder
geboren Bremen 1518
gestorben Braunschweig 23. September 1578
verheiratet mit

109. Gesche Speckhan
geboren 1527
gestorben Braunschweig 22. November 1581

110. Geverhard (Gevert, Gebhard) Elmenhorst oder Delmenhorst
Wandschneider und Ratsherr in Hamburg
gestorben Hamburg 25./28. Februar 1586
(verheiratet in II. Ehe mit Anna Niebur verwitwete Langermann)
verheiratet in I. Ehe vor 1561 mit

111. Margaretha von Bergen

VII. Ahnengeneration

216. Heinrich Esich
1522 bis 1533 Senator in Bremen
geboren Bremen 1475, gestorben ebd. 25. Januar 1533
verheiratet Bremen 1500 mit
217. Wommel Kindt
gestorben 1531
218. Eberhard/Everdt Speckhan
Ratsherr, Ältermann u. Kaufherr in Bremen
geboren Bremen um 1480
gestorben nach dem 7. August 1529 (Tag der Testamentsschreibung)
(verheiratet in II. Ehe 1522 mit Metta von Borken)
verheiratet Bremen 1511 mit
219. Lucke Brand
geboren um 1490, gestorben vor 1522
220. David Elmenhorst
in Buxtehude
222. Johann von Bergen
Ratsverwandter in Hamburg, tot 1561

VIII. Ahnengeneration

432. Arend Esich
1458 Ratsherr in Bremen
verheiratet 1454 mit
433. Gretje Take
434. Eler Kindt
Bürgermeister und Ratsherr in Bremen 1500, 1503
gestorben 1524 oder 1526
verheiratet 1448 mit
435. Hille Grund
436. Bernhard (Berend) Speckhan
1468 Ratsherr in Bremen, 1487 Verwalter des St.-Jürgen-Hospitals
geboren um 1430, gestorben 1502
verheiratet mit
437. Gesa Brand
438. Johann Brand (de Olde)
Bürgermeister in Bremen (lt. Leichenpredigt von Christian Münden)
geboren 1453, gestorben 1515
verheiratet 1486 mit
439. Beke Schermbeke
444. Evert von Bergen
in Hamburg

IX. Ahnengeneration

864. Johann Esich
1430 bis 1436 Senator in Bremen, legt 1408 Bürgereid ab
gestorben 14. Juni oder 10. November 1437
verheiratet mit
865. Wubke von Varle
gestorben 1448
866. Hermann Take
1455 bis 1466 Ratsherr in Bremen, 1448 Bürgermeister
verheiratet mit
867. Matje Zierenberg
868. Eler Kindt
1460 bis 1471 (73) Ratsherr in Bremen
870. Hilmar Grund
1448 Ältermann des Kaufmanns
verheiratet mit
871. Grete ...
872. ? Evert Speckhan
874. Daniel Brand
seit 1426 im Rat der Stadt Bremen, 1429 bis 1433 außerhalb Bremens, danach Wiedereinsetzung in den Rat, zuletzt auch Bürgermeister
gestorben Bremen 1460, begraben St. Ansgarii
verheiratet mit
875. Wubbeke von Gröpelingen
gestorben nach 1467
beide erhielten 1435 auf 10 Jahre vom Bremer Rat Schloß und Herrschaft Stotel
876. Johann Brand
Kaufmann in Bremen
gestorben 1465
verheiratet Bremen am 22. Februar 1449 mit
877. Gretke von der Hude
gestorben 1518
(verheiratet in II. Ehe 1466 mit Claus Gröning, gestorben 1483/85)
878. Heinrich Schermbeke
Bürgermeister und Ratsherr in Bremen
verheiratet mit
879. Lucke von Gröpelingen

X. Ahnengeneration

1728. Nicolaus Esich
Kanonikus an St. Ansgar in Bremen, resignierte um sich zu verheiraten, wurde 1377 Bürger in Bremen
1730. Goslebe von Varle
in Bremen
verheiratet mit
1731. Alke von Haren
1734. Heinrich Zierenberg
Ratsherr in Bremen
verheiratet um 1450 mit
1735. Catharina Duckel
1736. Eler Kindt der Jüngere
1406 Geschworener, 1415 bis 1416 Ratsherr in Bremen
gestorben 8. Dezember 1416
verheiratet mit
1737. Gesa ..., 1416 Witwe

1748. Hinrich Brand
erbgesessen a. d. Riensberg, 1372 Bürgereid in Bremen
geboren um 1350, gestorben nach 1396
verheiratet um 1385 mit
1749. Köneke von Rüten / de Ruten
1752. Daniel Brand = 874.
1753. Wubbeke von Gröpelingen = 875.
1754. Hinrich von der Hude
1408 Bürgereid, 1410 bis 1427 und 1433 bis 1459 im Bremer Rat, 1427 Bürgermeister, Großkaufmann
gestorben 1459
(verheiratet in I. Ehe mit Margareta, Witwe des Heinrich Vredelake)
verheiratet in II. Ehe mit
1755. Geseke von Dettenhusen
gestorben etwa 1492

XI. Ahnengeneration

3456. Johann Esich
gestorben Bremen 1349
verheiratet 1336 mit
3457. Lucke von Bucken
begraben Bremen-St. Ansgar 1363
3460. Lüder von Varle
in Bremen
verheiratet mit
3461. Wöbbeke von Gröpelingen
3462. Johann von Haren
1359 und 1360 Ratsherr in Bremen
verheiratet mit
3463. Elisabeth ...
1354/55 gen.
3468. Hinrich Zierenberg
Bürgermeister in Bremen
gestorben ebd. September 1459
verheiratet um 1410 mit
3469. Hille Prindenay
3470. Herbord Duckel
1408 bis 1424 Ratsherr, 1419 Bürgermeister in Bremen, verläßt 1425 Bremen
verheiratet mit
3471. Barteke von der Hude
3472. ... Kindt in Bremen
3496. Johann Brand
erwarb 1360 den Gutshof Riensberg, seit 1364 Ratsherr, 1390 Bürgermeister in Bremen, gestorben am 28. April 1405
verheiratet mit
3497. Gertrud ...
3508. Detward von der Hude
geboren um 1345, 1378 bis 1422 Ratsherr, 1417 bis 1423 Bürgermeister in Bremen, gestorben 21. Januar 1430
verheiratet mit
3509. Anna Doneldey
gestorben vor 1412
3510. Gerd von Dettenhusen
seit 1392 Ratsherr, seit 1414 Bürgermeister in Bremen
gestorben nach 1443

XII. Ahnengeneration

6912. Johann Esich
Senator in Hamburg 1299
6914. Nicolaus von Bucken
lebte 1310 in Bremen
6922. Johann von Gröpelingen
1303 in Bremen erwähnt
6924. Johann von Haren
1327 bis 1345 Ratsherr in Bremen
verheiratet mit
6925. Hille ...
6936. Johann Zierenberg
gestorben Bremen 2. Februar 1405
verheiratet um 1380 mit
6937. Lücke Hellingstede
6938. Martin Prindeney
1360 bis 1387 Ratsherr, 1376 Bürgermeister in Bremen, 1388 tot
verheiratet mit
6939. Margarethe von Ruten
(lt. Lübke, Bremer Rat ...: Elisabeth Olde, 1388 bis 1390 Witwe)
6940. Heinrich Duckel
1383 bis 1410 Ratsherr in Bremen
verheiratet mit
6941. Alker von der Tiver
6942. Detward von der Hude = 3508.
6943. Anna Doneldey = 3509.
6944. Eler Kind
1332 bis 1350 Ratsherr in Bremen, gestorben 1350 (? Pest)
6992. Johann Brand
verheiratet mit
6993. Womele von Werve
beide legten 1332 in Bremen den Bürgereid ab
7016. Lüder VI. von der Hude
1332 Knappe, seit 1340 Bürger in Bremen, erwähnt 1311 bis 1349
verheiratet mit
7017. Elisabeth Prindeney
sie wurde 1340 vom Erzbischof in den Adelsstand erhoben
7020. Bernhard von Dettenhusen
seit 1330 Ratsherr, 1376 Bürgermeister in Bremen

XIII. Ahnengeneration

13824. Bertram Esich
1258 Senator in Hamburg
13844. Cord von Gröpelingen
1283/84 Ratsherr in Bremen, 1303 tot
verheiratet mit
13845. Mechthild ...
Witwe 1303

13848. Johann von Haren
1285 bis 1324 Ratsherr in Bremen
verheiratet mit
13849. Adelheid ...
1356 tot
13872. Hinrich Zierenberg
gestorben 1366
13874. Hinrich Hellingstede
1407, 1414 bis 1421 Ratsherr, seit 1419 Bürgermeister in Bremen
13876. Dietrich Prindeney
1319 bis 1334 Ratsherr in Bremen
13878. Hermann von Ruten
1327 bis 1354 Ratsherr und Bürgermeister in Bremen
gestorben Bremen 1363 oder 1356
13880. ? Johann Duckel der Jüngere
1330 bis 1348 Ratsherr in Bremen, 1349 verbannt
13882. Albert von der Tiver
1330 bis 1348 Ratsherr in Bremen
13984. Johann Brand
legt 1311 in Bremen den Bürgereid ab, genannt noch 1328
14032. Friedrich I. von der Hude
Knappe 1278 bis 1292, Ritter 1300 bis 1311
verheiratet mit
14033. Lutgardis (möglicherweise von Holenbeke)
14034. Martin Prindeney
1313 und 1316 Ratsherr in Bremen

XIV. Ahnengeneration

27648. Esich/Esicus
lebte 1225, im Senat in Hamburg
27688. Segebardo von Gröpelingen
lebte 1262 in Bremen
27696. Johann von Haren
1257 bis 1276 Ratsherr in Bremen
27744. Dietrich Zierenberg
Bürgermeister in Reval
gestorben (Reval) 6. Dezember 1345
27748. Dietrich Hellingstede
1351 bis 1367 Ratsherr in Bremen
verheiratet mit
27749. ... Growe
27756. Friedrich von Ruten
1306 bis 1318 Ratsherr in Bremen
27760. Harbold Duckel
1314 bis 1340 Ratsherr in Bremen, 1342 tot
27764. Hinrich von der Tiver
lebte 1294 bis 1326 in Bremen
27768. Johann Brand
gestorben am Beatustage 1305
verheiratet mit
27769. Grete Gröning
gestorben nach 1302
28064. Martin II. von der Hude
erwähnt als Knappe 1259 bis 1267, als Ritter 1271 bis 1292
gestorben vor 1303
verheiratet mit
28065. N – möglicherweise eine geborene von Stelle

XV. Ahnengeneration

55376. Lüder von Gröpelingen
1250 bis 1260 Ratsherr in Bremen
55488. Hugo Hinrich Zierenberg
gestorben 11. September 1319
soll zum Ritter geschlagen sein
55498. Claus Growe
55512. Sievert von Ruten
1278 bis 1286 Ratsherr in Bremen
55528. Abel von der Tiver
1306 Ratsherr in Bremen
56128. Alard I. von der Hude
erzbischöflicher Ministerialer und Ritter 1218 bis 1241
verheiratet mit
56129. Conegundis (mit ziemlicher Sicherheit eine geb. von Marssel, Mercele)
gestorben 1226

XVI. Ahnengeneration

110996. Hermann Growe
1331 Bürgereid, 1353 Ratsherr in Bremen
verheiratet mit
110997. Alheyd ..., 1331 Bürgereid in Bremen
111024. Rudolf von Ruten
1261 bis 1292 Ratsherr in Bremen, 1300 tot
verheiratet mit
111025. Elisabeth Doneldey
1324 tot
111056. Hillewerd von der Tiver
1264 Ratsherr in Bremen
112256. Lüder I. von der Hude
erzbischöflicher Ministerialer 1185 bis 1194
verheiratet mit
112257. N. (wahrscheinlich eine geb. de Brema, Schwester des brem. Vogts Alard I.)

XVII. Ahnengeneration

222048. Hillebrand von Ruten
1251 bis 1260 Ratsherr in Bremen
222050. Hinrik Doneldey der Ältere
1243 bis 1278 Ratsherr in Bremen, 1295 tot

XVIII. Ahnengeneration

444096. Rudolf von Ruten
1248 bis 1272 Ratsherr in Bremen
444100. ? Albert Doneldey
1233 bis 1238 Ratsherr in Bremen

STAMMTAFEL DER NACHKOMMEN VON CASPAR V. SALDERN

(Nach: Nordelbingen, Bd. 6, 1927, Seite 473–493)

Caspar von Saldern
getauft am 28. Juli 1711 in Apenrade
gestorben am 31. Oktober 1786 in Schierensee
verheiratet am 18. Juli 1737 mit Catharina Lucia Thiede, getauft am 20. Februar 1720 in Neustadt, begraben am 4. Mai 1742 in Neumünster

Anna Maria von Saldern
geboren 1738 [?]
gestorben am 12. Dezember 1773 in Hamburg
überführt nach Bordesholm 1774

Ludwig Friedrich
getauft am 24. Juni 1740 in Ottenbüttel
begraben am 7. August 1740 in Hohenaspe

Carl Hinrich von Saldern
geboren am 17. Mai 1739 [?]
gestorben am 11. Oktober 1788 in Schierensee
verheiratet 1771 [?] mit Friederica Amalia v. d. Kettenburg, Tochter des Oberschenk und Generalleutnants Adam Viktor v. d. Kettenburg, geboren um 1703, gestorben am 20. Mai 1777, verheiratet mit Maria Amalia v. Grimmenstein. Der Oberschenk stammt aus Wüstenfelde in Mecklenburg. Friederica Amalia v. d. Kettenburg wurde am 14. März 1740 in Belitz getauft und starb am 6. April 1793 in Kiel, sie wurde in Bordesholm beigesetzt.

Maria Sophia Charlotte Komtesse von Saldern
geboren am 5. November 1772 in Bordesholm
gestorben am 11. April 1833 in Schierensee
verheiratet am 2. Oktober 1789 in Schierensee mit Christian Friedrich Baron v. Brockdorff, geboren am 7. April 1762 in Klein-Nordsee, gestorben am 1. Januar 1818 in Schierensee

Friederike Marie Sophie Baronesse v. Brockdorff
geboren am 9. Juli 1790 in Schierensee
gestorben am 20. März 1860 in Schierensee
verheiratet am 4. März 1814 in Westensee mit Jean Marie Aimé v. Mesmer-Saldern, geboren am 15. Februar 1776 in Sedan, gestorben am 16. August 1852 in Schierensee

Lorenz Christian Carl Aimé v. Mesmer-Saldern
geboren am 8. Dezember 1815 in Schierensee
gestorben am 9. Januar 1889 in Lübeck, beigesetzt in Westensee
verheiratet am 27. August 1847 in Plön mit Susanne Clara von Warnstedt, geboren am 2. August 1829 in Plön, gestorben am 18. August 1902 in Lübeck

Caspar Hans Bernhard v. Mesmer-Saldern
geboren am 13. Januar 1849 in Annenhof
gestorben am 21. Juli 1883 in Kiel, beigesetzt in Westensee
verheiratet am 16. April 1880 in Helmstorf mit Luise Ernestine von Buchwaldt, geboren am 26. Mai 1859 in Mühlenfeld bei Helmstorf, gestorben am 4. Juli 1947

Joseph Conrad v. Mesmer-Saldern
geboren am 7. Juni 1860 auf Annenhof
gestorben am 4. Dezember 1930, beigesetzt in Westensee

Elisabeth v. Mesmer-Saldern
geboren am 9. Februar 1881 in Rendsburg
gestorben am 19. Februar 1968
verheiratet am 12. Mai 1909 mit Friedrich von Buchwaldt, geboren am 19. Februar 1871 in Pronstorf, gestorben am 4. April 1954, beigesetzt in Westensee

Aimé Caspar v. Mesmer-Saldern
geboren am 16. Juli 1882 in Annenhof
gestorben am 12. November 1905 in Schierensee

Hermann von Buchwaldt
geboren am 11. Oktober 1910 in Berlin
gestorben am [?]
verheiratet am 20. Mai 1939 mit Elisabeth Gräfin von Kielmannsegg, geboren am 22. Januar 1918, gestorben am 7. Dezember 1967

Otto von Buchwaldt
geboren am 6. April 1916 in Kiel
gefallen am [?]

Elsabe von Buchwaldt
geboren am 22. Februar 1940
verheiratet am 11. September 1970 mit Friedrich Graf Baudissin, geboren am 4. Februar 1926

Wolf-Oliver Graf Baudissin
geboren am 4. Juli 1972

STAMMTAFEL DER FAMILIE SCHNEPEL

(Nach Franz Gundlach aus: Nordelbingen, Bd. 5 I, 1926 Seite 63–91)

Detleff Christoffer Schnepel
geboren um 1700, am 10. März 1716 an der Kieler Universität immatrikuliert. Seit dem 20. Januar 1721 Kirchspielvogt in Jevenstedt. Nach einem Konkurs im Jahre 1747 war er seit 1748 Förster bei Kiel. Am 11. Oktober 1757 wurde er Großfürstl. Forstschreiber in Kiel für die Ämter Bordesholm, Neumünster, Cismar, Oldenburg, Trittau, Reinbeck und Tremsbüttel. Er starb um 1769.
Verheiratet mit Anna Elsabe Bruhn, getauft am 16. November 1704 in Heide, gestorben am 18. Februar 1790 in Kiel.

Kinder:

1. Catharina Margarethe Schnepel, geboren am 11. März 1729 in Jevenstedt, verheiratet am 11. August 1768 in Westensee mit dem Großfürstl. Kanzleirat Ludwig Bernhard Klinck, geboren am 15. Juni 1737 in Schleswig, gestorben am 15. April 1811 in Kiel. Cath. M. Klinck starb am 21. März 1811 in Kiel.
2. Hans Caspar Schnepel, Major und Chef der Großfürstl. Dragoner in Kiel, gestorben am 22. Juni 1772 in Kiel.
3. Johann Christoffer Schnepel, geboren in Jevenstedt.
   Königl. Hegereuter in Brokenlande, gestorben um 1798.
4. Friderike Amalie Schnepel, geboren um 1743/1744 in Jevenstedt, verheiratet am 9. April 1787 mit Dr. med. Professor Johann Friedrich Ackermann, geboren am 3. Februar 1726 in Waldkirchen im Vogtlande, gestorben am 2. Juni 1804 in Kiel. Fr. A. Ackermann starb am 19. April 1822 in Kiel.

Die Tochter Caspar von Salderns und der Cath. Marg. Schnepel, Christina Agatha, wurde am 11. Oktober 1757 wahrscheinlich in Schierensee geboren. Sie heiratete am 19. Juni 1778 in Schierensee den Justizrat und Obergerichtssekretär in Gottorp, Moritz Christian Piper, der am 21. Dezember 1744 in Tondern geboren wurde und am 12. März 1815 in Christiansfeld, einem Besitz der Herrnhuter, starb. Christina Agatha, die vom Vater bis zur Heirat von Schnell genannt wurde, starb am 23. September 1839 in Schleswig.

(Nachkommen aus dieser Ehe siehe Nordelbingen, 6. Bd., 1927, Seite 484–493.)

STAMMTAFEL DER NACHKOMMEN DES HERZOGS CHRISTIAN ALBRECHT VON SCHLESWIG-HOLSTEIN-GOTTORP

(Nach: C.-H. Seebach, Das Kieler Schloß. Studien zur schleswig-holsteinischen Kunstgeschichte, Bd. 9, 1965)

Christian Albrecht * 1641 † 1694
⚭ Friderica Amalia von Dänemark * 1649 † 1704

Friedrich IV. * 1671 † 1702
⚭ Hedwig Sophie von Schweden
* 1681 † 1708

Carl Friedrich * 1700 † 1739
⚭ Anna Petrowna von Rußland
* 1708 † 1728

Karl Peter Ulrich (Zar Peter III.)
* 1728 † 1762
⚭ Sofie Augusta v. Anhalt-Zerbst
Katharina II.
Vormund 1762–1772
* 1729 † 1796

Paul I. Zar von Rußland
* 1754 † 1801

Christian August
Vormund 1702–1708
* 1673 † 1726
⚭ Albertine von Baden
* 1682 † 1755

Adolf Friedrich
Statthalter 1739–1745
König von Schweden 1751
* 1710 † 1771
⚭ Luise Ulrike v. Preußen
* 1720 † 1782

Friedrich August
Statthalter 1745–1751 und 1763–1773
* 1711 † 1785
⚭ Friederike von Hessen
* 1722 † 1787

Peter Friedrich Wilhelm
* 1754 † 1823

Johanna Elisabeth
* 1712 † 1760
⚭ Christian August von Anhalt-Zerbst
* 1690 † 1747

Sofie Augusta
(Katharina II.)
* 1729 † 1796
⚭ Karl Peter Ulrich
* 1728 † 1762

Georg Ludwig
Statthalter 1762–1763
* 1719 † 1763
⚭ Sofie von Holstein-Beck
* 1722 † 1763

LITERATURVERZEICHNIS

Jørgen Ahlefeldt-Laurvig und Kai Uldall, Fajencer fra Fabriken i St. Kongensgade, Kopenhagen 1970

Peter Friedrich Arpe, Geschichte des herzogl. Schleswig-Holstein-Gottorpischen Hofes, Frankfurt 1774

Arvid Baeckström, Rörstrand och dess tillverkningar, 1726–1926, Stockholm 1930

Svend Cedergreen Bech, Struensee og hans Tid. Politikens Forlag, København 1972

Ulrich Graf Behr Negendank, Urkunden und Forschungen zur Geschichte des Geschlechtes Behr, 5. Abtlg., VI. Bd. 1. Teil, Verlag Stargardt, Berlin 1897, Seite 350–351 und Stammtafel

Hartwig Beseler, Bericht des Landesamtes für Denkmalpflege Schleswig-Holstein über die Jahre 1970 und 1971, in Nordelbingen, Bd. 41, 1972, Seite 286–290

— Kunst-Topographie Schleswig-Holstein, Karl Wachholtz Verlag, Neumünster, 1969, Seite 617, 652–654

Louis Bobé, Slægten Ahlefeldts Historie, Kjøbenhavn 1897–1912, Verlag Andr. Fred. Høst & Søn

A. de Boor, Beiträge zur Geschichte der Holsteinischen Familie von Saldern, in Zeitschr. f. Schl.-Holst. Gesch., Bd. 30, 1900, Seite 209 bis 248

Hans Caspar Graf v. Bothmer, Schierensee in Vergangenheit und Gegenwart, Jahresarbeit als Oberprimaner der Kieler Gelehrtenschule. Schreibmaschinenabdruck im Landesamt für Denkmalpflege 1961

Otto Brandt, Caspar von Saldern und die nordeuropäische Politik im Zeitalter Katharinas II. Verlag Palm & Enke, Erlangen, und Walter G. Mühlau, Kiel 1932

Justus Brinckmann, Hamburgisches Museum für Kunst und Gewerbe. Beschreibung des europäischen Porzellans und Steingutes, Hamburg 1894

von Brockdorff, in Neue Schleswig-Holsteinische Provinzialberichte, 1. Jg. 1811, Kiel, Seite 733 bis 734

A. Bugge und Th. Kielland, Nordeuropaeiske fajanser fra 16de til 18de aarhundrede. (Ausstellungskatalog des Kunstindustriemuseums) Kristiania 1918

Rudolf Bülck, Geschichte der Kieler Universitätsbibliothek, herausgegeben von Wilhelm Klüver, Verlag Burkhardt, Eutin, 1960, Seiten 65, 66, 69, 92–94

Ernst Bulbeck, Die Katharinenkirche in Großenaspe. Verlag C. H. Wäser, Bad Segeberg, 1968, Seite 9–21

R. J. Charleston, Transfer-Printing on Swedish Faience, in The Connoisseur, Bd. 146, London 1960, Seite 91–96

— Sölvesborg. A little-known Swedish Faience Factory, in The Connoisseur, Bd. 153, London 1964, Seite 25–30

Torben Holck Colding, Om Vigilius Eriksen og hans Eaerkstad i Rusland, Sonderdruck aus C. L. Davids Samling IV, Jubilaeumsskrift 1945–1970, Seite 3 ff.

Caspar Danckwerth, Newe Landesbeschreibung . . ., Husum (1562)

A. G. Denken, Reise von Bremen nach Holstein, Bremen 1797, in Schl.-Holst. Prov.-Berichte 1797, Heft 6, Seite 164–165

Domeyer, Opferaltäre in Schleswig-Holsteinische Provinzialberichte, 3. Jg. 1789, 2. Heft, Seite 169–170

H. Eckhardt, Schleswig-Holsteinische Herrensitze, Schierensee, in Niedersachsen, Jg. 8, 1902/03, Seite 26

Gunilla Eriksson, Fajansfabriken i Sölvesborg, in Kulturen. En årsbok till medlemmarna av Kulturhistoriska föreningen för södra Sverige, Lund 1966, Seite 109–148

N. Falck, Handbuch des Schleswig-Holsteinischen Privatrechts, Bd. 1, Verlag Joh. Fr. Hammerich, Altona, 1825, Seite 338–343

— Neues Staatsbürgerliches Magazin, 2. Bd., Schleswig 1834, Seite 618

H. Forneron, Histoire générale des émigrés. Tome troisième. Librairie Plon, Paris 1890, Seite 126–127

Oeuvres posthumes de Frederic II, Roi de Prusse, Tome V., chez Voss et Fils et Decker et Fils, Berlin 1788, Seite 23, 24, 89

Die Werke Friedrichs des Großen, 5. Band, herausgegeben von G. B. Volz, deutsch von Fr. v. Oppeln-Bronikowski, Verlag Reimar Hobbing, Berlin 1913, Seite 10, 38–39, 43

Jahrbuch des Angler Heimatvereins. 14. Jg. 1950, Kappeln, Erwin Freytag, Johann Adam Richter, der Erbauer der Kirche in Kappeln und seine Sippe

Eduard Fuchs und Paul Heiland, Die deutsche Fayence-Kultur, München 1925

Johann Georg Theodor Graesse und Friedrich Jaennicke, Führer für Sammler von Porzellan und Fayence, Steinzeug, Steingut usw., 21. Aufl., Braunschweig, Berlin 1967

Franz Gundlach, Caspar von Saldern, seine Herkunft und seine Frauen . . ., in Nordelbingen, Bd. 5, 1926, Teil I, Seite 63–91

— Die Nachkommen Caspar von Salderns mit Stammtafel, in Nordelbingen, Bd. 6, 1927, Seite 473–494

Johannes Habich, Georg Dehio, Handbuch der Deutschen Kunstdenkmäler, Hamburg, Schleswig-Holstein, Deutscher Kunstverlag, 1971, Seite 558, 563–565

Handelmann, Kaspar v. Saldern, in Allgemeine Deutsche Biographie, Bd. 30, Verlag Duncker & Humboldt, Leipzig 1890

Emil Hannover, Keramisk Haandbog. Fayence, Maiolika, Stentøj, Bd. 1, Kopenhagen 1919

Georg Hansen, Das Amt Bordesholm, Kiel 1842, Seite 9

Hansen, Nachtrag zur Geschichte der Holsteinischen Familie von Saldern. in Z. f. Schl.-Holst. Gesch., Bd. 31, 1901, Seite 208–216

Oswald Hauser, Staatskunst und sittliche Vernunft, das Wirken der Bernstorffs in Dänemark, in Geschichte in Wissenschaft und Unterricht, Schwittelverlag GmbH, Offenburg/Baden 1951, Heft 5

Paul v. Hedemann, Die ältere Geschichte der Kirche zu Westensee, Z. f. Schl.-Holst. Gesch., Bd. 28, Seite 16

Paul v. Hedemann-Heespen, Die Salderns und Schierensee, in Kieler Neueste Nachrichten vom 17. Dezember 1930

Paul v. Hedemann gen. v. Heespen, Geschichte der adeligen Güter Deutsch-Nienhof, und Pohlsee in Holstein, Verlag J. Bergas, Schleswig 1906, Teil 1–3

Paul v. Hedemann-Heespen, Heimatbuch des Kreises Rendsburg, Verlag H. Möller & Söhne, Rendsburg 1922, Seite 396–436

Wilhelm v. Hedemann und Paul v. Hedemann gen. v. Heespen, Geschichte der Familie von Hedemann, I. Teil, Seite 164–173

Otto von Heinemann, Die Handschriften der herzoglichen Bibliothek zu Wolfenbüttel, IV. Abtlg., Die Gudischen Handschriften, Verlag J. Zwissler, Wolfenbüttel, 1913, Seite XIII–XVII

Carl Hernmarck, Marieberg. En lysande representant för svenskt sjuttonhundratal, Stockholm 1946

— Fajans och porslin. Svensk keramik före 1850, Stockholm 1959

Hieronymus Henninges, Genealogia aliquot Familiarum, Hamburg 1590

Georg Hille, in Z. f. Schl.-Holst. Geschichte, Bd. 39, Seite 152: Vom Grafen Woldemar Friedrich v. Schmettow

C. C. L. Hirschfeld, Theorie der Gartenkunst, Teil II, Leipzig 1780, Seite 137 ff.

Peter Hirschfeld, Herrenhäuser und Schlösser in Schleswig-Holstein, Deutscher Kunstverlag, 1953, Seite 198–204

E. Holm, Caspar von Saldern und die dänisch-norwegische Regierung, in Historisk Tidsskrift, 4. Reihe, 3. Bd., Bianco Lunos Bogtrykkeri, Kjøbenhavn

Elling Holst und Henning Alsvik, Hamburgische und schleswig-holsteinische Fayencen in Norwegen, in Nordelbingen, Bd. 13, Flensburg, Heide in Holstein 1937, Seite 168–205

Konrad Hüseler, Die Kieler Fayence-Manufakturen, in Mitteilungen der Gesellschaft für Kieler Stadtgeschichte, Nr. 32, Flensburg 1923, Seite 42–81

— Deutsche Fayencen. Ein Handbuch der Fabriken, ihrer Meister und Werke, 3 Bde., Stuttgart 1956–1958

Gotthard Jedlicka, Vom privaten und öffentlichen Sammeln, in Der Sammler und die Seinigen, Köln 1966

Olaf Klose und Christian Degn, Die Herzogtümer im Gesamtstaat, 1721–1830, in Geschichte Schleswig-Holsteins, Bd. 6, Karl Wachholtz Verlag, Neumünster, 1960, Seite 74–88, 137–138

Sebastian Kortholt, MONUMENTUM MEMORIAE VIRI! PETRI MARQUARDI DE GODEN . . ., LITTERIS VIDUAE IO. CHRIST. REUTHERI, ACAD. QUONDAM TYPOGR., KILONII, 1729

P. Lafue, Louis XVIII. Paris, Les Ed. de France, 1944

Erik Lassen, Keramik. En gennemgang af keramikkens historie i Europa fra middelalderen til vor tid, Kopenhagen 1968

Alfred Lichtwark, Der Sammler. Sonderdruck aus dem ersten Band einer Auswahl seiner Schriften, Offenbach am Main 1922

Vilh. Lorenzen, Rantzauische Burgen und Herrensitze im 16. Jahrhundert, Verlag J. Bergas, Schleswig 1913, Seite 62, Tafel X

J. Lucas-Dubreton, Louis XVIII., le prince errant, le roi. Documents inédits. Paris, Michel 1952

Henrik Lungagnini, Die Fayencensammlung im Herrenhaus Schierensee, in Die Kunst und das schöne Heim, Jg. 85, Heft 1, München 1973

H. Lütjohann, Vom Lehmfachwerk zum Ziegelbau niedersächsischer Bauernhäuser in Mittelholstein, in Nordelbingen, Bd. 12, 1938, Seite 376 ff.

Klaus Zoege v. Manteuffel, Eine Fayencefabrik des 18. Jahrhunderts in Reval, in Der Cicerone, Jg. 6, Leipzig 1914, Seite 559–570

Richard Marsson, Die Stralsunder Fayencefabrik, 1757–1790, Berlin 1928

Friedrich von Matthiesson, Erinnerungen, Bd. II, Seite 47, Zürich 1810

Manfred Meinz, Die Altonaer Fayencemanufaktur. Ihre Produktion und ihre Geschichte, in Keramos, Heft 58, 1972. Seite 15–26

Fr. J. L. Meyer, Darstellungen aus Nord-Deutschland, Verlag Hoffmann & Campe, Hamburg, 1816, Seite 261–272

Gustav Friedrich Meyer, Amt Rendsburger Sagen, Rendsburg 1925, Verlag der Schleswig-Holsteinischen Landeszeitung, Seite 9, 41

K. Müller und G. Krönert, Leben und Werk von Gottfried Wilhelm Leibniz, Verlag Klostermann, Frankfurt a. M., 1969, Seite 219

Wolfgang J. Müller, Schleswig-Holsteinische Fayencen des 18. Jahrhunderts, Heide in Holstein 1964
Gustaf Munthe, Konsthantverkaren Christian Precht. Ett bidrag till den svenska rokokons historia, Stockholm 1957
Ed. Maria Oettinger, Geschichte des dänischen Hofes von Christian II. bis Friedrich VII., Verlag Hoffmann & Campe, Hamburg, 1857, Seite 242–249
Lauritz Opstad, Herrebøe fajance fabrique. Et norsk industri-eventyr fra rokokko-tiden, Borregaard 1959
Joh. Grünewald und R. Paulsen, Die früheren Ämter Bordesholm, Kiel und Cronshagen, Selbstverlag der Spar- und Leihkasse der früh. Ämter Bordesholm, Kiel und Cronshagen in Bordesholm, 1955, Seite 74–76, 163–175
Georg Pauly, Das Alt-Kieler Bürger- und Adelshaus, Schlesw.-Holst. Verlagsanstalt W. Handorff, Kiel 1924
— Die Raumgestaltung des Alt-Kieler Adelshauses, in Nordelbingen, Bd. 7, 1928, Seite 200–201
Hartwig Peters, Neue Schl. Holst. Lauenb. Provinzial-Berichte, Jg. 1834, Altona, Seite 193–199
Lorenz Petersen, Beiträge zur Geschichte der Fayence-Manufakturen von Kellinghusen, Itzehoe und Pinneberg, in Nordelbingen, Bd. 13, Flensburg, Heide in Holstein 1937, Seite 206–243
P. Piper, Altona und die Fremden, Altona 1914, Seite 109
Heinrich Pöhls, Eine alte Glashütte, in Die Heimat, Bd. 63, 1956, Seite 200
F. Prien, Salderns Absetzung 1748, in Die Heimat, Bd. 41, 1931, Seite 193
— in Holsteinischer Courier, Jg. 1931, Nr. 213, 216, 219, 222
Robert Pries, Das Geheime Regierungs-Conseil in Holstein-Gottorf 1716–1773, in Quellen und Forschungen zur Geschichte Schleswig-Holsteins, Bd. 32, Karl Wachholtz Verlag, Neumünster 1955
E. S. F. Reverdil, Struensee og det danske Hof 1760–1772, København
Otto Riesebieter, Die deutschen Fayencen des 17. und 18. Jahrhunderts, Leipzig 1921
Henning v. Rumohr, Schlösser und Herrensitze in Schleswig-Holstein und in Hamburg, Verlag W. Weidlich, Frankfurt a. M., 1963, Seite 62–64
Herr von Saldern, Biographie Peters des Dritten, nach dem Französischen übersetzt, Petersburg 1800
Ernst Schlee, Kieler Fayencen, Flensburg 1966
G. P. Schmidt genannt v. Lübeck, Der Geheimrath Caspar von Saldern, in Neues Staatsbürgerliches Magazin, Bd. 7, Schleswig 1838, 1. Heft, Seite 1–27
Harry Schmidt, Drei Schlösser am Westensee, Verlag H. Möller Söhne, Rendsburg 1953
Robert Schmidt, Das Glas, Walter de Gruyter & Co., Berlin, Leipzig 1922, Seite 308
Carl-Heinrich Seebach, Das Kieler Schloß, Karl Wachholtz Verlag, Neumünster, 1965, Seite 113–119
August Stoehr, Deutsche Fayencen und Deutsches Steingut, Berlin 1920
Kai Uldall, Signerede Kellinghusenfajencer, in Danske Museer, Bd. 1, Kopenhagen 1950, Seite 93–129
— Daterede Kellinghusenfajencer, in Arv og Eje. Årbog for Dansk Kulturhistorisk Museumsforening, Odense 1959, Seite 54–88
— Gammel dansk fajence. En oversigt med signaturtavler, 2. Aufl., Kopenhagen 1964
— Gammel dansk fajence fra fabriker i kongeriget og hertugdømmerne, 2. Aufl., Kopenhagen 1967
K. A. Varnhagen von Ense, Denkwürdigkeiten des Freiherrn Achatz Ferdinand von der Asseburg, Verlag Nicolaische Buchhandlung, Berlin 1842, Seite 415–433
K. Waliszewski, Autor d'un trône, Catherine II de Russie. Librairie Plon, Paris 1897, Seite 40
Johannes Warncke, Die Stockelsdorfer Fayence-Manufaktur, in Nordelbingen, Bd. 3, Flensburg, Heide in Holstein 1924, Seite 278–324
August Wetzel, Die Reste der Bordesholmer Bibliothek in Kopenhagen, Z. f. Schl.-Holst. Gesch., Bd. 14, 1884, Seite 113, No. 60 b
— Zur Lebensgeschichte Caspar's von Saldern, in Zeitschrift der Gesellschaft für Schleswig-Holstein-Lauenburgische Geschichte, 23. Bd., Univ.-Buchhandlung Kiel, 1893, Seite 271–304
Gerhard Wietek, Kellinghusen und seine Fayencen, Kellinghusen 1953
— Altonaer Fayencen, Ergebnisse einer Ausgrabung, in Altonaer Museum in Hamburg, Jahrbuch 1963, Bd. 1, Seite 95–133
— Neue Funde von Altonaer Fayencen, in Altonaer Museum in Hamburg, Jahrbuch 1965, Bd. 3, Seite 109–118
— Nordeuropäische Fayencen auf Schierensee, Hamburg 1972
J. Nicolai Wilse, Reise-Beobachtungen in einigen der Nordischen Länder, Teil III, Seite 350 bis 357, Verlag S. Poulsen, Kopenhagen 1792
Rudolf Zöllner, Ein hölzerner Rothirsch-Kopf mit echter Jagdtrophäe aus Schwabstedt, in Nordelbingen, Bd. 41, 1972, Seite 26–36
Paul Zubeck, Leonhard Ch. Sturms deutsche Säulenordnung, in Nordelbingen, Bd. 40, Westholst. Verlagsanstalt Boyens & Co., Heide, 1971, Seite 43–53

LANDMASSE UND WÄHRUNGSEINHEIT

1 Pflug Land	Ursprünglich war ein Pflug Land ein Bauernhof, dessen Land mit einem Pflug und dem dazu erforderlichen Vorspann beackert werden konnte. Später ist der Pflug die Einheit, nach welcher die Matrikelanlage der Güter gemacht ist. Ein Pflug Land ist dann eine Steuerquote. (Siehe S. 303, Angaben des Pfarrers Wilse.)
1 Demat	Der Demat bezeichnet ursprünglich ein Stück Wiesenland, das von einem Mann an einem Tag gemäht werden konnte. Das Tondernsche Demat rechnet zu 180 Quadratruten. Eine Quadratrute hat 27,3686 qm.
1 Reichsthaler	= 48 Schilling – 1 Reichsthaler der Zeit um 1770 entspricht 1973 entsprechend den Lebenshaltungskosten einem Wert von 73,– DM.

ARCHIVVERZEICHNIS

A. Sch.	Archiv Gut Schierensee
A. DN	Archiv Deutsch-Nienhof, Abt. II 22, 24 Abt. III 12, 13, 25
KBK	Königliche Bibliothek Kopenhagen, Bibliotheka Danica Bd. III, 1153
RAK	Reichsarchiv Kopenhagen: Depositum von Osten Fra Moltkes og Holsteins privatarkiv Jersbek Privatarkiv, J. H. E. Bernstorff (1712–1772) Arkiv og Hustru Charitas Emilia (1733–1820) Arkiv. Breve til J. H. E. Bernstorff fra Caspar v. Saldern (1767–1770) Tyske Kancelli U. A. Rusland A II, 34 og 35 Kancellirad F. W. Ottes arkiv 1761–1764 Im Reichsarchiv benutzt: Aage Fries, Bernstorfferne og Danmark, Bd. II, Seite 166 Th. Thaulow og J. O. Bro Jørgensen: Udvalgte Breve af J. O. Schack Rathlows Arkiv 1936
LAS	Schleswig-Holsteinisches Landesarchiv zu Schleswig

Abteilung	Nummer der Abteilung	Laufende Nr.
Herzogtum Schleswig-Holstein-Gottorf bis 1713	7 (A XX)	1555, 1594, 3514
Schleswig-Holstein-Gottorfischer (großfürstlicher) Regierungs-Conseil zu Kiel	8.1	169, 173, 577, 613, 615, 1267, 1291, 1299 c
Regierungs-Kanzlei zu Glückstadt	11	6, 8, 1086
Adliges Landgericht	15	230, 452, 518, 550, 865, 885, 907, 1113–1116, 1150, 1364, 1575, 1636, 1757, 2050, 2160, 2221, 2742, 2743, 2858, 2885
Deutsche Kanzlei zu Kopenhagen seit 1730	65.2	1302
Rentekammer zu Kopenhagen	66	4839
Karten	402	A 3, Nr. 50 a, 51 a, 350

Namenregister

(die Namen der Mitarbeiter an den Instandsetzungsarbeiten von 1968–1973 sind kursiv gedruckt)

Tafeln

Stammtafel der Familie Rantzau in Krengerup/Dänemark, 1585

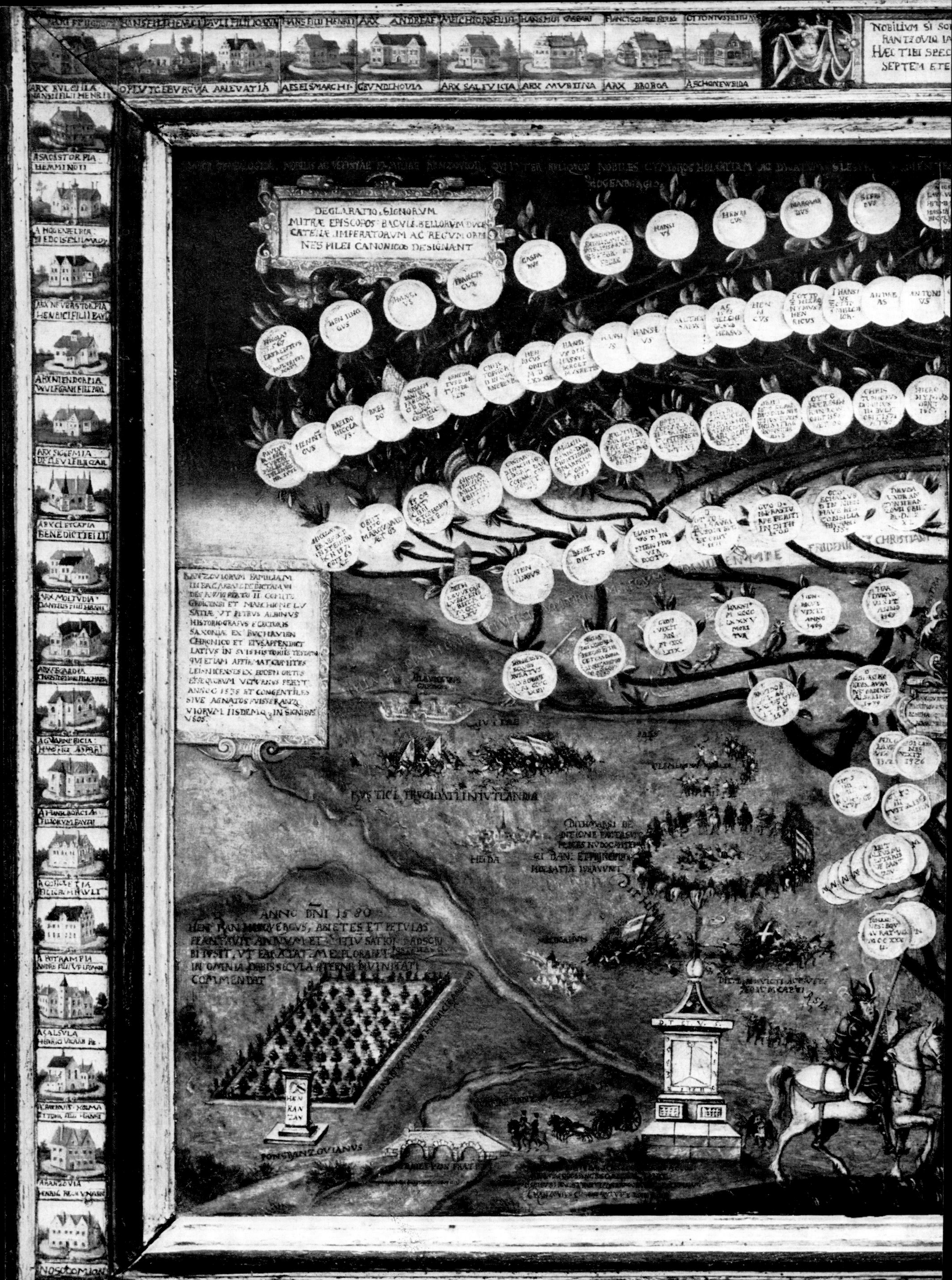
DECLARATIO SIGNORUM
MITRÆ EPISCOPOS BACULI BELLORUM DUCES
CATENÆ IMPERATORUM AC REGUM ORDI
NES PILEI CANONICOS DESIGNANT
PONS RANZOVIANUS

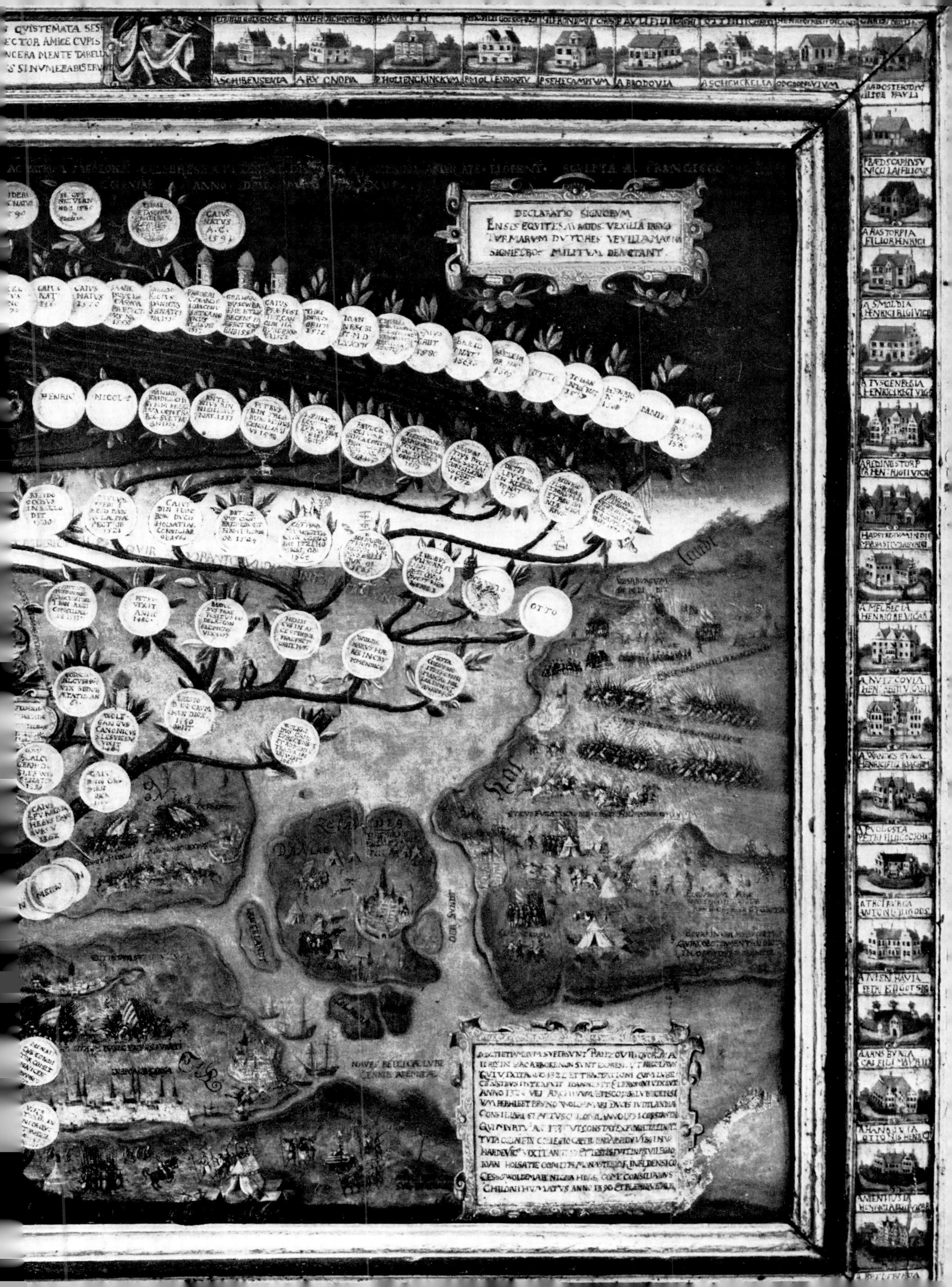
DECLARATIO SIGNORUM
OTTO
HENRIC
CAIUS NATUS A.C. 1591

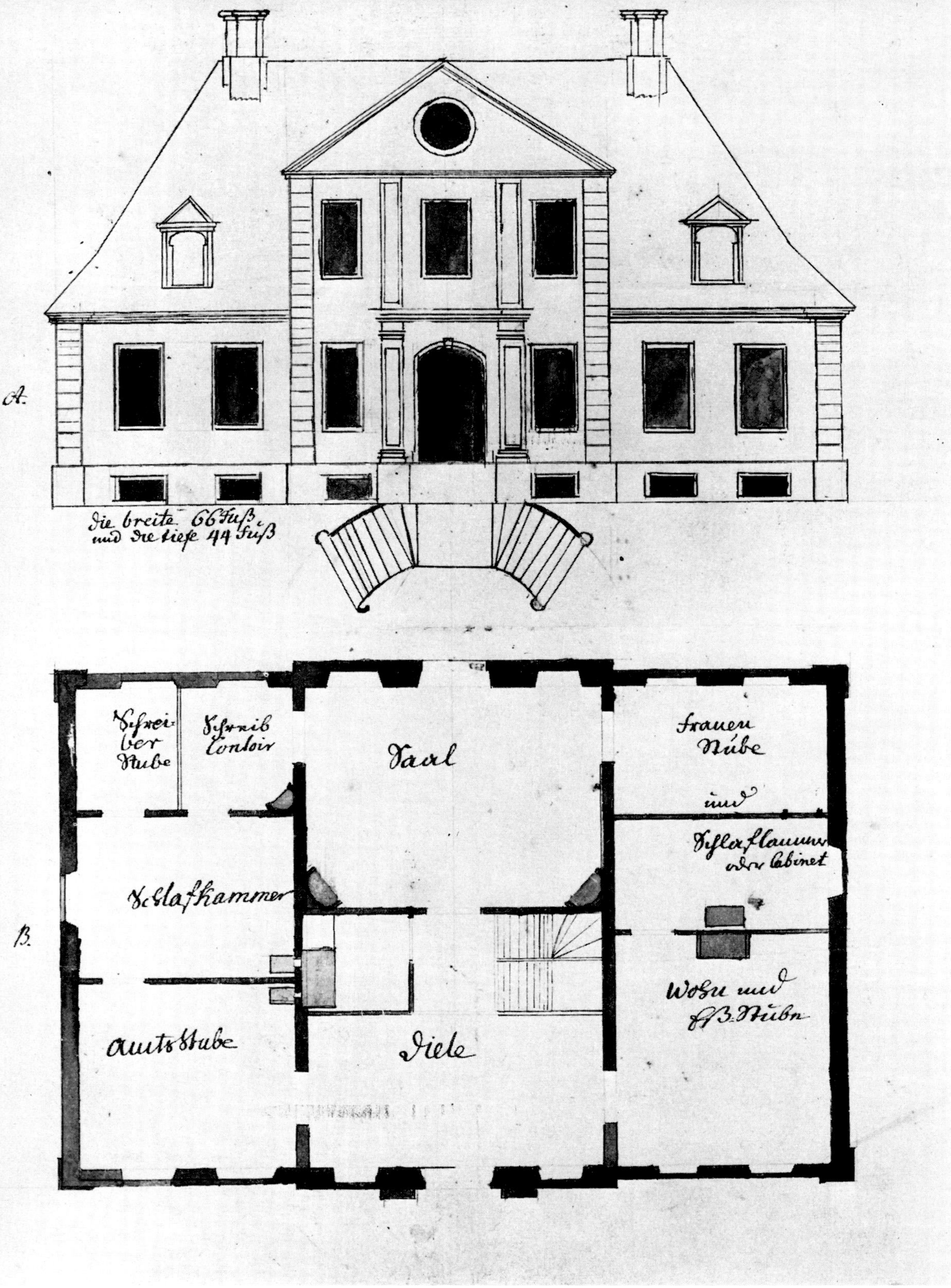

 Amtshaus in Neumünster, Ansicht und Erdgeschoß. Entwurf J. Chr. Förster, 1744

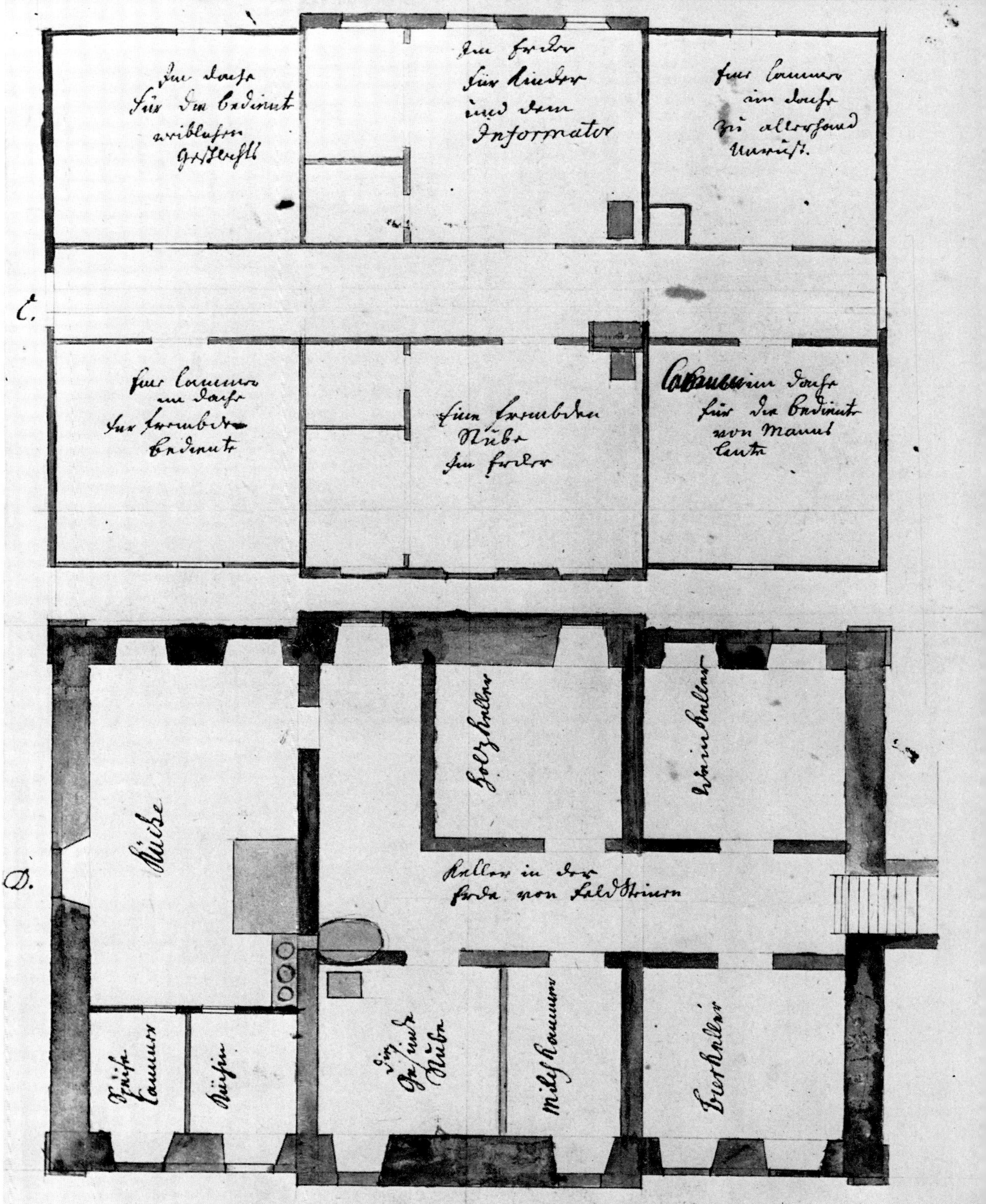

Amtshaus in Neumünster, Dachgeschoß und Keller. Entwurf J. Chr. Förster, 1744

1

2

Das Amtshaus von C. v. Saldern in Neumünster. 1 Vorderansicht; 2 Kaminecke im Saal

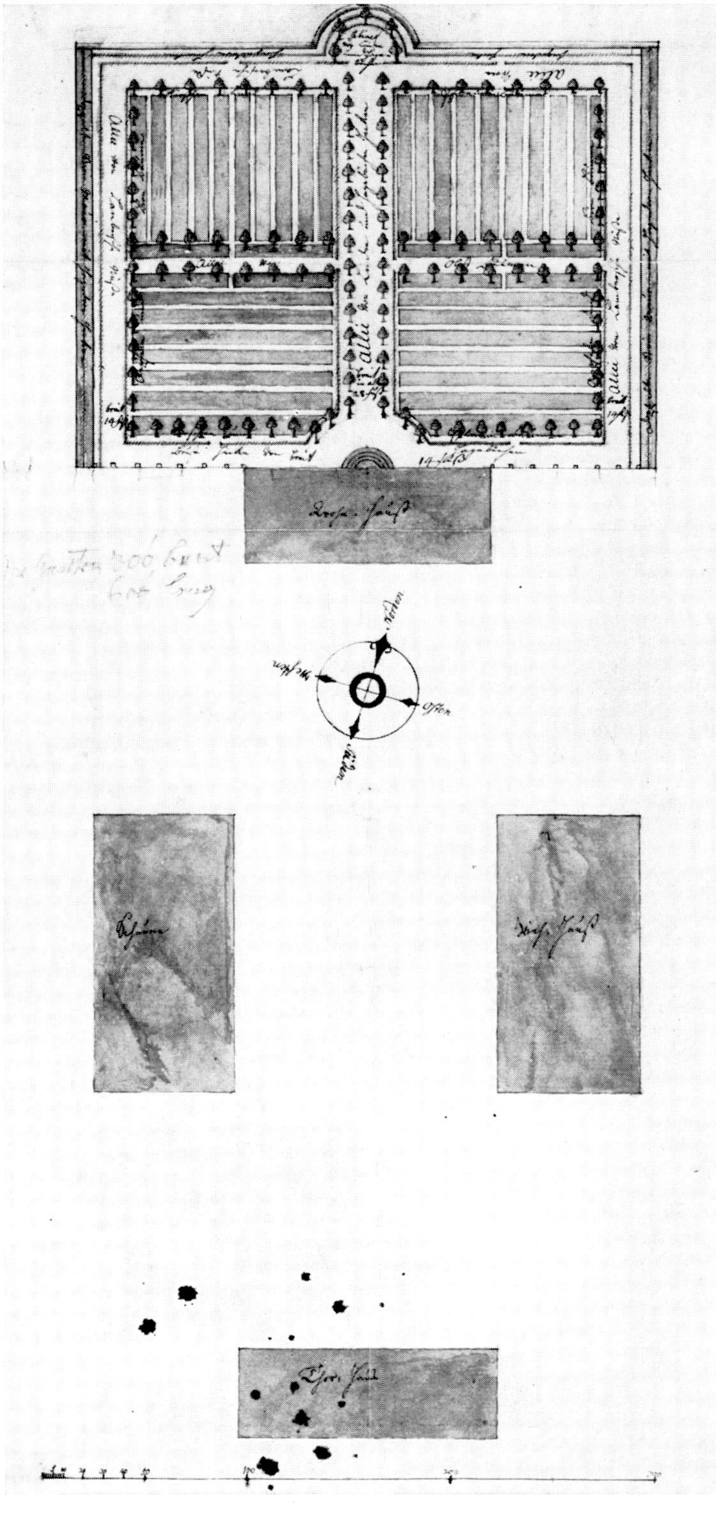

Lageplan vom Annenhof, um 1771

1

2

Gut Annenhof. 1 Um 1775; 2 Um 1850, gezeichnet von A. Hornemann

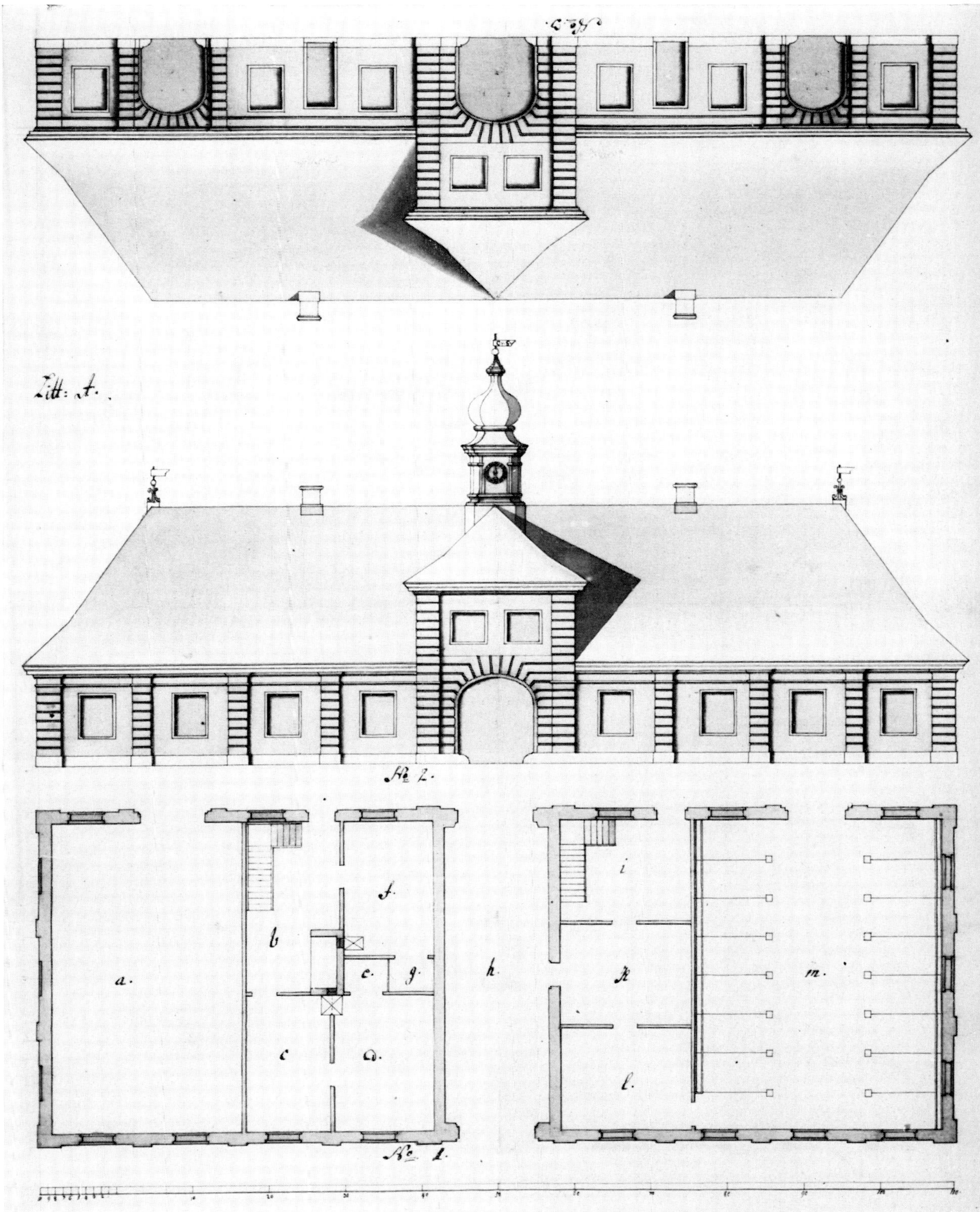

Torhaus für Gut Annenhof. Gezeichnet von J. A. Richter, um 1771

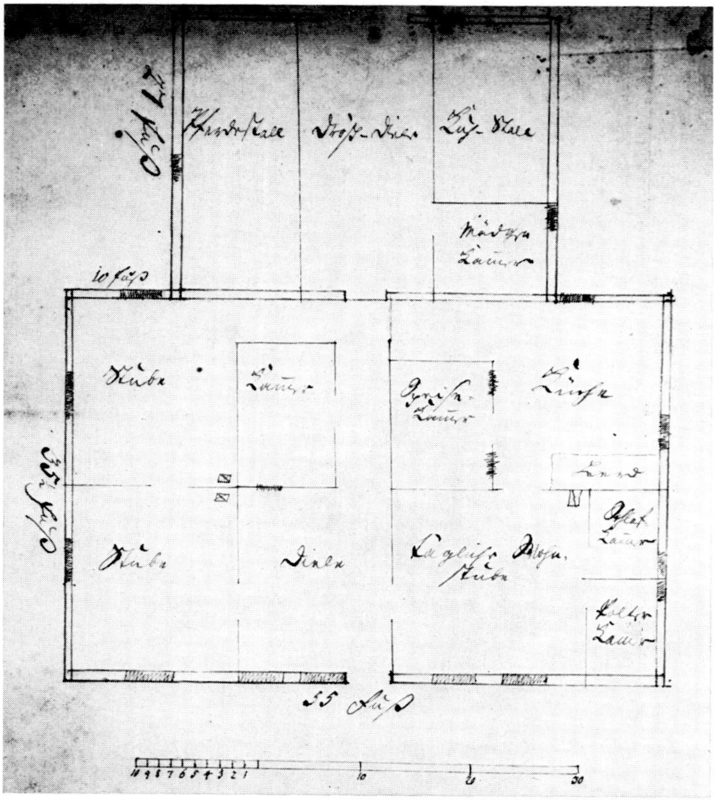

1

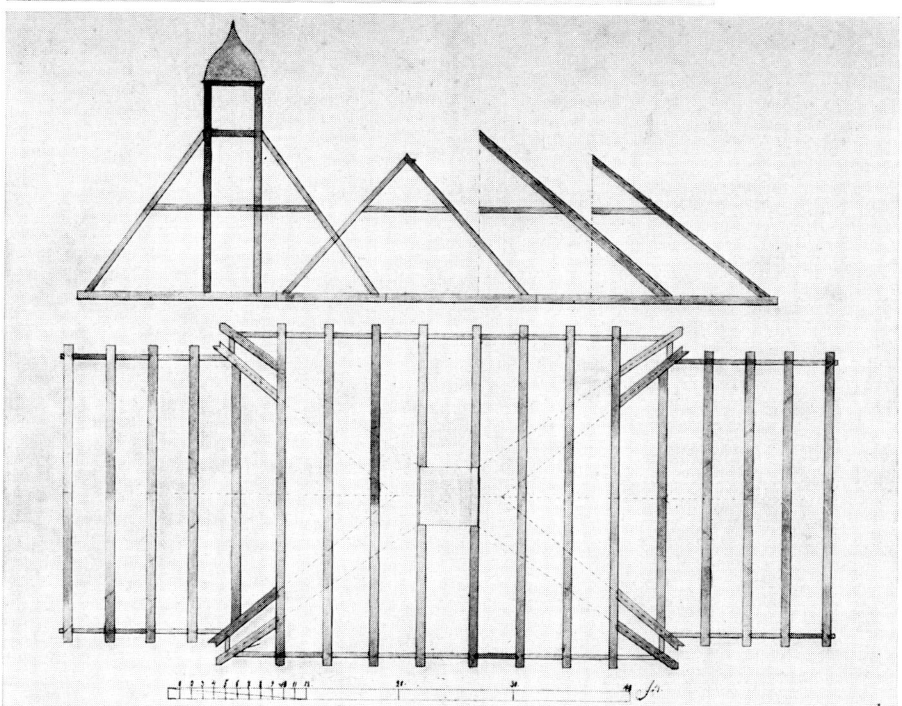

2

1 „Die Lustige Schwester"; 2 Entwurf eines neuen Dachstuhls für Tranquilitati, 1836/37

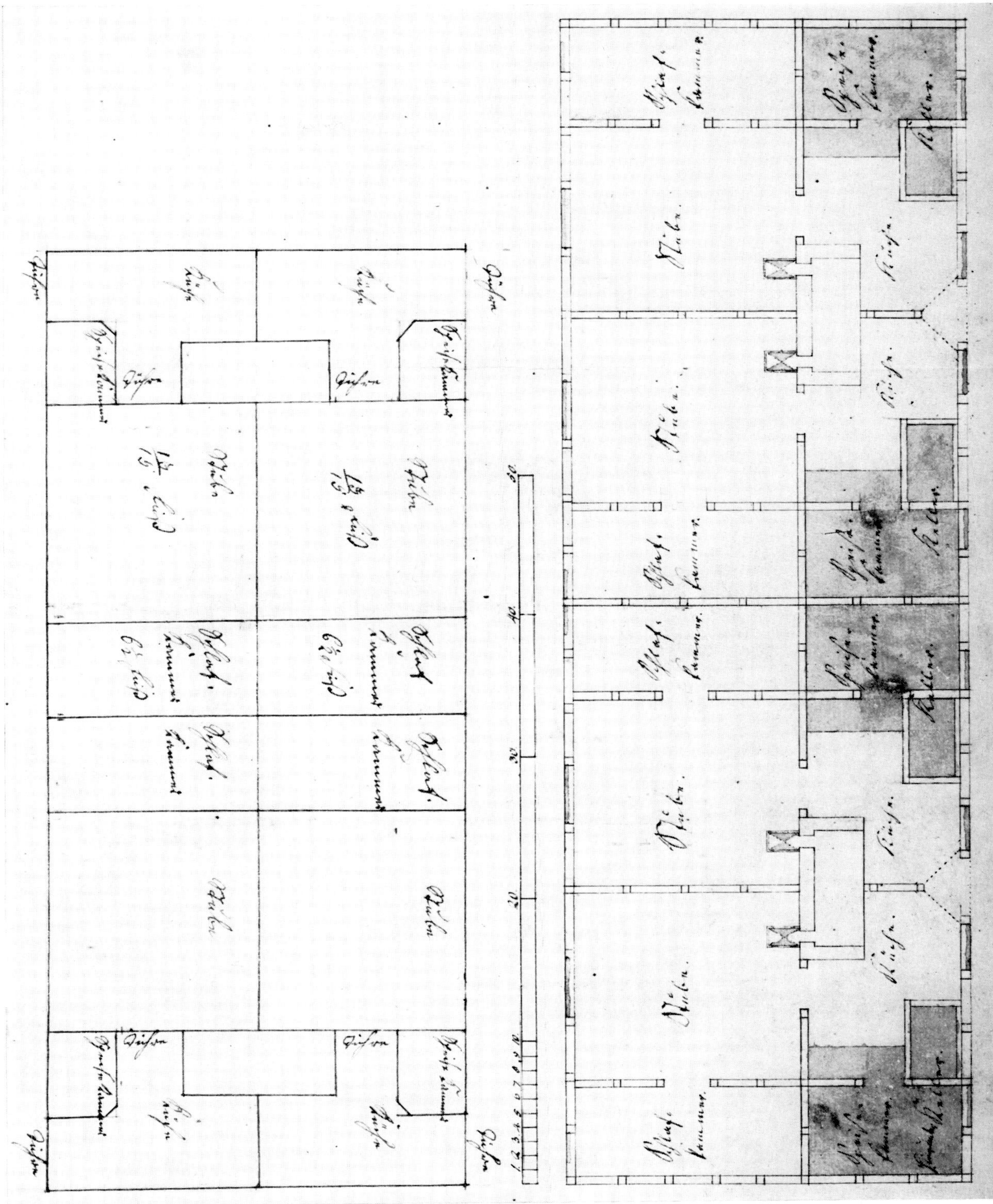

Wohnhaus auf der Grubenkoppel, 1777

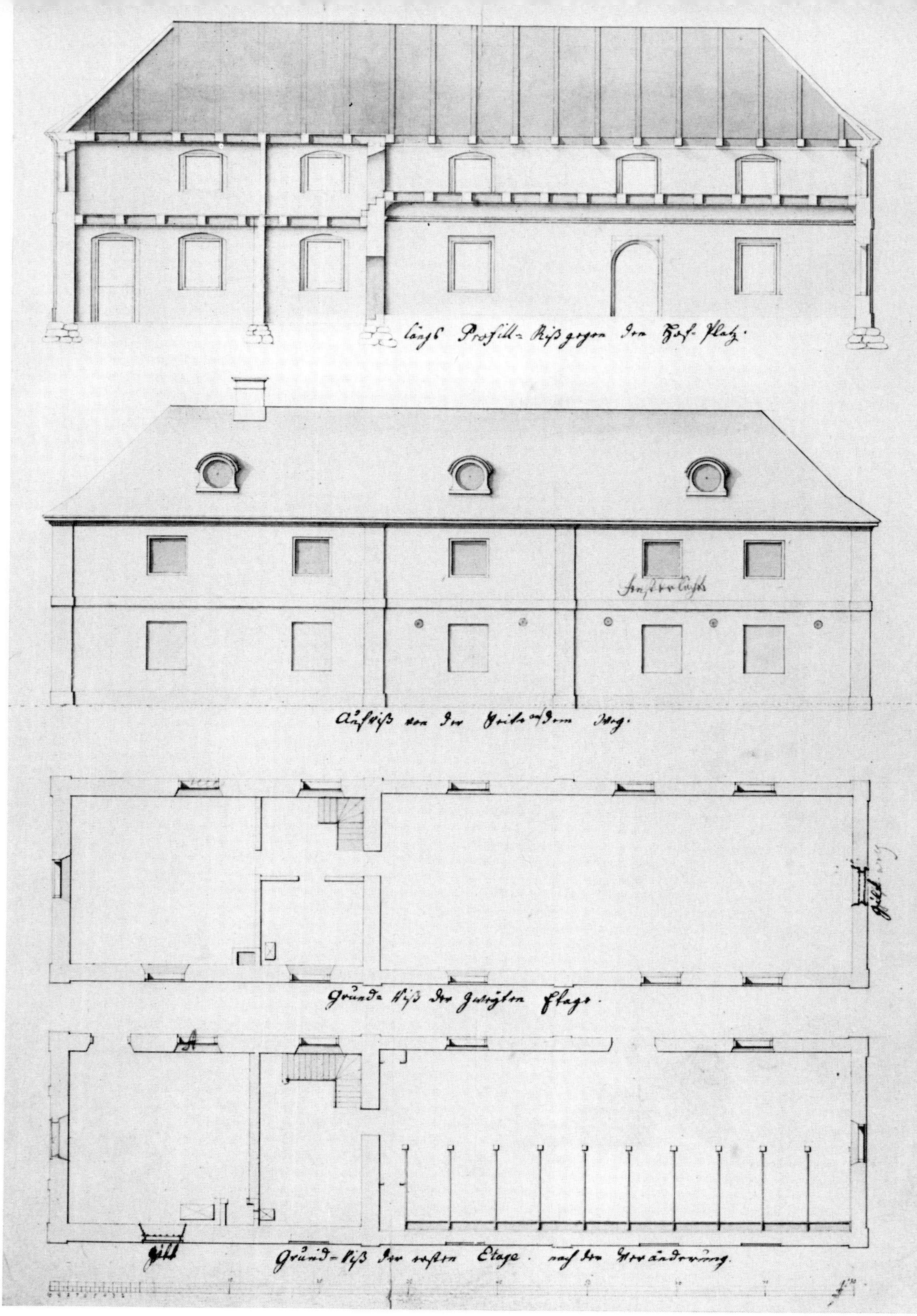

Großer Pavillon. Gezeichnet von J. A. Richter, 1782

Torhaus. Gezeichnet von J. A. Richter, 1782

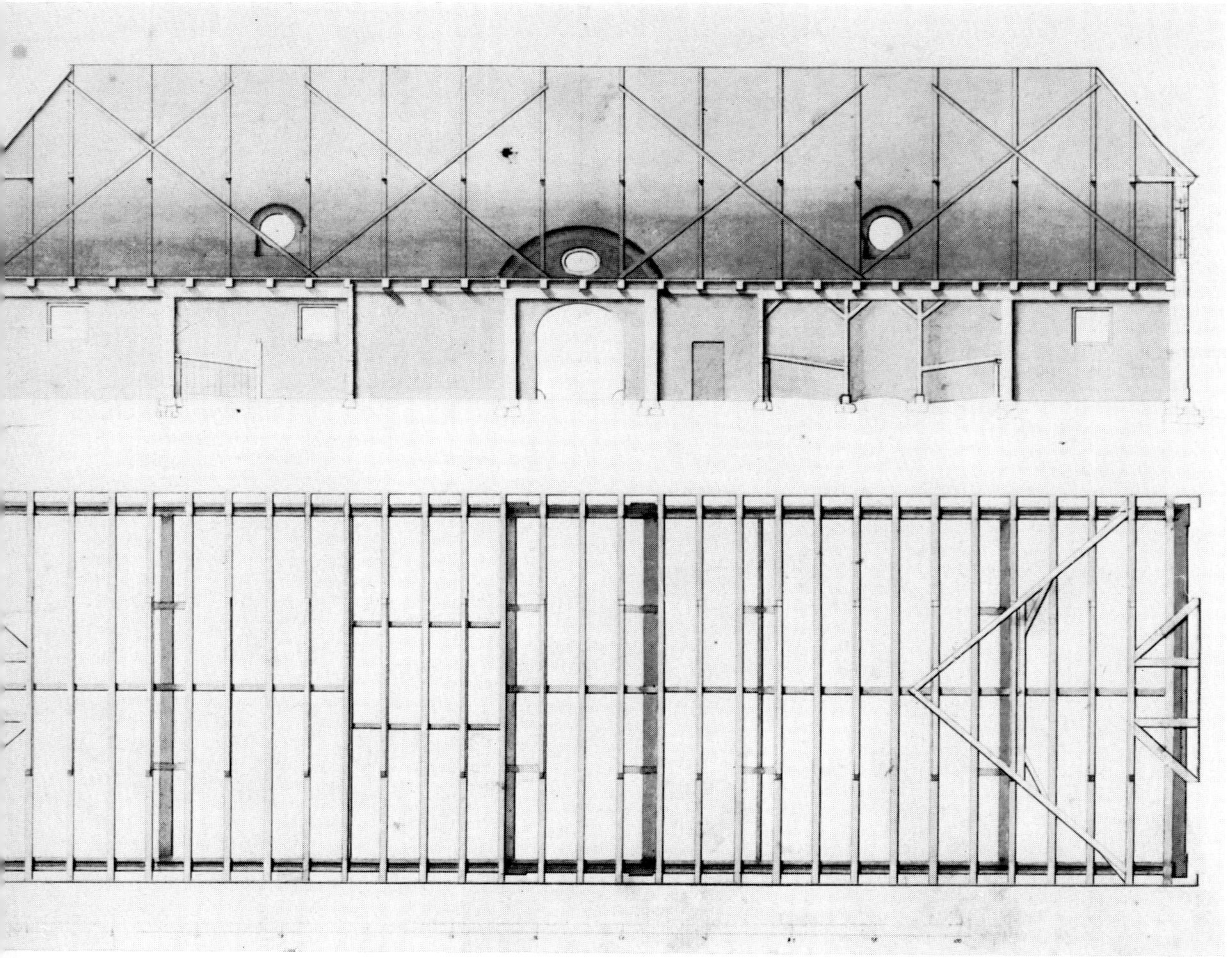

Torhaus. Gezeichnet von J. A. Richter, 1782

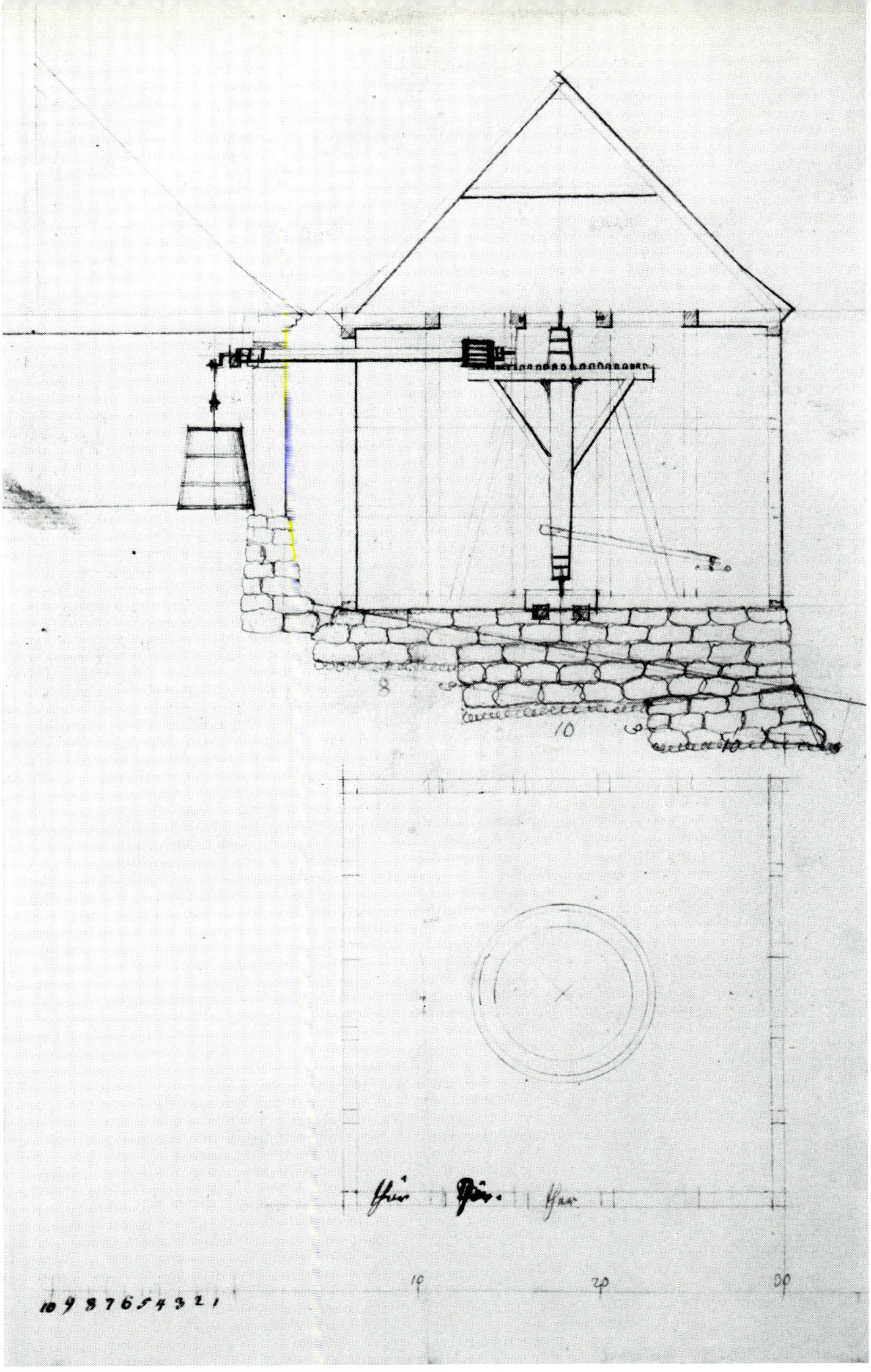

Die Buttermühle auf dem Gutshof, 1782

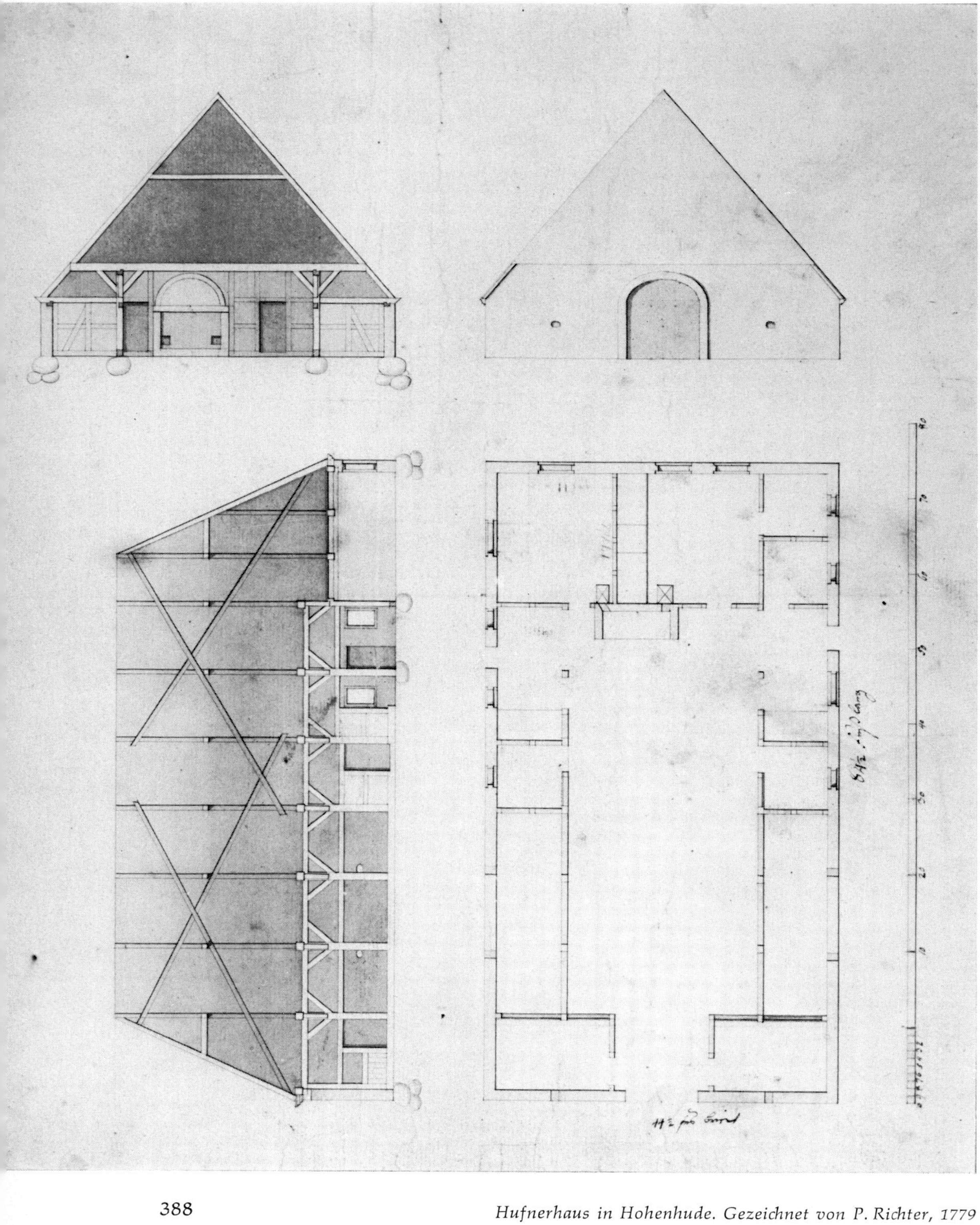

Hufnerhaus in Hohenhude. Gezeichnet von P. Richter, 1779

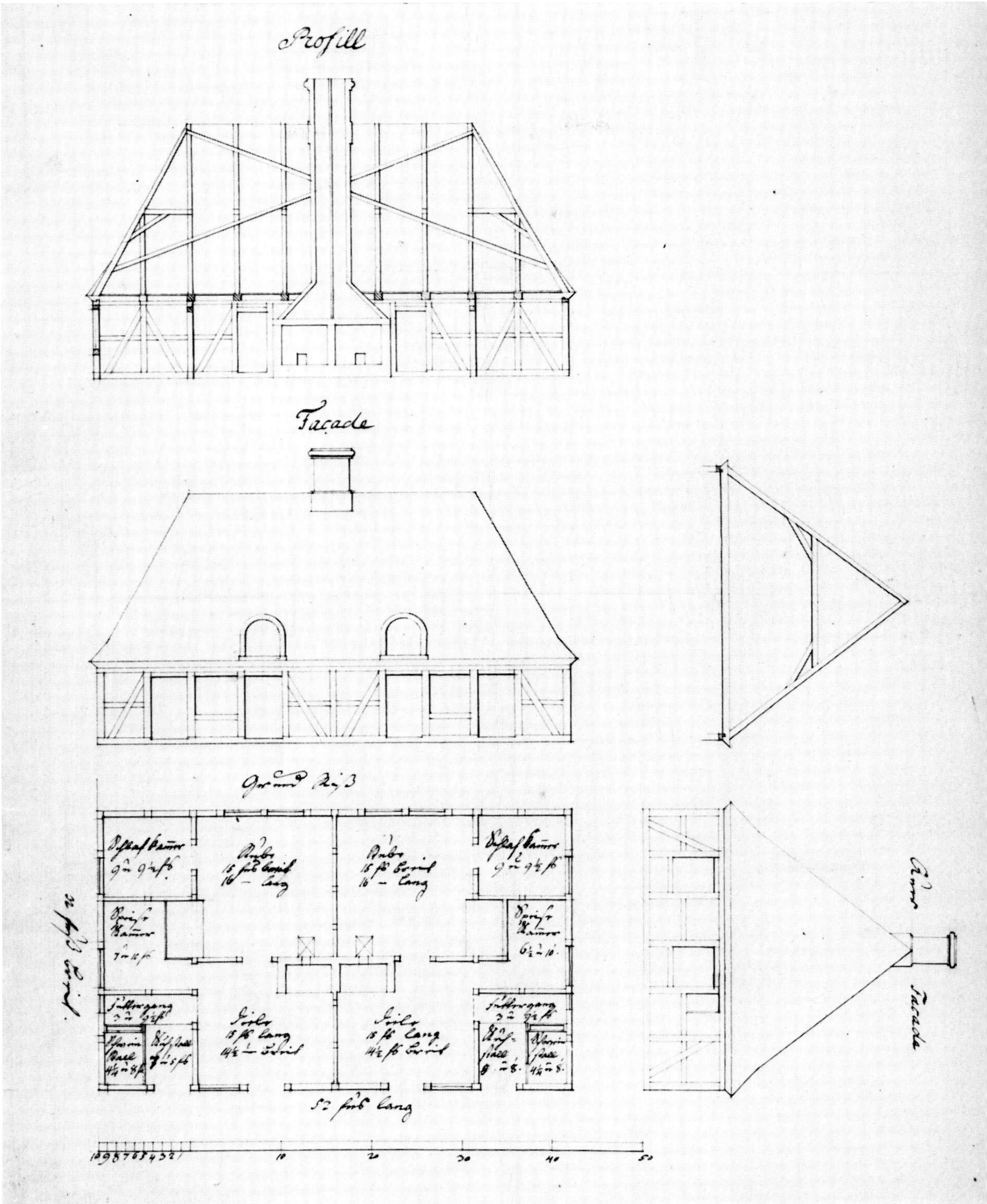

Entwurf für ein Doppelkätnerhaus

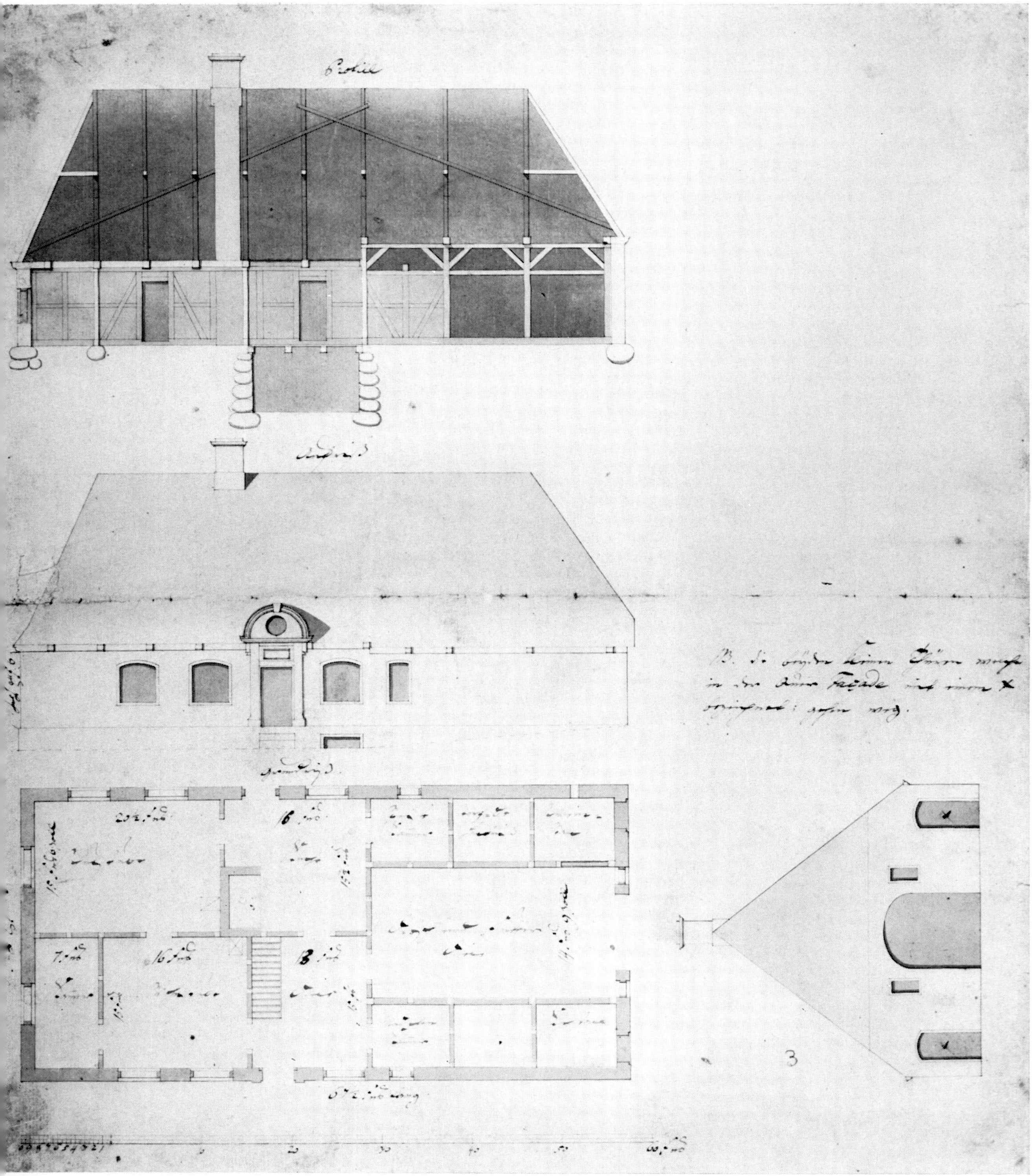

Schulhaus in Hohenhude. Gezeichnet von P. Richter, 1780

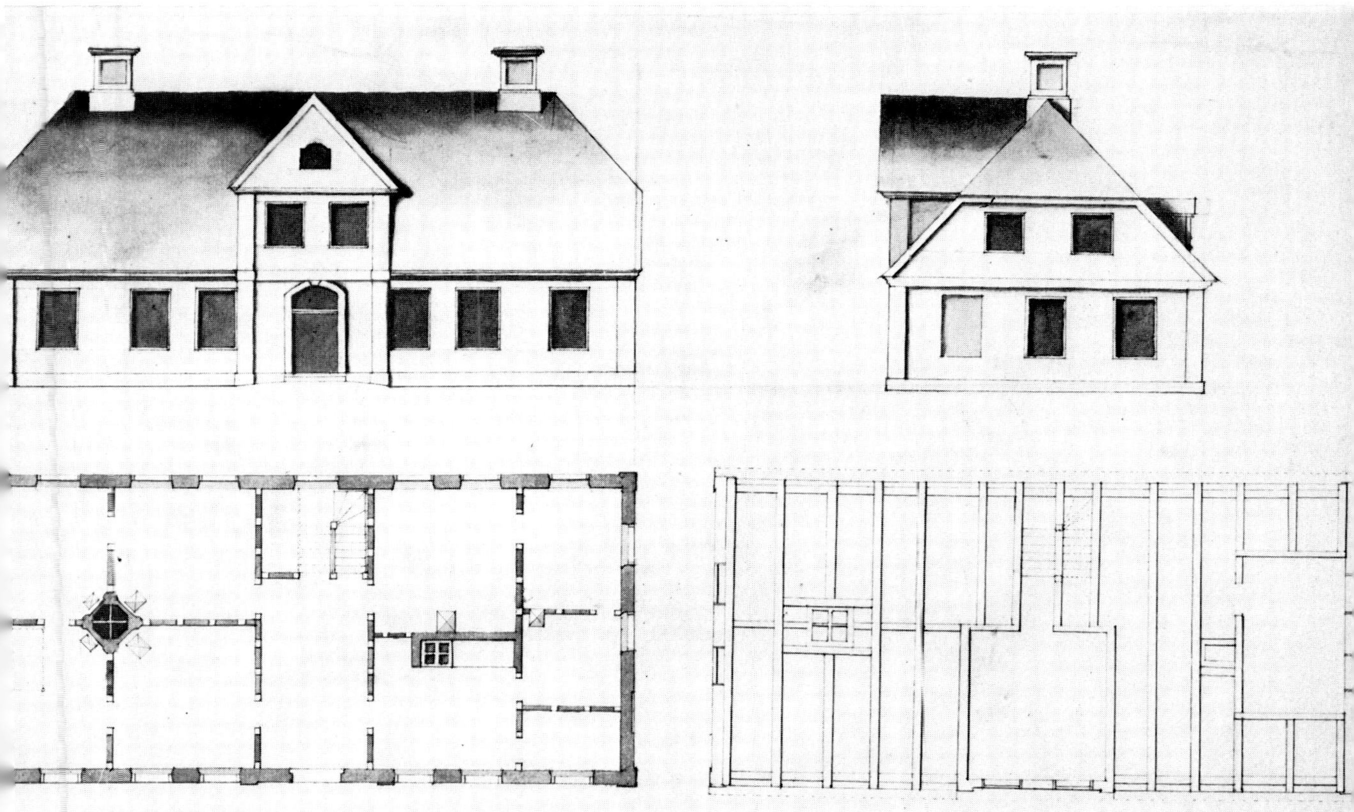

Entwurf für ein Wohnhaus, um 1780

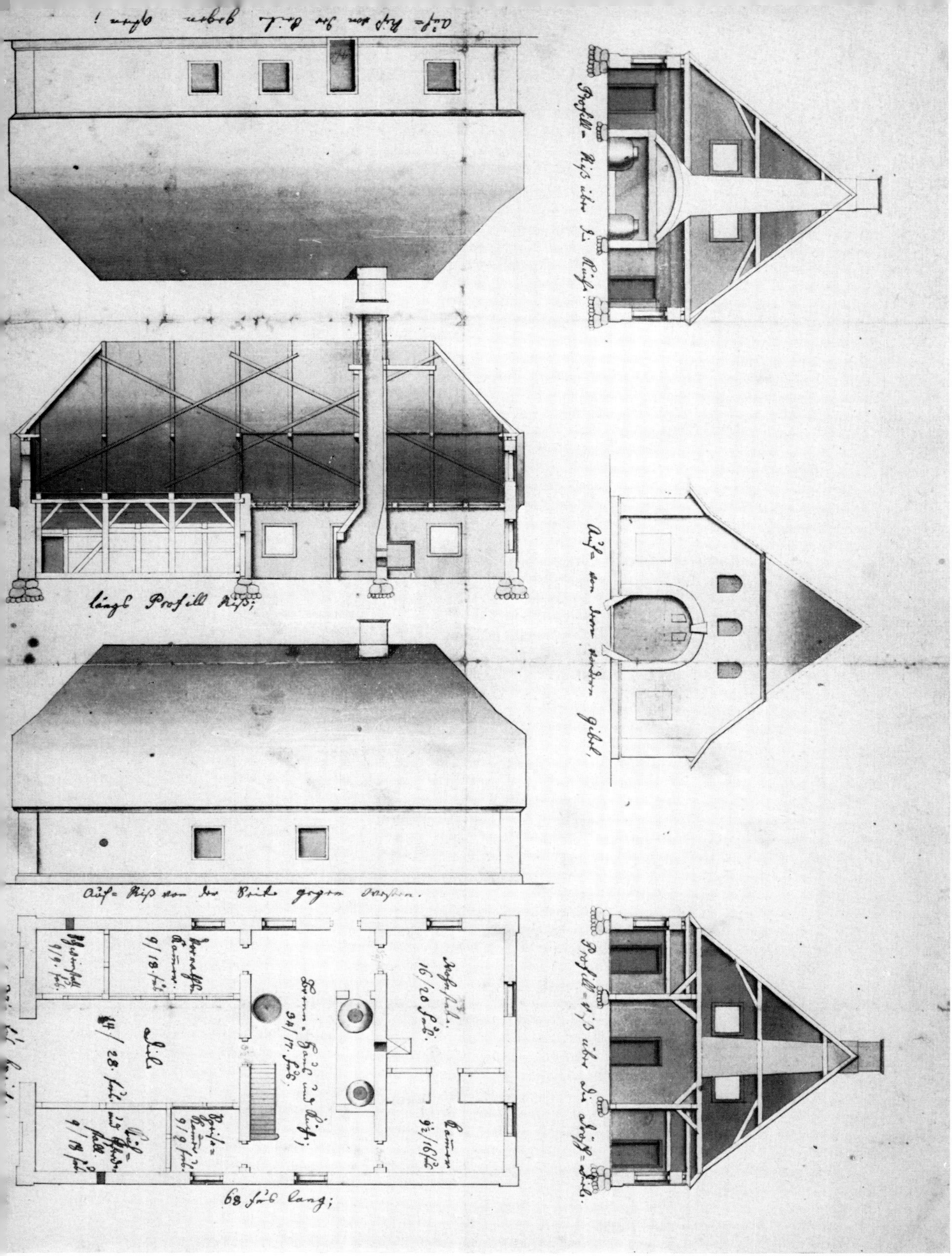

Branntweinkate in Hohenhude

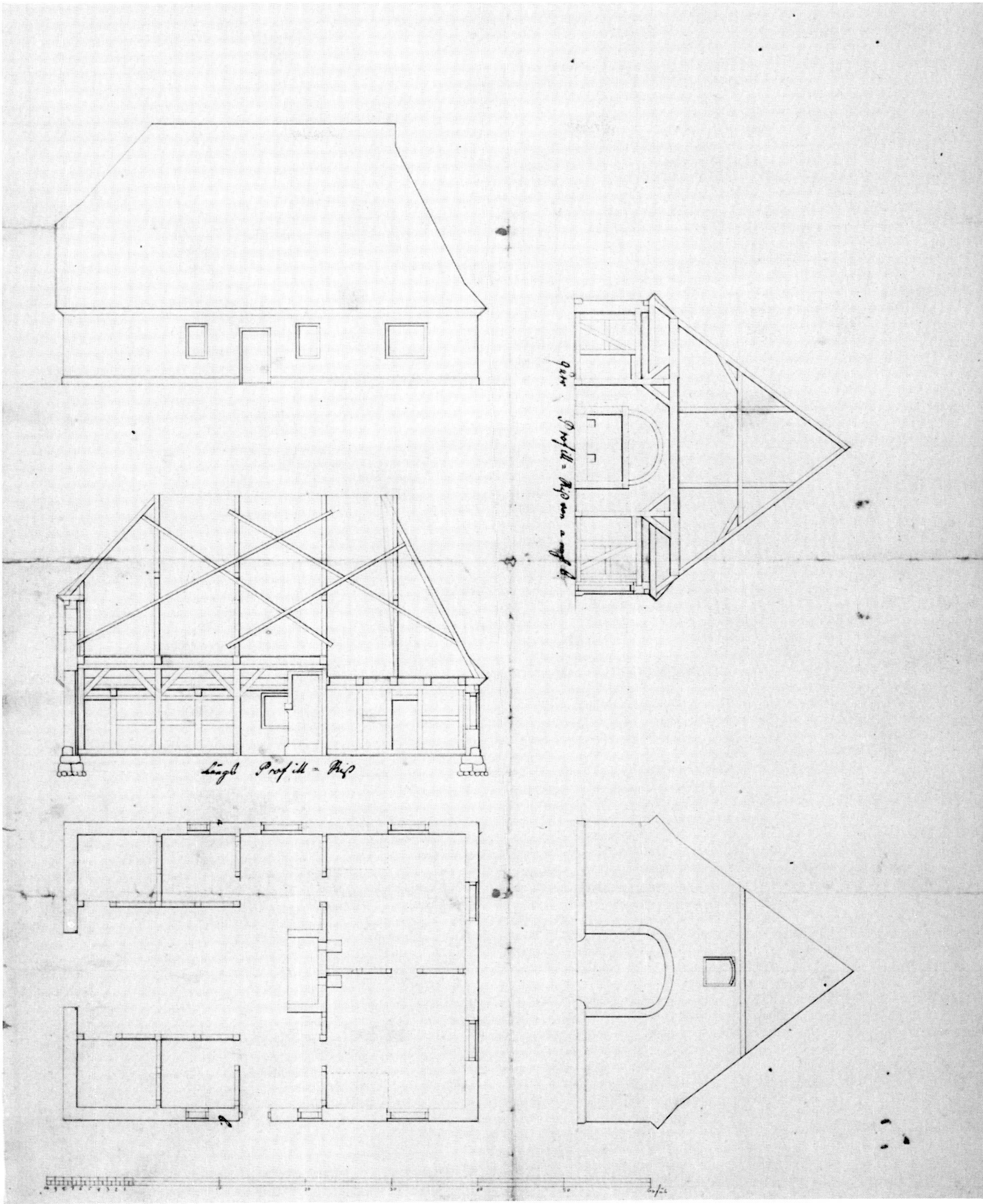

Vogtwohnung in Hohenhude. Gezeichnet von P. Richter, 1786

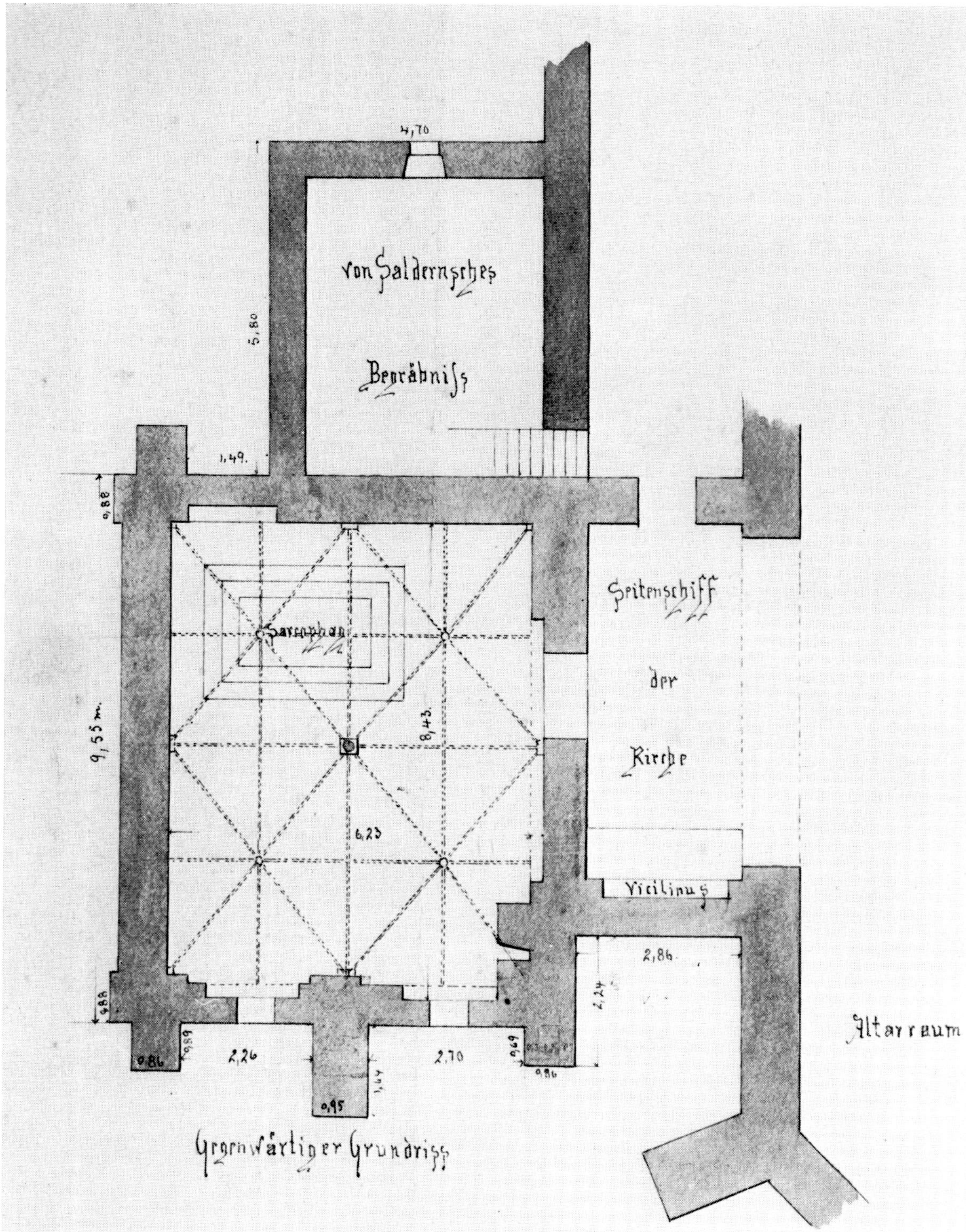

Grundriß der Gruft v. Saldern. Gezeichnet von Greve, 1871

1

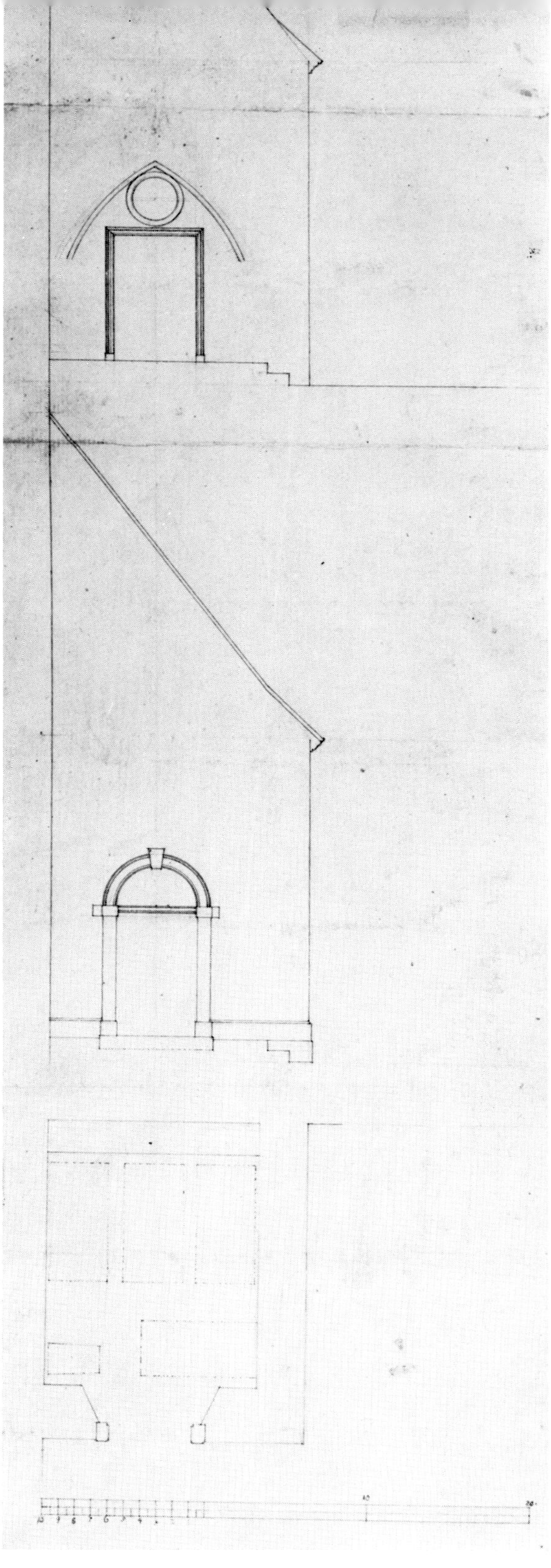

2

1 Zeichnung um 1784; 2 Kapelle 1973

1

2

Schierensee. 1 Um 1850. Gezeichnet von A. Hornemann; 2 Herrenhaus 1972

1

2

Schierensee. 1 Kleiner Pavillon und Meierei um 1900; 2 1972

1

2

Schierensee, Gartenfront des Herrenhauses bis 1968 (1) und 1972 (2)

Schierensee, Scheune, Torhaus und Kuhstall 1972

Schierensee, Gartensalon bis 1968

Sandsteinvasen von Joh. Georg Moser

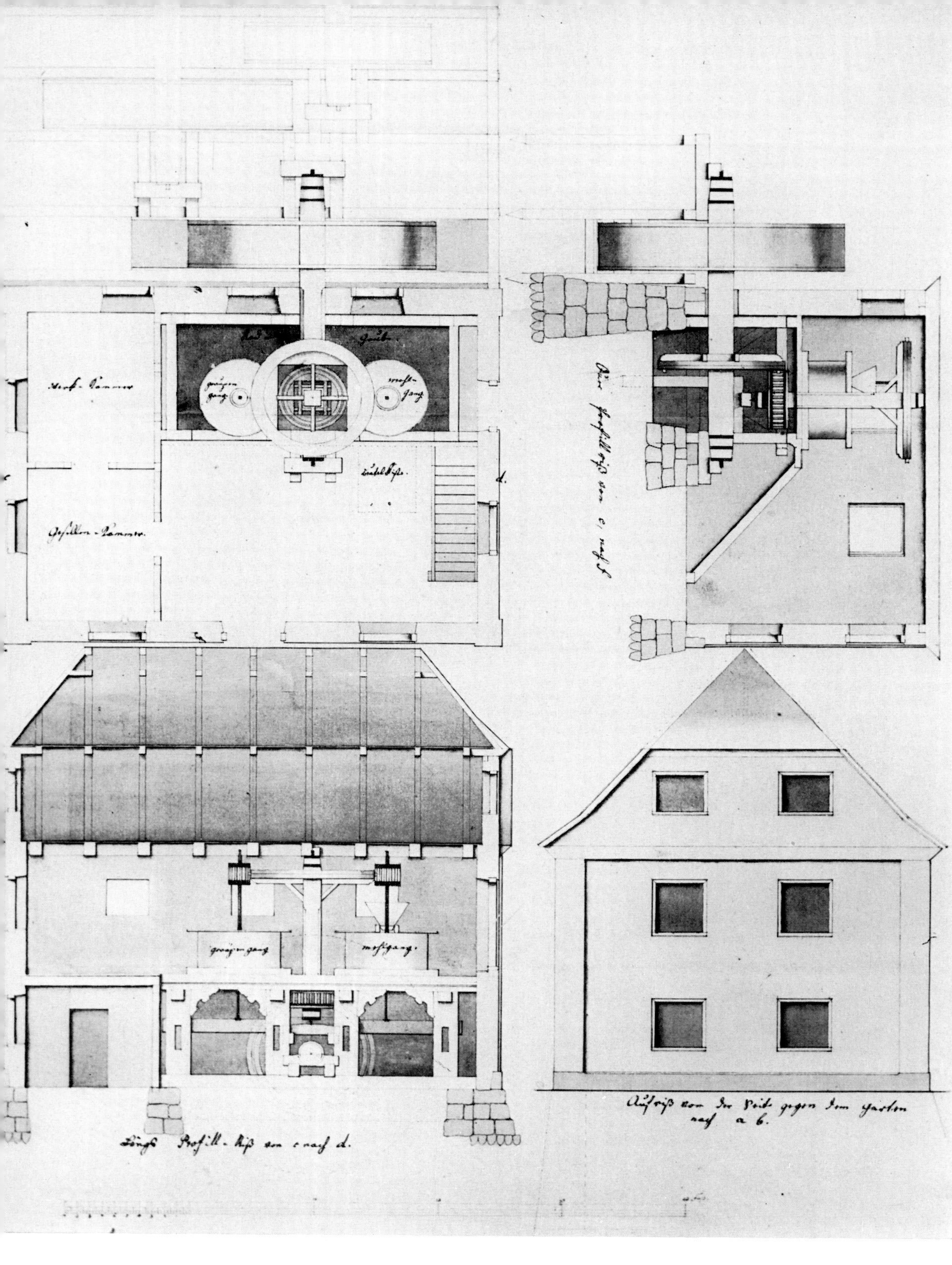

Papiermühle in Steinfurth. Gezeichnet von J. A. Richter, 1792

Papiermühle in Steinfurth. Gezeichnet von A. Hornemann, um 1850

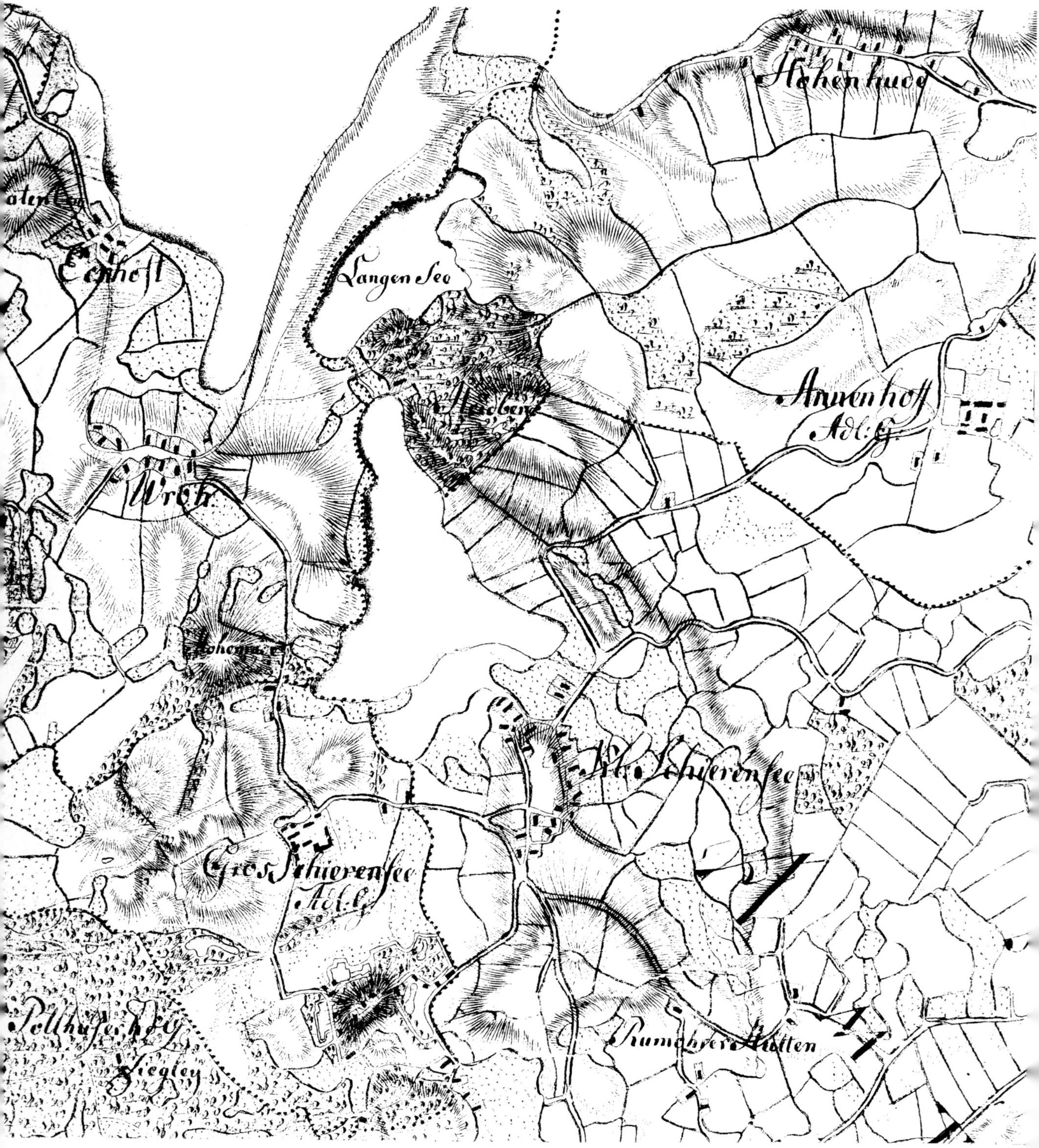

Ausschnitt aus einer Landkarte von Major von Warendorff, 1789 und 1796

Ausschnitt aus einer Landkarte von Major A. H. v. Baggesen, 1823

Namenszüge

Caterina

Aus kindlicher Pflicht und aus Überzeugung
wird alles von mir bestätigt.

Paul.

G. Greggenhoffer

H. Richter

Richter

Joh. Wendorff

Joh. Matth. Bremer

Gerd Lund

Wolff Jönck

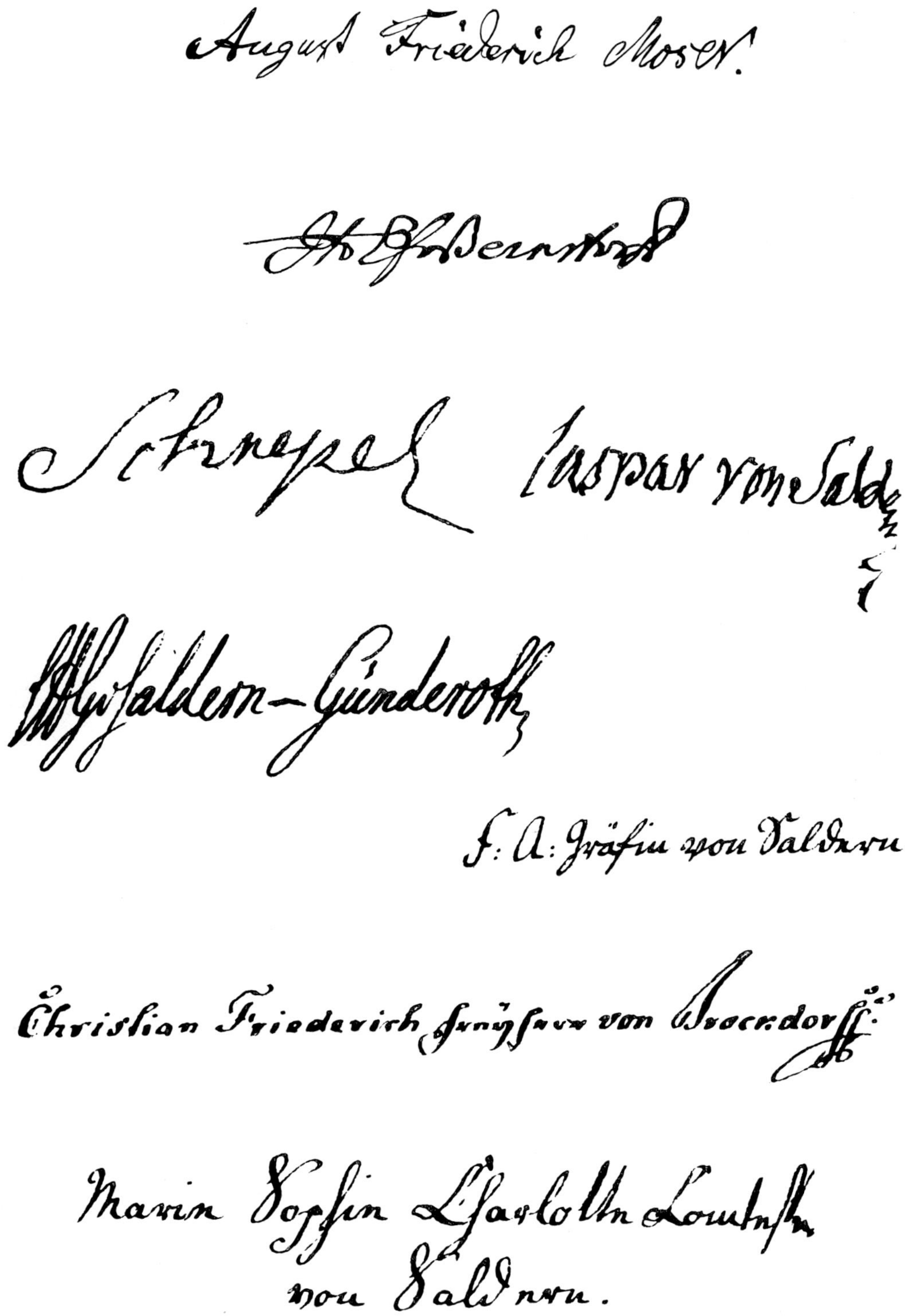
August Friederich Moser.
Caspar von Sald
Saldern-Günderoth
F: A: Gräfin von Saldern.
Christian Friederich Freyherr von Brockdorff
Marie Sophie Charlotte Comtesse
von Saldern.

KLAPPKARTE 2

Schierensee, Herrenhaus bis 1968

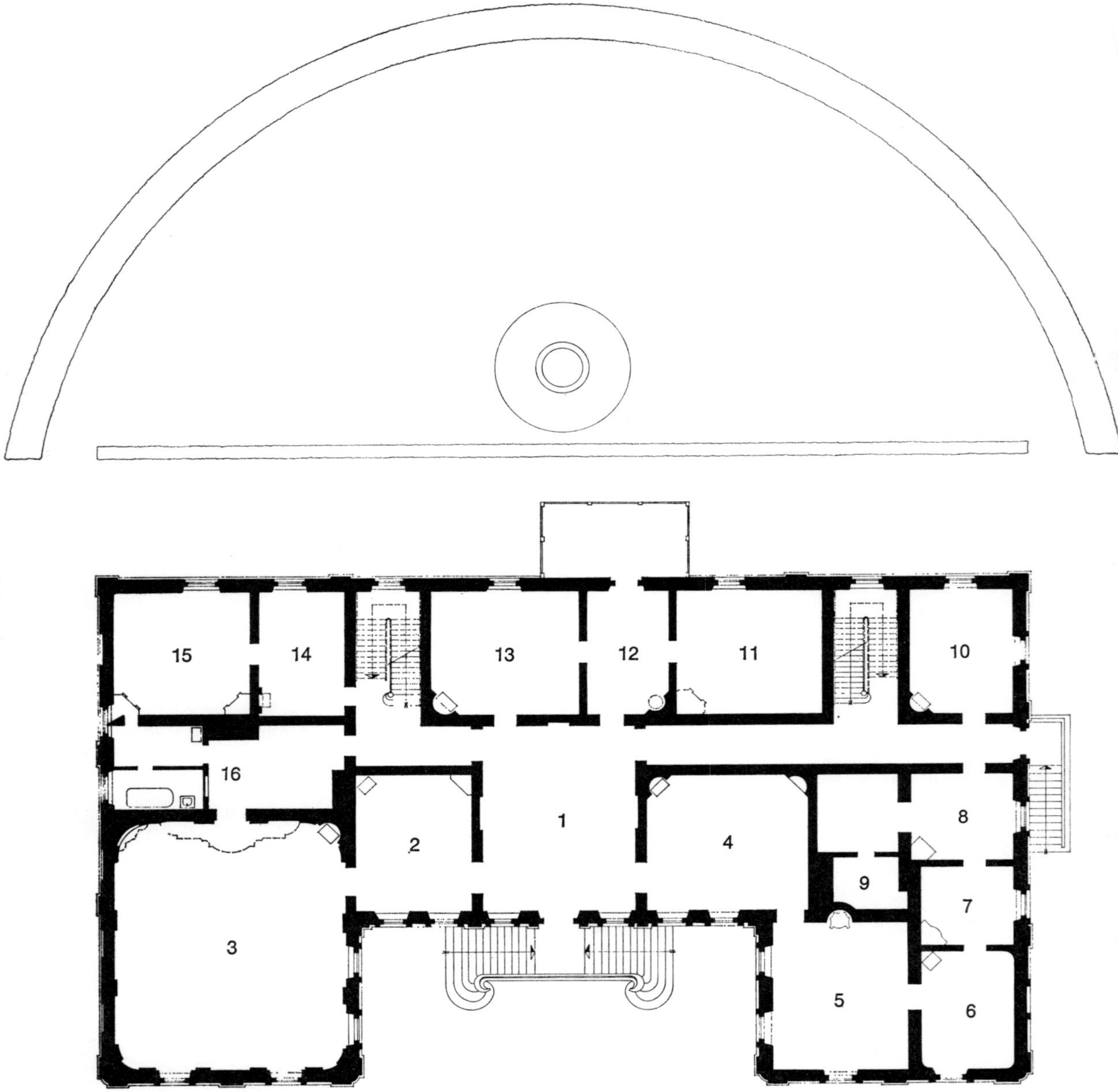

Erdgeschoß bis 1968

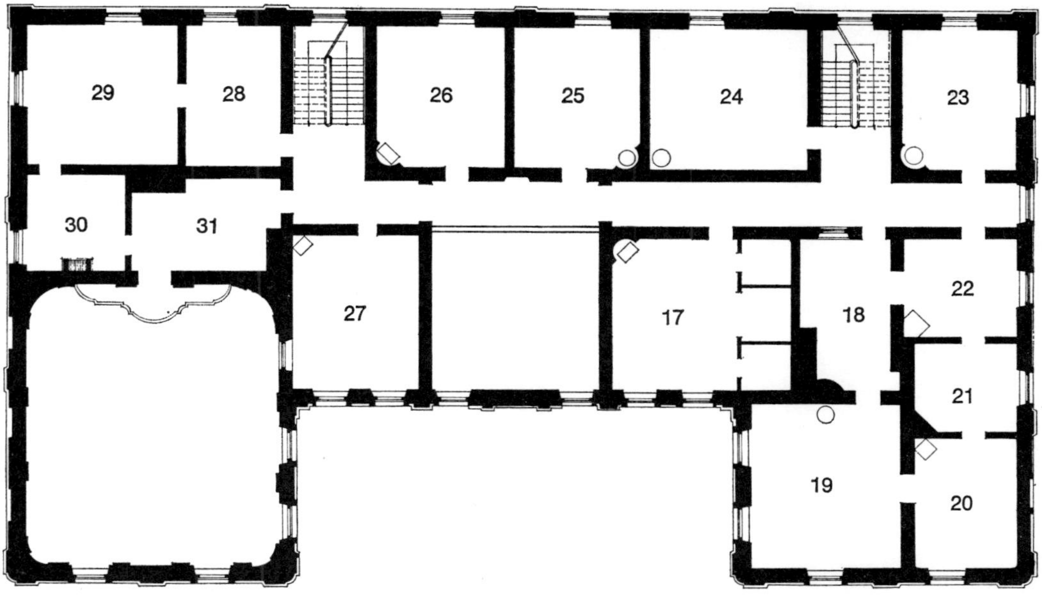

Obergeschoß bis 1968

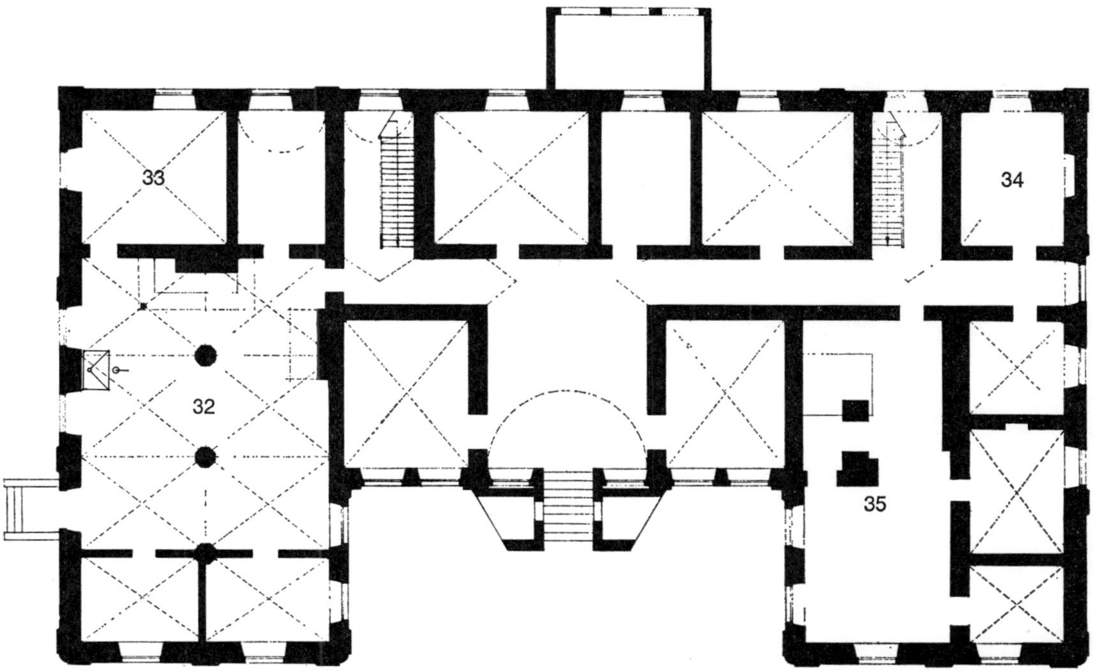

Untergeschoß bis 1968

KLAPPKARTE 3

Schierensee, Herrenhaus 1972

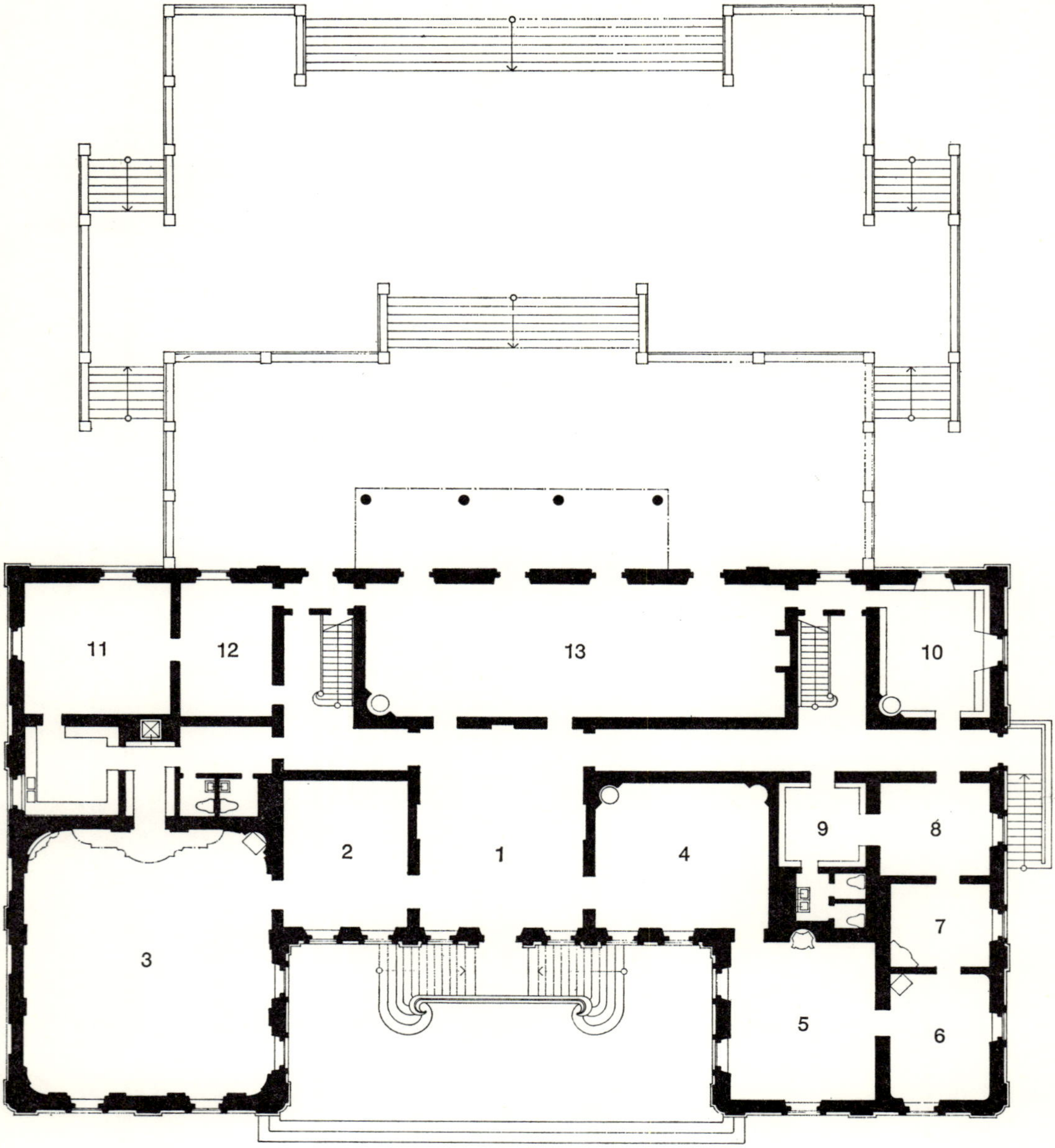

Erdgeschoß 1972

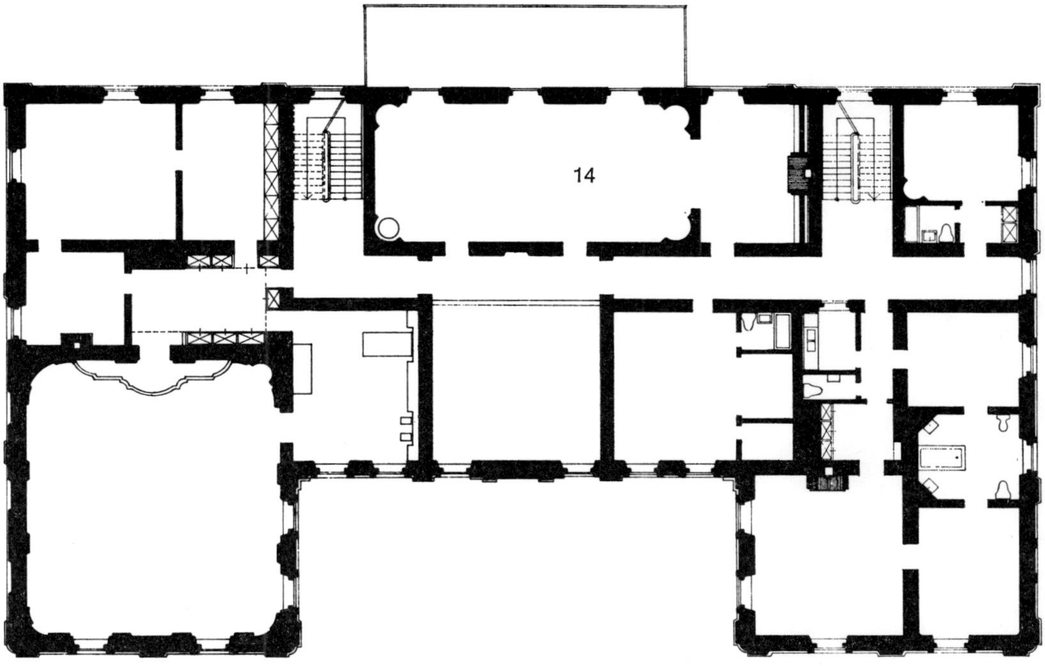

Obergeschoß 1972

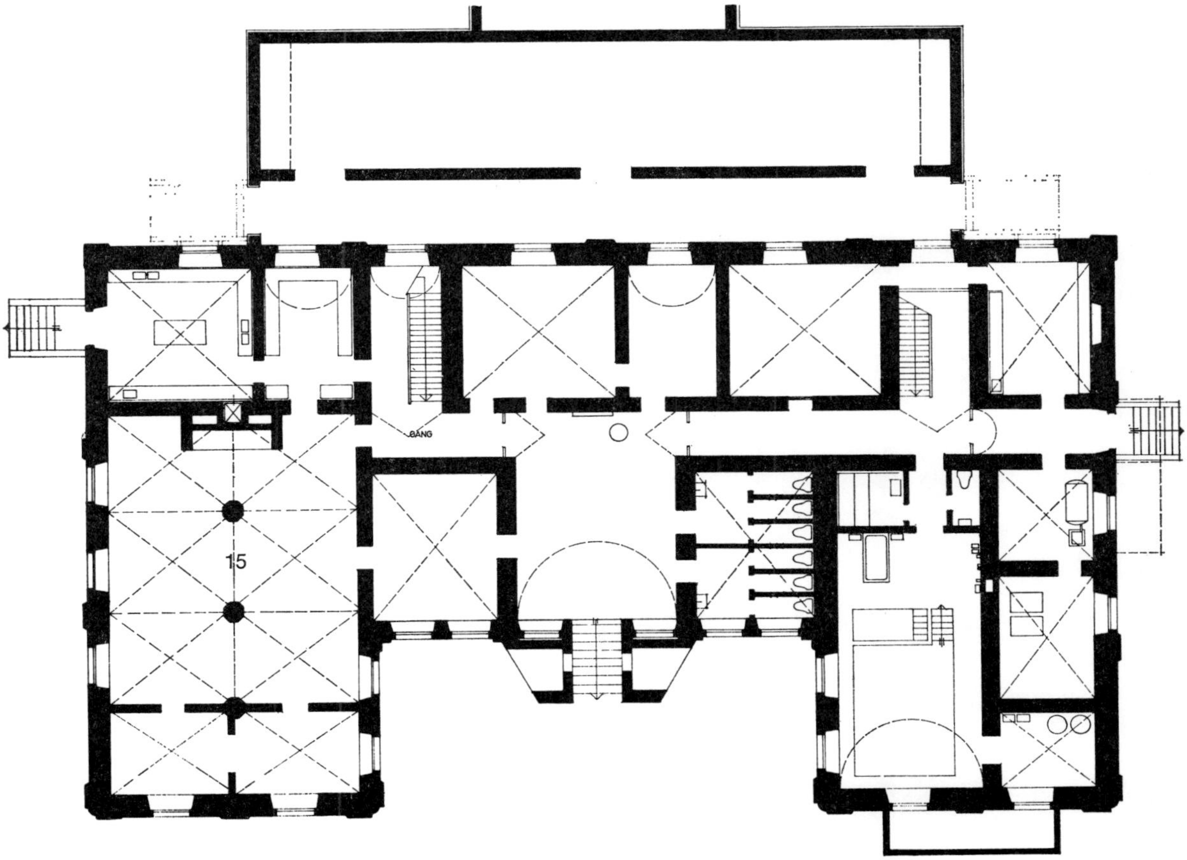

Untergeschoß 1972